U&S Psychologie
Harald A. Euler/Heinz Mandl · Emotionspsychologie

Emotionspsychologie

Ein Handbuch in Schlüsselbegriffen

Herausgegeben von
Harald A. Euler
und Heinz Mandl

Urban & Schwarzenberg
München – Wien – Baltimore 1983

Anschriften der Herausgeber:

Professor Harald A. Euler, Ph. D.
Gesamthochschule Kassel, FB 3
Heinrich-Plett-Straße 40, 3500 Kassel

Professor Dr. Heinz Mandl
Deutsches Institut für Fernstudien an der Universität Tübingen
Hauptbereich Forschung
Bei der Fruchtschranne 6, 7400 Tübingen

Anschriften des Wissenschaftlichen Beirates:

Prof. Dr. Dieter Frey, Institut für Psychologie der Universität Kiel,
Olshausenstr. 40/60, 2300 Kiel

Prof. Dr. Siegfried Greif, Universität Osnabrück, FB 8 Psychologie, Knollstr. 15,
4500 Osnabrück

Prof. Dr. Heiner Keupp, Institut für Psychologie, Sozialpsychologie Universität
München, Kaulbachstr. 93/II, 8000 München 40

Prof. Dr. Ernst-D. Lantermann, Gesamthochschule Kassel, FB 3,
Heinrich-Plett-Str. 40, 3500 Kassel

Prof. Dr. Rainer K. Silbereisen, Institut für Psychologie, FB 2,
Technische Universität Berlin, Dovestr. 1–5, 1000 Berlin 10

Dr. Bernd Weidenmann, Hochschule der Bundeswehr München,
Fachbereich Sozialwissenschaften, Werner-Heisenberg-Weg 39, 8014 Neubiberg

Lektorat:

Dr. H. Jürgen Kagelmann

CIP-Kurztitelaufnahme der Deutschen Bibliothek

Emotionspsychologie : e. Handbuch in Schlüssel-
begriffen / hrsg. von Harald A. Euler ; Heinz
Mandl. – München ; Wien ; Baltimore : Urban
und Schwarzenberg, 1983.
(U-&-S-Psychologie)
ISBN 3-541-14031-3
NE: Euler, Harald A. [Hrsg.]

Umschlagentwurf: Dieter Vollendorf; Satz, Druck + Bindung, Auer, Donauwörth

ISBN 3-541-14031-3

Inhalt

Einleitung

Mit dem vorliegenden Band haben wir uns bemüht, wichtige Aspekte aus dem Bereich der Emotionspsychologie zu beschreiben, deren stiefmütterliche Vernachlässigung heute einer faszinierten Zuwendung gewichen ist (vgl. Scherer 1982), so als gäbe es eine „emotionale Wende". Eine neue Gefühlskultur scheint sich überall zu etablieren, etwa im Bereich von Architektur und Künsten, von Religion, von Umgangsformen, schließlich auch in politischen Bewegungen. Diese Trends lassen die Psychologie nicht unberührt.

Ein Widerspruch in der Emotionspsychologie hat die Zusammenstellung des Buches mitgeprägt: Während emotionale Fragestellungen einerseits in vielfältige Problembereiche sowohl innerhalb als auch außerhalb traditionell psychologischer Domäne hineinreichen, hat aber andererseits eine eigenständige Emotionspsychologie bislang bestenfalls ein Schattendasein geführt. Viele Wissenschaftler haben das Thema „Emotion" zwar immer wieder mitbehandelt oder zumindest gestreift, doch nur wenige haben sich als Emotionspsychologen bezeichnet.

Der syndromische Charakter emotionaler Phänomene hat eine Beschränkung erfordert. Wir haben uns deshalb vorgenommen, uns nur mit den Gefühlsregungen, den Gefühlen im engeren Sinne (→ *Begriffsbestimmungen*) sowie deren Bezüge zu psychologischen Systemen zu befassen; unberücksichtigt blieben – von Ausnahmen abgesehen – beispielsweise extensive Erörterungen über gefühlsmäßige Urteilsprozesse, über Stimmung, Temperament oder Gefühlsneigung.

Die Auswahl der Beiträge innerhalb dieses Rahmens wurde stark mitgeprägt von der aktuellen Forschungslage und der Verfügbarkeit von Autoren, von denen viele sich der emotionspsychologischen Thematik von anderen Fragestellungen her genähert haben. Wir haben darauf geachtet, daß verschiedenartige theoretische Herangehensweisen dargestellt wurden. Der etwas breitere Rahmen, den kognitionstheoretische Erörterungen einnehmen, spiegelt den derzeitigen Diskussionsstand wider.

Innerhalb der Einzelbeiträge mußten die Autoren Mut zur Lücke aufbringen. Die einzelnen Schlüsselbegriffe sollen einen Überblick über den jeweiligen thematischen Bereich geben. Dabei sollte unter Verzicht auf eine vollständige Aufarbeitung des Wissensstandes eine trendorientierte Darstellung durch problembestimmte Auswahl nach gegenwärtiger und zukünftiger Aktualität und Bedeutung gegeben werden. Subjektive Einschätzungen der Autoren waren durchaus erwünscht. Die einzelnen Beiträge wollen also keine umfassende Darstellung des gesamten Problemfeldes einschließlich der wissenschaftsgeschichtlichen Entwicklung geben. So wird auch vorzugsweise nur die neueste und wichtigere Literatur aufgeführt; die ältere läßt sich von daher leicht auffinden.

Bei der Aufstellung der Schlüsselbegriffe haben wir einer strukturierten Zusammenstellung gegenüber einer bloß alphabetisch geordneten den Vorzug gegeben. Die diktionäre Funktion ist dadurch nicht beeinträchtigt, zusätzlich wird aber die sinnvolle Lektüre zusammenhängender Teile ermöglicht. Die einzelnen Kapitel befassen sich mit *I. Gegenstandsbeschreibung; II. Emotionstheorien; III. Methoden der Emotionsforschung; IV. Physiologie der Emotionen; V. Spezielle Emotionen; VI. Emotionsbezogene Phänomene; VII. Emotionen und psychologische Systeme; VIII. Anwendungsfelder.*

Das erste Kapitel, die *Gegenstandsbeschreibung,* versucht mit den Schlüsselbegriffen → *Begriffsbestimmung,* → *Geschichte der Emotionspsychologie,* → *Emotionsdimensionen* und → *Ausdruckserscheinungen* das Phänomen Emotion von verschiedenen Aspekten her zu definieren und zu charakterisieren. Hier wird deutlich, wie schwierig es war und immer noch ist, zu einer konsensualen Definition zu gelangen. Dieses Problem ist nicht zuletzt dem syndromischen Charakter von Emotionen zuzuschreiben.

Die *Emotionstheorien* sind, ausgehend von → *Psychobiologischen* (evolutionären) *Ansätzen* bis zu den → *Attributionstheoretischen Ansätzen,* mit Ausnahme der → *Entwicklungspsychologischen Ansätze,* chronologisch geordnet. Dies soll nicht heißen, daß die zuerst aufgeführten Theorien keine Aktualität mehr besitzen. Gerade die psychobiologischen und soziobiologischen Ansätze erfreuen sich trotz eines „hohen Alters“ einer besonderen Aktualität. Einzig die strengeren → *Lerntheoretischen Ansätze* haben ihre Aktualität eingebüßt. Die Ausführung der Emotionstheorien kann keine Vollständigkeit beanspruchen. So fehlten z. B. die Darstellung phänomenologischer und marxistischer Ansätze.

Mit dem Kapitel → *Methoden der Emotionsforschung* kann nur ein Überblick gegeben werden; die beiden Schlüsselbegriffe → *Sprachliche Methoden* und → *Nicht-sprachliche Methoden* wollen keine methodologische Anleitungsfunktion beanspruchen. Zu breit und zu unspezifisch ist das Methodenrepertoire der Emotionspsychologie, als daß man mit der Darstellung Handlungsanleitungen geben könnte.

Die *Physiologie der Emotionen* stellt sich als besonders aktives Forschungsfeld dar, mit einer unübersehbaren Fülle von Einzelergebnissen. Wir haben versucht, eine thematische Auswahl zu treffen, die beabsichtigt, allgemeinem Interesse entgegenzukommen. Zwei Schlüsselbegriffe befassen sich mit wichtigen Aspekten des Zusammenhangs von Nervensystem und Emotionen, ein weiterer behandelt den Zusammenhang von → *Hormonen und Emotionen.*

Bei den *Speziellen Emotionen* wollten wir die Emotionen im engeren Sinne dargestellt sehen wie z. B. → *Angst und Furcht,* → *Ärger,* → *Freude,* → *Bindungsgefühl,* → *Trauer.* Die Zusammenstellung der abgehandelten Gefühlsregungen sollte dabei als aristotelisch gesehen werden, ein Nebeneinander qualitativ unterscheidbarer Emotionen, und zudem eine Auswahl. Die hier aufgeführten Emotionen sind nicht die primären Emotionen. *Lust und Unlust* haben hier aus wissenschaftstheoretischen Gründen Eingang gefunden.

Die *Emotionsbezogenen Phänomene* wie z. B. → *Schmerz,* → *Hilflosigkeit,* → *Streß,* → *Depression,* → *Selbstwertgefühl* haben einen mehr oder weniger starken und direkten Bezug zu Emotionen im engeren Sinne, ohne als solche bezeichnet werden zu können. So handelt es sich bei dem Selbstwertgefühl eher um eine kognitive Einschätzung oder Bewertung des Selbstwertes als um eine Emotion im

engeren Sinne. Das Kapitel *Emotionsbezogene Phänomene* ließe sich sicher, wie alle anderen Kapitel, durch eine große Anzahl von Phänomenen erweitern.
Mit dem Kapitel *Emotionen und psychologische Systeme* haben wir beabsichtigt, die gegenseitige Beeinflussung von Emotionen und anderen psychologischen Prozessen darzustellen, z. B. → *Motivation und Emotion,* → *Soziale Interaktion und Emotion.* Der Titel dieses Kapitels ist wohl dafür verantwortlich, daß vorwiegend die Wirkung von Emotionen auf psychologische Systeme herausgearbeitet wurde. Offensichtlich fehlen in diesem Kapitel Beiträge über „Emotion und Gedächtnis" oder „Emotion und Denken"; der Leser sei hier auf die Bücher von Clark und Fiske (1982) sowie Mandl und Huber (1983) verwiesen.
Mit dem Kapitel *Anwendungsfelder* begeben wir uns, mit Ausnahme des eher grundlegenden Beitrages → *Bewältigung,* auf klinisches und pädagogisches Gebiet. Der Emotionsbegriff ist hier zum Teil recht unspezifisch behandelt, was vielleicht auch den praktischen Anforderungen hinreichend gerecht wird. Jedenfalls kann man der Klinischen Psychologie die Vernachlässigung der Emotionsthematik nicht in dem Maße nachsagen wie der Allgemeinen Psychologie.
Neben dem pädagogischen und dem klinischen Bereich ließe sich die Bedeutung von Emotionen noch in vielfältigen Anwendungsfeldern herausarbeiten, z. B. bezogen auf Rechtssprechung und Konsum, Politik und Kunst, Religion und Wissenschaft. Möge uns der Leser nachsehen, daß wir diese und andere durchaus interessante Themen nicht aufgreifen konnten.

Kassel und Tübingen, Juni 1983

Harald A. Euler
Heinz Mandl

Teil I

Gegenstandsbeschreibung

Begriffsbestimmungen

Während emotionales Erleben und Verhalten in laienpsychologischer Sicht relativ eindeutige Phänomene zu sein scheinen, tut sich die wissenschaftliche Psychologie – darin jedenfalls scheint Übereinstimmung zu bestehen – mit der Einigung auf eine Definition des psychologischen Konstrukts „Emotion" schwer. Emotionen gehören zu den meist umstrittenen Phänomenen in der Psychologie. So ist in ihrer neueren Geschichte der Begriff „Emotion" wiederholt als verwirrend, nutzlos oder überflüssig bezeichnet worden. Beispielsweise hat Duffy (1941) mit Nachdruck dafür plädiert, emotionale Phänomene mit nicht-emotionalen Begriffen zu beschreiben.

Neben dem Ausdruck „Emotion" sind in der Literatur eine Vielzahl weiterer Bezeichnungen im Gebrauch, z. B. Gefühl, Affekt, Gemütsbewegung, Stimmung, Gemütszustände, Sentiments, Leidenschaften, die allerdings nicht einheitlich gebraucht werden; während der eine Autor manche Begriffe streng voneinander unterscheidet, verwendet ein anderer dieselben synonym. So bedeutet z. B. „Affekt" für den einen Autor ein besonders heftiges Gefühl, das zu einer unbedachten Handlung führt, für den anderen ist Affekt ein Synonym für „Emotion" (Traxel 1965, S. 215). Ebenso ist das „Gefühl" für den einen Synonym für „Emotion", für den anderen kennzeichnet „Gefühl" hingegen die subjektive Erlebniskomponente der Emotion.

Einen Versuch einer Klassifikation von Emotionsbegriffen hat Ewert (1983) vorgelegt. Zur Abgrenzung der Begriffe schlägt er vor, Emotionen nach der zeitlichen Verlaufsgestalt im Erleben in drei Kategorien zu unterscheiden: Gefühle im engeren Sinne, Erlebnistönungen und Stimmungen.

- Bei Gefühlen im engeren Sinne, den *Gefühlsregungen,* ist eine zeitliche Dynamik deutlich zu erkennen. Bei Wut, Freude oder Ärger beispielsweise können wir im Erleben deutlich verschiedene Phasen unterscheiden, so z. B. das Überwältigtwerden oder das allmähliche Abklingen. Gefühlsregungen sind akute oder aktuelle Zustände, haben „Figur-Charakter" und sind „flüchtige Episoden". Jede Gefühlsregung drückt einen jeweils unterschiedlichen Aspekt der Person-Umwelt-Beziehung aus, d. h. Gefühle beziehen sich immer auf Personen, Dinge oder Ereignisse (vgl. auch Lazarus, Kanner & Folkman 1980).

- *Erlebnistönungen* sind emotionale Reaktionen auf Kognitionen, die so lange andauern, wie der spezifische Bewußtseinsinhalt gegeben ist. Solche Erlebnistönungen sind zu einem gegebenen Zeitpunkt qualitativ einheitlich, haben einen relativ übergreifenden „Grund"-Charakter, von dem sich andere Bewußtseinszustände als „Figur" abheben, sie verändern sich jedoch mit wechselnden Erlebnisinhalten. Die Geschmackswahrnehmung „süß" bei einer glasierten Mandel geht mit einer angenehmen Erlebnistönung einher; falls man auf einen bitter schmeckenden Kern stößt, schlägt die Erlebnistönung nach unangenehm um (vgl. Mandl & Huber 1983).
- *Stimmungen* sind umfassende, diffuse, ungegliederte Gesamtbefindlichkeiten des Menschen. Sie stellen eine Art Dauertönung des Erlebnisfeldes dar, wie z. B. Niedergeschlagenheit, Heiterkeit, Sorglosigkeit, sind also ungegliederter Hintergrund des Erlebens. Stimmungen beziehen sich nicht auf bestimmte Personen, Dinge und Ereignisse, sondern sie geben als Ergebnisse eines Zumuteseins den Bezugsrahmen für andere Erlebnisse ab.

Von der großen Anzahl bislang vorgelegter Differenzierungs- und Kategorisierungsversuche (→ *Zur Geschichte der Emotionskonzepte,* → *Emotionsdimensionen;* vgl. auch Wundt 1910, Traxel 1960, Schlosberg 1952, Plutchik 1980) erscheint uns der von Ewert (1983) als einer der nützlicheren, wobei allerdings seine Definition des Begriffes „Erlebnistönung" nicht ganz befriedigt. So hat z. B. Zajonc (1980) dargestellt, daß eine bestimmte Art emotionalen Verhaltens, nämlich grundlegende *affektive Bewertungsreaktionen* auf Dinge oder Ereignisse, durchaus nicht „postkognitiv", also Reaktionen auf kognitives Geschehen zu sein brauchen, und auch nicht als Gefühle im engeren Sinne zu bezeichnen sind. Diese affektiven Bewertungsreaktionen, die als unausweichlich, persistent, selbstbezogen und schwer verbalisierbar beschrieben werden und vom Wahrnehmungsinhalt losgelöst auftreten können, spielen eine so bedeutende Rolle im psychischen Geschehen, daß ihre Einordnung unter Gefühlsregungen oder Erlebnistönung zu Mißverständnissen führen muß.

Bei der Aufzählung von Merkmalen zur Charakterisierung von Emotionen tauchen u. a. folgende Aussagen in der Literatur wiederholt auf: Emotionen werden von der Person erlitten; sie treten unwillkürlich auf; sie gehen mit Erregung einher; das Individuum erlebt sich als betroffen; Emotionen werden als angenehm oder unangenehm erlebt; Emotionen stören häufig; Emotionen äußern sich in körperlichen Prozessen, im Ausdruck, in kognitiven Prozessen, in Intentionen, im Verhalten; Emotionen beeinflussen die verschiedensten psychischen Prozesse (z. B. Averill 1980, Alston 1981, Ulich 1982). So einleuchtend solche Aufzählungen auch sind, zur Klärung der Begriffe haben sie nicht entscheidend beigetragen.

Die Schwierigkeit der wissenschaftlichen Psychologie, zu einer einheitlichen Definition von „Emotion" zu kommen, besteht darin, daß emotionale Prozesse und

Zustände komplex sind und von vielen Gesichtspunkten aus analysiert werden können. Kleinginna und Kleinginna (1981) versuchten, bisherige Definitionen und Aussagen nach 11 Kategorien zu klassifizieren. Die Kategorisierung erfolgte auf der Basis von etwa 100 Definitionen und Aussagen aus einschlägigen Spezialwerken, Wörterbüchern und Einführungstexten. Etwa ein Drittel der Definitionen stammt aus der Zeit vor und zwei Drittel aus der Zeit nach 1970. Die Analyse von Kleinginna und Kleinginna erbrachte folgende Gruppen von Emotionsdefinitionen:

1. *Affektive Definitionen* betonen Gefühle der Erregung und/oder Lust/Unlust (z. B. James 1884, Brenner 1974; → *Psychophysiologische Ansätze;* → *Psychoanalytische Ansätze*).
2. *Kognitive Definitionen* heben den Wahrnehmungs- und den Denkaspekt hervor, vor allem die Bewertungs- und Klassifikationsaspekte, beispielsweise durch Ursachenzuschreibung von wahrgenommenen Erregungszuständen (z. B. Schachter 1970; → *Kognitionstheoretische Ansätze;* → *Attributionstheoretische Ansätze*).
3. *Situative Definitionen* schenken äußeren Auslösern von Emotionen, also Reizen, besondere Beachtung (z. B. Millenson 1967; → *Lerntheoretische Ansätze*).
4. *Psychophysiologische Definitionen* betonen die Abhängigkeit der Emotionen von physiologischen Mechanismen (z. B. Arnold 1960, Pribram 1970; → *Psychophysiologische Ansätze*).
5. *Expressive Definitionen* heben die emotionalen Ausdrucksreaktionen hervor (z. B. Clynes 1977; → *Ausdruckserscheinungen;* → *Psychobiologische und soziobiologische Ansätze*).
6. *Disruptive Definitionen* weisen auf die desorganisierende oder dysfunktionale Wirkung von Emotionen hin (z. B. Young 1943).
7. *Adaptive Definitionen* betonen die bedürfnissichernde oder funktionale Wirkung von Emotionen (z. B. Rado 1969; → *Psychobiologische und soziobiologische Ansätze*).
8. *Syndromische Definitionen* umfassen mehrere miteinander verknüpfte Komponenten von Emotionen, z. B. physiologische, kognitive, behavioral-expressive, subjektive Komponente. Syndromische Definitionen sind am zahlreichsten vertreten (z. B. Izard 1971, Lazarus 1975, Lewis & Rosenblum 1978).
9. *Restriktive Definitionen* versuchen die Abgrenzung des Konzepts Emotion von anderen psychischen Prozessen oder Erscheinungsformen (z. B. Ewert 1970, Plutchik 1980).
10. *Motivationale Definitionen* heben die Beziehung zwischen Emotion und Motivation hervor (z. B. Leeper 1948, Tomkins 1970).
11. *Skeptische Aussagen* stellen den Wert des Emotionskonzepts überhaupt in Frage (z. B. Meyer 1933, Duffy 1941, Fantino 1973).

Aufgrund ihrer Analyse schlagen Kleinginna und Kleinginna (1981, S. 355) folgende Arbeitsdefinition vor: „Emotion ist ein komplexes Interaktionsgefüge subjektiver und objektiver Faktoren, das von neuronal/hormonalen Systemen vermittelt wird, die (a) affektive Erfahrungen, wie Gefühle der Erregung oder Lust/Unlust, bewirken können; (b) kognitive Prozesse, wie emotional relevante Wahrnehmungseffekte, Bewertungen, Klassifikationsprozesse, hervorrufen können; (c) ausgedehnte physiologische Anpassungen an die erregungsauslösenden Bedingungen in Gang setzen können; (d) zu Verhalten führen können, welches oft expressiv, zielgerichtet und adaptiv ist."

Diese vier zentralen Komponenten von Emotion sollen im folgenden noch etwas differenzierter erläutert werden.

1. Die *subjektive Komponente,* also der subjektive Gefühlszustand, umfaßt Befindlichkeiten, die von dem betroffenen Individuum selbst als Emotion bezeichnet und mitgeteilt werden (vgl. Scherer 1981). Im Erleben von Gefühlen erfahren wir uns selbst als jemand, der in einer bestimmten Beziehung zu etwas lebt. „Selbst wenn Gefühlsregungen oder Stimmungen konflikthaft, ambivalent, nicht eindeutig oder schwankend sind, werden die emotionalen Zustände als solche mit unbezweifelbarer subjektiver Gewißheit erlebt. Das heißt nicht, daß alle Zustände mit derselben Klarheit und Eindeutigkeit erlebt werden oder daß alle Zustände, die ich einmal erlebt habe, zu jeder Zeit bewußtseinsfähig sind, oder daß ich auch immer weiß, warum ich z. B. wovor Angst habe" (Ulich 1982, S. 66–68). Die Bezeichnung des Gefühlszustandes wird in der Regel mit Hilfe der Sprache erfolgen. Sagt jemand, er sei traurig, habe Angst, fühle sich einsam etc., so wird seine Emotion durch diese Mitteilung definiert. „Allein die erlebte, also wahrgenommene Befindlichkeit ist Gegenstand der Definition" (Schmidt-Atzert 1981, S. 29).
2. Eine Betrachtung der *kognitiven Komponente* von Emotionen geht davon aus, daß beim Auftreten einer angemessenen Erregung Individuen sich mit verschiedenen Arten kognitiv-emotionaler Aktivität befassen: Wahrnehmung und Bewertung emotionaler Situationen und Verhaltensweisen, Benennung der Emotion, Planung oder Auffinden von Kontrollmechanismen zur Handhabung der emotionalen Situation oder andere kognitive Aktivitäten, die durch diese Situation ausgelöst werden (→ *Kognitionstheoretische Ansätze;* → *Attributionstheoretische Ansätze*).
3. Die *physiologische Komponente,* also *psychophysiologische* Reaktionen, sind ebenfalls integraler Bestandteil von Emotionen. Lazarus et al. (1980) vertreten dabei die Position, daß jedes Gefühl mit einem bestimmten Profil physiologischer Reaktionen verbunden ist. Neuere empirische Befunde weisen in der Tat in diese Richtung (→ *Psychophysiologische Ansätze;* → *Limbisches System und Emotionen;* → *Vegetatives Nervensystem und Emotionen;* → *Hormone und Emotionen*).
4. Die *behavioral-expressive Komponente* umfaßt motorisches Verhalten (z. B. Flucht oder Angriff) und Ausdruckserscheinungen. Zu den Ausdruckserscheinungen gehören alle motorischen und vegetativen Vorgänge, die von anderen Menschen als Hinweis auf bestimmte Gefühle verstanden werden, z. B. bestimmte Veränderungen der Mimik, Blickrichtung, Pupillengröße, Stimme,

Sprechgeschwindigkeit, vegetative Vorgänge der Haut (Erröten, Erblassen). (→ *Ausdruckserscheinungen;* → *Psychobiologische und soziobiologische Ansätze*).

Hinsichtlich der Aufmerksamkeit, welche die verschiedenen Theorien diesen einzelnen Komponenten widmen, bestehen deutliche Unterschiede. Ältere lernpsychologische Theorien vernachlässigen typischerweise die kognitive Komponente und akzeptieren die subjektive Komponente nur, soweit sie verhaltensmäßig erfaßbar ist. Kognitive Theorien sehen in der kognitiven Komponente funktionsbestimmende Merkmale. In neuerer Zeit wird der subjektiven Komponente erhöhte Aufmerksamkeit zuteil, wie z. B. bei Ulich (1982). Die größten Unterschiede aber werden deutlich bei der Frage, in welcher Weise die verschiedenen Komponenten in Wechselbeziehung stehen.

Den üblichen bisherigen Bemühungen um begriffliche Klärung stellt Averill (1982) einen anderen Versuch gegenüber. Emotionale Konzepte seien natürliche Kategorien, also Ordnungsschemata der Alltagssprache, und als solche seien sie hinreichend klar und für wissenschaftliche Verwendung durchaus nützlich. Natürliche Kategorien werden nicht durch wesentliche, sondern durch prototypische Merkmale bestimmt. So ist beispielsweise Ärger durch typische und nicht durch notwendige Merkmale zu definieren. Natürliche Kategorien neigen zu unscharfen Grenzen, was ihren Nutzen jedoch nicht unbedingt schmälert. So ist Ärger eben nicht scharf von Gereiztheit, Neid, Eifersucht, Haß oder Zorn zu trennen. Statt einer Begriffsbestimmung anhand von Merkmalen schlägt Averill (1982) vor, ganz im Sinne seines Verständnisses von Emotionen als sozialen Konstrukten, emotionale Begriffe durch die Regeln zu kennzeichnen, mit denen Menschen Emotionen kategorisieren. Nützliche Unterscheidungen finden sich dann zwischen verschiedenen Regeln. So sind emotionale Begriffe bestimmt sowohl durch konstitutive Regeln (Emotionen werden aufgrund dieser Regeln so erlebt), als auch durch regulative Regeln (Sprechregeln). Andere mögliche Unterscheidungen könnten gezogen werden hinsichtlich Bewertungsregeln (bezüglich einer Einschätzung der Situation), Verhaltensregeln, Erwartungsregeln (bezüglich des Verhaltensergebnisses) und Attributionsregeln (Bezug zwischen Verhalten und Person). Wenn die Regeln für eine bestimmte Emotion gefunden wurden, müssen sie einerseits auf umfassendere soziale Systeme und andererseits auf das Verhalten der Individuen bezogen werden.

Literatur

Alston, W. P.: Emotion und Gefühl. In: Kahle, G. (Hg.): Logik des Herzens. Die soziale Dimension der Gefühle. Frankfurt: Suhrkamp 1981, 9–33.

Arnold, M. B.: Emotion and personality (2 vols.). New York: Columbia University Press 1960.

Averill, J. R.: A constructivist view of emotion. In: Plutchik, R. & Kellermann, H. (eds.): Emotion. Theory, research, and experience. Vol. 1: Theories of emotion. New York: Academic Press 1980, 305–339.
Averill, J. R.: Emotion: What is the proper unit of analysis? Paper presented at a symposium „Current issues in theories of the emotions". Meetings of the American Psychological Association, Washington, D. C., 1982.
Brenner, C.: On the nature and development of affects: A unified theory. Psychoanalytic Quarterly 43 (1974), 532–556.
Clynes, M.: Sentics: The touch of emotions. New York: Anchor/Doubleday 1977.
Duffy, E.: The conceptual categories of psychology: A suggestion for revision. Psychological Review 48 (1941), 177–203.
Ewert, O.: The attitudinal character of emotion. In: Arnold, M. B. (ed.): Feelings and emotions: The Loyola Symposium. New York: Academic Press 1970, 233–240.
Ewert, O.: Ergebnisse und Probleme der Emotionsforschung. In: Thomae, H. (Hg.): Motivation und Emotion. 1. Bd.: Theorien und Formen der Motivation. Göttingen: Hogrefe 1983, 398–452.
Fantino, E.: Emotion. In: Nevin, J. A. (ed.): The study of behavior: Learning, motivation, emotion, and instinct. Glenview, Ill.: Scott, Foresman 1973, 281–320.
Izard, C. E.: The face of emotion. New York: Appleton-Century-Crofts 1971.
James, W.: What is an emotion? Mind 19 (1884), 188–205.
Kleinginna, P. R. Jr. & Kleinginna, A. M.: A categorized list of emotion definitions, with suggestions for a consensual definition. Motivation and Emotion 5 (1981), 345–355.
Lazarus, R. S.: A cognitively oriented psychologist looks at feedback. American Psychologist 30 (1975), 553–561.
Lazarus, R. S., Kanner A. D. & Folkman, S.: Emotions: A cognitive-phenomenological analysis. In: Plutchik, R. & Kellerman, H. (eds.): Emotion. Theory, research, and experience. Vol. 1: Theories of emotion. New York: Academic Press 1980, 189–217.
Leeper, R. W.: A motivational theory of emotion to replace ‚Emotion as disorganized response.' Psychological Review 55 (1948), 5–21.
Lewis, M. & Rosenblum, L. A. (eds.): The development of affect. New York: Plenum Press 1978.
Mandl, H. & Huber, G. L.: Theoretische Grundpositionen zum Verhältnis von Emotion und Kognition. In: Mandl, H. & Huber, G. L. (Hg.): Emotion und Kognition. München: Urban & Schwarzenberg 1983, 1–60.
Meyer, M. F.: That whale among the fishes – the theory of emotion. Psychological Review 40 (1933), 292–300.
Millenson, J. R.: Principles of behavioral analysis. New York: Macmillan 1967.
Plutchik, R.: The multifactor-analytic theory of emotion. Journal of Psychology 50 (1960), 153–171.
Plutchik, R.: Emotion: A psychoevolutionary synthesis. New York: Harper & Row 1980.
Pribram, K. H.: Feelings as monitors. In: Arnold, M. B. (ed.): Feelings and emotions: The Loyola Symposium. New York: Academic Press 1970, 41–53.
Rado, S.: Adaptational psychodynamics: Motivation and control. New York: Science House 1969.
Schachter, S.: The assumption of identity and peripheralist-centralist controversies in motivation and emotion. In: Arnold, M. B. (ed.): Feelings and emotions: The Loyola Symposium. New York: Academic Press 1970, 111–121.
Scherer, K. R.: Wider die Vernachlässigung der Emotion in der Psychologie. In: Michaelis, W. (Hg.): Bericht über den 32. Kongreß der Deutschen Gesellschaft für Psychologie in Zürich 1980, Bd. 1. Göttingen: Hogrefe 1981, 304–317.
Schlosberg, H.: The description of facial expressions in term of two dimensions. Journal of Experimental Psychology 44 (1952), 229–237.
Schmidt-Atzert, L.: Emotionspsychologie. Stuttgart: Kohlhammer 1981.

Tomkins, S. S.: Affect as the primary motivational system. In: Arnold, M. B. (ed.): Feelings and emotions: The Loyola Symposium. New York: Academic Press 1970, 101–110.
Traxel, W.: Empirische Untersuchungen zur Einteilung von Gefühlsqualitäten. Bericht über den 22. Kongreß der Deutschen Gesellschaft für Psychologie in Heidelberg 1959. Göttingen: Hogrefe 1960, 290–294.
Traxel, W.: Gefühl und Gefühlsausdruck. In: Meili, R. & Rohracher, H. (Hg.): Lehrbuch der experimentellen Psychologie. Bern: Huber 1965, 215–263.
Ulich, D.: Das Gefühl. Eine Einführung in die Emotionspsychologie. München: Urban & Schwarzenberg 1982.
Wundt, W.: Grundzüge der physiologischen Psychologie, 2. Bd. Leipzig: Engelmann, 6. Aufl. 1910.
Young, P. T.: Emotion in man and animal: Its nature and relation to attitude and motive. New York: Wiley 1943.
Zajonc, R. B.: Feeling and thinking. Preferences need no inferences. American Psychologist 35 (1980), 151–175.

Heinz Mandl und *Harald A. Euler*

Zur Geschichte der Emotionskonzepte

In einer heute fast vergessenen Schrift beurteilte J. W. Nahlowsky (1862, S. 1) die Lage der Emotionspsychologie wie folgt: „In der That giebt es kaum ein Gebiet psychischer Erscheinungen, welche der Untersuchung grössere Schwierigkeiten entgegenstellten, als eben die Region der *Gefühle.* Durchlaufen wir die Psychologien älterer und neuester Zeit, nirgends herrscht so viel Abweichung, ja so viel Widerstreit der Ansichten und Erklärungen, wie hier . . ." Könnte Nahlowsky heute aktuelle Stellungnahmen zu demselben Thema lesen – z. B. Ewert (1965, S. 229), Bottenberg (1972, S. 22f.), Schmidt-Atzert (1981, S. 11) – er wäre vermutlich überrascht darüber, wie sehr sie seinem eigenen Urteil ähnlich sehen, das zu einer Zeit geschrieben wurde, als die moderne Psychologie gerade begann. Sicherlich ist seitdem auch unser Wissen von den Emotionen im einzelnen um einiges erweitert worden, doch aufs Ganze gesehen und verglichen mit anderen Bereichen der Psychologie ist der Ertrag recht gering.

Diese allgemein anerkannte Tatsache wird in der Regel mit den besonderen methodischen Schwierigkeiten der Emotionsforschung erklärt, die ja oft genug herausgestellt wurden, während die realen methodischen Möglichkeiten zu wenig Beachtung fanden (Traxel 1981). Aber die gravierendsten Probleme der Emotionspsychologie sind wohl primär nicht einmal methodischer, sondern eher konzeptueller Art.

Emotionskonzepte sind seit alters in stattlicher Zahl überliefert. Sie sämtlich darzustellen und einzeln durch die Geschichte zu verfolgen, ist auf knappem

Raum unmöglich und wäre auch nicht sehr lohnend. Als nützlicher dürfte sich ein Überblick über die in diesen Konzepten enthaltenen theoretischen Annahmen erweisen, verbunden mit Bemerkungen zur Problemgeschichte. Nur so läßt sich auch einige Ordnung in die vielfältige Problematik bringen.

Es lassen sich drei Fragen formulieren, auf die in den Emotionskonzepten ausdrücklich oder unausdrücklich eine Antwort gegeben wird (vgl. Traxel 1972, S. 276). Sie lauten in kürzester Fassung: Was sind Emotionen? Wie hängen sie mit organischen Prozessen zusammen? Welche Rolle spielen sie im menschlichen Leben?

Diese Fragen lassen sich zwar nicht ganz scharf voneinander trennen, denn die Antwort auf die eine kann bereits eine bestimmte Antwort auf eine andere nahelegen; sie sind aber selbständig genug, um die Hauptaspekte zu unterscheiden, unter denen die *Emotionskonzepte* gebildet sind. Andere Themen, wie z. B. die Entwicklung der Emotionen, der Zusammenhang von Emotionen mit Lernprozessen, emotionale Störungen, Emotionen und Persönlichkeit, sind zunächst empirischer Art. Soweit sie auch eine theoretische Seite haben, werden sie sich den drei erwähnten Fragen zuordnen lassen.

Was sind Emotionen?

Bei dieser Frage geht es um die Abgrenzung der Emotionen gegenüber anderen Gegenständen der Psychologie, Bestimmung ihrer Eigenart und ihrer wesentlichen Merkmale, Definition und Klassifikation (→ *Begriffsbestimmungen*).

Ein Haupthindernis für die Lösung dieser Aufgaben ist eine überkommene, für ihre Ungenauigkeit und Mehrdeutigkeit geradezu berüchtigte *Terminologie.* Zu einem Teil stammen die Termini der Emotionspsychologie aus der Umgangssprache, wie z. B. das Wort *Gefühl,* das im Alltag in wenigstens fünf klar unterscheidbaren Bedeutungen verwendet wird (Traxel 1972, S. 235 f.). Erst gegen Ende des 19. Jahrhunderts wurde hier wenigstens insoweit eine Präzisierung erreicht, als „Gefühl“ nur ein emotionales Erlebnis bezeichnen soll. Damit ist freilich noch nicht darüber entschieden, was im einzelnen alles zu den Gefühlen zu zählen sei. Andere Termini kommen aus der älteren Philosophie (z. B. *Affekt, Emotion*), aber der Gebrauch ist darum nicht einheitlicher. So sehen manche Autoren zwischen „Emotion“ und „Affekt“ oder zwischen „Gefühl“ und „Emotion“ deutliche Unterschiede; andere glauben, diese Termini als Synonyme verwenden zu können. Im Gebrauch von Begriffen aus dem näheren und weiteren Umfeld, wie etwa: Bedürfnis, Instinkt, Interesse, Strebung, Trieb, Motiv und Motivation, ist der terminologische Wildwuchs noch üppiger. Noch fataler ist aber der Umstand, daß manche dieser Ausdrücke gar nichts bezeichnen, was konkret feststellbar wäre oder was sich direkt auf Beobachtungen zurückführen ließe, daß sie Scheinerklärungen bieten, dem Entwurf einer entscheidbaren Fragestellung und eines

Untersuchungsplans aber keine Handhabe liefern (→ *Methoden der Emotionsforschung*). So blieb die Emotionsforschung und mit ihr das weitere Gebiet der Motivationspsychologie (→ *Motivation und Emotion*) schon im phänomenologischen Bereich in hohem Maß auf subjektive Reflexionen angewiesen, was zu jenen beträchtlichen Divergenzen im Begriffsverständnis sowohl wie in den theoretischen Auffassungen führen mußte.
Gleichwohl gibt es eine Tradition, die erkennen läßt, wie bestimmte Grundgedanken über lange Zeit beibehalten werden bzw. wiederkehren. So besteht von Anfang an die Neigung, Emotionen nicht als Phänomene von eigener Art, sondern als etwas Ableitbares, Unselbständiges zu betrachten. Für Aristoteles (384–322 v. Chr.) sind Lust und Unlust Begleiterscheinungen von Wahrnehmungen oder Vorstellungen, die zwar das Begehren anregen, selbst aber zu den Erkenntnisfunktionen zu rechnen sind. Auch bei den Stoikern (etwa seit 300 v. Chr.) sind die Affekte im Seelenbezirk der Vernunft angesiedelt. Leidenschaften sind Fehler oder Störungen des Denkens und Urteilens. Weit mehr Bedeutung und Selbständigkeit erkennt Augustin (354–430) dem emotionalen Leben zu. Doch das spätere Mittelalter orientiert sich stärker an der aristotelischen Sicht. Die rationalistische Deutung der Emotionen setzt sich fort bei Descartes (1596–1650), der Emotionen aus Erwägungen über Wert und Nutzen hervorgehen läßt, bei Leibniz (1646–1716), der sie als Ahnungen und dunkles Wissen von Förderlichkeit oder Schädlichkeit von Reizen erklärt, bei Herbart (1776–1841), für den sich Emotionen aus den Wechselbeziehungen zwischen Vorstellungen ergeben. Auch als dann die Emotionen aus der Obhut des Rationalismus in die des Sensualismus übergingen, blieb ihnen die Selbständigkeit versagt: Die im späten 19. Jahrhundert dominierende Assoziationspsychologie machte sie zu Eigenschaften der Empfindungselemente oder von deren Verbindungen. Noch in der Psychologie unseres Jahrhunderts waren die „Gefühlstöne" der Empfindungen (Ziehen) und die „Gefühlsempfindungen" (Stumpf) gängige Begriffe.
Indessen hatte sich bereits um die Mitte des 18. Jahrhunderts eine Abkehr von der alten Zweiteilung in „theoretische" und „praktische" Seelenfähigkeiten angebahnt. Besonders Tetens' (1736–1807) verschaffte einer neuen Gliederung Geltung, nach der drei seelische Tätigkeiten zu unterscheiden waren: Vorstellen, Fühlen und Wollen. Tetens Einfluß wurde zum Teil über Kant (1724–1804) wirksam, dessen Gewährsmann in psychologischen Fragen er war. Wenn sich auch die Dreiteilung nicht völlig durchsetzte, so treten doch seither Emotionen häufiger als selbständige Klasse auf, wie dann etwa bei Wundt, der, abweichend vom assoziationstheoretischen Konzept, zwei Arten von Elementen des Seelenlebens annahm, nämlich Empfindungs- und Gefühlselemente, und letztere zur Erklärung des Willens heranzog. Brentano vereinigte Gefühl und Willen in einer Grundklasse (neben Vorstellen und Urteilen).
Die Beantwortung der Frage „Was sind Emotionen?" hat beträchtliche Konsequenzen. Sie führt nicht nur zur Bevorzugung oder Vernachlässigung bestimmter Fragestellungen und ganzer Forschungsgebiete; sie muß auch zu verschiedenartigen Psychologiekonzepten führen.

Unsere erste Frage hat noch andere Aspekte: Phänomenologische Beschreibung der Emotionen und Charakterisierung durch allgemeine Merkmale gehören dazu. Der Versuch, Emotionen zu beschreiben und zu definieren, stößt auf die Schwierigkeit, daß man sich dabei entweder wiederum auf Emotionales beziehen muß oder sich in Tautologien und Analogien ergeht. Wenn Heiterkeit als „Erlebnis innerer Helligkeit" gekennzeichnet wird, ist dies wenig nützlich. Schon eher lassen sich allgemeine Kennzeichen von Emotionen herausstellen. Als solche wurden etwa seit der Jahrhundertwende beispielsweise genannt:

- *Subjektivität.* Emotionen werden als „Zustände des Ichs" erlebt, im Unterschied zu Wahrnehmungen, Vorstellungen usw., in denen ich-unabhängige Inhalte gegeben sind.
- *Universalität.* Es gibt keine spezifischen Sinnesorgane für Emotionen. Diese können vielmehr durch alle anderen psychischen Vorgänge (Wahrnehmungen, Vorstellungen, Gedanken) ausgelöst werden.
- *Aktualität.* Emotionen sind immer nur aktuelle Erlebnisse; d. h. es gibt von ihnen keine Erinnerungsbilder. Emotionen können also nicht wie Objekte vorgestellt werden. Bei Erinnerungen bleiben Emotionen entweder aus oder sie werden selbst (wenn auch meist abgeschwächt) wieder aktuell.

Es wurden noch weitere „Emotionskriterien" aufgestellt, die aber umstrittener sind als die drei genannten (Külpe 1913, Lehmann 1914, Pauli 1930).
Zur Charakterisierung der Emotionen können auch ihre Entstehungsbedingungen herangezogen werden. Külpe hat schon 1913 versucht, die maßgeblichen Faktoren in einer Funktionsformel zusammenzufassen:

$$G = f\,[I, D, E_{(r,\,i,\,a)}R_{(v,\,m)}]$$

Dabei bedeuten: I die Individualität der ein Gefühl erlebenden Person („Temperament"), D ihre jeweilige Disposition für emotionale Reaktionen (momentane Stimmung), E die aktuellen erregenden Bedingungen (r: Reize, i: Inhalte, a: Akte) und R die reaktiven Folgeerscheinungen einer primären Emotion, teils vorstellungshafte und gedankliche (v), teils motorisch-kinästhetische (m), die von der Person wahrgenommen werden und auf ihr Erleben zurückwirken.
Die Külpesche Formel erscheint auch heute noch beachtenswert. Geht man den damit angedeuteten Fragestellungen nach, so läßt sich daraus ein umfassendes Programm für die Emotionsforschung entwickeln, von dessen Erfüllung wir noch weit entfernt sind.
In den Bereich der Frage „Was sind Emotionen?" gehört schließlich das Problem der Klassifikation. Schon im Altertum war die Gegenüberstellung von Lust und Unlust geläufig und ebenso das Bestreben, bestimmte einzelne Emotionen auf eine dieser beiden Grundformen zurückzuführen. So etwa, wenn Aristoteles die Furcht als die Unlust erklärt, die durch die Vorstellung eines zukünftigen Übels bewirkt wird. Die sog. *Lust-Unlust-Theorie* wurde dann zu einem wesentlichen Bestandteil der meisten Emotionskonzepte bis in die Gegenwart, obwohl sie immer wieder in Zweifel gezogen wurde (→ *Lust und Unlust*).

In der neuesten Zeit hat sich das nicht selten für unlösbar gehaltene Problem der Emotionsklassifikation umstrukturiert zur Frage nach den → *Emotionsdimensionen.* Da dieser Frage ein eigener Artikel gewidmet ist, wird hier nicht darauf eingegangen.

Wie hängen Emotionen mit organischen Prozessen zusammen?

Leib-Seele-Theorien sind uralt, und gerade die Emotionen haben zu ihrer Entstehung wesentlich beigetragen. Die Tatsache, daß insbesondere starke Emotionen mit deutlichen körperlichen Veränderungen verbunden sind, war immer bekannt, und auch eine rationalistische Auffassung mußte ihr Rechnung tragen. Aristoteles räumte ein, daß Affekte auch rein physische Ursachen haben könnten. Die Auffassung, daß Affekte wenigstens teilweise physisch bedingt sind, wurde auch später häufig vertreten, so etwa von Thomas von Aquin (1225–1274) oder von Descartes, der annahm, daß die Affekte durch die Einwirkung des Leibes auf die Seelensubstanz entstünden.
Eine erste umfassende psycho-physiologische Lehre wurde von Galen (131–201) geschaffen. Sie befaßt sich, im Anschluß an Hippokrates (geb. 460 v. Chr.), auch mit den Temperamenten als individuellen emotionalen Reaktionsweisen, die auf die unterschiedliche Verteilung der Körpersäfte zurückgeführt werden.
Der Gedanke, daß Emotionen durch körperliche Vorgänge ausgelöst oder beeinflußt werden, ist keineswegs unverträglich mit dem Gedanken, daß die Emotionen ihrerseits wiederum körperliche Veränderungen hervorrufen. Die neuere Psychologie hatte sich sogar weitgehend die Auffassung zu eigen gemacht, daß die körperlichen Veränderungen die Folgen (die → *Ausdruckserscheinungen*) des Emotionserlebnisses sind.
Es wirkte daher sensationell, als fast gleichzeitig und voneinander unabhängig James (1884) und C. Lange (1885) ihre sog. peripheren *Emotionstheorien* veröffentlichten. Danach ist die physische Veränderung primär, das Emotionserlebnis sekundär. Lange bezog sich dabei insbesondere auf die vasomotorischen Veränderungen, während James, weniger speziell, alle körperlichen Begleitvorgänge in Betracht zog. Seine berühmte Formulierung lautete: „We feel sorry because we cry, angry because we strike, afraid because we tremble." (→ *Psychophysiologische Ansätze*)
Schon Lessing (1767) hatte darauf hingewiesen, daß die Nachahmung äußerer Symptome des Zorns das Erlebnis des Zorns selbst anklingen läßt, und der Philosoph F. A. Lange hatte bereits das Emotionserlebnis als die Empfindung „körperlicher Rückwirkungen" zu deuten versucht (1866, 1875). Aber die empirische Forschung auf diesem Gebiet wurde erst durch die *James-Langesche Theorie*" stark angeregt. Die Ablehnung überwog. Psychologen betonten vor allem, daß die Emotion schon vor dem Eintreten ihrer physischen Symptome erlebt

werde; Neurologen und Physiologen (Sherrington 1906, Cannon 1927) führten klinische Befunde und Resultate von Tierexperimenten gegen die Theorie an. Sicherlich können Emotionen nicht mit peripheren körperlichen Veränderungen gleichgesetzt werden; dies wäre eine unbeweisbare Behauptung. Es ist vielmehr die Frage, in welchen Erlebnisdaten eine Emotion besteht. Sollten dazu Organwahrnehmungen gehören, so ist die weitere Frage, durch welche zentralen Prozesse die rückgemeldeten Veränderungen bewirkt werden, noch nicht beantwortet. Hier haben die neueren psychophysiologischen Emotionstheorien angesetzt, wie sie von Cannon (1927, 1931), Duffy (1934, 1962) Papez (1937, 1939), M. Arnold (1950, 1960), Lindsley (1951) und anderen entwickelt wurden, und die die Entstehung emotionaler Erregungen mit den Funktionen kortikaler und subkortikaler Zentren bzw. mit deren Interaktionen zu erklären versuchen. Sie sind Gegenstand der aktuellen Diskussion (→ *Limbisches System und Emotionen*).
Erwähnt sei wenigstens, daß die um 1880 mit experimentellen Arbeiten von Mosso, Féré, Lehmann und anderen beginnende psychophysiologische Emotionsforschung sich nicht allein auf die empirische Prüfung der theoretischen Konzepte beschränkt hat. So wurden zahlreiche Versuche unternommen, körperliche Unterscheidungskriterien für einzelne Emotionsqualitäten aufzufinden. Da diese Untersuchungen nicht notwendigerweise an bestimmte Emotionskonzepte gebunden sind, sind sie hier nicht zu behandeln.

Welche Rolle spielen Emotionen im menschlichen Leben?

Die Frage nach der Funktion der Emotionen im psychischen Geschehen und im Lebensgeschehen überhaupt wird ebenfalls schon in den ältesten Emotionskonzepten angeschnitten, und auch hier ist die Zahl der Deutungen auf einige wenige Grundformen beschränkt, die unterschiedlich ausgearbeitet, durch die Geschichte immer wiederkehren. Demnach spielen die Emotionen die Rolle von Begleiterscheinungen, von Störungen oder von Antriebskräften.
Diese unterschiedlichen Deutungen sind zu verstehen vor dem Hintergrund fundamentaler Standpunkte. Dabei handelt es sich zum einen um philosophische, insbesondere ethische, zum anderen um wissenschaftstheoretische und wissenschaftssoziologisch bedingte Auffassungen.
Seit der griechischen Antike gilt der Mensch als ein rational handelndes Wesen. Emotionen treten zwar als Zeichen der Förderung oder Hemmung der Seelentätigkeit auf, sie lösen auch Strebungen aus (Aristoteles), aber über das Handeln entscheidet der Wille. Damit sind die Emotionen im wesentlichen auf die Rolle von Begleiterscheinungen verwiesen. Im Normalfall gehen sie mit der Vernunft konform, ja sind selbst eine Teilfunktion von ihr; im ungünstigen Fall können sie die Vernunft stören, aber diese hat dann doch noch das letzte Wort. Diese Anschauung dominierte bis weit in die Neuzeit. Erst Hume (1711–1776) erkannte

an, daß die Vernunft gegenüber den *Leidenschaften* (passions) machtlos sein könne.

Es ist deutlich zu ersehen, daß dem intellektualistischen Emotionskonzept ethische und pädagogische Motive zugrunde liegen. Beherrschung der unmittelbaren Handlungsantriebe, der *Affekte,* gehört als eine Voraussetzung geordneten Zusammenlebens zu den Erziehungszielen schon der frühesten Kulturen. Und dies wurde auch auf die wissenschaftlichen Lehren übertragen und in ihnen tradiert.

Mit dem Aufkommen einer empirischen Psychologie bot sich die Möglichkeit, den Bereich der Emotionen unabhängig von philosophisch-ethisch-pädagogischen Vorentscheidungen zu untersuchen. Doch die Experimentalpsychologie des 19. und frühen 20. Jahrhunderts setzte die intellektualistische Tradition fort, indem sie – summarisch gesagt – die „Gemütsbewegungen" gewissermaßen als Verzierungen des Seelenlebens bewertete, die für eine Wissenschaft, die ernst genommen werden wollte, schwerlich einen wichtigen und würdigen Forschungsgegenstand abgeben konnten. Diese Haltung wurde später durch den Behaviorismus noch erheblich verstärkt. So wurde Emotionsforschung zu einem dubiosen und prekären Gebiet, das von den meisten „zünftigen" Wissenschaftlern gemieden wurde.

Das intellektualistische Konzept geht zumindest implizit davon aus, daß das Handeln keiner emotionalen Antriebe bedarf. Von hier wird auch die Ansicht verständlich, wonach Emotionen als Ausdruck einer Störung oder eines Konflikts aufzufassen sind (Dewey, Janet). Was für den starken *Affekt* und die daraus folgende unkalkulierte und unkontrollierte Handlung gilt, wird hier auf die Funktion der Emotionen allgemein übertragen.

Die entgegengesetzte Überzeugung, daß emotionale Faktoren die normalen Antriebskräfte jedes Handelns sind, findet sich bei Autoren und Schulen sehr unterschiedlicher Richtungen. Hierzu gehören alle Formen einer *Dynamischen Psychologie,* wie sie, nach Vorläufern im 19. Jahrhundert, in Europa und Amerika entstanden. Die „hormische Psychologie" McDougalls und die Forschungen Lewins und seiner Schule sind hier zu nennen, ebenso wie die Psychoanalyse Freuds und die anderen sog. tiefenpsychologischen Schulen, weiterhin Beiträge aus der Psychopathologie und Psychiatrie (E. Bleuler, E. Kretschmer) und schließlich die Lehren zahlreicher älterer und jüngerer Psychophysiologen. Die hieraus entstandenen „dynamischen" oder „energetischen" Emotionskonzepte näher zu charakterisieren, ist bei der Heterogenität dieser Gruppe vollends unmöglich, zumal dabei weit mehr auf Abgrenzungen zwischen dem Konzept „Emotion" und anderen Konzepten, wie etwa „Trieb" und „Instinkt", eingegangen werden müßte.

Damit werden noch einmal die Probleme der *Terminologie* angedeutet. Und dazu noch eine abschließende Bemerkung: Es ist bisher nicht gelungen, ein einheitliches, allgemeiner Anerkennung fähiges Emotionskonzept zu erarbeiten. Insbesondere scheinen die gängigen Konzepte unter einer eigentümlichen Zwiespältigkeit zu leiden: Zum einen rechnet man zum Emotionalen reine Anmutungserlebnisse (*Gefühle* im engeren Sinne), sozusagen als Barometer unserer Befindlichkeit; zum anderen aber auch auf die Umwelt sich richtende Handlungsimpulse

(*Affekte*). Die Erkenntnis, daß hier nicht zwei verschiedene Kategorien vorliegen, sondern daß man es weit eher mit einem mehrdimensionalen Kontinuum zu tun hat, könnte der Emotionsforschung vielleicht am besten weiterhelfen.

Literatur

Arnold, M. B.: An excitatory theory of emotion. In: Reymert, M. L. (ed.): Feelings and emotions. New York: McGraw-Hill 1950, 11–33.

Arnold, M. B.: Emotion and personality. New York: Columbia University Press 1960.

Bottenberg, E. H.: Emotionspsychologie. München: Goldmann 1972.

Cannon, W. B.: The James-Lange theory of emotion: A critical examination and an alternative theory. American Journal of Psychology 39 (1927), 106–124.

Cannon, W. B.: Again the James-Lange and the thalamic theories of emotion. Psychological Review 38 (1931), 281–295.

Duffy, E.: Emotion: An example for the need of reorientation in psychology. Psychological Review 41 (1934), 184–198.

Duffy, E.: Activation and behavior. New York: Wiley, 1962.

Ewert, O.: Gefühle und Stimmungen. In: Thomae, H. (Hg.): Handbuch der Psychologie, Band 2. Göttingen: Hogrefe 1965, 229–271.

James, W.: What is an emotion? Mind 19 (1884), 188–205.

Külpe, O.: Gefühl. In: Korschelt, E., Linck, G., Oltmanns, F., Schaum, K., Simon, Th., Verworn, M. & Teichmann, E. (Hg.): Handwörterbuch der Naturwissenschaften, Band 4. Jena: Fischer 1913, 678–685.

Lange, C.: Om Sinsbevaegelser. Kopenhagen: Rasmussen 1885. (dt.: Über Gemütsbewegungen. Leipzig: Thomas 1887).

Lange, F. A.: Geschichte des Materialismus und Kritik seiner Bedeutung in der Gegenwart. Iserlohn: Baedeker 1866, 2. Aufl. 1873/75.

Lehmann, A.: Die Hauptgesetze des menschlichen Gefühlslebens. Leipzig: Reisland, 2. Aufl. 1914.

Lessing, G. E.: Hamburgische Dramaturgie. Erster Band, drittes Stück 1767. Werke in zwei Bänden, Bd. 1. Berlin, Darmstadt: Tempel-Verlag, o. J.

Lindsley, D. B.: Emotion. In: Stevens, S. S. (ed.): Handbook of experimental psychology. New York: Wiley 1951, 473–516.

Nahlowsky, J. W.: Das Gefühlsleben. Leipzig: Pernitzsch 1862.

Papez, J. W.: A proposed mechanism of emotion. Archives of Neurology and Psychiatry 38 (1937), 725–743.

Papez, J. W.: Cerebral mechanism. Journal of nervous and mental Diseases 89 (1939), 145–159.

Pauli, R.: Psychologisches Praktikum. Jena: Fischer, 4. Auflage 1930.

Schmidt-Atzert, L.: Emotionspsychologie. Stuttgart: Kohlhammer, 1981.

Sherrington, C. S.: The integrative action of the nervous system. New Haven: Yale University Press, 1906.

Traxel, W.: Gefühl und Gefühlsausdruck. In: Meili, R. & Rohracher, H. (Hg.): Lehrbuch der experimentellen Psychologie. Bern: Huber, 3. Auflage 1972, 235–280.

Traxel, W.: Methodische Fragen bei emotionspsychologischen Experimenten. In: Janke, W. (Hg.): Beiträge zur Methodik in der differentiellen, diagnostischen und klinischen Psychologie. Festschrift zum 60. Geburtstag von G. A. Lienert. Königstein/Ts.: Hain 1981, 68–85.

Werner Traxel

Emotionsdimensionen

Die Versuche, für die Vielfalt von Emotionen eine systematische Ordnung zu finden, haben zwei Wege verfolgt:

1. Die Unterscheidung und Einteilung von Emotionen in Klassen,
2. die Bestimmung fundamentaler Dimensionen, auf die sich die Mannigfaltigkeit der Emotionen reduzieren läßt.

Das erste Verfahren ist heute weitgehend durch das zweite ersetzt. Da aber zwischen beiden Arten des Vorgehens Berührungspunkte bestehen, seien die älteren Einteilungsversuche möglichst kurz kritisch erörtert.

Ältere Einteilungsversuche und ihre Gesichtspunkte

Die einfachste Einteilung rechnet nur mit zwei genuinen Emotionsarten: Lust und Unlust. Die nach dem Erleben weit größere Vielfalt von Emotionen wird durch die Verschiedenheit der auslösenden Bedingungen und der die Emotion begleitenden Wahrnehmungen, Vorstellungen, Gedanken zu erklären versucht. Diese Auffassung wurde von zahlreichen älteren Psychologen vertreten (z. B. Ebbinghaus, Külpe, Lehmann, Lindworsky, Titchener; → *Zur Geschichte der Emotionskonzepte*).
Anderen erschien die hiermit vorgenommene Abstraktion und Reduktion nicht gerechtfertigt. Sie rechneten mit einer größeren, bestimmbaren oder unbestimmbaren Anzahl von Emotionsarten oder Emotionsqualitäten (z. B. James, Ribot, Th. Lipps, Krueger, McDougall, Wundt). So entstanden neben der dualistischen Einteilung zahlreiche pluralistische Einteilungen und dazwischen noch Übergangsformen, da manche Autoren zwar Lust und Unlust als Grundqualitäten betrachteten, diese aber weiter aufgliederten.
Werden mehrere, nicht auf andere zurückführbare Emotionsqualitäten angenommen, so lassen sich sehr unterschiedliche Einteilungsaspekte anwenden: So hat man z. B. gruppiert nach sinnlichen und geistigen, niederen und höheren, natur- und kulturbedingten, einfachen und komplexen Emotionen usw. Diesen Teilungen ist gemeinsam, daß den von einzelnen Empfindungen (z. B. Schmerz, Hunger) ausgelösten Emotionen die an das Denken und Urteilen gebundenen gegenübergestellt werden. Innerhalb der Gruppierungen läßt sich dann weiter untergliedern, z. B. die „komplexen" Gefühle nach intellektuellen, ästhetischen, sozialen, ethischen und religiösen.
Andere Einteilungen gehen sofort von inhaltlichen Gesichtspunkten aus. So unterschied man z. B. Vorstellungs-, Urteils-, Phantasie- und Begehrungsgefühle (Höfler) oder empfindungsbedingte, triebbedingte und persönlichkeitsbedingte Gefühle (Rohracher), oder es wurde die Einteilung der Emotionen an einer Systematik der menschlichen Strebungen ausgerichtet (Lersch).

Diese kleine Auswahl aus einer großen Zahl von Klassifikationsversuchen mag verständlich machen, daß auf diesem Weg keine allgemein verbindliche Lösung zu erreichen war. Manches könnte dazu kritisch ausgeführt werden; der größte Mangel der pluralistischen älteren Einteilungen besteht indessen darin, daß sie zu wenig von den Phänomenen selbst ausgehen, vielmehr nach Gesichtspunkten gebildet sind, die gewissermaßen von außen herangetragen wurden. So etwa wenn man einteilte nach den Arten von Inhalten, die Emotionen hervorrufen, nach Kulturgebieten, auf die sie sich beziehen, nach psychischen Bereichen, denen sie angehören können, oder auch nach rein formalen Kategorien. (Näheres dazu bei Traxel 1974, S. 124 ff.) Solche Einteilungen befriedigen vielleicht ein Ordnungsbedürfnis, liefern aber keine Hypothesen für die Forschung.
Dies gilt nicht für die Unterscheidung von Lust und Unlust, insofern sie sich auf etwas unzweifelhaft Gegebenes bezieht. Andererseits wird diese Unterscheidung, wenn sie keine anderen Emotionsqualitäten zuläßt, zu einer recht anfechtbaren Theorie. Doch mit den Begriffen Lust und Unlust läßt sich arbeiten. Eine Person zu fragen, ob sie eine Situation als „angenehm" oder als „unangenehm" erlebt, ist für brauchbare Ergebnisse weit aussichtsreicher, als sie nach qualitativen Besonderheiten von „niederen" und „höheren", „Vorstellungs-", „Urteils-" usw. Gefühlen auszuforschen. Aus diesem Grund hat sich die empirische Forschung zunächst weitgehend die *Lust-Unlust-Theorie* zueigen gemacht (→ *Lust und Unlust*).
Zudem lassen sich Lust und Unlust nicht nur als getrennte Klassen auffassen, sondern auch als eine zweipolige Skala, die auf der einen Seite mit stärkster Unlust beginnend, über mäßige und schwächere Grade zu einem „neutralen" Punkt, und von da aus entsprechend zu stärkster Lust führt. Damit entstand das Konzept einer kontinuierlichen Emotionsdimension. Die Frage blieb weiterhin, ob dies die einzige Dimension war, mit der man zu rechnen hatte, zumal manche Emotionen weder deutlich lustbetont noch unlustbetont zu sein scheinen.

Dimensionsanalysen

Wundt erweiterte als erster das eindimensionale Emotionskonzept durch zwei weitere Dimensionen. An einer Emotion sind danach in jeweils unterschiedlichen Verhältnissen drei Komponenten beteiligt, die durch die Gegensatzpaare „Lust-Unlust", „Erregung-Beruhigung" und „Spannung-Lösung" repräsentiert sind. Wundt stellte diese drei angenommenen Dimensionen als orthogonale Achsen dar (1910, S. 298); in dem dadurch gebildeten Raum kann man sich eine bestimmte Emotionsqualität durch einen Punkt gekennzeichnet denken. Diese sog. *dreidimensionale Gefühlstheorie* wurde abgeleitet aus experimentellen Untersuchungen längerer Emotionsverläufe mit Ausdrucksmethoden. Veränderungen in den drei Dimensionen sollten mit charakteristischen Puls- und Atmungssymptomen einhergehen. Diese ihrer Zeit vorauseilende Theorie konnte in weiteren experimen-

tellen Untersuchungen nicht verifiziert werden, weder in bezug auf die Angemessenheit der Wundtschen Dimensionen noch in bezug auf die spezifischen physischen Emotionskorrelate.
Burt unternahm 1915 die erste faktorenanalytische Untersuchung über Emotionsdimensionen (Burt 1950). Aus Beurteilungen des emotionalen Verhaltens zahlreicher Personen ermittelte er einen allgemeinen Faktor (*general emotionality*) und zwei bipolare orthogonale Faktoren, bezeichnet durch die Gegensätze *sthenisch-asthenisch* (im Sinn der schon von Kant vertretenen Einteilung der Affekte) und *euphorisch-dysphorisch* (also etwa gleichbedeutend mit Lust-Unlust).
Schlosberg (1952) ließ Photographien von schauspielerisch dargestelltem *Gesichtsausdruck* beurteilen und kam zu dem Resultat, daß sich die *Ausdrucksmuster* zu einem kreisförmigen System ordnen, für das sich die Dimenisonen „Lust-Unlust" (*pleasantness-unpleasantness*) und „Zuwendung-Abweisung" (*attention-rejection*) als Koordinaten angeben lassen (Abb. 1). Später hat Schlosberg (1954) eine dritte Dimension („Aktivationsniveau") hinzugefügt, um damit das System der mimischen Ausdrucksformen zu einem allgemeinen System der Emotionsqualitäten zu erweitern. Hofstätter (1955) hat dieses dreidimensionale System mit der Methode des Polaritätsprofils wieder auf ein zweidimensionales reduziert.

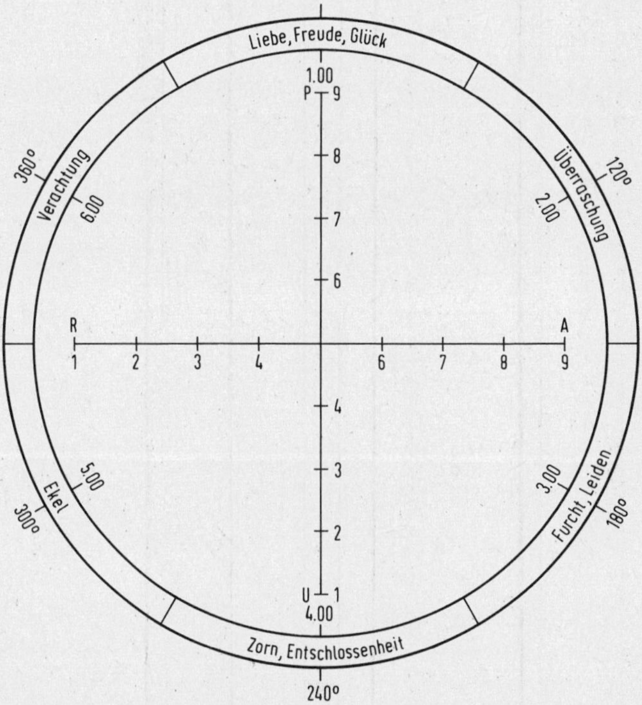

Abb. 1. Kategorien und Dimensionen des mimischen Ausdrucks nach Schlosberg, 1952 (s. Cofer 1979) P-U: Lust – Unlust; R-A: Zurückweisung – Zuwendung.

Ekman (1955) ließ Emotionsbegriffe paarweise nach dem Ähnlichkeitsgrad beurteilen und fand 11 unipolare Faktoren, die er durch 11 Begriffe (von insgesamt 23 verwendeten) interpretierte. Traxel und Heide (1961) konnten indessen die Faktoren Ekmans auf höchstens vier zurückführen; später wies Kristof (1964) auf die mathematische Unzulänglichkeit des Ekmanschen Modells hin.
Traxel (1960) stellte ein kreisförmiges System von Emotionsbegriffen vor, das von einer von Kafka (1950) vorgenommenen Unterscheidung einzelner „Uraffekte" ausgehend, aus der Beurteilung der Ähnlichkeit und Unähnlichkeit von Emotionen gewonnen worden war. Der „Emotionskreis" wurde zunächst durch die Achsen „positive-negative Wertung" und „aktive-passive Haltung" interpretiert, später mit den Gegensätzen „angenehm-unangenehm" und „Submission-Dominanz" (Abb. 2). Doch schienen diese beiden Dimensionen nicht auszureichen, um zwischen allen Emotionsqualitäten zu differenzieren, und in einer weiteren Arbeit (Traxel & Heide 1961) wurde mit dem Polaritätsprofil eine weitere Dimension gefunden, die als „Motivationsgrad" oder „Aktivationsgrad" zu deuten war. Traxel (1961, 1962, 1966) hat an diese Resultate weitere Überlegungen angeschlossen, nach denen er Emotionen als Vektoren der Motivation zu behandeln versuchte.

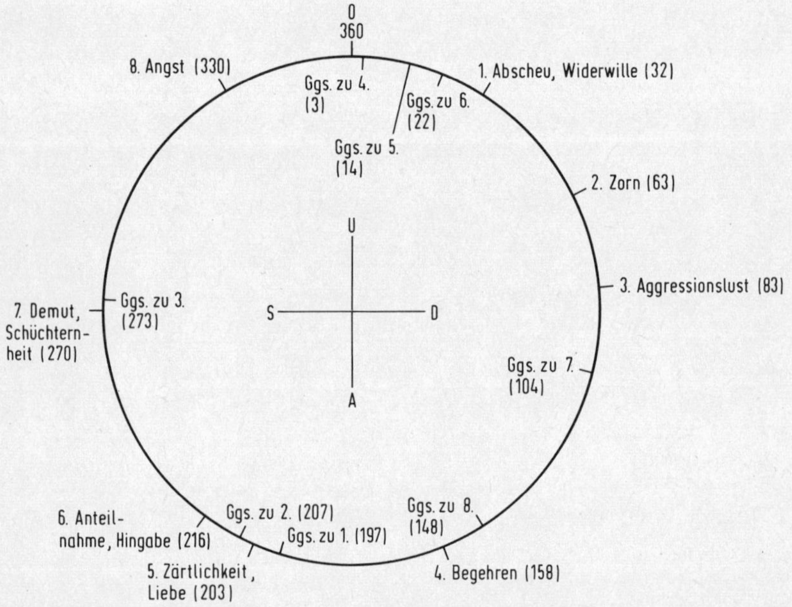

Abb. 2. Emotionskreis nach Traxel, 1960 (modifiziert). An der Außenseite des Kreises die nach ihrer Ähnlichkeit beurteilten Emotionsqualitäten (Skalenwerte in Winkelgraden); im Inneren die Positionen der zu den Emotionsqualitäten 1 bis 8 jeweils unähnlichsten Qualitäten, einfachheitshalber „Gegensatz" (Ggs.) genannt. A-U: Dimension Angenehm – Unangenehm; S-D: Dimension Submission – Dominanz.

Plutchik (1960) kam, von verschiedenen vorliegenden empirischen Ergebnissen und von eigenen theoretischen Überlegungen ausgehend, ebenfalls zu einem „Emotionsrad“, das aus vier Paaren von „primären“ Emotionen gebildet ist. Weitere Emotionen sind danach als Mischungen primärer Emotionsqualitäten aufzufassen. Durch Hinzufügung weiterer Qualitäten längs einer durch das Rad gehenden Intensitäts- oder Aktivitätsachse ergab sich ein dreidimensionales System in Gestalt einer Halbkugel. In einer später unternommenen faktorenanalytischen Studie fanden Schaefer und Plutchik (1966) dieses System teilweise bestätigt.

in ähnlicher Weise hat W. Arnold (1962) eine „Gefühlsrosette“ aufgestellt, die er in Anlehnung an die Gefühlsklassifikation von Lersch (1956) nach verschiedenen Ebenen der „Bezogenheitsregion“ (vitales Dasein, Selbstbezogenheit, Dubezogenheit, Umweltverhaftung und Persontranszendenz) untergliederte und erweiterte.

Die Emotionsdimensionen aus den Arbeiten Traxels wurden, in einem weiteren Zusammenhang, in einer Untersuchung von Ertel (1964) wiedergefunden. Ertel ging davon aus, daß diese Dimensionen den von Osgood, Suci und Tannenbaum (1957) als *evalutation, potency* und *activity* bezeichneten Dimensionen des semantischen Raums entsprechen könnten. In verschiedenen Versuchen, die sich nach Inhalt und Anordnung der verwendeten Skalen erheblich von denen Traxels unterschieden, kam Ertel zu dem Resultat, daß die aus dem Polaritätsprofil gewonnene „semantische“ Dimensionalität tatsächlich als eine emotionale Dimensionalität zu verstehen sei.

Kristof (1964) ließ Emotionsbegriffe nach dem Grad der Ähnlichkeit der mit ihnen bezeichneten Erlebnisse beurteilen und erhielt fünf Faktoren. Das System Traxels ist darin zwar widerspruchslos enthalten, erweist sich aber nur als ein Ausschnitt. Kristof erklärt die Abweichung damit, daß die Methode des Polaritätsprofils infolge einer „Verzerrung“ des Maßstabs zu einer Unterschätzung der Faktorenanzahl führt.

In weiteren Untersuchungen (Bottenberg 1972, Bush 1973, Averill 1975) wurden wiederum drei Dimensionen gefunden, dabei übereinstimmend die Faktoren „Lust-Unlust“ und „Erregung“ (bzw. Aktivierung), während für den jeweiligen dritten Faktor voneinander abweichende Interpretationen gegeben wurden. Marx (1982) erhielt dagegen nur zwei Dimensionen, nämlich „Lust-Unlust“ und „Aktivation“.

Nach den bis jetzt vorliegenden Resultaten ist das Bild bezüglich der Anzahl und der Benennung der Emotionsdimensionen also noch uneinheitlich. Zu erwähnen ist, daß neben der Dimensionsanalyse auch die Einteilung in Klassen mit empirischen und mathematischen Methoden angewendet wird. So hat z. B. Schmidt-Atzert (1981) mit einer clusteranalytischen Auswertung der Ähnlichkeitsbeurteilungen von 60 Emotionsbegriffen 12 voneinander relativ unabhängige Klassen von Emotionen festgestellt. Dimensions- und Clusteranalyse schließen indessen einander nicht aus.

Kritische Bemerkungen zur Methodik

Untersuchungen zur Dimensionsanalyse gehen gewöhnlich davon aus, daß Emotionsbegriffe in bipolare Skalen eingeordnet oder nach dem Grad ihrer Ähnlichkeit beurteilt werden (→ *Sprachliche Methoden*). Die Frage, wieweit solchen Begriffen auch tatsächlich psychische Realitäten entsprechen, wurde wohl erstmals von Traxel und Heide (1961, S. 198) aufgeworfen und von Traxel (1962) in verschiedenen Erkundungsstudien untersucht. Insbesondere die Tatsache, daß nicht nur Emotionsbegriffe, sondern auch experimentell ausgelöste aktuelle emotionale Reaktionen von Versuchspersonen so beurteilt wurden, wie dies nach dem begrifflichen System zu erwarten war (obwohl die Vpn dieses System nicht kannten), unterstützte die Annahme, daß es sich hier nicht nur um ein „begriffliches", sondern auch um ein „natürliches" System handelte. Doch läßt sich dieser Befund noch nicht ohne weiteres verallgemeinern.

Selbst wenn man aber davon ausgehen könnte, daß ein aus Emotionsbegriffen entwickeltes System die psychischen Realitäten getreu widerspiegelte, so ist zu bedenken, daß durch die Zusammensetzung der Stichprobe der zur Untersuchung verwendeten Begriffe schon über die Zahl und die Art der schließlich ermittelten Dimensionen vorentschieden wird. Sicherlich sind die Autoren bei der Auswahl der Begriffe nicht wahllos verfahren. Sie gingen etwa von umfangreicheren Listen von Emotionswörtern aus und schieden dann solche aus, die synonym oder ähnlich erschienen oder die nach bestimmten Kriterien keine reinen Emotionen bezeichneten, oder sie versuchten zumindest, möglichst verschiedenartige Emotionen zusammenzustellen. Natürlich ist so eine repräsentative Auswahl nicht zu erreichen. Aber auch mit anderen Methoden dürfte dies kaum gelingen. Denn die Gesamtheit der Emotionsbegriffe kann schon deshalb nicht berücksichtigt werden, weil sich für den Begriff „Emotion" (oder emotional) keine klaren Grenzen finden lassen. Auch Meinungsbefragungen über den emotionalen Gehalt von Begriffen lösen das Problem nicht. Legt man die in einem Vorversuch am häufigsten genannten Emotionen der weiteren Untersuchung zugrunde (Marx 1982), so hat man zwar ein klares Auswahlkriterium, erhält aber auch damit wohl nicht die angestrebte repräsentative Stichprobe, genausowenig wie man mit der Nennung der häufigsten Berufe die tatsächliche Berufsstruktur in einer Population abbilden könnte. Hinzu kommt hier noch, daß – gerade Emotionsbegriffe – aufgrund unterschiedlicher, aber für diese Fragestellung irrelevanter Bedingungen (etwa „soziale Billigung", um nur eine davon als Beispiel zu nennen) sehr ungleiche Chancen haben dürften, in eine derartige Auswahl zu gelangen. Wahrscheinlich lassen sich Verzerrungseffekte am ehesten vermeiden, indem man aus einigen hundert Emotionsbegriffen eine Zufallsstichprobe zieht.

Verzerrungen können auch ganz andere Gründe haben. Bei allen emotionspsychologischen Untersuchungen spielt die den Versuchspersonen gegebene Instruktion eine entscheidende Rolle (Traxel 1981). Eine scheinbar geringfügige Über- oder Unterbetonung des einen oder anderen Instruktionsinhalts kann sich auf die

Ergebnisse beträchtlich auswirken. Dieser Tatsache wird oft nicht genügend Beachtung geschenkt.
Solange die Methodenabhängigkeit der Resultate noch so überdeutlich in Erscheinung tritt wie bei dem hier besprochenen Thema, sollte man sich davor hüten, dem Resultat einer einzelnen Untersuchung schon voll zu vertrauen. Mathematische Modelle und Methoden haben Voraussetzungen und Implikationen, die der Psychologe, sofern er nicht auch professioneller Mathematiker ist, kaum erkennen wird; dies um so weniger, als hiervon auch unter Mathematikern vieles strittig ist. Angesichts dieser Tatsache erscheint es ratsam, die Resultate von mit komplizierten Methoden ausgeführten Untersuchungen als heuristische Hypothesen anzusehen, die erst dann als hinreichend bestätigt gelten können, wenn sie sich durch die Anwendung verschiedener anderer, möglichst einfacher Methoden reproduzieren lassen.
Dabei sollten auch Ergebnisse aus anderen Problemkreisen der Emotionspsychologie nicht unberücksichtigt bleiben. Man wird an die Versuche denken, physiologische Korrelate für bestimmte Emotionsqualitäten aufzufinden (→ *Psychophysiologische Ansätze*). Allerdings sind hier noch keine eindeutigen Zuordnungen gelungen, und daher konnten diese Versuche für die Frage nach den Emotionsdimensionen bis jetzt nichts Entscheidendes beitragen. Immerhin kann es aussichtsreich sein, Dimensionsanalysen und psychophysiologische Methoden miteinander enger zu verbinden.
Etwas Entsprechendes wurde von vornherein bei der Analyse des Gesichtsausdrucks versucht (→ *Ausdruckserscheinungen*). Die neueren Dimensionsanalysen der Emotionen gingen ja sogar vom Gesichtsausdruck aus (Schlosberg 1952). Auch für die mimischen Ausdrucksmuster wurden, neben anderen Dimensionen, am häufigsten die Dimensionen „Lust-Unlust“ und „Aktivierung“ (bzw. Anspannung, Aufmerksamkeit) gefunden. Sicherlich wird ein System der Gesichtsausdrücke mit einem System der Emotionen nicht kongruent sein. Denn in der Mimik erscheint wohl nicht nur Emotionales; sie läßt sich dazu auch absichtlich beeinflussen und verändern. Dafür ist es wohl bezeichnend, daß ein Faktor „Kontrolliertheit“ hier wiederholt gefunden wurde. Manche Emotionen scheinen zudem „ausdrucksarm“ und daher im mimischen Ausdruck unterrepräsentiert.
Und doch fügt sich hier einiges eher zum Ganzen, wenn man sich nicht allzusehr auf methodische Details konzentriert, sondern größere Zusammenhänge herzustellen versucht. Damit läßt sich bei Piderit (1859) beginnen, der es als erster unternahm, den Gesichtsausdruck in einzelne Merkmale aufzugliedern. Im Ausdruck des Mundes (Mimik des süßen und des bitteren Geschmacks) sah Piderit Lust und Unlust repräsentiert. Von hier ergibt sich unschwer eine Verbindung zu der Annahme Freuds, wonach die Gefühlsreaktionen der ersten (*oralen*) *Phase* der Triebentwicklung an die Mundregion gebunden sind. Davon unabhängig konnte Schlosberg (1952) nach experimentellen Ergebnissen die Dimension „pleasantness-unpleasantness“ ebenfalls der Mundstellung zuordnen. Komplziertere Verhältnisse liegen bei der Mimik der Augen und der Stirn vor. Nach Piderit spiegeln sich darin verschiedene emotionale Reaktionsweisen auf Umweltreize

wider. Von Lersch (1932) wurde dies besonders in bezug auf den sozialen Kontakt erweitert. Schlosberg brachte seine Dimension „attention-rejection" wiederum mit der Mimik der Augen in Verbindung. Spätere Untersuchungen erbrachten (neben anderen) unterschiedlich benannte weitere Dimensionen, z. B. „positive-negative Zuwendung" (Hofstätter 1955), „Natürlichkeit-Unterwerfung" (Frijda & Philipszoon 1963), „Selbstbehauptung-Abhängigkeit" (Frijda 1970), „vertrauensvoll-nicht vertrauensvoll" (Dittmann 1972).
Mit Sicherheit läßt sich sagen, daß im Gesichtsausdruck eine Emotionsdimension, nämlich „Lust-Unlust" (oder „angenehm-unangenehm") (→ *Lust und Unlust*), recht deutlich hervortritt, und dazu (mindestens) eine weitere, die sich wohl am ehesten als „soziale Beziehung" oder „Umweltbezogenheit" charakterisieren ließe. Denn darauf weisen die zuletzt genannten Dimensionsbezeichnungen alle hin. Wie sich dazu die ebenfalls oft gefundene Dimension „Intensität" (oder „Aktivität") verhält, wäre genauer zu klären.
Noch eine Überlegung zum Schluß: Man wird natürlich bestrebt sein, möglichst voneinander unabhängige Dimensionen zu finden. Doch hieße es, das Problem zu formalistisch zu sehen, wenn man die statistische *Unabhängigkeit* zum Hauptkriterium für die Geltung der Ergebnisse machen wollte. Eine Analogie soll verdeutlichen, wie dies gemeint ist: Die Ordnung der nicht selbstleuchtenden Farben, wie sie durch das Farbenoktaeder und andere „Farbenkörper" in stets sehr ähnlicher Weise dargestellt wird, ist gewiß ein kaum angreifbares „natürliches" System. Und doch verhalten sich hier die Achsen nicht orthogonal zueinander. Denn das reine gesättigte Gelb steht dem reinen Weiß sehr viel näher als ein entsprechendes Blau, das seinerseits dem Schwarz näherkommt. Aber niemand wird deswegen auf den Gedanken kommen, daß die Blau-Gelb-Achse unselbständig oder im Farbensystem gar überflüssig sei, weil sie mit der Schwarz-Weiß-Dimension hoch korreliert ist. Leider ist es so, daß man mit „Emotionsmustern" nicht so einfach wie mit Farbmustern arbeiten kann. Aber das genannte Beispiel zeigt vielleicht, daß es auch in der „Natur der Sache" liegen kann, wenn sich etwa nicht mehr als zwei voneinander unabhängige Emotionsdimensionen auffinden lassen sollten.

Literatur

Arnold, W.: Person, Charakter, Persönlichkeit. Göttingen: Hogrefe, 2. Aufl. 1962.
Averill, J. R.: A semantic atlas of emotional concepts. Ms. No. 1103 Catalog of Selected Documents in Psychology 5 (1975), 330.
Bottenberg, E. H.: Emotionspsychologie. Ein Beitrag zur empirischen Dimensionierung emotionaler Vorgänge. München: Goldmann 1972.
Burt, C.: General and specific factors underlying the primary emotions. Report 85. Meeting of the British Association for the Advancement of Science. Manchester, 1915.
Burt, C.: The factorial study of emotions. In: Reymert, M. L. (ed.): Feelings and emotions. New York: McGraw-Hill 1950, 531–551.
Bush, L. E.: Individual differences multidimensional scaling of adjectives denoting feelings. Journal of Personality and Social Psychology 25 (1973), 50–57.

Cofer, C. N.: Motivation und Emotion (Übers. aus dem Engl.). München: Juventa, 2. Aufl. 1979.
Dittmann, A. T.: Interpersonal messages of emotion. New York: Springer 1972.
Ekman, G.: Dimensions of emotion. Acta Psychologica 11 (1955), 279–288.
Ertel, S.: Die emotionale Natur des „semantischen" Raumes. Psychologische Forschung 28 (1964), 1–32.
Frijda, N. H.: Emotion and recognition of emotion. In: Arnold, M. B. (ed.): Feelings and emotions. The Loyola Symposium. New York: Academic Press 1970, 241–250.
Frijda, N. H. & Philipszoon, E.: Dimensions of recognition of expression. Journal of Abnormal and Social Psychology 66 (1963), 45–51.
Hofstätter, P. R.: Dimensionen des mimischen Ausdrucks. Zeitschrift für Experimentelle und Angewandte Psychologie 3 (1955), 505–529.
Kafka, G.: Über Uraffekte. Acta Psychologica 7 (1950), 256–278.
Kristof, W.: Eine empirische Untersuchung zur Klassifikation der Gefühle. Psychologische Forschung 28 (1964), 46–63.
Lersch, Ph.: Gesicht und Seele. Grundlinien einer mimischen Diagnostik. Leipzig: Barth 1932.
Lersch, Ph.: Aufbau der Person. München: Barth, 7. Aufl. 1956.
Marx, W.: Das Wortfeld der Gefühlsbegriffe. Zeitschrift für Experimentelle und Angewandte Psychologie 29 (1982), 137–146.
Osgood, C. E., Suci, G. J. & Tannenbaum, P. H.: The measurement of meaning. Urbana: University of Illinois 1957.
Piderit, Th.: Mimik und Physiognomik. Detmold: Meyer 1859.
Plutchik, R.: The multifactor-analytic theory of emotion. Journal of Psychology 50 (1960), 153–171.
Schaefer, E. S. & Plutchik, R.: Interrelationships of emotions, traits, and diagnostic constructs. Psychological Reports 18 (1966), 399–410.
Schlosberg, H.: The description of facial expression in terms of two dimensions. Journal of Experimental Psychology 44 (1952), 229–237.
Schlosberg, H.: Three dimensions of emotion. Psychological Review 61 (1954), 81–88.
Schmidt-Atzert, L.: Emotionspsychologie. Stuttgart: Kohlhammer 1981.
Traxel, W.: Empirische Untersuchungen zur Einteilung von Gefühlsqualitäten. Bericht über den 22. Kongreß der Deutschen Gesellschaft für Psychologie in Heidelberg 1959. Göttingen: Hogrefe 1960, 290–294.
Traxel, W.: Über Dimensionen und Dynamik der Motivierung. Zeitschrift für Experimentelle und Angewandte Psychologie 8 (1961), 418–428.
Traxel, W.: Grundzüge eines Systems der Motivierungen. Archiv für die gesamte Psychologie 114 (1962), 143–172.
Traxel, W.: Ein Erkundungsexperiment zum System der Motivierungen. Psychologische Beiträge 9 (1966), 309–322.
Traxel, W.: Grundlagen und Methoden der Psychologie. Eine Einführung in die psychologische Forschung. Bern: Huber, 2. Aufl. 1974.
Traxel, W.: Methodische Fragen bei emotionspsychologischen Experimenten. In: Janke, W. (Hg.): Beiträge zur Methodik in der differentiellen, diagnostischen und klinischen Psychologie. Festschrift zum 60. Geburtstag von G. A. Lienert. Königstein/Ts.: Hain 1981, 68–85.
Traxel, W. & Heide, H. J.: Dimensionen der Gefühle. Das Problem der Klassifikation der Gefühle und die Möglichkeiten seiner empirischen Lösung. Psychologische Forschung 26 (1961), 179–204.
Wundt, W.: Grundzüge der physiologischen Psychologie, 2. Bd. Leipzig: Engelmann, 6. Aufl. 1910.

Werner Traxel

Ausdruckserscheinungen

Dem Begriff „Ausdruckserscheinungen von Emotionen“ liegt der Gedanke zugrunde, daß sich die Emotionen eines Individuums anderen in irgendeiner Weise *zeigen.* Die „emotionalen“ Veränderungen müssen allein mit Hilfe der Sinnesorgane wahrnehmbar sein; ein Erröten kann als Ausdruck einer Emotion angesehen werden, aber nicht die mit Hilfe spezieller Meßgeräte registrierte Gefäßerweiterung (auch wenn sie Ursache des Errötens ist). Ausdruckserscheinungen sind somit *kommunikativ;* sie teilen anderen etwas über den Zustand des Individuums mit. Ob diese Mitteilung absichtlich oder unabsichtlich geschieht, spielt dabei keine Rolle. Bei sprachlichen Mitteilungen über den eigenen Gefühlszustand (z. B. „ich freue mich“) gelten nur die paralinguistischen Aspekte der Äußerung (Stimme etc.) als Ausdruckserscheinung.
Von den eigentlichen Ausdruckserscheinungen müssen wir zwei Phänomene unterscheiden, die manchmal fälschlicherweise mit ihnen gleichgesetzt werden (s. a. Abb. 1). Die Ausdruckserscheinungen sind nichts anderes als bestimmte Veränderungen der Mimik, Blickrichtung, Pupillengröße, Stimme, Sprechgeschwindigkeit, Körperhaltung etc. Ein Beobachter, der diese Veränderungen wahrnimmt, *interpretiert* sie als Ausdruck einer Emotion. Wenn er auch sagt, er „sehe“ die Freude, die Angst oder den Ekel des anderen, so handelt es sich dabei um nichts anderes als eine Schlußfolgerung aufgrund des beobachteten Ausdrucks. Wenn mehrere Beobachter vorhanden sind, kommen diese u. U. sogar zu verschiedenen Schlußfolgerungen. Die Ausdruckserscheinungen haben natürlich auch eine reale *Ursache.* Diese nennen wir den „emotionalen Zustand“ und operationalisieren sie meist durch die Angabe des Individuums zu seinem Gefühlszustand. Unter bestimmten Umständen können aber auch Ausdruckserscheinungen auftreten, ohne daß das Individuum entsprechende Gefühle hat (s. u.).
Welche Emotionen lassen sich überhaupt anhand ihrer Ausdruckserscheinungen unterscheiden, und woran erkennt man jede dieser Emotionen? Eine klare Antwort auf diese Frage ist leider nicht möglich, denn wie gut eine Emotion erkannt wird, hängt zunächst davon ab, wie deutlich sie ausgedrückt wurde.
Die Fähigkeit und die Bereitschaft, seine Emotionen deutlich auszudrücken, ist individuell sehr verschieden. Beispielsweise sind Frauen meist expressiver als Männer (Hall 1979). Folglich ist es wichtig, *wessen* Ausdrucksverhalten beobach-

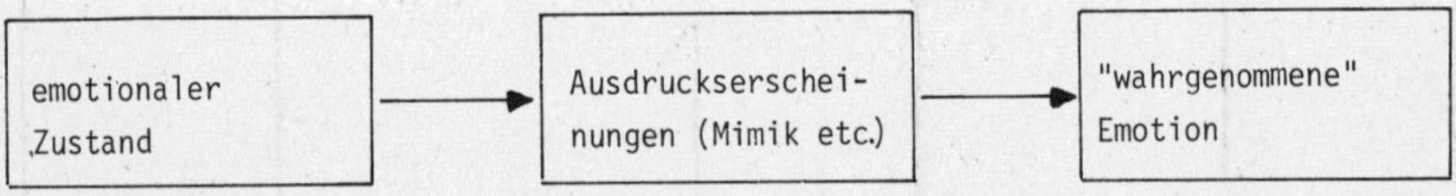

Abb. 1. Beziehung zwischen emotionalem Zustand, Ausdruckserscheinungen und „wahrgenommener“ Emotion.

tet wird. Weiterhin spielt die Art und Weise, wie die Ausdruckserscheinungen ausgelöst und anschließend für die Untersuchung als „geeignet“ selegiert werden, eine wichtige Rolle.
Der einfachste und am häufigsten eingeschlagene Weg, deutliche Emotionsausdrücke zu erhalten, besteht darin, Versuchspersonen zur Simulation verschiedener Emotionen aufzufordern. Dabei nimmt man in Kauf, daß die Darsteller u. U. überhaupt keine Emotionen erleben, sondern einfach nur die Ausdruckserscheinungen zeigen, die sie selbst für charakteristisch halten. Schließlich spielt die Fähigkeit des Beobachters, Ausdruckserscheinungen richtig zu erkennen und zu interpretieren, eine Rolle. Hierin erweisen sich wiederum Frauen im Durchschnitt den Männern als überlegen (Hall 1979).

Emotionen im Gesichtsausdruck

Untersuchungen zum Erkennen von Emotionen im *Gesichtsausdruck* lassen die Schlußfolgerung zu, daß Beobachter immerhin zwischen Glück, Überraschung, Angst, Ärger, Traurigkeit, Ekel bzw. Verachtung und Interesse unterscheiden können (Ekman, Friesen & Ellsworth 1972). Die Emotionsbezeichnungen sind dabei nur als grobe Kategorienamen zu verstehen; statt Glück könnte man beispielsweise auch Freude oder Fröhlichkeit sagen. Bemerkenswert ist, daß Fotos von solchen Gesichtsausdrücken auch dann weitgehend richtig beurteilt werden, wenn Darsteller und Beurteiler völlig verschiedenen Kulturen angehören. Zumindest gilt dies für Freude, Überraschung bzw. Furcht (die relativ häufig verwechselt werden), Ärger, Traurigkeit und Ekel (Ekman & Oster 1979).
Offenbar gibt es eine Art universeller Gesichtssprache, die von allen Menschen dieser Erde verstanden wird und mit deren Hilfe man Freude, Ekel, Traurigkeit etc. ausdrücken kann. Aber woher kennt jeder einzelne diese „Sprache“? Sehr wahrscheinlich sind bestimmte Gesichtsausdrucksmuster sowie ihre Kopplung an spezifische Auslösebedingungen genetisch vorprogrammiert. Kleinkinder und auch Blindgeborene zeigen bei entsprechender Stimulation charakteristische Emotionsausdrücke, ohne zuvor über nennenswerte Lernmöglichkeiten verfügt zu haben (s. Schmidt-Atzert 1981, 89ff.). Wenn ein Erwachsener wie in den oben erwähnten Untersuchungen in der Lage ist, den Gesichtsausdruck zu simulieren, den man beim Anblick einer verdorbenen Speise (Ekel), eines gefährlichen Tieres (Angst) oder bei Erhalt einer guten Nachricht (Freude) normalerweise zeigt, so liegt das wohl daran, daß er schon oft in ähnlichen Situationen solche angeborenen Gesichtsausdrücke selbst gezeigt oder bei anderen beobachtet hat. Aus dem gleichen Grund kann er umgekehrt natürlich auch vorgegebene Gesichtsausdrücke der richtigen Situationsbeschreibung oder Emotion zuordnen.

Emotionen in der Stimme

Ein weiterer Aspekt des Ausdrucks von Emotionen, der ebenfalls relativ gut erforscht ist, ist die *Stimme.* Die Untersuchungen verlaufen im Prinzip ebenso wie die zum Gesichtsausdruck. Auch hier werden anstelle von echten, spontanen Ausdruckserscheinungen fast ausschließlich simulierte verwendet. Da man in der Regel den Einfluß des Inhaltes der Mitteilung ausschalten will, wird dieser meist durch elektronische Filter unkenntlich gemacht oder die Darsteller sprechen inhaltlich neutrale Sätze. Beurteiler können anhand der Stimme relativ zuverlässig auf verschiedene Emotionen schließen, wobei sie offenbar Ärger und Traurigkeit am leichtesten erkennen (s. Scherer 1982).
Diese Studien zeigen im Grunde nur, daß sich Menschen mittels Gesichtsausdruck und Stimme zumindest über einige ihrer Emotionen verständigen *können.* Im alltäglichen Leben sind die Ausdruckserscheinungen meistens weniger deutlich, manchmal werden sie gar bewußt verborgen (s. u.). Wahrscheinlich ist dies mit ein Grund dafür, daß lebensnahe Untersuchungen zum Ausdruck sehr selten sind. Im übrigen sind auch die Beobachter normalerweise in einer ungünstigeren Lage. Sie richten ihre Aufmerksamkeit nicht so stark auf den Ausdruck, wie dies im Experiment geschieht. Außerdem nehmen sie den Ausdruck nicht isoliert wahr, sondern im Kontext mit anderen Informationen. Die Situation, in der die Ausdruckserscheinungen beobachtet werden, übt aber einen erheblichen Einfluß auf das Urteil aus (Frijda 1969).

Relevanz einzelner Ausdruckskomponenten

Die Frage, woran Beobachter die Emotionen erkennen, kann auf verschiedene Weisen beantwortet werden. Die Ausdruckserscheinungen können im Labor in einzelne Aspekte „zerlegt" werden, um den Einfluß dieser Teilaspekte auf das Urteil zu untersuchen. Die gröbste Einteilung ist die in visuelle und akustische Informationen. Beispielsweise forderten Burns und Beier (1973) mehrere Personen auf, vor Kamera und Mikrofon verschiedene Emotionen darzustellen, indem sie einen inhaltlich neutralen Satz mit entsprechender Stimme und Mimik sprachen. Beurteiler, die eine Videoaufnahme des Kopfes der Darsteller sahen, erkannten deren Emotionen besser als diejenigen, die nur die Stimme hörten. Graham, Ricci Bitti und Argyle (1975) etwa untersuchten den relativen Beitrag von Körper und Gesicht zum Erkennen von Emotionen. Ihre Darsteller spielten vor der Kamera kleine Szenen (z. B. ich finde eine Fliege und Haare in der Suppe und zeige meinen Ekel). Die Urteilsgenauigkeit der Beobachter war am höchsten, wenn sie das Gesicht sahen. Sahen sie zusätzlich zum Gesicht den ganzen Körper, verbesserte sich ihre Urteilsgenauigkeit durch diese zusätzliche Information nicht. Rosenthal et al. (1979) spielten 480 Versuchspersonen Aufzeichnungen von 20

kurzen Szenen vor, in denen eine junge Frau verschiedene emotionale Situationen darstellte (z. B. Mutterliebe ausdrücken, jemanden bedrohen). Jede Szene wiederholte sich mehrmals, wobei entweder nur das Gesicht, der übrige Körper, die inhaltlich unkenntlich gemachte Stimme oder eine Kombination dieser Informationskanäle dargeboten wurde. Die Autoren errechneten einen relativen Informationsgehalt (Effektgröße) der drei Informationskanäle von 6,8 (Gesicht) : 3,6 (Körper) : 1,9 (Stimme). Untersuchungen dieser Art zeigen, daß wir die Emotionen anderer Menschen vorwiegend aus deren Gesichtsausdruck und am wenigsten aus der Stimme schließen. Es finden sich allerdings Hinweise, daß diese Aussage nicht gleichermaßen für alle Emotionen und für alle Beobachtungssituationen gilt. So fanden Krauss et al. (1981) keine Bestätigung für die Überlegenheit visueller Informationen. Sie hatten ihren Versuchspersonen Bild, Ton oder Bild und Ton einer hitzigen Fernsehdiskussion zwischen den amerikanischen Vizepräsidenten-Kandidaten Mondale und Dole sowie Aufzeichnungen sehr persönlicher Interviews mit Studenten vorgespielt.
Auch innerhalb der einzelnen Informationskanäle kann man zwischen verschiedenen Ausdrucksaspekten unterscheiden und deren Beitrag zum Erkennen von Emotionen erforschen. Es bietet sich etwa an, Bilder von Gesichtsausdrücken einer Person in mehrere Komponenten zu zerschneiden und diese Komponenten dann frei zu neuen Bildern zu kombinieren. Ekman und Friesen (1975) haben solche Bilder publiziert. Damit läßt sich demonstrieren, daß die einzelnen Gesichtspartien sehr unterschiedliche Anteile am Ausdruck verschiedener Emotionen haben. Am typischen Ekelausdruck sind beispielsweise hauptsächlich Mund und Nase beteiligt, am Ärgerausdruck dagegen auch die obere Gesichtspartie. Übrigens wirken Bilder, die aus der linken Gesichtshälfte sowie deren Spiegelung zusammengesetzt sind, ausdrucksvoller als Kompositionen aus rechten Gesichtshälften; zumindest gilt dies für gestellte Emotionen (Sackheim, Gur & Saucy 1978). Solche Befunde sind in neuerer Zeit Anlaß für Spekulationen über neurophysiologische Grundlagen des Ausdrucks oder gar der Emotionen, da die linke Gesichtshälfte hauptsächlich von der rechten Hirnhemisphäre innerviert wird.

Simulation und Dissimulation

Im alltäglichen Leben kommt es häufig vor, daß man seinen Emotionsausdruck kontrolliert und sich anders darstellt, als man wirklich empfindet. Gesellschaftliche Normen verlangen manchmal, daß man situationsangemessene Emotionen zeigt (→ *Soziale Interaktion und Emotion*). Beispielsweise wird erwartet, daß man Freude zeigt, wenn man ein Geschenk erhält, und Trauer, wenn man an einer Beerdigung teilnimmt. In anderen Fällen besteht die Erwartung, daß man seine Angst, seinen Ärger oder seine Traurigkeit nicht zeigt. Wie gut gelingen solche Simulationen bzw. Dissimulationen, und welche Auswirkungen haben sie auf die eigenen Emotionen? Im allgemeinen kann das Ausdrucksverhalten willentlich recht gut kontrolliert werden. Es ist naheliegend, daß gerade der informativste Ausdrucksaspekt, der Gesichtsausdruck, am stärksten den Erfordernissen angepaßt wird. Nonverbale Täuschungsversuche lassen sich jedenfalls am besten durch Beobachtung des Körpers und der Stimme entdecken (Zuckerman, DePaulo & Rosenthal 1981). Strittig ist, wie sich die Kontrolle des Ausdrucks auf die Emotionen des Darstellers auswirken. Buck (1979) berichtet über mehrere Untersuchungen, in denen expressive Personen, deren Emotionen also gut zu erkennen sind, auf emotionale Reize schwächere physiologische Reaktionen zeigen als wenig expressive. Daraus folgt aber nicht logischerweise, daß weniger expressive Personen den Ausdruck ihrer Emotionen unterdrücken und deshalb auf andere Weise stärker auf die Emotionsreize reagieren. Verschiedene Experimente, in denen Versuchspersonen aufgefordert wurden, ihr Ausdrucksverhalten zu unterdrücken (z. B. Lanzetta, Cartwright-Smith & Kleck 1976), unterstützen diese Hypothese jedenfalls nicht. Im Gegenteil findet sich eher die Annahme Darwins (1872) bestätigt, daß der freie Ausdruck einer Emotion diese intensiviert und seine Unterdrückung die Emotion abschwächt. Der Effekt des Ausdrucks auf den Gefühlszustand ist allerdings sehr schwach (s. Schmidt-Atzert 1981, 109 ff.).

Soziale Funktion des Emotionsausdrucks

Wichtiger als diese interne Wirkung des Ausdrucks sind sicherlich seine sozialen Konsequenzen. Hier gibt es aber mit Sicherheit keine allgemeine Beziehung zwischen dem Ausdruck und seinen Konsequenzen. Einige Beispiele mögen dies belegen. Wenn ein Kleinkind seiner Mutter signalisiert, daß es Angst hat, wird ihm die Mutter sehr wahrscheinlich hilfreich beistehen. Der gleiche Ausdruck der Angst eines Jugendlichen hat u. U. zur Folge, daß er getadelt wird („ein Junge hat doch keine Angst"). Zeigt ein Gast beim Anblick einer bestimmten Speise einen leichten Ausdruck des Ekels, kann das für den Gastgeber ein dezenter Hinweis sein, ihm etwas anderes anzubieten. Der gleiche Gastgeber reagiert aber vermutlich beleidigt, wenn sein Gast allzu deutlich seinen Ekel zeigt. Die mit einem Ton der Verärgerung vorgetragene Bitte, sich in einer Warteschlange hinten anzustellen, kann den so Angesprochenen zu Feindseligkeiten provozieren; unter anderen Umständen verhindert der Ton der Verärgerung dagegen Streitigkeiten, weil er als Warnung verstanden wird. Ausdruckserscheinungen sind also nicht per se nützlich oder schädlich. Es lassen sich allenfalls Bedingungen angeben, unter denen sie so wirken. Ihren größten Nutzen haben sie m. E. in der Mutter-Kind-Interaktion, in der eine sprachliche Verständigung noch nicht möglich ist.

Objektive Analyse von Ausdruckserscheinungen

Unabhängig davon, wie Beobachter Ausdruckserscheinungen erkennen und interpretieren, kann man den Ausdruck *objektiv* beschreiben und einer vergleichenden Analyse unterziehen. Dazu erzeugt man bei Versuchspersonen durch geeignete Reize Emotionen, kontrolliert u. U. durch Befragung, ob die Reize die erwartete Wirkung gezeigt haben, und versucht dann, die Ausdruckserscheinungen zu messen. Da es schwierig ist, „reine" Emotionen auszulösen, begnügt man sich oft mit Darstellungen des Ausdrucks.
Zum *Gesichtsausdruck* sind methodisch anspruchsvolle Untersuchungen selten, weil bis vor kurzem geeignete Methoden fehlten, den Gesichtsausdruck objektiv zu beschreiben. Über ältere Untersuchungen, in denen die Komponenten des Gesichtsausdrucks sehr unterschiedlich definiert waren, berichten Ekman et al. (1972). Die Ergebnisse erlauben nicht, zuverlässige Kriterien für verschiedene Emotionen anzugeben. Neuerdings haben Ekman, Friesen und Ancoli (1980) demonstriert, daß ein auf anatomischen Grundlagen basierendes Beschreibungssystem für Gesichtsbewegungen (s. Ekman 1982) für diese Fragestellung erfolgreich eingesetzt werden kann.
Die Untersuchung der *Stimme* ist dagegen vergleichsweise einfach, da die Stimme ein weniger komplexes Phänomen ist als der Gesichtsausdruck und Variablen wie Lautstärke und Tonhöhe relativ leicht meßbar sind. Allerdings erscheint es fraglich, ob die üblicherweise erfaßten Stimmcharakteristika tatsächlich optimal geeignet sind, um zwischen verschiedenen Emotionen zu differenzieren. Eine Übersicht über bisherige Forschungsergebnisse gibt Scherer (1982), über akustische Analysen von Sprachproben, die unter natürlichen Bedingungen entstanden sind (z. B. Stimme von Piloten beim Absturz ihres Flugzeugs), berichten Williams und Stevens (1981). Zwar scheint es möglich zu sein, starke Emotionen wie Angst von neutralen Zuständen aufgrund der Stimme objektiv zu unterscheiden, doch bis zur Erstellung von Merkmalslisten für einzelne Emotionen ist es noch ein weiter Weg.
Wie sich Emotionen am *Körper* (außer dem Gesichtsausdruck) objektivieren lassen, wurde bisher fast nur im Zusammenhang mit einzelnen Emotionen gefragt; systematische Vergleiche liegen m. E. nicht vor. Daher sei exemplarisch nur eine Studie von Edelman und Hampson (1979) zur Verlegenheit erwähnt. Die Autoren erzeugten bei ihren Versuchspersonen durch eine peinliche Enthüllung des Interviewers Verlegenheit. Während dieser kritischen Gesprächsphase registrierten sie eine Verringerung des Blickkontaktes und eine Häufung bestimmter Körperbewegungen (sich anfassen, Beinbewegungen und Haltungsveränderungen).

Ein Plädoyer für mehr Lebensnähe

Die Erforschung der Ausdruckserscheinungen von Emotionen hat eine lange Tradition; den ersten bedeutsamen Beitrag lieferte bereits Darwin (1872). Seit-

dem wurden viele hundert Experimente durchgeführt und brauchbare Beurteilungs- und Meßmethoden entwickelt. Dieser Aufwand wurde teilweise damit gerechtfertigt, daß der Emotionsausdruck ein wichtiger Faktor in der Regulation zwischenmenschlicher Beziehungen ist. Diese Einschätzung spiegelt sich m. E. zu wenig in der Forschung wider. Die Ausdruckserscheinungen wurden allzu isoliert vom sozialen Kontext, in dem sie normalerweise vorkommen, studiert.
Ausdruckserscheinungen erzeugen nicht nur den Eindruck, daß der Darsteller sich freut, ärgert, traurig ist etc., sondern sie sind auch *verhaltensrelevant,* d. h. sie wirken je nach Art der Emotion und des Kontextes beispielsweise aggressionshemmend, lösen Hilfeleistungen aus, regen die anderen zur Kontaktaufnahme oder -vermeidung an. Diese Effekte kann man untersuchen, indem der Darsteller nicht etwa als Brustbild auf dem Bildschirm auftaucht, sondern indem man ihn in einer realen Situation dieses Ausdrucksverhalten zeigen läßt. In Zukunft sollte m. E. also nicht nur untersucht werden, was die Beobachter eines Ausdrucksverhaltens *denken* (z. B. „x ist verlegen“), sondern verstärkt auch, wie sie sich dem Darsteller gegenüber *verhalten.*
Auf den Darsteller bezogen, bedeutet die Forderung nach stärkerer Berücksichtigung der sozialen Situation, daß er nicht als „Automat“ angesehen werden darf, der nur auf Emotionsreize reagiert. Da wir unsere Ausdruckserscheinungen bewußt kontrollieren können, werden wir sie häufig auch den jeweiligen Erfordernissen anpassen. Dabei richten wir uns sicherlich nicht nur nach Konventionen (s. o.), sondern versuchen auch das Verhalten der anderen zu beeinflussen. Experimentell können solche Strategien untersucht werden, indem ein und derselbe Emotionsreiz unter verschiedenen sozialen Bedingungen dargeboten wird. Dann wird sich zeigen, welchen Einfluß der potentielle Nutzen oder Schaden eines Emotionsausdrucks auf dessen Intensität und Qualität hat. Die zukünftige Forschung sollte sich also verstärkt mit dem Phänomen befassen, daß die Ausdruckserscheinungen nicht nur die Gefühle eines Menschen widerspiegeln, sondern daß sie auch durch ihre voraussichtliche soziale Wirkung beeinflußt werden.

Literatur

Buck, R.: Individual differences in nonverbal sending accuracy and electrodermal responding: The externalizing-internalizing dimension. In: Rosenthal, R. (ed.): Skill in nonverbal communication: Individual differences. Cambridge, Mass.: Oelgeschlager, Gunn & Hain 1979, 140–170.

Burns, K. L. & Beier, E. G.: Significance of vocal and visual channels in the decoding of emotional meaning. Journal of Communication 23 (1973), 118–130.

Darwin, C.: The expression of the emotions in man and animals. London: John Murray 1872 (dt.: Der Ausdruck der Gemüthsbewegungen bei dem Menschen und den Thieren. Stuttgart: Schweizerbart'sche Verlagshandlung 1872).

Edelman, R. J. & Hampson, S. E.: Changes in non-verbal behavior during embarrassment. British Journal of Social and Clinical Psychology 18 (1979), 385–390.

Ekman, P.: Methods for measuring facial action. In: Scherer, K. R. & Ekman, P. (eds.):

Handbook of methods in nonverbal behavior research. Cambridge, England: Cambridge University Press 1982, 45–90.

Ekman, P. & Friesen, W. V.: Unmasking the face: A guide to recognizing emotions from facial clues. Englewood Cliffs, N. J.: Prentice-Hall 1975.

Ekman, P., Friesen, W. V. & Ancoli, S.: Facial signs of emotional experience. Journal of Personality and Social Psychology 39 (1980), 1125–1134.

Ekman, P., Friesen, W. V. & Ellsworth, P.: Emotion in the human face: Guidelines for research and integration of findings. New York: Pergamon 1972 (dt.: Gesichtssprache: Wege zur Objektivierung menschlicher Emotionen. Wien: Böhlau 1974).

Ekman, P. & Oster, H.: Facial expressions of emotion. Annual Review of Psychology 30 (1979), 527–554.

Frijda, N. H.: Recognition of emotion. In: Berkowitz, L. (ed.): Advances in experimental social psychology (Vol. 4). New York: Academic Press 1969, 167–223.

Graham, J. A., Ricci Bitti, P. & Argyle, M.: A cross-cultural study of the communication of emotion by facial and gestural cues. Journal of Human Movement Studies 1 (1975), 68–77.

Hall, J. A.: Gender, gender roles, and nonverbal communication skills. In: Rosenthal, R. (ed.): Skill in nonverbal communication: Individual differences. Cambridge, Mass.: Oelgeschlager, Gunn & Hain 1979, 32–67.

Krauss, R. M., Apple, W., Morency, N., Wenzel, C. & Winton, W.: Verbal, vocal, and visible factors in judgments of another's affect. Journal of Personality and Social Psychology 40 (1981), 312–320.

Lanzetta, J. T., Cartwright-Smith, J. & Kleck, R. E.: Effects of nonverbal dissimulation on emotional experience and autonomic arousal. Journal of Personality and Social Psychology 33 (1976), 354–370.

Rosenthal, R., Hall, J. A., DiMatteo, M. R., Rogers, P. L. & Archer, D.: Sensitivity to nonverbal communication: The PONS Test. Baltimore: Johns Hopkins University Press 1979.

Sackheim, H. A., Gur, R. C. & Saucy, M. C.: Emotions are expressed more intensely on the left side of the face. Science 202 (1978), 434–436.

Scherer, K. R.: Die vokale Kommunikation emotionaler Erregung. In: Scherer, K. R. (Hg.): Vokale Kommunikation. Weinheim: Beltz 1982, 287–306.

Schmidt-Atzert, L.: Emotionspsychologie. Stuttgart: Kohlhammer 1981.

Williams, C. E. & Stevens, K. N.: Vocal correlates of emotional states. In: Darby, J. (ed.): Speech evaluation in psychiatry. New York: Grune & Stratton 1981, 221–240 (dt.: Akustische Korrelate diskreter Emotionen. In: Scherer, K. R. (Hg.): Vokale Kommunikation. Weinheim: Beltz 1982, 307–325).

Zuckerman, M., DePaulo, B. M. & Rosenthal, R.: Verbal and nonverbal communication of deception. In: Berkowitz, L. (ed.): Advances in experimental social psychology (Vol. 14). New York: Academic Press 1981, 1–59.

Lothar Schmidt-Atzert

Teil II

Emotionstheorien

Psychobiologische und soziobiologische Ansätze

Neben der Frage nach der Verursachung von Emotionen und ihren Einflüssen auf das Handeln sind auch die Fragen nach der Entstehung von emotionalen Reaktionssystemen in der Ontogenese (→ *Entwicklungspsychologische Ansätze*) wie in der *Phylogenese* (Stammesgeschichte) des Menschen von gleichrangiger Bedeutung. Eng verknüpft mit der Frage nach der Phylogenese eines Verhaltens- und Erlebnissystems bzw. der ihm zugrundeliegenden Strukturen ist die Frage nach dem *Selektionsvorteil* (Anpassungswert) eines solchen Systems zum Zeitpunkt seines Entstehens in der Evolution.

Im Unterschied zur Psychologie sind solche Fragen von der Vergleichenden Verhaltensforschung (vgl. Tinbergen 1951) als gleichrangig bei der Aufklärung von Verhaltensphänomenen anerkannt worden, wenngleich erst weiterführende evolutionstheoretische Überlegungen verschiedener englischer und amerikanischer Autoren (z. B. Hamilton 1964, Maynard Smith 1964, Trivers 1971), die in Wilsons monumentalem Werk „Sociobiology" (Wilson 1975) gipfelten, die Bedeutung der Evolutionstheorie für alle Verhaltenswissenschaften überzeugend belegten. Unter psycho- und soziobiologischen Ansätzen in den Verhaltenswissenschaften verstehen wir daher in Übereinstimmung mit einer Reihe anderer Autoren Forschungsansätze auf der Grundlage der Darwinschen (neodarwinistischen) Evolutionslehre, in denen die Fragen nach den möglichen Strategien der Evolution bei der Herausbildung von Verhaltensmechanismen, deren Anpassungsvorteilen und Entstehungsgeschichte im Mittelpunkt stehen.

Im folgenden werden wir zunächst den Beitrag emotionaler Reaktionssysteme zur umfassenden Fitness im Sinne Darwins, d. h. zur Ermöglichung der Weitergabe der eigenen Gene über direkte Nachkommen und/oder die Nachkommen von Verwandten, diskutieren; nachfolgend sollen dann einige wenige typische Fragestellungen der psycho- und soziobiologisch orientierten Motivations- und Emotionsforschung skizziert werden.

Emotionen beim Menschen und bei Tieren und ihre Entstehung

Die stammesgeschichtlichen Etappen der Menschwerdung lassen sich im Hinblick auf die artspezifischen Verhaltens- und Erlebnissysteme kaum rekonstruieren, da verhaltens- und erlebnisabhängige Reste nur aus den jüngsten Stufen der Menschwerdung hinterlassen sind: So werden Artefakte (Steinwerkzeuge) zwar von den Paläontologen und Prähistorikern bis zu zweieinhalb Millionen Jahren zurückdatiert, kulturelle Hinterlassenschaften im engeren Sinne, die auf religiöses und ästhetisches Erleben hindeuten, fanden sich jedoch bislang nur aus viel jüngerer Zeit, so in Europa beim Neandertal-Menschen (vor ca. 75 000 Jahren), einer Untergruppe des Homo sapiens, und bei den früheren Vertretern des Jetztmenschen (Homo sapiens), dem Cromagnon-Menschen (vor ca. 40 000 Jahren).

Die Lebensform der Altmenschen (Neandertaler) und auch für den weitaus längsten Zeitraum der Jetztmenschen (seit dem Cromagnon-Menschen) war diejenige der Jäger und Sammler. Spezifisch menschliche Emotionen, die wir bei unseren nächsten Verwandten, den Menschenaffen, nicht nachweisen können, wie z. B. die in Bestattungskulten zum Ausdruck gelangenden magischen und/oder religiösen Einstellungen, sollten daher Anpassungen an die Erfordernisse dieser Lebensgestaltung und der Notwendigkeit der Kooperation beim Jagen und Sammeln sein. Hier bietet das Studium der letzten noch vorhandenen Jäger- und Sammlerkulturen die Möglichkeit, die funktionale Bedeutung spezifisch menschlicher emotionaler Reaktionssysteme im täglichen Leben unter Bedingungen zu prüfen, die den Bedingungen der Menschwerdung nahe kommen.

Basale emotionale Reaktionssysteme und die damit einhergehenden Verhaltensweisen, wie z. B. die Furcht vor drohenden Gefahren, Wut, sexuelle Lust usw., finden sich aber nicht nur beim Menschen, sondern auch bei den nichtmenschlichen Primaten (Harlow & Harlow 1965) und offensichtlich auch bei anderen höheren Säugetieren (Darwin 1872). Über ihre Erlebnisweisen können subhumane Lebewesen zwar keine Auskunft geben, die mit zielgerichteten Verhaltensweisen einhergehenden Ausdruckserscheinungen und vegetativ kontrollierten Körperreaktionen lassen aber den Schluß zu, daß auch bei nichtmenschlichen Primaten und anderen höherentwickelten Säugetieren emotionale Reaktionssysteme ausgebildet sind. Daher kann man für den Nachweis des Anpassungswertes emotionaler Reaktions- und Erlebnissysteme sowie für die Rekonstruktion der Stammesgeschichte dieser Systeme auf eine vergleichende Analyse des Verhaltens rezenter Arten ausweichen, obwohl die Trennung zwischen den Entwicklungsreihen der Hominiden und derjenigen unserer nächsten Verwandten, der Menschenaffen, nach den Datierungen der Palöoanthropologen schon vor mehr als 20 Millionen Jahren erfolgte. Durch das Studium des Verhaltens rezenter Arten, speziell der Primaten, lassen sich Modelle für analoge oder kontrastierende Entwicklungen in der Geschichte der Menschwerdung gewinnen (vgl. Vogel 1966).

Ein weiteres Argument für die grundsätzliche Vergleichbarkeit basaler emotionaler Reaktionssysteme bei höheren Säugetieren und beim Menschen liefert die

Neurobiologie: Offensichtlich ermöglichen beim Menschen wie bei anderen Säugetieren vergleichbare Hirnareale, die in der Tiefe der Großhirnhemisphäre, im Zwischenhirn und Mittelhirn liegen, die Ausgestaltung emotionaler Reaktionen. Hunderte von Studien mit Affen, Katzen, Hunden, Ratten usw. haben z. B. im Anschluß an die Pionierstudien von Klüver und Bucy (1938) und Hess (vgl. Hess 1954) belegt, daß die in der Tiefe des Schläfenlappens liegenden Kerne der Amygdala und diejenigen des Hypothalamus im Zwischenhirn eine bedeutsame Rolle für emotionale Reaktionen haben. Berichte aus der neurologischen Klinik bestätigen, daß diese Areale neben anderen auch beim Menschen für die emotionale Ansprechbarkeit von überragender Bedeutung sind (vgl. u. a. Heath 1976, Mark & Ervin 1970; → *Limbisches System und Emotionen*).

Emotionaler Ausdruck und seine Funktion (Anpassungswert)

Bereits Darwin (1872) hat eine Kontinuität des emotionalen Ausdrucks und der zugrundeliegenden Mechanismen bei Säugetieren vermutet und durch einen Vergleich des emotionalen Ausdrucksgeschehens beim Menschen und bei nichtmenschlichen Primaten zu belegen gesucht. Die neuere Ausdrucksforschung an Primaten hat weitere Belege für das Darwinsche Postulat der Kontinuität des mimischen Geschehens beibringen können (vgl. Chevallier-Skolnikoff 1973, van Hooff 1972). Die folgende Abbildung aus van Hooff (1972) zeigt z. B. die von van Hooff vermutete Verwandtschaft des menschlichen Lächelns und des Lachens mit Ausdruckserscheinungen bei Altwelt-Affen, dem stillen Entblößen der Zähne (Mitte der Abbildung), welches eine Abart des links abgebildeten, mit lauter Vokalisation einhergehenden Entblößens darstellt, und dem entspannten Öffnen des Mundes (rechts). Das stille Entblößen der Zähne signalisiert nach van Hooff Submission oder bei einigen Arten auch eine freundliche Haltung gegenüber Artgenossen, das entspannte Öffnen des Mundes ist kennzeichnend für Situationen sozialen Spiels. Da es sich dabei um rezente Arten handelt, zeigt das Schema nicht den tatsächlichen Gang der phylogenetischen Entwicklung dieses mimischen Verhaltens auf, sondern macht durch den Vergleich homologer Merkmale nur deutlich, wie die phylogenetische Entwicklung verlaufen sein könnte. Aufgrund dieser Ableitung wird man dem Lächeln und dem Lachen beim Menschen unterschiedliche kommunikative Funktionen zusprechen.

Die Funktion emotionalen Ausdrucksverhaltens ist nach Darwin die Ermöglichung der Kooperation von Mitgliedern einer Sozietät durch die Mitteilung von affektiven Reaktionen und damit einhergehenden Handlungsintentionen, auch die effiziente Bereinigung von Rangstreitigkeiten in der Gruppe. Für sozial lebende Arten war und ist dies sicherlich vorteilhaft, und zwar für jedes Individuum. In Laboruntersuchungen unter kontrollierten Bedingungen konnte die Bedeutung des mimischen Ausdrucks für die Kooperation von Partnern bei nichtmenschli-

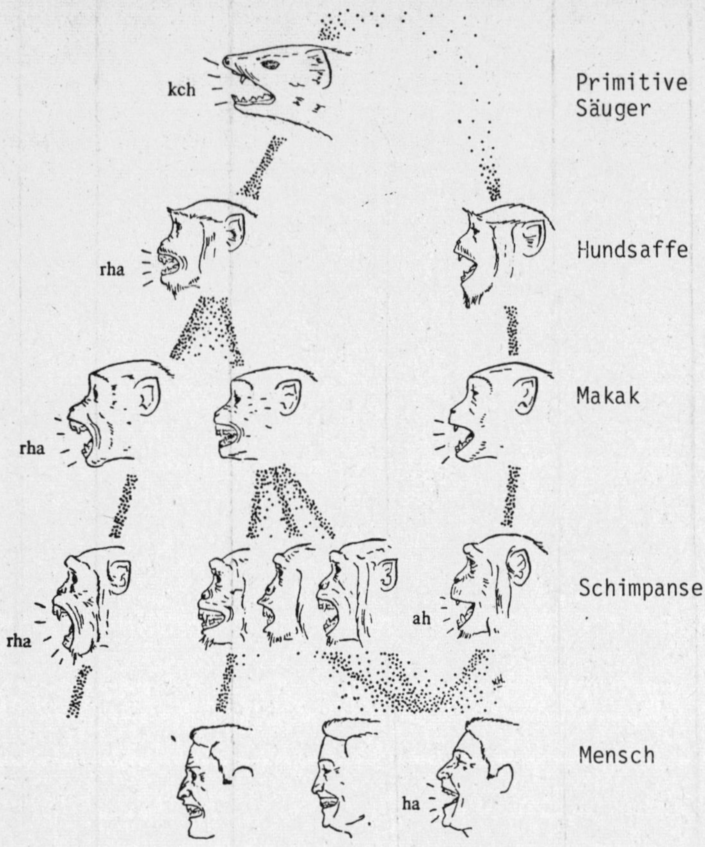

Abb. 1. Möglicher Weg für die Phylogenese des Lächelns (links) und des Lachens (rechts) beim Menschen über Ausdrucksformen nichtmenschlicher Primaten (aus: van Hooff 1972, S. 237).

chen Primaten außerdem überzeugend belegt werden (vgl. Izard 1971, Miller 1971).

Die Funktion (Anpassungswert) von Emotionen im Verhalten des einzelnen

Vor jeder Mitteilung an Artgenossen im sozialen Verband kommt den Emotionen selbst, den Erlebnistatbeständen also, eine eigenständige verhaltenssteuernde und aktivierende Wirksamkeit zu (Darwin 1871, Hamburg 1963, McDougall 1908). Auch ohne Einsicht in biologische Imperative des Verhaltens sichern Emotionen über Lust-Unlust-Mechanismen und das dadurch ermöglichte instrumentelle Lernen, daß bedeutungsvolle Verhaltensziele, die den Reproduktionserfolg und damit die Weitergabe der Gene sicherstellen, angestrebt werden und Situationen und Umstände, die ihn gefährden, gemieden werden. Ihre funktionale Bedeutung entfalten Emotionen damit in verschiedenen Verhaltenssystemen wie Ernährung, Gesellung, Fortpflanzung und Sorge für die Nachkommen usw. (vgl. Scott 1956, 1980, Plutchik 1980). In dem Maße, wie es gelingt, für die Verhaltensdispositionen, die diesen Verhaltensklassen als überdauernde Wirkfaktoren zugrundeliegen, einen Selektionsvorteil aufzuzeigen, und das gelingt bei den aufgezählten Verhaltenssystemen unschwer, ist auch der Nachweis für den Funktionswert der zugehörigen Emotionen geführt.

Nun sind in der Evolution der Lebewesen auch andere Mechanismen erfunden worden, um wichtige Ziele über äußeres Verhalten zu erzwingen, z. B. durch eine starre Koppelung von Reiz und Reaktion. Bei höherentwickelten Arten bieten aber Emotionen, die zwischen Reiz und Reaktion geschaltet sind, ganz offensichtlich den Vorteil größerer Flexibilität in der Anwendung der Mittel, die dann zusätzlich durch Lernen im weitesten Sinne an sich verändernde Situationen angepaßt werden können (vgl. Scherer 1981). Auch verglichen mit der dem Menschen möglichen rationalen Verhaltenssteuerung scheinen emotionale Reaktionsweisen, die ja immer mit Beurteilungen der Situation einhergehen (→ *Kognitionstheoretische Ansätze*), noch Vorteile zu besitzen.

Ausgewählte Emotionen: Der biopsychologische Forschungsansatz

Als erstes Beispiel für den psycho- und soziobiologischen Ansatz in der Emotions- und Motivationsforschung sei hier auf die Neuorientierung in der Erforschung des Bindungsverhaltens des Kleinkindes, bezogen auf die Hauptbezugsperson, in der Regel die Mutter, verwiesen: So gingen psychoanalytisch wie lerntheoretisch orientierte Autoren von der falschen, ideologisch begründeten Annahme aus, daß das Streben des Kleinkinds im ersten Lebensjahr nach Nähe zur Mutter etwas sekundär Erworbenes sei, etwas, das über die zeitlich-räumliche Anbindung der Mutter an die Fütterungssituation und die dadurch ermöglichte Bedürfnisbefriedigung entsteht.

Beobachtungen an Primatenjungen (vgl. Harlow 1962) wie an Menschenkindern (Spitz & Wolf 1946, sowie Ainsworth 1979) haben dagegen inzwischen eindeutig belegt, daß das -streben nach Nähe zur Mutter (→ *Bindungsgefühl*) beim jungen Affen- und Menschenkind durchaus eine nichtabgeleitete Motivation ist, die nicht ohne größeren Nachteil für die intellektuelle und soziale Entwicklung des heranwachsenden Lebewesens unbefriedigt bleiben darf.

Für heranwachsende Säugetiere ist die Nähe zur Mutter mit dem dadurch gegebenen Schutz für das Überleben genauso wichtig wie die Befriedigung des Nahrungsbedürfnisses. Es besteht daher ausreichend Grund anzunehmen, daß das entsprechende Verhalten eine genetische Grundlage hat (Bowlby 1969). Eine Ableitung dieses Verhaltens und der möglicherweise zugrundeliegenden Emotionen, der Zuneigung und Liebe des Kindes von anderen sogenannten primären Motivationen ist unnötig. Diese Neuorientierung der Forschung hat durchaus praktische Folgen. Setzt man die lerntheoretische Annahme als richtig voraus, ist es durchaus folgerichtig, Erziehern zu raten, das Streben nach Nähe und Kontakt des Kleinkindes nicht immer zu befriedigen, da dadurch dieses Verhalten des Kindes, das die Mutter durchaus bei anderen Pflichten behindern kann, verstärkt wird. Erst die neuen Forschungsergebnisse der Bindungsforschung haben bestätigt, daß Erziehungspersonen, die sich nicht von angeblich wissenschaftlich begründeten Erziehungsmaximen, sondern von ihren emotionalen Reaktionen in ihrem Handeln bestimmen lassen, indem sie positiv auf die Bindungssuche von Kleinkindern ansprechen, angemessener und entwicklungsförderlicher reagieren (vgl. Grossmann 1978).

In diesem Forschungsbereich haben also psychobiologische Überlegungen dazu geführt, theoretische Voreingenommenheiten zu beseitigen, die die Forschung hemmten und zu falschen Anwendungen führten. Im weiteren hat der sozio- und psychobiologische Ansatz im Rahmen dieses Forschungsbereiches aber auch neue Hypothesen und empirische Untersuchungen angeregt, wie sie von konkurrierenden Erklärungsansätzen nicht abgeleitet werden konnten.

Ein weiteres Beispiel hierzu: Ähnlich wie beim Streben nach Bindung beim Kleinkind muß man annehmen, daß auch die emotionalen Mechanismen, die der elterlichen Fürsorge zugrundeliegen, evolutiv entstanden sind, da sie die Weitergabe der eigenen Gene über die eigenen Nachkommen ermöglichen. Eine Investition in die eigenen Nachkommen zahlt sich aber um so eher aus, je sicherer die Nachkommen als *eigene* Nachkommen identifiziert werden können (Hamilton 1964). Nur die Mutterschaft ist bei den Säugetieren in der Regel sicher, die Vaterschaft ist mehr oder weniger unsicher. Da die unterschiedliche Intensität des elterlichen Pflegeverhaltens, wie es beim Menschen zu beobachten ist, leicht durch unterschiedliche Rollenvorschriften für Mann und Frau erklärt werden kann, eignet sich dieser Tatbestand nicht zur Überprüfung von Erklärungsansätzen, in denen angenommen wird, daß die zugrundeliegenden Mechanismen evolutiv entstanden seien. Besser hierzu eignet sich der Tatbestand der Kindesmißhandlung und Vernachlässigung, der für beide Geschlechter gleichermaßen als hochgradig abweichendes und sanktionswürdiges Verhalten eingestuft wird. Hier machen soziobiologisch orientierte Autoren aufgrund der Hamiltonschen Hypothese u. a. die Annahme, daß Stiefkinder mehr als leibliche Kinder mißhandelt werden und daß Männer eher als Frauen zur Kindesmißhandlung neigen. Empirische Erhebungen, die allerdings nicht repräsentativ waren, brachten deutliche Belege für diese Annahmen bei (vgl. Daly & Wilson 1981, Lenington 1981, Lightcap, Kurland & Burgess 1982).

Auch die Disposition zur emotionalen Bindung, zur Liebe zwischen Mann und Frau, dürfte evolutiv entstanden sein, weil der dadurch ermöglichte Zusammenhalt der Sexualpartner vorteilhaft für die Aufzucht der Kinder war – zum mindesten so lange, wie diese eines besonderen Schutzes bedürftig waren (vgl. Symons 1979). Der Aufrechterhaltung dieser vorteilhaften Paarbindung dienen auch die überall nachweisbaren Eifersuchtsreaktionen bei Mann und Frau. Auch hier lassen sich wiederum aufgrund biopsychologischer Überlegungen (Hamilton 1964) Unterschiede zwischen Mann und Frau in der Intensität und der Qualität von Eifersuchtsreaktionen vorhersagen. Da Männer sich wie gesagt ihrer Vaterschaft nicht sicher sein können, sollten sie u. a. in größerem Ausmaß als Frauen dazu neigen, sexuelle Eifersucht und die damit einhergehende Tendenz zur Kontrolle des Umgangs der eigenen Frau mit anderen Männern zu zeigen (→ *Neid und Eifersucht*).

In der Tat zeigt eine Analyse der vorliegenden ethnographischen und kulturhistorischen Quellen einschließlich einschlägiger Gesetzgebungen durch Daly, Wilson und Weghorst (1982), daß der männlichen Eifersucht eine viel größere gesellschaftliche Bedeutung zukommt als der weiblichen. Die Autoren belegen ihre These auch durch nordamerikanische und europäische Erhebungen, denen zufolge bei Mord und Totschlag in der Familie und der Mißhandlung der Ehefrau durch den Mann sexuelle Eifersucht beim Mann bei weitem die häufigste Motivation darzustellen scheint.

Die referierten Befunde und einige weitere, hier nicht referierte Studien stellen sicherlich derzeit nur eine schwache Bestätigung des sozio- und biopsychologischen Ansatzes in der Emotionsforschung dar. Immerhin hat sich dieser Ansatz schon in kurzer Zeit als heuristisch fruchtbar erwiesen; außerdem dürfte dieser Ansatz besser als philosophische Geschichtsdeutung geeignet sein, die Beliebigkeit der Hypothesenbildung in den Verhaltens- und Sozialwissenschaften (vgl. Holzkamp 1977) einzuschränken.

Unbefriedigend am psycho- und soziobiologischen Erklärungsansatz bleibt der Tatbestand, daß keine Aussagen über die unmittelbaren Ursachen des Verhaltens abgeleitet werden können. Das bleibt nach wie vor Aufgabe einer motivationalen Bedingungsanalyse, die die Ursache in der Situation und in den handelnden Lebewesen aufklären muß. Daher kann dieser Ansatz auch nur in Kombination mit Bedingungsanalysen aktuellen Verhaltens zu einem Fortschritt in der Theoriebildung und Forschungspraxis der Verhaltenswissenschaften führen. Vor einer Überschätzung des Ansatzes kann daher auch nicht eindringlich genug gewarnt werden (vgl. Markl 1982).

Literatur

Ainsworth, M. D. S.: Attachment as related to mother-infant interaction. Advances in the Study of Behavior 9 (1979), 1–51.

Bowlby, J.: Attachment and loss, Vol. I. London: Hogarth 1969 (dt.: Bindung. München: Kindler 1975).

Chevallier-Skolnikoff, S.: Facial expression of emotion in nonhuman primates. In: Ekman, P. (ed.): Darwin and facial expression. New York: Academic Press 1973, 11–89.

Daly, M. & Wilson, M. I.: Abuse and neglect of children in evolutionary perspective. In: Alexander, R. D. & Tinkle, D. W. (eds.): Natural selection and social behavior. New York: Chiron Press 1981, 405–416.
Daly, M., Wilson, M. & Weghorst, S. J.: Male sexual jealousy. Ethology and Sociobiology 3 (1982), 11–27.
Darwin, C.: The descent of man and selection in relation to sex. London: John Murray 1871 (dt.: Die Abstammung des Menschen und die geschlechtliche Zuchtwahl. Stuttgart: Schweizerbart'sche Verlagshandlung 1871).
Darwin, C.: The expression of emotions in man and animals. London: John Murray 1872 (dt.: Der Ausdruck der Gemüthsbewegungen bei dem Menschen und den Thieren. Stuttgart: Schweizerbart'sche Verlagshandlung 1872).
Grossmann, K.: Emotionale und soziale Entwicklung im Kleinkindalter. In: Rauh, H. (Hg.): Jahrbuch für Entwicklungspsychologie 1/79. Stuttgart: Klett 1978, 25–84.
Hamburg, D. A.: Emotions in the perspective of human evolution. In: Knapp, P. H. (ed.): Expressions of the emotions in man. New York: International University Press 1963, 300–317.
Hamilton, W. D.: The genetical evolution of social behavior. Journal of Theoretical Biology 7 (1964), 1–52.
Harlow, H. F.: The development of affectional patterns in infant monkeys. In: Foss, B. M. (ed.): Determinants of infant behavior. New York: Wiley 1962, 75–88.
Harlow, H. F. & Harlow, M. K.: The affectional systems. In: Schrier, A. M., Harlow, H. F. & Stollnitz, F. (eds.): Behavior of nonhuman primates, Vol. 2. New York: Academic Press, 1965, 287–334.
Heath, R. G.: Correlation of brain function with emotional behavior. Biological Psychiatry 11 (1976), 463–480.
Hess, W. R.: Das Zwischenhirn. Syndrom, Lokalisation, Funktionen. Basel: Schwabe 1954.
Holzkamp, K.: Die Überwindung der wissenschaftlichen Beliebigkeit psychologischer Theorien durch die kritische Psychologie. Zeitschrift für Sozialpsychologie 8 (1977), 1–22 und 78–97.
Izard, C. E.: The face of emotion. New York: Appleton 1971.
Klüver, H. & Bucy, P. C.: An analysis of certain effects of bilateral temporal lobectomy in the rhesus monkey with special reference to „psychic blindness". Journal of Psychology 5 (1938), 33–54.
Lenington, S.: Childabuse: The limits of sociobiology. Ethology and Sociobiology 2 (1981), 17–29.
Lightcap, J. L., Kurland, J. A. & Burgess, R. L.: Childabuse: A test of some predictions from evolutionary theory. Ethology and Sociobiology 3 (1982), 61–67.
Mark, V. H. & Ervin, F. R.: Violence and the brain. New York: Harper & Row 1970.
Markl, H.: Constraints on human behavior and the biological nature of man. Journal of Social and Biological Structures 5 (1982), 381–388.
Maynard Smith, J.: Group selection and kin selection. Nature 201 (1964), 1145–1147.
McDougall, W.: An introduction to social psychology. London: Methuen 1908 (dt.: Grundlagen einer Sozialpsychologie. Jena: Fischer 1928).
Miller, R. E.: Experimental studies of communication in the monkey. In: Rosenblum, L. A. (ed.): Primate behavior: Developments in field and laboratory research, Vol. 2. New York: Academic Press 1971, 139–175.
Plutchik, R.: Emotion: A psychoevolutionary synthesis. New York: Harper & Row 1980.
Scherer, K. R.: Wider die Vernachlässigung der Emotionen in der Psychologie. In: Michaelis, W. (Hg.): Bericht über den 32. Kongreß der Deutschen Gesellschaft für Psychologie in Zürich 1980, Bd. 1. Göttingen: Hogrefe 1981, 304–317.
Scott, J. P.: The analysis of social organization in animals. Ecology 37 (1956), 213–221.
Scott, J. P.: The function of emotions in behavioral systems: A system theory analysis. In: Plutchik, R. & Kellerman, H. (eds.): Emotion. Theory, research, and experience. Vol. 1: Theories of emotion. New York: Academic Press 1980, 35–56.

Spitz, R. A. & Wolf, A.: Anaclitic depression: An inquiry into the genesis of psychiatric conditions in early childhood. Psychoanalytic Study of the Child 2 (1946), 313–342.
Symons, D.: The evolution of human sexuality. New York: Oxford University Press 1979.
Tinbergen, N.: The study of instinct. London: Oxford University Press 1951 (dt.: Instinktlehre. Berlin: Parey 1953).
Trivers, R.: The evolution of reciprocal altruism. Quarterly Review of Biology 46 (1971), 35–57.
van Hooff, J. A. R. A. M.: A comparative approach to the phylogeny of laughter and smiling. In: Hinde, R. A. (ed.): Non-verbal communication. Cambridge: Cambridge University Press 1972, 209–241.
Vogel, C.: Die Bedeutung der Primatenkunde für die Anthropologie. Naturwissenschaftliche Rundschau 19 (1966), 415–421.
Wilson, E. O.: Sociobiology: The new synthesis. Cambridge, Mass.: Harvard University Press 1975.

Klaus Schneider

Psychophysiologische Ansätze

Die Geschichte der Entwicklung psychophysiologischer Theorien von Gefühlen ist von zwei gegensätzlichen Befunden geprägt: a) James (1890) hat in der Nachfolge Langes (1885) betont, daß vollausgebildete Gefühle einer *Rückmeldung der* peripheren Gefühlsäußerungen (aus Muskeln und inneren Organen) ins ZNS (Zentralnervensystem) bedürfen („wir sind traurig, weil wir weinen"), während b) Cannon (1931) und andere Neurophysiologen in dessen Nachfolge den ausschließlich zentralnervösen Ursprung von Gefühlen betonen. Beide Gruppen berichten eine Reihe von experimentellen Befunden, die ihre jeweilige Position stützen (s. u.). Innerhalb der *zentralnervösen* Positionen bildeten sich nach 1949, dem Jahr der Entdeckung der Funktion der Retikulärformation durch Moruzzi und Magoun, zwei Positionen heraus: Lindsley (1951), Duffy (1962) u. a. betonen den *energetischen Aspekt* von Gefühlen, der durch die Aktivität der Retikulärformation vermittelt wird *(Intensität und Aktivierung)* und gehen davon aus, daß die *Richtung* und *Qualität* eines Gefühls von kortikalen („kognitiven") Bewertungsprozessen der sozialen Situation (à la Schachter; → *Attributionstheoretische Ansätze*) bestimmt wird. Andere (Papez 1937, Pribram 1971) wiederum zeigten, daß Reizung des limbischen Systems zu klar unterscheidbaren Gefühlen in Abhängigkeit vom Ort der Reizung führten. Wie wir heute wissen, besitzt jedes dieser Modelle unterstützende Fakten, die einander nicht ausschließen. Eine Integration der verschiedenen peripher-zentralistischen Positionen findet sich bei Birbaumer (1975).

Psychophysiologische Differenzierbarkeit von Gefühlen

Auf zentralnervöser Ebene. Die Versuche, unterschiedliche Gefühle mit zentralnervösen Maßen (Elektroenzephalogramm (EEG), biochemische Maße, Hirndurchblutung) zu differenzieren, sind erst in den letzten Jahren erfolgreich gewesen (→ *Vegetatives Nervensystem und Emotionen*). Bereits früh konnten aber Penfield und Jasper (1954) während operativer Eingriffe ins Gehirn, die bei Bewußtsein erfolgten, durch Reizung kortikaler, limbischer und subkortikaler Regionen unmittelbare, spontane Gefühlsreaktionen (Lachen, Weinen, Wut, etc.) und Erinnerungen an Gefühle auslösen. Besonders wirksam waren Reizungen im Temporalbereich, der eng mit Amygdala und Hippocampus verbunden ist und von dort über den Thalamus zum Frontalkortex projiziert. Delgado (1970) führte radio-telemetrische Stimulation limbischer Regionen bei psychiatrischen Patienten und Patienten mit unstillbaren Schmerzen durch: „Reine" Lustgefühle und Freude konnte von verschiedenen limbischen und extrapyramidalen Systemen zuverlässig ausgelöst werden. Die Existenz eines ausgedehnten katecholaminergen „Freude-(+*reinforcement*)-Zentrums" konnte im Tierversuch von Olds (1977) bestätigt werden (→ *Limbisches System und Emotionen*).
Split-brain-Versuche [Durchtrennung des Balkens (Corpus callosum), der die beiden Hirnhemisphären verbindet] am Menschen legten die Vermutung nahe, daß die linke Hirnhemisphäre eher positiv (hell, analytisch), die rechte eher negativ (dunkel, ganzheitlich) getönte Gefühle vermittelt. Dies schlägt sich sowohl in EEG-Maßen als auch in einer Lateralisierung des Gesichtsausdrucks bei vorgestellten Gefühlen nieder: Die rechte Gesichtshälfte zeigt stärkere Muskelaktionspotential-(EMG)-Amplituden bei negativen Gefühlen (Meuer 1982). Depression geht mit einer deutlichen Reduktion der Variabilität des Spontan-EEGs und geringer Amplitude der mittleren integrierten Amplitude (MIA) der dominanten Hemisphäre im Vergleich zur subdominanten (meist rechten) Hirnhemisphäre einher (Perris 1980).
Kontingenzverlust (→ *Hilflosigkeit*) in aversiven Situationen führt zu einer starken Negativierung des Gleichspannungs-EEGs in parietalen Regionen. Bei psychiatrischen Patienten und Personen mit erhöhtem Risiko für Psychopathologie tritt diese als postimperative Negativierung (PINV) bezeichnete EEG-Reaktion auch in Situationen auf, wo (noch) Kontrolle über den negativen Verstärker besteht (Rockstroh, Elbert, Birbaumer & Lutzenberger 1982).
Aber auch in primären (bis 80 msec) und sekundären (bis 1 sec) evozierten Potentialkomponenten lassen sich Gefühle differenzieren. Shevrin und Fritzler (1968) fanden unterschiedliche primäre Potentialformen auf subliminale, tachistoskopisch dargebotene aversive und positive Gefühlsreize. Keiner der Reize wurde bewußt, hatte aber klare Auswirkungen auf die informationsverarbeitenden Prozesse, die sich in den evozierten Potentialen darstellen lassen.
Auf somatisch-muskulärer Ebene. Auch wenn der Gesichtsausdruck bei verschiedenen Gefühlen mit visuellen Mitteln (Video, Film) nicht mehr differenzierbar ist,

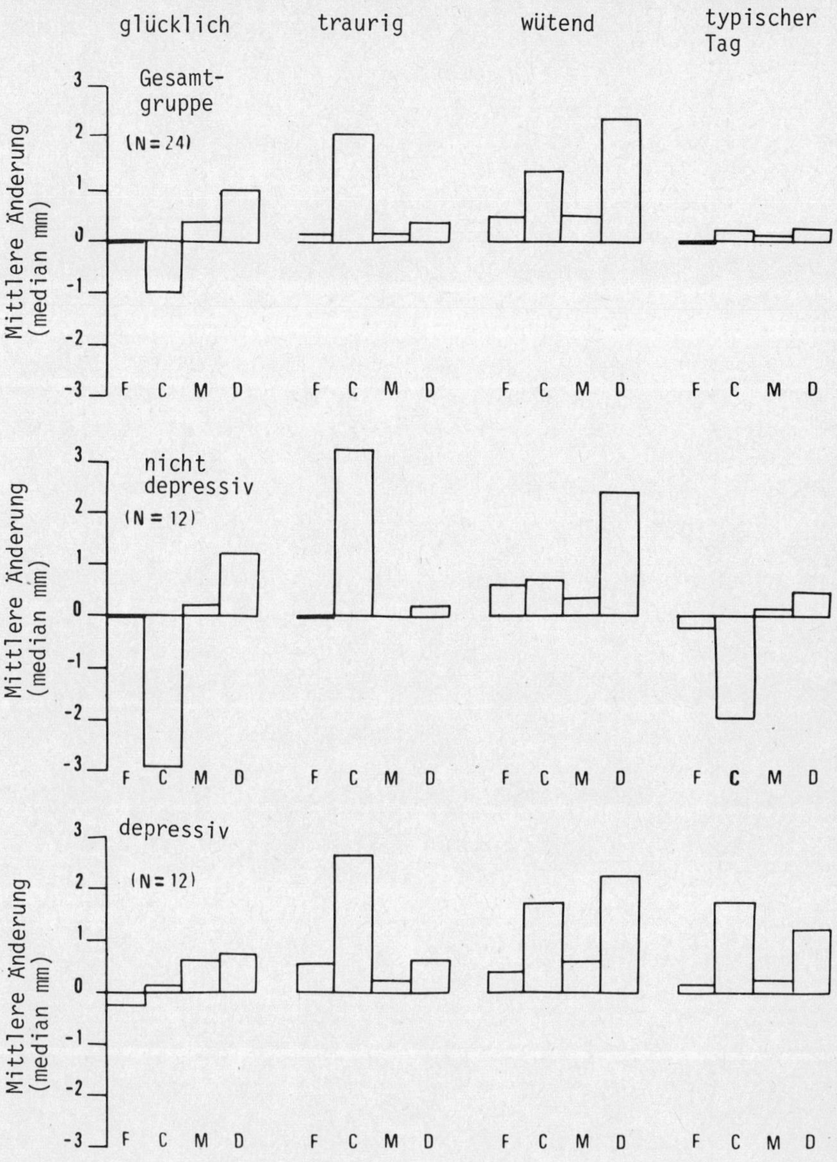

Abb. 1. Mittlere integrierte EMG-Amplitudenänderungen bei der Vorstellung eines glücklichen (HAPPY), traurigen (SAD) und ärgerlichen (ANGRY) Gefühls und eines typischen Tages (TYPICAL DAY) in vier verschiedenen Muskelgruppen des Gesichts: F.: M. frontalis, C: M. corrugator, M: M. masseter, D: M. depressor anguli oris.
Oben die gesamte Versuchsgruppe, in der Mitte nichtdepressive Vpn, unten depressive Vpn. Die EMG-Muster sind für die verschiedenen Gefühlsqualitäten klar unterscheidbar und für die beiden Grundstimmungen (depressiv, nicht-depressiv) auch verschieden (aus Schwartz et al., 1976, S. 489).

erlaubt das Elektromyogramm (EMG) eine Unterscheidung einiger Basisgefühle. Abb. 1 zeigt die EMG-Reaktionen bei der Vorstellung eines glücklichen, traurigen, ärgerlichen Gefühls und Vorstellung eines typischen Tages im *M. frontalis* (F), *M. corrugator* (C), *M. depressor anguli oris* (D) und *M. masseter* (M) bei depressiven und nichtdepressiven Versuchspersonen (aus Schwartz, Fair, Salt, Mandel & Klerman 1976).

Clynes (1975) konnte durch Registrierung der Mikroausschläge des Mittelfingers die sechs Basisemotionen Ekmans differenzieren, was eine funktionell unterschiedliche Innervation der gesamten Körpermuskulatur bei verschiedenen Gefühlen nahelegt. Die Versuchspersonen legten ihren Mittelfinger auf eine Anordnung zur Messung der Mikroausschläge des Fingers und erhielten die Instruktion, sich auf Tonsignale die verschiedenen Basisgefühle (Freude, Trauer, Interesse, Furcht, Wut und Ekel) vorzustellen. Die Mikrobewegungen des Fingers nach jedem Tonsignal wurden über viele wiederholte Vorstellungen desselben Gefühls gemittelt. Die Kurvenformen der einzelnen Gefühlsausschläge ließen sich für die verschiedenen Gefühle unterscheiden. Sowohl Schwartz, Fair, Salt, Mandel und Klerman (1976) als auch Clynes (1975) belohnten in anderen Experimenten diese physiologischen Änderungen, bevor irgendwelche Gefühle bewußt für die Person bemerkbar waren. So wurden z. B. kleinste, unsichtbare, aber meßbare EMG-Änderungen der Gesichtsmuskel in Richtung Depression verstärkt. Nach längerem „Training" trat schließlich das Gefühl der Depression auch bewußt auf. Rückmeldung und operantes Training der EMG-Reaktionen oder Fingerausschläge führen also ohne Mitwirkung des Bewußtseins der Versuchspersonen zu den jeweils in der physiologischen Reaktion repräsentierten Emotionen, was die *James-Lange-sche-Theorie* der Gefühlsentstehung stützt.

Auf vegetativ-autonomer Ebene. John und Beatrice Lacey (1970) wiesen eine *unspezifische Aktivierungstheorie* von Emotionen bereits vor den Arbeiten Schachters durch ihre Untersuchungen zurück und ersetzten sie durch die Konzepte der *richtungsgebundenen Fraktionierung* peripher-autonomer Maße und das gleichzeitige Bestehen von *Situations- und Reaktionsstereotypie.* Lindsley (1951) und Duffy (1962) sahen in der aufsteigenden Aktivierung des Kortex durch das retikuläre System (ARAS = aufsteigendes retikuläres Aktivierungssystem) die Grundlage unterschiedlich intensiver Gefühle. Das ARAS bestimmt in der Tat wesentlich die energetische Wirkung eines Gefühlsreizes, unklar bleibt aber, wie und wo unterschiedliche Gefühle entstehen können. Bei unterschiedlichen Gefühlen treten differenzierbare autonome Muster auf (Situationsstereotypie), die den individuell stabilen Reaktionsstereotypien überlagert sind. Unter Reaktionsstereotypie versteht man die Tatsache, daß ein oder mehrere Organsysteme gegenüber anderen maximal reagieren und diese Tendenz über Jahre stabil bleibt. Diese Systeme stellen dann auch häufig „Angriffspunkte" für somatische Leiden dar (→ *Krankheit und Emotion*). Die Laceys konnten auch zeigen, daß richtungsgebundene Fraktionierung innerhalb eines Organsystems zu unterscheidbaren Verhaltenseffekten führt: Herzratenreduktion auf externe oder interne Reize geht mit *information intake* (Offensein für Information), Herzratenanstieg mit *information re-*

jection (Informationsabwehr) einher. Der physiologische Mechanismus dieser Fraktionierung wurde von Lacey als Aktivierung der Barorezeptoren bei Herzraten- und Blutdruckanstieg beschrieben, die über die Barorezeptorenzentren im Hirnstamm eine Blockierung der Informationsaufnahme im ZNS bewirken. Untersuchungen von Sandman und Mitarbeitern (s. Larbig 1982) und Dworkin, Filewich, Miller, Craiguryle und Pickering (1979) bestätigten diese *viszero-kortikale Interaktion.*
Eine gewisse Spezifität emotionaler Reaktionen bei autonomen Maßen konnte von Ax (1953, zitiert nach Lang 1977) und Funkenstein, Greenblatt, Solomon (1951, zitiert nach Lang 1977) und Funkenstein, King und Drolette (1954, zitiert nach Lang 1977) nachgewiesen und auch in natürlichen Situationen von Frankenhäuser (1975) bestätigt werden: *Angst und Unsicherheit* führen zu deutlichem Anstieg der Adrenalinausschüttung aus dem Nebennierenmark, lang anhaltende Unsicherheit und Hilflosigkeit (subjektiver oder objektiver *Kontrollverlust* über negative Verstärker) zu Anstieg des Hypophysen-ACTH-Nebennierenrinden-Kortikoidsystems. Die Differenzierung der wesentlichen Basisgefühle mit peripher-autonomen Maßen allein (z. B. Herzrate (HR), Hautleitfähigkeit (SCR), Blutdruck, Hauttemperatur, etc.) bereitet dagegen nach wie vor Schwierigkeiten.

Psychophysiologie gefühlvoller Vorstellungen

Lang, Levin, Miller und Kozak (1982) entwickelten aus einer Reihe gut kontrollierter Studien zur Vorstellung von Gefühlen eine „*Informationsverarbeitungstheorie* gefühlvoller Vorstellungen". Sie konnten zeigen, daß unterschiedliche emotionale Vorstellungen differenzierbare autonome Muster in HR-, SCR- und EMG-Maßen auslösten, die *spezifisch* für den vorgestellten Inhalt waren. Drei Dimensionen des Vorstellungsinhalts determinierten die physiologischen Reaktionen: *Reiz-Propositionen* (z. B. „eine große Schlange bewegt sich langsam auf mich zu"), Reaktionspropositionen (z. B. „mein Herz schlägt, ich fürchte mich") und Bedeutungs-Propositionen (z. B. „Schlangen sind gefährlich"). Für einzelne Gefühle gibt es gespeicherte Prototypen eines konzeptuellen Netzwerks (→ *Kognitionstheoretische Ansätze*), wo die Information in diesen drei Propositionen kodiert ist, wobei die einzelnen Elemente der Propositionen assoziativ zu einem funktionellen sensomotorischen Programm miteinander verknüpft sind. *Abb. 2* gibt einen solchen Furchtprototypen wieder: Die Enge der assoziativen Verknüpfung ist z. B. bei Phobien sehr stark und der „Furchtprototyp" ist daher schneller und intensiver auslösbar.
Die Gefühlsprototypen werden durch Instruktion, Medien und sensorischen Input ausgelöst, wenn der aktuelle Input auf das gespeicherte Netzwerk „paßt", d. h. es müssen eine bestimmte Anzahl kritischer Elemente des Vorstellungsnetzwerkes vorhanden sein, um die physiologischen, subjektiven und motorischen Komponenten des Gefühls auszulösen. Die Verbindung der Propositionen ist entweder

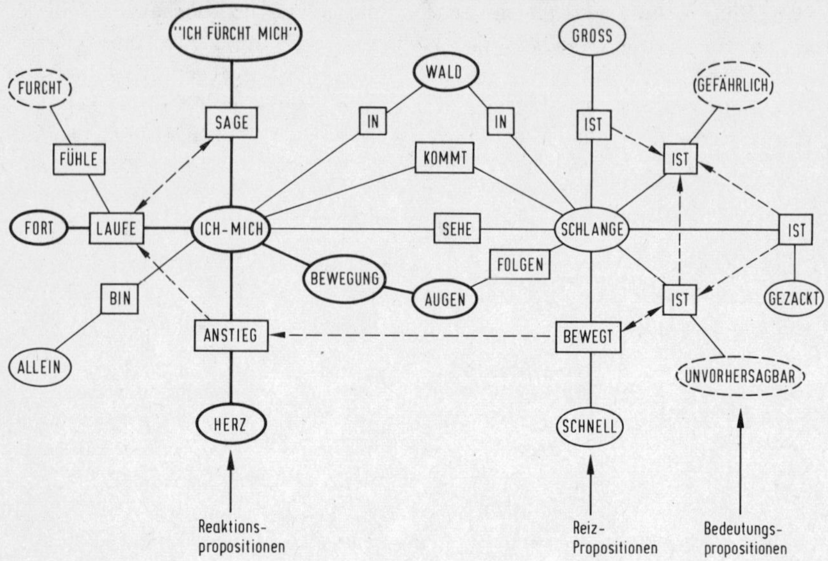

Abb. 2. Ein skizzenhaftes Diagramm eines Prototyps einer Schlangenphobie. Bei diesem Prototyp handelt es sich um ein konzeptuelles Netzwerk, in dem die Information in Propositionen kodiert ist und die einzelnen Informationseinheiten durch Assoziationen miteinander verbunden sind. Dieses konzeptuelle Netzwerk hat die Funktion eines sensomotorischen Programms. Der Prototyp wird als eine ganze Einheit etwa durch Instruktionen, Medien oder den objektiven sensorischen Input aktiviert, der Teilinformationen enthält, die in das Netzwerk passen. Der oben skizzierte Phobie-Prototyp könnte z. B. in einer deskriptiven Form so gelesen werden:
„Ich stehe in einem Wald und sehe eine große Schlange. Sie bewegt sich langsam auf mich zu. Sie hat ein gezacktes Muster am Rücken. Es könnte eine gefährliche Schlange sein. Meine Augen treten ein bißchen aus dem Kopf hervor und folgen den Bewegungen der Schlange. Mein Herz beginnt stark zu schlagen. Schlangen sind unberechenbar. Ich fürchte mich. Ich sage es zwar laut, aber niemand ist hier, der mich hören kann. Ich bin allein und fürchte mich sehr. Jetzt fange ich zu laufen an . . ."
In unserer Notation indizieren die Linien Prädikate und die Ovale ihre Argumente (z. B. bewegt sich, Schlange, schnell). Die punktierten Linien indizieren einige der Verbindungen zwischen den Propositionen, die eine hohe Assoziationswahrscheinlichkeit haben. Es werden nicht alle Propositionen oder möglichen Verbindungen hier aufgezeigt.

angeboren *(prepared)* und/oder über instrumentelles und/oder klassisches Konditionieren erlernt. Dabei können auch die autonomen Komponenten des Netzwerkes neben den motorischen instrumentell gelernt werden *(„biofeedback")*.
Zusammenfassend geht die Psychophysiologie von Emotionen von folgenden Grundannahmen aus:

1. Emotionale Prozesse sind an die Funktionstüchtigkeit zentralnervöser (limbischer und hypothalamischer) *und* vegetativ-autonomer Strukturen gebunden.
2. Unterschiedliche Gefühle gehen mit differenzierbaren Mustern zentralnervös-

vegetativ-muskulärer Prozesse einher, die mit psychophysiologischen Maßen identifizierbar sind.

3. Bewußte, kognitive Bewertungsprozesse können Intensität und Qualität von Gefühlen beeinflussen, sind aber *keine* notwendige Voraussetzung für das Zustandekommen von Gefühlen.
4. Die Rückmeldung vegetativer und somatisch-muskulärer Änderungen in zentralnervöse Strukturen ist eine wesentliche Voraussetzung für das Entstehen differenzierbarer Gefühle.
5. „Basisgefühle" sind angeboren und nicht von Lernprozessen abhängig, sondern werden in genetisch festgelegte physiologische Muster als Reaktion auf einige wenige spezifische Reize ausgelöst (*prepared emotions*).
6. Aktivierung-Desaktivierung, Lust-Unlust und Dominanz-Submission sind Grunddimensionen von Gefühlen (→ *Emotionsdimensionen*). Über die grundlegende Gleichrangigkeit der Dominanz-Submissionsdimension konnte allerdings keine Einigkeit bisher erzielt werden.
7. Beim Menschen mit abgeschlossener Sprachentwicklung laufen Gefühle stets als Reaktion auf äußere und körper-interne Reize auf drei Ebenen ab: der physiologischen, der motorischen und der subjektiv-verbalen. Die lineare Korrelation zwischen diesen drei Ebenen bei einem gegebenen Gefühl ist in der Regel gering. Da sich die drei Ebenen aber wechselseitig beeinflussen, ist die simultane Erfassung aller drei Ebenen beim Studium von Gefühlen notwendig.

Literatur

Birbaumer, N.: Physiologische Psychologie. Heidelberg: Springer 1975.

Cannon, W. B.: Again the James-Lange and the thalamic theories of emotion. Psychological Review 38 (1931), 281–295.

Clynes, M.: Communication and generation of emotion through essentic form. In: Levi, L. (ed.): Emotions. New York: Raven 1975, 561–602.

Delgado, J. M. R.: Modulation of emotions by cerebral radio stimulation. In: Black, P. (ed.): Physiological correlates of emotion. New York: Academic Press 1970, 189–204.

Duffy, E.: Activation and behavior. New York: Wiley 1962.

Dworkin, B. R., Filewich, R. I., Miller, N. E., Craiguryle, N. & Pickering, T. G.: Baroreceptor activation reduces reactivity to noxious stimulation: Implications for hypertension. Science 205 (1979), 1299–1301.

Frankenhäuser, M.: Sympathetic-adrenomedullary activity, behaviour and the psychosocial environment. In: Venables, P. H. & Christie, M. J. (eds.): Research in psychophysiology. London: Wiley 1975, 71–94.

James, W.: The principles of psychology. New York: Holt 1890.

Lacey, J. I. & Lacey, B. C.: Some autonomic-central nervous system interrelationships. In: Black, P. (ed.): Physiological correlates of emotions. New York: Academic Press 1970, 205–228.

Lang, P. J.: Die Anwendung psychophysiologischer Methoden in Psychotherapie und Verhaltensmodifikation. In: Birbaumer, N. (Hg.): Psychophysiologie der Angst. München: Urban & Schwarzenberg 1977, 15–84.

Lang, P. J., Levin, D. N., Miller, G. A. & Kozak, M. J.: Fear behavior, fear imagery, and the psychophysiology of emotion: An information processing approach to affective response integration. Unpublished Manuscript at the University of Wisconsin, Madison, Department of Psychology, Madison, Wisconsin 53706, 1982.
Lange, C.: Om Sinsbevaegelser. Kopenhagen: Rasmussen 1885. (Translated by Istar A. Haupt for K. Dunlap (ed.): The emotions. Baltimore: Williams and Wilkins 1922).
Larbig, W.: Schmerz. Stuttgart: Kohlhammer 1982.
Lindsley, D. B.: Emotion. In: Stevens, S. S. (ed.): Handbook of experimental psychology. New York: Wiley 1951, 473–516.
Meuer, M.: Cerebral lateralization, physiological and subjective responses to stress: Interactions with cognition and emotion. Dissertation an der Fakultät für Sozial- und Verhaltenswissenschaften, Universität Tübingen, 1982.
Moruzzi, G. & Magoun, H. W.: Brain stem reticular formation and activation of EEG. Electroenceph. Clinical Neurophysiology 1 (1949), 455–473.
Olds, J.: Drives and reinforcements. New York: Raven Press 1977.
Papez, J. W.: A proposed mechanism of emotion. Archives of Neurological Psychiatry 38 (1937), 725–743.
Penfield, W. & Jasper, H. H.: Epilepsy and the functional anatomy of the human brain. Boston: Little Brown 1954.
Perris, C.: Central measures of depression. In: Praag, H. M., Lader, A. H., Rafaelson, O. J. & Sachar, E. J. (eds.): Handbook of biological psychiatry II, New York, Basel: M. Dekker Inc. 1980, 182–223.
Pribram, K. H.: Languages of the brain. New Jersey: Prentice Hall 1971.
Rockstroh, B., Elbert, T., Birbaumer, N. & Lutzenberger, W.: Slow brain potentials and behavior. Baltimore: Urban & Schwarzenberg 1982.
Schwartz, G. E., Fair, P. L., Salt, P. S., Mandel, M. R. & Klerman, J. L.: Facial muscle patterning to affective imagery in depressed and non-depressed subjects. Science 192 (1976), 489–491.
Shevrin, H. & Fritzler, D. E.: Visual evoked response correlated of unconscious mental processes. Science 161 (1968), 295.

Niels Birbaumer

Psychoanalytische Ansätze

Die Rolle der *Emotionen* in der psychoanalytischen Therapie wurde im Laufe der historischen Entwicklung der psychoanalytischen Methode und Theorie verschieden eingeschätzt (Kutter 1980). Wahrnehmung beim analysierenden Psychotherapeuten heißt, daß ständig einfühlend Emotionen des Analysanden aufgenommen und sowohl subjektiv durch Introspektion und Empathie als auch objektiv durch Berücksichtigung der affektiven Äußerungen registriert werden, um beides für die Diagnose der aktuellen Beziehung zu nutzen.
Ein klassisches Beispiel für die Beachtung von Emotionen in der Psychoanalyse sind Freuds Studien über Hysterie (1895, S. 85). Es zeigte sich nämlich, „daß die

einzelnen hysterischen Symptome sogleich und ohne Wiederkehr verschwanden, wenn es gelungen war, die Erinnerung an den veranlassenden Vorgang zu voller Helligkeit zu erwecken, damit auch den begleitenden Affekt wachzurufen, und wenn dann der Kranke den Vorgang in möglichst ausführlicher Weise schilderte und dem Affekt Worte gab. Affektloses Erinnern ist fast immer wirkungslos".
Seit jener Zeit interessiert sich die Psychoanalyse besonders für diejenigen unbewußten mentalen Prozesse, die zwischen der Wahrnehmung eines eine Emotion auslösenden Reizes und dem darauf folgenden Verhalten ablaufen. Sie postulierte früh, daß Emotionen gemischt auftreten, zum Beispiel als Ambivalenz von Liebe und Haß (Freud 1915). Sie stellte fest, daß Emotionen mit Konflikten einhergehen. Um so erstaunlicher ist es, daß die Psychoanalyse bisher keine geschlossene Theorie der Emotionen vorgelegt hat. Dagegen wurden zu einzelnen Emotionen zahlreiche Hypothesen entwickelt; so über Angst (Freud 1926), Trauer (Freud 1916), über Emotionen in Zusammenhang mit der Sexualität (Freud 1905) sowie über Eifersucht (Freud 1920) und Schuldgefühl (Freud 1923), (→ *spezielle Emotionen aus psychoanalytischer Sicht*).
Neuere psychoanalytische Untersuchungen beziehen sich auf Schamgefühl (Lewis 1971), Liebe (Bergmann 1971, Kernberg 1976), Rache (Socarides 1966), Eifersucht (Pao 1969) und Haß bzw. aggressives Verhalten (A. Freud 1972, Mitscherlich 1956/57).

Der „klassische" triebtheoretische Ansatz

Heute gilt die psychoanalytische *Triebtheorie* wegen ihrer nicht klar differenzierbaren wissenschaftlichen, gleichermaßen physiologische und psychologische Begriffe verwendenden Sprache als vorwissenschaftlich (Compton 1981, S. 194). Dabei sind Freuds Hypothesen über mentale Prozesse und Phantasien am ehesten durch Daten aus psychoanalytischen Behandlungen abgesichert, wogegen die neuro-physiologischen Anteile seiner Theorie eher als „erklärende Propositionen in einem neurologischen Kontext" (Compton 1981, S. 207) erscheinen.
Was Triebe sind, wurde nie klar definiert. Zunächst wurde der Sexualtrieb neben Hunger und Durst als elementares Bedürfnis aufgefaßt, dann den Ich-Trieben gegenübergestellt, schließlich wieder unter einem eher monistischen Aspekt nach der Einführung des Narzißmus-Konzepts (Freud 1914) als Ich-Libido verstanden, die in Beziehungen zu Objekten investiert wird oder im Falle der Selbstliebe im Subjekt verbleibt. Liebe und Haß werden zwar nicht direkt mit Trieben gleichgesetzt, aber indirekt in engem Zusammenhang mit Sexual- bzw. Ich-Trieben gesehen (Freud 1915).
Trotz der genannten Einschränkungen können jedoch folgende *Hypothesen* als konstruktive Ansätze zu einer psychoanalytischen Emotionstheorie gelten:

1. Emotionen beziehen sich sowohl auf das Subjekt selbst (Selbstliebe nach narzißtischem Typus), als auch auf ein anderes Objekt (Objektliebe nach dem Anlehnungstypus).

2. Emotionen machen eine Entwicklung durch, die von unreifen bis zu reifen Stadien voranschreitet (psychoanalytische Entwicklungstheorie). Dabei ist die Differenzierung der Emotionen im Laufe der individuellen Entwicklung von der während der Stammesgeschichte zu unterscheiden.
3. Emotionen sind vielfach unbewußt. Das heißt: Der Mensch wird eher sekundär durch Emotionen gesteuert, als daß er primär die Emotionen steuert.
4. Emotionen geraten häufig mit Steuerungsinstanzen der Person in Konflikt und werden dadurch verändert (psychoanalytische Konflikttheorie).
5. Emotionen betreffen gleichermaßen seelische und körperliche Phänomene. Dabei sind es die mentalen Prozesse der mit Emotionen einhergehenden unbewußten Phantasien, die die Psychoanalyse interessieren.
6. Emotionen zeigen das Phänomen der Ambivalenz, des gleichzeitigen Vorkommens von zwei sich widersprechenden Affekten gegenüber ein und derselben Person.

Der „moderne" motivationstheoretische Ansatz

George S. Klein (1967) hat eine an Informationstheorie und Kybernetik orientierte Motivationstheorie vorgelegt, die sich gut in die kognitionstheoretischen Ansätze der akademischen Psychologie integrieren läßt (→ *Kognitionstheoretische Ansätze*, → *Motivation und Emotion*). Ausgangspunkt der Kleinschen Theorie ist die in Übereinstimmung mit Freud (1895, S. 85) stehende klinische Beobachtung, daß abgewehrte Emotionen nach Überwindung der Widerstände während des analytischen Prozesses mit „starker Intensität" und „wundervoller Frische" wieder lebendig werden können. Die damit verbundenen Phantasien bilden zusammen mit Emotion und Handlung eine kognitiv-emotional-motorische Einheit. Derartige mit Emotionen eng verbundene Phantasien werden durch spezifische Reize aus der Umwelt ausgelöst und können der Verdrängung verfallen. Trotz der Verdrängung bleibt die gesamte Einheit von Phantasie, Emotion und Handlung als zusammenhängendes „pattern" aber aktiv und behält ihre Richtung und Intensität bei. Sie entspricht einer Art Programm erlebter Erfahrungen und den dazugehörigen emotionalen Dispositionen und Handlungen. Die Phantasien lassen sich dabei durchaus sprachlich ausdrücken. Das gesamte abgewehrte *pattern* bildet nun eine „primäre Region gestörten Gleichgewichts" *(inbalance)*. Wird dieser Störbereich durch äußere oder innere Reize aktiviert, resultiert daraus so etwas wie ein Motiv für Handeln. Dazu ein Beispiel: Ein Mann fühlt sich durch eine attraktive Frau angeregt und stellt sich in freudiger Erwartung vor, sich ihr zu nähern. Auf der anderen Seite empfindet er ohne ihre Gegenwart einen eher traurigen Affekt. Diese „affektiven Antizipationen" drängen zum Handeln. Dabei hat die Handlung der Annäherung für mehrere Menschen in dieser Situation je nach den vorausgegangenen Erfahrungen eine ganz verschiedene Bedeutung. So kann ein und dieselbe Handlung für den einen Menschen zu Angst und Hemmung, für den anderen zu exploratorischem Verhalten führen. Dabei sind es die emotionalen *Qualitäten,* die das Verhalten beeinflussen, nicht *quantitative* „Affekt-Beträge" (Freud 1895). Das Beispiel zeigt die Wichtigkeit des Objekts, die Rolle der Wahrnehmung – in unserem Beispiel einer visuellen – sowie die des Denkens und Handelns (Annäherung bzw. exploratorisches Verhalten im obigen Beispiel). Erinnert das Objekt an ungelöst gebliebene Konflikte der Kindheit, werden Abwehrprozesse ausgelöst. In deren Verlauf wird der abgewehrte Gedankengang mit den dazugehörigen Emotionen gleichsam „abgeschaltet". Je nachdem, welche Bereiche der emotional-kognitiv-motorischen Elemente durch die Abwehr betroffen werden, kommt es zu verschiedenen Resultaten: (1) Die Handlung kann bei erhaltener Emotion blockiert sein. (2) Die Emotion wird abgewehrt, während das kognitive Element aktiviert bleibt. (3) Die beteiligten Emotionen lösen Konflikte aus, die, wenn sie nicht gelöst werden können, zu gestörtem Verhalten führen.

Der „ich-psychologische" Ansatz

Mit der durch Sigmund Freud (1923) eingeleiteten und von Anna Freud (1936), Hartmann, Kris und Loewenstein (1946) u. a. ausgebauten klassischen Ich-Psychologie verlagern sich auch die Interessen der Psychoanalyse von der triebhaften Ursache der Emotionen auf deren Verarbeitung. Die Frage ist: wie verarbeitet das Ich die Emotionen und wie erkennbar verändern sie sich im Laufe der Differenzierung des Ich? Dabei wird die Entwicklung der Emotionen (Brierley 1937) durch Wahrnehmen, Denken und Urteilen wesentlich beeinflußt. Werden bestimmte Emotionen als bedrohlich erlebt, setzen Abwehrmechanismen (A. Freud 1936) ein. Die damit verbundenen kognitiven und affektiven Prozesse verlaufen unbewußt, können aber durch Psychoanalyse bewußt gemacht werden. Bewußt werdende Emotionen wirken für das Ich wie ein Signal (Rapaport 1953). So signalisiert Angst eine bestimmte Gefahr (Freud 1926). Über eine „synthetisierende" Funktion des Ich (Nunberg 1930) können verschiedene Emotionen in die Persönlichkeit integriert werden.

Der „struktur-theoretische" Ansatz

Mit der Entwicklung der Ich-Psychologie verstärkt sich die Tendenz der Psychoanalytiker, mit Strukturmodellen zu arbeiten. Das Struktur-Modell Ich/Es/Über-Ich wurde weiter ausgebaut in Richtung auf die Repräsentanzenlehre von Selbst- und Objektrepräsentanzen (Jacobsen 1973, Kernberg 1976). Gleichzeitig wurde die Theorie der Abwehrmechanismen differenziert (Moser 1964) und durch Computer-Simulation überprüft (Moser, v. Zeppelin & Schneider 1978). Dies führte dazu, die Emotionen unter einem speziell strukturellen Gesichtspunkt zu sehen. De Rivera (1977) entwickelte eine Strukturtheorie der Emotionen, die sich gut mit psychologischen Theorien verbinden läßt (Arnold 1970, Tomkins 1970). Er unterscheidet drei *sets* von Emotionen, die sich entlang von drei Dimensionen bewegen. Die Dimensionen entsprechen *belonging, recognition* und *being*. Je nach der Person, auf die die Emotion gerichtet ist (auf andere zu oder von anderen weg) resultieren sechs Typen von Emotionen: Liebe, Wertschätzung, Akzeptanz (in der Bewegung in Richtung auf den anderen zu) sowie Ärger, Verachtung, Zurückweisung (in der Richtung vom anderen weg). Daß die theoretisch abgeleiteten Emotionen auch tatsächlich vorkommen, konnte durch Überprüfung der vorgegebenen Liste mit den theoretisch abgeleiteten Bezeichnungen der Emotionen über die Einschätzung durch 20 Collegestudenten abgesichert werden (De Rivera 1977, S. 117).

Der „objektbeziehungs-theoretische" Ansatz

Im Zentrum der psychoanalytischen Objektbeziehungs-Psychologie steht die Beziehung zwischen Mensch und Mitmensch (Kutter 1982). Das Objekt, das heißt, eine wichtige andere Bezugsperson, bzw. genauer: die *Beziehung* zwischen Subjekt und Objekt, ist der entscheidende Gesichtspunkt (Fairbairn 1952, Winnicott 1974). Die äußerlich beobachtbaren Beziehungen lassen sich, wenn sie einmal internalisiert sind, als mentale Prozesse beschreiben. Von dort können sie nach erfolgter Externalisierung in der psychoanalytischen Situation in der Beziehung zwischen Analysand und Analytiker wiedergefunden werden. Theoretisch sieht man sie im psychoanalytischen Modell von Ich/Es/Über-Ich als internalisierte Objektbeziehungen, die bei normaler Entwicklung in die mentale Struktur integriert, in pathologischen Fällen dagegen desintegriert bleiben. Zu den internalisierten Objektbeziehungsstrukturen gehören Muster emotionaler Dispositionen, die, dem Konzept Georg Kleins (1967) nicht unähnlich, zusammen ein *pattern* bilden (Kernberg 1976, S. 86), in dem ebenso Repräsentanzen des Selbst wie des Objekts einschließlich der dazugehörigen Affekte eine Einheit bilden. Sie sind das Resultat früher Erfahrungen der Kindheit: So wird z. B. ein von einer wenig einfühlungsfähigen, unberechenbaren Mutter lieblos und kaltherzig aufgezogenes Kind die in dieser Beziehung gemachten unlustvollen Erfahrungen nach deren Verinnerlichung als ein *pattern* speichern, in dem die gemachten Beziehungen zusammen mit den dazugehörigen Emotionen verbunden sind. Die entsprechenden affektbesetzten Beziehungsmuster können dann im Erwachsenenalter durch Beziehungsmuster, die denen der Kindheit ähnlich sind, als aktuelle Anlässe reaktiviert werden und die gerade vorherrschende Beziehung mehr oder weniger beeinflussen. Die gespeicherten früheren Erfahrungen können im Laufe eines psychoanalytischen Prozesses kognitiv überprüft und nachträglich korrigiert werden, was allerdings eine entsprechende „Affekttoleranz" (Krystal 1975) voraussetzt; das heißt: die Fähigkeit, Affekte wie Angst oder Trauer aushalten zu können, ohne sie abwehren zu müssen.

Entwicklungspsychologische und biologistische Ansätze

Die entwicklungspsychologische Seite der Emotionen wurde besonders von Rado (1969) herausgearbeitet. Er unterscheidet im Sinne eines evolutionären Prinzips vier psychologische Ebenen der Integration und Steuerung: (1) eine hedonistische Ebene, in der Lust und Schmerz ausschlaggebend für das Verhalten sind, (2) eine archaische Ebene, gekennzeichnet durch primitive Wut oder Angst, gefolgt von Kampf oder Flucht, (3) eine Ebene emotionalen Denkens, auf der zum Beispiel ärgerliche Gedanken zu dominantem Verhalten oder ängstliche Vorstellungen zu unterwürfigem Verhalten führen, sowie (4) eine Ebene unemotionalen Denkens, in der wichtige Ereignisse der Umgebung verdrängt, gehemmt oder sonstwie abgewehrt werden.
Eine eher biologistische Orientierung mit Betonung bestimmter „organismischer Zustände" und biologisch vorgegebener Kontrollmechanismen vertritt Bowlby (1973): In seinem Modell haben Emotionen die Funktion von Monitoren, die ebenso auf „innere körperliche Zustände" wie auf äußere Ereignisse der Umwelt reagieren. Registriert das Ich die auf den Monitoren erscheinenden Emotionen, kann es diese prüfen, vergleichen und dann entscheiden zu handeln.

Ansätze zu einer umfassenden psychoanalytischen Theorie der Emotionen

Versucht man triebpsychologische, ich-psychologische und objektbeziehungs-psychologische Ansätze zu einer gemeinsamen Theorie zu verbinden, so kommt man zu einer umfassenden Theorie, in der Emotion, Kognition und Interaktion gleichermaßen wichtig sind. Je nach Phänomen werden einzelne Teile der Theorie herangezogen. So werden primitive Wutausbrüche vorwiegend triebspsychologisch, Konflikte zwischen einzelnen Persönlichkeitsinstanzen ich-psychologisch und die Art der Beziehung zwischen Subjekt und Objekt objektpsychologisch erklärt. Emotionen werden im Sinne von Roy Schafers Handlungstheorie nicht als Zustände verstanden, die der Mensch erträgt, sondern als durch die Handlung gestaltete Emotion, die mit Zeitwörtern besser beschrieben wird als mit Hauptwörtern (Schafer 1976). Emotionen sind insofern mentale Phänomene, extrem individuell und von Mensch zu Mensch verschieden, als sie mehr mit Ich-Funktionen als mit Affektabfuhr zu tun haben. Sie entwickeln sich in engem Zusammenhang mit der Differenzierung der mentalen Strukturen von primären Emotionen zu sekundären. Dabei sind kognitive und emotionale Prozesse nicht voneinander zu trennen. Insofern sind Emotionen komplexe mentale Phänomene, die mit Lust oder Unlust *und* Vorstellungen einhergehen (Brenner 1974).

Anwendungen der psychoanalytischen Ansätze auf die Psychotherapie

Das psychoanalytische Verfahren findet unter Nutzung von Traumanalyse, Widerstandsanalyse und Analyse von Übertragung und Gegenübertragung vorwiegend im sprachlichen Raum statt. Die die Sprache begleitenden Emotionen werden dabei ständig unter Nutzung der sogenannten Gegenübertragung (das sind die gefühlsmäßigen Reaktionen des Psychoanalytikers auf die Emotionen des Patienten) beachtet. Dazu kommt die ständige theoretische Berücksichtigung der psychoanalytischen Konflikt-, Abwehr- und Krankheitslehre (Loch 1983). So ist die Emotionalität *zwangsneurotisch* strukturierter Patienten weitgehend durch die Abwehrmechanismen der Affekt-Isolierung, Intellektualisierung, Rationalisierung und Reaktionsbildung abgewehrt. Ziel der Psychotherapie ist es somit, die mit dem Fühlen und Äußern von Emotionen verbundenen Ängste mit Unterstützung des Analytikers tolerieren zu lernen. *Hysterisch* strukturierte Patienten im Sinne der psychoanalytischen Neurosenlehre setzen dagegen Emotionen unbewußt als Abwehr ein, um angsterregenden Konflikten auszuweichen. Die Emotion ist hierbei übersteigert und der realen Situation gegenüber unangemessen. So kann z. B. Wut oder Zorn als „Affektualisierung" (Valenstein 1962) die Funktion eines Widerstandes gegenüber der Erkenntnis peinlicher Einsichten annehmen. Dies ist jedoch die Ausnahme. In der Regel werden nach erfolgter Abwehr die unlustvollen Emotionen nicht mehr wahrgenommen. Ein spezieller Abwehrmechanismus verdient in diesem Zusammenhang noch besonders erwähnt zu werden, nämlich der des „Voneinander-getrennt-Haltens" oder der „Spaltung" (M. Klein 1946): Durch einen derartigen Abwehrmechanismus kann zum Beispiel mörderischer Haß, der ohne Abwehr eine liebevolle Beziehung zerstören würde, von den liebevollen Gefühlen getrennt gehalten werden; ein Abwehrmechanismus, der für die heute oft diagnostizierten Borderline-Fälle (Kernberg 1975) charakteristisch ist.

Schizophrene Verhaltensstörungen sind das Resultat komplizierter Abwehrmechanismen, mit dem Ziel, massive Emotionen vom Bewußtsein abzuhalten, da diese wegen ihrer archaischen Struktur, ihrem frühen Entwicklungsstand entsprechend, viel schwerer kontrollierbar sind als zu neurotischen Störungen gehörende Emotionen; wären sie dem Bewußtsein zugänglich, würden sie zum Zusammenbruch des Ichs führen. Psychotherapeutisch wird man deshalb vermeiden, durch analytische Maßnahmen die Emotionen aufzudecken, sondern eher mit stützenden Maßnahmen oder Verhaltenstherapie behandeln. Eine „aufdeckende" psychoanalytische Therapie mit dem Ziel, die abgewehrten Emotionen wieder erlebbar zu machen, setzt immer voraus, daß die gefürchteten unlustvollen Erfahrungen der Kindheit erneut durchlebt werden. Dies erfordert nicht nur ein einigermaßen stabiles Ich auf seiten des Patienten, sondern auch die Fähigkeit des Therapeuten, sich den in unserer Kultur stark abgewehrten, zerstörerischen oder als „pervers“ empfundenen Affekten im Rahmen eines verläßlichen Arbeitsbündnisses zu stellen, um dem Klienten im Nachhinein die Gelegenheit zu geben, zu reiferen Konfliktlösungen zu kommen, als ihm dies während seiner Kindheit unter ungünstigen Bedingungen möglich war.

Abschließende Bemerkungen

Die hier vorgelegten psychoanalytischen Ansätze zu einem Verständnis der Emotionen resultieren überwiegend aus kasuistisch gewonnenen Daten. Die nur schwer zugänglichen unbewußten Prozesse in der Interaktion zwischen Analysand und Psychoanalytiker werden jedoch zunehmend systematisch beschrieben, auf Skalen eingeschätzt und damit der Forschung zugänglich (Beckmann 1978, Krause 1982). Dabei spielt die qualitative und quantitative Inhaltsanalyse transkribierter Verbatimprotokolle psychotherapeutischer Sitzungen eine von Linguisten und Sozialwissenschaftlern vielbeachtete Rolle (Flader, Grodzicki & Schröter 1982, Oevermann, Allert, Konau & Krambeck 1979). Außerdem können Emotionen wie Angst und Haß über entsprechende Kodierung (Gottschalk & Gleser 1969, Schöfer 1980) oder über den Wortschatz eines im EVA-System gespeicherten Vokabulars (Thomä & Kächele 1973, Kächele & Mergenthaler 1981) erfaßt werden (→ *Sprachliche Methoden*).
Inwieweit sich die dadurch gewonnenen Forschungsergebnisse mit Resultaten anderer psychologischer Ansätze verknüpfen lassen, bleibt weiterer Forschung vorbehalten. Zur kognitiven Richtung der Psychologie ergeben sich insofern Berührungspunkte, als auch hier nur indirekt erschließbare „mentale Prozesse“ erforscht werden (Quekelberghe 1979). Es existieren auch bereits Ansätze integrativer Konzepte, in denen psychoanalytische Gesichtspunkte mit solchen der experimentellen Psychologie verbunden sind (Schachtel 1959, Garfield 1982). Von Izard (1977) werden die hier vorgelegten psychoanalytischen Ansätze ebenso beachtet wie von Plutchik (1980). Abschließend hofft der Verfasser, daß sein vorliegender Beitrag mithilft, zusammen mit den anderen Beiträgen dieses Bandes die in der Psychologie beklagte Vernachlässigung der Emotionen (Scherer 1981) zu überwinden und darüber hinaus Interesse an den Ansätzen geweckt zu haben, die die Psychoanalyse zu einer Theorie der Emotionen beitragen kann.

Literatur

Arnold, M. B. (ed.): Feelings and emotions. New York: Plenum 1970.
Beckmann, D.: Übertragungsforschung. In: Pongratz, L. J. (Hg.): Handbuch der Psychologie, Bd. 8/2, Göttingen: Hogrefe 1978, 1242–1256.
Bergmann, M. S.: Psychoanalytic observations on the capacity to love. In: McDevitt, J. B. & Settlage, C. F. (eds.): Separation/individuation. Essays in honor of M. S. Mahler, New York: International Universities Press 1971, 15–40.
Bowlby, J.: Attachment and loss. Vol. 2. New York: Basic Books 1973.
Brenner, C.: On the nature and development of affects: A unified theory. Psychoanalytic Quarterly 43 (1974), 532–566.
Brierley, M.: Affects in theory and practice. International Journal of Psycho-Analysis 18 (1937), 256–268.
Compton, A.: On the psychoanalytic theory of instinctual drives. Psychoanalytic Quarterly 50 (1981), 190–237.
Fairbairn, W. R. D.: Psychoanalytic studies of the personality. London: Tavistock 1952.
Flader, D., Grodzicki, W.-D. & Schröter, K. (Hg.): Psychoanalyse als Gespräch. Frankfurt: Suhrkamp 1982.
Freud, A.: Das Ich und die Abwehrmechanismen (1936). London: Imago 1946.
Freud, A.: Bemerkungen zur Aggression (1972). In: Die Schriften der Anna Freud, Bd. X, München: Kindler 1980, 2773–2794.
Freud, S.: Studien zur Hysterie (1895). G. W. I. London: Imago 1952.
Freud, S.: Drei Abhandlungen zur Sexualtheorie (1905). G. W. V. London: Imago 1942.
Freud, S.: Zur Einführung des Narzißmus (1914). G. W. X. London: Imago 1946.
Freud, S.: Triebe und Triebschicksale (1915). G. W. X. London: Imago 1946.
Freud, S.: Trauer und Melancholie (1916). G. W. X. London: Imago 1948.
Freud, S.: Über einige neurotische Mechanismen bei Eifersucht, Paranoia und Homosexualität (1920). G. W. XIII. London: Imago 1940.
Freud, S.: Das Ich und das Es (1923). G. W. XIII. London: Imago 1940.
Freud, S.: Hemmung, Symptom und Angst (1926). G. W. XIV. London: Imago 1948.
Garfield, S. L.: Psychotherapie, ein eklektischer Ansatz. Weinheim: Beltz 1982.
Gottschalk, L. A. & Gleser, G. C.: Measurement of psychological states through the content-analysis of verbal behavior. Berkeley: University of California Press 1969.
Hartmann, H., Kris, E. & Loewenstein, R. M.: Anmerkungen und Entwicklung der psychischen Struktur. Psychoanalytic Study of the Child 2 (1946), 11–38 (dt.: In: Kutter, P. & Roskamp, H. (Hg.): Psychologie des Ich. Darmstadt: Wissenschaftliche Buchgesellschaft 1974, 105–140).
Izard, C. E.: Human emotions. New York: Plenum Press 1977 (dt.: Emotionen des Menschen. Weinheim: Beltz 1981).
Jacobson, E.: Das Selbst und die Welt der Objekte. Frankfurt: Suhrkamp 1973.
Kächele, H. & Mergenthaler, E. (eds.): Computer-aided analysis of psychotherapeutic discourse. The new Psychotherapy Text Archive. University of Ulm, 1981.
Kernberg, O. F.: Borderline conditions and pathological narcissism. New York: Aronson 1975 (dt.: Borderline-Störungen und pathologischer Narzißmus. Frankfurt: Suhrkamp 1978).
Kernberg, O. F.: Object relations theory and clinical psychoanalysis. New York: Aronson 1976 (dt.: Objektbeziehungen und Praxis der Psychoanalyse. Stuttgart: Klett-Cotta 1981).
Klein, G. S.: Peremptory ideation, structure, and force in motivated ideas. In: Holt, R. R. (ed.): Motives and thought. Psychoanalytic essays in honor of David Rapaport. Psychological Issues 5 (1967), 18–19.

Klein, M.: Notes on some schizoid mechanisms. International Journal of Psycho-Analysis 27 (1946) 99–110.
Krystal, H.: Affect tolerance. Annual of Psychoanalysis 3 (1975), 179–219.
Krause, R.: Kernbereiche psychoanalytischen Handelns. Nervenarzt 53 (1982), 504–512.
Kutter, P.: Über die Rolle der Emotionen. Psycho-Analyse 1 (1980), 188–201.
Kutter, P. (Hg.): Psychologie der zwischenmenschlichen Beziehungen. Darmstadt: Wissenschaftliche Buchgesellschaft 1982.
Loch, W. (Hg.): Die Krankheitslehre der Psychoanalyse. Stuttgart: Hirzel, 4. A. 1983.
Lewis, H. B.: Shame and guilt in neurosis. New York: International Universities Press 1971.
Mitscherlich, A.: Aggression und Anpassung. Psyche 10 (1956/57), 177–193.
Moser, U.: Zur Abwehrlehre: Das Verhältnis von Verdrängung und Projektion. Jahrbuch der Psychoanalyse 3 (1964), 56–86.
Moser, U., Zeppelin, I. v. & Schneider, W.: Computersimulation eines Modells neurotischer Abwehrmechanismen. Berichte aus der Abt. Klinische Psychologie. Psychologisches Institut der Universität Zürich 1978.
Nunberg, H.: Die synthetische Funktion des Ich. Internationale Zeitschrift für Psychoanalyse 16 (1930), 301–310.
Oevermann, U., Allert, T., Konau, E. & Krambeck, J.: Die Methodologie einer objektiven Hermeneutik und ihre allgemeine forschungslogische Bedeutung in den Sozialwissenschaften. In: Soeffner, H.-G. (Hg.): Interpretative Verfahren in den Sozial- und Textwissenschaften. Stuttgart: Metzler 1979, 352–434.
Pao, P.-N.: Pathological jealousy. Psychoanalytic Quarterly 38 (1969), 616–638.
Plutchik, R.: Emotion, a psycho-evolutionary synthesis. New York: Harper & Row 1980.
Quekelberghe, R. v.: Systematik der Psychotherapie. München: Urban & Schwarzenberg 1979.
Rapaport, D.: On the psycho-analytic theory of affects. International Journal of Psycho-Analysis 34 (1953), 177–198.
Rado, S.: Adaptional psychodynamics: Motivation and control. New York: Science House 1969.
de Rivera, J.: A structural theory of the emotions. Psychological Issues 10 (1977), 1–171.
Schachtel, E. G.: Metamorphosis. On the development of affect. Perception attention and memory. New York: Basic books 1959.
Schafer, R.: A new language for psychoanalysis. New Haven: Yale University 1976 (dt.: Eine neue Sprache für die Psychoanalyse. Stuttgart: Klett-Cotta 1982).
Scherer, K. R.: Wider die Vernachlässigung der Emotion in der Psychologie. In: Bericht über den 32. Kongreß der Deutschen Gesellschaft für Psychologie Zürich. Göttingen: Hogrefe 1981, 304–316.
Schöfer, G., Gottschalk, L. A. & Gleser, G. C. (Hg.): Sprachinhaltsanalyse: Theorie und Technik. Studien zur Messung ängstlicher und aggressiver Affekte. Weinheim: Beltz, 1980.
Socarides, C. W.: On vengeance. Journal of the American Psychoanalytic Association 14 (1966), 356–375.
Thomä, H. & Kächele, H.: Wissenschaftstheoretische und methodologische Probleme der klinisch-psychoanalytischen Forschung. Psyche 27 (1973), 205–355.
Tomkins, S. S.: Affects as the primary motivational system. In: Arnold, M. B. (ed.): Feelings and emotions. New York: Academic Press 1970, 101–110.
Valenstein, A. F.: The psychoanalytic situation. International Journal of Psycho-Analyse 43 (1962), 315–324.
Winnicott, D. W.: Reifungsprozesse und fördernde Umwelt. München: Kindler 1974.

Peter Kutter

Lerntheoretische Ansätze

In den lerntheoretischen (behavioristischen) Ansätzen werden emotionale Verhaltensweisen in ihrer Abhängigkeit von Umweltereignissen analysiert. Im Unterschied zu → *psychoanalytischen* oder → *kognitionstheoretischen Ansätzen* spielen in den streng behavioristischen Schulen innere Strukturen oder Prozesse für die Erklärung von Emotionen als inneren Zuständen keine Rolle. Emotionales Verhalten ist vielmehr eine Funktion von äußeren Reizen. Zentraler Erklärungsprozeß für das Entstehen emotionalen Verhaltens ist das Lernen, das als Verhaltensänderung aufgrund von Erfahrung verstanden wird.
Wir werden uns nun den heterogenen behavioristischen Ansätzen unter einer von der emotionspsychologischen Thematik her nahegelegten Gliederung zuwenden. Der *klassische* sowie der *radikale Behaviorismus* sind streng antimentalistisch; dies bedeutet, daß innere Bewußtseinszustände, also auch Gefühle, nicht als Ursache von Verhalten angesehen werden dürfen. Im *Neobehaviorismus* werden innere Prozesse akzeptiert, sofern sie sich vollständig auf äußere Reizbedingungen zurückführen lassen und theoretischen Nutzen versprechen. Der *kognitive Behaviorismus,* der jüngste und neben dem radikalen Behaviorismus der zur Zeit noch existente Ansatz, läßt kognitive Erklärungen emotionaler Phänomene zu und stellt so das Bindeglied zwischen behavioristischen und kognitionstheoretischen Ansätzen dar. Unberücksichtigt bleiben hier behavioristisch orientierte physiologische Theorien (z. B. Grossman 1967); diese werden von Goldstein (1968) beschrieben. Eine vorzügliche Darstellung lernpsychologischer Positionen in der Analyse von Emotionen findet sich im übrigen bei Reisenzein und Baltes (1982).

Klassischer Behaviorismus

Der klassische (oder orthodoxe) Behaviorismus entstand mit der konsequenten Abkehr von einer Psychologie, die innere Bewußtseinszustände durch Introspektion zu erhellen suchte. Inhalt der Psychologie war nun ausschließlich durch Fremdbeobachtung erfaßbares Verhalten, welches als unvermittelte Reaktion auf vorangegangene äußere Reize erklärt wurde.
Der Ruhm von John B. Watson, dem ungeliebten Begründer des Behaviorismus, ist nicht zuletzt seinem Lieblingsthema, der Psychologie der Emotionen, zuzuschreiben (Watson 1919a, b). Die Experimente von ihm und seinen Schülerinnen zur Beseitigung von Angstreaktionen bei Kindern gehören heute noch zum verhaltenstherapeutischen Textbuchwissen.
Emotionen sind für Watson objektiv beobachtete Reaktionskomplexe auf bestimmte Reize. Die drei prototypischen Emotionen Furcht, Wut und Liebe sind „erbliche Reaktionsmuster“, also „unkonditionierte Reaktionen“ auf „unkonditionierte Stimuli“. So sind sie beim Säugling ohne spezielle Lernerfahrung beob-

achtbar. Der Prototyp „Liebe", hervorzurufen etwa durch Streicheln, Schaukeln oder Liebkosen und beantwortet mit Reaktionen des Wohlbefindens, wurde wohl von Watson aufgrund seiner Lektüre von Freud mit diesem Namen benannt; bezeichnen wir diesen Prototyp als „Freude", so finden wir Übereinstimmung mit zeitgenössischen Einteilungen prototypischer Emotionssysteme beim Kinde (→ *Entwicklungspsychologische Ansätze)*.

Prototypische Emotionen als unkonditionierte Reaktionen können durch Reizsubstitution, also durch klassisches Konditionieren, an ehemals neutrale Reize angebunden werden. Die ungelernten Grundmuster werden so durch Lernerfahrungen allmählich aufgebrochen und differenziert. Mit dieser Kernaussage der behavioristischen Emotionstheorie wird ein Forschungsprogramm vorgezeichnet: Zum einen ist eine Erklärung für die ontogenetische Differenzierung der Emotionen, zum anderen die Möglichkeit therapeutischer Beeinflussung gegeben.

Das Forschungsprogramm Watsons wurde schon früh in den bekannten Experimenten demonstriert. Watson und Rayner (1920) zeigten an dem einjährigen Sohn einer Krankenhausamme die Entstehung einer *konditionierten emotionalen Reaktion:* Hammerschläge auf eine aufgehängte Eisenstange ertönten hinter Albert, wenn er eine Ratte *(neutraler Stimulus)* berührte. Die unkonditionierte Furchtreaktion (UR) war nach 7 Darbietungen als *konditionierte Furchtreaktion* (CR) an die Ratte, nun *konditionierter Stimulus* (CS), gebunden. In einer *Stimulusgeneralisierung* übertrug sich die so gelernte Furcht zum Teil auf pelzähnliche Reize (Hund, Sealpelz, Watte, Watsons Haare), nicht aber auf z. B. Bauklötze.

Mary C. Jones (1924) überprüfte in einem Kinderheim verschiedene Verfahren der Furchtbeseitigung: Vermeidung, verbale Appelle in angenehmer Umgebung, passive Habituation, soziale Mißbilligung und Ablenkung wurden verworfen. Die Methode der direkten Konditionierung, später *Desensitivierung* genannt, sowie die Methode der *sozialen Nachahmung* hingegen stellten sich als wirksame und leicht anwendbare Methoden heraus.

Wie lassen sich die verschiedenen Emotionen zuverlässig unterscheiden? Als strenger Antimentalist konnte Watson nicht auf vermittelnde Prozesse zurückgreifen; das subjektive Gefühlserlebnis und kognitive Prozesse wie Einschätzungen und Benennungen konnten nicht berücksichtigt werden. Nur Stimulusbedingungen und Reaktionsmuster blieben. Eine Unterscheidung der Emotionen nach Reaktionen war nicht erfolgversprechend; die angeborenen prototypischen Reaktionsformen werden durch Lernerfahrungen überdeckt, verwandelt und differenziert. Schon eine Standardisierung der emotionalen Reaktionen bereitete Watson unüberwindliche Schwierigkeiten. Also wurden Emotionen nach objektiv beschreibbaren Reizbedingungen unterschieden. Watsons Versuche der Systematisierung kamen über eine grobe Katalogisierung noch nicht hinaus. Dieser *situative Ansatz,* also die Differenzierung von Emotionen aufgrund situativer Bedingungen, blieb aber Merkmal der behavioristischen Emotionstheorien.

Radikaler Behaviorismus

B. F. Skinner hat wie Watson und im Gegensatz zu den Neobehavioristen eine radikale antimentalistische Position bezogen. Gerade die Emotionen sind für ihn „hervorragende Beispiele von fiktiven Ursachen, denen wir gewöhnlicherweise Verhalten zuschreiben" (1953, S. 160). Da dies keinen verhaltenstechnologischen Nutzen habe, solle man sich auf zwei Aspekte konzentrieren, nämlich auf emotionales Verhalten (physiologische, expressive und motorische Reaktionen) sowie auf die veränderbaren Umweltbedingungen, welche dieses Verhalten steuern, also auf Verhaltenskonsequenzen und deren Hinweisreize. Den Emotionen wird so keine Eigenständigkeit zuerkannt, auch nicht als intervenierende Variable wie bei den Neobehavioristen (s. S. 65–68). Einzig die Alltagssprache rechtfertigt die Verwendung von Emotionsbegriffen als bequeme Konzepte, um bestimmte Zusammenhänge zwischen Umgebungsbedingungen und Verhalten zu beschreiben.
Mit drei Aspekten hat sich Skinner (1953, 1957) bevorzugt befaßt, einem verhaltensanalytischen, einem experimentellen und einem philosophischen.
Der verhaltensanalytische Aspekt ist die Frage der sozialen Kontrolle der Emotionen und ihrer Darstellungsregeln. Hier zeigt Skinner, wie emotionale Äußerungen, vergleichbar mit anderen Verhaltensweisen, unter der Beeinflussung der sozialen Umgebung stehen.
Der experimentelle Aspekt leitet sich aus den radikal-behavioristischen Prioritäten ab: Das Interesse gilt vorrangig dem instrumentellen Verhalten und seinen kontrollierenden Bedingungen. Emotionen interessieren also nur da, wo sie sich aus den Bedingungen instrumentellen Verhaltens ergeben und wo sie selbst instrumentelles Verhalten beeinträchtigen oder fördern. Zur letzten Frage entwickelten Estes und Skinner (1941) das Paradigma des *konditionierten emotionalen Response* (CER): Der erste Teil ist klassisches Konditionieren; ein neutraler Reiz wird verhaltensunabhängig und wiederholt mit einem unkonditionierten Reiz, meist Elektroschock, gegeben. Der so etablierte konditionierte Reiz wird dann verhaltensunabhängig dargeboten, während das Experimentaltier unter der Kontrolle von Verstärkungsplänen steht. Die Wirkung des konditionierten Reizes wird also nicht wie beim klassischen Konditionieren direkt erfaßt, sondern in seiner Auswirkung auf instrumentelles Verhalten. Dies ist die *konditionierte Suppression* bzw. *konditionierte Faszilitation,* ein recht empfindsames und zuverlässiges Maß der „Emotionalität" von Reizen. Experimente zur konditionierten Suppression bzw. Faszilitation, zumeist parametrischer Natur, nehmen in der radikalbehavioristischen Forschung einen großen Raum ein (Blackman 1977).
Der philosophische Aspekt betrifft die Frage nach dem Status „privater Ereignisse", also beispielsweise die Frage, wie wir überhaupt lernen, Wörter über eigene Emotionen korrekt zu gebrauchen. Die den Behavioristen nahestehende Richtung der analytischen Philosophie hatte diese Frage eingehend behandelt (vgl. Giegel 1969). Skinner bot verschiedene nicht-dualistische Lösungen an, also solche, die auf eine Trennung zwischen dinglicher und geistiger Welt, zwischen Innen-

und Außenwelt, zwischen Verhalten und Erleben verzichten. Sein Vorschlag, Eigenpsychisches als Fremdpsychisches zu sehen, die Person auch als Betrachter und Zuhörer eigenen Verhaltens zu begreifen, hat die sozialpsychologische Theorie der Selbstwahrnehmung von Bem (1972) begründet.
Im typischen radikalbehavioristischen Ansatz (z. B. Millenson 1967) sind Emotionen und Verstärkung auf zweifache Weise verquickt. Zum einen sind Emotionen Begleiterscheinungen von Verstärkungsplänen; Ärger etwa, meist erfaßt als „aggressives Verhalten", ist die Folge einer plötzlichen und drastischen Minderung der Verstärkungsdichte. Zum anderen beeinflussen Emotionen sehr deutlich die Wirkung verschiedener anderer Verstärker; eine angstauslösende Situation ist z. B. auch dadurch gekennzeichnet, daß eine Vielzahl möglicher Verstärker wirkungslos wird.

Neobehaviorismus

Der theoretische Umgang der Neobehavioristen mit Emotionen läßt sich aus ihrem allgemeinen Forschungsprogramm ableiten. Mit dem Neobehaviorismus wich der strenge Antimentalismus des alten Behaviorismus einer theoretischen Liberalisierung: Vermittelnde Prozesse wurden nicht länger kategorisch abgelehnt, sondern akzeptiert, sofern sie durch operationale Definitionen in vorhergehenden Reiz- oder nachfolgenden Reaktionsereignissen verankert waren und theoretischen Nutzen versprachen. So wurden die *Emotionen als intervenierende Variablen* konzipiert, also als Bedingungen, die zwischen Reize und Reaktionen geschaltet sind. Die intervenierenden Variablen sollten die verschiedenen Reiz- und Reaktionsereignisse in Beziehung setzen und damit die Vorhersagekraft der Verhaltensgesetze erhöhen (Brown & Farber 1951).
Im Mittelpunkt theoretischen Interesses standen Prozesse des Lernens und der Motivation. Emotionen waren diesem Interesse untergeordnet. Die Zusammenhänge zwischen Lernen und Emotionen (Sieber, O'Neil & Tobias 1977, → *Problemlösen und Emotion*) sowie die motivationale Wirkung von Emotionen waren folglich die vorrangigen Diskussionsinhalte. Der Emotionsbegriff blieb dabei undifferenziert; wenn spezielle Emotionen genannt waren, dann nur Angst und Frustration (Mowrer 1950, 1960, Miller 1951, Brown & Farber 1951, Amsel 1958). Andere Emotionen blieben weitgehend unberücksichtigt.
O. H. Mowrer hat von den Neobehavioristen am meisten zur „Wiederentdeckung der Emotionen" (1950, S. 19) beigetragen. Als einfallsreicher Experimentator mit guten Kenntnissen der Werke Freuds und mit Interesse für Probleme der Psychotherapie hat er sich um Annäherung zwischen experimenteller Psychologie und Psychotherapie bemüht. Dabei hat die Anwendung seiner *Zwei-Prozeß-Lerntheorie* die lerntheoretische Analyse der Angst bis in die 60er Jahre dominiert (Rescorla & Solomon 1967).
Die klassischen Lerntheorien hatten versucht, verschiedene Lernphänomene auf

ein einziges Lernprinzip zu reduzieren, Pavlov etwa auf ein assoziatives Prinzip (Reiz-Substitution), Thorndike bzw. Hull auf ein hedonistisches Prinzip (Response-Substitution bzw. Triebreduktion). Mowrer akzeptierte beide Prinzipien, aber jedes für einen begrenzten Bereich: Das klassische Konditionieren Pavlovs gelte ausschließlich für viszerale und vaskuläre Reaktionen, also Reaktionen der längsgestreiften Muskulatur und der Drüsen, die vom autonomen Nervensystem gesteuert werden und größtenteils unwillkürlich ablaufen (→ *Vegetatives Nervensystem und Emotionen*). Das Thorndikesche Lernen (instrumentelles Lernen) gelte dagegen nur für behaviorale Reaktionen, also für die willkürlichen Bewegungen der quergestreiften Muskulatur, vermittelt durch das Zentralnervensystem. Wie beide Prozesse zusammenspielen, zeigt die Analyse der Angst: Aufgrund klassischen Konditionierens lösen Reize, welche Schmerz signalisieren, innere Reaktionen aus, die den Schmerz antizipieren und als Emotion der Angst erlebt werden. Angst ist also die gelernte Reaktion auf Gefahrensignale. Die Angst hat die motivationale Wirkung eines sekundären Triebes: Jegliche instrumentelle Verhaltensweisen der Flucht oder Vermeidung werden durch Angstreduktion verstärkt. Angst ist somit sowohl Folge als auch Anlaß von Lernen, sowohl konditionierte Schmerzreaktion als auch Triebstimulus.

Die Zwei-Prozeß-Theorie diente längere Zeit zur Erklärung von Vermeidungslernen und Bestrafung und besonders als theoretisches Fundament der Verhaltenstherapie, obwohl sie zwei Widersprüche nicht lösen konnte:

1. Eine Vermeidungsreaktion müßte sich ihre eigene motivationale Grundlage entziehen, da wirkungsvolle Vermeidung die Angstreaktion auslöschen müßte, weil sie nicht länger mit dem Schmerzreiz assoziiert ist. Die Vermeidungsreaktion ist bei starken unkonditionierten Reizen aber sehr lösungsresistent (vgl. Krohne 1976).
2. Wie kann Angst Vermeidung motivieren, wenn die Vermeidungsreaktion oft vor der Angst kommt? Der experimentelle Nachweis von Herrnstein (1969), daß Vermeidungsverhalten auch dann gelernt und aufrechterhalten wird, wenn es keinen angstauslösenden konditionierten Reiz gibt, den es zu beseitigen gilt, hat die Vorherrschaft der Zwei-Prozeß-Theorie von Angst und Vermeidung gebrochen. Angst wird derzeit nicht mehr als notwendiger, sondern nur noch als möglicher Motivator von Vermeidung gesehen.

Die Emotionen werden auch bei Mowrer (1950, 1960) in behavioristischer Weise ausschließlich aufgrund von verschiedenen situativen Bedingungen unterschieden, nämlich aufgrund einer Systematik funktionaler (verhaltenswirksamer) Reize: Negative (S-) bzw. positive (S+) Reize lösen die beiden ungelernten Emotionen Schmerz und Lust *(pleasure)* aus. Die gelernten Emotionen werden nun gemäß den entsprechenden Signalreizen differenziert. Durch die wiederholten Assoziationen mit der Beendigung von S- bzw. dem Auftreten von S+ werden ursprünglich neutrale Reize zu *Sicherheitssignalen;* das Komplement sind entsprechend die *Gefahrensignale.* Das Sicherheitssignal ruft mit seinem Auftreten die Emotion Hoffnung hervor, mit seiner Beendigung Enttäuschung. Die Enttäuschung äußert sich als Ärger bei kurzfristigem Verstärkerverlust, als Trauer bei langfristigem

Verlust. So sind für Mowrer die Emotionen das funktionale Äquivalent von sekundären (gelernten) Trieben, hervorgerufen von sekundären Verstärkern. Die Konzeption von Trauer als Verstärkerverlust findet sich in späteren lerntheoretischen Ansätzen wieder (→ *Depression*). Analysen von Hoffnung und Erleichterung wurden von Mowrer nicht weiterentwickelt, wohl weil damals experimentelle Beobachtungen darüber fehlten.

Andere neobehavioristische Ansätze werden von Strongman (1978), Reisenzein und Baltes (1982), aber auch von einschlägigen motivationspsychologischen Textbüchern (z. B. Cofer & Appley 1964) beschrieben. An dieser Stelle sei statt dessen als neuerer neobehavioristischer Beitrag zur Emotionspsychologie die *Gegensatz-Prozeß-Theorie* von Solomon (1980) dargestellt. Diese Theorie verdient besondere Aufmerksamkeit, weil sie auf der zeitlichen Dynamik affektiver Prozesse aufgebaut ist und neue Aussagen über Emotionen, dabei insbesondere über bestimmte Phänomene erworbener Motivationen machen kann, wie z. B. Drogensucht, Phänomene von Liebe und Bindungsgefühl, Nervenkitzel oder Geltungssucht.

Solomon geht davon aus, daß erworbene Motive nicht nur *assoziativ* sind, also sich aus der Assoziation eines neutralen Reizes mit einem primär-motivationalen Reiz ableiten lassen, sondern auch oder gar vorwiegend *addiktiver* Natur sind, d. h. mit „Sucht" im weitesten Sinne, mit abhängig machender Gewöhnung zu tun haben.

Addiktive Motivationen sind auf zwei grundlegende Prozesse zurückzuführen, nämlich auf einen *a* Prozeß als Reaktion auf ein affektives Ereignis, der selbst unvermeidlich einen gegensätzlichen *b* Prozeß auslöst. Der *b* Prozeß zeigt größere Latenz und größere Trägheit. Der augenblickliche Lustzustand ist die Differenz zwischen *a* und *b*. Mit wiederholter Auslösung wird der *a* Prozeß geringer, der *b* Prozeß größer. Suchtmachende Drogen beispielweise produzieren bei anfänglichem Konsum als Reaktion (*a* Prozeß) einen deutlich lustvollen, als Nachreaktion (*b* Prozeß) einen unlustvollen Zustand. Mit wiederholtem Konsum verliert die lustvolle Reaktion ihre Intensität, die unlustvolle Nachreaktion wird stärker, bis schließlich die Einnahme der Droge nur noch dazu ausreicht, die negative Nachreaktion zu beseitigen. Hinsichtlich der zeitlichen Dynamik von Lust-Unlust-Prozessen zeigen sich vergleichbare Phänomene in unterschiedlichen Kontexten, z. B. bei der Nachfolgereaktion von nestflüchtenden Vögeln oder bei der Lust-Unlust-Reaktion von Fallschirmspringern.

Die beiden zugrundeliegenden affektiven Gegensatzprozesse erklären die folgenden drei Phänomene, die bei allen addiktiven Motiven beobachtbar sind:

1. *Affektiver Kontrast:* Einem lustvollen Zustand (z. B. nach Darbietung eines Verstärkers, eines unkonditionierten Reizes oder eines angeborenen Auslösers) folgt notwendigerweise ein unlustvoller und umgekehrt.
2. *Affektive Habituation* (Gewöhnung): Mit wiederholter und aufeinanderfolgender Darbietung eines affektauslösenden Reizes nimmt die Intensität der affektiven Reaktion ab.
3. *Affektive Entzugssyndrome:* Bei wiederholter Darbietung intensiviert sich die Nachreaktion.

Das affektive Entzugssyndrom stellt nach Solomon nun nicht nur die motivationale Basis für Drogensucht dar, sondern erklärt auch die emotional-motivationalen Aspekte von beispielsweise Liebe und Trauer, Stolz und Enttäuschung, ästhetischen Empfindungen und Gewohnheiten. Bei Mowrer (1960) waren die zugrundeliegenden Emotionen eine Folge ausschließlich der Darbietung bzw. des Entzuges angenehmer oder aversiver Ereignisse sowie deren Hinweisreize. Bei Solomon (1980) kommt die zeitliche Dynamik emotionaler Reize hinzu; so sei z. B. Traurigkeit nicht ausreichend erklärt durch Verlust allein, sondern aufgrund wiederholter Erfahrungen mit dem geliebten Objekt oder der geliebten Person kann sich ein Entzugssyndrom aufbauen, welches die Emotion auf den Verlust entscheidend prägt.

Die von Solomon aufgestellten Generalitätsbehauptungen scheinen eher optimistisch übertrieben; seine Theorie füllt aber eine der augenfälligen Lücken in den lerntheoretischen Emotionstheorien, und sie kann mit der Dynamik zugrundeliegender Lust-Unlust-Prozesse verschiedene emotions- und motivationspsychologische Phänomene in einen Zusammenhang bringen.

Kognitiver Behaviorismus

Als kognitiver Behaviorismus werden diejenigen – zumeist zeitgenössischen – Ansätze bezeichnet, bei denen vermittelnde, hier kognitive Prozesse wie z. B. Erwartung oder Einschätzung, ausdrücklich anerkannt werden und theoretische Eigenständigkeit erhalten. Verhalten wird nun nicht mehr ausschließlich als von vorausgehender Reizsituation und/oder von Verhaltensfolgen bestimmt gesehen, sondern von der Situation oder den Verhaltensfolgen, *wie sie vom Individuum wahrgenommen werden.* Der Übergang zu → *kognitionstheoretischen,* insbesondere → *attributionstheoretischen Ansätzen* stellt sich hier fließend dar. Mit der endgültigen Abkehr vom Antimentalismus und der Wende von peripheralistischen und mechanistischen Erklärungsmodellen zu zentralistisch-kognitiven öffnete sich der Weg für eine Rehabilitation der Emotionen in der Lernpsychologie. Allerdings steht eine umfassende lernpsychologische Emotionstheorie nach wie vor aus.

Die kognitiven Behavioristen entwickelten ihren Ansatz entweder aus neobehavioristischen Vorstellungen (z. B. Seligman 1975, Abramson, Garber & Seligman 1980), oder sie lassen sich auf Tolman (1932) zurückführen (z. B. Irwin 1971), oder sie haben eher eigene Wege gesucht (z. B. Bandura 1982). Kognitiver und radikaler Behaviorismus sind innerhalb des Behaviorismus konträre Ansätze.

Alfred Bandura, wohl der einflußreichste kognitive Lerntheoretiker, hat sich mit Vorbildlernen, Aggression, Verhaltenstherapie und neuerdings mit dem Konzept der „Selbstwirksamkeit" (*self-efficacy*) beschäftigt. Bei allen diesen Themen spielen an verschiedenen Stellen Bezüge zu Emotionen, insbesondere zu Ärger und Angst, stark hinein.

In seiner Aggressionstheorie (1973) übernimmt Bandura einen attributionstheoretischen Standpunkt, wobei Vorbilder helfen, die diffuse emotionale Erregung zu definieren. Frustration oder Wuterregung sind zwar günstige, aber keine notwendigen Bedingungen für aggressives Verhalten. Vergleichbar ist seine Einschätzung der motivationalen Wirkung von Angst: Autonome Reaktionen und Vermeidungsreaktionen sind Ko-Effekte und nicht ursächlich verbundene Ereignisse. Schließlich betont er, daß unkonditionierte emotionale Reaktionen vor allem durch kognitive Prozesse wie beispielsweise provozierende Gedanken hervorgerufen werden und nicht nur, wie in traditionell behavioristischer Annahme, unmittelbar durch externe Reize.

In den letzten Jahren hat Bandura das Konstrukt der Selbstwirksamkeit zur Erklärung verschiedener motivationaler sowie emotionaler Phänomene herangezogen. Selbstwirksamkeit meint die Überzeugung, selbst erfolgreich ein Verhalten ausüben zu können, um ein bestimmtes Ergebnis zu erzielen. Die Ursache von Angst wird damit internalisiert: Es sind nicht schmerzassoziierte äußere Reizbedingungen, welche Angst auslösen; Angst entsteht vielmehr auf Grund der Selbstwahrnehmung, nicht über angemessene Mittel zur Bewältigung verschiedener Ereignisse zu verfügen. Die Therapie zur Angstbewältigung muß daher die Wahrnehmung der Selbstwirksamkeit stärken. Dies kann über vier verschiedene Informationsquellen erfolgen: verbale Überredung, stellvertretende Erfahrung, emotionale Erregung und als einflußreichste und sicherste Quelle die eigenen Leistungserfolge.

Die Anwendung des Selbstwirksamkeitskonzeptes auf die Emotion der Hoffnung wird von Reisenzein und Baltes (1982) vorgeschlagen. Bei Mowrer (1960) war Hoffnung eine Funktion der Auftrittswahrscheinlichkeit eines positiven Ereignisses. Im Kontext des kognitiven Behaviorismus muß Hoffnung ausschließlich von der subjektiv erlebten Wahrscheinlichkeit abhängen. Ist das positive Ereignis durch eigene Anstrengung erreichbar, dann hängt die Hoffnung davon ab, inwieweit sich das Individuum als selbstwirksam, also als fähig sieht, die erforderlichen Handlungen auch ausüben zu können.

Die wahrgenommene eigene Unfähigkeit, unangenehme Ereignisse abwenden zu können, führt zu Angst. Die Unfähigkeit, angenehme Ereignisse zu erwirken, führt nach Bandura zu Verzagtheit und Depression. Dies führt er nicht weiter aus, aber die entsprechende theoretische Analyse wurde von Seligman (1975) in seiner Theorie der → *Hilflosigkeit* (→ *Depression*) vorgelegt.

Schlußbemerkungen

Die Darstellung der lernpsychologischen Ansätze macht den Mangel an umfassenden und eigenständigen Emotionstheorien deutlich. Emotionen treten in vielen lernpsychologischen Theorien an zentraler Stelle in Erscheinung, aber typischerweise in theoriedienender Funktion. Im Vordergrund theoretischen Interesses stehen Prozesse der Verhaltensänderung, der Motivation und neuerdings der

Kognition. Das Interesse an Emotionen beschränkt sich hauptsächlich auf die Emotionen Angst sowie Frustration/Ärger, und das dann meist unter motivationstheoretischer Ausrichtung. Die großen Lerntheoretiker hatten speziell zu Emotionen so gut wie nichts (z. B. Thorndike und Hull) oder nur wenig (z. B. Pavlov und Tolman) beizutragen.
Wie ist dieser Mangel erklärbar, wo doch Emotionen viele Merkmale zeigen, die behavioristischen Ansätzen entsprechen? Emotionen treten regelhaftig auf, sie äußern sich oft deutlich, gar zuverlässig registrierbar im Verhalten, sie stehen unter der Kontrolle von Umweltereignissen, ihre Prototypen sind bei Labortieren experimentell induzierbar, und sie haben jeweils individuelle Lerngeschichten. Schließlich, da Emotionen die Auseinandersetzung des Individuums mit seiner Umwelt betreffen, spielen sie in denjenigen Alltagsbezügen unübersehbar mit, wo auch die Praxis der Lerntheorien angesiedelt ist, nämlich in institutionalisierter Erziehung und in Psychotherapie.
Die Widerstände gegen eine eingehende wissenschaftliche Auseinandersetzung mit Emotionen müssen dementsprechend mächtig gewesen sein. Genährt hat diesen Widerstand vor allem der Antimentalismus, demzufolge Verhaltensäußerungen nicht auf innere Bewußtseinszustände, also auch nicht auf Gefühle, zurückgeführt werden dürfen. In der Tradition des Funktionalismus werden statt dessen Verhaltensäußerungen als Funktion von Umweltereignissen (Reizbedingungen) beschrieben. In den 20er Jahren wurden so die Emotionen zusammen mit den Instinkten, die sich in psychologischen Schriften breitgemacht hatten, so pauschal geächtet, daß die späteren Bemühungen einiger Behavioristen, insbesondere Mowrers, die Emotionen zu rehabilitieren, nur begrenzt erfolgreich sein konnten. Zusätzlich hatte die *instrumentelle* Betrachtung des Verhaltens eigenständige Behandlungen des Themas Emotion behindert: Verhalten dient als Instrument des Individuums in der Auseinandersetzung mit der Umwelt. Emotionen stören die Anpassungsleistungen. So überwiegen bei den Behavioristen, neben skeptischen Äußerungen über den Nutzen von Emotionskonzeptionen, die Disruptionsdefinitionen (→ *Begriffsbestimmungen*). Schließlich haben die behavioristischen Forschungsregeln die Beschäftigung mit Emotionen unterdrückt: Bei Labortieren sind eben nur Prototypen von Emotionen (z. B. Angst, Wut) induzierbar und beobachtbar, und bei Menschen verbietet sich die experimentelle Analyse von Emotionen wie Eifersucht und Verzweiflung, Ekel und Kummer, Liebe und Rache, Schuld und Wehmut. So wurde in den US-amerikanischen Akademien das Thema Emotionen meist in die klinischen Studienprogramme verwiesen und kam in den zweifelhaften Ruf der „Weichgeistigkeit“.
Die lernpsychologischen Ansätze sind durch die *situative Perspektive* sowie durch *verhaltenstechnologische Verwertbarkeit* gekennzeichnet. Die situative Perspektive, also die Unterscheidung von Emotionen aufgrund von Reizbedingungen oder von Relationen zwischen Reizsituation und Verhalten, ist allerdings auch in anderen Ansätzen wiederzufinden (vgl. z. B. Averill 1980). Kemper (1978) hat einen soziologischen situativen Ansatz vorgestellt, bei dem Macht und Status die emotionsdifferenzierenden analytischen Dimensionen darstellen. Daß in neueren

lernpsychologischen Ansätzen der subjektiven Repräsentation der Beziehung zwischen Situation-Verhalten-Verhaltensfolgen emotionsdifferenzierende Funktion zugeschrieben wird, zeigt deren Nähe zu → ***kognitionstheoretischen Ansätzen.*** Die verhaltenstechnologische Verwertbarkeit ist durch die Verbreitung verhaltenstherapeutischer Behandlungsverfahren emotionaler Probleme dokumentiert.
Neben der Kritik vom kognitiven Standpunkt hat auch die Kritik vom biologischen Standpunkt zur Auflösung behavioristischer Positionen beigetragen. Die behavioristischen Theorien sind geschichtslos in dem Sinne, daß sie sich auf ontogenetische (lebenszeitliche) und aktualgenetische (derzeitliche) Entstehungsbedingungen konzentrieren. Diese Beschränkung war ohne größeren Nachteil, solange das vorherrschende Paradigma durch Prozesse der Verhaltensänderung in reduzierten experimentellen Bedingungen gekennzeichnet war. Bei emotionspsychologischen Fragen hingegen wird offensichtlich, daß sowohl die phylogenetischen (stammesgeschichtlichen) als auch die soziogenetischen (kulturhistorischen) Entstehungsbedingungen Fundament, Entwurfoptionen und Rahmen für ontogenetische Entwicklungen abgeben. Die biologischen Grenzen des Lernens wurden bei emotionalen Reaktionen schon frühzeitig unübersehbar (vgl. Seligman & Hager 1972). Die Einbeziehung soziogenetischer Entstehungsbedingungen in lernpsychologische Modellvorstellungen steht dagegen noch aus.

Literatur

Abramson, L. Y., Garber, J. & Seligman, M. E. P.: Learned helplessness in humans: An attributional analysis. In: Garber, J. & Seligman, M. E. P. (eds.): Human helplessness. Theory and applications. New York: Academic Press 1980, 3–34.

Amsel, A.: The role of frustrative nonreward in noncontinous reward situations. Psychological Bulletin 55 (1958), 102–119.

Averill, J. R.: A constructivist view of emotion. In: Plutchik, R. & Kellerman, H. (eds.): Emotion. Theory, research, and experience. Vol. 1: Theories of emotion. New York: Academic Press 1980, 305–339.

Bandura, A.: Aggression: A social learning analysis. Englewood Cliffs, N. J.: Prentice-Hall 1973 (dt.: Aggression: Eine sozial-lerntheoretische Analyse. Stuttgart: Klett-Cotta 1979).

Bandura, A.: Self-efficacy mechanisms in human agency. American Psychologist 37 (1982), 122–147.

Bem, D. J.: Self perception theory. In: Berkowitz, L. (ed.): Advances in experimental social psychology, Vol. 6. New York: Academic Press 1972, 1–62.

Blackman, D.: Conditioned suppression and the effects of classical conditioning on operant behavior. In: Honig, W. K. & Staddon, J. E. R. (eds.): Handbook of operant behavior. Englewood Cliffs, N. J.: Prentice-Hall 1977, 340–363.

Brown, J. S. & Farber, I. E.: Emotion conceptualized as intervening variables – with suggestion toward a theory of frustration. Psychological Bulletin 48 (1951), 465–495.

Cofer, C. N. & Appley, M. H.: Motivation: Theory and research. New York: Wiley 1964.

Estes, W. K. & Skinner, B. F.: Some quantitative properties of anxiety. Journal of Experimental Psychology 29 (1941), 390–400.

Giegel, H. J.: Die Logik der seelischen Ereignisse. Frankfurt: Suhrkamp 1969.

Goldstein, M. L.: Physiological theories of emotion: A critical historical review from the standpoint of behavior theory. Psychological Bulletin 69 (1968), 23–40.

Grossman, S. P.: A textbook of physiological psychology. New York: Wiley 1967.
Herrnstein, R. J.: Method and theory in the study of avoidance. Psychological Review 76 (1969), 49–69.
Irwin, F.: Intentional behavior and motivation. A cognitive theory. Philadelphia: Lippincott 1971.
Jones, M. C.: The elimination of children's fears. Journal of Experimental Psychology 7 (1924), 382–390.
Kemper, T. K.: A social interactional theory of emotions. New York: Wiley 1978.
Krohne, H. W.: Theorien zur Angst. Stuttgart: Kohlhammer 1976.
Millenson, J. R.: Principles of behavioral analysis. New York: McMillan 1967.
Miller, N. E.: Learnable drives and rewards. In: Stevens, S. S. (ed.): Handbook of experimental psychology. New York: Wiley 1951, 435–472.
Mowrer, O. H.: The problem of anxiety. In: Mowrer, O. H. (Hg.): Learning theory and personality dynamics. New York: Ronald Press 1950, 15–27.
Mowrer, O. H.: Learning theory and behavior. New York: Wiley 1960.
Reisenzein, R. & Baltes, M. M.: Emotion and learning theory. Paper presented at the Symposium on „Emotions and Reflexivity", Bad Homburg, October 1982.
Rescorla, R. A. & Solomon, R. L.: Two process learning theory: Relationships between Pavlovian conditioning and instrumental learning. Psychological Review 74 (1967), 151–182.
Seligman, M. E. P.: Helplessness. On depression, development, and death. San Francisco: Freeman, 1975 (dt.: Erlernte Hilflosigkeit. München: Urban & Schwarzenberg 1979).
Seligman, M. E. P. & Hager, J. L. (eds.): Biological boundaries of learning. New York: Appleton-Century-Crofts 1972.
Sieber, J. E., O'Neil, H. F. Jr., & Tobias, S. (eds.): Anxiety, learning, and instruction. Hillsdale, N. J.: Erlbaum 1977.
Skinner, B. F.: Science and human behavior. New York: Macmillan 1953. (dt.: Wissenschaft und menschliches Verhalten. München: Kindler 1973).
Skinner, B. F.: Verbal behavior. New York: Appleton-Century-Crofts 1957.
Solomon, R. L.: The opponent-process theory of acquired motivation: The costs of pleasure and the benefits of pain. American Psychologist 35 (1980), 691–712.
Strongman, K. T.: The psychology of emotion. Chichester: Wiley 1978, 2nd ed.
Tolman, E. C.: Purposive behavior in animals and men. New York: Appleton-Century-Crofts 1932.
Watson, J. B.: Psychology from the standpoint of a behaviorist. Philadelphia: Lippincott Co. 1919. (a)
Watson, J. B.: A schematic outline of the emotions. Psychological Review 26 (1919), 165–196. (b)
Watson, J. B. & Rayner, R.: Conditioned emotional reactions. Journal of Experimental Psychology 3 (1920), 1–14.

Harald A. Euler

Kognitionstheoretische Ansätze

Kognitionstheoretische Ansätze (→ *Attributionstheoretische Ansätze*) wollen in Abhebung zum behavioristischen Paradigma (→ *Lernheoretische Ansätze*) Erleben und Verhalten nicht nur in äußerlich beobachtbaren und registrierbaren

Erscheinungsformen erforschen, sondern den kognitiven Prozessen, die in Personen bei der Auseinandersetzung mit ihrer Umwelt ablaufen, besondere Beachtung schenken. Kognitive Prozesse sind in unterschiedlichem Ausmaß an allen psychischen Aktivitäten beteiligt. In Modellen der menschlichen Informationsverarbeitung werden verschieden differenzierte kognitive Teilprozesse postuliert, wobei Wahrnehmung, Vorstellung, Erinnerung, Denken und Sprechen im Kontext des Handelns zentrale Komponenten aller Modelle sind (vgl. Neisser 1967). Als gemeinsame Merkmale dieser Prozesse können festgehalten werden (vgl. Moroz 1972, Ginsburg & Koslowski 1976): Sie laufen im Organismus ab und können nicht auf externe Stimuluskonstellationen reduziert werden; sie repräsentieren Objekte, Vorgänge oder Zustände; sie selegieren unter den verfügbaren Informationen und konstruieren kognitive Strukturen; sie laufen unter aktiver Beteiligung der Person ab; sie können für das Handeln, insbesondere die Handlungsplanung, äußere Stimulusereignisse ersetzen; sie sind Erscheinungen in einem organisierten System.

In den kognitiv orientierten Emotionstheorien werden kognitiven Prozessen bei der Entstehung von Emotionen eine zentrale Rolle zugeschrieben. Im Prinzip werden Emotionen als Folgen von kognitiven Analysen betrachtet. Kognitive Emotionstheorien postulieren, daß vor der Einleitung emotionaler Prozesse informationsverarbeitende Prozesse mit dem Resultat einer Identifizierung spezifischer Stimulusaspekte ablaufen müssen. Die einzelnen Ansätze unterscheiden sich aber erheblich in den Annahmen über Natur und Objekt dieser Analysen sowie in der Position kognitiver Prozesse in der Sequenz von Person-Umwelt-Beziehungen (Mandl & Huber 1983). Im folgenden werden exemplarisch drei Ansätze kurz skizziert, in denen die kognitionspsychologische Perspektive von Emotionen zunehmend in einem komplexeren Person-Umwelt-Bezug integriert ist. Mandler (1975, 1980) betrachtet Emotionen als Ergebnis kognitiver Bewertungen im Zusammenhang mit unterbrochenen Handlungssequenzen. Lazarus, Kanner und Folkman (1980) sehen in Emotionen die Ergebnisse von kognitiv vermittelten Transaktionen in der Umwelt. Auch in der psycho-evolutionären Emotionstheorie von Plutchik (1980) sind Situationseinschätzungen Voraussetzungen für emotionale Reaktionen. Den → *attributionstheoretischen Ansätzen* (z. B. Schachter & Singer 1962, Weiner 1982), einer Sonderform kognitiv orientierter Emotionstheorien, ist ein eigenes Kapitel in diesem Band gewidmet.

Emotion als Ergebnis kognitiver Bewertung unterbrochener Handlungssequenzen

Mandler (1975, 1980) untersucht Emotionen als Ergebnis kognitiver Bewertungen von gestörten bzw. unterbrochenen Handlungsabläufen. Dabei nimmt er an, daß auf die Unterbrechung von Handlungsabläufen die Aktivierung des autonomen Nervensystems folgt. Die Qualität der emotionalen Zustände, die unmittelbar folgen, sieht Mandler aber als Konsequenz von kognitiven Bewertungen an. Auf diese Weise kann ein „gleicher" Konflikt oder eine „gleiche" Unterbrechung zu verschiedenen Emotionen führen, die abhängig sind vom Ergebnis der Analyse der Handlungs- bzw. Konfliktbedeutung für das Individuum zu einer bestimmten Zeit. Die genauen Mechanismen, die die spezifische kognitive Bewertung auslösen (z. B. zwischen zwei konkurrierenden Bewertungen entscheiden oder Denkkategorien erzeugen), sind jedoch nicht bekannt. Der aktive Organismus nimmt seine Umwelt wahr und kategorisiert sie, er interpretiert die Ergebnisse, die um ihn herum passieren und er produziert – bewußt oder auch unbewußt – eine Konstruktion der Bedeutung dieser Ergebnisse. Die strukturelle Beziehung zwischen Wahrnehmung und Interpretation ist die konstruierte Bedeutung der Welt, in der wir leben. Dies heißt, daß es keine zwei Individuen gibt, die ein und demselben Ergebnis in der identischen externen Welt dieselbe konstruierte Bedeutung verleihen. Und es heißt außerdem, daß Bedeutungen Interaktionen zwischen Ereignissen in der Welt und den Strukturen und Erwartungen des interpretierenden Individuums sind. Die Quelle dieser Bedeutungsanalyse – und ihr Produkt, die kognitive Auswertung – liegt in den komplexen Netzwerken der vorausgehenden Erfahrungen, Wahrnehmungserwartungen und Beziehungsorganisationen, die dem individuellen Denken zugeschrieben werden. Derzeitige Arbeiten auf diesem Gebiet beschreiben diese Denkstrukturen unterschiedlich als semantisches Netzwerk, Organisationsstrukturen, Glaubenssysteme etc. Eine entscheidende Kognition nach der Unterbrechung einer Handlungssequenz sieht Mandler in der Art der Wahrnehmung von möglichen situationsrelevanten Handlungen. Glaubt eine Person, die Unterbrechung nicht beeinflussen zu können und wird das eigene Verhalten aufgrund der Unterbrechung als desorganisiert erlebt, so tritt Angst auf. Bleibt auch eine weitere Suche nach alternativen Handlungsstrategien zur Bewältigung der Situation erfolglos, steigt der Grad der Hilflosigkeit weiter und das Selbstwertgefühl sinkt (→ *Hilflosigkeit*). Da solche Prozesse das begrenzte Bewußtsein und die Aufmerksamkeitskapazität weitgehend besetzen, ist das Individuum immer weniger im Stande, neue und effektive Mittel zu finden, um mit seiner Umwelt zurechtzukommen. Es entwickeln sich stereotype Gedanken und Verhaltensweisen, was die Möglichkeit des Individuums, seine Probleme zu lösen, noch weiter einschränkt. Betrachtet man einen Studenten, der mit einer anscheinend schwierigen Textaufgabe konfrontiert wird, für die er schnell eine adäquate Lösung findet, so wird zwar der Denkablauf unterbrochen und es entsteht eine Erregung, aber aufgrund der adäquaten Lösung wird die Unterbrechung von Selbstbestätigung begleitet und es entsteht ein positiver emotionaler Zustand. Oft wird dieser Zustand als ein Gefühl der Sicherheit oder des Erfolgs beschrieben, der genauso intensiv wie das Angstgefühl sein kann. Ist dagegen ein Test sehr einfach und sind dem Studenten die Antworten von Anfang an klar, so ist die typische Reaktion nicht „emotional", d. h. es hat keine Unterbrechung und keine Erregung (*arousal*) stattgefunden. Die subjektive Erfahrung ist Desinteresse und schwache affektive Beteiligung.

Emotion als Ergebnis von Person-Umwelt-Transaktionen

Eine komplexere kognitive Emotionstheorie wurde von Lazarus, Kanner und Folkman (1980) vorgelegt (s. a. Lazarus, Averill & Opton 1970), die Emotionen unter einer kognitiv-phänomenologischen Perspektive betrachten. Nach ihrer Auffassung werden Emotionen aufgrund der Beziehung einer Person zu ihrer Umwelt durch kognitive Prozesse konstruiert. Emotionen sind nach diesem Ansatz das Resultat von kognitiv vermittelten Transaktionen mit der tatsächlichen, vorgestellten oder antizipierten Umwelt. Die Autoren definieren Emotion als einen komplexen, organisierten Zustand, der aus *kognitiver Einschätzung (appraisal), Handlungsimpulsen* und *körperlichen Reaktionen* besteht. Jede qualitativ unterscheidbare Emotion (z. B. Angst, Freude) läßt sich durch verschiedene Muster dieser Komponenten unterscheiden. Die drei Komponenten werden vom Individuum als ganzheitlich erlebt. Es findet also keine nachträgliche Bewertung einer Erregung statt, wie dies in der Theorie von Schachter und Singer (1962) der Fall ist. Wird eine der drei Komponenten nicht wahrgenommen, erlebt man keine eigentliche Emotion, obwohl einige der dazugehörigen Elemente vorhanden sein mögen.

Durch die Komponente *kognitive Einschätzung* soll nicht nur zum Ausdruck gebracht werden, daß Gefühle als Ergebnis der Einschätzung einer Transaktion entstehen, sondern auch daß fortlaufende Einschätzungen selbst integrierter Bestandteil des Gefühls sind. Ärger z. B. beinhaltet eine Schuldattribution, bezogen auf eine bestimmte Art von Behinderung. Schuldgefühle beinhalten solche Schuldzuschreibungen auf einen selbst, was weiter bedeutet, daß jemand nicht nur Unrecht getan hat, sondern auch nach persönlichen Verhaltensstandards schlecht gehandelt hat. Diese Attributionen sind Formen kognitiver Einschätzung und stellen mehr als eine anfängliche Beurteilung dar; sie tragen bei zur Dynamik von Kritik im Erleben von Ärger und Schuld. Bei der Komponente kognitive Einschätzung werden im einzelnen Einschätzungen der Situation (primäre Einschätzungen), der Handlungsmöglichkeiten (sekundäre Einschätzungen) und der wahrgenommenen Veränderungen aufgrund eigener Reaktionen und Rückwirkungen der Umwelt (Neu-Einschätzungen) unterschieden. Die Neu-Einschätzungen können defensiven Charakter annehmen und zu indirekter Anpassung der Person (z. B. durch Verleugnung oder Vermeidung) an die Umwelt oder aber zu direkter Änderung eigener Handlungsmuster oder der Umwelt führen.

Die Komponente *Handlungsimpuls* soll zum Ausdruck bringen, daß eine Bereitschaft zur Handlung vorliegt, die nicht unbedingt ausgeführt werden oder sichtbar sein muß; sie kann unterdrückt, verleugnet oder transformiert werden.

Physiologische Reaktionen sind ebenfalls integraler Bestandteil von Emotionen. Lazarus et al. (1980) vertreten dabei die Position, daß jedes Gefühl mit einem bestimmten Profil physiologischer Reaktionen verbunden ist (→ *Vegetatives Nervensystem und Emotionen*). Diese Auffassung steht im Gegensatz zu der Ansicht, wie sie z. B. von Schachter und Singer (1962) vertreten wurde, daß die physiologische Erregung bei allen Gefühlen unabhängig von ihrer Qualität die gleiche ist. Durch den Ansatz von Averill (1980) hat das Modell von Lazarus et al. (1980) eine Erweiterung um die wichtige soziale Dimension erfahren. Emotionen sind immer auch soziale Konstruktionen auf der Grundlage von Situationsbewertungen anhand sozial vermittelter Maßstäbe. Die verschiedenen Formen kognitiver Einschätzung, insbesondere die Bewertung von Situationen und situative Änderungen aufgrund eigenen Handelns, machen ein über die Person hinausreichendes Bezugssystem nötig. Emotionen repräsentieren für Averill nicht nur Zustände einer Person, sondern immer auch Zustände im Hinblick auf bestimmte Objekte, also zweiwertige Relationen: man ärgert sich über *etwas,* freut sich über *etwas* usw. Die Objekte der Emotionen aber haben keine emotionale Qualität an sich, sie erhalten diese in einem interpretativen Prozeß, eben dem der Einschätzung, zugeschrieben. Die Einschätzungen werden damit zur zentralen Komponente des emotionalen Reaktionssyndroms – mehr als nur eine Vorbedingung von Emotion. Wenn eine Person ihre Emotionen in bezug auf ein Objekt erlebt oder ausdrückt (z. B.: „Ich ärgere mich über Dich“), benennt sie nicht lediglich einen subjektiven Zustand, sondern sie dokumentiert und realisiert damit die spezifische Relation zwischen sich und einem Objekt. Biologisch begründete, internale Standards können die kognitiven Einschätzungen nicht hinreichend erklären. Averill versteht Emotionen demgegenüber als transitorische „soziale Rollen“. Soziale Normen und Formen „sozialer Abwehr“ müssen danach bei der Erforschung kognitiver Einschätzungsprozesse in emotionalen Syndromen besonders berücksichtigt werden.

Emotion als Ergebnis von Informationsverarbeitung im evolutionstheoretischen Ansatz

Plutchik (1980) betrachtet Emotionen von einem umfassenden evolutionären Blickpunkt aus. Darwins Konzept der natürlichen Selektion impliziert, daß fast jedes Merkmal jeder existierenden Art Überlebenswert hat; dies gilt auch für das Verhalten eines Lebewesens, einschließlich seines emotionalen Verhaltens. Plutchik versucht von seinem evolutionären Standpunkt aus aufzuzeigen, daß die Emotionen im Leben eines Organismus adaptive Funktionen haben; sie helfen ihm, mit überlebensrelevanten Umweltsituationen fertig zu werden. Nach Plutchik haben Emotionen eine evolutionäre Geschichte, und deshalb haben sich verschiedene Ausdrucksformen bei den verschiedenen Arten entwickelt. Trotz verschiedener Ausdrucksformen der Emotionen bei verschiedenen Arten gibt es bestimmte gemeinsame Elemente oder identifizierbare prototypische Muster. Es gibt einige wenige grundlegende, primäre oder prototypische Emotionen, nämlich Furcht, Ärger, Freude, Traurigkeit, Vertrauensbereitschaft, Ekel, Erwartung, Überraschung.

Nach Plutchik treten Emotionen als Kombination, Mischungen oder Zusammensetzungen der primären Emotionen auf. Primäre Emotionen sieht er als hypothetische Konstrukte oder idealisierte Zustände, deren Eigenschaften und Charakteristika nur aufgrund verschiedener Arten der Evidenz erschlossen werden können. Sein funktionaler, psychoevolutionärer Zugang zu Emotionen impliziert, daß der Organismus die günstigen oder gefährlichen Aspekte der Umwelt wiedererkennen, d. h. daß er die Umwelt irgendwie bewerten muß. Bewertungen sind ein Teil des Gesamtprozesses, durch den ein Organismus in biologisch adaptiver Weise mit seiner Umwelt interagiert.

Was die Beziehung zwischen Kognitionen und Emotionen betrifft, nimmt Plutchik an, daß kognitive Kapazitäten sich gemeinsam mit der Evolution des Gehirns entwickelt haben, und daß Kognitionen sehr eng mit Emotionen verbunden sind. Die Abfolge von Ereignissen bei der Entstehung von Emotionen hat Plutchik (1980) anschaulich aufgezeigt. Tritt z. B. ein bestimmtes Stimulusereignis ein, wie Bedrohung durch einen Feind oder Verlust der Eltern, so erfolgt eine Interpretation des Reizes als Gefahr oder Isolation. Auf der Basis solcher Kognitionen, die reflexiv und unbewußt sein können, entstehen Gefühle (*feelings*) wie Furcht oder Traurigkeit. Ein solcher Emotionszustand ist nur ein Schritt in einer Kette, auf den mit einer bestimmten Wahrscheinlichkeit eine Verhaltensreaktion folgt. Ist das Verhalten erfolgreich, findet das Individuum Schutz oder Beistand durch Elternersatz oder anderen Mitgliedern der sozialen Gruppe.

Der Emotionsbegriff wird in diesem Zusammenhang mit unterschiedlicher Reichweite gebraucht. Einerseits wird damit das Gefühl (*feeling*) bezeichnet, das zwischen Kognition und der Handlung liegt, andererseits stellt eine ganze Kette von Reizen bis zur Wirkung eine komplexe Emotion im weiteren Sinne dar. Die Kette darf nicht deterministisch aufgefaßt werden, sondern als eine Folge von Wahrscheinlichkeiten. Man kann einen Reiz z. B. anders oder falsch einschätzen, mit einem unpassenden Gefühl reagieren und das Falsche tun. So kann man z. B. eine Bedrohung falsch einschätzen, wobei Abwehrmechanismen wie Verleugnung und Projektion eine Rolle spielen könnten. Ist die Einschätzung zutreffend, ist es immer noch möglich, daß der Gefühlsaspekt der Emotionskette blockiert, modifiziert oder verzerrt wird. Auch hier könnten Abwehrmechanismen wie Verschiebung oder Verdrängung eine Verzerrung des Gefühlszustandes bewirken. Auch wenn das Gefühl deutlich vorhanden ist, kann die angemessene Handlung nicht auftreten, da Umwelt oder personbedingte Restriktionen die Handlung verhindern können. Wenn z. B. ein Gefangener in eine Zelle eingesperrt ist, kann er bei Gefahr (z. B. Brand) nicht weglaufen. Wenn jemand großen Wert auf Tapferkeit legt, wird er selbst dann nicht davonlaufen, wenn sein Leben in Gefahr ist.

Auch in der psychoevolutionären Theorie von Emotionen von Plutchik werden Emotionen als postkognitiv aufgefaßt, d. h. erst aufgrund von Informationsverarbeitungsprozessen entsteht eine Emotion. Allerdings sind in diesem Ansatz die Entstehung von Emotionen auf der Basis von Kognitionen in eine umfassende Ereigniskette eingebettet.

Kritische Anmerkungen

In den hier aufgeführten Theorieansätzen wurden Emotionen als postkognitiv aufgefaßt, d. h. sie tauchen erst auf, nachdem eine Reihe von kognitiven Operationen durchgeführt worden sind. Zajonc (1980) verweist jedoch auf eine Anzahl von Experimentalbefunden aus dem Bereich der Einstellungen, Vorlieben, Eindrucksbildung, Entscheidungsfindung und auf einige klinische Phänomene, die darauf hinweisen, daß Gefühlsurteile ziemlich unabhängig sein können von kognitiven Operationen, die man im allgemeinen für die Grundlage dieser Gefühlsurteile hält, und die diesen zeitlich vorausgehen.
Nach Zajonc sind also Gefühlsurteile nicht als unveränderlich an letzter Stelle kommend, d. h. unveränderlich postkognitiv anzusehen und zu behandeln. Die evolutionären Ursprünge der Gefühlsreaktion, die auf ihren Überlebenswert hinweisen, ihr Freisein von Aufmerksamkeitskontrolle, ihre Geschwindigkeit, die Bedeutung der affektiven Unterscheidung für das Individuum, die extremen Formen der Handlung, die ein Affekt hervorrufen kann, all dies deutet auf eine besondere Bedeutung der Gefühle hin. Eine Sichtung der bisherigen Forschungsergebnisse zeigt (Mandl & Huber 1983, Clark & Fiske 1982), daß abhängig von situativen und personalen Bedingungen emotionale Reaktionen kognitiven Inferenzprozessen vorausgehen, als auch den Fall, daß die Ergebnisse kognitiver Verarbeitungsprozesse (z. B. Situationseinschätzungen) nachträglich emotional bewertet werden (z. B. mit Angstreaktionen oder einem Gefühl der Freude). Neben diesen beiden grundsätzlichen Positionen des Primats affektiver bzw. kognitiver Prozesse in der Auseinandersetzung einer Person mit ihrer Umwelt erscheinen alle anderen sequentiellen Ordnungen von emotionalen Reaktionen auf eine Stimulussituation oder unterschiedlich „tiefe" kognitive Verarbeitungsprozesse (z. B. bloßes Wiedererkennen versus Merkmalsdiskrimination; vgl. Zajonc 1980) in aktuellen Interaktionen von Emotionen und Kognition realisiert zu sein.
Von dieser Fragestellung aus ergibt sich die Forderung nach einem Modell der Relation von Emotion und Kognition, das interaktive Zusammenhänge der beiden Komponenten differenzierter beschreibt, d. h. die wechselseitige Beeinflussung von Prozessen der Informationsverarbeitung durch emotionale Reaktionen und umgekehrt.
Herausgearbeitet werden müßte, daß Emotion und Kognition zwei Aspekte eines Phänomens sind, nämlich des menschlichen Handelns. Modelle des menschlichen Handelns verweisen auf die Möglichkeit und Notwendigkeit, Emotion und Kognition theoretisch zu integrieren (→ *Handlung und Emotion;* s. a. Schiefele & Prenzel 1983, Oerter 1983).
Lantermann (1983) hat ein Modell der Handlungskontrolle konzipiert, das kognitive und emotionale Geschehnisse zusammenfaßt. Er postuliert ein emotionales und ein kognitives Kontrollsystem. Das kognitive Kontrollsystem verhilft dem Handelnden zur Entwicklung von Handlungsplänen und zur Überwachung aktuell ablaufender Handlungen. Das emotionale Kontrollsystem führt zu einer Selektion

von Komponenten einer wahrgenommenen Person-Umwelt-Transaktion. Beide Kontrollsysteme beeinflussen sich gegenseitig. Das kognitive Kontrollsystem beeinflußt die Erregung und die Inhalte des emotionalen Kontrollsystems. Emotionale Kontrollsysteme bestimmen in Abhängigkeit vom Erregungsgrad in unterschiedlich starkem Ausmaß die Richtung und die Art kognitiver Kontrollsysteme. Kognition und Emotion stellen in diesem Ansatz keine eindeutig voneinander unterscheidbaren Einflußgrößen auf das Handeln dar, sondern eher analytische Kategorien zur Beschreibung und Erklärung menschlichen Handelns.

Literatur

Averill, J. R.: A constructivist view of emotion. In: Plutchik, R. & Kellerman, H. (eds.): Emotion. Theory, research, and experience. Vol. 1: Theories of emotion. New York: Academic Press 1980, 305–340.

Clark, M. S. & Fiske, S. T. (eds.): Affect and cognition. The Seventeenth Annual Carnegie Symposium on Cognition. Hillsdale, N. J.: Erlbaum 1982.

Ginsburg, H. & Koslowski, B.: Cognitive development. Annual Review of Psychology 27 (1976), 29–61.

Lantermann, E. D.: Kognitive und emotionale Prozesse beim Handeln. In: Mandl, H. & Huber, G. L. (Hg.): Emotion und Kognition. München: Urban & Schwarzenberg 1983, 248–281.

Lazarus, R. S., Averill, J. R. & Opton, E. M. Jr.: Towards a cognitive theory of emotion. In: Arnold, M. B. (ed.): Feelings and emotions. New York: Academic Press 1970, 207–232.

Lazarus, R. S., Kanner, A. D. & Folkman, S.: Emotions: A cognitive-phenomenological analysis. In: Plutchik, R. & Kellerman, H. (eds.): Emotion. Theory, research, and experience. Vol. 1: Theories of emotion. New York: Academic Press 1980, 189–217.

Mandl, H. & Huber, G. L. (Hg.): Emotion und Kognition. München: Urban & Schwarzenberg 1983.

Mandler, G.: Mind and emotion. New York: Wiley 1975 (dt.: Denken und Fühlen. Paderborn: Junfermann 1979).

Mandler, G.: The generation of emotion: A psychological theory. In: Plutchik, R. & Kellerman, H. (eds.): Emotion. Theory, research, and experience. Vol. 1: Theories of emotion. New York: Academic Press 1980, 219–243.

Moroz, M.: The concept of cognition in contemporary psychology. In: Royce, J. R. & Rozeboom, W. W. (eds.): The psychology of knowing. New York: Gordon & Breach 1972, 179–214.

Neisser, U.: Cognitive psychology. New York: Appleton-Century-Crofts 1976.

Oerter, R.: Emotion als Komponente des Gegenstandsbezugs. In: Mandl, H. & Huber, G. L. (Hg.): Emotion und Kognition. München: Urban & Schwarzenberg 1983, 282–315.

Plutchik, R.: A general psychoevolutionary theory of emotion. In: Plutchik, R. & Kellerman, H. (eds.): Emotion. Theory, research, and experience. Vol. 1: Theories of emotion. New York: Academic Press 1980, 3–33.

Schachter, S. & Singer, J. E.: Cognitive, social and physiological determinants of emotional states. Psychological Review 69 (1962), 379–399.

Schiefele, H. & Prenzel, M.: Interessengeleitetes Handeln – emotionale Präferenz und kognitive Unterscheidung. In: Mandl, H. & Huber, G. L. (Hg.): Emotion und Kognition. München: Urban & Schwarzenberg 1983, 217–247.

Weiner, B.: The emotional consequences of causal ascriptions. In: Clark, M. S. & Fiske, S. T. (eds.): Affect and cognition: The 17th Annual Carnegie Symposium on Cognition. Hillsdale, N. J.: Erlbaum 1982, 185–209.
Zajonc, R. B.: Feeling and thinking. American Psychologist 35 (1980), 151–175.

Heinz Mandl

Attributionstheoretische Ansätze

Attributionstheoretische Ansätze sind eine Variante der sog. → *kognitionstheoretischen Ansätze* innerhalb der Emotionspsychologie. Attributionstheoretische Ansätze zeichnen sich dadurch aus, daß sie einer bestimmten Art von Kognitionen eine herausgehobene Rolle bei der Entstehung von Emotionen zumessen, nämlich den Ursachenerklärungen (Attributionen), die Personen hinsichtlich wahrgenommener eigener Erregungszuständlichkeiten (z. B. Schachter & Singer 1962) oder hinsichtlich eigenen Verhaltens und bestimmter Ereignisse in ihrer Umgebung (z. B. Weiner 1982) vornehmen. Zentrale These dieser Ansätze ist, daß insbesondere die Qualität unserer Emotionen von diesen Attributionen mit abhängig ist.
Emotionen werden häufig als komplexe Reaktionssyndrome beschrieben, die unter anderem physiologische Veränderungen (z. B. Ausschüttung des Hormons Adrenalin), expressive Reaktionen (z. B. Erweiterung der Pupillen), subjektives Erleben (z. B. von Angst) und instrumentelle Reaktionen (z. B. Flucht) umfassen (s. Averill 1980). Attributionstheoretische Ansätze beschäftigen sich überwiegend mit der subjektiven Komponente des Syndroms, das heißt mit dem Erleben von Angst, Stolz, Ärger usw. und (in manchen Arbeiten) mit dessen Wirkungen auf Verhalten.

Die Zwei-Faktoren-Theorie von Schachter und Singer

Den Beginn einer systematischen Analyse des Einflusses von Attributionen auf Emotionen kennzeichnet die 2-Faktoren-Theorie der Emotion von Schachter und Singer (1962). Diese lange Zeit wohl einflußreichste kognitive Emotionstheorie besagt, daß unsere Emotionen auf dem Zusammenwirken von zwei Faktoren beruhen, nämlich 1. von *physiologischer Erregung* und 2. einer *Kognition* hinsichtlich der erregungsauslösenden Situation. Beides, Erregung und Kognition sind notwendige Determinanten für das Zustandekommen von Emotionen. Es wird angenommen, daß die Erregung emotionsunspezifisch ist, und daß das Ausmaß der Erregung die Stärke einer Emotion determiniert. Von der Kognition auf der anderen Seite soll es abhängen, welche Emotion entsteht; so kann derselbe

Erregungszustand in Abhängigkeit von der Kognition zum Beispiel als Ärger, Freude oder Furcht erlebt werden. Schachter und Singer (1962, Schachter 1971) haben nicht näher definiert, was sie in diesem Zusammenhang unter Kognition verstehen. Andere Autoren, unter anderem Singer (1974), sind später davon ausgegangen, daß es sich um Kognitionen über die Ursachen des Erregungszustandes handelt.

Schachter und Singer (1962, S. 380) nehmen an, „daß in den meisten emotionsinduzierenden Situationen die beiden Faktoren vollständig miteinander verwoben sind. Stellen Sie sich einen Mann vor, der alleine einen dunklen Weg entlanggeht, als plötzlich eine Gestalt mit einem Gewehr auftaucht. Die Wahrnehmung-Kognition ‚Gestalt mit Gewehr' wird in bestimmter Weise einen Zustand physiologischer Erregung hervorrufen; dieser Zustand wird dann im Sinne des Wissens über dunkle Wege und Gewehre interpretiert, und der Erregungszustand wird als ‚Furcht' bezeichnet".

Neben diesem Regelfall, wo diejenigen Bedingungen, die zu Erregung führen, auch gleichzeitig eine Kognition über die Ursachen der Erregung nahelegen, gibt es den nicht-alltäglichen Sonderfall, wo ein wahrgenommener eigener Erregungszustand für die Person zunächst „unerklärlich" ist, da sich unmittelbar keine entsprechende Kognition anbietet. Schachter und Singer nehmen an, daß in solchen (nicht-alltäglichen) Situationen ein Bedürfnis nach Bewertung (*evaluative needs*) der eigenen Erregung entsteht, das heißt danach, „die körperlichen Empfindungen zu verstehen und zu benennen" (S. 381). Die Autoren nehmen weiterhin an, daß die Person bei der Suche nach Verstehen ihrer Erregung in der Regel auf die momentane Situation zurückgreift, und daß die dort gefundene Ursache dann die Qualität des emotionalen Erlebens determiniert: „Sollte sie zu diesem Zeitpunkt (der Erregung) mit einer schönen Frau zusammensein, so mag sie entscheiden, daß sie heftig verliebt oder sexuell erregt war. Sollte sie sich auf einer vergnügten Party befinden, so mag sie aufgrund eines Vergleichs mit anderen entscheiden, daß sie extrem glücklich oder euphorisch war" (S. 381).

Darstellungen der Theorie von Schachter und Singer gehen häufig davon aus, daß dieser Sonderfall einer zunächst unerklärlichen Erregung – der ein Bedürfnis nach Bewertung und Verstehen anregt, was dann zu entsprechenden Suchprozessen, zu einer Kognition über die Erregung und zu einer Emotion führt – von den Autoren als Modell für das Entstehen von Emotionen in alltäglichen Situationen beschrieben worden ist (s. dazu auch Reisenzein 1983). Folgt man jedoch Schachter und Singer, dann wird im Regelfall kein Bedürfnis nach Bewertung angeregt, und es finden auch keine mehr oder weniger langandauernden Suchprozesse statt, da die erregungsauslösende Situation meist unmittelbar eine entsprechende kausale Kognition bereitstellt.

Die 2-Faktoren-Theorie zählt zweifellos zu den bekanntesten und einflußreichsten kognitiven Emotionstheorien. Allerdings ist der Bestätigungsgrad, den sie erfahren hat, gering. So konnte schon das grundlegende Experiment von Schachter und Singer (1962) die Theorie nicht voll bestätigen. Auch haben verschiedene Autoren auf eine Reihe methodischer Schwächen dieser vielzitierten Arbeit aufmerksam gemacht (s. zusammenfassend Maslach 1979). Darüber hinaus sind Versuche, die Befunde von Schachter und Singer zu replizieren, fehlgeschlagen (siehe z. B. Marshall & Zimbardo 1979). Reisenzein (1983) kommt nach Durchsicht aller im Zusammenhang der Theorie einschlägigen Untersuchungen zu dem Schluß, daß es bislang keine überzeugenden Belege dafür gibt, daß physiologische Erregung notwendige Bedingung für das Zustandekommen eines emotionalen Zustandes ist.

Die Modifikation der Zwei-Faktoren-Theorie durch Valins

Daß physiologische Erregung eine notwendige Determinante unserer Emotionen ist – wie Schachter und Singer annehmen –, wurde von Valins (1966) in Frage gestellt. Valins geht davon aus, daß Wahrnehmungen eigener Erregung nicht notwendigerweise an tatsächliche physiologische Erregung geknüpft sind. Es ist nach Valins daher auch nicht die Erregung an sich, sondern die *Wahrnehmung* von Erregung – ganz gleich, ob diese Wahrnehmung zutreffend ist oder nicht –, die Emotionen mitdeterminiert. Experimentell induzierte falsche Rückmeldungen über eigene Erregung müßten demnach dieselben Wirkungen auf Emotionen haben, wie sie Schachter und Singer aufgrund tatsächlicher physiologischer Erregung vorhersagen.
Valins und Mitarbeiter haben dies in einer Reihe von Experimenten zeigen können, in denen falsche Rückmeldungen über Veränderungen der Herzschlagfrequenz gegeben wurden (s. zusammenfassend Liebhart 1978). Nahmen Versuchspersonen zum Beispiel aufgrund fiktiver Rückmeldungen beim Betrachten einiger Aktfotos eine Veränderung ihres Herzschlags wahr, beim Betrachten anderer Aktfotos- dagegen nicht, so wurden die Aktbilder mit sich vermeintlich veränderndem Herzschlag als attraktiver beurteilt. Aus diesen und anderen Befunden schloß Valins, daß tatsächliche physiologische Erregung keine notwendige Bedin-gung von Emotionen ist. Vielmehr sollen (zutreffende oder nicht zutreffende) Wahrnehmungen von zunächst unerklärlicher Erregung einen Prozeß der Suche nach den Ursachen der Erregung in Gang setzen; emotionales Verhalten soll davon abhängig sein, welchen Ursachen man die Erregung zuschreibt. Ein ausgezeichneter Überblick über einschlägige Untersuchungen im Zusammenhang der Überlegungen von Valins findet sich in einem Sammelreferat von Liebhart (1978), der dort gleichzeitig ein differenziertes Modell der Wirkungen wahrgenommener Erregung auf emotionales Verhalten entwickelt.

Der Ansatz von Weiner

Weiner hat in den letzten Jahren eine Reihe von Arbeiten zur Beziehung zwischen Attribution und Emotion vorgelegt, in denen nicht mehr davon ausgegangen wird, daß Emotionen die Wahrnehmung eines tatsächlichen oder vermeintlichen Erregungszustandes voraussetzen (s. zusammenfassend Weiner 1982). Weiner nimmt an, daß bestimmte, nicht Erregung beinhaltende Kognitionen in der Regel (von der es, wie er einräumt, Ausnahmen geben mag) *hinreichende* Bedingungen für das Entstehen von Emotionen sind. Von zentraler Bedeutung sind dabei kausale Kognitionen, das heißt Annahmen des Individuums über die Ursachen von Ereignissen. Weiner vertritt die Ansicht, daß Erregung eher *Folge* als vorauslaufende Determinante von kognitiver Aktivität und emotionalem Erleben ist. Zwar schließt er nicht völlig aus, daß Erregung in bestimmten Situationen kognitiver Aktivität und emotionalem Erleben vorauslaufen oder beides begleiten kann. Insgesamt hält er das Konzept der Erregung im Zusammenhang seiner attributionalen Analyse von emotionalem Erleben jedoch für „gänzlich überflüssig" (Weiner 1982, S. 204).

Emotionales Erleben ist nach Weiner kein abgegrenztes Phänomen; es kann in einer gegebenen Situation vielmehr Wandlungen unterliegen, und zwar in Abhängigkeit von sich wandelnden bzw. differenzierenden Kognitionen bezüglich eines Ereignisses (s. Weiner, Russell & Lerman 1979). So soll zum Beispiel im Leistungskontext die Bewertung eines Handlungsausgangs als Erfolg oder Mißerfolg zunächst sog. *ergebnisabhängige* Emotionen hervorrufen, im Falle einer Bewertung als Erfolg etwa Freude, im Falle von Mißerfolg etwa Betrübtheit. Solche ergebnisabhängigen Emotionen sollen zwar relativ intensiv, jedoch nur von kurzer Dauer sein. Denn ordnet der Handelnde dem Ergebnis unmittelbar nach der Bewertung oder später bestimmte Ursachen zu (z.B. eigene Begabung, Zufall, Hilfe durch andere Personen), dann sollen sog. *attributionsabhängige* Emotionen entstehen, die die ergebnisabhängigen ablösen oder überlagern können. So kann ein Erfolg zunächst Freude hervorrufen, die dann in Stolz übergeht, wenn der Handelnde erkennt, daß nur er und sonst kein anderer erfolgreich war, und er seinen Erfolg daher auf hohe eigene Fähigkeit zurückführt.

Weiterhin können nach Weiner sog. *dimensionsabhängige* Emotionen entstehen, wenn die wahrgenommenen Ursachen von Ereignissen nach bestimmten Dimensionen klassifiziert werden. Solche Dimensionen sind insbesondere Personabhängigkeit, Stabilität über Zeit und Kontrollierbarkeit. So kann die Ursache eines Ereignisses als innerhalb (internal) oder außerhalb (external) der eigenen Person liegend wahrgenommen werden. Mangelnde Begabung ist zum Beispiel eine internale Ursache von Mißerfolg, Behinderung durch andere Personen eine externale Ursache. Ursachen können weiterhin als zeitlich relativ stabil (z.B. eigene Begabung) oder als mehr variabel (z.B. eigene Anstrengung) angesehen werden. Schließlich erscheinen einige Ursachen als kontrollierbar (z.B. Anstrengung), andere dagegen als nicht-kontrollierbar (z.B. Körpergröße).

Die Überlegungen und empirischen Untersuchungen von Weiner beziehen sich vor allem auf die Emotionen Stolz, Ärger, Dankbarkeit, Schuld, Mitleid und deren Zusammenhang mit diesen Ursachen-Dimensionen. Folgt man Weiner (1982), so setzt zum Beispiel *Stolz* voraus, daß ein positives Ereignis der eigenen Person, das heißt *internalen* Ursachenfaktoren zugeschrieben wird, insbesondere der eigenen Begabung und Anstrengung. Oder *Mitleid* mit einer anderen Person entsteht

dann, wenn man deren Notlage oder negativen Zustand auf Ursachen zurückführt, die man als von der Person *nicht-kontrollierbar* erlebt. So wird man mit einem Schüler eher Mitleid haben, wenn dieser aufgrund mangelnder Fähigkeit (nicht-kontrollierbarer, internaler Faktor) als aufgrund von Nachlässigkeit und mangelnder Anstrengung (kontrollierbarer, internaler Faktor) nicht versetzt wurde. Gefühle der *Hoffnungslosigkeit* und Resignation sollen entstehen, wenn man ein negatives Ereignis oder einen aversiven Zustand auf zeitlich *stabile* Ursachenfaktoren zurückführt (z. B. mangelnde eigene Begabung), da das Ereignis oder der Zustand dann auch für die Zukunft erwartet wird.
Diese Überlegungen haben sicherlich eine gewisse intuitive Plausibilität. Allerdings weisen die von Weiner und Mitarbeitern durchgeführten einschlägigen Untersuchungen einige Schwächen auf, worauf die Autoren selbst verschiedentlich hingewiesen haben. So wurden in keiner Untersuchung Emotionen im Prozeß ihres Entstehens in realen Situationen betrachtet. Es handelte sich bislang vielmehr stets um Fragebogenstudien, in denen sich Versuchspersonen meist hypothetische Situationen vorzustellen hatten, in denen ihnen selbst oder einer anderen Person ein bestimmtes Ereignis widerfährt, das auf eine bestimmte Ursache zurückgeht, und es waren dann Angaben darüber zu machen, welche Emotion man selbst oder die andere Person erleben würde. Das heißt, untersucht werden Gedanken über Emotionen und nicht das aktuelle Erleben einer Emotion und deren Entstehen in einer Situation, in der sich die Versuchsperson momentan befindet. Aufgrund dieser und anderer Bedenken betrachtet Weiner (1982) seine Überlegungen auch nicht als abgeschlossene, allgemeingültige Emotionstheorie, sondern als erste Schritte auf dem Wege zum Verständnis ausgewählter Aspekte emotionalen Erlebens.

Literatur

Averill, J. R.: The emotions. In: Staub, E. (ed.): Personality. Basic aspects and current research. Englewood Cliffs, N. J.: Prentice-Hall 1980, 133–199.
Liebhart, E.: Wahrgenommene autonome Veränderungen als Determinanten emotionalen Verhaltens. In: Görlitz, D., Meyer, W.-U. & Weiner, B. (eds.): Bielefelder Symposium über Attribution. Stuttgart: Klett-Cotta 1978, 107–137.
Marshall, G. D. & Zimbardo, Ph. G.: Affective consequences of inadequately explained physiological arousal. Journal of Personality and Social Psychology 37 (1979), 970–988.
Maslach, C.: The emotional consequences of arousal without reason. In: Izard, C. E. (ed.): Emotions in personality and psychopathology. New York: Plenum Press 1979, 565–590.
Reisenzein, R.: The Schachter theory of emotion: Two decades later. Psychological Bulletin 93 (1983) (in Druck).
Schachter, S.: Emotion, obesity, and crime. New York: Academic Press 1971.
Schachter, S. & Singer, J. E.: Cognitive, social, and physiological determinants of emotional state. Psychological Review 69 (1962), 379–399.
Singer, J. E.: Historical background. In: London, H. & Nisbett, R. E. (eds.): Thought and feeling. Chicago: Aldine 1974, 3–12.

Valins, S.: Cognitive effects of false heart-rate feedback. Journal of Personality and Social Psychology 4 (1966), 400–408.
Weiner, B.: The emotional consequences of causal ascriptions. In: Clark, M. S. & Fiske, S. T. (eds.) Affect and cognition: The 17th Annual Carnegie Symposium on Cognition. Hillsdale, N. J.: Erlbaum 1982, 185–209.
Weiner, B., Russell, D. & Lerman, D.: The cognition-emotion process in achievement-related contexts. Journal of Personality and Social Psychology 37 (1979), 1211–1220.

Wulf-Uwe Meyer

Entwicklungspsychologische Ansätze

Verschiedene Autoren (z. B. Izard 1980, S. 193; Scherer 1979, S. 211) weisen darauf hin, daß die ontogenetische Entwicklung der Emotionen im Vergleich zur ontogenetischen Entwicklung von Kognitionen oder Sozialverhalten in der Psychologie, was Theoriebildung und empirische Forschung betrifft, bis in die jüngste Zeit hinein vernachlässigt worden ist. Dies hängt nicht zuletzt mit der Komplexität des Konstruktes (→ *Begriffsbestimmung*) Emotion zusammen, an dem sich mindestens die folgenden Komponenten/Aspekte unterscheiden lassen: 1. subjektive Erfahrung/Gefühlszustand, 2. Ausdruck (→ *Ausdruckserscheinungen*), 3. (neuro-) physiologisches Erregungsmuster (→ *Limbisches System und Emotion;* s. a. Izard 1977, S. 42). Scherer weist auf zwei weitere Komponenten hin: 4. Anpassungsleistung von Emotionen (→ *Psychobiologische und soziobiologische Ansätze*) und 5. Komponente der Reiz- und Situationsbewertung (→ *Kognitionstheoretische Ansätze*) die beide jeweils eine besondere *Funktion* von Emotionen spezifizieren (Scherer 1979, S. 212 ff.). Alle Komponenten sind auf qualitativ unterschiedlichen Analyseniveaus angesiedelt, die jeweils andere methodische Zugänge implizieren. Beispielsweise werden 1. Reiz- und Situationsbewertungen durch strukturierte, reaktive Meßmethoden, Skalen, Checklisten usw. erfaßt, 2. physiologische Vorgänge mit speziellen technischen Instrumenten gemessen, 3. Mimik, Paralinguistik, Gestik (Ausdrucksverhalten) mit Hilfe systematischer Verhaltensbeobachtung analysiert und 4. der subjektive Gefühlszustand via Introspektion und Verbalisationsmethoden aufgeschlüsselt (Kasten 1982, S. 107 ff.).

In der Forschung besteht noch weitgehend Uneinigkeit über die Prinzipien der Interaktion zwischen den Emotionskomponenten im Verlauf der Ontogenese und in aktualgenetischer Hinsicht. Dies ist nicht zuletzt darauf zurückzuführen, daß in der Theoriebildung der Schwerpunkt auf spezielle einzelne Komponenten gelegt wird, z. B. auf physiologische Vorgänge, auf Ausdrucks- und Kommunikationsverhalten oder auf subjektinternes Erleben. Die anderen Komponenten werden nur am Rande mitbehandelt, vernachlässigt oder einer zentralen Komponente zugeordnet.

Auch die Interaktion der Emotionskomponenten mit anderen intrapsychischen Variablen, wie Perzeption, Kognition, Motivation usw., und externen Bedingungen, wie Sozialisationseinflüssen im Verlauf der Ontogenese, wird von verschiedenen Autoren sehr unterschiedlich dargestellt. Erwähnenswert ist eine erst posthum wiederentdeckte und ins Englische übertragene Vorlesungsreihe von Piaget (1981), dessen organismische Entwicklungstheorien die psychologische Forschung der letzten Jahrzehnte in weitem Umfang befruchtet haben. Für Piaget (1981) stellt Emotion die energetische und Kognition die strukturelle Seite derselben Sache dar, deren Ontogenese den grundlegenden Prinzipien der Akkommodation und Assimilation gehorcht. Aus dem Ungleichgewicht zwischen letzteren resultiert als energetische Kraft die Emotion, der die Kognition Struktur und Richtung gibt. Im Laufe der Ontogenese lassen sich spezifische Kombinationen zwischen kognitiv-strukturellen Schemata und typischen Emotionen aufweisen, die bestimmen, mit welchen Umweltbereichen, Gegenständen und Personen sich das Individuum auf welche Weise auseinandersetzt. Die Tabelle 1 verdeutlicht, auf welche Weise Piaget Phasen der kognitiven und emotionalen Entwicklung einander zuordnet.

Piagets Ontogenese der Emotionen umfaßt damit ein Spektrum, das von einfachen, vitalen Affekten, wie Hunger, Durst, Schmerz, bis zu hochentwickelten, an universellen ethischen Richtlinien orientierten „Gefühlen“, wie Freiheit, Gleichheit, Gerechtigkeit, reicht – ein weites Forschungsfeld, das hier abgesteckt wird. Piagets Ausführungen vermitteln darüber hinaus ein tendenzielles Primat des Kognitiven: betont wird, daß emotional-affektive Energien die kognitive Entwicklung allenfalls beschleunigen oder verzögern, jedoch nicht strukturell beeinflussen und verändern können. In jüngerer Zeit werden, der kognitiven Wende der Psychologie folgend, ähnliche Konzepte bevorzugt, in denen die Entwicklung von Emotionen als weitgehend abhängig von *kognitiven* Lern- und Reifungsprozessen beschrieben wird.

Neben Piaget gibt es andere Emotionstheoretiker, die das *genetische Primat,* und, damit verbunden, die relative Autonomie der Emotionen betonen. Die unterschiedlichen Schwerpunktsetzungen lassen sich an zwei ontogenetischen Theorieansätzen demonstrieren, die gegenwärtig deshalb sehr viel Beachtung finden, weil sie sich auf reichhaltiges empirisches Material stützen und in theoretischer Hinsicht sehr weit ausdifferenziert sind. Es handelt sich um die kognitiv-aktivationale Differenzierungstheorie von Sroufe (z. B. 1977, 1979) und die Theorie der Entwicklung diskreter Emotionen von Izard (z. B. 1971, 1977/1981).

Sroufes kognitiv-aktivationale Differenzierungstheorie

Sroufe (1981) lehnt sich in seinem theoretischen Ansatz an die von Spitz (1959) und Emde, Gaensbauer und Harman (1976) vertretene Auffassung an, daß sich die Gesamtentwicklung des Individuums um eine Reihe von Problemkreisen

Tabelle 1. Stufen der kognitiven und emotionalen Entwicklung (vgl. Piaget 1981, S. 14).

I. Sensomotorische Intelligenz	Intraindividuelle Gefühle	Alter
1. Angeborene Reflexe und Instinkte	Angeborene Instinkte und Triebe	1.–3. Monat
2. Erste erworbene Schemata	erste erworbene Gefühle, wie Freude – Trauer, Lust – Unlust, Zufriedenheit – Enttäuschung	4.–7. Monat
3. Sensomotorische Schemata	Intentionales Verhalten regulierende Gefühle: Aktivierung oder Retardierung von Handlungen, Erfolgs- und Mißerfolgsgefühlen	8.–20. Monat
II. Verbale Intelligenz	**Interpersonale Gefühle**	**Alter**
4. Präoperationale innere Vorstellungen	Elementare zwischenmenschliche Gefühle, Beginn moralischer Gefühle (und Wertungen)	3.–7. Lebensjahr
5. Konkrete elementare Operationen (Bildung von Klassen und Relationen)	Autonome (eigenständige) moralische Gefühle, relative Unabhängigkeit von Regeln und Normen	8.–11. Lebensjahr
6. Formale kognitive Operationen (hypothetisch-deduktives Denken)	Idealistische, kollektive Gefühle; Einordnung der eigenen Persönlichkeit in soziale Rollen und Ziele	12.–15. Lebensjahr

stufenförmig organisiert. Er unterscheidet bis zum fünften Lebensjahr acht Phasen (Problemkreise): *1. Phase:* Während des 1. Lebensmonats geht es darum, eine absolute Reizbarriere aufrechtzuerhalten, die den Organismus vor schädlichen Reizen schützt. *2. Phase:* In den nächsten beiden Monaten, während denen der Problemkreis physiologische Regulationen thematisiert wird, findet eine erste Zuwendung zur Außenwelt statt: der Säugling reagiert auf externe Reize zunächst nur auf der Grundlage von angeborenen Verarbeitungsmechanismen (Orientierungs-, Schreck- und Verteidigungsreaktion; vgl. z. B. Brodda & Wellner 1981, S. 17 ff.); erst allmählich entwickelt er Anpassungsmechanismen, die ihm sensomotorische Koordinationen ermöglichen. *3. Phase:* Zwischen dem 3. und 5. Lebensmonat stellt sich die Aufgabe, Spannung und Erregung zu regulieren, d. h. geordnetes und organisiertes Verhalten auch angesichts großer Reizintensität aufrechtzuerhalten. Die Hilfen der Mutter oder einer zentralen Bezugsperson während dieser Phase sind entscheidend für das Zustandekommen einer gegenseitigen Beziehung, aus der sich in den nächsten Abschnitten eine sichere Bindung entwikkeln kann.

In diesen ersten drei Phasen spielen physiologische Aktivations- und Erregungsvorgänge für die emotionale Entwicklung eine zentrale Rolle. In Abhängigkeit von der Art der Auseinandersetzung des Organismus mit den internen und Umweltreizen fluktuiert die Erregungsstärke. Ein *negativer Affekt* entsteht, vereinfacht dargestellt, wenn die Erregungsstärke einen bestimmten Schwellenwert plötzlich und dauerhaft überschreitet, *positive Affekte* werden erlebt, wenn gemä-

ßigte Erregungsstärken auftreten, die den Schwellenwert nur kurzfristig überschreiten und vom Organismus reguliert werden können. Wesentlich ist dabei die zunehmende kognitive Aktivität: Die Art der emotionalen Reaktion wird bestimmt vom spezifischen Inhalt des stimulierenden Ereignisses und seiner *Bedeutung* für den Säugling, die ihrerseits *kontextabhängig* ist, also z. B. das Verhalten der Mutter und unmittelbar vorangegangene affektive Erfahrungen einschließt. Beispielsweise konnten Sroufe und Mitarbeiter (vgl. Sroufe & Wunsch 1972, Sroufe, Waters & Matas 1974) in früheren Arbeiten zeigen, daß alle emotionalen Reaktionen eines zehn Monate alten Kindes, vom Lächeln, Lachen über Interesse bis zum heftigen Weinen durch denselben Reiz (Mutter mit aufgesetzter Maske nähert sich dem Kind) ausgelöst werden können, je nachdem, in welcher Situation und mit welcher Vorgeschichte der Versuch durchgeführt wird.
Wesentlich für die Sroufesche Theorie ist weiter, daß sie drei grundlegende, bereits beim Neugeborenen nachweisbare Emotionssysteme, Wut – Ärger (→ *Ärger*), Gespanntheit – Furcht (→ *Angst und Furcht*) und Vergnügen – Freude (→ *Freude und Glück*), postuliert, denen sich charakteristische Erregungsstärkenverläufe zuordnen lassen.
Das Wut-Ärger-System wird anfänglich bereits aktiviert, wenn der normale Verhaltensfluß abrupt blockiert wird, z. B. durch Einschränkung der Kopfbewegung des Säuglings; erst mehrere Monate später (ab ca. 5. Lebensmonat) tritt Ärger als Resultat des Ausbleibens einer motorischen Erwartung (z. B. wenn ein erblickter Gegenstand nicht ergriffen werden kann) oder als Folge der Unterbrechung spezifischer Handlungen auf.
Gespanntheit wird, als „Orientierungsreaktion" (Sokolov 1960, Pribram 1979), bereits in der Neugeborenen-Periode durch plötzliche Veränderung der Reizkonfiguration ausgelöst. Später (zwischen dem 3. und 5. Lebensmonat) gewinnt zunehmend der *spezifische* Inhalt des stimulierenden Ereignisses an Bedeutung; wenn keine Assimilation an vorhandene Erfahrungsmuster möglich ist, resultiert Furcht. Das Vergnügen-Freude-System, das schon von Emde, Gaensbauer und Harman (1976) untersucht wurde, wird in den ersten Lebenswochen aktiviert, wenn die Erregungsstärke eine (individuum-)spezifische Schwelle überschreitet und gleich darauf wieder zurückfällt. Ab dem 3. Lebensmonat etwa kann das *soziale Lächeln* als Reaktion auf die Darbietung eines vertrauten Reizes auftreten, zu dessen Verarbeitung eine gewisse kognitive Anstrengung erforderlich ist, welche die Erregungsstärke kurzfristig über den Schwellenwert hebt. Durch den *Inhalt* des Ereignisses wird, wie beim Wut-Ärger- und Gespanntheit-Furcht-System, das Zustandekommen einer spezifischen Emotion bestimmt. Dies gilt insbesondere für das Auftreten von Freude (ab ca. 7. Lebensmonat) in der Vorwegnahme von intern repräsentierten Ereignissen.
Aus der kurzen Charakterisierung der drei grundlegenden Emotionssysteme wird deutlich, daß der Sroufesche Ansatz von engen Beziehungen zwischen der emotionalen Entwicklung und physiologischen Spannungen auf der einen und kognitiven Reifungs- und Entwicklungsprozessen auf der anderen Seite ausgeht.
In der *4. Phase* der emotionalen Entwicklung (6. bis 8. Lebensmonat) steht die

aktive Teilnahme an Interaktionen, insbesondere mit der Mutter, im Vordergrund. Hier wird das Fundament für eine *sichere Bindung* (→ *Bindungsgefühl*) gelegt, die in der *5. Phase* (zwischen dem 9. und 11. Lebensmonat) so weit gefestigt wird, daß gegen Ende des ersten Lebensjahres nicht mehr nur der physische Kontakt zur Mutter, sondern bereits ihre räumliche Nähe dem Kind Sicherheit und Geborgenheit vermitteln. Das Kind verfügt nun, auf der Basis einer sicheren Bindung, über die Möglichkeit, seine Umwelt eigenständig zu erkunden (*6. Phase:* Problemkreis „Übung, Erkundung und Beherrschung" zwischen dem 12. und 18. Lebensmonat).
Positive Erfahrungen im Umgang mit den Dingen und Personen in seiner Umgebung führen zu Begeisterung und Vergnügen, negative Erfahrungen bringen schlechte Laune und Verdrießlichkeit mit sich. Bereits in diesem Alter ist das Kind ein vollwertiges emotionales Wesen, das anhaltende emotionale Stimmungen zeigt und durch das Ausdrücken seiner Gefühle mit anderen kommuniziert. Ab dem 18. Lebensmonat (*7. Phase:* Problemkreis „Entwicklung des Selbstkonzeptes") stabilisiert sich allmählich das kindliche Bewußtsein seiner eigenen Existenz und Selbständigkeit; die Umwelt wird zunehmend auch in Spiel und Phantasie gemeistert und beherrscht. Die sich ausbildende Reflexivität und Normenorientierung bilden im Verlauf der *8. Phase* (zwischen dem 36. und 54. Lebensmonat) die kognitive und soziale Voraussetzung für das Auftreten von Emotionen, wie Scham, Schuld, Stolz und Liebe.

Izards Theorie der Entwicklung diskreter Emotionen

Im Unterschied zu Sroufe, für den sich Emotionen aus allgemeinen physiologischen Spannungs- und Erregungsverläufen aufgrund kognitiver Entwicklungen und Interaktion mit sozialen Bezugspersonen ausdifferenzieren, geht Izard von der Annahme aus, daß es angeborene neurale Erregungsmuster für zehn grundlegende diskrete Emotionen gibt. Er knüpft hier indirekt an Darwin und direkt an Tomkins (1962) an. Tomkins ordnet den Emotionen genetisch kodierte, neurale Programme, universell verständliche Ausdruckserscheinungen und jeweils spezifische subjektinterne Erlebnismuster zu. Die ontogenetische Entwicklung der zehn Basisemotionen ist *primär* eine Funktion von Reifungsprozessen und sekundär eine Funktion von Umwelteinflüssen und deren kognitiver Verarbeitung. Die Emotionen bilden, neben dem Homöostase-, Trieb-, Wahrnehmungs-, Kognitions- und Motoriksystem, eines der sechs Subsysteme, aus denen sich die Persönlichkeit konstituiert. Aus der Interaktion dieser Subsysteme entstehen vier Arten oder Klassen von Motivationen: Triebe, Emotionen, aktuelle affektiv-perzeptive und affektiv-kognitive Interaktionen und überdauernde affektiv-kognitive Strukturen. Neben dieser systematischen Funktion der Emotionen spielt die (endogen determinierte) Herausbildung der einzelnen Emotionen eine zentrale Rolle für die kognitive und soziale Entwicklung des Individuums: Die kognitive Kapazität zur

Verarbeitung von (auch sozialen) Umweltereignissen wächst mit dem Auftreten einer neuen Emotion, die jeweils dann erstmalig wirksam wird, wenn ihre Anpassungsfunktion für das Individuum und seine Interaktionen mit zentralen Bezugspersonen und Gegenständen notwendig ist. In diesem Zusammenhang unterscheidet Izard drei aufeinander aufbauende Stufen von Bewußtseinsniveaus, 1. das Stadium der sensorisch-affektiven Prozesse (bis zum 3. Lebensmonat), 2. das Stadium der affektiv-perzeptiven Prozesse (bis etwa zum 6. Lebensmonat) und 3. das Stadium der affektiv-kognitiven Prozesse (ab etwa 7. Lebensmonat).
Das *Bewußtseinsniveau I* ist im wesentlichen eine Funktion des Vorhandenseins von physiologischen Bedürfnissen, physischem Schmerz und Unbehagen (→ *Schmerz*) und Interesse-Emotionen. Sobald der Säugling körperlichen Schmerz empfindet, schreit er; die Tatsache, daß regelmäßig eine Pflegeperson kommt und sein Unbehagen beseitigt, bietet ihm die Möglichkeit, eine Verbindung zwischen inneren und äußeren Ereignissen (Schreien und Schmerzbeseitigung) herzustellen. Im großen und ganzen, so Izard, ist das Bewußtsein der ersten Stufe nur rezeptiv für innere, körperliche Vorgänge, es existiert eine Barriere externen Reizen gegenüber, die nur durch die angeborene Emotion des Interesses partiell gelockert wird, welche bei der Entwicklung der selektiven Aufmerksamkeit und Wahrnehmung eine wichtige Rolle spielen wird. Izards Beschreibungen des Interesses lassen einen Zusammenhang mit der in jüngster Zeit wieder in den Mittelpunkt psychophysiologischer Forschungsanstrengungen gerückten „Orientierungsreaktion" (*orienting reflex,* vgl. z. B. Kimmel 1979, Voss & Keller 1981; s. a. → *Neugier und Exploration*) erkennen. Neben Interesse finden sich beim Neugeborenen, so Izard, bereits, wenn auch in rudimentärer Form, die Emotionen Ekel, Freude und Erschrecken jeweils als Reaktionen auf physiologische Erregungsveränderungen. Insgesamt werden internale und externale Stimulationen nicht differentiell, sondern holistisch als Modifikationen der affektiven Qualität des Bewußtseins registriert.
Auf dem nächsten *Bewußtseinsniveau II* finden bei zunehmender Objektpermanenz mehr und mehr Differenzierungen statt. Dabei spielen zum einen Wahrnehmungen äußerer Ereignisse, geleitet von der Emotion des Interesses und, neu hinzukommend, der Emotion der Überraschung (beim Nichteintreten eines erwarteten Ereignisses oder bei Nichtübereinstimmung zwischen wahrgenommener und gespeicherter Information) eine immer größere Rolle. Zum anderen bilden sich weitere diskrete Emotionen aus, neben Freude, Trauer und Unbehagen, vor allem Ärger aus Reaktion auf Behinderungen und Einschränkungen. Obwohl die Aufmerksamkeitsspanne und Selektivität des Bewußtseins wächst, besitzt der Säugling bis zum ca. 6. Lebensmonat noch keine ausgeprägte emotionale Vorliebe für bestimmte Personen oder Sachen; Besitz und Eigentum sind als Konzepte noch nicht ausgeformt; ein Grund dafür, daß – laut Izard – bis zu diesem Lebensalter der Verlust der Mutter oder zentralen Pflegeperson ohne ernsthafte Beeinträchtigung verkraftet werden kann.
Das *Bewußtseinsniveau III* ist zum einen charakterisiert durch eine qualitativ veränderte Form der Wahrnehmung des eigenen Selbst und anderer Personen und

ermöglicht zum anderen den Aufbau intensiverer und dauerhafterer emotionaler Beziehungen und Bindungen. Die Entstehung zweier neuer Emotionen ist in erfahrungsmäßiger und motivationaler Hinsicht grundlegend für die Ausbildung dieses dritten Bewußtseinsniveaus: Die Emotion der Furcht (→ *Angst und Furcht*) trägt dazu bei, das Kleinkind vor Gefahren und Verletzungen zu schützen, seine Fähigkeiten zur Selbstkontrolle zu stärken und seine affektiven Bindungen an schutzgebende Bezugspersonen zu stabilisieren. Dagegen ermöglicht die Emotion der Scheu- und Schüchternheit zwar die Entwicklung von Selbst-Bewußtsein und Selbst-Identität, jedoch auf Kosten der Empfindung der eigenen Verletzbarkeit. Beide grundlegenden Emotionen unterstützen den Prozeß der inneren Abgrenzung des Selbst von anderen.

Die Skizzierung der theoretischen Ansätze von Sroufe und Izard mußte sich auf das Wesentliche beschränken. Interessanterweise zeigen sich zwischen beiden, von der Grundposition her differierenden Theorien, neben Divergenzen und unterschiedlichen Sichtweisen eine Reihe von Gemeinsamkeiten und konvergierenden Auffassungen, z. B. in bezug auf 1. die Heraushebung der Rolle der physiologischen Spannungs- und Erregungsvorgänge und körperlichen Reifungsprozesse in den ersten Lebensmonaten, 2. Festsetzung von grundlegenden Emotionen/Emotionssystemen, 3. Betonung der zentralen Funktion, die den Emotionen in der Gesamtentwicklung der Persönlichkeit zukommt. Zu betonen ist, daß sich beide Theorien zwar um die empirische Fundierung ihrer Postulate bemühen und im großen Umfang Material aus Beobachtungsstudien und experimentellen Untersuchungen einbeziehen, über weite Strecken jedoch, insbesondere was die genaue Darstellung des ontogenetischen Entwicklungsverlaufes betrifft, noch spekulativ und empirisch unverankert sind. Dieser Sachverhalt gilt in noch stärkerem Ausmaß für andere zeitgenössische Emotionstheorien (z. B. Brenner 1980, Giblin 1981, Kagan 1979, Plutchik 1980 oder Weinrich 1980) und hängt nicht zuletzt damit zusammen, daß die Gesetzmäßigkeiten der Interaktion zwischen den einzelnen Emotionskomponenten (wie Ausdruck, subjektive Erfahrung, physiologisches Erregungsmuster) im Verlauf der Ontogenese auf der einen Seite und zwischen Emotionen und anderen, z. B. kognitiven oder motivationalen, subjektinternen Prozessen sowie externen Sozialisationseinflüssen auf der anderen Seite noch weitgehend ungeklärt sind. Hieraus lassen sich eine Reihe von Desideraten für zukünftige integrative Theoriebildungen im Bereich der Emotionen-Ontogenese ableiten.

Scherer (1979, S. 236) z. B. empfiehlt, für die einzelnen Emotionskomponenten den ontogenetischen Entwicklungsverlauf unter Berücksichtigung der Entwicklungsvoraussetzungen jeweils separat zu untersuchen. In einem zweiten Schritt müßte sodann auf Interaktionsgesetzmäßigkeiten zwischen den Emotionskomponenten eingegangen werden. Was Wechselwirkungen zwischen Emotionen und anderen subjektinternen Variablen sowie externen Faktoren betrifft, bleibt zu hoffen, daß dem derzeit vorherrschenden Kognitivismus ein emotionstheoretisches Forschungsparadigma an die Seite gestellt wird. Plädoyers dafür wurden auch von Teilnehmern einer Arbeitsgruppe um Shapiro und Weber (1981) gehalten.

Literatur

Brenner, C.: A psychoanalytic theory of affects. In: Plutchik, R. & Kellerman, H. (eds.): Emotion: Theory, research, and experience, Vol. 1: Theories of emotion. New York: Academic Press 1980, 341–348.

Brodda, K. & Wellner, U.: Neurobiologische Grundlagen von explorativem Verhalten. In: Voss, H.-G. & Keller, H. (Hg.): Neugierforschung. Weinheim: Beltz 1981, 17–55.

Darwin, C.: The expression of emotions in man and animals. London: John Murray 1872.

Emde, R. N., Gaensbauer, T. & Harman, R.: Emotional expression in infancy: A biobehavioral study. Psychological Issues Monograph Series 10 (1976).

Giblin, P. T.: Affective development in children: An equilibrium model. Genetic Psychology Monographs 103 (1981), 3–30.

Izard, C. E.: The face of emotion. New York: Appleton-Century-Crofts 1971.

Izard, C. E.: Human emotions. New York: Plenum 1977 (dt.: Die Emotionen des Menschen. Weinheim: Beltz 1981).

Izard, C. E.: The emergence of emotions and the development of consciousness in infancy. In: Davidson, J. M. & Davidson, R. J. (eds.): The psychobiology of consciousness. New York: Plenum 1980, 193–216.

Kagan, J.: On emotion and its development. In: Kagan, J. (ed.): The growth of the child. London: Methuen 1979, 243–271.

Kasten, H.: Gefühl. In: Schiefele, H. & Krapp, A. (eds.): Handlexikon zur Pädagogischen Psychologie. München: Ehrenwirth 1981, 137–139.

Kasten, H.: Theorien emotionaler und kognitiver Entwicklung. In: Oerter, R. (Hg.): Bericht über die 5. Tagung Entwicklungspsychologie: Augsburg: Universität Augsburg-Druck 1982, 106–110.

Kimmel, H. D., van Olst, E. H. & Orlebeke, J. F. (eds.): The orienting reflex in humans. Hillsdale: Erlbaum 1979.

Piaget, J.: Intelligence and affectivity: Their relationship during child development. Palo Alto: Annual Reviews Inc. 1981.

Plutchik, R.: Emotion. A psychoevolutionary synthesis. New York: Harper & Row 1980.

Pribram, K. H.: The orienting reaction: Key to brain re-presentational mechanism. In: Kimmel, H. D., van Olst, E. H. & Orlebeke, J. F. (eds.): The orienting reflex in humans. Hillsdale: Erlbaum 1979, 3–20.

Scherer, K. R.: Entwicklung der Emotionen. In: Hetzer, H., Todt, E., Seiffge-Krenke, I. & Arbinger, R. (Hg.): Angwandte Entwicklungspsychologie des Kindes- und Jugendalters. Heidelberg: Quelle & Meyer 1979, 211–253.

Shapiro, E. K. & Weber, E. (eds.): Cognitive and affective growth: Developmental interaction. Hillsdale: Erlbaum 1981.

Sokolov, E. N.: Neuronal models and the orienting reflex. In: Brazier, M. A. B. (ed.): The central nervous system and behavior. New York: Josiah Macy Jr. Foundation 1960.

Spitz, R. A.: A genetic field theory of ego formation. New York: International Universities Press 1959.

Sroufe, L. A.: The developmental significance of the construct of wariness. Child Development 48 (1977), 731–746.

Sroufe, L. A.: Die Organisation der emotionalen Entwicklung. In: Foppa, K. & Groner, R. (Hg.): Kognitive Strukturen und ihre Entwicklung. Bern: Huber 1981, 14–34.

Sroufe, L. A., Waters, E. & Matas, L. Contextual determinants of infant affective response. In: Lewis, M. & Rosenblum, L. (eds.): The origins of behavior, Vol. 2: Fear. New York: Wiley 1974, 49–72.

Sroufe, L. A. & Wunsch, J. P.: The development of laughter in the first year of life. Child Development 43 (1972), 1326–1244.

Tomkins, S. S.: Affect, imagery, consciousness, Vol. 1: The positive affects. New York: Springer 1962.
Voss, H. G. & Keller, H. (Hg.): Neugierforschung. Weinheim: Beltz 1981.
Weinrich, J. D.: Toward a sociobiological theory of the emotions. In: Plutchik, R. & Kellerman, H. (eds.): Emotion: Theory, research, and experience, Vol. 1: Theories of emotion. New York: Academic Press 1980, 113–138.

Hartmut Kasten

Teil III

Methoden der Emotionsforschung

Sprachliche Methoden

Sprachliche Methoden der Emotionspsychologie erfassen aus dem Verhalten den Bereich sprachlicher Mitteilungen über Erleben (Gefühle, Stimmungen u. a.). Obwohl das Erleben nur dem mitteilenden Individuum zugänglich ist, ist die Mitteilung selbst als beobachtbarer Sachverhalt eine Quelle der Datengewinnung für eine erfahrungswissenschaftliche Beschreibung der Emotionen. Die auf Urteilen basierenden Daten können nach den erfahrungswissenschaftlichen Kriterien Intersubjektivität, Reliabilität und Validität bewertet und entsprechend zur Emotionsbeschreibung genutzt werden.
Die sprachlichen Methoden haben bei der Beschreibung menschlicher Emotionen eine herausragende Stellung, vor allem aufgrund der vermittelten Gültigkeitsevidenz (Augenscheinvalidität) und ihrer Ökonomie (Papier-Bleistift-Verfahren). Sie leisten in vielen Anwendungsfällen mehr als die nicht-sprachlichen Methoden bei der quantitativen und insbesondere bei der qualitativen Differenzierung von Emotionen. Sie werden benötigt zur Ergänzung und zur Validierung anderer Methoden, wie der psychophysiologischen Methoden (Schönpflug 1969, Mackay 1980, Fahrenberg 1982), der Leistungsverfahren und der Ausdrucksmethoden (→ *Nichtsprachliche Methoden*).
Das Angebot an Methoden ist gekennzeichnet durch das Vorherrschen bestimmter Methodentypen (Checklisten, Skalierungsmethoden und Fragebogen), für die jeweils eine Vielzahl auch häufig *ad hoc* konstruierter Einzelverfahren vorliegt. Die Uneinheitlichkeit dieser Verfahren resultiert aus prinzipiellen Unterschieden in der Konzeption von Emotionen, z. B. bezüglich der Annahmen über Polarität (Russell 1979) und Dimensionalität (Russell & Mehrabian 1977, Sjöberg, Svensson & Persson 1979), aus den Rahmenbedingungen der Anwendung (z. B. Zeit, Sprachfähigkeits- und Intelligenzvoraussetzungen), den Zielsetzungen (intendierten Beurteilungsaspekt) und den Prinzipien der Methodenentwicklung.

Beurteilungsmodus und Meßmodell

In der Regel erfolgt die Beurteilung im Rahmen festgelegter Anweisungen anhand von vorgegebenem sprachlichem Material und Reaktionsmodus (gebundene Beurteilung). Eine ungebundene Beurteilung führt erfahrungsgemäß zu quantitativ nicht ausreichenden und qualitativ nicht vergleichbaren Angaben, was nicht ausschließt, daß sie für bestimmte Fragestellungen Vorteile (z. B. Ausschaltung von Reaktionstendenzen im Sinne von Zustimmung) aufweisen kann (z. B. Kohnen & Lienert 1979).

Sprachliche Mittel. Die verwendeten sprachlichen Mittel unterscheiden sich in ihrem grammatikalischen Modus, der z. T. einen unterschiedlichen Grad an Abstraktion von konkretem Verhalten impliziert:

- verbaler Modus: konkretes Verhalten und Sachverhalte beschreibende Aussagen, z. B. „ich zittere" (Fragebogen);
- adverbialer Modus: konkretes Verhalten berücksichtigende Aussagen, z. B. „ich reagiere ängstlich, wenn ..." (häufig gewählte Form in Fragebogen);
- adjektivischer Modus: abstrahierende Aussagen, z. B. „ich bin traurig" (wegen der alltagssprachlichen Verbreitung häufigster Modus); entsprechende Methoden verwenden Adjektive in singulärer, bipolarer oder Clusteranordnung (Adjektivlisten, Ratingskalen).
- substantivischer Modus: auf substantivierte Merkmale (Konstrukte) bezogene Aussagen, z. B. Ausprägungsgrad bezüglich „Erregung" (häufig in Schätzskalen).

Voraussetzung für die Eignung emotionaler Begriffe ist die Stabilität ihrer Bedeutungsstruktur. Für intraindividuelle Stabilität über verschiedene Emotionsbedingungen gibt es empirische Belege (Devine & Lundberg 1977). Interindividuell sind allerdings Unterschiede in der Bedeutungsstruktur wahrscheinlich, z. B. sind sie nachgewiesen für Angstbegriffe bei unterschiedlich ängstlichen Versuchspersonen (Lazarus & Terbuyken 1978).

Reaktionsmodus. Der Urteiler hat die Äquivalenz einer Aussage oder eines Begriffes in bezug auf sein Erleben mit Hilfe eines vorgegebenen Reaktionsmodus zu beurteilen. Aus unterschiedlichen Gründen (Anforderungen an den Urteiler, postulierte Phänomenadäquatheit, angestrebtes Skalenniveau) werden verschiedene Reaktionsmodi ausgewählt. Hinsichtlich des formalen Reaktionsmodus werden erhoben:

- zweikategoriale (dichotome) Urteile in Form z. B. einer einfachen Ja-Nein-Entscheidung (Fragebogen, einige Adjektivlisten);
- mehrkategoriale (polychotome) Urteile anhand von Schätzskalen durch Vorgabe numerischer oder verbal umschriebener Kategorien oder durch Vorgabe graphischer Skalen mit graphischen (Trennstrichen), numerischen oder verbalen Kategorienkennzeichnungen;
- nichtkategoriale (analoge) Urteile anhand von sog. Visuellen Analog-Skalen (Aitken 1969, Zeally & Aitken 1969, Bond & Lader 1974), in denen eine

Strecke (häufig horizontale 100-mm-Linien) mit Umschreibungen lediglich der Streckenpole vorgegeben wird.

Inhaltlich werden überwiegend Urteile in Form abgestufter quantitativer Schätzungen (direkte Skalierungsmethoden) gefordert (siehe z. B. Gigerenzer 1981). Dieses sind meistens Absolutschätzungen (sog. Ratingskalen), durch die die augenblickliche Ausprägung absolut quantifiziert wird, weniger Verhältnisschätzungen (sog. Magnitude-Skalen), bei denen die gegenwärtige Ausprägung auf eine vorhergehende (z. B. Ausgangslage) oder auf eine Ausprägung unter einer Standardsituation zu beziehen ist.

Meßtheoretische Basis. Die Verfahren sind konzipiert auf der Grundlage

- von Skalierungsmodellen, nach denen numerische Werte empirischen Sachverhalten zugeordnet werden mit bestimmten Ansprüchen an das Skalenniveau (Intervall-, Verhältnisskala), hier vorwiegend die der eindimensionalen direkten Skalierungsmethoden, oder
- der klassischen Testtheorie, nach der versucht wird, reliable und im Sinne einer Kriterium-Korrelation valide Daten zu erstellen (Fragebogen, Checklisten), oder
- einer Mischung von beiden Ansätzen durch Likert-Typ-ähnliche Skalen.

Meßtheoretisch gibt es bei allen numerischen Zuordnungen keine Begründung für das üblicherweise für bestimmte Auswertungsabsichten angenommene Skalenniveau (Intervallskala). Man übersieht, daß die klassische Testtheorie die Meßbarkeit des Merkmals auf dem Intervallskalenniveau voraussetzt, und in bezug auf die Skalierungsmodelle vertraut man unbegründeterweise auf die Kompetenz der Urteiler und prüft nicht die Axiome des Meßmodells (Gigerenzer 1981).

Beurteilungsaspekte

Selbst- und umweltbeschreibende Urteile. In der Regel werden selbstbeschreibende Urteile, z. B. in Form von Aussagen wie „ich fühle mich . . .“, „ich bin . . .“, verlangt. Für bestimmte Fragestellungen kann es sinnvoll sein, umweltbeschreibende Urteile im Sinne von Eigenschaftsattribuierungen (z. B. bezüglich der Schwierigkeit der Aufgabe, der Unangenehmheit der Situation) allein oder ergänzend zu erheben. Aus diesen als Hypothesen über die Umwelt zu verstehenden Urteilen kann indirekt auf emotionales Verhalten und Erleben geschlossen werden. Durch sie werden Verfälschungstendenzen der Selbstbeschreibung (Beurteilung im Sinne sozialer Erwünschtheit, z. B. Negierung) möglicherweise vermieden. Außerdem spiegeln sie handlungs- und erlebensregulierende Kognitionen (→ *Handlung und Emotion*) wider.

Integrale vs. partielle Beurteilung. Ausgehend von der Konzeption einer Emotion als einem gesamtorganismischen Vorgang, der durch verschiedene Verhaltensaspekte (körperliche Symptome, Handlungen, Leistungen und Erleben) zu kennzeichnen ist, lassen sich auf der sprachlichen Ebene formal integrale, die Emotion umfassend kennzeichnende, und partielle, auf bestimmte Teilaspekte bezogene Urteile erheben. Als integrale Urteile können solche bezeichnet werden, die adjektivische oder substantivische Begriffe von Emotionen (z. B. „traurig", „Freude") oder von deren Komponenten, wie Lust-Unlust („angenehm-unangenehm"), Aktivierung („Erregung", „Wachheit"), Spannung-Lösung („Anspannung", „Entspannung"), verwenden. Inwieweit dem Urteilsprozeß eine Integration verschiedener Informationen unterliegt oder die Erlebnisgröße eine ganzheitliche Größe darstellt (z. B. im Sinne von Thayer 1967), ist nicht hinreichend untersucht.

Partielle Urteile beziehen sich vorwiegend auf die nachgenannten Einzelaspekte:

- Wahrgenommene körperliche Symptome: Schätzskalen, z. B. zu Herzklopfen, Muskelspannung, Symptomlisten mit ein- oder mehrdimensionaler, funktionssystembezogener Auswertung;
- Handlungen und Leistungen: Urteile über Erfolg/Mißerfolg, Urteile über präferierte Tätigkeiten;
- Kognitionen, dazu gehören
  - Kausalattribuierungen: Urteile über die Verursachung der Emotion durch innere und äußere Faktoren, z. B. über die stimmungsverändernde Wirkung eines Psychopharmakons (Debus 1969);
  - Verarbeitungs- (Coping-) Strategien: Urteile über vorstellungsmäßige Reaktionen zur Situationsbewältigung (z. B. Prystav 1981).

Zeitbezug der Beurteilung. Die Methoden beziehen sich auf unterschiedliche zeitliche Erstreckungen von emotionalem Verhalten.

- Zeitlich überdauernd: Im Sinne einer Eigenschaft (*trait*) werden Frequenz und/oder Intensität (häufig ein Gemisch) emotionaler Reaktionen erfaßt („im allgemeinen"). Überwiegend wird die Fragebogenmethode angewendet, z. T. Checklisten (Adjektive, Symptome), speziell für den allgemeinen Fall konzipiert (z. B. Gough & Heilbrun 1965) oder vom aktuellen Fall übertragen (z. B. Zuckerman & Lubin 1965). Persönlichkeitsinventare enthalten entsprechende Skalen (Mittenecker 1982). Für verschiedene Bereiche gibt es auch spezielle Verfahren, so für Angst (Lader & Marks 1974, Becker 1980) und Depression (Blöschl 1981).
- Zeitlich umgrenzt: Für spezielle Fragestellungen werden vorhandene Methoden adaptiert auf einen eng umgrenzten Zeitraum, so z. B. „am Tag" (z. B. Therapiekontrolle), „während einer Tätigkeit", „in einer Situation", „während eines bestimmten Zeitraumes" (z. B. Prämenstruationszeit). Häufig sind es *ad-hoc*-Verfahren, deren Reliabilitäts- und Validitätsnachweis, sofern vorhanden, auf den jeweiligen Untersuchungskontext beschränkt ist.
- Zeitlich punktuell: Die Urteile beziehen sich auf einen Zustand (*state*) und erfassen das, was mit Stimmung und Befinden gekennzeichnet wird. Mit diesem Zeitbezug sind die meisten der Adjektivlisten (z. B. Nowlis 1965, Janke & Debus 1978) entwickelt worden. In der Instruktion zwar auf den „Augenblick" eingestellt, erfassen sie aber allein schon aufgrund der Bearbeitungszeit einen Zeitraum von mehreren Minuten (5–15 min).

- Zeitlich atomisiert: Die Urteile beziehen sich auf Sekundenabschnitte. Sie werden in Laborsituationen erhoben, z. B. zwecks Korrelation mit physiologischen Aktivierungsindikatoren (z. B. während der Antizipation eines Schmerzreizes) oder bei reizinduzierten kurzlebigen Emotionen (z. B. Intensität des induzierten Gefühls auf Ekelbilder). Als Methoden werden Urteile auf Schätzskalen (Schneider 1982) oder mittels Manipulanda (z. B. Einstufung der Emotionsintensität durch Dehnung eines Bandes mit Daumen und Zeigefinger: Fingerspanne; Strahan 1970) angewendet. Die zeitliche Atomisierung des Urteils schränkt die mehrdimensionale Erfassung ein (Schneider 1982) oder macht sie unmöglich.

Ereignissimultane vs. retrospektivische Beurteilung. Bei der Beurteilung zeitlich überdauernder (*trait*) und umgrenzter emotionaler Verhaltens- und Erlebensweisen handelt es sich um ein retrospektives Vorgehen. Damit sind möglicherweise Beurteilungsfehler verbunden, z. B. emotionsabhängiges Erinnern (Bower 1981). Die Beurteilungen können selbst von Stimmungen abhängen (Bianchi & Fergusson 1977).

Eine Verknüpfung von retrospektivischer und ereignissimultaner Beurteilung von *states* stellt die Veränderungsskalierung dar. Sie spiegelt nur bedingt die Differenzen von *state*-Beurteilungen wider (z. B. Debus 1969). Sie hat unter Umständen den Vorzug größerer Sensitivität, aber den Nachteil verringerter Spezifität (aufgrund unzutreffender Generalisierung auf andere Emotionsaspekte). Das Veränderungsurteil ist, abgesehen von der Frage der Kongruenz mit anderen Urteilen, als handlungs- und emotionsregulierende Kognition von Bedeutung.

Eine rein ereignissimultane Beurteilung ist erwünscht, um
- Beurteilungsfehler aufgrund der Erinnerung zu vermeiden;
- völlige zeitliche Parallelität zwischen Daten verschiedenen Zugangs (physiologische Daten) zu erreichen;
- den Urteilsvorgang idealerweise als Bestandteil des emotionalen Verhaltens selbst zu belassen, so wie Nowlis unter dem Einfluß von Skinner konzipierte, daß der Beurteiler Stimmungen und Gefühle nicht beschreibt, sondern in Form von Geständnissen öffentlich benennt (Nowlis & Green 1965, S. 9).

Wiederholte Beurteilung. Diskrete Beurteilungswiederholungen (z. B. stündliche oder tägliche Durchführungen von Adjektivlisten) werden durchgeführt, um Variationen des Merkmals zu erfassen. Die Wiederholbarkeit der Methoden wird in der Regel stillschweigend vorausgesetzt. Untersuchungen zur Konsistenz der Beurteilungen z. B. in Adjektivlisten sprechen dafür (Janke & Debus 1978, Zimmermann 1979). In bestimmten Untersuchungskontexten gefundene Einschränkungen oder Bestätigungen der Wiederholbarkeit sind vermutlich nicht verallgemeinerbar.

Kontinuierlich wiederholte Beurteilungen sind im Rahmen von psychophysiologischen Untersuchungen sinnvoll. Ein mögliches Vorgehen besteht darin, dem Probanden mit Hilfe eines Manipulandums eine kontinuierliche Einstufung zu ermöglichen (Vehrs & Zschuppe 1982, Strahan 1970). Die Gefahr der Veränderung oder sogar Störung des Beurteilungsgegenstandes durch die wiederholte Beobachtung ist hier verschärft, exemplarische Ergebnisse unter diesen Untersuchungsbedingungen weisen jedoch auf hohe Kovariationen mit physiologischen Variablen hin.

Ein- vs. mehrdimensionale Beurteilung. Eine mehrdimensionale Beurteilung (wie bei den meisten Adjektivlisten) wird häufig mit der Intention der umfassenden Beschreibung vorgenommen. Sie erscheint unangemessen (unökonomisch, statistisch wegen der Erhöhung der Variablenzahl nachteilig), wenn auf bestimmte Emotionsaspekte gerichtete Hypothesen vorliegen (z. B. Depressivität nach Frustration). Auch für diesen Fall ist ihre Anwendung jedoch sinnvoll, weil sie eine ungerichtete Beurteilung ermöglicht mit der Folge, daß spezifische Erwartungseffekte nicht verstärkt werden und etwaige emotionsinduzierende Wirkungen vorgegebener Emotionsbegriffe (z. B. Adjektive einer Depressionsskala) nicht spezifisch zum Tragen kommen.

Reliabilität und Validität

Reliabilitätsmaße und -ergebnisse. In Abhängigkeit vom Zeitbezug sind unterschiedliche Reliabilitätsmaße angemessen. Retest-Reliabilitäten kommen für kurzfristige emotionale Vorgänge nur bei entsprechender Wahl des Zeitabstandes in Frage. Für sie sind primär Konsistenzmaße und Paralleltestkoeffizienten bedeutsam.

Die extensive Anwendung subjektiver Methoden weist darauf hin, daß für viele Fragestellungen die Reliabilitäten als hinreichend bewertet werden.

Invalidierungsquellen. Quellen für Invalidierungen sind

- formale Antworttendenzen (*response sets*) wie die zur Zustimmung oder Ablehnung (z. B. bei dichotomen Antwortkategorien in Fragebogen und Adjektivlisten), zur zufälligen Reaktion, zur ähnlichen Reaktion bei aufeinanderfolgenden Urteilen, zur Bevorzugung von extremen oder mittleren Reaktionskategorien (Ratingskalen);
- inhaltliche Antworttendenzen (*response styles*) im Sinne sozialer Erwünschtheit (möglicherweise mit engerem Zeitbezug weniger bedeutsam), des Aufforderungscharakters der Situation (erkennbar z. B. an Diskrepanzen zu physiologischen Maßen, s. Polivy & Doyle 1980), vermeintlich logischer Beziehungen zwischen Emotionsbegriffen (z. B. Gegensatz zwischen Adjektiven, berührt die Prüfung der Bipolarität), der positiven oder negativen Generalisierung („negative Befindlichkeit", „positive Befindlichkeit"), einer defensiven oder sensitivierenden Einstellung (nach Weinstein, Averill, Opton & Lazarus 1968, erkennbar an Diskrepanzen zu physiologischen Maßen).

  Den Invalidierungen wird begegnet u. a. durch prozedurale Vorkehrungen (z. B. Ausbalancierungen von Ja-Nein-Kategorien), durch Kontrollskalen (beschränkt auf Eigenschaftsmerkmale), durch Anwendung spezieller Techniken

(z. B. Signalerkennungsmethoden, s. Clark, Kurlander, Bieber & Glassman 1977, Grossberg & Grant 1978, Velden 1977) und durch Versuchsplanung.

Validierungsnachweise. Empirische Validierungsnachweise werden häufig in der Konstruktvalidierung gesucht. Zu den grundlegenden Strategien gehören Analysen der Korrelationen mit Methoden ähnlichen (*convergent validity*) und unähnlichen (*divergent validity*) Gültigkeitsanspruches (z. B. anderen Methoden, anderen Beurteilungsinhalten) und Überprüfungen der Sensitivität bei experimenteller (z. B. Psychopharmaka, situative Emotionsinduktion) und nichtexperimenteller (z. B. Tageszeiten, Situationen, Personen) Bedingungsvariation.

Literatur

Aitken, R. C. B.: Measurement of feeling using visual analogue scales. Proceedings of the Royal Society of Medicine 62 (1969), 989–993.

Becker, P.: Studien zur Psychologie der Angst. Weinheim: Beltz 1980.

Bianchi, G. N. & Fergusson, D. M.: The effect of mental state on EPI scores. British Journal of Psychiatry 131 (1977), 306–309.

Blöschl, L.: Psychodiagnostik depressiver Zustände. Zeitschrift für Differentielle und Diagnostische Psychologie 2 (1981), 7–30.

Bond, A. & Lader, M.: The use of analogue scales in rating subjective feelings. British Journal of Medical Psychology 47 (1974), 211–218.

Bower, G.: Mood and memory. American Psychologist 36 (1981), 129–148.

Clark, W. C., Kurlander, K., Bieber, R. & Glassman, A. H.: Signal detection theory treatment of response set in mood questionnaires. In: Spielberger, C. D. & Sarason, I. G. (eds.): Stress and anxiety, Vol. IV. Washington, D. C.: Hemisphere 1977, 313–324.

Debus, G.: Experimentelle Untersuchungen zur Methodik der Befindlichkeitsbeschreibung. Gießen: Dissertation (vervielf.) 1969.

Devine, B. & Lundberg, U.: The influence of emotional conditions on similarity estimations of emotional terms. Scandinavian Journal of Psychology 18 (1977), 317–326.

Fahrenberg, J.: Psychophysiologische Methoden. In: Groffmann, K. J. & Michel, L. (Hg.): Enzyklopädie der Psychologie, Serie II, Band 4: Verhaltensdiagnostik. Göttingen: Hogrefe 1982, 1–192.

Frost, R. O., Graf, M. & Becker, J.: Self-devaluation and depressed mood. Journal of Consulting and Clinical Psychology 47 (1979), 958–962.

Gigerenzer, G.: Messung und Modellbildung in der Psychologie. München: Reinhardt 1981.

Gough, H. G. & Heilbrun, A. B.: The Adjective Checklist manual. Palo Alto: Consulting Psychologists Press 1965.

Grossberg, J. M. & Grant, B. F.: Clinical psychophysics: Application of ratio scaling and signal detection methods to research on pain, fear drugs, and medical decision making. Psychological Bulletin 85 (1978), 1154–1176.

Janke, W. & Debus, G.: Eigenschaftswörterliste (EWL). Göttingen: Hogrefe 1978.

Kohnen, R. & Lienert, G. A.: Die freie Wirkungsbeschreibung als Methode der Schlafmittelprüfung. Dargestellt am Beispiel von Pentobarbital, Promazin und deren Kombination. Arzneimittel-Forschung 29 (1979), 579–584.

Lader, M. H. & Marks, I. M.: The rating of clinical anxiety. Acta Psychiatrica Scandinavica 50 (1974), 112–137.

Lazarus, G. & Terbuyken, G.: Der Einfluß der Persönlichkeitsvariablen Ängstlichkeit auf die sprachliche Differenzierung von Angstbegriffen. Zeitschrift für klinische Psychologie 7 (1978), 18–27.

Mackay, C. J.: The measurement of mood and psychophysiological activity using self-report techniques. In: Martin, I. & Venables, P. H. (eds.): Techniques in psychophysiology. New York: Wiley 1980, 501–562.

Mittenecker, E.: Subjektive Tests zur Messung der Persönlichkeit. In: Groffmann, K. J. & Michel, L. (Hg.): Persönlichkeitsdiagnostik. Enzyklopädie der Psychologie Bd. II, 3. Göttingen: Hogrefe 1982, 57–131.

Nowlis, V.: Research with the Mood Adjective Checklist. In: Tomkins, S. S. & Izard, C. E. (eds.): Affect, cognition, and personality. New York: Springer 1965, 352–389.

Nowlis, V. & Green, R. F.: Factor analytic studies of the Mood Adjective Checklist. Technical Report 11, Department of Psychology, University of Rochester 1965.

Polivy, J. & Doyle, C.: Laboratory induction of mood states through the reading of self-referent mood statements. Affective changes of demand characteristics? Journal of Abnormal Psychology 89 (1980), 286–290.

Prystav, G.: Psychologische Copingforschung: Konzeptbildungen, Operationalisierungen und Meßinstrumente. Diagnostica 27 (1981), 189–214.

Russell, J. A.: Affective space is bipolar. Journal of Personality and Social Psychology 37 (1979), 345–356.

Russell, J. A. & Mehrabian, A.: Evidence for a three-factor theory of emotions. Journal of Research in Personality 11 (1977), 273–294.

Schneider, H. J.: Befindensskalen für Aktivierungsexperimente: Anforderungen, statistische Eigenschaften, Selektionskriterien, Eingewöhnungseffekte, Dimensionalität. Freiburg: Forschungsbericht 1982/2 des Psychologischen Instituts 1982.

Schönpflug, W.: Phänomenologische Indikatoren der Aktiviertheit. In: Schönpflug, W. (Hg.): Methoden der Aktivierungsforschung. Stuttgart: Huber 1969, 215–231.

Sjöberg, L., Svensson, E. & Persson, L. O.: The measurement of mood. Scandinavian Journal of Psychology 20 (1979), 1–18.

Strahan, R. A.: A simple device for the polygraphic recording of judgments. Psychophysiology 7 (1970), 135–137.

Thayer, R. E.: Measurement of activation through self-report. Psychological Reports 20 (1967), 663–678.

Vehrs, W. & Zschuppe, U.: Ein Verfahren zur Erfassung der Selbstbeurteilung erlebter Gefühlsverläufe während der Messung der elektrodermalen Reaktion. Zeitschrift für Experimentelle und Angewandte Psychologie 24 (1982), 505–516.

Velden, M.: Zur Isolierung des response set bei der Messung von Empfindungen und Emotionen mittels SDT-Technik. Archiv für Psychologie 129 (1977), 120–130.

Weinstein, J., Averill, J. R., Opton, E. M. J. & Lazarus, R. S.: Defensive style and discrepancy between self-report and physiological indexes of stress. Journal of Personality and Social Psychology 10 (1968), 406–413.

Zealley, A. K. & Aitken, R. C. B.: Measurement of mood. Proceedings of the Royal Society of Medicine 62 (1969), 993–996.

Zimmermann, P.: Zur Zeitreihenanalyse von Stimmungsskalen. Diagnostica 25 (1979), 24–48.

Zuckerman, M. & Lubin, B.: Manual for the Multiple Affect Adjective Checklist. San Diego: Education and Industrial Testing Service 1965.

Günther Debus

Nicht-sprachliche Methoden

Gefühle lassen sich auf nichtsprachlichem Wege auslösen, beobachten und vermitteln. In der Emotionsforschung spielen sowohl die nichtverbalen Methoden zur *Induktion* als auch zur *Beobachtung* emotionalen Geschehens eine bedeutende Rolle. In beiden Fällen können damit Fehlerquellen, die auf der Vielgestaltigkeit und Mehrdeutigkeit des Sprachgebrauchs und der Sprachinterpretation beruhen, umgangen werden.

Die *Beobachtung* nichtsprachlicher emotionaler Reaktionen aus dem Bereich des motorischen Verhaltens und der physiologischen Funktionsveränderungen erschließt zusätzliche Ebenen emotionalen Geschehens. Auf diesen Ebenen ist der Zugang zum Emotionserleben eines Individuums oft sehr viel unmittelbarer und auch weniger zeitverzögert als auf der sprachlichen Ebene.

In einem engen Zusammenhang mit jeglichem Beobachtungsverfahren stehen die Methoden zur *Induktion* von Gefühlszuständen. Da man zum Studium nonverbaler Gefühlsäußerungen im allgemeinen auf eine dazu geeignete Umgebung, z. B. ein Labor oder einen audio-visuellen Beobachtungsraum, festgelegt ist, gilt es zunächst, hier die zu untersuchenden Gefühle zu induzieren. Damit kommt der geeigneten Auswahl emotionsauslösender Stimuli eine ganz wesentliche Bedeutung zu.

Induktion von Gefühlen

Im Bereich der Emotionsforschung wendet man eine Reihe verschiedener nichtsprachlicher Methoden zur Auslösung von Gefühlen an. Zu den wichtigsten Verfahren gehört die Darbietung von Bildern und Filmen, die Vorstellung bestimmter Szenen, die Manipulation der sozialen Umgebung und die Rückerinnerung an vergangene Erlebnisse. Zusätzlich lassen sich durch die Veränderung der physikalischen Intensität von Umgebungsreizen (z. B. der Temperatur, Helligkeit, Lautstärke etc.) Gefühle – meist auf der Dimension angenehm/unangenehm – induzieren und variieren.

Von den genannten Verfahren sind *Filme* relativ häufig zur Induktion von Gefühlen eingesetzt worden. Damit lassen sich in gut reproduzierbarer Form sowohl positiv als auch negativ getönte Gefühlszustände auslösen, wie z. B. die Untersuchungen von Averill (1969) und Lazarus (1968) zeigen. Insbesondere können mit filmischem Material feine Abstufungen und eine präzise zeitliche Lokalisation der auszulösenden Emotionen erzielt werden.

Ebenfalls eine große Bedeutung hat die *Vorstellung* emotionsauslösender Szenen. Dabei ist jedoch sowohl die Intensität als auch die Qualität der emotionalen Beteiligung schlechter steuerbar. Einer diesbezüglichen Befragung der Probanden kommt von daher besondere Bedeutung zu. Lang (1979) geht auf spezielle Determinanten der emotionalen Beteiligung bei Imaginationen ein.

Beobachtung von Gefühlen

Das Auftreten, die Intensität und die Klassifizierung von Gefühlen kann auf der nichtsprachlichen Ebene einerseits mit physiologischen Methoden, andererseits durch Analyse des motorischen Verhaltens (insbesondere der Mimik) erfolgen (→ *Ausdruckserscheinungen*). Während die Steuerung des motorischen Verhaltens in hohem Maße von der Willkür beeinflußbar ist, läuft das übrige physiologische Geschehen weitgehend unwillkürlich ab. Es stellt also einen Aspekt emotionalen Geschehens dar, der weniger durch subjektiv-kognitive Prozesse gefiltert wird als das sprachliche und das motorische Verhalten.

Physiologische Prozesse. Die meisten Emotionstheorien schließen physiologische Veränderungen (vor allem Reaktionen des Vegetativums) als Bestandteile emotionalen Geschehens ein. So identifiziert beispielsweise schon James (1884; näheres zur Emotionstheorie von James; → *Physiologische Ansätze*) in der *Wahrnehmung einer körperlichen Veränderung* den zentralen Bestandteil emotionalen Erlebens. Schachter und Singer (1962; → *Attributionstheoretische Ansätze*) betonen ebenfalls die Bedeutung vegetativer Prozesse: Durch die Wahrnehmung veränderten Körpergeschehens komme es zu einer Interpretation der Situation innerhalb der Kategorien emotionalen Geschehens (→ *Psychophysiologische Ansätze*).

Die Messung physiologischer Funktionen verfolgt verschiedene Ziele:

1. Durch die Beobachtung einer Veränderung soll das *Auftreten* emotionalen Geschehens markiert werden.
2. Aus der Stärke dieser Veränderung soll ein Schluß auf die *Intensität* des emotionalen Prozesses ermöglicht werden.
3. Die Art der physiologischen Veränderungen soll Rückschlüsse auf den *Typ* der ausgelösten Emotion zulassen. Diesen Zielen wird mit unterschiedlichem Erfolg nahegekommen. Während für den ersten und den zweiten Fall zahlreiche empirische Belege sprechen, sind sie für den dritten deutlich geringer.

Das *Auftreten* emotionaler Prozesse ist auf der physiologischen Ebene im allgemeinen gut feststellbar. In Abb. 1 sind deutlich die Veränderungen zu erkennen, die bei einer Versuchsperson von einer Ruhebedingung zu einer Vorstellungsphase in den vier Meßgrößen Atmung, Pulsfrequenz, Hautleitfähigkeit und periphere Hautdurchblutung eintraten. Das Auftreten von *Angst* wurde besonders häufig mit psychophysiologischen Methoden untersucht (s. dazu z. B. Birbaumer 1977). Hierbei gelten der Anstieg der *Pulsfrequenz* sowie die Zunahme der spontanen *Fluktuationen der Hautleitfähigkeit* (zur Methodenlehre psychophysiologischer Messungen s. z. B. Andreassi 1980 und Schandry 1981) als die zuverlässigsten Indikatoren. Diese beiden physiologischen Variablen sind auch gut zur (allerdings unspezifischen) Beobachtung anderer Emotionen wie Ärger, Freude und Traurigkeit geeignet. Eine andere physiologische Variable, die zur Markierung emotionalen Geschehens dienen kann, ist die Muskelanspannung, die im allgemeinen auf elektrischem Wege gemessen wird. Auch diese wurde häufig eingesetzt, um das Auftreten von z. B. Angst und Freude zu studieren. Ein weiterer guter Indikator

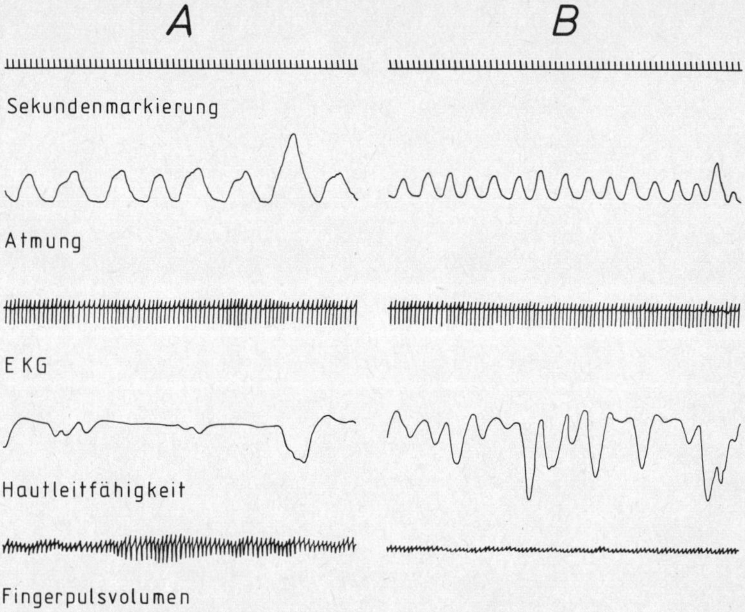

Abb. 1. Veränderung physiologischer Größen und emotionales Erleben.
Die Aufzeichnung A wurde registriert, während sich der Proband in einem ruhigen und entspannten Zustand befand. Die Kurven in B wurden eine Minute später erhoben, während derselbe Proband sich eine bestimmte Szene vorstellte (er befindet sich in einem tumultartigen Menschenauflauf, es werden Steine geworfen etc.). Es zeigt sich eine deutliche Zunahme der Atemfrequenz, die Pulsfrequenz steigt von 81 Schlägen/min auf 85 Schläge/min („EKG"), die Anzahl der Spontanfluktuationen der Hautleitfähigkeit nimmt zu, und die Durchblutung der Blutgefäße der Haut („Fingerpulsvolumen") nimmt ab.

für emotionale Prozesse ist die *Pupillenweite.* Eine Dehnung der Pupille begleitet die meisten Emotionen, die von einer Anregung des sympathischen Nervensystems gekennzeichnet sind. Einen Überblick über die Methodologie und die Anwendungsfelder der Pupillometrie gibt Hess (1972).

Die *Stärke* emotionalen Geschehens mit physiologischen Indikatoren zu „messen", wurde ebenfalls hauptsächlich in der Angstforschung (→ *Angst und Furcht*) unternommen. Der deutlichste Zusammenhang zwischen einer physiologischen Größe und der subjektiv erlebten Angst bzw. dem Ausmaß des Vermeidungsverhaltens wurde hier für die Pulsfrequenz gefunden. Ebenfalls hohe Zusammenhänge zwischen der Stärke physiologischer Reaktionen und den subjektiven Indikatoren emotionaler Prozesse finden sich bei sexuell getönten Emotionen. Hier wird als physiologisches Maß meistens die Durchblutung des Genitalbereichs (s. hierzu Geer 1980) erhoben. Ausführliche Darstellungen physiologischer Aspekte emotionalen Geschehens finden sich z. B. in den Werken von Black (1970) und Levi (1975).

Eine besondere Bedeutung bei der Registrierung des Auftretens und der Intensität emotionaler Prozesse hat die *Aufzeichnung außerhalb des Labors.* Hierzu gibt es zwei prinzipiell verschiedene Möglichkeiten:
1. Speicherung der Daten auf einer Magnetbandkassette und
2. telemetrische Übermittlung der Meßwerte.

Während die erste Methode nur die Aufzeichnung einer eingeschränkten Datenmenge erlaubt, lassen sich bei einer telemetrischen Übermittlung (über einen kleinen, am Körper befestigten Sender) größere Datenströme und längere Übertragungszeiten realisieren. Allerdings ist derzeit die Reichweite der Sender auf maximal einige 100 Meter beschränkt.

Die *Differenzierung* unterschiedlicher Emotionen mit physiologischen Methoden ist bisher nur in Einzelfällen gelungen. So konnten z. B. Ax (1953) und Schwartz, Weinberger und Singer (1980) anhand kardiovaskulärer Funktionsgrößen unterschiedliche Reaktionsmuster für Furcht und Ärger nachweisen. Ebenso gelang es, eine Unterscheidung von Freude und Traurigkeit (Averill 1969) anhand von vier verschiedenen Maßen (Blutdruck, Hautleitfähigkeit, Pulsfrequenz und peripheres Pulsvolumen) vorzunehmen. Diesen Erfolgen steht jedoch eine Reihe von fehlgeschlagenen Versuchen gegenüber, Emotionen auf der Basis physiologischer Reaktionen zu differenzieren. Ob dies an der mangelnden Empfindlichkeit der Meßmethoden oder an dem Fehlen emotionsspezifischer Reaktionsmuster schlechthin liegt, bleibt eine offene Frage.

Ganz allgemein ist noch folgendes zum körperlichen Anteil emotionalen Geschehens anzumerken: Zwischen physiologischen Indikatoren und sprachlichen Aussagen zum Emotionserleben werden häufig nur geringe Zusammenhänge gefunden. Teilweise mag dies auf die Schwäche der Meß- und Befragungsprozeduren zurückzuführen sein. Es muß jedoch auch angenommen werden, daß die Prozesse dieser verschiedenen Beobachtungsebenen nur lose gekoppelt sind. Dazu kommt, daß die Beteiligung einzelner vegetativer Systeme bei bestimmten Emotionen von einem Individuum zum nächsten durchaus unterschiedlich sein kann („Individualspezifische Reaktionsweise", s. z. B. Foerster & Walschburger 1980). Ebenso ist auch *innerhalb* eines Individuums eine große Variation in der körperlichen Reaktionsbereitschaft anzunehmen. Ähnliches gilt für die sprachliche Mitteilung emotionaler Prozesse. Sowohl zwischen den Individuen als auch intra-individuell dürfte der Umgang mit emotionsbezogenen Wörtern sehr stark schwanken. Hierzu tragen sowohl kulturelle und schichtspezifische als auch situative Faktoren (um nur einige zu nennen) sehr stark bei. Unter diesen Aspekten gesehen, dürfte ein enger Zusammenhang zwischen sprachlichen und körperlichen Indikatoren schon eher als der Ausnahmefall erscheinen.

Mimik (→ *Ausdruckserscheinungen*)

Vieles weist darauf hin, daß der emotionale Gesichtsausdruck eine evolutionäre Basis hat. So finden sich bei einer Reihe von Säugetieren und insbesondere bei

Primaten einzelne mimische Ausdrucksmuster, die dem entsprechenden menschlichen Gesichtsausdruck sehr nahe kommen können (s. dazu z. B. Izard 1977). Auch zwischen verschiedenen Kulturen findet sich eine deutliche Übereinstimmung in der mimischen Äußerung bestimmter Gefühle (z. B. Angst) (→ *Psychobiologische und soziobiologische Ansätze*).
Es steht heute außer Zweifel, daß aufgrund des mimischen Ausdrucks eine Reihe von Emotionen zuverlässig identifizierbar sind. Allerdings ist die Zahl der unterscheidbaren Gefühlszustände begrenzt. Nach Ekman, Friesen und Ellsworth (1972) lassen sich aufgrund des Gesichtsausdrucks die folgenden sieben Emotionen gut unterscheiden: Glück (Vergnügen, Freude), Überraschung, Angst, Traurigkeit, Ärger, Ekel (Verachtung), Interesse (Aufmerksamkeit, Erwartung). Bis zu einem gewissen Grade sind auch Mischungen aus zweien der aufgezählten Emotionen im Gesichtsausdruck erkennbar.
Die *Messung* des Gesichtsausdrucks kann auf verschiedene Weisen geschehen. Eine Möglichkeit ist die elektrische Messung der Muskelaktivität (Elektromyographie) bestimmter Partien des Gesichts. Damit konnte z. B. zwischen depressiven Patienten und Gesunden differenziert werden. Diese Methode dürfte immer dann gut einsetzbar sein, wenn die zu erwartenden Emotionen bekannt sind, was eine gezielte Untersuchung der entsprechenden Muskelgruppen erlaubt. Es hat sich insbesondere gezeigt, daß die elektromyographische Aufzeichnung eine Aktivität von Gesichtsmuskeln zu registrieren vermag, die visuell nur schwach oder überhaupt nicht erkennbar ist. Diese Methode, die erst an ihren Anfängen steht, läßt daher noch vielversprechende Befunde erwarten.
Die *visuelle* Beobachtung der Mimik kann mit verschiedenen Verfahren standardisiert werden. Ekman, Friesen und Tomkins (1971) haben ein System angegeben (FAST, *Facial Affect Scoring Technique*), bei dem das Gesicht in drei Partien aufgeteilt wird (Brauen/Stirn, Augen, Nase/Wangen/Mund/Kinn). Die zu begutachtenden Gesichtspartien werden mit verschiedenen Fotografien der betreffenden Gesichtspartie verglichen, die jeweils einen für bestimmte Emotionen typischen Ausdruck zeigen. Dies wird von verschiedenen Beobachtern durchgeführt und auf numerischem Wege wird dann ein Zahlenwert ermittelt, der für eine bestimmte Emotion kennzeichnend ist. Eine andere Methode (FACS, *Facial Action Coding System,* Ekman & Friesen 1978) geht so vor, daß viele kleinräumige Gesichtsmuskelaktivitäten (z. B. der Augenlider) eingestuft werden und damit eine Beschreibung des Gesichtsausdrucks, die nicht nur auf emotionales mimisches Geschehen beschränkt ist, vorgenommen werden kann. Ein guter Überblick über Gesichtsausdruck und Emotionen findet sich bei Ekman und Oster (1979).
Nichtsprachliche Methoden nehmen in der Emotionsforschung einen zunehmend breiteren Raum ein, was vor allem im Aufkommen neuer Techniken (Video, Telemetrie etc.) und verfeinerter Analysemethoden begründet sein dürfte. Man gewinnt damit vermehrt Zugang zu Ausdrucks- und Erlebnisbereichen, die relativ unabhängig von einer willentlichen Steuerung durch das Individuum sind. Im Gegensatz dazu unterliegt die sprachlich vermittelte Information vielfältigen kognitiven Steuer- und Filterprozessen, bevor sie weitergegeben wird. Die nicht-

sprachlichen Methoden weisen demgemäß Vor- und Nachteile auf: Auf der einen Seite bieten sie einen, in gewisser Weise „direkteren" Zugang zu emotionalem *Geschehen,* wobei die Befunde jedoch sorgfältig und zurückhaltend interpretiert werden müssen. Auf der anderen Seite kann emotionales *Erleben* mit diesen Methoden allein nur sehr unsicher erfaßt werden. Hier sollte man die sprachliche Information möglichst mit einbeziehen, um zu aussagekräftigen Beobachtungen zu kommen (→ *Sprachliche Methoden*).

Literatur

Andreassi, J. L.: Psychophysiology. New York: Oxford University Press 1980.
Averill, J. R.: Autonomic response patterns during sadness and mirth. Psychophysiology 5 (1969), 399–414.
Ax, A. F.: The physiological differentiation between fear and anger in humans. Psychosomatic Medicine 15 (1953), 433–442.
Birbaumer, N. (Hg.): Psychophysiologie der Angst (2. Aufl.). München: Urban & Schwarzenberg 1977.
Black, P.: Physiological correlates of emotion. New York: Academic Press 1970.
Ekman, P. & Friesen, W. V.: The facial action coding system. Palo Alto, Calif.: Consulting Psychologists Press 1978.
Ekman, P., Friesen, W. V. & Ellsworth, P.: Emotion in the human face. Elmsford, N. Y.: Pergamon, 1972 (dt.: Gesichtssprache. Wien: Böhlau 1974).
Ekman, P., Friesen, W. V. & Tomkins, S. S.: Facial affect scoring technique (FAST): A first validity study. Semiotica 3 (1971), 37–38.
Ekman, P. & Oster, H.: Facial expressions of emotion. Annual Review of Psychology 30 (1979), 527–554.
Foerster, F. & Walschburger, P.: Zur Beurteilung individualspezifischer, stimulusspezifischer und motivationsspezifischer Reaktionsmuster im Aktivierungsexperiment. Zeitschrift für experimentelle und angewandte Psychologie 22 (1980), 172–192.
Geer, J. H.: Measurement of genital arousal in human males and females. In: Martin, I. & Venables, P. H. (eds.): Techniques in psychophysiology. Chichester: Wiley 1980, 431–458.
Hess, E. H.: Pupillometrics: A method of studying mental, emotional, and sensory processes. In: Greenfield, N. S. & Sternbach, R. A. (eds.): Handbook of psychophysiology. New York: Holt, Rinehart & Winston, 1972, 491–531.
Izard, C. E.: Human emotions. New York: Plenum 1977 (dt.: Die Emotionen des Menschen. Weinheim: Beltz 1981).
James, W.: What is an emotion? Mind 9 (1884), 188–205.
Lang, P. J.: Language, image, and emotion. In: Pliner, P., Blankstein, K. R. & Spisel, I. M. (eds.): Perception of emotion in self and others. New York: Plenum 1979, 107–117.
Lazarus, R. S.: Emotions and adaptation: Conceptual and empirical relations. In: Arnold, W. J. (ed.): Nebraska symposium on motivation. Lincoln: University of Nebraska Press 1968, 175–270.
Levi, L. (ed.): Emotions. Their parameters and measurement. New York: Raven 1975.
Schachter, S. & Singer, J. E.: Cognitive, social, and physiological determinants of emotional state. Psychological Review 69 (1962), 379–399.
Schandry, R.: Psychophysiologie. München: Urban & Schwarzenberg 1981.
Schwartz, G. E., Weinberger, D. A. & Singer, J. A. Cardiovascular differentiation of happiness, sadness, anger, and fear following imagery and exercise. Psychosomatic Medicine 43 (1981), 343–364.

Rainer Schandry

Teil IV

Physiologie der Emotionen

Limbisches System und Emotionen

Das limbische System spielt neben dem Neokortex, Hypothalamus und vegetativen Nervensystem (→ *Vegetatives Nervensystem und Emotionen*) für die Entstehung emotionalen Verhaltens und Auslösung somatischer Begleiterscheinungen emotionaler Reaktionen eine zentrale Rolle.

Diese phylogenetisch alten, aber hochentwickelten Hirnregionen des limbischen Systems gelten heute als notwendige Voraussetzung für die Ausbildung nicht-homöostatischer Motivationsmechanismen (Sexualität, Flucht und Aggression), Stimmungen, Handlungsbereitschaften und für die Regulation von Lern- und Gedächtnisprozessen. Homöostatische Triebe hingegen (Hunger, Durst, Temperaturerhaltung) zeigen vorwiegend eine Abhängigkeit vom Hypothalamus (Birbaumer 1975, Schmidt & Thews 1983).

Die Ausbildung nicht-homöostatischer Reaktionen und zweckorientierten emotionalen Verhaltens erfordert eine adaptive Integration des körperinternen Milieus mit den wechselnden Umweltbedingungen. Diese Integrationsleistung erfordert extensive afferente und efferente Verbindungen limbischer Strukturen untereinander, zum Hypothalamus, zu motorischen und sensorischen Integrationsstrukturen des Kortex, zu unspezifischen Aktivierungssystemen des Mittelhirns und zur Medulla (Isaacson 1974, Birbaumer 1975). Diese engen reziproken Interaktionen des limbischen Systems mit zahlreichen anderen Gehirnteilen, die erst zum Teil bekannt sind, scheinen die neuronale Basis für die spezifische Arbeitsweise limbischer Strukturen darzustellen (Papez 1937). Für ausgeprägt integrative Funktionen spricht auch die Tatsache, daß Reizungen an einer Stelle sich meist über das ganze System und den übrigen Kortexbereich ausdehnen (Kaada 1951) und lange Nachentladungen beobachtet wurden (Weil 1974).

Anatomie des limbischen Systems

Der Begriff limbischer Kortex stammt von Broca (1878 – „Le grand-lobe limbique") und bezeichnete zunächst nur jene ringförmig (Limbus = Saum) zwischen Hirnstamm, Hypothalamus und Neokortex angeordneten Hirnteile, die in enger Nachbarschaft zum Riechhirn stehen.
Die ersten Arbeiten, die unabhängig voneinander auf zerebrale Mechanismen bei der Entstehung von Emotionen hinweisen, stammen von Herrick (1933), Kleist (1934) und Papez (1937). Papez entwickelte seinen berühmt gewordenen „Neuronenkreis für Emotionen" (Kreislauf der Erregungsmuster: Hippocampus → Fornix → Corpora mamillaria → vordere Thalamuskerne → Gyrus cinguli → Corpus callosum → Hippocampus), Diese neurophysiologischen Vorstellungen betonten erstmals die integrativen Funktionen hypothalamischer und subkortikaler Erregungen.
MacLean (1952) griff die Überlegungen von Papez auf und bezeichnete in Anlehnung an Broca verschiedene kortikale und subkortikale Strukturen als limbisches System. Die wichtigsten Kerngebiete mit ihren Verbindungen sind aus Abb. 1 zu ersehen.

Die Abbildung verdeutlicht die „kreisartig" angeordneten Verbindungen innerhalb dieses Systems („Papez-Kreis").
Die kortikalen Anteile des limbischen Systems lassen sich histologisch gut vom Neokortex abgrenzen, der meist 6 Zellschichten im Gegensatz von 2–3 bzw. 4–5 Schichten des limbischen Systems umfaßt. Das limbische System besteht aus dem Hippocampus (Ammonshorn), Gyrus parahippocampalis, Gyrus cinguli, alten Anteilen des Riechhirns (Bulbus olfactorius), orbitofrontaler und insulärer Kortex und Teilen des temporalen Kortex. Zu den subkortikalen Anteilen gehören Amygdala, Septum, vordere Thalamuskerne und Corpora mamillaria. Hippocampus und Septum sind über das Fornix miteinander verbunden, Amygdala über die Stria terminalis. Die Verbindungen zum Hypothalamus, Mittelhirn und Formatio reticularis sind sehr ausgeprägt. Mit dem Neokortex kommuniziert das limbische System über das Frontalhirn und Temporalhirn. Es bestehen intensive und spezifische Verbindungen zum Frontallappen (vor allem über den Thalamus). Das Frontalhirn gilt aufgrund der anatomischen Verbindungen als wichtigste neokortikale Kontrollinstanz des limbischen Systems (Schmidt & Thews 1983), so daß besonders enge Verknüpfungen zwischen kognitiv-symbolischen Prozessen und Emotionen vermutet werden.
Im folgenden werden am Beispiel einiger klinischer und tierexperimenteller Arbeiten die Funktionen einiger limbischer Strukturen besprochen, bei denen sich relativ gesicherte Ergebnisse abzeichnen.

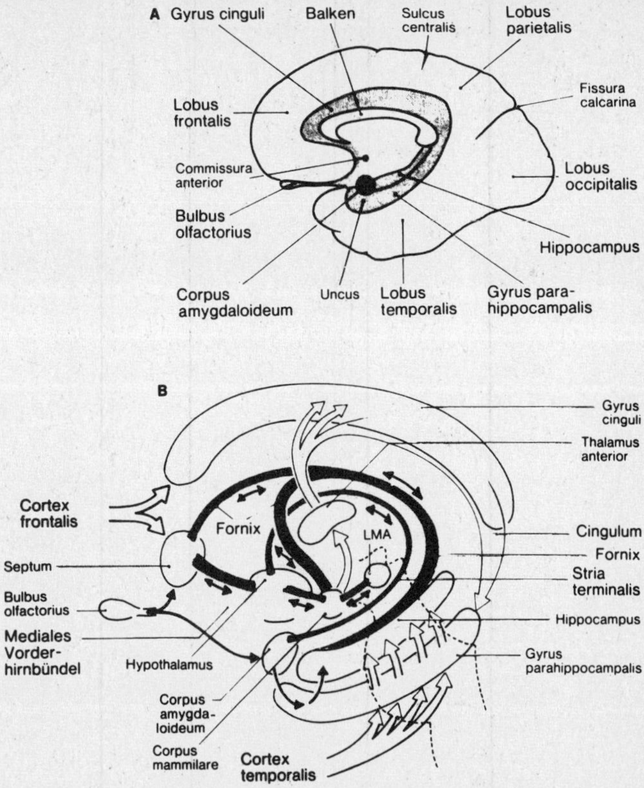

Abb. 1. A- und B-Strukturen des limbischen Systems. A-Saumförmige Anordnung des limbischen Systems. B-Afferente und efferente Verbindungen des limbischen Systems. LMA = limbisches Mittelhirnareal (aus: Schmidt & Thews 1983, S. 149).

Funktionen des limbischen Systems

Die experimentelle Forschung über das limbische System wurde besonders von den bekannten Läsionsstudien von Klüver und Bucy (1939) beeinflußt. In diesen Arbeiten wurde nachgewiesen, daß die Abtragung beider Schläfenlappen einschließlich Amygdala, Hippocampusanteilen und Cortex pyriformis bei Rhesusaffen das sexuelle und nutritive Verhalten sehr intensivierte, emotionale Reaktionen (Furcht und Wut) jedoch stark reduzierte oder ganz verschwinden ließ. Dekortizierte Tiere (Läsionen über dem limbischen System) hingegen wurden extrem zahm und ruhig. Weitere Abtragung limbischer Strukturen (Amygdala oder Cingulum) erzielten eine deutliche Zunahme emotionaler Reaktionen (Bard & Mountcastle 1948). Seit dieser Zeit nahm die klinische und experimentelle Evidenz der Bedeutung des limbischen Systems an der Entstehung von Emotionen zu. Die Beziehungen zwischen den kortikalen Mechanismen, die das emotionale Verhalten steuern, sind allerdings so komplex, die durch Läsionen erzielten Störungen oft so schwer interpretierbar, daß in der Erforschung der Funktionen des limbischen Systems voreilige Funktionslokalisationen häufig wieder revidiert werden mußten.

Amygdala. Der Nucleus amygdala (Mandelkern) hat unterschiedliche bzw. gegensätzliche Einflüsse auf emotionales Verhalten. Elektrische Reizung verschiedener Anteile der Mandelkerne löst bei Katzen und Affen die lebenswichtigen streßbewältigenden Kampf- oder Fluchtreaktionen aus, die von Cannon (1929) als Notfallsreaktion bezeichnet wurden. Dabei lösen Impulszuflüsse vom Amygdala über die Stria terminalis und den Hypothalamus die sympathikoton bedingte Katecholaminausschüttung aus dem Nebennierenmark aus. Abtragung der Mandelkerne bewirkt dementsprechend eine starke Reduktion von Frucht-, Flucht- und Aggressionsverhalten.
Bei Affen bewirkte die Zerstörung der Amygdalae, daß in furchtauslösenden Situationen weder Furcht noch autonome und endokrine Begleitreaktionen auftraten. So verhielten sich amygdalektomierte Affen in Gegenwart von Schlangen nicht furchtsam, berührten sie oder versuchten sie sogar zu fressen (Ganong 1972). Dieselben Affen entwickelten bei Einzelhaltung im Käfig Symptome des klassischen Klüver-Bucy-Syndroms. Dieses Syndrom ist durch folgende Verhaltensauffälligkeiten charakterisiert: psychische Blindheit (Eßbares kann von Nichteßbarem nicht unterschieden werden); ausgeprägtes orales Verhalten (alle Gegenstände werden in den Mund genommen); Hypersexualität; starke Angstminderung (Schmidt & Thews 1983). Amygdalektomierte Affen in Sozialgruppen waren nach der Operation von der Spitze der Hierarchie innerhalb der Affenhorde an das Ende der Rangliste zurückgefallen (Rosvold, Mirsky & Pribram 1954). Die Experimente verdeutlichen das breite Spektrum an Einflußmöglichkeiten der Mandelkerne auf emotionales Verhalten. Aus den Läsionsstudien kann gefolgert werden, daß der Amygdala bei der Ausbildung der Verknüpfung sensorischer Reize mit eigenen affektiven Zuständen wesentlich ist. Diese Koppelung garantiert eine normale soziale Interaktion mit der eigenen Gruppe und mit Fremden, die bei den operierten Affen gestört war (Schmidt & Thews 1983).

Hippocampus. Widersprüchliche Berichte über die Funktion des Hippocampus nach Stimulation oder Läsionen beruhen wahrscheinlich auf der Tatsache, daß er fälschlich als einheitliche anatomische Struktur aufgefaßt wurde. Der Einfluß des Hippocampus auf emotionales Verhalten ist möglicherweise weniger direkt als der des Amygdala.
Eine wesentliche Rolle scheint der Hippocampus beim Lernvorgang zu spielen. Elektrophysiologische Untersuchungen des hippocampalen Theta-Rhythmus bei Tieren in frühen Lernphasen gaben hierbei näheren Aufschluß (Hippocampus-Thetawellen umfassen 4–9 Hz des Frequenzspektrums der elektrischen Spontanaktivität des Hippocampus und sind nicht zu verwechseln mit dem Theta-EEG der

Hirnrinde.). Beim klassischen Konditionieren wurde vermehrt Hippocampus-Theta gefunden, ebenso in frühen Extinktionsphasen (das Nicht-Ausführen von Reaktionen muß ebenfalls behalten werden). Nach Stabilisierung der konditionierten Reaktionen verschwand die Thetaaktivität (Birbaumer 1975). Zu diesen Befunden paßt auch die Beobachtung, daß bei der Orientierungsreaktion simultan zur neokortikalen Desynchronisation hippocampaler Theta auftritt. Routtenberg (1968) vermutet, daß die Thetaaktivität des Hippocampus subkortikale desynchronisierende Strukturen hemmt, wodurch ein Weiterkreisen synchroner elektrischer Aktivität ermöglicht wird. Dieses Weiterkreisen in geschlossenen Neuronenverbänden nach Darbietung von Lernmaterial garantiert dauerhafte Einprägung und damit Konsolidierung. Belohnende Reize synchronisieren die Thetaaktivität, d. h. sie aktivieren die lernfördernde Hippocampustätigkeit. Beidseitige Läsion des Hippocampus erzeugt beim Menschen Lerndefizite, insbesondere Störungen unmittelbaren Behaltens (Milner 1970).

Ein weiterer wesentlicher Einfluß auf motivationales Verhalten kommt wahrscheinlich durch eine Beeinflussung der Hormonhaushalte zustande (→ *Hormone und Emotionen*). Hierbei ist von besonderem Interesse, daß bei der Katze der Hippocampus insbesondere bei längerdauernder Streßeinwirkung über die Hypophysen-Nebennierenrindenachse eine verstärkte Glukokortikoid-Ausschüttung bewirkt, die auf Dauer zur *conservation withdrawal*-Reaktion (Rückzugverhalten) mit Kontrollverlust und Depression führt (Henry & Stephens 1977).

Septum und Fornix. Läsionen im neutralen Teil des Systems bei Ratten und Katzen erzeugten nach Annäherung vorübergehend intensive Wutreaktionen (Hammond & Thomas 1971). Vermeidungsexperimente an Tieren mit Läsionen im Septum zeigen, daß aktives im Gegensatz zu passivem Vermeidungslernen verbessert ist (McCleary 1961).

Von zentraler psychophysiologischer Bedeutung ist, daß sich im Septum „Zentren" für Belohnung und Bestrafung befinden, worauf im folgenden Abschnitt näher eingegangen wird.

In zahlreichen psychopathologischen Studien an Patienten mit Tumoren im Septum- und Fornixbereich werden eher diskrete neurotische Symptome im Sinne eines psychovegetativen Syndroms (verstärkte psychomotorische Erregbarkeit, Apathie, Gedächtnisschwäche) beobachtet, im Gegensatz zu den intensiven „Primitivreaktionen" bei Schädigung der Mandelkerne (Dimond 1980).

Gyrus cinguli

Nach Läsionen bei Ratten und Katzen wurden unterschiedliche emotionale Verhaltensweisen festgestellt, z. B. Abnahme von Furcht und Aggression oder auch Erhöhung der Aggressivität und Zunahme emotionaler Irritierbarkeit. Die Verhaltensänderungen sind allerdings wie bei der Septumschädigung vorübergehend und gehen nach einigen Monaten zurück (Pribram & Fulton 1954).

Defizite im Vermeidungslernen treten bei Läsionen im Gyrus cinguli im Vergleich zum Septum nicht bei Formen passiver Vermeidung (Unterlassung), sondern aktiver Vermeidung auf.
Die antagonistischen Einflüsse von Cingulum und Septum auf emotionales Verhalten und Reagibilität gegenüber Umweltänderungen rühren vermutlich von unterschiedlich lokalisierten Erregungs- und Hemmungsfunktionen her. Bei elektrischer Stimulation im Gyrus cinguli wird die Reaktionsfähigkeit erleichtert, bei Septumreizung gehemmt (Kaada 1951). Läsionen im Cingulum führen zum sog. *freezing*-Effekt (ängstliches Stillhalten). Dieses in zahlreichen Tierexperimenten nachgewiesene Erstarrungsverhalten läßt sich psychophysiologisch als fehlende Habituation der Orientierungs- bzw. Schreckreaktion auf intensive Reize interpretieren. Läsionen im Septum hingegen erzeugten unkontrollierte übersteigerte Reaktionen nach Reizen (Lubar & Perachio 1965).
Weiterführende Tierversuche von Segal (1974) weisen ebenfalls auf die lebenswichtige Schlüsselfunktion von Cingulum und Septum in der Steuerung der Orientierungsreaktion hin. Sie gilt als psychologische und physiologische Basis aller Aufmerksamkeitsprozesse und dient der Integration sozialer mit körperinternen Reizen. Segal stellte fest, daß im Septum und Gyrus cinguli sensorisch evozierte Potentiale mit sehr kurzer Latenz abgeleitet werden. Aufgrund dieser Beobachtung kann vermutet werden, daß beide Strukturen des limbischen Systems die Aufgabe haben, das Ausmaß potentieller Gefahr einzuschätzen, um entsprechende motorische Reaktionen auszulösen. Diese Überlegungen stützen das spekulative neurophysiologische Modell für emotionales Verhalten von Gray (1973), das im letzten Abschnitt dargestellt wird.
Die Bedeutung des Cingulums an der Steuerung affektiver Verhaltensweisen wird auch durch umfangreiche klinische Studien über partiell erfolgreiche stereotaktische Eingriffe im vorderen Gyrus cinguli oder bei Cingulektomie an psychiatrischen Patienten (Zwänge, Phobien, Depression) und chronischen unerträglichen Schmerzzuständen belegt (Dimond 1980).

Verstärkung und limbisches System

Eine wesentliche Erweiterung unserer Kenntnisse über Funktionsweisen des limbischen Systems und seiner Verknüpfung mit vegetativen Zentren des Hypothalamus haben die Selbstreizungsexperimente von Olds und Milner (1954) erbracht. Den amerikanischen Psychologen gelang die experimentelle Bestätigung der bereits von Wundt (1874) postulierten subkortikalen Strukturen für positive Verstärkung und Aversion mit den entsprechenden Verhaltenskorrelaten Annäherung und Vermeidung. Olds und Milner beobachteten bei intrakranieller Selbstreizung in Teilen des limbischen Systems der Ratte, daß die Tiere bis zur völligen Erschöpfung den Hebel zur Selbstreizung betätigten. Diese Art der Stimulation wurde auch bei Hunger, Durst und sexueller Anziehung jedem anderen Reiz vorgezogen.

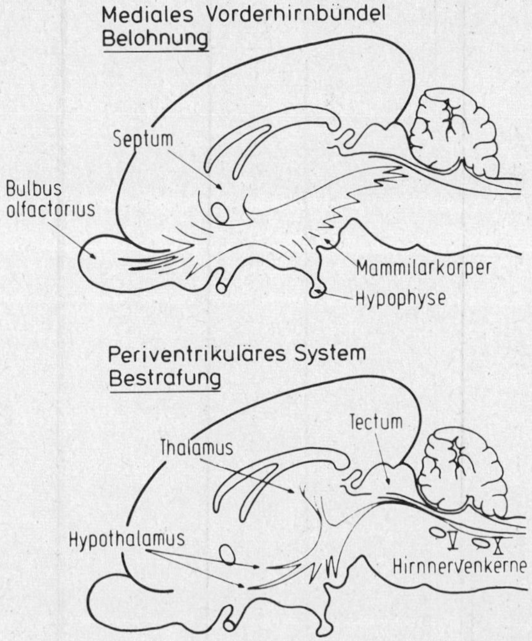

Abb. 2. Ausdehnung des medialen Vorderhirnbündels und des periventrikulären Systems in einem einfachen Säugetierhirn (aus: Birbaumer 1975, S. 191).

Systematische Untersuchungen des Gehirns ergaben, daß diese Reizung primär vom gesamten limbischen System ausgelöst werden kann, insbesondere im Septum und medialen Vorderhirnbündel (s. Abb. 2). Die Reizung tiefer gelegener Strukturen des Mittelhirns, insbesondere die Faserzüge des periventrikulären Systems, erzielte den gegenteiligen Effekt (s. Abb. 2). Olds nannte die beiden Systeme mit positiver und negativer Verstärkung des Verhaltens *pleasure centers* („Zentren der Freude“) und Bestrafungs- oder Aversionsstrukturen.

Beim Menschen wurde eine ähnliche Verteilung der Verstärkungsstrukturen festgestellt. Heath (1972) fand zusätzlich dorsale und posteriore Anteile des Hypothalamus, des limbischen Systems und der Formatio reticularis bestrafend, darüber liegende frontale Anteile belohnend. Im Nucleus amygdala konnte je nach Elektrodenposition extrem positive Erregung oder intensive Unlust ausgelöst werden.

Eine Bestätigung der neuroanatomischen Befunde zu den Belohnungs- und Bestrafungsstrukturen geht aus den neuropharmakologischen Untersuchungen an

Tieren hervor (→ *Hormone und Emotionen*). Längere intensive aversive Reizung führt zur Erregung cholinerg-serotonerger Synapsen im periventrikulären System. Entsprechend den Ergebnissen der Opiatforschung an Ratten und Menschen stellen die Verstärkerstrukturen besonders endorphinreiche Regionen dar. Sie enthalten in hoher Konzentration β-Endorphine und Enkephaline, deren wesentliche Funktionen u. a. in einer Schmerzreduktion und gewissen Euphorisierung beruht, also angenehme, „lustgetönte" Emotionen hervorgerufen werden können (s. Larbig 1982; → *Schmerz;* → *Pharmaka und Emotionen*).

Interaktionelles neuroanatomisches Modell emotionalen Verhaltens

Die bisher dargestellten Einzelbefunde über Funktionsweisen limbischer Strukturen zum emotionalen Verhalten sollen abschließend nach Gray (1973) in einem einfachen spekulativen Schema kurz zusammengefaßt werden.
Zentralnervöse Systeme, die es Tieren und Menschen ermöglichen, Gefahren zu entkommen bzw. durch adäquate emotionale Reaktionen sich ständig wechselnden sozialen Gegebenheiten anzupassen, haben eine elementare Bedeutung für das Überleben. Im Hypothalamus sind eine Reihe lebenswichtiger „homöostatischer" Verhaltensmuster und neurohumorale Regulationen verankert, die durch das limbische System – und übergeordnet durch den Neokortex – ausgelöst oder gehemmt werden.
Gray (1973) nimmt an, daß die wichtigsten limbischen Funktionen und Interaktionen zu verschiedenen Gehirnteilen von drei Systemen beeinflußt werden:

1. Kampf-Flucht-System im Nucleus amygdala und zentralen Grau des Mittelhirns, das aktive Vermeidung und Flucht steuert.
2. Stop-System im septohippocampischen System, das passives Vermeiden steuert.
3. Positives Verstärkungs- und Annäherungssystem im Septum und lateralen Hypothalamus.

Ein Entscheidungsmechanismus, den Gray im ventromedialen Hypothalamus lokalisiert, bestimmt, welches Verhalten auftritt. In Abb. 3 sind wichtige Schaltstellen und anatomische Verbindungen dargestellt.
Das Interaktionsschema in Abb. 3 stellt die Kriterien dar, nach denen der Entscheidungsmechanismus arbeitet. Nach Reizdarbietung kommt es über eine Aktivierung der Formatio reticularis und Hirnrinde zur Orientierungsreaktion. Kommen ablaufende Vergleichsprozesse mit alten Informationen im Hippocampus zu dem Urteil, es handelt sich um bereits bekannte Informationen, erfolgt eine Hemmung von Annäherungs- und Fluchtverhalten über das septohippocampische System. Vermutlich spielt der Frontalkortex als übergeordnete Hemminstanz ebenfalls eine Rolle. Wird die Bedeutung der Reize durch nachfolgende Belohnung oder Bestrafung geändert, so werden über die zuleitenden Erregungsbahnen zum medialen Hypothalamus motorische Koordinationskerne aktiviert. Bei positi-

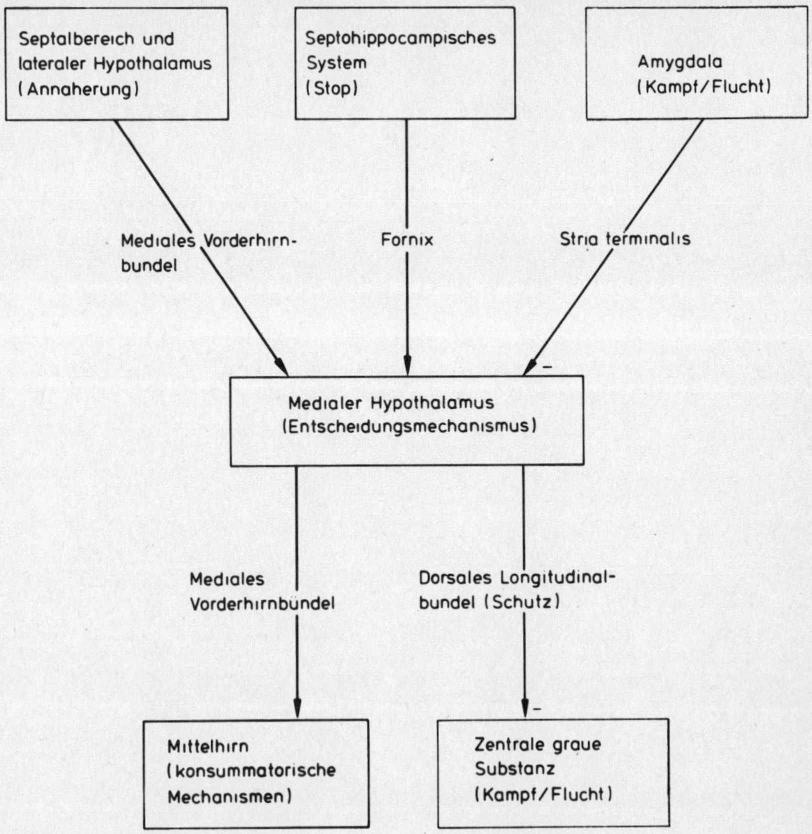

Abb. 3. Blockdiagramm über die möglichen Beziehungen zwischen verschiedenen Gehirnteilen und Annäherungsverhalten, passivem Vermeidungsverhalten („Stop") oder Kampf-Flucht-Verhalten (aus: Gray 1973, S. 126).

ver oder negativer Verstärkung erfolgt Annäherung oder aktive Vermeidung. Strafreize hingegen aktivieren die Amygdala. Über die Stria terminalis wird eine Kampf-Fluchtreaktion ausgelöst.

Literatur

Bard, P. & Mountcastle, V. B.: Some forebrain mechanisms involved in the expression of rage with special reference to suppression of angry behavior. Journal of Nervous and Mental Disease 27 (1948), 362–404.

Birbaumer, N.: Physiologische Psychologie. Heidelberg: Springer 1975.

Broca, B.: Le grand-lobe limbique et la scissure limbique dans la série des mammifères. Revue d'Anthropologie 7 (1878), 385–438.
Cannon, W. B.: Bodily changes in pain, hunger, fear, and rage. New York: Appleton 1929.
Dimond, S. J.: Neuropsychology. London: Butterworths 1980.
Ganong, W. F.: Medizinische Physiologie. Heidelberg: Springer 1972.
Gray, J. A.: Ein konzeptuelles Nervensystem für Vermeidungsverhalten. In: Birbaumer, N. (Hg.): Neuropsychologie der Angst. München: Urban & Schwarzenberg 1973, 103–129.
Hammond, C. R. & Thomas, G. J.: Failure to reactivate the septal syndrome in rats. Physiology and Behavior 6 (1971), 599–601.
Heath, R. G.: Pleasure and brain activity in man. Journal of Nervous and Mental Disease 154 (1972), 3–18.
Henry, J. P & Stephens, P. M.: Stress, health, and the social environment. Heidelberg: Springer 1977.
Herrick, C. J.: Functions of olfactory parts of cerebral cortex. Proceedings of the National Academy of Sciences for the United States of America 19 (1933) 7–14.
Isaacson, R. L.: The limbic system. New York: Plenum Press 1974.
Kaada, B. R.: Somato-motor, autonomic and electrocorticographic responses to electrical stimulation of „rhinencephalic" and other forebrain structures in primates, cat and dog. Acta Physiologica Scandinavica 24, Suppl. 81 (1951), 1–285.
Kleist, L.: Gehirnpathologie. Leipzig: Barth 1934.
Klüver, H. & Bucy, P. C.: Preliminary analysis of functions of the temporal lobe in monkeys. Archives of Neurology and Psychiatry (Chicago) 42 (1939), 979–1000.
Larbig, W.: Schmerz. Grundlagen-Forschung-Therapie. Stuttgart: Kohlhammer 1982.
Lubar, J. F. & Perachio, A. A.: One way and two-way learning and transfer of an active avoidance response in normal and cinguletomized cats. Journal of Comparative and Physiological Psychology 60 (1965), 46–52.
MacLean, P. D.: Some psychiatric implications of physiological studies on fronto-temporal portion of limbic system (visceral brain). Electroencephalography and Clinical Neurophysiology 4 (1952), 407–418.
McCleary, R. A.: Response specificity in the behavioral effects of limbic system lesions in the cat. Journal of Comparative and Physiological Psychology 54 (1961), 605–613.
Milner, P. M.: Physiological Psychology. New York: Holt 1970.
Olds, J. & Milner, P.: Positive reinforcement produced by electrical stimulation of septal area and other regions of rat brain. Journal of Comparative and Physiological Psychology 47 (1954), 419–427.
Papez, J. W.: A proposed mechanism of emotion. Archives of Neurology and Psychiatry 38 (1937), 725–743.
Pribram, K. H. & Fulton, J. F.: An experimental critique of the effects of anterior cingulate ablations in monkey. Brain 77 (1954), 34–44.
Rosvold, E. H., Mirsky, A. F. & Pribram, K. H.: Influence of amygdalectomy on social behavior in monkeys. Journal of Comparative and Physiological Psychology 47 (1954), 173–178.
Routtenberg, A.: The two-arousal hypothesis: Reticular formation and limbic system. Psychological Review 75 (1968), 51–80.
Schmidt, R. F. & Thews, G.: Physiologie des Menschen. Heidelberg: Springer 1981.
Segal, M.: Convergence of sensory input on units in the hippocampal system of the rat. Journal of Comparative and Physiological Psychology 87 (1974), 91–99.
Weil, S. L.: A neurophysiological model of emotional and intentional behavior. Springfield: Thomas 1974.
Wundt, W.: Grundzüge der Physiologischen Psychologie. Leipzig: Engelmann 1874.

Wolfgang Larbig

Vegetatives Nervensystem und Emotionen

Das vegetative Nervensystem (VNS), das die Aktivität des Herzens, der glatten Muskulatur aller Organe und der Drüsen steuert, gehört zu denjenigen physiologischen Teilsystemen, denen eine besondere Bedeutung für Emotionen beigemessen wird. Begründet ist dies zum einen in der Tatsache, daß viele Emotionen mit Veränderungen der Aktivität der vegetativ innervierten Organe einhergehen. Zum anderen sind dafür aber auch theoretische Vorstellungen wesentlich, nämlich die Annahme, daß diese peripheren vegetativen Veränderungen nicht nur Begleiterscheinungen, sondern einen integralen Bestandteil von Emotionen darstellen (Lang 1977). Zwar werden aufgrund des heutigen Stands der Theorienbildung in der physiologisch orientierten Emotionsforschung rein peripher-physiologische Emotionstheorien, wie sie Ende des letzten Jahrhunderts von James und Lange aufgestellt wurden, kaum noch als angemessen angesehen (→ *Psychophysiologische Ansätze*). Die Grundannahme von James und Lange, daß vegetative oder andere peripher-physiologische Reaktionen Emotionen beinflussen können, spielt aber in der gegenwärtigen Emotionspsychologie nach wie vor eine bedeutsame Rolle.

Dies läßt sich nicht nur unter Hinweis auf die Theorienbildung in der emotionspsychologischen Grundlagenforschung, sondern auch unter Hinweis auf die eher anwendungsorientierte klinische Emotionspsychologie belegen. Einige zur Behandlung emotionaler Verhaltensstörungen, vor allem Angst, vorgeschlagene Techniken (z. B. autogenes Training, verschiedene Biofeedbacktechniken) zielen nämlich auf eine Veränderung von Reaktionen des vegetativen Nervensystems und fußen damit auf der Annahme, daß diese Reaktionen zum Entstehen oder zur Aufrechterhaltung emotionaler Zustände beitragen können.

Methodische Ansätze zur Untersuchung der Beziehung zwischen Emotionen und Reaktionen des vegetativen Nervensystems

Zur Untersuchung der Beziehung zwischen Emotionen und Reaktionen des vegetativen Nervensystems können zwei methodische Ansätze unterschieden werden:

1. Induktion emotionaler Variationen und Beobachtung damit einhergehender vegetativer Veränderungen;
2. Induktion vegetativer Variationen und Überprüfung daraus resultierender emotionaler Veränderungen.

Der erste Untersuchungsansatz zielt darauf ab, Emotionen anhand ihrer vegetativen Korrelate zu beschreiben oder sie hinsichtlich Intensität und Qualität voneinander zu differenzieren. Das Anliegen des zweiten Untersuchungsansatzes ist es, die Beeinflußbarkeit (Auslösbarkeit bzw. Modifizierbarkeit) von Emotionen durch vegetative Variationen zu überprüfen.

Die Aussagefähigkeit von Untersuchungen ist bei beiden Ansätzen entscheidend von der Güte der vorhandenen *Meßmethoden* (→ *Methoden der Emotionsforschung*) und der verfügbaren *Induktionsmethoden* abhängig.

Zur *Induktion emotionaler Variationen* kommen bei dem ersten Untersuchungsansatz alle Methoden in Betracht, die auch in anderen Bereichen der Emotionsforschung angewendet werden. Damit steht dieser Untersuchungsansatz auch vor allen Problemen wie die Emotionsforschung im allgemeinen, so der Schwierigkeit, experimentell überhaupt Emotionen auszulösen, der Unmöglichkeit, „reine Emotionen“ zu induzieren oder verschiedene Differenzierungsmerkmale von Emotionen (Intensität, Qualität) unabhängig voneinander zu variieren.
Auch der *Induktion vegetativer Variationen* (Untersuchungsansatz 2) sind enge Grenzen gesetzt. Klassische Methoden der Physiologischen Psychologie (z. B. Läsionen) kommen lediglich für tierexperimentelle Untersuchungen in Betracht. Methoden, die in der Klinischen Psychologie unter therapeutischen Gesichtspunkten verwendet werden (autogenes Training, Biofeedback und andere Entspannungstechniken), sind für die Grundlagenforschung weniger geeignet, weil sie vegetative Reaktionen nur indirekt verändern. Zur direkten und reversiblen Beeinflussung von peripheren vegetativen Reaktionen wurden in der Grundlagenforschung überwiegend Pharmaka verwendet, und zwar vor allem Substanzen mit aktivierenden oder hemmenden Wirkungen auf den sympathischen Teil des VNS (→ *Pharmaka und Emotionen*). Von den Pharmaka mit sympathikus-hemmenden Wirkungen werden insbesondere die sog. Beta-Rezeptorenblocker, die vor allem auf das Herz-Kreislaufsystem erregungsdämpfend wirken, seit ihrer Entwicklung auch in zahlreichen klinischen Untersuchungen auf potentielle emotionale, speziell angstreduzierende Effekte hin überprüft. Bei der Interpretation entsprechender Effekte ist jedoch zu berücksichtigen, daß die meisten VNS-Pharmaka zugleich auf andere physiologische Systeme und dabei auch auf das Zentrale Nervensystem wirken. Demgemäß ist auch bei diesem Untersuchungsansatz eine gewisse Mehrdeutigkeit der Ergebnisse von vornherein in Betracht zu ziehen.

Beziehung zwischen Emotionen und Reaktionen des vegetativen Nervensystems

VNS-Aktivität und Emotionsintensität. Bei den in der Emotionsforschung hauptsächlich untersuchten Emotionen (die weitaus meisten Untersuchungen beziehen sich auf Angst bzw. angstähnliche emotionale Zustände) werden in der Regel vegetative Veränderungen im Sinne einer gesteigerten Sympathikusaktivität beobachtet (z. B. Steigerung der Herzfrequenz, Blutdruckanstieg, vermehrte Schweißdrüsenaktivität u. a.). Diese Veränderungen sind jedoch nicht spezifisch für eine bestimmte Emotionsqualität, etwa Angst. Vegetative Veränderungen im Sinne eines gesteigerten Sympathikustonus treten außer bei Angst auch bei vielen anderen Emotionen (z. B. Ärger, Freude) auf und gelten daher vor allem als Kennzeichen für die Intensität emotionaler Erregung (Frankenhäuser 1975). Dementsprechend wird der Grad sympathischer Erregung (definiert als Ausmaß oder Dauer der Veränderung in einzelnen vegetativen Reaktionsvariablen oder

als Zahl der Variablen, die gleichsinnig verändert sind) auch vielfach als Maß für die induzierte Emotionsstärke benutzt.
Die Beobachtung, daß Emotionen häufig mit vegetativen Veränderungen im Sinne einer gesteigerten Sympathikusaktivität einhergehen, hat bereits früh zur Frage nach der Bedeutung dieser Veränderungen für das Entstehen bzw. die Intensität von Emotionen geführt. Durch diese Frage wurden Untersuchungen angeregt, in denen versucht wurde, einen Zustand erhöhter sympathischer Erregung experimentell herbeizuführen und auf mögliche emotionale Konsequenzen zu überprüfen (zusammenfassend Breggin 1964). Zur Induktion vegetativer Veränderungen wurde in der Mehrzahl dieser Untersuchungen Adrenalin verwendet (→ *Pharmaka und Emotionen*, → *Hormone und Emotionen*), zur Erfassung emotionaler Effekte wurden hauptsächlich verbale Methoden benutzt (→ *Sprachliche Methoden*). In der Mehrzahl dieser Untersuchungen konnte nicht gezeigt werden, daß ein Zustand sympathischer Erregung allein, d. h. bei gesunden Versuchspersonen (Vpn) in einem weitgehend emotionsneutralen Kontext, hinreichend ist, um erlebnismäßige emotionale Reaktionen auszulösen. Sofern die Vpn überhaupt Emotionen berichteten, so eher in dem Sinn, daß sie der Zustand an Gefühle erinnere, nicht jedoch, daß sie diese Gefühle tatsächlich erlebten. Einige dieser frühen und spätere Untersuchungen brachten jedoch Hinweise dafür, daß vegetative Veränderungen dann zum Entstehen bzw. zur Verstärkung von emotionalen Reaktionen führen können, wenn zusätzliche – innere oder äußere – Emotionsreize vorhanden sind.
Dafür, daß vegetative Veränderungen beim Vorhandensein *innerer* Emotionsreize (etwa in Form von Gedanken) zum Entstehen von Emotionen beitragen können, könnten Beobachtungen sprechen, wonach Angstpatienten auf Adrenalin oder andere sympathikusaktivierende Substanzen manchmal mit typischen Angstanfällen reagieren sollen (zusammenfassend Lader & Tyrer 1975).
Die Annahme, daß vegetative Veränderungen beim Vorhandensein *äußerer* Emotionsreize zum Entstehen bzw. zur Intensivierung von Emotionen führen können, wurde vor allem durch die Schachtersche Emotionstheorie und die Untersuchungen von Schachter und Singer (1962) populär. Dabei führt nach Schachter ein Zustand sympathischer Erregung zu denjenigen emotionalen Reaktionen, die aufgrund der jeweiligen situativ-kognitiven Emotionsreize naheliegen. In Übereinstimmung mit dieser Annahme konnte auch in späteren Untersuchungen z. T. gezeigt werden, daß die Induktion sympathischer Erregungssymptome in Abhängigkeit von der *Art* äußerer Emotionsreize zu entsprechend unterschiedlichen, positiven oder negativen Veränderungen des emotionalen Befindens führen kann. In Übereinstimmung mit Schachter's Annahme, daß die Emotionsintensität vom Ausmaß sympathischer Erregung abhängig ist, konnte gezeigt werden, daß sich beim Vorhandensein äußerer Emotionsreize die resultierende Emotionsintensität durch vegetative Variationen *gradweise* beeinflussen läßt (zusammenfassend Erdmann 1983a).
Allerdings ließ sich auch beim Vorhandensein zusätzlicher Emotionsreize ein Einfluß vegetativer Variationen auf die resultierende Emotionsintensität keines-

wegs immer nachweisen (Erdmann 1983 a, b, Schmidt-Atzert 1981). Dabei ist auffallend, daß gerade bei Angst, d. h. derjenigen Emotion, für die eine Beziehung zu vegetativen Erregungssymptomen wohl am eindeutigsten beschrieben wurde, ein Einfluß solcher Symptome auf die resultierende Angstintensität vielfach nicht gezeigt werden konnte. Experimentelle Untersuchungen mit unterschiedlichen Angstsituationen könnten dafür sprechen, daß eine Angstbeeinflussung durch vegetative Variationen nur dann möglich ist, wenn die Angstintensität nicht wesentlich durch die äußeren Reizbedingungen bzw. deren kognitive Bewertung determiniert ist (Erdmann 1983 b, c). Beobachtungen an Angstpatienten weisen darauf hin, daß Veränderungen vegetativer Angstsymptome nur bei bestimmten Patientengruppen zu emotionalen Veränderungen führen, und zwar vorzugsweise bei solchen Patienten, bei denen diese Symptome einen wesentlichen Bestandteil der emotionalen Störung bilden.

Demnach wird die in der Emotionstheorie verbreitete Annahme, daß vegetative Variationen Emotionen beeinflussen können, sowohl durch die Ergebnisse experimenteller Untersuchungen als auch durch Beobachtungen an emotional gestörten Patienten gestützt. Indem ein solcher Einfluß jedoch nur unter *bestimmten* Bedingungen, d. h. in bestimmten Situationen oder bei bestimmten Personen, nachzuweisen ist, stimmen die Ergebnisse zugleich aber auch mit der allgemeinen Annahme überein, wonach das periphere vegetative Nervensystem nur als *ein* physiologisches System zu betrachten ist, das für Emotionen relevant ist.

VNS-Aktivität und Emotionsqualität. Die Frage, ob Reaktionen des vegetativen Nervensystems nur unspezifische Veränderungen der allgemeinen emotionalen Erregung widerspiegeln, oder ob sie darüber hinaus auch zur Kennzeichnung spezifischer Emotionsqualitäten geeignet sein könnten, ist in der Emotionstheorie immer wieder diskutiert worden und dabei bis heute nicht hinreichend geklärt.

Insbesondere in den 50er bis Anfang der 60er Jahre wurden mehrere Untersuchungen berichtet, in denen Unterschiede zwischen den vegetativen Reaktionen bei Angst und Ärger beschrieben wurden (zusammenfassend Frankenhäuser 1975, Martin & Sroufe 1970). Diese Unterschiede wurden mit den Wirkungen der beiden Hormone bzw. Transmitter des sympathischen Systems, Adrenalin und Noradrenalin, in Verbindung gebracht (→ *Hormone und Emotionen*). Angst soll danach durch ein eher adrenalinähnliches, Ärger durch ein eher noradrenalinähnliches Muster sympathischer Erregung gekennzeichnet sein. Mit dieser Hypothese übereinstimmende Unterschiede konnten jedoch in Nachfolgeuntersuchungen z. T. nicht gezeigt werden. Zudem sind auch die früheren Ergebnisse aufgrund methodischer Probleme, insbesondere der fraglichen intensitätsmäßigen Vergleichbarkeit der untersuchten Emotionen, zu Recht umstritten. Dieses kaum lösbare Problem mag zugleich ein Grund dafür sein, warum seit etwa Mitte der 60er Jahre keine Untersuchungen zur Differenzierung verschiedener Emotionsqualitäten anhand vegetativer Reaktionsmuster mehr berichtet worden sind.

In der Emotionstheorie wird die Frage nach der Spezifität vs Unspezifität vegetativer Veränderungen für verschiedene Emotionsqualitäten in engem Zusammenhang mit der Frage nach der Beeinflußbarkeit von Emotionen durch vegetative Variationen diskutiert. Hätte insofern aufgrund der in den 50er Jahren erschienenen Untersuchungsberichte die Frage nach der Bedeutung der darin behaupteten Reaktionsunterschiede für die differentielle Beeinflußbarkeit verschiedener Emotionen, speziell von Angst und Ärger, zumindest nahegelegen, so wurde dieser Frage bis heute noch nicht systematisch nachgegangen. Vielmehr gingen Untersuchungen zur Beeinflußbarkeit emotionaler Reaktionen durch vegetative Variationen im allgemeinen von der Annahme der Unspezifität dieser Veränderungen für verschiedene Emotionen aus. Die Möglichkeit eines spezifischeren Einflusses wurde nur dann in Betracht gezogen, wenn die Untersuchungsergebnisse mit dieser Annahme besser in Einklang standen als mit der Ausgangshypothese. Dies gilt für Untersuchungsergebnisse, die darauf wiesen, daß die Applikation von Adrenalin auch dann mit „Angst" beantwortet wird, wenn angstspezifische Hinweisreize fehlen (Rogers & Deckner 1975) und für Ergebnisse, wonach die Induktion eines adrenalinähnlichen Reaktionsmusters auch unter solchen situativen Bedingungen zu vermehrten Angaben von Angst führen kann, die normalerweise ärgerauslösend wirken (Erdmann & von Lindern 1980). Solche Untersuchungsergebnisse sollten dazu anregen, die Möglichkeit eines spezifischen Einflusses vegetativer Variationen auf die resultierende Emotionsqualität gezielt zu überprüfen: D. h. es sollten unterschiedliche vegetative Reaktionsmuster induziert und auf emotionale Effekte unter entsprechend unterschiedlichen Emotionsbedingungen überprüft werden.

Literatur

Breggin, P. R.: The psychophysiology of anxiety. Journal of Nervous and Mental Disease 139 (1964), 558–568.

Erdmann, G.: Zur Beeinflußbarkeit emotionaler Prozesse durch vegetative Variationen. Weinheim: Beltz 1983 a.

Erdmann, G.: Autonomic drugs as tools in differential psychopharmacology. In: Janke, W. (ed.): Response variability to psychotropic drugs. Oxford: Pergamon Press 1983 b, 275–292.

Erdmann, G.: Experimental-psychologische Untersuchungen zur Angstbeeinflussung durch VNS-Pharmaka. In: Vaitl, D., Janke, W. & Netter, P. (Hg.): Angstbeeinflussung durch peripher und zentral wirksame Stoffe. Weinheim: Beltz 1983 c (im Druck).

Erdmann, G. & von Lindern, B.: The effects of beta-adrenergic stimulation and beta-adrenergic blockade on emotional reactions. Psychophysiology 17 (1980), 332–338.

Frankenhäuser, M.: Experimental approaches to the study of catecholamines and emotions. In: Levi, L. (ed.): Emotions – their parameters and measurement. New York: Raven 1975, 209–234.

Lader, M. & Tyrer, P.: Vegetative system and emotion. In: Levi, L. (ed.): Emotions – their parameters and measurement. New York: Raven 1975, 123–141.

Lang, P. J.: Die Anwendung psychophysiologischer Methoden in der Psychotherapie und Verhaltensmodifikation. In: Birbaumer, N. (Hg): Psychophysiologie der Angst. München: Urban & Schwarzenberg 1977, 15–84.

Martin, B. & Sroufe, L. A.: Anxiety. In: Castello, C. G. (ed.): Symptoms of psychopathology. New York: Wiley 1970, 216–259.
Rogers, R. W. & Deckner, C. W.: Effects of fear appeals and physiological arousal upon emotion, attitudes, and cigarette smoking. Journal of Personality and Social Psychology 32 (1975), 222–230.
Schachter, S. & Singer, J. E.: Cognitive, social, and physiological determinants of emotional state. Psychological Review 69 (1962), 379–399.
Schmidt-Atzert, L.: Emotionspsychologie. Stuttgart: Kohlhammer 1981.

Gisela Erdmann

Hormone und Emotionen

Klinische Beobachtungen zusammen mit der Bestimmung von Hormonen im Blut haben die enge Verknüpfung von somatischen (physiologischen und pathologischen) und von psychischen Phänomenen aufgezeigt. Besonders deutlich wird das bei der Betrachtung psychosomatischer Abläufe, bei denen meist mehrere endokrine Regelkreise nach psychischem Streß betroffen sind, wie die Eiweiß-Hormone der Hirnanhangdrüse (Hypophyse) und die Hormone der Nebennieren (Steroide und Katecholamine). Ebenso treten bei den meisten Erkrankungen der Hormonproduktion auch charakteristische psychische Störungen auf (Voigt & Fehm 1983). Diese psychosomatischen und somatopsychischen Phänomene sind sehr eng verknüpft und erfordern eine mehrdimensionale Betrachtungsweise. Das gilt insbesondere für die Beschreibung des Zusammenhangs von Emotionen und Hormonen.
Es ist bei dem gegenwärtigen Stand der Forschung auf dem Gebiet der Endokrinologie einerseits und bei der anhaltenden Diskussion über das Wesen der Emotionen andererseits (→ *Begriffsbestimmungen;* → *Emotionsdimensionen*) noch nicht möglich, einen Beitrag zu diesem Thema zu liefern, der wichtige Punkte erschöpfend behandeln könnte. Im Gegenteil, das immense Anwachsen unserer neurobiologischen „Faktensammlung“ (Lewin 1982), besonders in der Psychoendokrinologie (Fehm & Voigt 1981), hat immer neue Fragen aufgeworfen. Andererseits scheint es jetzt, besonders durch die Entdeckung der Neuropeptide (s. u.; Liebeskind & Dismukes 1978) erfolgversprechend, sich mit den biochemischen Veränderungen bei Emotionen zu befassen. Vor einigen Jahren wurden unter diesem Thema lediglich die hinlänglich bekannte Sekretionssteigerung der Katecholamine Adrenalin und Noradrenalin und eine methodisch bedingte enge Auswahl von Hormonveränderungen (17-Hydroxysteroide) behandelt (Brady 1970), Vorgänge, die meist in das Thema *Streß* integriert worden sind.
Um einen Einblick in das wissenschaftliche Potential einer multidisziplinären Forschung auf dem Gebiet der Emotion zu bekommen, ist es hier notwendig, einen kurzen Abriß der wichtigsten neurobiologischen Erkenntnisse aus dem

Gebiet der Psychoendokrinologie vorzustellen, die sich mit der Korrelation zwischen psychischen und neuroendokrinen Phänomenen beschäftigt.
Das Nervensystem bedient sich chemischer Signale zur synaptischen Übertragung von Nervenimpulsen. Das geschieht über die Bindung dieser endogenen Substanzen an hochspezifischen Strukturen der Zelloberfläche (Rezeptoren), durch die dann der Effekt ausgelöst wird. Die meisten Psychopharmaka wirken über die Beeinflussung dieser Rezeptor-Bindung. Die bisher bekannten „klassischen" Übertragungsstoffe sind die Neurotransmitter Noradrenalin, Dopamin, GABA, Acetylcholin und Serotonin (→ *Pharmaka und Emotionen*). Die Nervenzellen können jedoch auch andere Signal-Substanzen herstellen: Neuropeptide. Das sind kleine Eiweißstoffe, die ähnlich wie die Neurotransmitter wirken und häufig als Neuromodulatoren bezeichnet werden. Neben der Abgabe der von Nervenzellen produzierten Substanzen in den synaptischen Spalt (Kommunikation im Nervensystem) können sowohl Neuropeptide als auch klassische Transmitter (z. B. Adrenalin, Noradrenalin aus dem Nebennieren-Mark) in das Blut abgegeben werden: Neurosekretion (Kommunikation im humoralen System). Die Entdeckung dieser Neurosekretion durch Ernst und Berta Scharrer (1940) zeigte eindrucksvoll den engen Zusammenhang der beiden Informationssysteme höher entwickelter Organismen: dem Nerven- und dem endokrinen System. Die zahlreichen Entdeckungen der letzten Jahre haben unsere Kenntnisse gerade um die enge Verbindung des klassischen (peripheren) Endokriniums mit dem Nervensystem wesentlich erweitert (Cooper & Martin 1982). Das endokrine System sichert durch eine Vielzahl von spezifischen Hormonen, die in die Zirkulation abgesondert werden, lebenswichtige homöostatische Regulationen wie Ionen- und Volumenkonstanz, Energiebereitstellung, Wachstum, Reproduktion usw.
Die folgende Auflistung der wichtigsten Tatsachen möge aufzeigen, wie komplex schon einfache Regelkreise erscheinen. Dadurch werden weitgehende Interpretationen häufig fragwürdig, vor allem, wenn sie nur den gerade probaten, einen heute noch kleinen, Ausschnitt betrachten, z. B. den Blutspiegel eines Hormones.

1. Die Hormone der Hypophyse, die die klassischen endokrinen Drüsen (Nebennieren, Keimdrüsen) steuern, werden ihrerseits von Neuropeptiden reguliert, die in den Nervenzellen des Hypothalamus gebildet werden. Man nennt sie *releasing* (freisetzende) und *inhibiting* (hemmende) Hormone.
2. Die Sekretion dieser hypothalamischen Peptide steht unter der Kontrolle anderer Neuronen aus verschiedenen Gebieten des ZNS, z. B. des limbischen Systems (→ *Limbisches System und Emotionen*). Veränderungen von ZNS-Neurotransmittern können also über diesen Weg die Hormonsekretion beeinflussen. So führt z. B. die Einnahme von Psychopharmaka bei Schizophrenien (Neuroleptika) über die Hemmung des Transmitters DOPA auch zu einer Stimulation des Hypophysenhormones Prolaktin, das im Blut meßbar ist.
3. Die peripheren Hormone wie Cortisol oder die Sexualsteroide haben auch in Nervenzellen vieler Hirnstrukturen, vor allem im Hypothalamus und im limbischen System, spezifische intrazelluläre Rezeptoren, die offenbar nicht nur im Sinne der negativen Rückkopplung auf die Hormonsekretion wirken, sondern

auch in wichtige ZNS-Prozesse eingreifen. So ist z. B. die sexuelle Prägung bei vielen Säugetieren in bestimmten Phasen der Ontogenese von der Wirkung der Sexualsteroide auf Gebiete des vorderen Hypothalamus abhängig (Ehrhardt & Meyer-Bahlburg 1981).

4. Das periphere Nervensystem, der Vermittler der autonomen vegetativen Veränderungen, die mit jeder Emotion verbunden sind und deren Eigenart wesentlich bestimmen (→ *Vegetatives Nervensystem und Emotionen*), bedient sich nicht nur der Neurotransmitter Noradrenalin oder Acetylcholin, wie bisher angenommen wurde. Es sind eine Reihe von anderen körpereigenen Stoffen entdeckt worden, die zusammen mit den „klassischen" Überträgersubstanzen solche Vorgänge wie Durchblutung, Herzfrequenz, Darmmotilität, Tränenfluß und Schweißsekretion regulieren. Es sind Peptide, die meist zuerst aus dem Magen-Darm-Trakt isoliert worden sind. Sie können auch als Neuropeptide des peripheren Nervensystems zusammen mit einem Transmitter in einer Nervenendigung vorkommen (Burnstock & Hökfeld 1979).
5. Viele Peptide mit der gleichen Struktur wie die aus dem Darm isolierten sind in den letzten Jahren auch im ZNS gefunden worden. Zusammen mit anderen in Neuronen produzierten Peptiden bilden sie die auf ca. 30 angewachsene Gruppe der Neuropeptide (Snyder 1980). Sie haben im ZNS wahrscheinlich ähnliche Funktionen wie die Neurotransmitter. Ihre große Zahl, die dauernd noch anwächst, ihre topographische Lokalisation und die Existenz unterschiedlicher Rezeptorsysteme könnten eine hohe Spezifität für bestimmte Funktionskreise ermöglichen. Hinweise dafür gibt es vor allem bei einigen motivationalen Regelkreisen wie Durst-, Freß- und Sexual-Verhalten sowie bei der Temperaturregulation.

Das Vorkommen gleicher Neuropeptide in der Peripherie und im Gehirn (Darm-Hirn-Achse oder *gut-brain-axis* genannt) ist besonders bemerkenswert, wenn man Phänomene der Emotionen und des motivationalen Verhaltens betrachtet. Die Peptide (Hormone), die in der Peripherie das Flüssigkeitsvolumen und den Blutdruck regulieren (Vasopressin und Angiotensin), sind auch an der zentralen Steuerung des Trinkverhaltens beteiligt. Ein Peptid, das bei der Verdauung im Darm benötigt wird (Cholezystokinin), ist im ZNS wahrscheinlich bei der Regulation der Nahrungsaufnahme wichtig. Die bekanntesten Vertreter der Neuropeptide, die endogenen Opiate (Enkephaline, ß-Endorphine und die Dynorphine), beeinflussen die Darmmotilität und sind auf vielfältige Weise an der zentralen Modulation der Schmerzempfindung und wahrscheinlich auch an anderen motivationalen und emotionalen Prozessen beteiligt (Snyder 1980; → *Schmerz*).

Die weitere Forschung auf dem Gebiet dieser im Darm und Gehirn vorkommenden Peptide könnte vielleicht periphere und zentrale Aspekte von Emotionen sehr viel spezifischer zu bestimmten charakteristischen Mustern zusammenfügen als die bisher möglichen Hormonanalysen. Ebenso deuten die oben angeführten Punkte an, daß bei Verwendung des Terminus *stress* die jeweilige Definition erfolgen sollte, da eine noch nicht überschaubare Interaktion von (z. T. noch nicht bekann-

ten) Regelkreisen, die weit mehr als nur Nebennieren-Mark und Nebennieren-Rinde betreffen, an solchen Prozessen beteiligt sind.
Daher werden im folgenden solche Beispiele eines Zusammenhangs von Hormonen und Emotionen behandelt, die eine spezifische Rolle eines oder mehrerer Hormone für das beschriebene Verhalten wahrscheinlich machen. Es wurden fast ausschließlich Forschungsberichte über Emotionen beim Menschen verwendet, da eine Übertragung von tierexperimentellen Daten gerade beim Thema Emotionen und Hormone zu problematisch erscheint.

Wachstumshormon und Emotional Deprivation

Powell und Mitarbeiter beschrieben 1967 das Syndrom einer körperlichen und psychischen Retardierung bei mangelernährten und stark minderwüchsigen Kindern. Diese Kinder boten das klinische Bild einer Insuffizienz des Hypophysenvorderlappens (Panhypopituitarismus), das Wachstumshormon (STH) war deutlich erniedrigt und bei Funktionstesten nicht ausreichend stimulierbar. Die Kinder hatten bizarre Kombinationen von Verhaltensstörungen mit Polydipsie, Polyphagie, Schlafstörungen, Sprachverlangsamung, Aggressivität und verminderter Schmerzschwelle. Es zeigte sich, daß die Kinder extrem schlechten häuslichen Verhältnissen entstammten und hier häufig mißhandelt worden waren, jedenfalls entbehrten sie der üblichen familiären emotionalen Zuwendung. Die Veränderung dieser psychosozialen Situation bei der Hospitalisierung führte bei allen Fällen zu einer erheblichen sofortigen Wachstumsbeschleunigung, die sich auch durch Normalisierung der Hormonsekretion dokumentieren ließ. Diese Beobachtungen sind inzwischen von einer ganzen Reihe anderer Arbeitsgruppen bestätigt worden, und das Krankheitsbild einer *emotional deprivation* als Ursache für eine schwere Wachstumsstörung hat Eingang in amerikanische Lehrbücher gefunden. (Interessanterweise liegen bisher noch keine entsprechenden Berichte aus Europa vor.)
Dieses Beispiel einer eher spezifischen Störung vorwiegend *eines* Hormons zeigt, daß bei allen Hormonmessungen viele Variablen miteingehen können, die die Aussage eingrenzen: Die Wachstumshormon-Sekretion wird beeinflußt durch verschiedene Neurotransmittersysteme, durch zwei hypothalamische Peptide, durch den Schlaf-Wach-Rhythmus, und sie ist abhängig von der Intaktheit des Limbischen Systems.

Menstruationszyklus und Stimmungen

Seit langem ist bekannt, daß die physiologische Veränderung während eines normalen Ovulationszyklus mit Veränderungen der Stimmung verbunden sind, die man der Wirkung der wechselnden Hormonspiegel zuordnete (Rubin, Rei-

nisch & Haskett 1981). Die sehr starken Schwankungen der verschiedenen Hormone während des Zyklus stellen ein gutes natürliches Experiment dar, um die Korrelation von Sexualhormonen und emotionalem Verhalten zu testen, eine Korrelation, die in älteren Arbeiten häufig gefunden worden ist und die fast zu den sogenannten Alltagserfahrungen zu gehören scheint. Sehr sorgfältige Untersuchungen mit modernen Methoden des Hormonnachweises, die eine exakte Zuordnung zu den einzelnen Zyklusphasen erlaubten, und eine adäquate psychologische Evaluierung bei gesunden jungen Frauen zeigten jedoch keinerlei signifikante Korrelation des Hormonstatus mit emotionalen Verhaltensparametern (Abplanalp, Rose, Donelly & Livingston-Vaughan 1979). Dieses eher überraschende Ergebnis macht deutlich, daß Hormonschwankungen an sich keinen deutlichen Effekt auf die Stimmungslage haben, was auch bei Versuchen mit exogener Gabe dieser Hormone bei Menschen gefunden wurde.
Zusammen mit einer Reihe psychosozialer Faktoren könnten jedoch auch leichtere Hormonstörungen an der Ausbildung einer unangenehmen, negativen Stimmungslage, durch die das sogenannte prämenstruelle Syndrom charakterisiert wird, beteiligt sein (Rubin, Reinisch & Haskett 1981).

Testosteron, Aggression und Rangfolge

Testosteron, das männliche Geschlechtshormon, ist schon seit längerem auch für aggressives und feindseliges Verhalten verantwortlich gemacht worden. Bei vielen verschiedenen Spezies konnte durch Manipulation des männlichen Geschlechtshormons aggressives Verhalten moduliert werden. Die Untersuchungen von zirkulierendem Testosteron beim Mann im Verhältnis zu Parametern seiner Aggressivität oder der Gefühle von Feindschaft sind aber eher widersprüchlich (Rubin et al. 1981): Bei normalen Versuchspersonen ist bisher keine eindeutige Korrelation zwischen diesen aggressiven Zuständen und Testosteron im Plasma gefunden worden. Andere Untersuchungen haben sich mit Testosteron bei Gewaltverbrechern in Gefängnissen beschäftigt. Hier zeigte sich, daß zwischen aktuellen Phasen von Gewalttätigkeit, Aggression und Feindseligkeit und der Menge von Testosteron im Plasma kein direkter Zusammenhang zu sehen war. Jedoch zählten die Gewaltverbrecher, die schon in sehr früher Jugend durch schwere aggressive Kriminalität aufgefallen sind, auch jetzt zu der Gruppe von Gefangenen mit vermehrtem Testosteron (Kreuz & Rose 1972). So scheint es nicht unwahrscheinlich, daß Testosteron bei Populationen, die auf Grund ihrer sozialen Umwelt prädisponiert dafür sind, ein antisoziales Verhalten zu entwickeln, einen zusätzlichen endokrinen Faktor darstellt, der eine Entwicklung in Richtung aggressiver Kriminalität bewirken könnte.
Eine sehr interessante Untersuchung über die Rolle von Testosteron ist von Mazur und Lamb (1980) vorgelegt worden. Diese Studie hat bei normalen männlichen Versuchspersonen, Studenten, die These untersucht, ob zirkulierendes Te-

stosteron ein Ausdruck für die jeweilige Rangordnung, das Glücksgefühl eines Siegers oder die Enttäuschung eines Verlierers sein könnte. Solche Resultate sind bei einer großen Zahl von Untersuchungen mit Primaten gefunden worden. In der einen Gruppe wurden die Probanden, die nach einem sehr langen und kämpferischen Tennisspiel gewannen und hier einen wirklichen Triumph erlebten, mit $ 100 belohnt. Diese Sieger hatten anschließend einen Anstieg von Testosteron im Vergleich zu den Verlierern dieses Matches. In einem zweiten experimentellen Design war der Erfolg lediglich durch ein Lotteriespiel mit dem Gewinn von $ 100 verbunden. Die Gewinner in dieser Anordnung entwickelten gegenüber den Verlierern keine Veränderung ihrer Testosteronmenge. In der dritten Gruppe wurden erhöhte Testosteronwerte nach der Verleihung des Doktorgrades an einem Medical College gemessen. Wenn diese Ergebnisse durch nachfolgende Untersuchungen bestätigt werden könnten, wäre ein enger Zusammenhang zwischen einem Hormon und Emotionen gefunden, in dem Testosteron dann anstiege, wenn das erhebende Gefühl, einen Erfolg errungen zu haben, auf einer tatsächlich erbrachten Leistung beruhte.

Affektive Störungen und Neuroendokrinologie

Wir müssen davon ausgehen, daß bisher keinesfalls ein Zusammenhang zwischen den natürlichen emotionalen Zuständen und bestimmten Hormonspiegeln nachgewiesen ist. Wenn es jedoch zu einer pathologischen Steigerung kommt, durch die Affektstörungen charakterisiert sind, sollte hier die These eines solchen Zusammenhanges besser zu testen sein. Daß exzessive Sekretion bestimmter Hormone oder die Gabe von Hormonen zu einer Veränderung des Affektes bei Patienten führen könnte, ist seit längerem bekannt. Diese Phänomene interessieren jedoch in diesem Rahmen nur am Rande; sie sind von Bleuler (1964) als endokrines Psychosyndrom beschrieben worden. Die Gruppen von Sachar (1975) und Carroll (1976) machten die Entdeckung, daß einige Patienten mit einer „endogenen“ Depression eine deutliche Störung der Regulation der Cortisolsekretion haben können. Diese pathologische Hormonsekretion tritt nur in Phasen einer schweren Depression auf und verschwindet bei erfolgreicher (medikamentöser) Behandlung oder beim Wechsel in eine manische Phase.
Die bisherigen Ergebnisse machen es eher unwahrscheinlich, daß bei den Zuständen von Niedergeschlagenheit und Depression im normalen Leben die Störung der Cortisolsekretion eine wesentliche Rolle spielen könnte, vielleicht weisen jedoch die eindeutigen Ergebnisse bei der Subpopulation von depressiven Patienten darauf hin, daß bei der Entstehung von Traurigkeit und Melancholie solche Regelkreise betroffen sind, die auch für die normale Sekretion des Hormons Cortisol wichtig sind. Jedenfalls ist die beschriebene Cortisolregulationsstörung bei Depression nicht etwa nur ein Ausdruck der Streßbelastung dieser Patienten.

Neuroendokrinologie und „Psychogener Streß"

Es ist üblich, beim Zusammenhang von Emotion und Hormonsekretion fast ausschließlich die Berichte über den sogenannten psychogenen Streß zu berücksichtigen Brady 1970, Mason 1968). Streß und Emotion werden sogar nicht selten synonym benutzt (Edholm 1978). Die Steigerung der Ausschüttung der Nebennierenhormone Cortisol und Adrenalin ist jedoch nur Ausdruck einer unspezifischen (emotionalen?) Erregung und stellt nur *einen* Aspekt der Reaktion des Organismus dar. Um Korrelationen zu spezifischen emotionalen Zuständen zu erhalten, wären aber subtile psychologische Definitionen und die Messung einer ganzen Palette verschiedener physiologischer Parameter notwendig. Es liegen jedoch nur vereinzelte Arbeiten vor, die einem solchen Ansatz folgen. Bei diesen Untersuchungen zeigten sich einige interessante Aspekte:

a) Die Reaktionen auf einen psychischen Streß hatten eine sehr große individuelle Schwankung (Mason 1968, Yuwiler 1971).

b) Es gibt deutliche Unterschiede zwischen den Hormonveränderungen als Reaktion auf eine Streß-Situation (meist wurden Cortisol, Wachstumshormon und Prolaktin bestimmt). So war die Prolaktin-Sekretion vor chirurgischen Eingriffen, bei komplizierten Aufgaben oder nach Kohabitation (Noel, Suh, Stone & Frantz 1972) meist unterschiedlich zur Ausschüttung des Wachstumshormons. Nach der Betrachtung von Testfilmen erotischen und aggressiven Inhalts war nur Cortisol im Blut erhöht, nicht jedoch Wachstumshormon.

c) Es scheint möglich, daß die differenten Hormonveränderungen auf eine Streß-Situation auch psychologische Korrelate haben könnten. So waren die psychologischen Dimensionen Ängstlichkeit, Zugewandtheit und Depression (Greene, Canron, Schalch & Schreiner 1970) oder bestimmte Neuroseformen korreliert mit unterschiedlichen Hormonmustern als Reaktion auf definierte Streß-Situationen.

Diese Beispiele mögen zeigen, daß die Anwendung des Begriffes Streß sorgfältig erfolgen sollte, da keinesfalls nur eine uniforme Reaktion des Organismus auf unterschiedliche Belastungen zu erwarten ist (→ *Streß*).

In dieser kurzen Darstellung konnte nicht darauf eingegangen werden, wie Hormone bei der Realisierung von emotionalen Reaktionen beteiligt sein könnten, sondern es sollte untersucht werden, ob es für bestimmte Dimensionen der Emotion eine spezifische Bedeutung von Hormonen und Neuropeptiden geben könnte. Es ist damit zu rechnen, daß neue Forschungsergebnisse über die Funktionen von Neuropeptiden in der Körperperipherie und im ZNS auch der Emotionsforschung wichtige Impulse geben könnten.

Literatur

Abplanalp, J. M., Rose, R. M., Donelly, A. F. & Livingston-Vaughan, L.: Psychoendocrinology of the menstrual cycle: II. The relationship between enjoyment of activities, moods, and reproductive hormones. Psychosomatic Medicine 41 (1979), 605–615.

Bleuer, R.: Endokrinologische Psychiatrie. In: Gruhle, H. W., Jung, R., Mayer-Groß, W. & Müller, M. (Hg.): Psychiatrie der Gegenwart I/1B, Berlin: Springer 1964, 161.

Brady, J. V.: Endocrine and autonomic correlates of emotion. In: Black, P. (ed.): Physiological correlates of emotion. New York: Academic Press 1970, 95–129.

Burnstock, G. & Hökfeld, T. (eds.): Non-adrenergic, non-cholinergic autonomic transmission mechanism. Neurosciences Research Program Bulletin 3 (1979), 17.

Carroll, B. J., Curtis, G. C. & Mendes, J.: Neuroendocrine regulation in depression. I. Limbic system-adrenocortical dysfunction. Archives of General Psychiatry 33 (1976), 1039–1044.

Cooper, P. E. & Martin, J. B.: Neuroendocrinology and brain peptides. Trends in Neurosciences 5 (1982), 186–189.

Edholm, O. C.: Emotion and stress. In: Assemacher, J. & Farner, D. S. (eds.): Environmental endocrinology. Berlin: Springer 1978, 2–6.

Ehrhardt, A. A. & Meyer-Bahlburg, H. F. L.: Effects of prenatal sex hormones on gender-related behavior. Science 211 (1981), 1312–1317.

Fehm, H. L. & Voigt, K. H.: Psychoneuroendokrinologie. In: Uexküll, Th. von (Hg.): Lehrbuch der Psychosomatischen Medizin, München: Urban & Schwarzenberg 1981, 149–169.

Greene, W. A., Conron, G., Schalch, D. S. & Schreiner, B. F.: Psychologic correlates of growth hormone and adrenal secretory responses of patients undergoing cardiac characterization. Psychosomatic Medicine 32 (1970), 599–614.

Kreuz, L. E. & Rose, R. M.: Assessment of aggressive behavior and plasma testosterone in a young criminal population. Psychosomatic Medicine 34 (1972), 321.

Lewin, R.: Neuroscientists looking for theories. Science 216 (1982), 507.

Liebeskind, J. C. & Dismukes, R. K. (eds.): Peptides and behavior: A critical analysis of research strategies. Neuroscience Research Program Bulletin 4 (1978), 16.

Mason, J. W.: Organisation of psycho-endocrine mechanisms. In: Greenfield, N. S., & Sternbach, R. S. (eds.): Handbook of Psychophysiology. New York: Holt, Rinehart & Winston 1972, 3–124.

Mazur, A. & Lamb, Th. A.: Testosterone, status, and mood in human males. Hormones and Behavior 14 (1980), 236–246.

Noel, G. L., Suh, H. K., Stone, J. G. & Frantz, A. G.: Human prolactin and growth hormone during surgery and other conditions of stress. Journal of Land Clinical Endocrinology Metabolism 35 (1972), 840–851.

Powell, G. F., Brasel, J. A. & Blizzard, R. M.: Emotional deprivation and growth retardation simulating idiopathic hypopituitarism. New England Jornal of Medicine 276 (1967), 1271–1283.

Rubin, R. T., Reinisch, J. M. & Haskett, R. F.: Postnatal gonadal steroid effects on human behavior. Science 211 (1981), 1318–1324.

Sachar, E. J.: Neuroendocrine abnormalities in depressive illness. In: Sachar, E. J., (ed.): Topics in psychoendocrinology. New York: Grune & Stratton 1975, 135–156.

Scharrer, E. & Scharrer, B.: Secretory cells within the hypothalamus. In: The Hypothalamus, Vol. XX. New York: Hafner 1940, 170.

Snyder, S. H.: Brain peptides as neurotransmitters. Science 209 (1980), 976–983.

Voigt, K. H. & Fehm, H. L.: Psychoendokrinologie. Internistische Welt (1983), 130–136.

Yuwiler, A.: Stress. In: Lajtha, A. (ed.).: Handbook of Neurochemistry, Vol. 6. New York: Plenum Press 1971, 103–192.

Karl-Heinz Voigt und *Horst L. Fehm*

Pharmaka und Emotionen

Bedeutung der Beeinflußbarkeit von Emotionen durch Pharmaka

Praktische Bedeutung. Daß emotionale Vorgänge durch chemische Stoffe beeinflußt werden, hat nicht nur Bedeutung für die Erforschung der Beziehung zwischen Aktivität des Nervensystems und psychischen Vorgängen, sondern ist auch von höchster praktischer Relevanz. Das bedeutendste Problem ist sicher die Abhängigkeit. Bestimmte Stoffe, so etwa Alkohol, verändern emotionale Vorgänge offenbar in einer solchen Weise, daß sie unter Umständen in der Zukunft „gesucht" oder „vermieden" werden. Die Abhängigkeit äußert sich vor allem darin, daß ohne die betreffenden Stoffe das körperliche und seelische Gleichgewicht gestört ist. Ein wesentlicher Schlüssel für das Entstehen der Abhängigkeit sind die emotionalen Wirkungen eines Stoffes. Diese sind auch für eine Reihe weiterer „Alltagsprobleme" von großer Bedeutung, z. B. für die folgend genannten:

1. *Verhalten im Straßenverkehr:* Emotionale Wirkungen können die Fahrtüchtigkeit beeinträchtigen. So etwa kann eine alkoholbedingte Stimmungssteigerung oder eine durch Ovulationshemmer („Antibabypille") bewirkte Stimmungsverschlechterung das Fahrverhalten stören.
2. *Straffälliges Verhalten:* Einige Substanzen vermindern die Hemmschwellen für aggressive Handlungen. Zum Beispiel können nach Alkoholgenuß oder nach Behandlung mit männlichen Keimdrüsenhormonen aggressive Handlungen bei vorhandenen Umweltbedingungen beobachtet werden.
3. *Therapie emotionaler Störungen:* Die wichtigsten emotional wirksamen Stoffe werden als sog. Psychopharmaka im Rahmen der Pharmakotherapie psychischer Störungen eingesetzt. Die Hauptwirkungen hierbei sind emotionale und motivationale.

Bedeutung von Pharmaka für die Emotionsforschung. Seit Jahrzehnten wird die Frage diskutiert, wie weit und in welcher Weise (im Erleben feststellbare) Emotionen mit körperlichen, d. h. physiologischen und biochemischen Vorgängen verknüpft sind. „Verknüpft" bedeutet dabei, daß die körperlichen Vorgänge den erlebnismäßigen vorausgehen, ihnen folgen oder sie begleiten. Die physiologischen und biochemischen Systeme, die augenfällig mit dem emotionalen Geschehen „verknüpft" sind, sind vor allem das *vegetative Nervensystem* (VNS) (→ *Vegetatives Nervensystem und Emotionen*), das *zentrale Nervensystem* (ZNS) (→ *Limbisches System und Emotionen*) und das *Hormonsystem* (→ *Hormone und Emotionen*).

Die Erregungs- und Hemmungsprozesse im ZNS und VNS werden gesteuert von neurochemischen Vorgängen, besonders an den Synapsen. Die an den Synapsen wirksamen Neurotransmitter sind entscheidend für das emotionale Geschehen.

Zugleich sind sie diejenigen neurochemischen Systeme, die für den Wirkungsansatz von Pharmaka verantwortlich gemacht werden. Die Verabreichung von Pharmaka stellt eine gute Methode dar, die Verknüpfungen von physiologischen, biochemischen und emotionalen Vorgängen zu untersuchen. Sie werden von einigen Autoren als erstrangige Forschungswerkzeuge bezeichnet, weil sie es ermöglichen, physiologische und biochemische Vorgänge in dosierbarer Weise („Quantifizierbarkeit") vorübergehend („Reversibilität") spezifisch („Selektivität" oder „Spezifität") zu verändern. Besonders Reversibilität und Quantifizierbarkeit zeichnen Pharmaka als Forschungswerkzeuge gegenüber anderen Methoden, z. B. Ausschaltungsversuche von Hirnstrukturen, aus. Die Selektivität der Beeinflussung ist jedoch fraglich, da die meisten Pharmaka wesentlich breitere Wirkungen haben als früher angenommen (Pharmakopsychologie vgl. Debus & Janke 1978, Spiegel & Aebi 1981). Trotz dieser Einschränkung ist es jedoch mit Hilfe von Pharmaka besser als mit anderen Methoden möglich, körperliche Vorgänge spezifisch zu beeinflussen. Vor allem in Humanuntersuchungen ist eine Pharmakonverabreichung oft die einzig praktikable oder ethisch vertretbare Methode. Es ist zu erwarten, daß in Zukunft immer mehr selektiv wirkende Stoffe entwickelt werden.

Arten von chemischen Stoffen, die Emotionen verändern

Eine große Anzahl von Stoffen, die aufgrund ihrer pharmakologischen und klinischen Wirkungen zu den unterschiedlichsten Klassen gehören, beeinflußt emotionale Vorgänge. Tab. 1 gibt eine Übersicht.

In pharmakopsychologischen Untersuchungen zeigt sich immer wieder, daß die „klassischen" *Psychopharmaka* – Tranquillantien, Sedativa-Hypnotika, Neuroleptika, Antidepressiva, Stimulantien, Psychotomimetika – emotionale Wirkungen aufweisen, die oft klarer in Erscheinung treten als ihre Wirkungen auf Ergebnisse in Leistungstests. Besonders eindeutig sind die emotionalen Wirkungen von *Tranquillantien.* Diese Psychopharmaka zielen darauf ab, emotionale Spannung und Angst zu mindern, weshalb sie bei Angstzuständen von neurotischen und psychosomatischen Patienten verwendet werden (zusammenfassend Janke & Netter 1983, Rickels 1978, Spiegel & Aebi 1981). *Neuroleptika* und *Antidepressiva* entfalten ihre spezifischen emotionalen Wirkungen in der Regel nur bei psychisch gestörten Patienten, so Neuroleptika bei Schizophrenen und Antidepressiva bei Depressiven.

Die Gruppe der *zentralwirksamen Analgetika* verändert das Schmerzerleben, indem die Schmerzwahrnehmung und das Schmerzgefühl beeinflußt werden. Diese beiden Wirkungsqualitäten sind nur schwer trennbar.

Neben Psychopharmaka ist die Gruppe der *vegetativ und muskulär wirkenden Pharmaka* von besonderer Bedeutung. Sie verstärken oder schwächen die Intensität emotionaler Vorgänge bestimmter Personen unter bestimmten Bedingungen. Die sogenannten β-Rezeptorenblocker werden gegenwärtig häufig bei der Thera-

Tabelle 1. Chemische Stoffe, die emotionale Vorgänge beeinflussen, und deren mögliche zentrale und periphere Wirkungsmechanismen.

Präparatgruppe	Beispiele für Präparate	Induzierte Emotion	Zentrales Nervensystem neurochemisch	Zentrales Nervensystem neurophysiologisch	Periphere Mechanismen
Psychopharmaka					
Tranquillantien	Diazepam (Valium[R])	Emotionale Entspannung, Angsthemmung	GABA-Verstärkung	Dämpfung von Erregung im limbischen System	Muskelentspannung
Sedativa/Hypnotika	Alkohol, Schlafmittel			Dämpfung von Erregung im ZNS	
Zentrale Analgetika	Morphium	Schmerzhemmung, allgemeines Wohlbefinden	Beeinflussung von Endorphinen	Dämpfung von Erregung in Schmerzleitungssystemen	
Neuroleptika	Haloperidol (Haldol[R])	Angsthemmung (bei Schizophrenien), Erregtheitshemmung	Hemmung von Dopaminverfügbarkeit	Dämpfung von Aktivierungssystemen (Formatio reticularis)	
Antidepressiva	Imipramin (Tofranil[R])	Stimmungsaufhellung (bei Depressiven)	Erhöhung der Verfügbarkeit von Noradrenalin oder Serotonin	Dämpfung und/oder Erregung von ZNS-Strukturen	
Stimulantien	Methamphetamin (Pervitin[R]) Kokain Nikotin	Allgemeines Wohlbefinden bei niedrigen, Mißstimmung bei hohen Dosen	Erhöhung oder Erniedrigung der Verfügbarkeit von Noradrenalin	Erregung von Aktivierungssystemen	
Psychotomimetika (Halluzinogene)	LSD Meskalin	Positive oder negative Emotion je nach Person und Situation	Serotonin-Beeinflussung	Enthemmung und/oder Erregung im ZNS	Sympathische Erregung

Vegetative Pharmaka					
vegetative Pharmaka: sympathikus-aktivierende	β-aktivierende Stoffe wie Orciprenalin (Alupent[R])	Angstverstärkung			Verstärkung vegetativer Vorgänge
vegetative Pharmaka: symphatikus-hemmende	β-Blocker wie Oxprenolol (Trasicor[R])	Angsthemmung bei Angspatienten und bei Vorliegen äußerer Hinweisreize bei Gesunden			Hemmung vegetativer Vorgänge, die emotionale Prozesse verstärken können
Muskuläre Pharmaka (Myopharmaka)					
Muskuläre Stoffe (Myopharmaka)	Carisoprodol (Sanoma[R])	Emotionale Entspannung	GABA-Verstärkung		Hemmung von Muskelspannung
Neurotrop wirkende Umweltstoffe					
Schwermetalle	Blei, Cadmium	Innere Erregtheit, Mißstimmung			Sympathische Erregung
Hormone					
Schilddrüsenhormone	Thyroxin	Innere Erregtheit, verstärkte emotionale Reagibilität	Noradrenalinverstärkung	Erregung oder Hemmung des ZNS (dosisabhängig	Sympathische Erregung
Keimdrüsenhormone					
– männliche	Testosteron	Allgemeines Wohlbefinden, Aggressivität bei bestimmten Personen	Noradrenalinverstärkung		Sympathische Erregung
– weibliche	Östrogene				
Nebennierenrindenhormone	Cortison	Allgemeine Erregung, Angst oder Ärger bei äußeren Hinweisreizen	Noradrenalinverstärkung		Sympathische Erregung
Nebennierenmarkhormone	Adrenalin	Allgemeine Erregtheit, Angst bei äußeren Hinweisreizen	Noradrenalinverstärkung		Sympathische Erregung

pie von Angstzuständen eingesetzt. Besonders solche Angstzustände, die mit starken vegetativen Beschwerden (z. B. Herzjagen) verbunden sind, sollen günstig beeinflußt werden.
Die *muskulär* wirkenden Stoffe können unter bestimmten Bedingungen emotionale Vorgänge bestimmter Personen, etwa ängstlicher, abschwächen, indem sie die Muskelspannung erniedrigen. Sie werden therapeutisch aber kaum eingesetzt. Viele Tranquillantien haben jedoch muskelentspannende Wirkungen (vgl. Tab. 1).
Eine große praktische Bedeutung, die bislang noch nicht voll erkannt worden ist, haben *Umweltstoffe,* die das Nervensystem beeinflussen. Diese „neurotropen" Stoffe – angeführte Beispiele sind die Schwermetalle Blei und Cadmium – können zu verschiedenen Auswirkungen in der emotionalen Befindlichkeit führen. Hierzu sind jedoch bislang kaum empirische Untersuchungen durchgeführt worden.
Die vorliegenden Untersuchungen befassen sich überwiegend mit somatischen Wirkungen. Diese aber zeigen klar, daß das zentrale Nervensystem durch zahlreiche anorganische und organische Stoffe der technischen Umwelt, denen wir täglich ausgesetzt sind, vorübergehend oder dauerhaft stark beeinflußt wird. Als Folgen treten Veränderungen der allgemeinen Aktiviertheit (Über- oder Unteraktivität) und der Stimmungslage (negative Stimmung, Stimmungsschwankungen, gereizte und/oder ängstliche Stimmung) auf. Die besondere Gefährlichkeit derartiger Stoffe liegt darin, daß sie in den in der Umwelt vorliegenden Stärken (Dosierungen) nicht sofort, sondern erst langsam, u. U. nach Wochen, Monaten oder Jahren, nachweisbar sind. Der Umweltpsychologie stellt sich die Aufgabe, empfindliche Nachweismethoden zu entwickeln. Die Stoffe, die besonderes Interesse verdienen, sind Arsen (in Wein und Tabak durch Pflanzenschutzmittel), Blei (in Luft durch Benzin und Auto), Cadmium (durch Wasser und Nahrung), Quecksilber (Wasser), SO_2 (Luft), Antibiotika (Nahrung), Benzol (Luft), Insektenvernichtungsmittel (sog. Insektizide), Pflanzenschutzmittel (sog. Herbizide). Von psychologischer Seite relativ gut untersucht ist bislang nur Blei (vor allem durch Winnecke 1981, Winnecke et al. 1982)
Die letzte in Tab. 1 aufgeführte Stoffgruppe sind die *Hormone,* die heute auch als Pharmaka „therapeutisch" verabreicht werden. Große praktische Bedeutung haben Ovulationshemmer und Nebennierenrindenhormone (z. B. Cortison bei Entzündungen).

Physiologische und biochemische Grundlagen der Beeinflussung von Emotionen durch Pharmaka

Die Beeinflußbarkeit von Emotionen durch Pharmaka wird aus deren Angriffsorten und Wirkungsmechanismen sowie aus den neurophysiologischen und neurochemischen Substraten von Emotionen verständlich.
Psychopharmaka, die Emotionen beeinflussen, haben, wie in neurophysiologi-

schen Untersuchungen nachgewiesen wurde, ihre Angriffsorte in Hirnstrukturen, so im limbischen System und im Zwischenhirn (Hypothalamus und Thalamus), die für emotionales Geschehen eine Bedeutung haben. Hinzu kommt das retikulo-kortikale Aktivierungssystem mit der Formatio reticularis und dem Kortex (Hirnrinde) als anatomischem Substrat. Während limbisches System und Zwischenhirn von größter Bedeutung für die emotionale Qualität sind, hat die Formatio reticularis vor allem eine Bedeutung für die Intensität der Emotionen, d. h. den Grad der Aktiviertheit, der mit ihr verbunden ist (→ *Limbisches System und Emotionen*)

Die verschiedenen chemischen Stoffe beeinflussen die Aktivität in den Neuronen der angeführten Systeme. So beeinflussen Tranquillantien vorwiegend das limbische System. Stimulantien, Sedativa und Hypnotika (Schlafmittel) wirken vorwiegend auf das retikulo-kortikale System, Neuroleptika beeinflussen beide Systeme. Die Wirkungen zentraler Analgetika im ZNS sind sehr vielfältig. Die Hemmung von Schmerzgefühl beruht wahrscheinlich auf Wirkungen in Nervenbahnen vom Thalamus zum Cortex (thalamokortikale Bahnen) (→ *Schmerz*).

Neben zentralnervösen Wirkungsmechanismen spielen Wirkungen auf das vegetative Nervensystem und das muskuläre System eine Rolle. So entfalten symphatikusaktivierende und sympathikusdämpfende Stoffe ihren emotionalen Effekt, indem sie vegetative „Korrelate" von Emotionen, wie Herzklopfen, verstärken oder vermindern (vgl. Erdmann 1983a, b). Tranquillantien haben meist auch einen Einfluß auf die Muskelspannung. Insofern entfalten sie ihren Einfluß sowohl über zentralnervöse als auch periphere Mechanismen. Auch andere Substanzen wirken über mehrere Mechanismen.

Die bislang vorliegenden Untersuchungen machen deutlich, daß periphere körperliche Vorgänge – also Veränderungen vegetativ gesteuerter Organe (Herz, Muskeln, Drüsen) und der Skelettmuskulatur – nicht ausreichen, um die Entstehung, Aufrechterhaltung und das Verschwinden von Emotionen zu erklären. Offen ist vor allem, in welchen Anteilen periphere Veränderungen die *Intensität* und die *Qualität* von Emotionen widerspiegeln (können).

Mehr noch als die *neurophysiologische* macht die *neurochemische* Betrachtungsweise emotionale Wirkungen chemischer Stoffe verständlich. Alle Stoffe mit emotionalen Wirkungen beeinflussen nämlich die Verfügbarkeit und/oder die Aktivität von Substanzen, die im Nervensystem gebildet werden und dort für das Erregungs-/Hemmungsverhältnis der Nervenzellen und die Leistung von Impulsen von Nervenzelle zu Nervenzelle verantwortlich sind. Diese als *Neurotransmitter* und *Neuromodulatoren* bezeichneten Stoffe stehen im Mittelpunkt der neurochemisch orientierten Emotionsforschung. Diese steht ganz am Anfang ihrer Arbeit, weil mehrere „Neuro-Stoffe" erst in den letzten Jahren entdeckt wurden oder erst vor kurzem die notwendigen Nachweismethoden entwickelt wurden. Die vorliegende Forschung hat aber bereits zeigen können, daß Störungen der Funktion von Neurotransmittern und Neuromodulatoren zu emotionalen Störungen führen können, die durch Pharmaka verstärkt oder gehemmt werden können. Tab. 2 bringt eine Übersicht über vermutete oder nachgewiesene Beziehungen

Tabelle 2. „Neurostoffe“ – ihre Beziehungen zu emotionalen Prozessen und emotionalen Störungen sowie ihre Beeinflußbarkeit durch Pharmaka.

Neurotransmitter oder Neuromodulator	Erhöhung (Überhöhung)	Erniedrigung (Defizit)
Noradrenalin	E: Gute Stimmung, verstärkende Wirkung positiver Reize S: Erregtheit, Manie P: Antidepressiva, zentrale Stimulantien	E: Traurigkeit, keine verstärkende Wirkung positiver Reize S: Depression P: Antidepressiva (z. B. α-Methyltyrosin)
Dopamin	E: ? S: Schizophrenie P: l-Dopa	E: ? S: Reduktion psychotischen Erlebens P: Neuroleptika
Serotonin	E: Normalschlaf, normale Stimmung S: Schlaftrieb P: 5-Hydroxytryptophan, Antidepressiva	E: Schlafstörung, Depression S: Schlaflosigkeit P: p-Chlorphenylalanin
Acetycholin	E: Vermeidungsverhalten S: ? P: Cholinerge Stoffe (z. B. Physostigmin)	E: Verstärktes Vermeidungsverhalten S: ? P: Anticholinergika (z. B. Atropin)
Neuropeptide		
z. B. *Endorphine*	E: Schmerzschwellenerniedrigung, „Lustgefühle“ S: Schizophrenie (?) P: zentrale Analgetika (z. B. Morphium)	E: Schmerzsensibilitätserhöhung S: ? P: Opiat-Antagonisten (z. B. Naloxon)
Adrenokortikotropes Hormon (ACTH)	E: Angst-, Furchtverstärkung (Verzögerung der Löschung) S: ? P: Adrenalin, zentrale Stimulantien	E: Erniedrigte Angst und Furcht S: ? P: ?
Gammaaminobuttersäure (GABA)	E: Emotionale Entspannung S: ? P: Tranquillantien	E: Emotionale Spannung S: Angst (?) P: zentrale Stimulantien in hoher Dosierung

E: Emotionales Verhalten; S: Emotionale Störung; P: Pharmaka, die die Verfügbarkeit beeinflussen (Beispiele)

zwischen emotionalen Vorgängen bzw. Störungen und biogenen „Neurostoffen" sowie die Beeinflußbarkeit von „Neurostoffen" durch Pharmaka.
Die klassischen „Neurostoffe" sind die vier zuerst aufgeführten, nämlich Noradrenalin, Dopamin, Serotonin, Acetylcholin. Sie sind als *Neurotransmitter* von tiefgreifender Bedeutung. Es wird angenommen, daß Noradrenalin engstens verknüpft ist mit der lustbetonten Wirkung von belohnenden Reizen (*reward*-System), Acetylcholin hingegen mit der unlustbetonten Wirkung von negativen Reizen (*punishment*-System). An diesen Vorgängen sind auch „nicht-klassische" Neurostoffe beteiligt, so vor allem Neuropeptide wie Endorphine, ACTH und GABA. Diese Stoffe bilden den Übergang zu den Hormonen. Sie werden überwiegend im Hypothalamus und der Hypophyse gebildet. Einige von ihnen sind nicht nur Neurostoffe, sondern Hormone, die andere Hormone, die in den endokrinen Drüsen gebildet werden, anregen.
Das *Hormonsystem* hat eine große Bedeutung für die emotionalen Effekte von Pharmaka. Zwischen endokrinem und vegetativem System bestehen enge Beziehungen. Nach der heutigen Auffassung regulieren beide Systeme gemeinsam die Tätigkeit der meisten inneren Organe (Drüsen, glatte Muskulatur). Dem endokrinen System kommt vor allem eine Bedeutung bei der Regulation langfristiger emotionaler Vorgänge zu, so etwa der vorherrschenden Stimmungslage (→ *Hormone und Emotionen*).
Die emotionale Wirkung vieler Psychopharmaka bei Dauerverabreichung ist vermutlich mit zurückzuführen auf eine Beeinflussung von Hormonen (insbesondere Hormone der Schilddrüse, der Keimdrüsen, der Nebennierenrinde und des Nebennierenmarks). Als Beispiel dafür können Veränderungen von sexuellen Bedürfnissen nach Neuroleptikaverabreichung gesehen werden.

Methodische Ansätze zur Untersuchung der Beeinflußbarkeit von Emotionen durch Pharmaka

Die Aussagefähigkeit von Untersuchungen zum Bereich „Emotion und Pharmaka" hängt entscheidend vom Untersuchungsansatz ab. Die bisherige Forschung hat im wesentlichen folgende Ansätze benutzt:
1. *Untersuchung der Pharmakonwirkung unter Normalbedingungen:* Das Pharmakon sowie ein Kontrollpräparat (Plazebo) wird an Personen verabreicht, deren emotionale „Lage" durch die Untersuchungsbedingungen nicht in gezielter Weise verändert wurde. Beobachtet wird nun die Wirkung bezüglich aller oder ausgewählter emotionaler Qualitäten.
Der Nachteil dieses Ansatzes liegt darin, daß bestimmte Wirkungen nicht nachweisbar sind, da ja bestimmte Emotionen zunächst vorhanden sein müssen, wenn sie beeinflußt werden sollen. So kann die Aufhebung von Traurigkeit durch Pharmaka natürlich nur beobachtet werden, wenn die Versuchspersonen (Vpn) *vor* der Pharmakonverabreichung „traurig" sind.

2. *Untersuchung der Pharmakonwirkung bei nach dem Vorhandensein bestimmter Emotionen ausgewählten Personen:* Besonders bei der Untersuchung von Psychopharmakawirkungen auf die allgemeine emotionale Unausgeglichenheit (emotionale Labilität), auf Angst und auf Aggressivität werden des öfteren Vpn mit Hilfe von Persönlichkeitstests ausgelesen, so etwa emotional labile, ängstliche oder aggressive Personen.
Je nach Spezifitätsgrad (sehr spezifisch: z. B. Angst in bestimmten Situationen; oder sehr unspezifisch: z. B. emotionale Labilität) können die emotionalen Wirkungen einer Substanz spezifiziert werden. Merkmale, nach denen in der bisherigen pharmakopsychologischen Forschung ausgelesen wurde, werden bei Debus und Janke (1978, 1983), Janke, Debus und Longo (1979) und Janke (1983b) zusammengestellt und diskutiert.
3. *Untersuchung der Pharmakonwirkung bei Patienten mit spezifischen Störungen:* Die Frage, wieweit starke Gefühlszustände durch chemische Stoffe beeinflußbar sind, läßt sich bei gesunden Personen aus ethischen Gründen meist nicht untersuchen, mindestens nicht unter standardisierten Untersuchungsbedingungen. Aus diesem Grund können Patienten mit bestimmten Störungen, etwa mit Angstsymptomen, die Untersuchungsstichprobe bilden.
Der Nachteil dieses Untersuchungsansatzes liegt darin, daß praktisch alle psychischen Störungen, auch wenn sie scheinbar spezifisch sind, letztlich ein Syndrom (z. B. Angstsyndrom) aus vielen Symptomen (z. B. Angsterleben, Erleben innerer Spannung, Unzulänglichkeitsgefühle) darstellen. Insofern kann in der Regel aus Untersuchungen mit psychiatrischen Patienten nicht auf die Beeinflußbarkeit einer klar umgrenzten Gefühlsqualität geschlossen werden.
4. *Untersuchung der Pharmakonwirkung bei Versuchspersonen mit experimentell induzierten Emotionen:* Um die Frage beantworten zu können, ob eine chemische Substanz eine bestimmte Emotion zu beeinflussen vermag, ist es notwendig, diese Emotion in hinreichender Intensität möglichst klar hervorzurufen. Die experimentelle Herstellung von Emotionen gilt prinzipiell als Methode, dieses Ziel zu erreichen. In Tabelle 3 sind einzelne Emotionen und Möglichkeiten ihrer Herstellung zusammengestellt (nach Janke & Debus 1975, Janke et al. 1979, Janke 1983b).
Von den angeführten Möglichkeiten sind nur einige eingehender erforscht worden. Vor allem die Methoden zur Herstellung von Angst sind häufig „erprobt" worden (zusammenfassend Debus & Janke 1983, Janke et al. 1979, Janke 1983a, Janke & Netter 1983). Diese Untersuchungen machen deutlich, daß der experimentelle Emotionsinduktionsansatz noch weiterer Erforschung bedarf. Es zeigte sich nämlich die Tatsache, daß die Vpn trotz einer experimentell hervorgerufenen Ausgangslage nicht notwendigerweise mit Angstverminderung nach Tranquillantienverabreichung reagieren. Eine Erklärung hierfür könnte sein, daß Emotionen, die an Situationen gebunden sind, schwer durch Pharmaka beeinflußbar sind, weil kognitive Faktoren (Wahrnehmung der emotionsauslösenden Situation) dazu in Widerspruch stehen.
Weitere Probleme des experimentellen Induktionsansatzes sind 1. die Unmöglich-

Tabelle 3. Beispiele für in pharmakopsychologischen Untersuchungen häufig untersuchte Emotionen und Methoden zu ihrer experimentellen Auslösung.

Emotion	Induktionsmethode
Streß, emotionale Spannung	diskontinuierlicher Lärm
Angst und Furcht	Androhung physischer Schmerzen, z. B. Injektionen, elektrische Schläge Gefahrensituationen, z. B. schwankender Boden, Karussell Androhung von ich-bedrohenden Situationen, z. B. öffentliches Sprechen
Schmerz	Elektrische Reizung, Hitze- oder Kältereize
Gefühl der Ohnmacht (Hilflosigkeit)	Wiederholte Darbietung von unlösbaren Aufgaben oder von unkontrollierbaren Situationen
Mißstimmung (Dysphorie)	Unterbrechung von Aufgaben
Ärger	Vorwurf von mangelhafter Kooperationsbereitschaft durch den Versuchsleiter
Freude, Euphorie	Erzählen von Witzen, Konfrontation mit lustigen Situationen
Allgemeines Wohlbehagen	Periode nach erfolgreicher Bewältigung von Aufgaben

keit, eine bestimmte Emotion mit hinreichender *Intensität* und *Zeitdauer* herzustellen, 2. die Schwierigkeit, „reine“ Emotionen (z. B. Angst *ohne* Ärger) zu induzieren.

Arten von Emotionen, die durch chemische Stoffe verändert werden

Beeinflußbarkeit verschiedener emotionaler Qualitäten. Obwohl nach der Alltagsmeinung viele Emotionen durch psychotrope Stoffe beeinflußt werden, haben sich die Pharmakopsychologie und die Pharmakopsychiatrie mit nur wenigen Emotionen befaßt. Die überwältigende Mehrheit der Untersuchungen befaßt sich mit *Angst.* Nur wenige Untersuchungen wenden sich Ärger (bzw. Aggression) zu. Andere Emotionen wie Traurigkeit, Freude, Hungergefühle oder ästhetische Gefühle sind so gut wie nicht experimentell untersucht worden. Relativ häufig werden Veränderungen der Stimmungslage beschrieben, ohne daß sie jedoch eingehender experimentell untersucht worden wären. In der Regel werden nämlich Stimmungsveränderungen als „Nebenprodukt“ in Untersuchungen erfaßt, die sich hauptsächlich mit anderen Wirkungen, etwa auf Leistungsvariablen, befassen.
Trotz des Fehlens einwandfreier experimenteller Daten kann man aufgrund von Beobachtungen mit Patienten und von „Alltags“-Berichten annehmen, daß eine Reihe von Gefühlen bei einmaliger oder mehrfacher Verabreichung von Pharmaka verstärkt oder ausgelöst bzw. vermindert oder beseitigt werden. In Tab. 4 sind verschiedene emotionale Qualitäten und die sie beeinflussenden Stoffe zusammengestellt.

Tabelle 4. Beeinflussung verschiedener Emotionen durch Pharmaka.

Emotion	+ (Vermehrung/Auslösung)		– (Verminderung/Beseitigung)	
	Pharmakon	Bedingungen	Pharmakon	Bedingungen
Angst (Flucht, Vermeidung)	Adrenalin	bei gegebenen äußeren Hinweisreizen	Tranquillantien	unter angstauslösenden Bedingungen; bei ängstlichen Personen, bei neurotischer Angst
			Sedativa, Hypnotika (z. B. Alkohol, Schlafmittel)	wie bei Tranquillantien
			Neuroleptika	bei psychotischer Angst
			β-Rezeptorenblocker	bei neurotischer Angst mit körperlichen Begleiterscheinungen
Schmerz	Histamin		Analgetika	
negative Stimmungslage: Traurigkeit	Reserpin		Antidepressiva	bei depressiven Patienten
negative Stimmungslage: schlechte Stimmung, Unlust	zentrale Stimulantien in hoher Dosierung	bei bestimmten Personen	zentrale Stimulantien in niedriger Dosierung	
			zentrale Analgetika (insb. Morphinderivate)	
Ärger (Aggression)	Adrenalin	bei gegebenen äußeren Hinweisreizen	Tranquillantien	bei Vorliegen von Ärger
	Androgene	bei bestimmten Personen	Neuroleptika	bei „psychotischem" Ärger
Allgemeines Wohlbefinden	zentrale Stimulantien in niedriger Dosierung		zentrale Stimulantien in hoher Dosierung	bei neurotischen Personen
	Tranquillantien	bei neurotischen und ängstlichen Personen	Tranquillantien	bei emotional stabilen Personen
	Analgetika	bei bestimmten Personen und Bedingungen	Neuroleptika	bei emotional stabilen Personen

Die Hauptfrage der Pharmakopsychologie der Emotionen ist die nach der *Emotionsspezifität* der Wirkungen. Emotionsspezifität bezieht sich auf die Frage, wieweit die verschiedenen Stoffgruppen spezifische emotionale Veränderungen hervorrufen. Diese würde dann vorliegen, wenn eine bestimmte Emotion (z. B. Angst) beeinflußt wird, ohne daß gleichzeitig andere Emotionen (z. B. Ärger) in ähnlich starkem Maße verändert werden. Seit frühester Zeit wurde immer die Meinung geäußert, daß bestimmte Stoffe emotionsspezifisch wirken. So wurde angenommen, daß die sympathikusaktivierende Substanz Adrenalin Angst auslöse oder verstärke. Den Tranquillantien wurden spezifische angstlösende Wirkungen zugeschrieben. Ihre angstlösende Wirkung ist bei Patienten mit Angst so deutlich, daß sie in der pharmakopsychiatrischen Literatur auch als Anxiolytika bezeichnet werden. Die zur Zeit vorliegenden empirischen Daten lassen eine abschließende Beurteilung der emotionsspezifischen Wirkung praktisch aller Pharmaka nicht zu. Es gibt leider noch keine Untersuchungen, in denen mehrere Emotionen gleichzeitig hinsichtlich ihrer Beeinflußbarkeit durch ein bestimmtes Präparat beobachtet worden wären. Ebenso liegen noch keinerlei Untersuchungen vor, in denen mehrere Emotionen *und* mehrere Präparatarten gleichzeitig variiert wurden. Derartige Untersuchungen wären jedoch notwendig, um eindeutige Schlußfolgerungen zu ziehen.

Mit einiger Sicherheit läßt sich feststellen: Die Wahrscheinlichkeit, daß emotionsspezifische Pharmakonwirkungen auftreten, hängt von dem *Pharmakontyp* ab. *Vegetativ* wirksame Pharmaka (sympathikusaktivierende und sympathikusdämpfende Stoffe) verändern wahrscheinlich, wie schon von Schachter und Singer (1962) postuliert, alle Arten von Emotionen unspezifisch in Abhängigkeit von den Situationsbedingungen und der Dosierung (zur Wirkung vegetativer Pharmaka vgl. Erdmann 1983a, b, → *Vegetatives Nervensystem und Emotionen*). Dies gilt vermutlich auch für Pharmaka, die auf das *muskuläre* System wirken.

Stoffe, deren Hauptwirkungen über das Gehirn vermittelt werden, sog. *zentralwirksame* Pharmaka, haben vermutlich sowohl emotionsspezifische als auch emotionsunspezifische Effekte. Da die meisten Psychopharmaka Veränderungen der allgemeinen Aktiviertheit bewirken, die von den Vpn im Sinne von Emotionen verarbeitet werden, etwa Ärger über die Beeinträchtigung oder Angst wegen zu starker Aktiviertheit, ist mit allen Arten von Emotionen zu rechnen. Andererseits weisen bestimmte Forschungsergebnisse der physiologischen Psychologie doch darauf hin, daß die Art der neurochemischen Veränderungen sowohl emotions- als auch pharmakon-spezifisch ist. Vermutlich wird es im tierexperimentellen Versuch möglich sein, solche spezifischen Effekte nachzuweisen, wenn ein Präparat so verabreicht wird, daß es direkt und allein bestimmte neurochemische Systeme zu beeinflussen vermag (intrazerebrale Verabreichung). Derartige Untersuchungen wurden schon vor Jahren für Hunger und Durst durchgeführt.

Wirkungsarten von Stoffen auf emotionale Vorgänge. Die emotionale Wirkung von Pharmaka kann sich in verschiedenen Komponenten ausdrücken. Die wichtigsten Wirkungskomponenten sind im folgenden skizziert:

1. *Erhöhung oder Erniedrigung der emotionalen Intensität:* Eine Reihe von Stof-

fen verändert die Emotionalität in der Weise, daß die Stärke emotionaler Prozesse reduziert oder erhöht wird; dementsprechend würden die bei einer Person vorherrschenden Prozesse – welche es auch immer seien – intensiver oder weniger intensiv ablaufen.

2. *Veränderungen der emotionalen „Tönung“:* Die Präparatwirkung kann sich darin ausdrücken, daß sich die vorherrschende emotionale Tönung in Richtung „Unlust“ oder „Lust“ verschiebt. Damit ist der emotionale Zustand einer Person eher durch „positive“ oder „negative“ Gefühle gekennzeichnet. Solche Verschiebungen der emotionalen Tönung stellen oft die hauptsächlichen emotionalen Wirkungen eines Pharmakons dar.
   Eine Verschiebung in positiver Richtung drückt sich als allgemeines Wohlbehagen, gehobene Stimmung (Euphorie), erhöhte Selbstsicherheit und Sorglosigkeit, vermehrte subjektive Leistungsfähigkeit und verstärkte Extravertiertheit aus. Stoffe, die bei Gesunden positive Wirkungen entfalten, sind zentrale Stimulantien (niedrige Dosierungen bei einmaliger Verabreichung), Tranquillantien (niedrige Dosierung bei neurotischen Personen). Stoffe, die dies nur unter „günstigen“ Bedingungen (bestimmte Personen *und* Situationen *und* niedrige Dosierungen) bewirken, sind Rauschmittel wie Kokain und Marihuana (Haschisch).
   Verschiebungen der emotionalen Tönung in *negativer* Richtung können sich als Mißstimmung (Dysphorie), als Traurigkeit (Deprimiertheit), als Gereiztheit und Aggressivität oder Antriebslosigkeit bemerkbar machen. Insgesamt ist eine negative Verschiebung im allgemeinen nicht so „homogen“ wie eine positive. Es scheint so zu sein, daß die negative Gefühlstönung, die eine chemische Substanz bewirkt, sich bei verschiedenen Personen unterschiedlich ausdrückt, z. B. als Gereiztheit oder Traurigkeit.
3. *Verstärkung oder Abschwächung emotionaler Reagibilität:* Veränderungen der Umwelt werden nicht nur mit kognitiven Vorgängen (Wahrnehmung und Denken) beantwortet, sondern auch mit Gefühlen, die u. U. Handlungen wie Flucht, Vermeidung oder Aggression auslösen. Chemische Stoffe können die *emotionale Reagibilität* auf Umweltreize beeinflussen. Diese kann sich u. a. in der Schnelligkeit, der Stärke und Dauer äußern, mit der auf Umweltreize mit Emotionen reagiert wird. Eine weitere Komponente ist die Schnelligkeit, mit der man sich an wiederkehrende Reize gewöhnt, die sog. *Habituationsgeschwindigkeit.*

Die Einflüsse von Pharmaka auf die emotionale Reagibilität ist bislang nicht systematisch untersucht worden. Es scheint aber so zu sein, daß alle dämpfenden Stoffe (Sedativa und Schlafmittel) die emotionale Reagibilität herabsetzen. Stoffe, die einen aktivierenden Einfluß haben, scheinen die emotionale Reagibilität zu erhöhen, so vor allem zentrale Stimulantien. Auch bestimmte *Hormone,* so das Schilddrüsenhormon Thyroxin, erhöhen die emotionale Reagibilität.

Andere Stoffe, die die emotionale Reagibilität zu erhöhen scheinen, sind Rauschmittel wie Kokain oder Haschisch (Marihuana) und viele Umwelt-„Gifte“, so etwa Blei oder Cadmium. Alle „toxischen“ (vergiftenden) Stoffe erhöhen die

emotionale Reagibilität bei niedrigen Dosen, sie erniedrigen sie bei starken Dosierungen. Als Beispiel hierfür mag etwa die Wirkung von Alkohol dienen.
Alle Stoffe, die das zentrale Nervensystem dämpfen (sog. Psycholeptika), scheinen die emotionale Reagibilität zu verringern. Unklar ist die Wirkung von *Psychotomimetika* wie LSD, Meskalin oder Haschisch. Erhöhungen wie Verringerungen scheinen möglich zu sein, je nach der Person sowie ihrer Erfahrung und ihrer Einstellung zum Präparat. Auch die Situation, in der die Substanz genommen wird, spielt eine Rolle.
Gerade die Verabreichung von Psychotomimetika verdeutlicht ein wesentliches Problem bei der Erforschung der Wirkungen von chemischen Stoffen auf emotionale Vorgänge: die große Wirkungsvielfalt in Abhängigkeit von der Persönlichkeitsstruktur und der Situation, in der der Stoff eingenommen wird. Auch andere Pharmakagruppen zeigen ausgeprägte differentielle Wirkungen, so vor allem Tranquillantien (zusammenfassend Janke 1983a).

Literatur

Debus, G. & Janke, W.: Psychologische Aspekte der Psychopharmakotherapie. In: Pongratz, L. (Hg.): Handbuch der Psychologie, Bd. 8/2. Göttingen: Hogrefe 1978, 2161–2227.

Debus, G. & Janke, W.: Allgemeine und differentielle Wirkungen von Tranquillantien bei gesunden Personen in Hinblick auf Angstreduktion. In: Janke, W., Netter, P. & Vaitl, D. (Hg.): Angstbeeinflussung durch peripher und zentral wirksame Stoffe. Weinheim: Beltz 1983.

Erdmann, G.: Zur Beeinflußbarkeit emotionaler Prozesse durch vegetative Variation. Weinheim: Beltz 1983a.

Erdmann, G.: Autonomic drugs as tools in differential psychopharmacology. In: Janke, W. (ed.): Response variability to psychotropic drugs. Oxford: Pergamon Press 1983b.

Janke, W. (ed.): Response variability to psychotropic drugs. Oxford: Pergamon Press 1983a.

Janke, W.: Response variability to psychotropic drugs: Overview of the main approaches to differential pharmacopsychology. In: Janke, W. (ed.): Response variability to psychotropic drugs. Oxford: Pergamon Press 1983b.

Janke, W. & Debus, G.: Pharmakopsychologische Untersuchungen an gesunden Probanden zur Prognose der therapeutischen Effizienz von Psychopharmaka. Arzneimittel-Forschung (Drug Research) 25 (1975), 1185–1194.

Janke, W., Debus, G. & Longo, N.: Differential psychopharmacology of tranquilizing and sedating drugs. In: Modern problems of pharmacopsychiatry, Vol. 14, Basel: Karger 1979, 13–98.

Janke, W. & Netter, P.: Angstbeeinflussung durch Pharmaka: Überblick über methodische Ansätze und Grundprobleme. In: Janke, W., Netter, P. & Vaitl, D. (Hg.): Angstbeeinflussung durch peripher und zentral wirksame Stoffe. Weinheim: Beltz 1983.

Rickels, K.: Use of antianxiety agents in anxious outpatients. Psychopharmacology 58 (1978), 1–17.

Schachter, S. & Singer, J. E.: Cognitive, social, and physiological determinants of emotional state. Psychological Review 69 (1962), 379–388.

Spiegel, R. & Aebi, H.-J.: Psychopharmakologie. Stuttgart: Kohlhammer 1981.

Winneke, G.: Neuropsychologische Bleiwirkungen bei Kindern – eine Übersicht. In: Glöbel, B., Gerber, G., Grillmaier, R., Kunkel, R., Leetz, H.-K. & Oberhausen, E. (Hg.): Umweltrisiko 80. Stuttgart: Thieme 1981.

Winneke, G., Krämer, U., Brockhaus, A., Ewers, U., Kujanek, G., Lechner, H. & Janke, W.: Neuropsychological studies in children with elevated tooth-lead concentrations. II Extended study. International Archives of Occupational and Environmental Health 47 (1982), 1–22.

Wilhelm Janke

Teil V

Spezielle Emotionen

Angst und Furcht

In der Psychologie herrscht keine Einigkeit darüber, wie viele Emotionen es gibt, wie diese voneinander abzugrenzen sind und welche Ursachen und Wirkungen sie haben (→ *Begriffsbestimmungen*). Es handelt sich vielmehr um alltägliche und um wissenschaftliche Konstrukte, deren jeweilige Definition, Stellenwert und Nutzen von einem vorübergehenden Konsens getragen werden (Ulich 1982, Izard 1981, Schwartz & Weinberger 1980). Angst und Furcht sind besonders häufig untersuchte Phänomene, die seit vielen Jahrzehnten in der Psychologie Gegenstand von experimentellen Untersuchungen sind, so daß die zugehörige Literatur unübersehbar geworden ist (Spielberger 1982). Der Nutzen einer Unterscheidung zwischen Angst und Furcht ist umstritten. Im allgemeinen wird Furcht als ein Spezialfall der Angst angesehen, aber es ist nicht überzeugend belegt, daß eine solche Definition wirklich wissenschaftlich fruchtbar ist, denn es gibt noch viele andere Differenzierungen der Angst, die vielleicht wichtiger sind. Angst wird hier in erster Näherung definiert als die Besorgtheit und Aufgeregtheit angesichts von Situationen, die subjektiv als bedrohlich und ungewiß eingeschätzt werden (Schwarzer 1981). Furcht wäre dann so etwas wie ein bewußter Erregungszustand bei der Konfrontation mit einer akuten Gefahrensituation. Nach Izard (1981) ist Furcht eines der zehn fundamentalen Gefühle. Angst dagegen ist ein übergeordnetes Gefühlsmuster, welches aus mehreren fundamentalen Gefühlen zusammengesetzt ist. Furcht und andere zusätzliche Gefühle wie Traurigkeit, Ärger, Schuld oder Scham bilden dann gemeinsam dieses Muster, welches Angst genannt wird.
Einen anderen Vorschlag zur Begriffsklärung macht Seligman (1979) im Rahmen seiner Theorie der gelernten Hilflosigkeit. Danach sind Gefahrensituationen vorhersagbar, wenn die Person eine Kontingenz zwischen einem Signal und dem Ereignis wahrnimmt. Wenn eine Gefahrensituation (z. B. Erdbeben) nur selten durch ein Signal (z. B. Zusammenrotten von Vögeln) angekündigt wird, dann ist Vorhersagbarkeit nur zu einem geringen Grade gegeben. In diesem Fall herrscht

Angst als Dauerzustand vor. Sind jedoch Signal und Gefahrensituation völlig kontingent, dann führt das Ausbleiben des Signals zu einem Gefühl der Sicherheit, und das Auftreten des Signals führt zur Furcht. Dies wird als „Sicherheitssignal-Hypothese“ bezeichnet. Bei völliger Vorhersagbarkeit wechseln sich Furcht und Sicherheit ab, während bei fehlender Vorhersagbarkeit ein chronischer Angstzustand besteht. Demnach ist Angst als diffus und ungewiß charakterisiert. Wenn Menschen das Eintreten von bedrohlichen Situationen nicht vorhersagen können, müssen sie jederzeit mit dieser Gefahr rechnen, was zu einer permanenten emotionalen Beeinträchtigung führt. Für die effektive Lebensbewältigung muß der Mensch sich Sicherheitssignale suchen oder schaffen, damit er über längere Zeit in Sicherheit leben kann und dann nur noch gelegentlich in den Zustand der Furcht fallen muß.

Dieser Vorschlag von Seligman ist interessant, jedoch bleibt auch hier zu fragen, ob die beiden Phänomene wirklich eine derartige sprachliche Unterscheidung rechtfertigen. Psychologisch ist der eine von dem anderen Zustand in Alltagssituationen kaum zu trennen. Man ist über irgend etwas besorgt und spürt seine Erregung. Die Beschaffenheit der Gefahrensituation stellt nur eine von mehreren Determinanten des Angstzustands dar. Die Struktur des Reizes, die Ungewißheit, die Nähe, die Verfügbarkeit von Ressourcen, die Einschätzung der eigenen Bewältigungskompetenz, dispositionale Voreingenommenheiten usw. beeinflussen die Intensität und Dauer der Angst. Der Nutzen des Begriffs „Furcht“ im Zusammenhang mit der Sicherheitssignal-Hypothese wird zwar durchaus anerkannt, jedoch kommen wir in der weiteren Behandlung der Thematik auch ohne ihn aus.

Angst und Ängstlichkeit

Der Angstzustand läßt sich unterscheiden von der Ängstlichkeit als einem Persönlichkeitsmerkmal. Wir haben es im ersten Fall mit der akuten Reaktionsweise und im zweiten Fall mit der chronischen Erregungsbereischaft zu tun. Menschen, die sehr häufig ängstlich reagieren, schreibt man die Eigenschaft zu, ängstlich zu sein. Dies ist eine überdauernde Disposition wie viele andere Persönlichkeitsmerkmale auch. Die Unterscheidung ist nützlich, weil sie die Gefühlsbezogenheit menschlichen Handelns differenziert und Aussagen darüber erlaubt, inwieweit eine bestimmte Reaktionsweise mehr durch situative Reize oder mehr aufgrund einer stark ausgeprägten Disposition ausgelöst wird. Zugleich ergeben sich aus dieser Unterscheidung Konsequenzen für die Diagnose von Angst oder Ängstlichkeit. So kann man zum Beispiel Angstveränderungen in Abhängigkeit von sie fördernden Umweltaspekten diagnostizieren oder auf der anderen Seite die individuellen Unterschiede in der Ängstlichkeit. Zunächst soll *Angst als Zustand* näher betrachtet werden. Angst ist das bewußte Erleben eines unangenehmen Erregungszustandes. Das Individuum kann seine Erfahrungen daher mitteilen. Die Beschreibung des persönlichen Angsterlebens stellt aus diesem Grunde die wichtigste Informationsquelle dar. Ob jemand ängstlich reagiert, ist für den Außenstehenden nicht immer sichtbar. Es handelt sich vor allem um eine private Erfahrung. Dabei erlebt das Individuum körperliche und gedankliche Vorgänge, die gemeinsam das ängstliche Zustandsbild charakterisieren. Die Bedrohung durch eine situative Anforderung wird erkannt (also kogniziert), und das Auftreten von Anzeichen autonomer Erregung (z. B. Zittern, feuchte Hände, Anstieg von Blutdruck und Herzfrequenz) wird registriert. Der Zustand läßt sich kognitiv und physiologisch beschreiben. In Laborsituationen ist es möglich, die Person an Registriergeräte anzuschließen, die eine Quantifizierung von physiologischer Erregung gestatten. Ein weiterer Indikator der Angstreaktion ist das Verhalten. Meidet jemand die Situation bzw. will er flüchten, so haben wir hier einen Hinweis auf Angst auf der Verhaltensebene. Schließlich liefert der Ausdruck zusätzliche nonverbale Information über die ängstliche Erregung eines Menschen. Zum Ausdruck gehören die Körperhaltung (z. B. gebeugt, starr), die Stimme (z. B. leise, stotternd, desorganisiert), der Gesichtsausdruck (z. B. weitaufgerissene Augen) usw. Die Angstreaktion läßt sich daher mit Hilfe von mindestens vier Meßebenen beschreiben und diagnostisch erfassen: sprachliche Mitteilung, körperliche Erregung, offenes Verhalten und Ausdruck. Diese Ebenen sind nicht vollständig miteinander gekoppelt, so daß oft das eine fehlt bzw. verzögert auftritt, während das andere Merkmal vorhanden ist. Die Erforschung von Angst erfordert die Verwendung multipler Indikatoren im Rahmen einer prozeßorientierten Perspektive (Becker 1982, Jacobs 1981).

→ *Ängstlichkeit* als eine Disposition bezieht sich auf überdauernde individuelle Unterschiede zwischen Personen in der für sie mehr oder weniger charakteristischen Bereitschaft, auf Gefahrensituationen ängstlich zu reagieren. Im Laufe des Lebens entwickeln verschiedene Menschen verschiedene kognitive Voreingenommenheiten gegenüber einer Vielzahl von Anforderungssituationen, denen sie sich aufgrund ihrer Erfahrung nicht oder kaum gewachsen fühlen. Diese thematisch differenzierte Menge an Kognitionen ist auf Befragen auf mehr oder weniger gültige Weise abrufbar. Daher erfolgt die Diagnose von Ängstlichkeit traditionsgemäß mit Hilfe von Fragebogen (Spielberger 1982). (Auf die grundsätzlichen Probleme von verbalen Daten soll hier nicht eingegangen werden (vgl. Huber & Mandl 1982). Allgemeine Ängstlichkeit wird dabei von spezifischen Ängstlichkeiten unterschieden. Für die meisten Fragestellungen ist es erforderlich, eine möglichst situationsspezifische Ängstlichkeit zu ermitteln, wie z. B. Leistungsängstlichkeit (evtl. nur für ein bestimmtes Schulfach; vgl. Jacobs 1982) oder eine Art von sozialer Ängstlichkeit (z. B. Schüchternheit). Solche und andere dispositionale Faktoren können eine wichtige Rolle bei der Streßbewältigung (*coping*) spielen (vgl. Nitsch 1981, Krohne & Rogner 1982).

Angstzustand und Ängstlichkeit stellen zwei Aspekte von Angst dar, die sich in einer gemeinsamen Theorie vereinigen lassen (*trait-state-anxiety*-Theorie von Spielberger 1972, 1982). Danach sind folgende Aussagen maßgeblich:

1. Ein Angstzustand wird ausgelöst, wenn das Individuum eine Situation als bedrohlich einschätzt. Aufgrund sensorischer und kognitiver Rückmeldungen des Organismus wird dieser Zustand als unangenehm erlebt.

2. Je bedrohlicher die Situation eingeschätzt wird, desto stärker wird die Angstreaktion.
3. Je länger diese Situationseinschätzung unverändert anhält, desto länger wird die Angstreaktion dauern.
4. Personen mit hoher Ängstlichkeit nehmen selbstwertrelevante Situationen als bedrohlicher wahr als Personen mit niedriger Ängstlichkeit.
5. Die Auslösung von Angstreaktionen kann sich direkt im offenen Verhalten ausdrücken oder zu innerpsychischen Abwehrvorgängen führen.
6. Häufig auftretende Streßsituationen können ein Individuum dazu veranlassen, spezielle Bewältigungshandlungen oder Abwehrmechanismen zu entwickeln, mit denen sich der Angstzustand reduzieren läßt.

Kognitive und emotionale Angstkomponenten

Die neuere psychologische Forschung legt besonderen Wert auf die Trennung von kognitiven und emotionalen Anteilen von Emotionen, weil dadurch die handlungsbestimmenden Elemente eher identifiziert werden können (vgl. Mandl & Huber 1983). Entsprechend hat es sich in der Angstforschung durchgesetzt, *worry* von *emotionality* zu unterscheiden (Liebert & Morris 1967). *Worry* wird meist mit Besorgnis (Krohne 1980), Besorgtheit (Schwarzer 1981) oder Selbstzweifel (Heckhausen 1980) übersetzt und meint den *kognitiven* Anteil am Angstgeschehen. Die ängstliche Person ist beunruhigt, macht sich Sorgen, zweifelt an den eigenen Fähigkeiten, fühlt sich schuldig, beobachtet mehr sich selbst als die Problemsituation, erwartet Mißerfolge, stellt sich selbst in Frage, vergleicht sich mit anderen Personen, hält sich für inkompetent, akzentuiert die bedrohlichen Elemente usw. Kognitionen dieser Art sind für die ängstliche Person und für den Angstzustand charakteristisch. Hinzu tritt die *emotionale* Komponente: man spürt die eigene physiologische Erregung und interpretiert sie als „ängstliche Erregung" oder „Aufgeregtheit". Dies ist etwas anderes als die tatsächliche physiologische Erregung, die mit ihrer Wahrnehmung nur geringfügig zusammenhängt (Holroyd & Appel 1980). Nach einem Befund von Morris und Liebert (1970) betrug die Korrelation zwischen tatsächlicher und erlebter körperlicher Erregung nur $r = .34$.
Die Besorgtheit ist in hohem Maße selbstbezogen, d. h. die Person sieht sich selbst als sozial inkompetent oder als leistungsmäßig inkompetent. Die Erforschung dieser Angstkomponente als dem zentralen handlungsbestimmenden Faktor im Angstgeschehen geht vermutlich auf Sarason (1960) zurück, der die sog. Aufmerksamkeitshypothese entwickelte – eine Überlegung, die von Wine (1971, 1980) wieder aufgegriffen wurde. Demnach richten ängstliche Personen ihre Aufmerksamkeit auf sich selbst und daher nicht genügend auf die aktuelle Problemsituation, welche es zu bewältigen gilt. Die Teilung der Aufmerksamkeit in aufgabenrelevante und aufgabenirrelevante wirkt kapazitätsvermindernd und da-

her leistungsbeeinträchtigend (vgl. Holling & Otto 1981). Neuerdings hat Buss (1980), der von einer anderen Forschungstradition herkommt (vgl. Wicklund & Frey 1980), eine Unterscheidung von privater und öffentlicher Selbstaufmerksamkeit vorgenommen, die zu einer erheblichen Differenzierung des Forschungsfeldes beiträgt. Im Zustand privater Selbstaufmerksamkeit ist die Person auf eigene Aspekte gerichtet, was zu einer Affektintensivierung und zu einer guten Kenntnis der eigenen Persönlichkeit führt. Im Zustand der öffentlichen Selbstaufmerksamkeit sieht sie sich als soziales Objekt, glaubt also, von anderen beobachtet und bewertet zu werden, was u. a. Selbstdarstellungstendenzen hervorruft. Private und öffentliche Selbstaufmerksamkeit gelten als kognitive Voraussetzung für die Angstentstehung, denn die dafür nötige Besorgtheit beruht auf der Bewegung der Aufmerksamkeitsrichtung von der Sache weg und zur eigenen Person hin. Mit Beginn der Angstauslösung und während des Angstprozesses ist eine der beiden Arten von Selbstaufmerksamkeit vorhanden. Darüber hinaus erscheint es sinnvoll, auch eine Disposition der Selbstaufmerksamkeit zu postulieren.

Besorgtheit und Aufgeregtheit sind bisher vor allem im Bereich der Leistungsangst erforscht worden (Sarason 1980). Eine Vielzahl von Studien hat ergeben, daß nicht die Aufgeregtheit, wohl aber die Besorgtheit für die Leistungsminderung verantwortlich ist, die oft im Zusammenhang mit Angst auftritt (Deffenbacher 1980, Hodapp 1982). Diese Befunde sind zuerst mit der Leistungsangst als Zustand ermittelt worden, lassen sich aber mit Einschränkungen auch auf die Leistungsängstlichkeit übertragen. Daraus folgt, daß es sinnvoll erscheint, auch solche Meßinstrumente zu entwickeln, die Besorgtheit und Aufgeregtheit als überdauernde Persönlichkeitsmerkmale erfassen sollen (Spielberger 1980, Morris, Davis & Hutchings 1981, van der Ploeg 1982). Nach der großen wissenschaftlichen Resonanz, die die Trennung von kognitiven und emotionalen Anteilen im Bereich der Leistungsangst erfahren hat, ist diese Strategie inzwischen auch in den Bereich der sozialen Angst übertragen worden (Morris, Harris & Rovins 1981). Übrigens ist über die *worry*-Komponente sehr leicht eine Verbindung zwischen Angstforschung und Depressions-, Hilflosigkeits- und Selbstkonzeptforschung herzustellen, da es in allen Fällen darum geht, wie die Person die Aufmerksamkeit auf sich richtet und selbstrelevante Überzeugungen gewinnt, abspeichert oder erinnert, woraus sich Konsequenzen für den Grad der auszuübenden Kontrolle über die Umwelt ergeben (vgl. Bandura 1982, Becker 1981, 1983, Carver & Scheier 1981).

Thematische Präzisierungen: Existenz-, Leistungs- und Sozialangst

Alle Gegenstände oder Situationen, die sich als Kognitionsinhalt mit Besorgtheit verknüpfen lassen, können als wissenschaftliche Angstkategorie dienen. Wenn also jemand angesichts von X besorgt ist, dann läßt sich von einer X-Angst sprechen. Aufgrund der Inzidenzraten in der Population hat es sich als sinnvoll erwiesen, drei Inhaltsklassen von Ängsten zu bilden (Schwarzer 1981). Bei diesem Ordnungsversuch fallen in die *Existenzangst* Emotionen folgender Art: Todesangst, Infektionsangst, Herzangst, Flugangst, Höhenangst, Spinnenangst, Dunkelangst, Angst vor öffentlichen Plätzen usw. Gemeinsam ist diesen Ängsten die Wahrnehmung von Bedrohung der körperlichen Unversehrtheit. Davon abgrenzen lassen sich alle Ängste, die aus einer subjektiven Selbstwertbedrohung resultieren. Die Unterscheidung zwischen einer Bedrohung des Selbstkonzepts und der körperlichen Unversehrtheit erwies sich als hilfreich bei der Untersuchung von Angstreaktionen bei Soldaten, die an einem Fallschirmspringertraining teilnahmen (Basowitz, Persky, Korchin & Grinker 1955). Die Autoren fanden heraus, daß nur bei einem Teil der Soldaten ihre Angst auf die objektive Verletzungsgefahr zurückzuführen war (*harm-anxiety*), während bei den meisten die Angst auf ein ungünstiges Abschneiden gerichtet war (*shame-anxiety*). Sie fürchteten, beim Training zu versagen und von ihren besseren Kameraden belächelt oder geringschätzig angesehen zu werden. Die Wahrnehmung der eigenen Person im Vergleich zu anderen war Ausgangspunkt für eine Bedrohung des Selbstkonzepts, die sich als ängstliche Erregung zeigte. Für die Soldaten war es allerdings gleichgültig, warum sie Angst hatten. Bedrohungen von Unversehrtheit oder des Selbstkonzepts führten gleichermaßen zu subjektiven Beeinträchtigungen.

Selbstwertbedrohung ist potentiell überall dort gegeben, wo Menschen Handlungen ausführen, die eigenen oder fremden Bewertungsmaßstäben unterliegen. Es hat sich bewährt, hier zwischen Leistungsangst und sozialer Angst zu unterscheiden, auch wenn die Übergänge fließend sind. *Leistungsangst* läßt sich definieren als die Besorgtheit und Aufgeregtheit angesichts von Leistungsanforderungen, die als selbstwertbedrohlich angesehen werden. Dazu gehören insbesondere die Prüfungsangst (Krohne 1980) und die Schulangst (Schwarzer 1975), aber auch situationsspezifische Ängste, wie z. B. Mathematikangst (Richardson & Woolfolk 1980, Jacobs 1982), oder sportbezogene Ängste (Hackfort & Schwenkmezger 1981). Die Literatur dazu hat sich vor allem der Frage gewidmet, ob und inwieweit Angst ursächlich zu einer Verminderung von Leistung beiträgt. Offenbar ist die Besorgtheitskomponente für die Leistungsminderung verantwortlich, doch sind weitere Variablen auch auf situativer Seite zu berücksichtigen. So spielt es z. B. eine Rolle, ob die Anforderungssituation angekündigt und vorbereitbar ist. Schlecht vorbereitbare Arbeiten werden von Hochängstlichen als ungewiß und kaum bewältigbar angesehen. Situations-Handlungs-Erwartungen und Handlungs-Ergebnis-Erwartungen sind bei ihnen nicht ausgeprägt. Sie erleben Bedrohung angesichts eines Ereignisses, dem sie weitgehend hilflos gegenüberstehen. Gut vorbereitbare Arbeiten dagegen enthalten prinzipiell mehr Kontingenzen, d. h. der Schüler weiß, welche Handlungen zu positiven Ergebnissen führen, und er weiß, daß die Handlungen grundsätzlich auch von ihm selbst ausführbar sein müßten. Der Begriff „Vorbereitbarkeit" impliziert das Vorhandensein von solchen Kontingenzen. Der Schüler wird also Anstrengungskalkulation betreiben und kann das Leistungsergebnis beeinflussen, indem er hinreichend viel Anstrengung investiert. Der ängstliche Schüler, der internal-variabel attribuiert (d. h.

Leistungen auf Anstrengung zurückführt), nimmt eine Handlungsmöglichkeit wahr, die ihm die Bewältigung der Anforderungen in Aussicht stellt. Er kann die Bedrohung in eine Herausforderung uminterpretieren und seine Erregung produktiv nutzen. Tendiert er jedoch zu internal-stabilen Attributionen (das heißt, er führt Leistung auf Fähigkeit zurück), dann schreibt er den erwarteten Mißerfolg seiner überdauernden Handlungsunfähigkeit zu und erstarrt in Hilflosigkeit. Solche kognitiven Zwischenprozesse dürften für die Leistungsstreuung bei gut vorbereitbaren Arbeiten mitverantwortlich sein. Nach Ankündigung einer Arbeit, die sich gut vorbereiten läßt, ergeben sich demnach idealtypisch vier Personengruppen:

1. Ängstliche Schüler, die sich bedroht fühlen, aufgrund mangelnder Selbstwirksamkeitserwartung keine eigenen Handlungsmöglichkeiten sehen und hilflos und passiv auf das Ereignis zutreiben.
2. Ängstliche Schüler, die ihre subjektive Bedrohung in eine Herausforderung umwandeln, weil sie über die Erwartung von Selbstwirksamkeit verfügen, daher Anstrengung investieren und die Anforderungen somit bewältigen können.
3. Angstfreie Schüler, die sich nicht bedroht fühlen, über keine hinreichende Selbstwirksamkeit verfügen und passiv und gleichgültig der Konfrontation entgegensehen, so daß nur geringe Leistungen erbracht werden.
4. Angstfreie Schüler, die sich nicht bedroht, sondern herausgefordert fühlen, weil sie um ihre persönliche Verantwortung für Leistungsergebnisse wissen und von deren Beeinflußbarkeit überzeugt sind, so daß sie erfolgszuversichtlich Anstrengung investieren, um auf diese Weise ihren Selbstwert zu erhalten oder zu erhöhen.

Arbeiten, die sich nicht gezielt vorbereiten lassen, haben eher den Charakter von „Schicksalsschlägen“ und verhindern die Entstehung der hier beschriebenen kognitiven Zwischenprozesse. Aus diesen theoretischen Annahmen läßt sich die pädagogische Schlußfolgerung ableiten, daß

1. Anforderungen vorbereitbar sein sollten und
2. handlungsfördernde Kognitionen offeriert werden sollten, damit die Vorbereitungsphase auch im erwünschten Sinne genutzt wird.

Soziale Angst läßt sich definieren als die Besorgtheit und Aufgeregtheit angesichts von sozialen Situationen, die als selbstwertbedrohlich angesehen werden. Die kognitive Grundlage dafür liegt in hoher öffentlicher Selbstaufmerksamkeit. Wer sich selbst als soziales Objekt wahrnimmt und um einen guten Eindruck bei seinen Mitmenschen bemüht ist, nimmt dadurch die ständige Bewertung seiner Handlungen in Kauf. Er ist also immer in Gefahr, von Besorgtheit voreingenommen zu sein und der sozialen Handlungsausführung nicht genug Aufmerksamkeit schenken zu können. Nach Buss (1980) lassen sich vier Arten der sozialen Angst unterscheiden: Verlegenheit, Scham, Schüchternheit und Publikumsangst. Die ersten beiden sind nur als emotionale Zustände bekannt, während die letzten beiden auch als Dispositionen aufgefaßt werden können. Hauptmerkmal der *Verlegenheit* ist das Erröten. Man kommt sich linkisch, befangen, tolpatschig oder lächerlich vor. Die unmittelbaren Ursachen von Verlegenheit sind ungeschicktes oder fehlerhaftes Verhalten, soziale Hervorgehobenheit und Verletzung von Privatheit, also stark situationsgebundene Anlässe. *Scham* ist längerdauernd, schwerwiegender und moralisch bedeutsam. Man ist sich dabei eines Fehlverhaltens bewußt, errötet nicht, sondern erlebt Selbstverachtung, macht sich Vorwürfe, bereut seine Tat, kommt sich unwürdig vor usw. Die unmittelbaren Ursachen liegen in Minderleistungen, unmoralischem Verhalten oder Nichterfüllung sozialer Erwartungen. Das Schuldgefühl setzt die private, die Scham dagegen die öffentliche Selbstaufmerksamkeit voraus. Für *Publikumsangst* ist die soziale Hervorgehobenheit ausschlaggebend. Die Person ist besorgt angesichts eines potentiell bewertenden sozialen Kontextes, vor dem eine Handlung ausgeführt werden soll. Meist steht eine soziale Leistungssituation bevor, weswegen hier ein Übergang zwischen sozialer Angst und Leistungsangst vorliegt.

Schüchternheit stellt eine Beeinträchtigung des Sozialverhaltens dar (Zimbardo 1977). Der Schüchterne ist öffentlich selbstaufmerksam und besorgt über seine sozialen Handlungsweisen und seine Wirkung auf andere Menschen. Er meidet Blickkontakt, spricht leise und kommt sich linkisch und befangen vor. Er hat ein schwaches Selbstkonzept und attribuiert die wahrgenommenen Mängel in der sozialen Interaktion auf sich selbst.

Die Erforschung der sozialen Angst richtet sich u. a. darauf, kognitive und emotionale Komponenten zu differenzieren (Morris, Harris & Rovins 1981), einzelne soziale Ängste gegeneinander abzugrenzen (Mosher & White 1981) und eine umfassende Theorie der sozialen Angst und selbstbezogener Kognition zu entwikkeln (Buss 1980).

Der heutige Stand der Angstforschung ist im wesentlichen durch die zentrale Bedeutung von menschlichen Informationsverarbeitungsprozessen charakterisiert. Die Beschäftigung mit sachbezogenen und selbstbezogenen Kognitionen leitet zwangsläufig zu anderen Forschungsgebieten über, in denen es ebenfalls auf die Wahrnehmung der eigenen Person in kritischen Situationen ankommt, wie z. B. bei der Analyse von Selbstwirksamkeit (Bandura 1982) oder bei der kognitiv orientierten Bestimmung von Motivationen (Heckhausen 1980). Für die Pädagogische Psychologie stellt sich z. B. auch die Frage, welche gezielten unterrichtlichen Interventionen zur Verminderung von Angst dem Stand der heutigen theoretischen Überlegungen entsprechend zum Einsatz kommen können (Covington & Omelich 1982, Rheinberg 1982).

Literatur

Bandura, A.: Self-efficacy mechanism in human agency. American Psychologist 37 (1982), 122–147.

Basowitz, H., Persky, H., Korchin, S. J. & Grinker, R. R.: Anxiety and stress. New York: McGraw Hill 1955.

Becker, P.: Neuere psychologische Ätiologietheorien der Depression und Angst. In: Minsel, W. R. & Scheller, R. (Hg.): Brennpunkte der Klinischen Psychologie, Bd. II. München: Kösel 1981, 25–62.
Becker, P.: Towards a process analysis of test anxiety: Theoretical and methodological observations. In: Schwarzer, R., van der Ploeg, H. & Spielberger, C. D. (eds.): Advances in test anxiety research. Lisse: Swets 1982, 11–17.
Becker, P.: Test anxiety, examination stress, and achievement. In: van der Ploeg, H., Schwarzer, R. & Spielberger, C. D. (eds.): Advances in test anxiety research, Vol. 2. Lisse: Swets 1983.
Buss, A. H.: Self-consciousness and social anxiety. San Francisco: Freeman 1980.
Carver, C. S. & Scheier, M. F.: Attention and self-regulation. New York: Springer 1981.
Covington, M. V. & Omelich, C. L.: Achievement anxiety, performance and behavioral instruction: A cost/benefits analysis. In: Schwarzer, R., van der Ploeg, H. & Spielberger, C. D. (eds.): Advances in test anxiety research, Vol. 1. Lisse: Swets 1982, 139–154.
Deffenbacher, J. L.: Worry and emotionality in test anxiety. In: Sarason, I. G. (ed.): Test anxiety. Hillsdale: Erlbaum 1980, 111–128.
Hackfort, D. & Schwenkmezger, P.: Angst und Angstkontrolle im Sport. Köln: bps Verlag 1981.
Heckhausen, H.: Motivation und Handeln. Berlin: Springer 1980.
Hodapp, V.: Causal inference from nonexperimental research on anxiety and educational achievement. In: Krohne, H. W. & Laux, L. (eds.): Achievement, stress and anxiety. Washington: Hemisphere 1982, 355–372.
Holling, H. & Otto, J.: Der Einfluß kapazitätsbeanspruchender Motivationskomponenten auf die Schulleistung. Zeitschrift für experimentelle und angewandte Psychologie 28 (1981), 587–601.
Holroyd, K. A. & Appel, M. A.: Test anxiety and physiological responding. In: Sarason, I. G. (ed.): Test anxiety. Hillsdale: Erlbaum 1980, 129–154.
Huber, G. L. & Mandl, H.: Verbale Daten. Weinheim: Beltz 1982.
Izard, C. E.: Die Emotionen des Menschen. Weinheim: Beltz 1981.
Jacobs, B.: Angst in der Prüfung. Beiträge zu einer kognitiven Theorie der Angstentstehung in Prüfungssituationen. Frankfurt: Rita Fischer 1981.
Jacobs, B.: Die Fachspezifität der Prüfungsängstlichkeit. Arbeitsbericht 13. Saarbrücken: Universität des Saarlandes 1982.
Krohne, H. W.: Prüfungsangst: Defensive Motivation in selbstwertrelevanten Situationen. Unterrichtswissenschaft 8 (1980), 226–242.
Krohne, H. W. & Rogner, J.: Repression-sensitization as a central construct in coping research. In: Krohne, H. W. & Laux, L. (eds.): Achievement, stress and anxiety. Washington: Hemisphere 1982, 167–193.
Liebert, R. M. & Morris, L. W.: Cognitive and emotional components of test anxiety: A distinction and some initial data. Psychological Reports 20 (1967), 975–978.
Mandl, H. & Huber, G. L.: Emotion und Kognition. München: Urban & Schwarzenberg 1983.
Morris, L. W., Davis, M. A. & Hutchings, C. H.: Cognitive and emotional components of anxiety: Literature review and a revised worry-emotionality scale. Journal of Educational Psychology 73 (1981), 541–555.
Morris, L. W., Harris, E. W. & Rovins, D. S.: Interactive effects of generalized and situational expectations on the arousal of cognitive and emotional components of social anxiety. Journal of Research in Personality 15 (1981), 302–311.
Morris, L. W. & Liebert, R. M.: Relationship of cognitive and emotional components of test anxiety to physiological arousal and academic performance. Journal of Consulting and Clinical Psychology 35 (1970), 332–337.
Mosher, D. L. & White, B. B.: On differentiating shame and shyness. Motivation and Emotion 5 (1981), 61–74.

Nitsch, J. R. (Hg.): Streß. Theorien, Untersuchungen, Maßnahmen. Bern: Huber 1981.
Ploeg, van der H.: The relationship of worry and emotionality to performance in Dutch children. In: Schwarzer, R., van der Ploeg, H. & Spielberger, C. D. (eds.): Advances in test anxiety research, Vol. 1. Lisse: Swets 1982, 55–66.
Rheinberg, F.: Reducing anxiety in classroom settings: Some theoretical observations. In: Schwarzer, R., van der Ploeg, H. & Spielberger, C. D. (eds.): Advances in test anxiety research, Vol. 1. Lisse: Swets 1982, 131–137.
Richardson, F. C. & Woolfolk, R. L.: Mathematics anxiety. In: Sarason, I. G. (ed.): Test anxiety. Hillsdale: Erlbaum 1980, 271–288.
Sarason, I. G.: Empirical findings and theoretical problems in the use of anxiety scales. Psychological Bulletin 57 (1960), 403–415.
Sarason, I. G. (ed.): Test anxiety. Hillsdale: Erlbaum 1980.
Schwartz, G. E. & Weinberger, D. A.: Patterns of emotional responses to affective situations: Relations among happiness, sadness, anger, fear, depression, and anxiety. Motivation and Emotion 4 (1980), 175–191.
Schwarzer, R.: Schulangst und Lernerfolg. Düsseldorf: Schwann, 1975, 2. Aufl. 1980.
Schwarzer, R.: Besorgtheit und Aufgeregtheit als unterscheidbare Komponenten der Leistungsängstlichkeit. Psychologische Beiträge 23 (1981), 579–594.
Seligman, M. E. P.: Erlernte Hilflosigkeit. München: Urban & Schwarzenberg 1979.
Spielberger, C. D.: Conceptual and methodological issues in anxiety research. In: Spielberger, C. D. (ed.): Anxiety: Current trends in theory and research, Vol. 2. New York: Academic Press 1972, 23–49.
Spielberger, C. D.: Test anxiety inventory. Preliminary professional manual. Palo Alto: Consulting Psychologists Press 1980.
Spielberger, C. D.: The state-trait anxiety inventory: A comprehensive bibliography. Palo Alto: Consulting Psychologists Press 1982.
Ulich, D.: Das Gefühl. München: Urban & Schwarzenberg 1982.
Wicklund, R. A. & Frey, D.: Self-awareness theory: When the self makes a difference. In: Wagner, D. M. & Vallacher, R. R. (eds.): The self in social psychology. New York: Oxford University Press 1980, 31–54.
Wine, J.: Test anxiety and direction of attention. Psychological Bulletin 76 (1971), 92–104.
Wine, J. D.: Cognitive-attentional theory of test anxiety. In: Sarason, I. G. (ed.): Test anxiety. Hillsdale: Erlbaum 1980, 349–385.
Zimbardo, P. G.: Shyness. Reading: Addison-Wesley 1977.

Ralf Schwarzer

Ärger

Ärger gilt als eine fundamentale Emotion, die in allen menschlichen Kulturen und auch im Tierreich vorkommt. So konnten z. B. Ekman und Friesen (1971) anhand empirischer Untersuchungen zeigen, daß Ärgeremotionen in allen Kulturen gleich ausgedrückt werden und gleiche Erlebnisqualität besitzen (→ *Ausdruckserscheinungen*). Ärger, konkret der ärgerliche Gesichtsausdruck, dient der Regulierung interpersoneller Beziehungen. Er bringt die Androhung zum Ausdruck, die den zielgerichteten Handlungsablauf einer Person störende Barriere beseitigen oder zerstören zu wollen (vgl. Averill 1978). Der Ärgerausdruck fungiert gleichzeitig auch als Hinweisreiz für entsprechende Gegenmaßnahmen seitens des Partners, so daß es schnell zu reziproken Eskalationen von Konflikten kommen kann (vgl. Verres & Sobez 1980).

Körperliche Begleiterscheinungen des Ärgers

Die Ärgeremotion ist von Veränderungen im autonomen Nervensystem begleitet. In biologischen Bedrohungs- und sozialen Spannungssituationen werden die zur Verfügung stehenden Abwehrkräfte mobilisiert; in der Streßforschung spricht man von einer Notfall- und einer Bereitstellungsreaktion. Der Organismus wird muskulär in Bereitschaft versetzt, Aufmerksamkeit und Wachheit nehmen zu. Dies schlägt sich vorwiegend in gesteigerter sympathischer, weniger in parasympathischer Aktivität des autonomen Nervensystems nieder, so daß in psychologischen Untersuchungen die gesteigerte Pulsschlagfrequenz, Veränderungen im systolischen und diastolischen Blutdruck und die Zunahme der Hautleitfähigkeit immer wieder als Indikatoren für Ärgeremotionen eingesetzt werden. Daneben sind auch biochemische Veränderungen im Blut und im Urin nachweisbar, dies gilt insbesondere für die Noradrenalinkonzentration (vgl. Hamburg, Hamburg & Barchas 1975).

Nach wie vor umstritten ist die Frage, ob der Ärgeremotion ein spezifisches neuronales und endokrines Reaktionsmuster im zerebralen und autonomen Bereich entspricht (→ *Vegetatives Nervensystem und Emotionen*). Nach Moyer (1971) sind die Befunde, wonach ärgerinduzierte Aggression (im Gegensatz etwa zur Beute- oder Rivalenaggression) zentral von spezifischen Partien der Mandelkerne (*Nuclei amygdalae*) gesteuert werden, nicht eindeutig (→ *Limbisches System und Emotionen*). Dies gilt ebenso für endokrinologische Befunde. Zwar ist der Einfluß vor allem der Nebennieren- und Schilddrüsenhormone auf ärgerinduzierte Aggression generell unbestritten, unklar ist jedoch noch, in welcher Weise die neuronalen und endokrinen Strukturen verkoppelt sind und miteinander interagieren (vgl. Frankenhäuser 1975; → *Hormone und Emotionen*).

Ungeklärt ist auch noch die Frage, ob der empfundenen Ärgeremotion spezifische Muster der Gesichtsmuskelbewegung entsprechen. Kotsch und Izard (zitiert in Izard 1975) konnten zwar nachweisen, daß sowohl die Vorstellung als auch die Ausübung der Gesichtsmuskelbewegungen, die dem Ärgerausdruck entsprechen, Ärgerempfindungen auslösen, jedoch liegen derzeit noch keine eindeutigen Ergebnisse darüber vor, daß diesen Empfindungen eine selektive Innervierung spezifischer anatomischer Gesichtsmuskelstrukturen entspricht (vgl. Ekman, Friesen & Ancoli 1980). Der Nachweis einer solchen Spezifität dürfte auch deshalb nur schwer zu erbringen sein, da Ärger nur selten unabhängig von weiteren Emotionen wie Ekel oder Geringschätzung auftritt. Izard (1977) faßt aus diesem Grund auch Ärger, Ekel und Geringschätzung zur sog. *Feindseligkeitstriade* zusammen, die Grundlage zahlreicher Formen aggressiven Verhaltens ist.

In sozialen Interaktionssituationen lassen sich Ärgeremotionen nicht immer unzweideutig feststellen. Dies ist einerseits auf Überlappungen einzelner Emotionen, andererseits auf die in der Sozialisation gelernte Unterdrückung affektiver Äußerungen zurückzuführen. So kann es auch nicht erstaunen, daß Untersuchungsergebnisse zur Frage, ob die Wahrnehmung von Ärgeremotionen im Gesicht eines Interaktionspartners zur Unterdrückung aggressiven Verhaltens führt, widersprüchlich sind (vgl. Izard 1975). Tagiuri (1969) kommt in seiner Übersicht zur Emotionswahrnehmung zu dem Resultat, daß die Genauigkeit der Wahrnehmung von Emotionen stark von den Informationen aus dem situativen Kontext abhängt. Nur wenn solche Informationen berücksichtigt werden können, sind zuverlässige und übereinstimmende Beurteilungen möglich (→ *Ausdruckserscheinungen*).

Frustration – Ärger – Aggression

Weil Ärgeremotionen also nicht der unmittelbaren Beobachtung zugänglich sind, müssen sie aus Bedingungen des Handlungskontextes und der häufig aggressiven Reaktion auf diese Bedingungen erschlossen werden. In der psychologischen Forschung wurde Ärger dann auch vornehmlich im Zusammenhang mit Frustration und Aggression thematisiert (→ *Lerntheoretische Ansätze*).
Ärgeremotionen werden in der Regel durch die Blockierung von Zielreaktionen ausgelöst. Wenn man körperlich oder psychisch daran gehindert wird, sein mehr oder weniger intensiv angestrebtes Ziel zu erreichen, wenn unerwartet (meist im Sinne von ungerechtfertigt) auftretende Hindernisse zu einer Unterbrechung des aktuell verfolgten Handlungsplanes führen und dadurch zusätzliche Anpassungsleistungen erforderlich sind, dann entstehen Ärgergefühle. All diese Behinderungen bestehen – verhaltenstheoretisch formuliert – darin, daß eine positive Verstärkung des ausgeübten Verhaltens ausbleibt (und allein dies stellt eine Frustration dar), wodurch in der Folge emotionale Erregung ausgelöst wird.
Eine erste einfühlsame und umfassende Beschreibung der Ärgerentwicklung stammt von Dembo (1931), die Versuchspersonen unlösbare Aufgaben bearbeiten ließ und den Verlauf der Affektentstehung exakt registrierte. Nimmt die innerliche Anspannung infolge der erfolglosen Bemühungen, die Aufgabe zu lösen, zu und bestehen keine Möglichkeiten, aus dem Felde zu gehen (d. h., die Bemühungen entweder durch ein objektives oder psychologisches Verlassen der Situation einzustellen), so kommt es schließlich zu reinen Affektäußerungen und aggressiven Affekthandlungen. Der eigentliche Ärgerausbruch tritt meist dann ein, „wenn ein besonders ärgererregendes Einzelgeschehen als Zusatzdruck das ‚Faß zum Überfließen' bringt" (S. 103), z. B. ein sog. „Beinahe-Geschehen". So ist der Ärger über einen verpaßten Bus um so größer, je knapper er verfehlt wurde.
Rosenzweig (1934) klassifizierte die Reaktionen auf frustrative Ereignisse und wies in seiner Einteilung der Typen bewußter Reaktionen auf Frustrationen

darauf hin, daß sich Ärger und Entrüstung *extrapunitiv* äußern. Die geärgerte Person wendet sich gegen andere Personen (oder beim Vandalismus gegen Personsurrogate), beschuldigt sie und verhält sich ihnen gegenüber aggressiv, um sie dadurch zu bestrafen und die Frustrationsbedingungen zu beseitigen.
Auch die neueren Ansätze der sozialpsychologischen Aggressionsforschung (vgl. Mummendey 1982) gehen davon aus, daß Ärgeremotionen aggressives Handeln einleiten können, wobei sich diese Ansätze danach unterscheiden lassen, wie eng die Beziehung zwischen Ärger und Aggression konzipiert ist und welche zusätzlichen Bedingungen erfüllt sein müssen, damit aggressives Verhalten auftritt.
Nach weitverbreiteter Auffassung nimmt der Ärger die Position einer intervenierenden Variablen ein (→ *Lerntheoretische Ansätze*). Zwischen die extern beobachtbaren Ereignisse, die den Frustrationsstimulus konstituieren und die aggressive Handlung als Reaktion auf diese Frustration ist ein nicht direkt beobachtbarer Prozeß geschaltet, von dem angenommen wird, daß er das Erleben der Situation und die Reaktion hierauf bestimmt.
Die psychologische Aggressionsforschung läßt im wesentlichen zwei Auffassungen dieser intervenierenden Variablen „Ärger" erkennen: Einmal wird davon ausgegangen, daß frustrierende Reize ihre Bedeutung durch klassisches Konditionieren erhalten, also durch die Assoziation mit solchen Reizen, die ein bedürfnisbefriedigendes Verhalten blockieren. Auf solche frustrierenden Reize erfolgt eine biologisch determinierte Ärgerreaktion, die den Organismus in Bereitschaft versetzt und ihn zu aggressivem Verhalten anregt. Frustration und Ärger fallen hier praktisch zusammen: Jede Frustration löst eine Ärgeremotion aus (vgl. Berkowitz 1962).
Ein zweiter, neuerer Ansatz geht von einer komplexeren Modellvorstellung aus. Frustrierende Reize führen zu einem Anstieg der unspezifischen körperlichen Erregung, die erst aufgrund der kognitiven Verarbeitung der Kontextreize als Ärger interpretiert wird. Die Erregung trägt zu einer generellen Intensivierung jeglichen Verhaltens bei, die Ärgeremotion ist erst das Resultat der Interaktion von Erregung und kognitiver Verarbeitung (Zillmann 1979, → *Kognitionstheoretische Ansätze*).

Ärger und Hinweisreize bedingen aggressives Verhalten

Aggressives Verhalten als Folge einer Frustration und der damit einhergehenden Ärgeremotion erfolgt meist nur dann, wenn ein solches Verhalten angesichts der jeweiligen Situationsbedingungen als angemessen angesehen wird. Berkowitz (1965) nimmt hier besonders auf das Konzept der *geeigneten Hinweisreize (suitable cues)* Bezug, die vornehmlich durch klassische, aber auch operante Konditionierungsprozesse erlernt werden und aggressives Verhalten auslösen oder auch hemmen. Aggressives Verhalten wird nach Berkowitz also durch Ärgergefühle angeregt; ob es jedoch zur Realisation kommt, hängt einmal vom Ausmaß der

durch den Ärger bedingten Aggressionsbereitschaft (Intensität des Ärgers, Dominanz aggressiven Verhaltens) und zum anderen von den gegebenen externen Hinweisreizen ab.
Unter Hinweisreizen versteht Berkowitz solche Reize, die in der gegenwärtigen oder in vorausgegangenen Situationen mit der Ausübung aggressiven Verhaltens assoziiert sind. Berkowitz und LePage (1967) wiesen die Bedeutung solcher Hinweisreize am Beispiel von Waffen nach. In ihrem klassischen Experiment zeigte sich eine signifikante Wechselwirkung der Faktoren „Ärger" und „Waffen": Geärgerte, zur Aggression angeregte Personen zeigten mehr aggressives Verhalten (Verteilen von Elektroschocks), wenn sich Waffen in ihrem Blickfeld befanden. Geen und Berkowitz (1966) zeigten in Untersuchungen zur *cue*-Vermittlung, daß geärgerte Personen, die zuvor einen aggressiven Film gesehen hatten, an einen vermeintlichen Kontrahenten mehr Elektroschocks verteilten, wenn dieser Gemeinsamkeiten mit dem Aggressor im Film aufwies, z. B. den gleichen Vornamen trug.
In Replikationsuntersuchungen konnten diese Befunde nicht durchgängig bestätigt werden. Schmidt und Schmidt-Mummendey (1974) führen dies auf zahlreiche Mängel dieser Experimente zurück, die die Gültigkeit sowohl des spezifischen *Waffen-Effekts* als auch der generellen *suitable cue*-Annahme, insbesondere aber die Rolle der klassischen Konditionierung und der damit verbundenen Vorstellung der reizbedingten Auslösung aggressiven Verhaltens in Frage stellen. Gerade die Nähe zu triebtheoretischen Modellen und die damit verbundene Vernachlässigung sozial-kognitiver Faktoren hat schließlich dazu beigetragen, daß dieser Ansatz in den letzten Jahren zurückgedrängt wurde.

Ärger: Wechselspiel von Erregung und kognitiven Prozessen

Die stärker kognitiv orientierten Ansätze, die grundsätzlich die Plastizität der körperlichen Erregung betonen, stellen die kognitiven Steuerungsprozesse in den Mittelpunkt ihrer Analysen (→ *Kognitionstheoretische Ansätze*). Der Ärger stellt keine biologisch determinierte Reaktion auf Frustration dar, vielmehr führt die Frustration zunächst nur zu einer gesteigerten unspezifischen Erregung, die unter Heranziehung von Interpretationshinweisen aus der aktuellen Umgebung als Ärger interpretiert werden kann.
Nach Ferguson und Rule (1983) nimmt der Ärger zu, je größer die Diskrepanz zwischen dem tatsächlichen Istzustand und dem erwarteten Sollzustand wird und je eindeutiger der Täter als verantwortlich für die Abweichung angesehen wird. Wächst die „Ist-Soll-Diskrepanz" an, so nimmt die Aggressionsbereitschaft unterschiedlich zu, je nachdem, ob sie durch einen Unfall bewirkt wurde, sie dem Täter nur begrenzt vorhersehbar war oder aber vorsätzlich angestrebt worden ist, weil sie dem eigenen Interesse förderlich war.
Von entscheidender Bedeutung für die Ärgerentwicklung ist also nicht so sehr die

Frustration selbst, als vielmehr die wahrgenommene Verursachung derselben entweder durch den Täter oder durch situative Faktoren, für deren Wirkung der Täter nicht zur Verantwortung zu ziehen ist. Ärger und aggressives Verhalten entstehen vor allem dann, wenn die festgestellte Diskrepanz vom Täter intendiert und bewußt kontrolliert herbeigeführt wurde, sie also zentral auf sein normabweichendes Handeln zurückzuführen ist (→ *Attributionstheoretische Ansätze*).
Forschungsergebnisse bestätigten diese Annahme. Wird einem Angreifer eine feindselige Intention zugeschrieben, so resultiert daraus häufig Ärger und aggressives Verhalten. Oft genügt schon das Wissen um diese feindseligen Absichten, nicht erst der Angriff, um Ärger und Aggressionen auszulösen. Kündigt der Interaktionspartner hingegen bereits entschuldigend eine aggressive Handlung an, so entsteht häufig gar kein Ärger, und auch die vergeltende aggressive Handlung bleibt aus. Der Ärger und die Tendenz zur Vergeltung nehmen aber nicht ab, wenn nachträglich, nachdem die Attribution einer Schädigungsabsicht bereits erfolgt ist, die provokative Handlung entschuldigt wird. Im Falle starker Erregung zeigen Entschuldigungsgründe keine Wirkung, unabhängig davon, ob sie vor oder nach der Tat bekannt gegeben werden (vgl. Zillmann & Cantor 1976).
Attributionsprozesse spielen auch hinsichtlich der Einschätzung der *Kontrollierbarkeit* der Handlung eine wichtige Rolle. Hierunter wird die Fähigkeit verstanden, das eigene Handeln bewußt zu steuern. Ein Verlust dieser Kontrolle ist in der Regel auf physiologische und psychologische Einflüsse zurückzuführen; liegt er vor, so ist die Verantwortlichkeit reduziert und die Handlung (mehr oder weniger) zu entschuldigen. Das deutsche Strafgesetzbuch unterscheidet in diesem Sinne auch Tötungshandlungen danach, ob sie vorsätzlich und bewußt geplant oder stärker aus dem Affekt heraus vorgenommen wurden. Erstere Tötungshandlung stellt einen Mord dar, letztere einen Totschlag. Ein Fall minder schweren Totschlags liegt vor, wenn der Totschläger „ohne eigene Schuld durch eine ihm oder einem Angehörigen zugefügte Mißhandlung oder schwere Beleidigung von dem Getöteten zum Zorn gereizt und hierdurch auf der Stelle zur Tat hingerissen worden ist . . .“ (vgl. § 213 StGB). Der attribuierte Ärgeraffekt entlastet also den Handelnden von der (vollen) Verantwortlichkeit für die Handlung, sofern eine adäquate Provokation zugrundeliegt, die Handlung unmittelbar auf die Provokation folgte (der Zorn also noch nicht verraucht war) und Provokation, Affekt und Affekthandlung in kausaler Beziehung zueinander stehen (vgl. Averill 1978).

Ärger und zusätzliche Erregungsquellen

Intensive Forschungsbemühungen wurden auf die Frage gerichtet, ob bereits vorhandenen Ärgeremotionen zusätzliche Erregungsanteile, die nicht auf eine Frustration zurückgehen, aufzuaddieren sind, so daß es schließlich zu einer Intensivierung des aggressiven Verhaltens kommt. Diese sog. *Erregungs-Transfer-Hypothese* wurde in Untersuchungen von Zillmann, Katcher und Milavsky (1972) weitgehend bestätigt. Personen, die zunächst stark provoziert worden waren und anschließend zusätzlich stark erregt wurden (Treten auf einem Fahrradsimulator), zeigten mehr aggressives Verhalten als solche Personen, die auch stark provoziert, aber zusätzlich nur schwach erregt wurden. Aus den Ergebnissen geht deutlich hervor, daß zunächst ein Ärgeraffekt vorhanden sein muß; körperliche Erregung allein führt nicht zu aggressivem Verhalten.

Heckhausen (1980) weist in einer Zusammenstellung einiger repräsentativer Befunde zu dieser Fragestellung auf die eingeschränkte Geltung dieser Hypothese hin. Es scheint insgesamt fragwürdig zu sein, die aufgedeckten, zum Teil widersprüchlichen Befunde als Transfereffekte zu interpretieren, die auf eine Fehlattribution der verspürten Erregung zurückzuführen sind. Es bleibt in vielen Experimenten unklar, ob die provokative Behandlung tatsächlich Ärger auslöst und die zusätzliche Erregungsquelle nicht im Sinne eines hemmenden Hinweisreizes wirkt (vgl. Bornewasser & Mummendey 1981).

Klinische Aspekte des Ärgers

Die kognitiven Ansätze legen die Vermutung nahe, daß aggressives Verhalten durch geeignete therapeutische Techniken der kognitiven Kontrolle der Ärgerentwicklung reduziert werden könne. Ein entsprechendes Trainingsprogramm von Siebert (1977) verfolgt dann auch das Ziel, den Probanden den Zusammenhang zwischen den eigenen Kognitionen der Umwelt und dem Ärger bewußt zu machen und Alternativkognitionen zu erproben. In der Therapie soll der Proband lernen, sich selbst solche Instruktionen zur Situationswahrnehmung zu geben, die mit der Ärgerentstehung inkompatibel sind. Es wird also angestrebt, Ärger erst gar nicht aufkommen zu lassen und dadurch aggressive Auseinandersetzungen zu unterbinden.

Klinisch relevant ist auch der Fall, daß Ärgergefühle nicht ausreichend zum Ausdruck gebracht werden können. Der Ärger schlägt in diesem Fall sprichwörtlich auf den Magen, d. h. die gehemmte aggressive Bereitschaft führt dazu, daß die empfundene Anspannung pathogene Einflüsse auf körperliche Organe nimmt und sog. psychosomatische Erkrankungen auslöst (z. B. Magengeschwüre, vegetative Dystonie, Bluthochdruck und Herzerkrankungen; → *Krankheit und Emotion*). In solchen Fällen zielt die Therapie darauf ab, Verhaltensweisen einzuüben, die zum einen das Ärgererleben in Belastungssituationen reduzieren, die zum anderen aber auch geeignet sind, innere Anspannungen in sozial angemessener Form nach außen hin abzubauen (sog. assertives oder Selbstsicherheitstraining, vgl. Ullrich de Muynck & Forster, 1974).

Literatur

Averill, J. R.: Anger. In: Dienstbier, R. A. (ed.): Nebraska Symposium on Motivation 1978, Vol. 26. Lincoln: University of Nebraska Press 1979, 1–80.

Berkowitz, L.: Aggression: A social psychological analysis. New York: McGraw-Hill 1962.

Berkowitz, L.: The concept of aggressive drive: Some additional considerations. In: Berkowitz, L. (ed.): Advances in Experimental Social Psychology, Vol. 2. New York: Academic Press 1965, 301–324.

Berkowitz, L. & LePage, A.: Weapons as aggression-eliciting stimuli. Journal of Personality and Social Psychology, 7 (1967), 202–207.

Bornewasser, M. & Mummendey, A.: Einflüsse von Willkürlichkeit, Provokation und Erregung auf aggressives Verhalten. Zeitschrift für experimentelle und angewandte Psychologie 28 (1981), 374–392.

Dembo, T.: Der Ärger als dynamisches Problem. Psychologische Forschung 15 (1931), 1–144.

Ekman, P. & Friesen, W. V.: Constants across cultures in the face and emotion. Journal of Personality and Social Psychology 17 (1971), 124–129.

Ekman, P., Friesen, W. V. & Ancoli, S.: Facial signs of emotional experience. Journal of Personality and Social Psychology 39 (1980), 1125–1134.

Ferguson, R. & Rule, B. G.: An attributional perspective on anger and aggression. In: Donnerstein, E. & Geen, R. G. (eds.): Aggression: Theoretical and empirical reviews. New York: Academic Press 1983.

Frankenhäuser, M.: Experimental approaches to the study of catecholamines and emotion. In: Levi, L. (ed.): Emotions: Their parameters and measurement. New York: Raven Press 1975, 209–234.

Geen, R. & Berkowitz, L.: Name-mediated aggressive cue properties. Journal of Personality 34 (1966); 356–465.

Hamburg, D. A., Hamburg, B. A. & Barchas, J. D.: Anger and depression in perspective of behavioral biology. In: Levi, L. (ed.): Emotions: Their parameters and measurement. New York: Raven Press 1975, 235–278.

Heckhausen, H.: Motivation und Handeln. Berlin: Springer 1980.

Izard, C. E.: Patterns of emotions and emotion communication in „hostility" and aggression. In: Pliner, P., Krames, L. & Alloway, T. (eds.): Nonverbal communication of aggression. Advances in the Study of Communication and Affect, Vol. 2. New York: Plenum Press 1975, 77–102.

Izard, C. E.: Human emotions. New York: Plenum Press, 1977. (dt.: Die Emotionen des Menschen. Weinheim: Beltz 1981).

Moyer, K. E.: The physiology of hostility. Chicago: Markham 1971.

Mummendey, A.: Aggressives Verhalten. In: Thomae, H. (Hg.): Psychologie der Motive. Bd. 2 der Serie Motivation und Emotion der Enzyklopädie der Psychologie. Göttingen: Hogrefe 1982, 321–439.

Rosenzweig, S.: Types of reaction to frustration: A heuristic classification. Journal of Abnormal and Social Psychology 29 (1934), 298–300.

Schmidt, H. D. & Schmidt-Mummendey, A.: Waffen als aggressionsbahnende Hinweisreize. Eine kritische Betrachtung experimenteller Ergebnisse. Zeitschrift für Sozialpsychologie 5 (1974), 201–218.

Siebert, M.: Ärgerkontrolle: Eine Methode der Aggressionsbewältigung? Zeitschrift für klinische Psychologie 6 (1977), 59–69.

Strafgesetzbuch (StGB): 19. Auflage, Stand 1. 6. 1980. München: Beck 1980.

Tagiuri, R.: Person perception. In: Lindzey, G. & Aronson, E. (eds.): The handbook of social psychology, Vol. 3. Reading, Mass.: Addison-Wesley 1969, 395–449.

Ullrich de Muynck, R. & Forster, T.: Selbstsicherheitstraining. In: Kraiker, C. (Hg.): Handbuch der Verhaltenstherapie. München: Kindler 1974, 351–368.
Verres, R. & Sobez, I.: Kognitive Aspekte von Ärger und Wut. Medizinische Psychologie 6 (1980), 33–53.
Zillmann, D.: Hostility and aggression. Hillsdale, N. J.: Erlbaum 1979.
Zillmann, D. & Cantor, J. R.: Effect of timing of information about mitigating circumstances on emotional responses to provocation and retaliatory behavior. Journal of Experimental Social Psychology 12 (1976), 38–55.
Zillmann, D., Katcher, A. H. & Milavsky, B.: Excitation transfer from physical exercise to subsequent aggressive behavior. Journal of Experimental Social Psychology 8 (1972), 247–259.

Manfred Bornewasser
und *Amélie Mummendey*

Freude und Glück

Bekanntlich schweigt zwar, was froh und glücklich ist, aber sobald es darum geht, über Freude und Glück zu sprechen, wird es allzuleicht geschwätzig. Außerdem verwendet die Umgangssprache die Begriffe auf verschiedene Weise. Man kann glücklich sein und Glück haben. Wer Glück hat, ist normalerweise darüber froh. Und wem es fehlt, der hat Pech. Hinzu kommt, daß die einem vom Glück reden und Zufriedenheit meinen, während andere an die Verklärung des Augenblicks denken, die ekstatische Freude meinen und von Glück im Sinne von Glückseligkeit sprechen. Diese verschiedenen Möglichkeiten machen es schwierig, eindeutige Aussagen über Freude und Glück zu finden. Trotzdem – oder gerade deshalb gibt es in der Psychologie viele Bemühungen, Verbindliches über diese beiden Gefühle herauszufinden. Der Weg, den die Untersuchungen dabei gehen, führt in die Ausdruckspsychologie, die Erlebnispsychologie und die Psychophysiologie.

Ausdruck von Freude und Glück

Was vom Gefühl der Freude und des Glücks unmittelbar verstanden werden kann, ist seine Mimik und seine Gestik. Und von allen Ausdrucksweisen lustvoller Gefühle ist das Lachen wohl die häufigste. Lachen, Lächeln, Kichern und Schmunzeln sind Abstufungen, mit denen die Vielfalt der Erscheinungen auch lautmalerisch zum Ausdruck gelangt. Kein anderes Beispiel könnte die Verbindung von außen und innen – von Verhalten und Erleben – besser zeigen, als das Zischen und Schnalzen, Gurgeln und Krächzen, Glucksen und Brodeln beim Versuch, herzhaftes Lachen der Freude zu unterdrücken. Und in der hellen

Freude ist das Lachen begleitet von ausladenden Bewegungen, von Singen und Tanzen, Springen, Stampfen und In-die-Hände-Klatschen. Physiologisch gesehen ist Lachen eine merkwürdige Modifikation der Atembewegung, bei der die Atmung in mehreren hintereinander folgenden Stößen ausgeführt wird. Das Einatmen geschieht danach in kontinuierlichen, etwas beschleunigten tiefen Zügen. Die Gesichtsmuskeln werden dabei zusammengezogen, wodurch eine Verbreiterung des Mundes entsteht und die Mundwinkel etwas angehoben werden. Hinzu kommt bei intensivem Lachen das Vergießen von Tränen. Diese Merkmale als Ausdruck des Gefühls sind zwischen Erwachsenen und Kindern und zwischen den Angehörigen verschiedener Kulturen weitgehend ähnlich (Ekman & Friesen 1975, Eibl-Eibesfeldt 1980, Rotbart 1973). Das Lachen wird aus diesem Grund als angeborenes Verhalten angesehen, das in seinen ersten äußeren Grundformen bereits wenige Stunden nach der Geburt im Zustand des Schlafes und der Schläfrigkeit auftritt (Wolff 1963), sich dann in den ersten Lebenswochen unter dem Einfluß von Lernbedingungen als Antwort auf die menschliche Stimme und auf den Anblick des menschlichen Gesichts weiterentwickelt und bereits zwischen dem 3. und 6. Monat eine Vielzahl sozialer Funktionen erfüllt, die für die Bedeutung des Lachens in den späteren Altersstufen bekannt ist (→ *Entwicklungspsychologische Ansätze*). Trotzdem sind die psychologischen Ursachen des Lachens im einzelnen schwer zu bestimmen. „Der Gegenstand ist äußerst kompliziert" schreibt Darwin in seinen berühmten Abhandlungen zum Ausdruck der Gemütsbewegungen (1872). „Irgend etwas nicht Zusammengehöriges oder Unerklärliches, das Erstaunen Erregende oder auch ein gewisses Gefühl der Überlegenheit beim Lachenden, der dabei in einer glücklichen Geistesstimmung sich befinden muß, scheint die häufigste Ursache zu sein" (1874, S. 202). Diese positive Grundstimmung scheint auch dort nötig, wo Lachen nicht mit Freude, sondern mit jener merkwürdigen Berührungsweise der Haut verbunden ist, die man als Kitzeln bezeichnet.

Phänomenologische Beschreibung

Beim Versuch, Freude und Glück zu beschreiben, werden diese Gefühle häufig nur umschrieben. Es werden dabei andere Gefühle zur Hilfe genommen, um sie auszudrücken. So heißt es beispielsweise bei Izard (1981): „Phänomenologisch gesehen ist Freude gekennzeichnet durch ein Gefühl von Vertrauen, Zufriedenheit und oft durch das Empfinden, geliebt zu werden oder liebenswert zu sein" (S. 310). Solche Umschreibungen ersetzen dasjenige, was zu beschreiben ist, durch Begriffe, die ebenfalls erst zu beschreiben sind. Sie verfangen sich in Sprachklischees. Freude ist Freude. Das Gefühl verlangt nach einem Ausdruck aus seiner eigenen Bedeutung heraus. Dieser Weg aber ist schwierig, denn in der Vielfalt der Phänomene entzieht sich das Gefühl rasch der einmal gefaßten begrifflichen Sphäre. Sich über einen guten Wein freuen oder über eine tiefere

Einsicht oder eine bestandene Prüfung, ist nicht nur deshalb verschieden, weil es sich um verschiedene Gegenstände der Freude handelt, sondern weil das gesamte Wissen und die Erfahrung, die an diese Gegenstände gebunden sind, in das Gefühlserleben mit eingehen. Dazu kommt, daß Gefühle sich beständig verändern und man den Eindruck gewinnt, daß die mit dieser Veränderung gegebene Bewegung der einzige „feste Punkt“ sei, von dem aus die phänomenologische Beschreibung ausgehen müsse (vgl. Tunner 1982). Bewegung kann als Hingabe an den Gegenstand gesehen werden, auf den diese Gefühle gerichtet sind. Hingabe bedeutet Nähe zum Gegenstand. Um sie subjektiv zu erreichen, ist es nötig, sich subjektiv auch zu nähern und sich dem Inhalt des Gefühls zu öffnen. Hier sind Glück und Freude von den Möglichkeiten abhängig, sich einem Inhalt oder Gegenstand zu nähern und sich zu öffnen. Von der lustvollen Hingabe an die Reize sinnlicher Erlebnisse bis zum Glück tiefer Einsicht scheinen diese Vorgänge gleichermaßen von Bedeutung. Aber während die an die Erregungen unmittelbarer Sinnesreize gebundene lustvolle Hingabe allein mit dem Augenblick der Erschöpfung und Sättigung vergeht, haben die an das Sinnliche *und* Gedankliche gebundenen Erlebnisse eine zeitliche Dimension. „Die Freude ist insofern tief“, schreibt Philipp Lersch, „als sie den seelischen Schwerpunkt des Menschen trifft, ihn ganz erfaßt, d. h. alle seine seelischen Bezirke sowohl im Querschnitt der gelebten Gegenwart als auch im Längsschnitt des Lebenslaufs durchdringt. Die echte Freude gibt unseren Wahrnehmungen einen besonderen Glanz, sie zeigt den gesamten gegenständlichen Daseinshorizont mit neuen Lichtern, sie gibt unseren Gedanken sowie unserem Wollen eine besondere Ausrichtung. Ferner erhält in der Freude die Vergangenheit einen neuen Sinn und ebenso wirkt sie sinngebend auf unsere Haltung zur Zukunft“ (1962, S. 237). Aber ein solches Aufleuchten im Gefühl der Freude, auch wenn es sich ins Vergangene und Zukünftige auszubreiten vermag und vielleicht gerade dadurch dem Augenblick tiefere Bedeutung verleiht, ist dennoch vergänglich. Die Schmerzen werden nicht ständig überwunden bleiben, und die Gegenstände und Inhalte, auf die sich die Freude richtet, werden sich ändern. Aus diesem Grunde ist die Suche nach Inhalten verständlich, die der Vergänglichkeit sich scheinbar entziehen und der Freude und dem Glück Dauer verleihen.

Faktorenanalytische Untersuchungen

Um genauer zu erkennen, wie Freude und Glück erlebt werden, ist man zuerst einmal von der eigenen Erfahrung ausgegangen und hat dann viele Personen gebeten, einfach zu sagen oder niederzuschreiben, was sie in der Freude oder im Glück erleben. Da der Wert einer solchen Aussage von der Unmittelbarkeit abhängt, mit der sie das Gefühl ausdrückt, die Befragung selbst aber üblicherweise in gefühlsneutraler Situation stattfindet, werden die Personen dazu angehalten, ihre Imagination und Phantasie lebhaft spielen zu lassen. Die auf solche Art gewonnenen Aussagen werden nach bestimmten theoretischen Gesichtspunkten inhaltlich geordnet, zu Fragebögen zusammengefaßt und weiteren Personen vorgelegt. Aus der statistischen Analyse der Ergebnisse entstehen dann Fragebögen, von denen angenommen werden kann, daß gültig ist, was sie beschreiben, wenn man sie in der Weise anwendet, in der sie entstanden sind.

Bartlett und Izard (1972) haben bei vielen Personen eine Reihe von Gefühlen mit Hilfe solcher Skalen untersucht und für die Freude die folgenden Charakteristika feststellen können: Im Vergleich zu anderen Emotionen hat Freude das höchste Maß an Lust; sie hat auch die stärkste Ausprägung an Selbstbewußtheit und die geringste an Verspannung und Krampf. Außerdem ist für sie kennzeichnend, was auch für den Zustand des gesteigerten Interesses gilt: In der Freude sind wir aufmerksam, konzentriert und wach. Eine Untersuchung von Meadows (1975) geht methodisch einen ähnlichen Weg. Die Ergebnisse zeigen, daß in der Freude ein höchster Grad an Geselligkeit, Lust und Lebendigkeit vorhanden ist und daß der Mensch sich im Mittelpunkt seiner Vitalität erlebt.

Meadows errechnete eine Reihe von Faktoren für das Erleben der Freude; sie umfassen vor allem Erlebnisse der Hingabe an den Gegenstand des Gefühls: an Personen, Dinge, Landschaften und an das Poetische ästhetischer Inhalte. Außerdem werden drei Charakteristika des Zeiterlebens beschrieben: die Hingabe an die Gegenwart, das rasche Vergehen der Zeit und die Kürze im Rückblick vom Moment der Erinnerung auf das tatsächliche Ereignis.

Eine umfangreiche Untersuchung über das Glück wurde von Rosemarie Hoffmann 1981 durchgeführt. Aufgrund phänomenologischer Betrachtungen individueller Aussagen über das Glück wurde ein Fragebogen konstruiert und 293 Personen der Münchner Universität vorgelegt. Die statistische Analyse erbrachte eine Reihe das Glückserleben charakterisierender Faktoren. Sie umfassen die Nähe und Verbundenheit mit anderen Menschen; Vertrauen und Liebe; tiefe innere Ruhe und die Lust unmittelbarer Empfindung; die Auflösung der Grenzen von innen und außen; die Stille und die übermütige Heiterkeit; die Innigkeit religiöser Einsicht; die Aufhebung der Zeit als Dauer und die Bejahung des Lebens. Eine klare Unterscheidung zwischen Freude und Glück läßt sich aufgrund dieser Arbeiten nicht durchführen. Aber vielleicht ist das Glück eine Steigerung der Freude, im Gegebenen völlig aufzugehen.

Die drei Untersuchungen gaben Einblick in Merkmale der beiden Gefühle. Sie zeigen, auf was die freie phänomenologische Beschreibung bereits hinwies: In der Vielfalt der Erscheinungen ist Immer-Wiederkehrendes gegeben. Das Angenehme, die Gelöstheit und die Hingabe sind dafür Beispiele. Sie variieren in ihrer Intensität, Ausbreitung und Tiefe, und sie haben die Mannigfaltigkeit der Inhalte, auf die sie bezogen sind. Denn nichts bleibt auf dasselbe gerichtet. Und die Inhalte oder Gegenstände der Gefühle verändern sich auch unabhängig von uns.

Literatur

Bartlett, E. S. & Izard, C. E.: A dimensional and discrete emotions investigation of the subjective experience of emotion. In: Izard, C. E. & Bartlett, E. S. (ed.): Patterns of emotions: A new analysis of anxiety and depression. New York: Academic Press 1972.

Darwin, C.: The expression of emotions in man and animals. London: John Murray, 1872 (dt.: Der Ausdruck der Gemüthsbewegungen bei dem Menschen und den Thieren. Stuttgart: Schweizerbart'sche Verlagsbuchhandlung 1874).

Eibl-Eibesfeldt, I.: Strategies of social interaction. In: Plutchik, R. & Kellermann, H. (eds.): Emotion: Theory, research, and experience, Vol. 1: Theories of emotion. New York: Academic Press 1909, 57–80.

Ekman, P. & Friesen, W. V.: Unmasking the face. New Jersey: Englewood Cliffs 1975.

Hoffmann, R.: Zur Psychologie des Glücks – Eine empirische Untersuchung. München: Dissertation, Ludwig-Maximilians-Universität München 1981.

Izard, C. E.: Die Emotionen des Menschen. Basel: Beltz 1981.

Lersch, Ph.: Aufbau der Person. München: Ambrosius Barth, 8. Aufl., 1962.

Meadows, C. M.: The phenomenology of joy: An empirical investigation. Psychological Reports 37 (1975), 39–54.

Rotbart, M. K.: Laughter in young children. Psychological Bulletin 80 (1973), 247–256.

Tunner, W.: Subjektive Distanz, Richtung und Zeit – Ein Beitrag zur Emotionspsychologie. Gestalt Theory 3/4 (1982), 207–216.

Wolff, P. H.: Observations on the early development of smiling. In: Foss, B. M. (ed.): Determinant of infant behavior II. New York: Wiley 1963, 110–135.

Wolfgang Tunner

Bindungsgefühl

Psychologisches Begriffsfeld

Der Begriff Bindungsgefühl verbindet intrapsychische Zustände und zwischenmenschliche Beziehungen. Gefühle oder Emotionen, die ein Individuum empfindet, versucht man mit Hilfe unterschiedlicher psychologischer Methoden zu erfassen. Bindung kann sich auf Nationen, Religionen, ethnische Gruppierungen, Interessenverbände, Kleingruppen, Familien und vor allem auf bestimmte Individuen beziehen, gelegentlich sogar auf Landschaften und Ideen. Die Mitteilung des Gefühls wiederum gehört in den Bereich des Ausdrucksverhaltens, das als vor- und außersprachliche Kommunikation auch in der vergleichenden Verhaltensforschung untersucht wird. Dabei sind die Übergänge zwischen den phylogenetischen Ursprüngen und den entwicklungsbedingten symbolischen und wissenden (kognitiven) Funktionen fließend (Zivin 1982). In der Sprachtheorie Bühlers wird der

Zustand oder eine Absicht des Senders mit Ausdruck bzw. Symptom bezeichnet, der Einfluß auf den Empfänger mit Appell bzw. Signal (Bühler 1934). Bindungsgefühl ist beides: Zustand und Mitteilung. Diese Einheit ist aus entwicklungspsychologischer und ethologischer Sicht zu verstehen. Beide Aspekte zusammen führen zur Betrachtung individueller Unterschiede bei der Entwicklung des Bindungsgefühls. Darüber hinaus führen sie auch zu verschiedenen Konsequenzen für verschiedene Individuen, aus der sich auch längerfristige Folgen differentieller Art ergeben. Schließlich wird das Konstrukt Bindungsgefühl als bemerkenswertes Ordnungsprinzip sowohl intrapsychischer Prozesse als auch zwischenmenschlicher Beziehungen vorgestellt.

Anstelle einer phänomengebundenen Definition des Begriffs Bindungsgefühl soll ein mögliches Konzept des Begriffsfeldes skizziert werden; eine voreilige – verhaltensgebundene – Operationalisierung würde die Notwendigkeit dazu verwischen. Bindung (*affiliation, attachment,* soziale Bedürfnisse, sozialer Anschluß, Beziehung, Zugehörigkeit usw.) spielt in theoretischen Entwürfen der Persönlichkeitspsychologie und als sozialer Aspekt der Motivierung eine Rolle. Dabei lassen sich die angestrebten Handlungsziele nur in der Interaktion mit anderen Menschen verwirklichen (Heckhausen 1980, S. 279 ff.). Der Begriff *affiliation* (sozialer Anschluß) tritt übrigens schon als einer von 20 psychogenen Bedürfnissen in Murrays „Explorations in personality" auf (Murray 1938). In Maslows Hierarchie menschlicher Bedürfnisse müssen die sogenannten niedrigen und ontogenetisch früheren Bedürfnisse befriedigt sein, ehe höhere verwirklicht werden können. Nach den physiologischen Grundbedürfnissen sind die Bedürfnisse nach Sicherheit und sozialen Bindungen die nächste Stufe auf dem Wege zur Selbstachtung und Selbstverwirklichung (Maslow 1954). Erikson sieht im Vertrauen des Säuglings in seine Betreuer die Voraussetzung von Autonomie, Initiative, Leistung und Identität und, darauf aufbauend, in der Intimität die weitere Grundlage für zeugende Fähigkeit und Ich-Integrität (Erikson 1965). Dies setzt ver-bindliche Beziehungen zu anderen Personen im Sinne einer Gemeinschaft voraus.

Die Bedürfnisse nach Anschluß versucht man in der Motivationspsychologie durch Erwartungs-mal-Wert-Modelle zu erfassen (→ *Motivation und Emotion*). Die subjektiven Erwartungen können gegenüber nicht näher bekannten Anschlußpersonen durch Hoffnung auf Anschluß oder durch Furcht vor Zurückweisung gekennzeichnet sein. Wenn Anschlußpersonen bekannt sind, so stehen die spezifischen Anreizwerte im Vordergrund (Mehrabian & Ksionzky 1974, zit. in Heckhausen 1980, S. 286 f.). Der Wert, den ein Individuum an potentiellen Anschlußpersonen schätzt (z. B. Geld, Information, Liebe, Prestige usw.), relativiert allerdings das Anschlußmotiv per se; für sozialpsychologische Aspekte bieten die Austauschtheorien einen besseren Erklärungszusammenhang, weil in ihnen Ertrag, Aufwand, Ergebnis und ein erfahrungsbedingtes Vergleichsniveau (die Mindesterwartung) miteinander verbunden werden. Motive und Gefühle von Individuen werden dabei als ein Aspekt des funktionalen Kräftespiels von Geben und Nehmen betrachtet, das die Beziehung zwischen Personen bestimmt (Hinde 1979, Thibaut & Kelley 1959, Secord & Backman 1976, S. 272 ff.). Gefühle sind dabei eher Regelgrößen und nicht – wie man naiverweise annehmen könnte – Grundlage oder gar Ursache des Handelns. Tatsächlich sind bei zwischenmenschlichen Beziehungen wohl meistens verschiedene Motive miteinander verwoben, und die Bindung stellt einen Teil der Vielfalt menschlicher Bedürfnisse und Ansprüche dar.

Entwicklungspsychologische Aspekte

Die Entwicklungspsychologie sucht nach Erklärungsmodellen, die sich von motiv- oder persönlichkeitspsychologischen unterscheiden. Entwicklungsbedingte Veränderungsprozesse stehen im Vordergrund; sie müssen ontogenetisch und naturgeschichtlich (phylogenetisch) erklärt werden (→ *Entwicklungspsychologische Ansätze*). Die Bedeutung und Entwicklung des Gefühls der Ver-Bindung mit besonderen Personen oder Situationen ist erstens in der ontogenetischen Erfahrung verankert. Zweitens ist sie abhängig von der zeit- und kulturgeschichtlichen Bewertung bestimmter Formen von Anhänglichkeit und Verbindlichkeit; sie ist damit verbindlich, also kulturell verankert. Zum dritten liegen der Ontogenese von Zuneigung, Bindung und Zusammengehörigkeit phylogenetische Ursprünge zugrunde, die nach der Überzeugung einflußreicher Forscher umweltstabil und damit nur begrenzt disponibel sind (Bowlby 1969, Grossmann 1983). Belege für die Bedeutung emotionalen Ausdrucks bei der Entwicklung sozialer Bindung und des Miteinanders finden sich heute vor allem bei ethologisch orientierten Forschern (Charlesworth 1982) und bei Vertretern des Bindungskonzepts (Sroufe 1979). Demnach ist bei der Entwicklung des Bindungsgefühls darauf zu achten, daß der Ausdruck sich mehr oder weniger vom Gefühl lösen und eine Mitteilung (Signal) werden kann (Bühler 1927).

Ethologische Aspekte

Der Ethologe Tinbergen (1963) stellt vier Fragen, die dazu dienen können, unser Verständnis von bestimmten Verhaltensmustern zu vertiefen. Im Falle des Bindungs- oder Zugehörigkeitsverhaltens kleiner Kinder bezieht sich die erste Frage darauf, wie ein Kind dazu kommt, eine bestimmte Person zu bevorzugen; die zweite fragt, was wohl das Kind veranlaßt, Bindungsverhalten dieser Person gegenüber in einem bestimmten Augenblick oder in einer bestimmten Situation zu äußern. Die Fragen 3 und 4 suchen nach Ursprüngen (*ultimate causes*): ihrem Überlebenswert und ihrer stammesgeschichtlichen Entwicklung. Die dritte betrifft folglich den möglichen Einfluß des Bindungsverhaltens auf das Überleben und die Reproduktion der Art; die vierte betrifft die möglichen Selektionsbedingungen bei der Ausbildung von Gefühlen mit bestimmten Einflußqualitäten auf diejenigen Personen, an die eine Bindung vollzogen wird. Durch Tinbergens Fragen erst ist deutlich geworden, wie begrenzt unser Wissen über das Bindungsgefühl tatsächlich ist (Main 1979).

Konsequenzen für das Konzept Bindungsgefühl

Aus dem ethologischen und aus dem kommunikationspsychologischen Ansatz ergeben sich drei Fragenkomplexe, die für die Entwicklung von Gefühlen im allgemeinen und des Bindungsgefühls im besonderen bedeutsam sind:

1. Welche Rolle spielen die Gefühle bei der Ausbildung der Bindung an eine oder mehrere bestimmte Personen?
2. Welcher Zusammenhang besteht zwischen diesen Gefühlen und den Mitteilungen darüber an andere?
3. Welchen Einfluß haben Personen, mit denen das Kind gemeinsam ein bestimmtes Bindungsgefühl ausbildet, auf die weitere Verbindlichkeit dieser sozial-emotionalen Grundlagen?

Bowlby hat sich über Gefühle im Zusammenhang mit der Ausbildung von Bindung des Kleinkindes an eine oder mehrere vertraute Erwachsene geäußert (Bowlby 1969, dt. 1975, Kap. 7). Nach Bowlby sind Gefühle Eigenschaften, die gewisse mit Verhalten verbundene, vorübergehende Prozesse von Zeit zu Zeit besitzen können, aber nicht zu besitzen brauchen. Dies steht im Widerspruch zur traditionellen Emotionspsychologie, die trotz größter Schwierigkeiten immer wieder statische Definitionen versucht. Dabei stützt sie sich auf sprachliche Mitteilungen der Probanden, auf physiologische Reaktionen und auf immer feinere Analysen ausschließlich des Gesichtsausdrucks sogar unter Ausschluß anderer Gefühlsindikatoren (zusammenfassend bei Schmidt-Atzert 1981; → *Ausdruckserscheinungen*). Bowlby betrachtet Benennungen, die Empfindungen, Gefühle und Emotionen konkretisieren, als unzulässig (Bowlby 1975, S. 108).

Bindungsgefühl als Epiphänomen

Bowlbys Ansicht, daß Gefühle nur mögliche Begleiterscheinungen bestimmter Verhaltensabläufe sind, ist durchaus plausibel, aber sie ist nur die halbe Geschichte. Nach Langer (in Bowlby 1975) ist das, was empfunden wird, eine Phase des Prozesses selbst. Gefühl ist demnach also nicht Produkt, sondern das Individuum empfindet manche Verhaltensprozesse, die es gelegentlich kategorial-emotional einschätzt und die es z. B. als Alarm, Angst, Ärger, Hunger, Lust, Kummer, Schuld usw. empfindet (Bowlby 1975, S. 114). Solche Empfindungen können unter bestimmten Umständen weitere Verhaltenssysteme im Individuum aktivieren. Unterschiedliche Verläufe der sozialen Entwicklung führen zu großen intraindividuellen Schwankungen und inter-individuellen Unterschieden in der Art und in der Interpretation von Gefühlen. Je nach Erfahrungen tritt das Bindungsverhalten gegenüber bestimmten Bezugspersonen deutlich und häufig auf, oder es wird in gewissen Situationen sogar aktiv vermieden (Grossmann & Grossmann 1981).

Soziale Vergewisserung als Grundlage des Bindungsgefühls

Der wahrgenommene Ausdruck, den ein Kind zeigt, wird von seiner Bezugsperson mehr oder weniger richtig interpretiert und mehr oder weniger prompt beantwortet. Der kindliche Ausdruck (Gestik, Mimik, Vokalisation, Tonus, Tempoveränderungen usw.) ist die wichtigste beobachtbare Grundlage der Entwicklung des Miteinanders zwischen Kindern und spezifischen Bezugspersonen. Das Gefühl der Gemeinsamkeit erwächst aus dem Bindungsgefühl und bildet die Grundlage sozialer Kompetenz (Ainsworth & Bell 1974) und der Fähigkeit zu nicht-sprachlicher Kommunikation (Zivin 1982). Der Partner des Kindes trägt wesentlich dazu bei, daß sich der Ausdruck möglicher Gefühle beim Kind differenziert, flexibel gestaltet und das soziale Miteinander steuernd ausgestaltet wird. Auf diese Weise wird, aus entwicklungspsychologischer Sicht, das Gefühl der Bindung in zunehmendem Maße getragen von den erlernten Erwartungen und den sozialen Kompetenzen, die schließlich beim Kind zu mehr oder weniger hochgeschätzten Gemeinsamkeiten mit besonderen anderen Personen führen. Lernpsychologische Vorgänge wie Rückmeldung durch promptes Reagieren der Bezugsperson, Nachahmen und das kindliche Suchen nach Hinweisen im Ausdrucksverhalten des Partners über dessen Bewertungen verunsichernder Situationen spielen beim differenzierenden Interpretieren von Ausdruck und Signalen eine wesentliche Rolle. Dieser Aspekt wird als ein sich Ver-ge-wissern – *social referencing* – (Campos & Stenberg 1981, Emde 1980) bezeichnet. Dieser ontogenetische Prozeß kann, aus verhaltensbiologischer Sicht, nur stattfinden, weil der Aufbau von Bindungen im Sinne offener Programme phylogenetisch vorprogrammiert ist. Das Erlernen kultureller Regeln und kulturspezifischer Interpretationen bestimmter Gefühle, wie z. B. Bindung, sind Teil dieses Prozesses, bei dem der Gefühlsausdruck zu einem Regulativ im sozialen Miteinander mit Personen wird, zu denen das Kind gehört (vgl. Charlesworth 1982, Emde & Gaensbauer 1982). Daraus erklären sich die großen individuellen Unterschiede bei der Ausbildung des Bindungsgefühls und seiner sozialen Konsequenzen.

Ontogenese individueller Unterschiede

Die Frage nach der Rolle der Gefühle bei der Ausbildung der Bindung zu einer oder zu mehreren bestimmten Personen zielt auf die entwicklungsbedingten Veränderungsprozesse des Kindes ab. Phylogenetisch hat sicher der Schutz durch die

Mutter und durch die Gruppe, gegenüber denen sich das Zugehörigkeitsgefühl ausbildet (Bowlby 1975), eine Rolle gespielt; darüber hinaus stellt die Sozialisation auf der Grundlage der Bindung eine Grundlage für die notwendige Vermittlung und Übernahme sozialer und kultureller Regeln dar. Der Mensch ist ein Kulturwesen von Natur aus (vgl. Grossmann 1982). Sein Überleben hängt ab von der Ausbildung eines auf bestimmte Personen gerichteten Bindungsgefühls, die gleichzeitig die Vermittler des lebensnotwendigen Kulturwissens sind. Wenn keine sichere Bindung ausgebildet wird, so können Angst und Streß nicht gemildert werden. Wenn, darüber hinaus, Wissen und Regeln gelehrt werden, so bleiben diese, ohne Bindung, unverbindlich. Schließlich gibt es noch die Möglichkeit, daß zwar ein intensives Bindungsgefühl ausgebildet wird, diese Beziehung aber nicht ausreichend zur kulturellen Sozialisation genützt wird. (→ *Entwicklungspsychologische Ansätze*).

Bindung und Bindungsverhalten

Die Antwort auf die Frage nach dem Zusammenhang zwischen Bindungsgefühl und der Mitteilung darüber an andere bedarf einer klaren Unterscheidung zwischen Bindung und Bindungsverhalten. Bindungsverhalten sind vor allem vor- und außersprachliche Mitteilungen, die im Zusammenspiel mit feinfühligen Partnern differenziert und bedeutungsvoll werden. Sie sind zunächst Mittel, um Nähe zu Bezugspersonen herzustellen und aufrechtzuerhalten, z. B. durch Hinsehen, Lächeln, Rufen, Weinen, Hin-neigen, Ärmchen heben, usw. Darüber hinaus sind es die Zeichen, die bei angemessen und prompt reagierenden Bindungspartnern zu einer Bewertung – dem erwähnten Ver-ge-wissern am Ausdruck – beim Kind – führen. Die Qualität der Bindung zu bestimmten Bezugspersonen kann, wenn sie unsicher ist, konfliktreich sein; wenn sie sicher ist, wird sie zuversichtlich sein. Je nach den Erfahrungen, die das Kind mit einer besonderen Bezugsperson gemacht hat, wird sein Bindungsverhalten mit Zeichen der Vermeidung, der Ambivalenz oder der Zuneigung einhergehen (Ainsworth, Bell & Stayton 1974). Das sich entwickelnde Bindungsgefühl kann also gekoppelt sein mit einem Gefühl der Unsicherheit, weil das Kind auf eine Bezugsperson angewiesen ist, die gleichzeitig Quelle seiner Verunsicherung ist (Main 1982).

Bezugsperson und soziale Verbindlichkeit

Welchen Einfluß nimmt eine, zusammen mit Bezugspersonen ausgebildete, bestimmte Qualität und Stärke des Bindungsgefühls auf die weitere Entwicklung des Kindes? Es gibt deutliche Zusammenhänge von sicherer Bindung und Vertrauen – gegründet auf eine differenzierte „soziale Kompetenz“ gegenüber Gleichaltrigen,

Lehrern und auch gegenüber situativen Versagungen (Überblick bei Grossmann & Grossmann 1981, Keller & Meyer 1982, S. 106–115, Sroufe, im Druck). Das Gefühl der Bindung verändert sich z. B. gegenüber den Eltern in Intensität, Ausdruck und Priorität. Die Erfahrungen bei der Ausbildung des Bindungsgefühls und die weitere Entwicklung des sozialen Aspektes dieser Erfahrungen aber bleiben in gewisser Weise bestehen, sie sind „dynamisch stabil" (Hinde 1979). Nach den eingangs angesprochenen Austauschtheorien ist schließlich eine Vielfalt von unterschiedlichen Akzentuierungen und Wertungen zu erwarten, wobei sich beim Individuum Motive und Gefühle im Prozeß des funktionalen Kräftespiels von Geben und Nehmen zusammenfügen, das Bindungsgefühl in die Vielfalt menschlicher Bedürfnisse und Ansprüche einmündet und trotzdem auf vielfältige Weise differentiell erkennbar bleibt.

Längerfristige Folgen unterschiedlicher Bindungsgefühle

Spätere Folgen eines mehr oder weniger zuversichtlichen Bindungsgefühls, z. B. die Bereitschaft, die Interessen anderer beim eigenen Handeln zu berücksichtigen und für verbindlich zu halten (sich ihnen verbunden zu fühlen), lassen sich bislang nur durch vereinzelte Beispiele belegen. Die Ausbildung einer sicheren Bindung fördert den realistischen Umgang mit verfügbaren Ressourcen, einer fairen Haltung gegenüber dem Prinzip der Gegenseitigkeit sowie Zuversicht und Toleranz gegenüber den Unwägbarkeiten dieser Welt (Baumrind 1980). Ein sicheres Bindungsgefühl führt auch eher zu gesellschaftlichem Engagement, selbst wenn es gegen etablierte Institutionen gerichtet ist; ein unsicheres Bindungsgefühl führt eher zu ruheloser Suche nach persönlicher Selbstdarstellung (Block 1972). Schließlich bildet sich bei sicherem Bindungsgefühl in der Kindheit eher geistige Beweglichkeit und angemessene Selbstbeherrschung aus, die das Kind bei seinen zunehmend anspruchsvoller werdenden Auseinandersetzungen mit der Umwelt braucht (Block & Block 1980, Grossmann 1983).
Das Bindungsgefühl ist ein Aspekt der Wertschätzung bestimmter anderer Individuen oder anderer Gruppen. Die während der Individualentwicklung gemachten Erfahrungen bestimmen, welche Verhaltenssysteme beim Individuum aktiviert werden, gleichgültig, ob dies zu Ausdrucksverhalten führt oder ob diese gehemmt oder unausgebildet geblieben sind (Bowlby 1975, S. 123). Der aufmerksame Beobachter individuellen Ausdrucksverhaltens erkennt, ob ein Individuum eine Situation zuversichtlich, angstfrei und mit einer gewissen geistigen Beweglichkeit bewertet. Das Gefühl ist dabei keine ursächliche Erklärung individuellen Verhaltens, sondern Folge von sozialen Erfahrungen im Zusammenhang mit dem Bindungsgefühl. Bindungsgefühl ist also getragen von den erlernten Erwartungen und sozialen Kompetenzen, die beim Individuum zu unterschiedlich hoch bewerteten Gemeinsamkeiten mit spezifischen Bezugspersonen führen. Entsprechend unterschiedlich, je nach der Qualität der Beziehungen, bilden sich die damit zusammen-

hängenden Bindungsgefühle aus. Sie stehen dabei häufig gleichzeitig im Dienste vieler anderer individueller Erwartungen, Wünsche und Pläne (→ *Soziale Interaktion und Emotion*).

Bindungsgefühl als Ordnungsstruktur

Es mutet paradox an, Gefühle teils einseitig als Epiphänomene innerer Zustände zu bezeichnen, und teils, ebenso einseitig, Ausdrucksverhalten als Prozeß auf dem Wege zur Entwicklung bestimmter Gefühle zu erkennen. Eine Lösung bietet sich durch den Gedanken von Sroufe und Waters (Sroufe 1979) an, Bindung als eine hierarchische Struktur (*organizational construct*) zu konzipieren. Sroufe betont dabei die jeweils gewordene Gefühlsqualität als Grundlage sehr diffizilen Ausdrucksverhaltens – und seines Ausbleibens, wenn etwa das Kind gegenüber Bindungspersonen ausdruckslos bleibt, den sozial-regulativen Aspekt also ausblendet. Campos und Stenberg (1981), Emde (1980) und Sroufe (1979) schreiben Gefühlen bemerkenswerte, ordnende Eigenschaften intra-psychischer Prozesse und gleichzeitig zwischenmenschlicher Beziehungen zu. Dies bedeutet: die Qualität des Bindungsgefühls ist zugleich die Grundlage für die Fähigkeit des Kindes zum differenzierten und produktiven sozialen Miteinander. Die Qualität des Bindungsgefühls bezeichnet somit den Stellenwert, den bestimmte andere Personen für das Individuum einnehmen. Ihre Ansprüche und Rechte sind für das Individuum verbindlich. Die Qualität des Bindungsgefühls zu einer bestimmten Person ist durch eine Reihe von Aspekten bestimmt. Hinde (1979) nennt u. a. die Vielschichtigkeit, die Dauer, die Herstellung der Nähe, die Reduzierung der Angst, die Vernetzung des Miteinanders (Grossmann 1977a, S. 163). Die Antworten bestimmter Bezugspersonen auf die eigenen sprachlichen und außersprachlichen Mitteilungen (Symptome, Signale und Darstellungen) genießen unterschiedliche Wertschätzung; was sie meinen ist im Falle harmonischer Beziehungen verbindlicher als bei Disharmonie. Unterschiede in der Qualität des Bindungsgefühls wirken sich bis tief in die eigene Lebensgestaltung hinein aus (Grossmann 1983, Ulich 1982) und reproduzieren teilweise sogar die Kindheitserfahrungen gegenüber den eigenen Kindern (Morris 1981).

Literatur

Ainsworth, M. D. S. & Bell, S. M.: Mother-infant interaction and the development of competence. In: Connolly, K. & Bruner, J. S. (eds.): The growth of competence. London: Academic Press 1974, 97–118.

Ainsworth, M. D. S., Bell, S. M. & Stayton, D. J.: Infant-mother attachment and social development: „Socialization" as a product of reciprocal responsiveness to signals. In:

Richards, M. P. M. (ed.): The integration of a child into a social world. London: Cambridge University Press 1974, 99–135.
Ainsworth, M. D. S., Blehar, M. C., Waters, E. & Wall, S.: Patterns of attachment. Hillsdale, N. J.: Erlbaum 1978.
Baumrind, D.: New directions in socialization research. American Psychologist 35 (1980), 539–652.
Block, J. H.: Generational continuity and discontinuity in the understanding of societal rejection. Journal of Personality and Social Psychology 22 (1972), 333–345.
Block, J. H. & Block, J.: The role of ego-control and ego-resiliancy in the organization of behavior. In: Collins, W. A. (ed.): Development of cognition, affect, and societal relations. The Minnesota Symposia on Child Development, Vol. 13. Hillsdale, N. J.: Erlbaum 1980, 39–101.
Bowlby, J.: Attachment: Attachment and loss. London: Tavistock 1969 (dt.: Bindung. München: Kindler 1975).
Bühler, K.: Die Krise der Psychologie. Stuttgart: Fischer 1965 (1. Aufl. 1927).
Bühler, K.: Sprachtheorie; die Darstellungsfunktion der Sprache. Jena: Fischer 1934.
Campos, J. & Stenberg, C.: Perception, appraisal, and emotion: The onset of social referencing. In: Lamb, M. E. & Sherrod, L. R. (eds.): Infant social cognition. Hillsdale, N. J.: Erlbaum 1981.
Charlesworth, W. R.: An ethological approach to research on facial expression. In: Izard, C. E. (ed.): Measuring emotions in infants and children. New York: Cambridge University Press 1982.
Emde, R. N.: Levels of meaning for infant emotions: A bio-social view. In: Collins, W. A. (ed.): Development on cognition, affect, and social relations. Minnesota Symposia on Child Psychology, Vol. 13. Hillsdale, N. J.: Erlbaum 1980, 1–37.
Emde, R. N. & Gaensbauer, T.: Modelle über Gefühle beim Kind. In: Immelmann, K., Harlow, G., Petrinovich, L. & Main, M. (Hg.): Verhaltensentwicklung bei Mensch und Tier. Das Bielefeld-Projekt. Berlin: Parey 1982, 671–692.
Erikson, E. H.: Kindheit und Gesellschaft. Stuttgart: Klett 1965.
Grossmann, K. E.: Frühe Entwicklung der Lernfähigkeit in der sozialen Umwelt. In: Grossmann, K. E. (Hg.): Entwicklung der Lernfähigkeit. München: Kindler 1977 a, 145–183.
Grossmann, K. E.: Angst bei Kleinkindern. In: Grossmann, K. E. & Winkel, R. (Hg.): Angst und Lernen. München: Kindler 1977b, 15–80.
Grossmann, K. E.: Vergleichende Entwicklungspsychologie. In: Silbereisen, R. & Montada, L. (Hg.): Entwicklungspsychologie. Ein Handbuch in Schlüsselbegriffen. München: Urban & Schwarzenberg 1982, 60–68.
Grossmann, K. E.: Die Entwicklung von Beziehungsmustern in der frühen Kindheit. In: Lüer, G. (Hg.): Bericht über den 33. Kongreß der Deutschen Gesellschaft für Psychologie in Mainz 1982. Göttingen: Hogrefe 1983, 543–550.
Grossmann, K. E. & Grossmann, K.: The mother-child relationship. German Journal of Psychology 5 (1981), 237–252.
Heckhausen, H.: Motivation und Handeln. Lehrbuch der Motivationspsychologie. Berlin: Springer 1980.
Hinde, R. A.: Towards understanding relationships. London: Academic Press 1979.
Keller, H. & Meyer, H. J.: Psychologie der frühesten Kindheit, Stuttgart: Kohlhammer 1982.
Main, M.: The „ultimate“ causation of some infant attachment phenomena: Further answers, further phenomena, and further questions. Behavioral and Brain Sciences 2 (1979), 640–643.
Main, M.: Vermeiden im Dienste von Nähe: ein Arbeitspapier. In: Immelmann, K., Harlow, G., Petrinovich, L. & Main, M. (Hg.): Verhaltensentwicklung bei Mensch und Tier. Das Bielefeld-Projekt. Berlin: Parey 1982, 751–793.
Maslow, A. H.: Motivation and personality. New York: Harper 1954.

Morris, D.: Mother's family histories: Relations to attachment and dependency in their toddlers. Paper presented at the Conference of the Society of Research in Child Development, Boston, April, 1981.
Murray, H. A.: Explorations in personality. New York: Oxford University Press 1938.
Schmidt-Atzert, L.: Emotionspsychologie. Stuttgart: Kohlhammer 1981.
Secord, P. F. & Backman, C. W.: Sozialpsychologie. Frankfurt: Fachbuchhandlung für Psychologie 1976.
Sroufe, L. A.: Socio-emotional development. In: Osofsky, J. D. (ed.): Handbook of infant development. New York: Wiley 1979, 462–516.
Sroufe, L. A.: Infant-caregiver attachment and patterns of adaptation in preschool: The roots of maladaptation and competence. In: Perlmutter, M. (ed.): Minnesota Symposium in Child Psychology, Vol. 16: (im Druck).
Thibaut, J. W. & Kelley, H. H.: The social psychology of groups. New York: Wiley 1959.
Tinbergen, N.: On aims and methods of ethology. Zeitschrift für Tierpsychologie 20 (1963), 410–433.
Ulich, D.: Das Gefühl. Eine Einführung in die Emotionspsychologie. München: Urban & Schwarzenberg 1982.
Zivin, G.: Watching the sands shift: Conceptualizing development of nonverbal mastery. In: Feldman, R. S. (ed.): The development of nonverbal communication in children. New York: Springer 1982.

Klaus E. Grossmann

Überraschung und Interesse

Der emotions- und motivationspsychologische Rahmen

Überraschung und Interesse erfüllen eine wichtige Funktion bei der psychischen Verarbeitung und Regulation von Ereignissen in der unmittelbaren Umwelt des Individuums. Überraschung führt zu einem situationsangemessenen Handeln des Organismus immer dann, wenn eine im weitesten Sinne unerwartete Veränderung in den momentan wirksamen Reizen des Wahrnehmungsfeldes eintritt und wenn entsprechende Anpassungsleistungen des Individuums erforderlich sind. Interesse – als Emotion – kennzeichnet die aufmerksame Zuwendung des Organismus zu bestimmten Objekten und die aktive Auseinandersetzung mit diesen. Davon zu unterscheiden ist Interesse als eine Einstellung, Haltung oder längerfristige Handlungstendenz (z. B. Berufsinteresse), die auf zielgerichtete, absichtsvolle und beständige Aktivitäten einer Person verweist.

Überraschung

Überraschung und Erwartung. Hauptmerkmal von Überraschung ist die Reaktion auf ein Ereignis, das anstelle eines anderen, erwarteten Ereignisses ohne vorherige Hinweisreize eintritt. Eine Voraussetzung ist somit, daß eine aktuell wirksame Erwartung besteht, die sich auf einen konkreten Inhalt bezieht (z. B. heute nachmittags wird mich mein Freund besuchen). Erwartung bezeichnet eine Prozeßvariable, ein hypothetisches Konstrukt, das aus den Verhaltensänderungen eines Individuums erschlossen werden kann und im subjektiven Erleben unmittelbar gegeben ist. Auf das schwierige Problem verschiedener Grade der Bewußtheit von Erwartungen können wir hier nicht näher eingehen; ich beschränke mich auf den Hinweis, daß die Stärke von Erwartungen – und damit unter Umständen die Stärke der Überraschung – eine Funktion verschiedener weiterer Variablen ist: der Stärke von gelernten Verknüpfungen zwischen Hinweisreizen, die das kritische Ereignis ankünden, des Grades an „kognitiver Klarheit" der gegebenen Erwartung, ihrer Aktualität (unmittelbar bevorstehendes Ereignis), der subjektiven Wahrscheinlichkeit, mit der das Ereignis eintritt und der Bedeutsamkeit oder Wichtigkeit, die das Ereignis für die betreffende Person hat. Die Antizipation des Ereignisses kann mit einer positiven oder negativen Gefühlstönung einhergehen. Es ist auch in Betracht zu ziehen, daß Erwartungen sich nicht unbedingt auf externe Geschehnisse in der unmittelbaren Umwelt des Individuums richten; auch Hypothesen, die im Verlaufe eines gerichteten Denkprozesses gebildet und geprüft werden, lassen sich als gedankliche Vorausnahmen von bestimmten Ergebnissen auffassen; entscheidend für den Überraschungseffekt ist dabei, daß nicht die Verwerfung einer Hypothese, sondern das Fehlen einer spezifischen Hypothese, d.h. sozusagen der „spontane Einfall", zu einer Lösung des Denkproblems führt (z. B. das sog. Aha-Erlebnis).

Überraschung und Schreck. Charlesworth (1969) – dem wir die bisher differenzierteste Analyse von Überraschung verdanken – spricht zurecht davon, daß das eintreffende Ereignis *fehl*erwartet wurde, im Unterschied zu einem *un*erwarteten. Hierin liegt auch der Hauptunterschied zur *Schreckreaktion,* die von einigen Autoren (z. B. Bower 1974, Izard 1977, Tomkins 1962) weitestgehend mit Überraschung gleichgesetzt wird. Schreck läßt sich als eine vornehmlich defensive Reaktion auf einen unerwarteten, plötzlich, d. h. ohne Hinweisreize eintreffenden intensiven Reiz verstehen. Schreck besteht aus einer Kette von reflektorischen Körperreaktionen im Millisekundenbereich: insbesondere reflektorischer Augenschluß, Kontraktion der Halsmuskeln, Verspannung der Gesichtsmimik, Öffnen des Mundes, Anheben der Schultern, Kopfneigung, Abduktion, Elevation und Innenrotation der Arme im Schultergelenk, Nachrollen der Schultern, Beugung der Arme, Öffnen der Augen, Schließen des Mundes, Beugung der Beine (in dieser Reihenfolge, nach Wieser 1967). Auch eine ontogenetische Betrachtungsweise legt die Trennung von Schreck und Überraschung nahe: Schreckreaktionen sind bereits in den ersten Lebenstagen des Kindes beobachtbar, Überraschung dagegen kann erst auf der Basis von bereits etablierten kognitiven Schemata, die eine antizipatorische Handlung begründen, eintreten (meist mehrere Wochen nach der Geburt; vgl. hierzu auch Charlesworth 1969; → *Entwicklungspsychologische Ansätze*). Ein Gleiches gilt für die sog. *Orientierungsreaktion,* die aus einer unwillkürlichen (reflexartigen) Ausrichtung der Rezeptoren auf eine Reizquelle mit begleitendem muskulären, zentralnervösen und vegetativen Veränderungen besteht (Lynn 1966).

Mimische Reaktionen und Komponenten des Erlebens. Überraschung gehört sicherlich zu jenen affektiven Äußerungen, die mit relativ eindeutigen mimischen Reaktionen verknüpft sind. Seit Darwin (1872), der Überraschung als eine Form von „plötzlich erregter Aufmerksamkeit" an den Anfang einer Kette mit den weiteren Gliedern Erstaunen-Furcht-Entsetzen stellte, wird der Ausdruck von Überraschung mit hoher Übereinstimmung wie folgt beschrieben: Hochgezogene Stirn, so daß Längsfalten entstehen (bei Kindern weniger deutlich), hochgezogene Augenbrauen, Vergrößerung der Augen, geöffneter Mund, begleitet von einem steilen Anstieg der physiologischen Erregung. Ähnlich wie bei der Schreckreaktion, die bei sehr heftiger Stimulation der Überraschung vorausgehen kann, wird der „biologische Sinn" von Überraschung in der Herstellung einer günstigen Ausgangslage des Organismus für eine notwendige Anpassungsleistung an veränderte Umweltstrukturen gesehen. Bei der Schreckreaktion leuchtet dies unmittelbar ein, insofern man diese als eine Art (unkonditionierten) Schutzreflex (Zusammenfahren, Beugezuckung), der bei allen Säugetieren nachweisbar ist, auffassen kann (dazu v. a. Spindler 1958). Einer etwas ausführlicheren Diskussion bedarf dagegen die Feststellung von Tomkins (1962), die Funktion der Überraschung sei in dem Freimachen der „Kanäle" des Nervensystems von vorhandener Aktivität zum Zwecke der Verarbeitung neuer Informationen zu sehen („Kanalreinigungsgefühl", s. a. Izard & Buechler 1980). Sicherlich steht hiermit im Einklang, daß das Erleben von Überraschung äußerst flüchtig ist und daß dieses häufig mit dem subjektiven Eindruck eines „Stillstehens des Denkens und Handelns" verknüpft ist. Überraschung vermittelt ein kurzfristiges Gefühl der Inkohärenz oder Dissoziation der zusammengehörigen Systemkomponenten, und gerade dieses macht den Motivcharakter von Überraschung aus.

In diesem Sinne zählte Wundt (1911) Überraschung zu den „indifferenten Spannungsaffekten"; indifferent insofern, als die plötzliche Lösung der Spannung sowohl zu „freudiger Überraschung" als auch zu Bestürzung oder Entsetzen führen kann (je nach dem Ergebnis der kognitiven Einschätzung und der emotionalen Valenz des auslösenden Ereignisses, so möchten wir heute hinzufügen).

Bartlett und Izard (1972) versuchten zu zeigen, daß Situationen, in denen Überraschung auftritt, als angenehm erlebt werden und bei den befragten Personen mit erlebtem Selbstbewußtsein und mit Impulsivität und Spannungsgefühl verknüpft sind. Die Probanden wurden außerdem gebeten, sich eine Überraschungssituation vorzustellen und gleichzeitig eine Einschätzskala mit Adjektiva für 8 fundamentale Emotionen zu bearbeiten. Hier wurde Überraschung am stärksten mit Freude, Interesse, in geringerem Maße mit Schüchternheit und Furcht assoziiert. Es wurde deutlich, daß die meisten der befragten Personen (Studenten der amerikanischen Mittelschicht) eine Überraschungssituation mit eher positiven Gefühlen verbinden; allerdings widersprachen die Ergebnisse nicht der These einer allgemeinen Indifferenz von Überraschung in bezug auf die Gefühlsdimension „Lust – Unlust", da es plausibel ist, daß Personen eher solche Situationen erinnern, die mit positiven Gefühlen verknüpft waren.

Überraschung und Aufmerksamkeit. Während Überraschung – wie bereits angedeutet – einerseits eine hemmende Wirkung auf bestimmte Verhaltenssysteme hat (Unterbrechung grobmotorischen Verhaltens), ist andererseits der Effekt auf die Verteilung der Aufmerksamkeit und das Einsetzen von explorativen Handlungen (Neugier und Exploration) von großer Wichtigkeit. Berlyne (1960) rechnet solche Reizkonstellationen, die beim Betrachter Überraschung induzieren, zu den explorationsauslösenden Faktoren. Gemäß dem weiter oben Gesagten betrifft dies den Fall, bei dem das nicht erwartete Ereignis Neuheitscharakter hat (z. B. steht nicht der erwartete Freund vor der Tür, sondern ein Fremder), oder aber es handelt sich um andere der von Berlyne genannten Reizeigenschaften (Inkongruität, Komplexität, Unregelmäßigkeit usw.). Überraschung setzt hier also ein motivationales Handlungssystem in Gang, das seinerseits zu bedeutenden Veränderungen in den emotionalen und vor allem kognitiven Strukturen des Organismus führt. In diesem Sinne hat Charlesworth (1969) versucht, Überraschung als eine Initialbedingung für kognitive Entwicklung generell darzustellen. Die allgemeine Wirkung von Überraschung, die Aufmerksamkeit an ein bestimmtes Objekt über einen mehr oder weniger längeren Zeitraum hinweg zu „fesseln", ist gleichbedeutend mit der Etablierung von Interesse und Begeisterung, worauf wir im nächsten Abschnitt eingehen.

Interesse

Interesse als Disposition und als Emotion. Während Überraschung einen festen Platz schon in den ältesten Versuchen einer Systematisierung von Affekten und Gefühlen einnimmt (Darwin 1872, Duchenne 1876) und bis heute – neben Freude, Trauer, Zorn, Ärger, Ekel, Furcht, Scham – zu den fundamentalen bzw. primären Emotionen gerechnet wird, gilt dies nicht im gleichen Maße für Interesse. Durchgehend gebräuchlich ist die Verwendung dieses Begriffes zur Bezeichnung einer „Tendenz oder Gerichtetheit der Persönlichkeit, die in der Konzentration ihrer Absichten auf einen bestimmten Gegenstand besteht" (Rubinstein 1971, S. 778). Wir haben es hier also mit einer spezifisch kognitiven Einstellung zu tun, die das Wahrnehmen, Denken, Fühlen und Handeln eines Menschen auf solche Bereiche seiner dinglichen und sozialen Umwelt konzentriert, die für ihn persönlich wichtig und bedeutsam sind. In diesem Sinne wäre Interesse unter dem psychologischen Ordnungsgesichtspunkt, „motivationspsychologische Eigenschaftssysteme" abzuhandeln.

Wie oben bereits hervorgehoben, haben wir es hier jedoch mit der transitiven, aus dem momentanen Erleben einer Person heraushebbaren spezifischen Qualität eines Gerichtetseins auf einen Gegenstand zu tun. Interesse als „Engagement", als Begeisterung für etwas in einer gegebenen Situation, und Interesse als Neigung stehen wiederum in einem innigen Zusammenhang: so ist letztere jene dispositionelle Richtungsstruktur der Persönlichkeit, aus der heraus aktuelles Interesse oder Begeisterung erst möglich wird, und dieses wiederum kann am Anfang der Herausbildung eines lebenslangen Interesses stehen.

Differentielle Emotionstheorie. Die „Emotion" Interesse ist bisher fast ausschließlich im Rahmen der sog. Differentiellen Emotionstheorie von Tomkins (1962, 1963) und seinem Schüler Izard (1971, 1977) behandelt worden. (In Izards Buch „Human Emotions" von 1977 läßt sich darüber ausführlicher nachlesen; → *Kognitionstheoretische Ansätze*). Izard und Tomkins führen aus, daß Interesse die „vorherrschendste motivationale Bedingung für das tägliche Funktionieren des normalen Menschen ist" (Izard 1981 S. 243). Es handelt sich um eine „positive Emotion", die sich mit anderen Emotionen vermischen kann und die sozusagen die Basis ist für jegliche bewußte Zuwendung und Beschäftigung der Person mit den Gegenständen und Ereignissen ihres Alltags. Interesse unterliegt dementsprechend Intensitätsschwankungen, die mit dem über neurale Vermittlungsprozesse zustandegekommenen Erregungsniveau korrespondieren. Insofern kann man von Zuständen gesteigerten, mittleren oder geringeren Interesses sprechen. Nach „innen" gerichtetes Interesse entspricht allen bewußten Vorgängen im Individuum auf den Ebenen des Denkens, Gedächtnisses, Wahrnehmens und Fühlens, die selbst wiederum zielgerichtetes Handeln begründen. Damit wird die große Nähe des Interesse-Konzeptes zu dem der sog. intrinsischen Motivation deutlich. Als Bedingungen für die Auslösung und Steigerung von Interesse nennt Izard die Wahrnehmung von Veränderung und Neuheit, und er stellt Interesse damit in die Nähe von Neugier und Exploration.

Phänomenologie von Interesse. Der Ausdruck von Interesse ist durch leichtes Heben oder Senken der Augenbrauen, Verengung oder Erweiterung der Augenlidöffnung und verstärktem Muskeltonus (Anspannung) im Gesicht gekennzeichnet; zuweilen läßt sich auch der leicht geöffnete Mund, Neigung des Kopfes und schräge Körperhaltung beobachten, was als Ausdruck der Bemühung des Individuums zu verstehen ist, die perzeptiven Voraussetzungen zum Erkennen des Gegenstandes zu verbessern (vgl. Hass 1970). Hervorstechendes Merkmal von Interesse auf der Seite des subjektiven Erlebens ist die Empfindung von Erregung und eigener Aktivität, die als angenehm bewertet wird und weitere Emotionen wie Freude und Überraschung miteinschließen bzw. zur Folge haben kann. Als ein „wachsames Gespanntsein" kann Interesse außerdem – im Falle einer als gefährlich eingeschätzten Situation – mit Furcht assoziiert sein. Die allgemeine Bedeutung von Interesse besteht in der motivationalen Grundlage für alle Anpassungsleistungen des Individuums an die sich ständig wandelnde Welt. Der universelle, letztlich jeglicher Art von bewußtem Tun und Erleben eines Individuums miteinschließende Charakter von Interesse – wie er in der Theorie von Tomkins und

Izard beschrieben wird – sowie der bereits erwähnte Umstand, daß andere Emotionstheoretiker kaum in dieser Konzentration darauf eingehen, mag abschließend einige kritische Bemerkungen rechtfertigen.

Interesse und Aufmerksamkeit. Eines der Postulate der Differentiellen Emotionstheorie besagt, daß emotionale Prozesse – in Wechselwirkung mit kognitiven – im Erleben und Handeln eines Menschen permanent gegenwärtig sind, d. h. daß zumindest eine bewußte Interaktion des Organismus mit der Umwelt niemals frei ist von emotionalen Zuständen. Da andererseits jedoch die meisten fundamentalen Emotionen nur relativ geringe Zeitspannen – bezogen auf die Gesamtheit der fortlaufenden aktuellen Bewußtseinszustände – wirksam sind (dies gilt auch für die gemischten Formen), wird dem Interesse hier eine ungewöhnliche breite Geltung eingeräumt. Diese Sonderstellung erscheint mir nicht hinreichend begründet. Betrachtet man, wie bereits einleitend betont, emotionale Phänomene unter dem Gesichtspunkt der Veränderung und Kohärenz von mehr oder weniger simultan aktivierten kognitiven und affektiven Subsystemen des Organismus, so erscheint Interesse (wie auch Überraschung) als ein psychischer Zustand, der sich unter den Aspekten der Intensität und Selektivität von *Aufmerksamkeit* beschreiben ließe. Verschiedenen Graden von Interesse entsprächen somit unterschiedliche Aktivierungsgrade psychischer Funktionen wie Wahrnehmen und Denken sowie der Konzentration auf spezielle Inhalte dieser Funktion (Vorstellungen). Rohracher (1955), auf den ich mich hier beziehe, und lange vor ihm Ribot (1886), sieht in den Gefühlen, Trieben, Motiven die eigentlichen Bedingungen für die Veränderung der Aufmerksamkeit. So betrachtet führt die von Izard vertretene Auffassung von der „fundamentalen Emotion Interesse“ zu einem Widerspruch, da diese nicht gleichzeitig Bedingung und Bedingtes sein kann. Als Konsequenz dieser Überlegung böte sich an, das Konzept einer fundamentalen Emotion Interesse fallenzulassen zugunsten einer Analyse der attentiven Prozesse – insbesondere das, was James (1890) mit „willkürlicher“ Aufmerksamkeit umschrieben hat – wie auch der auslösenden Faktoren, als welche neben den Emotionen im engeren Sinne dann wiederum Interesse als Gerichtetheit oder Einstellung der Persönlichkeit in Frage kämen. Damit wäre zugleich eine begriffliche Konfusion vermieden.

Literatur

Bartlett, E. S. & Izard, C. E.: A dimensional and discrete emotions' investigation of the subjective experience of emotion. In: Izard, C. E. (ed.): Patterns of emotions: A new analysis of anxiety and depression. New York: Academic Press 1972, 129–172.

Berlyne, D. E.: Conflict, arousal, and curiosity. New York: McGraw-Hill 1960.

Bower, T. G. R.: Development in infancy. San Francisco: Freeman 1974.

Charlesworth, W. R.: The role of surprise in cognitive development. In: Elkind, D. & Flavell, J. (eds.): Studies in cognitive development. New York: Oxford University Press 1969, 257–314.

Darwin, C.: The expression of emotions in man and animals. London: John Murray 1872 (dt.: Der Ausdruck der Gemüthsbewegungen bei dem Menschen und den Thieren. Stuttgart: E. Schweizerbart'sche Verlagshandlung 1872).
Duchenne, G. B.: Mécanisme de la physionomie humaine. Paris: Baillière 1876.
Hass, H.: The human animal. New York: Putnam's Sons 1970.
Izard, C. E.: The face of emotions. New York: Appleton-Century-Crofts 1971.
Izard, C. E.: Human emotions. New York: Plenum Press 1977 (dt.: Die Emotionen des Menschen. Weinheim: Beltz 1981)
Izard, C. E. & Buechler, S.: Aspects of consciousness and personality in terms of differential emotions theory. In: Plutchik, R. & Kellerman, H. (eds.): Emotion: Theory, research, and experience. Vol. 1: Theories of emotion. New York: Academic Press 1980, 165–187.
James, W.: The principles of psychology. New York: Holt 1890.
Lynn, R.: Attention, arousal, and the orienting reaction. Oxford: Pergamon Press 1966.
Ribot, T.: Psychologie de l'attention. Paris: Alcan 1886.
Rohracher, H.: Einführung in die Psychologie. Wien: Urban & Schwarzenberg. 9. Aufl. 1965.
Rubinstein, S. L.: Grundlagen der Allgemeinen Psychologie. Berlin: Volk und Wissen 1971 (Original: Moskau, 1946).
Spindler, P.: Studien zur Vererbung von Verhaltensweisen. 1. Verhalten auf einen starken akustischen Reiz. Anthropologischer Anzeiger 22 (1958), 137–155.
Tomkins, S. S.: Affect, imagery, consciousness. Vol. I: The positive affects. New York: Springer 1962.
Tomkins, S. S.: Affect, imagery, consciousness Vol. II: The negative affects. New York: Springer 1963.
Wieser, St.: Das Schreckverhalten des Menschen. Bern: Huber 1967.
Wundt, W.: Grundzüge der physiologischen Psychologie, 3. Bd. Leipzig: Engelmann 1911.

Hans-Georg Voss

Trauer

Unter Trauer verstehen wir die mehr oder weniger stereotypisierten Reaktionen auf Verluste. Der Verlust betrifft in der Regel eine geliebte Person, aber auch der Wegfall von materiellen Gütern oder der Verlust von sozialen Werten wie Ehre kann zum Anlaß für eine Trauerreaktion werden. Man kann mit Averill (1968) „Objektverlust" und „Rollenverlust" unterscheiden. Beim ersten liegt der Schwerpunkt auf der Unterbrechung der positiv bewerteten Beziehung zu einem Liebesobjekt, im zweiten Fall steht eine Desintegration der sozialen Rolle des Betroffenen mit ihren Konsequenzen für seine Lebensweise im Vordergrund.
Die als Folge davon auftretende Emotion der Trauer prägt den gesamten Erlebnis- und Verhaltensbereich der Betroffenen. So beschreibt Lindemann (1944) als zentrale Komponenten akuter Trauer die subjektiven Erlebnisse des Kummers, somatische Manifestationen wie Erschöpfung, Appetitlosigkeit, Schlaflosigkeit und mangelnde Initiative bis zur Apathie oder aber eine intensive Ruhe- und Rastlosigkeit. Trotz dieser gravierenden Symptome, die bis an den Rand der

sozialen Funktionsunfähigkeit führen können, wird in der Regel die „normale“ Trauer als ein adaptatives Phänomen angesehen, dem eine bedeutende Funktion bei der Überwindung des Verlusts zukommt.

Phasen des Trauerns

Es wurde immer wieder der Versuch unternommen, den Ablauf der Trauer, also den Prozeß der Auseinandersetzung mit dem Verlust, in erkennbare Phasen aufzugliedern. Alle Untersuchungen stimmen darin überein, daß ***die erste Reaktion*** etwa auf den Tod eines geliebten Menschen der Schock ist. Nach Pincus (1982) kann er sich in einem physischen Zusammenbruch äußern, in vehementen Affektausbrüchen oder in einer gelähmten Zurückgezogenheit: Alles Zeichen der Unfähigkeit, die Wirklichkeit des Verlustes zu akzeptieren. Die Realitätsverleugnung kann so komplett sein, daß über Tage oder Wochen wenig oder gar kein Kummer erfahren wird. In diesem Fall kann der Trauernde eine große Beherrschung an den Tag legen; er erledigt alle möglichen Dinge und erscheint daher durchaus der Lage gewachsen. Doch schließlich setzt sich die Realität des Verlustes auch subjektiv durch, und in demselben Maße, in dem dies geschieht, entsteht *die Phase der Verzweiflung und des Kummers.* Diese Periode ist durch intensive negative Gefühle gekennzeichnet. Angst, Schuldgefühle und ohnmächtige Feindseligkeit können zum Kummer hinzutreten. Die Gedanken kreisen immer wieder um das verlorene Objekt, und oft findet ein als irrational erlebtes Suchen danach statt. Viele Betroffene sind sich ihres Bedürfnisses, suchen zu müssen, nicht direkt bewußt; sie drücken es aus, indem sie rastlos und angespannt sind und kein Interesse für Dinge aufbringen, die nicht das verlorene Objekt betreffen. Eine ganze Reihe von physischen Beschwerden wie Anorexie, Schlaflosigkeit usw. ergänzen das Symptombild der *2. Phase.* Wird der Trauervorgang adäquat vollendet (und mündet nicht in eine der Formen der pathologischen Trauer), so erfolgt schließlich *die Phase der Anpassung oder der Erholung.* Die vorher geschilderten Symptome verschwinden nach und nach (wobei es durchaus zu zeitweiligen Rückfällen kommen kann), und das Interesse an der Außenwelt wird wieder wach. Die Kraft zur aktiven Gestaltung des eigenen Lebens wird größer, wobei die Phase der Erholung in der Fähigkeit gipfelt, neue Objektbeziehungen eingehen zu können.

Wenn auch der Ablauf der einzelnen Phasen, ihre Dauer und Ausprägung im Einzelfall nicht genau vorhergesagt werden können, so läßt sich doch dieses Muster in groben Zügen immer wieder auffinden. Im individuellen Fall hängt allerdings der Verlauf der Trauerreaktion von vielen Faktoren ab, beispielsweise von der Beziehung zu dem verlorenen Objekt, von den Umständen des Verlustes und den inneren Ressourcen des Trauernden.

Entstehung von Trauer

Die einzelnen theoretischen Richtungen haben sich unterschiedlich stark mit der Genese von Trauer beschäftigt. Im folgenden sollen die wichtigsten Elemente einzelner Ansätze kurz dargestellt werden.

Psychoanalytische Modelle. Das Hauptinteresse von S. Freud (1917) galt der Differenzierung von Trauer und Melancholie. In seinem klassisch gewordenen Beitrag zu diesem Thema stellt er die Frage: „Worin besteht nun die Arbeit, welche die Trauer leistet?" Er führt dazu aus, die Realitätsprüfung habe gezeigt, daß das geliebte Objekt nicht mehr besteht und erläßt nun die Aufforderung, alle Libido aus ihrer Verknüpfung mit diesem Objekt abzuziehen, d. h., der Betroffene muß seine gefühlsmäßigen Bindungen zu dem Objekt zurückziehen. Freud spricht von einem „begreiflichen Sträuben", das sich im Individuum gegen die „Trauerarbeit" erhebt. Mit einem großen Aufwand an Zeit und Energie vollzieht sich der schmerzhafte Prozeß, der darin besteht, daß jede einzelne der Erinnerungen und Erwartungen, in denen die Libido an das Objekt geknüpft war, eingestellt, überbesetzt und an ihr die Lösung der Libido vollzogen wird. Andere psychoanalytische Autoren wie Karl Abraham und Melanie Klein haben auf eine andere wichtige Funktion der Trauerarbeit hingewiesen, die darin besteht, das verlorene Objekt zu internalisieren, so daß es zu einem Teil des eigenen Ichs wird. Klein (1962) hat besonders den in früher Kindheit sich vollziehenden Prozeß der Internalisierung des „guten" Elternteils beschrieben. Im trauernden Erwachsenen erfahren die Ängste, das internalisierte „gute" Objekt zu verlieren, eine neue Belebung, wobei der Trauernde Abwehrmaßnahmen wiederholt, die er in seiner Kindheit entwickelt hat. Bowlby (1976) betont besonders die Begriffe Bindung und Verlust und sieht in der Trennungsangst früher Kinderjahre den Schlüssel zum Verständnis der Trauerreaktion: Trennungangst wird in allen folgenden Ängsten wiederbelebt, vor allem in der Angst, einen geliebten Menschen zu verlieren. Die Fähigkeit zu trauern ist demnach das Zeichen einer gesunden Persönlichkeit, die in der Lage ist, tiefere Bindungen einzugehen.

Ein phylogenetisches Modell. Averill (1968) geht von der Tatsache aus, daß das Verhalten des Trauernden in mancherlei Hinsicht als paradox anzusehen ist. Hat der Betroffene ein geliebtes Objekt verloren, so verhält er sich geradezu in einer Art, die dem Aufbau von neuen Beziehungen höchst hinderlich ist: Er zieht sein Interesse von der Außenwelt ab und beschäftigt sich in einem langen, schmerzhaften Prozeß mit dem Verlust. Doch gerade darin sieht Averill ein Verhalten von großer evolutionärer Bedeutung. Dadurch, daß die Trennung von der Gruppe oder von einzelnen ihrer Mitglieder sowohl physisch wie psychisch zu einem extrem schmerzhaften Ereignis wird, wird eine maximale Gruppenkohäsion bei den Arten gewährleistet, für die soziales Zusammenleben unentbehrlich ist. Die Suche nach dem verlorenen Objekt, die Unfähigkeit, während der Trauer neue soziale Beziehungen einzugehen, haben ihren Sinn in den häufigen Fällen, bei denen die Trennung nur eine zeitweilige ist; dadurch wird die soziale Bindung erhalten und so der Zeitraum der Trennung ohne Zerfall des sozialen Gefüges überbrückt. Für den Fall eines irreparablen Verlustes (wie im Todesfall) stößt dieses Verhalten, vom Einzelindividuum her gesehen, allerdings ins Leere, behält aber dennoch, evolutionär gesehen, seinen adaptativen Wert.

Lerntheoretisch-kognitive Modelle. Zentrales Element eines lerntheoretisch-kognitiven Modells ist der Begriff des Verstärkerverlustes. Durch einen Objektverlust kann das Individuum wichtiger Elemente seiner Umgebung beraubt werden, die eine zentrale Rolle bei der Aufrechterhaltung (Verstärkung) vieler seiner Verhaltensweisen spielten. Dadurch gerät es zeitweilig unter Bedingungen, die mit einer Löschung seines Verhaltens vergleichbar sind. Je enger das Verhalten mit dem verlorenen Objekt in Beziehung stand, um so beträchtlicher wird die Lücke sein, die sich in bezug auf verhaltensstabilisierende Umweltbedingungen ergibt. Diese klassische lerntheoretische Hypothese ist gut in der Lage, die Aktivitätsreduktion, die oft in der Trauer beobachtbar ist, zu erklären. Blöschl (1978) hat eine Zusatzhypothese vorgeschlagen, die als Erklärung für andere Aspekte des Trauerverhaltens, nämlich für das gehäufte Auftreten negativer affektiver Reaktionen, herangezogen werden kann. Nach der Interferenzhypothese ist denkbar, daß durch den Wegfall substantieller positiver Verstärker negative Reaktionstendenzen in den Vordergrund treten, die davor durch verstärkende Ereignisse gehemmt wurden.

Eine Ergänzung erfahren lerntheoretische Hypothesen durch kognitive Gesichtspunkte. Danach (Costello 1976, Hoffmann 1979) besteht eine Interdependenz zwischen den Verhaltensweisen eines Menschen, so daß der Anreiz, eine Aktivität auszuführen, von der Möglichkeit abhängig ist, andere auszuführen, die damit in einem strukturellen Zusammenhang stehen. Dieser sinnvolle Zusammenhang zwischen einzelnen Verhaltenselementen macht erst die Einheit des menschlichen Lebens aus. Bei einem gravierenden Verlust geht die Struktur des Verhaltens zeitweilig verloren. Die wichtigste Folge davon ist ein Attraktivitätsverlust derjenigen Aktivitäten, die zwar durch den Verlust nicht direkt tangiert wurden, aber in einem Zusammenhang mit solchen standen, die durch den Wegfall des geliebten Objektes unmöglich gemacht wurden. Somit wird die Ablösung von der Umwelt, die ein zentrales Element der Trauerreaktion darstellt, erklärlich. Sie hat letztlich die adaptive Funktion, daß sie ein Weiterleben auf einer strukturärmeren, fragmentierten Ebene verhindert. Die zeitweilige Fixierung auf die trauerauslösende Situation, zusammen mit der Neutralisierung anderer Bereiche, bietet somit dem Menschen die Chance, nach einer Auseinandersetzung mit dem Verlust eine neue Lebenssituation aufzubauen, ohne Strukturverluste der Denk- und Verhaltenssysteme.

Gesellschaftliche Bedeutung der Trauer

Trauer als Emotion kann von solch einer durchschlagenden Wirkung auf das gesamte Erleben und Verhalten sein, daß jede Gesellschaft bestrebt ist, ihre

Äußerungen durch bestimmte Riten zu kanalisieren. Diese Riten können einmal unter dem Aspekt des Selbstschutzes der Gruppe gesehen werden. Dadurch, daß dem Trauernden ein bestimmtes Verhalten vorgeschrieben wird, werden die möglichen gruppendesintegrierenden Aspekte des emotionalen Ausdrucks in Grenzen gehalten. Die Riten regeln aber auch die emotionalen und sozialen Hilfestellungen, die die Gruppe dem Trauernden erweist. Das Ausmaß, in dem das Mit-Trauern geregelt ist, kann als Indikator für die soziale Kohäsion einer kulturellen Gruppe gelten. Legt man diese Maßstäbe auf unsere heutigen Verhältnisse an, so muß festgestellt werden, daß — außer von einer auf der Basis von Profitstreben funktionierenden Trauerindustrie — der Trauernde genau wie der Sterbende eher als Störenfried abgetan wird denn als jemand, der sozialer Unterstützung bedarf.

Komplikative Trauerreaktionen

Während der normale Trauerverlauf üblicherweise zu einer allmählichen Ablösung von der geliebten Person und zum Aufbau neuer sozialer Bindungen führt, kann es unter Umständen zu Komplikationen kommen, die den Übergang zu den Störungsbildern bestimmter Formen von Depressionen bilden. Freud (1917) hat auf einen wesentlichen Unterschied zwischen beiden hingewiesen: Mit der Depression geht, im Gegensatz zur Trauer, eine beträchtliche Störung des Selbstwertgefühls einher.

In bezug auf die Symptome, die verwaiste Menschen dazu bewegen, psychiatrische Hilfe in Anspruch zu nehmen, fand Parkes (1974) neben Depression, die die häufigste Reaktion auf Trauer darstellt, auch andere Störungsbilder wie Alkoholismus, hypochondrische und phobische Symptome oder wahnhafte Psychosen.

Die Trauer ist somit ein existentieller Einschnitt von zentraler Bedeutung, der zu schwerwiegenden Funktionsstörungen führen kann, wenn die Bedingungen ungünstig sind; verläuft sie komplikationslos, bietet sie die Chance zu einem Neubeginn und zu einem gereifteren Leben.

Literatur

Averill, J. R.: Grief, its nature and significance. Psychological Bulletin 70 (1968), 721–738.

Blöschl, L.: Psychosoziale Aspekte der Depression. Bern: Huber 1978.

Bowlby, J.: Trennung. Frankfurt: Fischer 1976.

Costello, C. G.: Anxiety and depression. The adaptive emotions. Montreal-London: McGill-Queen's University Press 1976.

Freud, S.: Trauer und Melancholie. Ges. Werke, Band X. Frankfurt: Fischer 1967 (1917).

Hoffmann, N.: Depressive Reaktionen: Adaptiv oder dysfunktional? In: Hautzinger, M. & Hoffmann, N. (Hg.): Depression und Umwelt. Salzburg: Müller 1979.

Klein, M.: Über das Seelenleben des Kleinkindes. In: Klein, M. (Hg.): Das Seelenleben des Kleinkindes und andere Beiträge zur Psychoanalyse. Stuttgart: Klett 1962, 146–176.
Lindemann, E.: Symptomatology and management of acute grief. American Journal of Psychiatry 101 (1944), 141–148.
Parkes, C. M.: Vereinsamung. Reinbeck: Rowohlt 1974.
Pincus, L.: . . . bis daß der Tod euch scheidet. Berlin: Ullstein 1982.

Nicolas Hoffmann

Mitgefühl

Begriffsbestimmung

Der Begriff „Mitgefühl“ gehört nicht zu den eigentlichen *Termini technici* der Emotionspsychologie: insbesondere in der Literatur zur differentiellen Emotionsforschung sucht man ihn vergebens. So findet er sich weder im Lehrbuch der experimentellen Psychologie (im Kapitel über Gefühl und Gefühlsausdruck von Traxel 1972) noch im Handbuch der Psychologie (Ewert 1965). In der Einführung über die Grundlagen der Emotionspsychologie (Izard 1981) enthält die Taxonomie von Emotionen den Begriff „Mitgefühl“ weder unter der Rubrik „fundamentale Emotionen“ noch unter „affektiv-kognitive Strukturen oder Orientierungen“ (S. 66); er taucht lediglich hier und da im umgangssprachlichen Sinn auf.
Anders sieht es aus, wenn man die Literatur zum prosozialen Verhalten betrachtet. Staub zum Beispiel unterscheidet verschiedene Formen der „Einfühlung“ von „Mitgefühl“ („Mitfühlen“); dem entspricht im Englischen der Unterschied zwischen *empathy* und *sympathy*. Unter „Einfühlung in die Emotionen einer anderen Person“ versteht er das Erkennen und Verstehen der Gefühle anderer (1982, S. 122) und schreibt: „Es dürfte kaum zu bezweifeln sein, daß ein richtiges Erkennen der Gefühle einer anderen Person notwendig ist – und dazu sind häufig recht gute Fähigkeiten zur Einfühlung erforderlich –, ehe Mitgefühl entstehen kann“ (S. 131).
Der Begriff des Mitfühlens oder des Mitgefühls im Sinne von „Fühlen, als sei ich selbst betroffen“ ist zu unterscheiden von dem der „Empathie“, wie er in der Literatur sowohl zum hilfreichen Verhalten als auch in der klinischen Psychologie verwendet wird. Nach Feshbach umfaßt Empathie

1. die Fähigkeit zur Unterscheidung und Bezeichnung der affektiven Zustände anderer,
2. die Fähigkeit, die Perspektive und Rolle einer anderen Person zu übernehmen und
3. die emotionale Antwortbereitschaft (zit. nach Mussen & Eisenberg 1977).

Auch Teutsch (1977) rechnet das *kognitive* Erfassen der Situation des anderen – neben dem Miterleben der Gefühle – zu den Bestandteilen der Empathie.
Über die Beziehung zwischen Empathie und Verhalten scheint es grundsätzlich zwei Auffassungen zu geben: Während einerseits (wie bei Teutsch) Empathie mit dem Aspekt des Ein- und Mitfühlens als Vorbedingung für die Bereitschaft zur Hilfeleistung angesehen zu werden scheint, ist für Staub „die prosoziale Orientierung . . . wahrscheinlich eine Vorbedingung für Mitfühlen" (1982, S. 56), wobei Mitgefühl neben dem Miterleben der Gefühle auch die Orientierungen an anderen, die Überzeugungen und Wertvorstellungen und die Identifikation mit anderen enthält und somit der „Empathie" nahekommt.
Es liegt zunächst nahe, auf der Grundlage dieser Überlegungen „Mitgefühl" als das emotionale Korrelat prosozialen Verhaltens aufzufassen. Ergebnisse der Altruismusforschung widersprechen jedoch einer solchen Annahme. So fanden sich gelegentlich positive Zusammenhänge zwischen Einfühlung und prosozialem Verhalten, aber auch Situationen, in denen ein solcher Zusammenhang nicht gefunden wurde. Dies liegt möglicherweise an der Vielfalt der Verhaltensweisen, die als „prosozial" gekennzeichnet worden sind.
Für unseren Zusammenhang können wir „Mitgefühl" also bestimmen als die emotionale Seite von Empathie. Obwohl Mitgefühl sowohl positive Emotionen (wie z. B. „Mit-Freude") als auch negativ getönte (wie Mitleid) umfaßt, wird es nahezu ausschließlich im Kontext erlebter Hilfsbedürftigkeit und Leid eines anderen untersucht. Dies entspricht auch dem in der Umgangssprache überwiegenden Verwendungszusammenhang.

Erfassung des Mitgefühls

Bei der Untersuchung von Mitgefühl als erlebter Emotion in Fällen von Hilfsbedürftigkeit und Leid bietet sich als Hauptmethode die Befragung der betroffenen Personen in unterschiedlichster Form an. Dabei wurde in der früheren Persönlichkeitspsychologie die Bereitschaft zum Mitgefühl als relativ stabile Disposition verstanden und in der Regel mit Skalen wie *nurturance* (Fürsorglichkeit), *sympathy* (Mitleid) usw. erfaßt (vgl. hierzu Lück, 1975, S. 45 ff.). Die Problematik dieser Skalen liegt wohl in ihrer hohen Anfälligkeit gegenüber Reaktionstendenzen wie insbesondere der Tendenz zu sozial erwünschten Selbstaussagen (*social desirability;* → *Sprachliche Methoden*). Ein anderes Problem ist darin zu sehen, daß Mitgefühl sinnvollerweise als situationsabhängige Stimmung verstanden werden sollte, die zwar von Orientierungen, Einstellungen, Wertvorstellungen abhängig ist, jedoch spontan hervorgerufen wird. Die Erfassung derartiger Stimmungen mittels Befragung ist wegen des Zeitaufwandes und der Ablenkung durch den Befragungsvorgang nicht unproblematisch. Meist bedient man sich kurzgefaßter Stimmungsfragebögen, wie der Eigenschaftswörterliste (EWL) von Janke und Debus (1978) oder des mehrdimensionalen Stimmungsfragebogens (MSF) von

Hecheltjen und Mertesdorf (1973). Faktorenanalysen von Daten zu Serien von Stimmungsitems haben wiederholt Faktoren herausgestellt, die die Berechtigung der Annahme des Mitgefühles als Grundemotion rechtfertigen. So weist z. B. der MSF die faktoriell gewonnene Dimension „Anteilnahme" mit Items wie „wohlwollend", „versöhnlich" usw. auf. In der EWL fehlt allerdings eine vergleichbare Dimension.
In diesem Zusammenhang ist erwähnenswert, daß Batson und Coke (1981) in mehreren Studien Stimmungsitems faktorisiert haben, die deutlich die unabhängigen Faktoren *personal distress* und *empathic concern* herausstellten. Die Daten waren an Versuchspersonen erhoben worden, die eine mitleiderregende Rundfunksendung gehört hatten.
Eine andere, weit seltener benutzte Methode, Mitgefühl zu erfassen, besteht in der Erfassung physiologischer Daten. Berger (1962) stellte deutlich physiologische Veränderungen bei Versuchspersonen fest, die eine andere Person, welche angeblich Stromschläge bekam, beobachten sollten. Für derartige Reaktionen sind sehr wahrscheinlich eigene ähnliche Erfahrungen (also Lernen) Vorbedingung.

Mitgefühl und Hilfeverhalten

Betrachtet man die Literatur zur Erfassung prosozialen Verhaltens (vgl. im deutschen Sprachbereich Lück 1975, Mussen & Eisenberg 1979, Bierhoff 1980, Staub 1982, Schmidt-Denter & Lück 1981), dann fällt wohl auf, daß es eine beträchtliche Anzahl von Untersuchungen gibt, die dem Einfluß von Stimmungen auf Hilfsbereitschaft/Hilfeleistung nachgegangen sind; allerdings handelt es sich durchweg um experimentelle Studien, bei denen Stimmungen wie Erfolg, Mißerfolg, Begeisterung, Schuldgefühl usw. experimentell induziert und zum größten Teil nicht in ihrer Qualität ermittelt worden sind; das heißt, man hat z. B., weil es sich oft um Feldexperimente handelte, auf Befragungen über die gegenwärtige Stimmung und erst recht auf physiologische Messungen verzichtet.
Während man mit experimentell induzierten Stimmungen wie Erfolgs- oder Schuldgefühlen (Isen 1970) die Hilfsbereitschaft steigern konnte, fehlen Experimente, die Mitgefühl experimentell induziert und in seinen Auswirkungen erforscht haben, fast ganz. Allerdings könnte man die große Zahl von Untersuchungen über die Wirkungen prosozialer Modelle auf Individuen so werten. Ein Opfer, dem durch ein Modell geholfen wird, induziert beim Betrachter möglicherweise mehr Mitgefühl, als ein Opfer, dem nicht geholfen wird.

Entwicklungspsychologische Grundlagen

Die entwicklungspsychologische Betrachtung des Mitgefühls geschieht ebenfalls in erster Linie im Zusammenhang mit der Untersuchung der Bedingungen prosozialen Handelns. Hierbei sind zwei Betrachtungsweisen zu unterscheiden: der entwicklungspsychologische Ansatz im engeren Sinne und die Untersuchung der Auswirkungen verschiedener Sozialisationspraktiken, insbesondere seitens der Eltern.

Auch bei der entwicklungspsychologischen Betrachtung steht weniger das „Mitgefühl", als vielmehr die Entwicklung verschiedener Formen des „Einfühlungsvermögens" im Zusammenhang mit der Entwicklung prosozialen Verhaltens im Vordergrund. Dabei wird das Konzept des Einfühlens als eng verwandt mit dem Konzept des *role-taking* verstanden und als eine kognitive Funktion untersucht. So hat man bei der Untersuchung der Entwicklung prosozialen Verhaltens einen, wenn auch nicht durchgehenden, Zusammenhang zur Fähigkeit der Übernahme der Perspektiven einer anderen Person gefunden.

Diese Fähigkeit zur „Einfühlung" kann das Mitgefühl steigern, welches wiederum mit der Bereitschaft zu hilfreichem Verhalten zusammenhängt. Hoffmann (1975a) untersuchte, wie sich sehr frühe Formen von Leidensreaktionen bei kleinen Kindern, die durch die Wahrnehmung des Leidens anderer entstehen, mit der Entwicklung anderer kognitiver Fähigkeiten (z. B. Objektkonstanz) zunehmend differenzieren. Er unterscheidet „empathisches" und „sympathetisches" Mitfühlen. Unter empathischem Mitfühlen versteht er eine erste undifferenzierte Erlebnisphase beim Kleinkind, die bei fehlender Differenzierung zwischen dem Selbst und anderen zum „Leiden, als ob ich selbst betroffen bin", führt. Sympathetisches Mitfühlen entsteht dagegen mit der beginnenden Differenzierung zwischen dem Selbst und anderen und setzt voraus: Wahrnehmung des anderen als eigenständig, Fähigkeit zur Rollenübernahme, Erkenntnis der spezifischen Lebensumstände des anderen.

Für das Phänomen des Mitgefühls ist von den verschiedenen Formen des Einfühlens, wie sie bei Staub genannt werden, die *Einfühlung in die Emotionen* einer anderen Person von Bedeutung. Im Unterschied zum Mitfühlen ist darunter die Fähigkeit zu verstehen, die Gefühle anderer richtig zu *erkennen* und zu *verstehen.*

Aus vielen neueren Untersuchungen (vgl. z. B. Hoffmann 1975b) geht hervor, daß Kinder schon im Alter von etwa vier bis viereinhalb Jahren, also früher noch, als es Piaget annahm (Piaget & Inhelder 1970), einfache Formen von Einfühlungsvermögen zeigen.

Ein weiterer Zusammenhang, in welchem das Einfühlungsvermögen untersucht wurde, ist die *Entwicklung des moralischen Denkens.* Sowohl Piaget (1932) als auch Kohlberg (1969) gehen davon aus, daß Einfühlungsvermögen für moralisches Denken Voraussetzung sei. Eine solche Beziehung erscheint durchaus plausibel: die Fähigkeit, Ereignisse aus der Perspektive anderer zu betrachten, dürfte dazu beitragen, Bewertungen von einer soziozentrischen Sichtweise aus vorzunehmen.

Der Einfluß von Sozialisationsvorgängen auf die Entwicklung von Mitgefühl und prosozialem Verhalten zeigt sich besonders im Phänomen der anaklitischen (entwicklungsbedingten) Identifikation des Kindes mit den Eltern. Durch diese Identifikation gelangen solche elterlichen Attribute, die für das Kind mit Bedürfnisbe-

friedigung verbunden sind, in das Repertoire des Kindes. Die wichtigsten Merkmale sind natürlich die Sorge und das Mitgefühl, die internalisiert und so zur Selbstbeschreibung des Kindes werden.
Insgesamt ist die weitere Entwicklung des Einfühlungsvermögens bis hinein in das Erwachsenenalter nur ungenügend erforscht (vgl. Staub 1982, S. 132). Es kann jedoch davon ausgegangen werden, daß verschiedene Aspekte des Einfühlungsvermögens, wie z. B. das Nachvollziehen moralischer Überzeugungen anderer oder das Einfühlen in die sozialen Rollen anderer, weiterentwickelt werden. So kann es erhebliche Unterschiede in der „Tiefe" des Einfühlungsvermögens geben, was sich wiederum auf das Erleben von Mitgefühl auswirkt: „Je tiefer wir in die Gedanken und Gefühle eines anderen eindringen, um so mehr Mitgefühl werden wir vielleicht mit ihm empfinden oder um so stärker werden wir uns möglicherweise mit ihm identifizieren. Folglich dürfte sich das Einfühlen stärker auf unser Verhalten auswirken" (Staub 1982, S. 132).

Die soziale Funktion von Mitgefühl

Überlegungen, die sich unmittelbar auf die soziale Funktion von Mitgefühl beziehen, gibt es nicht. Wenn man jedoch davon ausgeht, daß Mitgefühl (als motivationales Konstrukt) als Voraussetzung für hilfreiches Verhalten angesehen werden kann, dann zeigt sich die Bedeutung des Mitgefühls in der Funktion altruistischen Verhaltens innerhalb der Entwicklungsgeschichte. Wir können uns also auch hier auf Untersuchungen der Altruismusforschung stützen.
Eine Reihe von Autoren hat die Möglichkeit in Betracht gezogen, daß der Altruismus Teil der genetischen Ausstattung des Menschen ist. Altruistisches Verhalten hat unzweifelhaft Überlebenswert für die Spezies (Staub 1982, S. 30). Deshalb, so einige Autoren, dürfte es entgegen der vulgärdarwinistischen Auffassung vom Kampf aller gegen alle durch die natürliche Selektion begünstigt sein. Altruismus könnte so das Ergebnis einer evolutionären Entwicklung sein, die sich schließlich in der *genetischen Ausstattung* der Spezies manifestiert hat. Eine Frage ist jedoch, wie die natürliche Selektion, die *auf der Stufe des Individuums* wirksam ist, die Chancen vergrößert haben könnte, daß Gene von altruistischen Individuen häufiger übertragen werden als Gene von weniger altruistischen Individuen.
Nachdem die Möglichkeit der *Gruppenselektion* durch Williams' überzeugende Argumentation viel an Wahrscheinlichkeit verloren hat (Williams 1971), sind zwei Antworten in der Diskussion: die *Verwandtenselektion* und die Entwicklung eines *reziproken Altruismus.*
Die These der Verwandtenselektion geht davon aus, daß eine altruistische Handlung das Überleben verwandter Personen fördert. Da nun die Wahrscheinlichkeit, daß innerhalb dieser Verwandtschaft das „altruistische Gen" ebenfalls vorhanden ist, relativ hoch ist, vergrößert sich so dessen reproduktives Potential (vgl. Hamilton 1964, Wilson 1975, aber zur Kritik auch Campbell 1975; → *Psychobiologische und soziobiologische Ansätze*).

Trivers (1971) prägte den Begriff des reziproken Altruismus: ein Individuum handelt einem anderen gegenüber altruistisch und nimmt dabei Opfer auf sich; gleichsam als Gegenleistung verhält sich der Nutznießer in dieser oder einer späteren Situation ebenfalls altruistisch. Gehören diese Individuen einer gemeinsamen Gruppe an, so vergrößert sich unter bestimmten sozialen und Umweltbedingungen die Überlebenswahrscheinlichkeit dieser Gruppe und damit die Wahrscheinlichkeit des den Altruismus bedingenden Gens.
Eine Reihe von Versuchen, insbesondere bei Affen und Ratten, weisen auf prosoziale Verhaltensweisen auch bei Tieren hin (z.B. Miller, Caul & Mirsky 1967, auch Staub 1982, S. 40–42), jedoch reichen diese Experimente nicht aus, um eine genetische Determinierung altruistischen Verhaltens zu demonstrieren.
Selbst dann aber, wenn man von einer biologischen, Altruismus und Mitgefühl fördernden Selektion ausgeht, spricht einiges dafür, daß dies lediglich bis zum Niveau des Altruismus bei Wirbeltieren geht, welches unterhalb des biosozialen Optimums für die menschliche Gesellschaft liegt und deshalb durch die Herausbildung entsprechender sozialer Normen gehoben werden muß (Campbell 1975). Demnach würde eine biologische Selektion durch eine soziale Evolution ergänzt.
Mitgefühl (als motivationale Disposition für Hilfeleistung) könnte also zum Teil genetische Grundlagen besitzen, scheint aber auf jeden Fall auch Ergebnis einer durch soziale Normen und Werte initiierten und kontrollierten gesellschaftlichen Entwicklung zu sein.
In jedem Fall ist Mitgefühl die Grundlage für eine Reihe sozialer Verhaltensweisen und für die Entstehung sog. sozialer Berufe. In einigen Psychotherapierichtungen zeigt sich die Bedeutung des „Mitgefühls" als Bestandteil von Empathie (einfühlendes Verstehen) als eine der wesentlichen Therapeutenvariablen. Hier ist sie nicht nur motivationale Voraussetzung, sondern auch handlungssteuernd; die Fähigkeit zu zutreffender Einfühlung entscheidet über die Effektivität des therapeutischen Prozesses (→ *Beeinflussung von Emotionen*).
In ähnlicher Weise hat Lenzen (1969) in seinen Ansätzen einer „Methodologie der Heilpädagogik" das Mitfühlen als Grundvoraussetzung heilpädagogischer, das heißt sozial- und sonderpädagogischer Arbeit angesehen: „Unter *Konviktion* wird eine heilpädagogische Haltung oder Einstellung verstanden, in der der Erzieher quasi identisch, inniggemeinsam mit dem Hilfsbedürftigen das Leid und die Erziehungsmöglichkeit zugleich erlebt."

Literatur

Batson, C. D. & Coke, J. S.: Empathy: A source of altruistic motivation for helping? In: Rushton, J. P. & Sorentino, R. M. (eds.): Altruism and helping behavior: Social, personal, and developmental perspectives. Hillsdale, N. J.: Erlbaum 1981, 167–187.
Berger, S. M.: Conditioning through vicarious instigation. Psychological Review 69 (1962), 167–187.
Bierhoff, H. W.: Hilfreiches Verhalten. Darmstadt: Steinkopff 1980.

Campbell, D. T.: On the conflicts between biological and moral tradition. American Psychologist 30 (1975), 1103–1126.
Ewert, O.: Gefühle und Stimmungen. In: Thomae, H. (Hg.): Handbuch der Psychologie, Bd. 2, II. Göttingen: Hogrefe 1965, 229–271.
Hamilton, W. D.: The genetic evolution of social behavior, I and II. Journal of Theoretical Biology 7 (1964), 1–52.
Hecheltjen, K. G. & Mertesdorf, F.: Entwicklung eines mehrdimensionalen Stimmungsfragebogens (MSF). Gruppendynamik 4 (1973), 110–122.
Hoffman, M. L.: Developmental synthesis of affect and cognition and its implications for altruistic motivation. Developmental Psychology 11 (1975), 607–622 (a).
Hoffman, M. L.: Altruistic behavior and the parent-child relationship. Journal of Personality and Social Psychology 31 (1975), 937–943 (b).
Isen, A. M.: Success, failure, attention, and reaction to others: The warm glow of success. Journal of Personality and Social Psychology 15 (1970), 294–301.
Izard, C. E.: Human emotions. New York: Plenum 1977 (dt.: Die Emotionen des Menschen. Weinheim: Beltz 1981).
Janke, W. & Debus, G.: Die Eigenschaftswörterliste (EWL). Eine mehrdimensionale Methode zur Beschreibung von Aspekten des Befindens. Göttingen: Hogrefe 1978.
Kohlberg, L.: Stage and sequence: The cognitive-developmental approach to socialization. In: Goslin, D. (ed.): Handbook of socialization theory and research. Chicago: Rand McNally 1969, 347–480.
Lenzen, H.: Neue Ansätze zu einer Methodologie der Heilpädagogik. 7. Kongreß „Das schwer-erziehbare Kind" vom 18. 10. bis 20. 6. 1968. Düsseldorf, 1969, 74–87.
Lück, H. E.: Prosoziales Verhalten. Empirische Untersuchungen zur Hilfeleistung. Köln: Kiepenheuer & Witsch 1975.
Miller, R. E., Caul, W. F. & Mirsky, I. A.: The communication of affects between feral and social isolated monkeys. Journal of Personality and Social Psychology 7 (1967), 231–239.
Mussen, P. H. & Eisenberg, N.: Roots of caring, sharing, and helping. San Francisco: Freeman 1977 (dt.: Helfen, Schenken, Anteilnehmen. Stuttgart: Klett-Cotta 1979).
Piaget, J.: Le jugement moral chez l'enfant. Paris: Presses Universitaires de France 1932 (dt.: Das moralische Urteil beim Kinde. Zürich: Rascher 1954).
Piaget, J. & Inhelder, B.: Mental imagery in the child. New York: Basic Books 1970.
Schmidt-Denter, U. & Lück, H. E.: Dokumentation deutschsprachiger Untersuchungen zum prosozialen Verhalten. Bericht Nr. 14 aus dem Arbeitsbereich Psychologie der Fern-Universität. Hagen 1981.
Staub, E.: Positive social behavior and morality. Vol. 2: Socialization and development. New York: Academic Press 1979 (dt.: Entwicklung prosozialen Verhaltens. Zur Psychologie der Mitmenschlichkeit. München: Urban & Schwarzenberg 1982).
Teutsch, G. M.: Lernziel Empathie. In: Lück, H. E. (Hg.): Mitleid, Vertrauen, Verantwortung. Stuttgart: Klett-Cotta 1977, 145–155.
Traxel, W.: Gefühl und Gefühlsausdruck. In: Meili, R. & Rohracher, H. (Hg.): Lehrbuch der experimentellen Psychologie. Bern: Huber 3. Aufl. 1972, 235–280.
Trivers, R. L.: The evolution of reciprocal altruism. Quarterly Review of Biology 46 (1971), 35–77.
Williams, G. C.: Group selection. Chicago: Aldine-Atherton 1971.
Wilson, E. O.: Sociobiology: The new synthesis. Cambridge, Mass.: Belknap 1975.

Helmut E. Lück
und *Wolfgang Rechtien*

Neid und Eifersucht

Mit Neid und Eifersucht werden – zumindest im Geltungsbereich unserer Kultur – Phänomene bezeichnet, die so gut wie jedermannn kennt, die übereinstimmend in Alltagsinteraktionen zur Erklärung oder Entschuldigung oft spektakulärer, sozial problematischer Verhaltensweisen herangezogen werden. Im Unterschied zu ihrer alltagstheoretischen Bedeutung wurde den Phänomenen Neid und Eifersucht in der psychologischen Forschung vergleichsweise spärliche Beachtung geschenkt.
Neid wird zumeist – im Kontext psychoanalytischer Betrachtungen – als Neid zwischen den Geschlechtern, u. a. als Penisneid, thematisiert; empirische psychologische Forschung im engeren Sinne ist bislang aber kaum zu verzeichnen (→ *Spezielle Emotionen aus psychoanalytischer Sicht*).
Eifersucht war bis in die zweite Hälfte der siebziger Jahre hinein so gut wie ausschließlich eine Domäne der Psychiatrie. Die Veröffentlichungen handeln dementsprechend von extremen Versionen, etwa der Paranoia, morbider Eifersucht, Tötung aus Eifersucht oder der Beziehung von Eifersucht und Alkoholismus. Gleichzeitig galt quasi „normale" Eifersucht nach allgemeinem Verständnis als etwas Natürliches, als Zeichen der Liebe in einer engen interpersonalen Beziehung. Erst seit Beginn der siebziger Jahre gewinnt die Differenzierung in der sozialen Bewertung von Eifersucht Bedeutung: Mit zunehmendem Auftreten alternativer Lebensformen und der Relativierung überkommener Moral- und Wertvorstellungen wird die „natürliche Notwendigkeit" von Eifersucht auf breiterer Ebene angezweifelt, Eifersucht nicht mehr als Zeichen einer besonders engen, sondern vielmehr einer unvollkommenen, einengenden Beziehung problematisiert. Mit dieser negativen Bewertung nahm offensichtlich das Interesse der Psychologie an diesem Phänomen zu: Seit Mitte der siebziger Jahre ist ein deutlicher Anstieg der psychologischen Forschung über Eifersucht zu verzeichnen (vgl. Buunk 1982 c). Diese Forschung berücksichtigt im wesentlichen nur Eifersucht im Zusammenhang mit intimen Beziehungen, nicht etwa Eifersucht zwischen Geschwistern in der Familie. Die folgenden Ausführungen beschränken sich entsprechend auf die erste Form.
Die empirische Forschung über Neid und Eifersucht ist dabei vor Schwierigkeiten gestellt, denen die philosophischen und literarischen Betrachtungen der Phänomene nicht unterliegen. Experimentelle Ansätze werfen ethische Probleme auf; andere systematische Beobachtungen lassen sich schlecht bewerkstelligen; Befragungen treffen bei diesen sozial negativ bewerteten Themen unmittelbar auf Schwierigkeiten, die mit dem Problem der sozialen Erwünschtheit zusammenhängen.

Begriffsklärung

Deskriptionen und *Definitionen* der Phänomene Neid und Eifersucht wurden überwiegend auf dem Weg des Vergleichs bzw. der Abgrenzung beider Emotionen vorgenommen. Beide gelten als Phänomene mit emotionalen, kognitiven und behavioralen Komponenten, die sowohl von intra- als auch von interpersonellen, von situativen und kulturellen Faktoren beeinflußt werden (vgl. White 1981). Beide sind *soziale* Emotionen, d. h. sie entstehen aus sozialen Interaktionen und beziehen jeweils andere Personen mit ein. Foster (1972, S. 168) grenzt Neid und Eifersucht folgendermaßen voneinander ab: „Neid entsteht aus dem Verlangen, etwas zu bekommen, das andere besitzen, während Eifersucht in der Furcht wurzelt, etwas zu verlieren, das man bereits besitzt.“ In den Termini der P-O-X Triaden von Heider ausgedrückt, sähe man P in einer Beziehung zu X, die O eingehen möchte; bei Eifersucht strebt P *Stabilität* der *Exklusivität* seiner Beziehung zu X an; bei Neid strebt O die *Veränderung* seiner Beziehung zu X in Richtung auf *Gleichheit* mit derjenigen zwischen P und X an (dabei kann es sich sowohl um eine Beziehung zu einem Objekt als auch zu einer anderen Person handeln) (vgl. hierzu Lieblich 1971). Im folgenden wird auf die beiden Emotionen im einzelnen eingegangen.

Neid

Heider (1958) betrachtet *Neid* als negative Reaktion einer Person auf das Schicksal oder Los einer anderen Person O. Er nimmt an, daß beim Vergleich der Lose von P und O Gerechtigkeitsnormen und die jeweiligen Statusrelationen von P und O eine Rolle spielen: Sind P und O statusähnlich, so sind Tendenzen zur Angleichung der Lose im Sinne der absoluten Gleichheit zu erwarten. Bei einem Statusgefälle von O nach P wird ein entsprechendes Verhältnis der beiden Lose im Sinne relativer Gleichheit angestrebt.
Silver und Sabini (1978b) betonen bei der Konzeptualisierung von Neid die Notwendigkeit, drei Aspekte zu berücksichtigen. Sie kritisieren Konzeptionen von Neid allein als subjektive Emotion oder inneren Zustand (etwa bei Schoeck, 1980). Auch bei Berücksichtigung der motivationalen Komponente – Motivation im Sinne von Verteidigung des bedrohten Selbstwertgefühls – bleibt ihrer Meinung nach eine solche Konzeptualisierung unzureichend. Ein vernachlässigter, aber ihrer Meinung nach entscheidender dritter Aspekt bei der Etikettierung einer Reaktion als Neid wird in der jeweils implizierten moralisch-normativen Beurteilung gesehen. In diesem Sinne wird das Konzept der „Sünde“ eingeführt, Sünde verstanden als Handlung, die nicht ihrer Ziele, sondern der situativen Unangemessenheit ihrer Mittel wegen als verwerflich beurteilt wird. In einer der wenigen psychologisch-empirischen Studien konnten Silver und Sabini (1978a) zeigen, daß

das Kriterium der Unangemessenheit einer Handlung grundlegend ist für die Beurteilung einer Reaktion als Neid. Sie fanden im weiteren, daß die Reaktion einer Person auf den Erfolg einer anderen, ihr ähnlichen Person immer als Neid beurteilt wird, wenn der Erfolg des Neiders geringer ist, unabhängig von der Größe der Differenz.
Im Gegensatz zu dieser Studie, welche die Frage behandelte, ob eine Handlung von anderen als Neidreaktion beurteilt wird, untersuchte Lieblich (1971) situative Bedingungen auf ihren Einfluß auf die Intensität einer Neidreaktion. Sie konnte zeigen, daß sowohl die Wichtigkeit der Vergleichsdimension, d. h. die Bedeutung des Gutes, um das der andere beneidet wird, als auch das Ausmaß des Gefälles zwischen Beneidetem und Neider auf dieser Vergleichsdimension die Stärke der Neidreaktion beeinflußt. Diese Ergebnisse stehen im Gegensatz zu häufig aufgeführten Auffassungen, nach denen keiner der beiden Variablen Einfluß eingeräumt wurde (Heider 1958, Schoeck 1980).

Eifersucht

Versuche, *Eifersucht* anhand der damit verbundenen Gefühle zu bestimmen, führen zu keiner einheitlichen Beschreibung. Eine große Anzahl unterschiedlichster Emotionen wie Angst, Ärger, Unsicherheit, Haß, Scham, Furcht etc. werden mit Eifersucht in Verbindung gebracht; man erhält so viele unterschiedliche Beschreibungen, wie Personen befragt wurden (Ankles 1939, Davitz 1969).
Aufgrund der Vielfalt der emotionalen, kognitiven und behavioralen Prozesse, die mit dem Etikett Eifersucht belegt werden, heben viele Definitionen auf den situativen Kontext ab. So sieht White (1981, S. 24) Eifersucht als einen Komplex von Gedanken, Gefühlen und Handlungen, die auf die Bedrohung des Selbstwertes und/oder der Existenz oder der Qualität der Beziehungen folgen, wenn die Bedrohungen durch die Wahrnehmung einer realen oder potentiellen Interaktion zwischen dem Partner und einem (vielleicht eingebildeten) Rivalen verursacht sind.
In Übereinstimmung mit dieser Konzeptualisierung von Eifersucht erhielt Bryson (1977) zwei Dimensionen, die interpersonelle und intrapersonale Ziele repräsentieren, nämlich 1. die Beziehung und 2. das Selbstwertgefühl aufrechtzuerhalten und zu verbessern. Andere faktorenanalytische Studien zur Differenzierung von Formen bzw. Komponenten von Eifersucht führten zu divergierenden Ergebnissen (Tipton, Benedictson, Mahoney & Hartnett 1978, Rusch & Hupka 1977). Untersuchungen über Eifersucht in Abhängigkeit von der Art der erfahrenen Bedrohung zeigen, daß hauptsächlich Gefährdungen der Wertschätzung durch den Partner und der Exklusivität der Beziehung, insbesondere des sexuellen Bereichs, relevant sind. Charakteristisch für Eifersucht ist eher das Gefühl, von bedeutsamen Aktivitäten des Partners ausgeschlossen zu sein, als die Furcht, den Partner zu verlieren (Buunk 1981, 1982c).

Die Frage nach *Bedingungen* sowohl für die Entstehung von Eifersucht als auch deren Auftretens-Intensität und -Häufigkeit kann unter kulturell-gesellschaftlichem, unter personalem und unter interpersonalem Aspekt behandelt werden.
Kulturelle Bedingungen. Auf die Bedeutung des *kulturellen* Kontextes, insbesondere in Form von Besitzrechten am jeweiligen Partner, Vorstellungen über Ehe und Bewertungen von Monogamie bzw. Polygamie für die Intensität von Eifersuchtsreaktionen weist insbesondere Hupka (1981) hin. Kulturelle Bedingungen werden als entscheidend dafür angesehen, was als jeweils Eifersuchts-evozierende Situation, was als Bedrohung einer Beziehung gilt (vgl. Clanton & Smith 1977). In diesem Zusammenhang muß auf den Einfluß von differentiellen Normen und Wertvorstellungen – auch innerhalb einer Kultur – verwiesen werden, die allerdings bisher relativ wenig untersucht wurden.
Personale Bedingungen. Unter *personalem* Aspekt wurden bisher insbesondere der theoretisch postulierte Zusammenhang von geringem Selbstwertgefühl und Eifersucht behandelt (z. B. Mead 1977). Dabei erbrachten eine Reihe von Untersuchungen uneinheitliche Ergebnisse: Der postulierte Zusammenhang zeigte sich teils nur bei Frauen, teils gar nicht; bis auf wenige Ausnahmen sind die Korrelationen gering (Bringle 1981, Buunk 1982 b, c). Diese Ergebnisse könnten auf die Art der verwendeten Meßverfahren zurückzuführen sein: In der Regel wurden globale Selbstwert-Skalen benutzt; möglicherweise lassen sich engere Zusammenhänge zwischen Eifersucht und spezifischen, in stärkerem Maße auf Beziehungen bezogenen Aspekten des Selbstkonzeptes zeigen (→ *Selbstwertgefühl*). Zwischen Ängstlichkeit bzw. Neurotizismus und Eifersucht konnten in verschiedenen Untersuchungen positive Zusammenhänge aufgewiesen werden (Buunk 1982 a). Bringle (1981) beschreibt Eifersüchtige als Personen, die sich selbst abwerten, leicht erregbar sind, Wahrgenommenes weniger verdrängen, dogmatisch, unglücklich, generell mit ihrem Leben nicht zufrieden sind. Weiter ist anzumerken, daß im Unterschied zu Bringle von Jaremko und Lindsey (1979) signifikante negative Korrelationen zwischen Eifersucht und Indikatoren für soziale Erwünschtheit berichtet werden.
Auch hinsichtlich möglicher geschlechtsspezifischer Differenzen ergibt sich ein uneinheitliches Bild: Bringle berichtet keine Einflüsse auf Eifersucht; nach Buunk (1981) reagieren Frauen eifersüchtiger als Männer. In der Untersuchung von Teismann und Mosher (1978) zeigen sich Männer eher als sexuell eifersüchtig, Frauen beziehen ihre Eifersucht eher auf Einschränkungen der ihnen gewidmeten Aufmerksamkeit bzw. der gemeinsam zu verbringenden Zeit. Nach Bryson (1977) zielt die Eifersucht bei Frauen auf die Aufrechterhaltung des eigenen Selbstwertes.
Interpersonale Bedingungen. Unter den interpersonalen Aspekten zeigt sich die jeweilige emotionale Abhängigkeit vom andern als eine der wichtigsten Bedingungen für Eifersucht. Positive Zusammenhänge mit Eifersucht zeigten sich für das Ausmaß der Abhängigkeit, Involviertheit in die Beziehung, wahrgenommene Möglichkeit alternativer Beziehungen und deren Bewertung (Buunk 1982 c), romantische Liebe, persönliche Unsicherheit (Mathes & Severa 1981) und externale Kontrollerwartungen (Bringle 1981).

Berscheid und Fei (1977) verknüpfen die oben erwähnten Variablen und finden empirische Unterstützung dafür: (romantische) Liebe erhöht die Abhängigkeit vom anderen; mit zunehmender Abhängigkeit nehmen externe Kontrollerwartungen zu; bei zusätzlicher Unsicherheit wird Eifersucht wahrscheinlich. Erfahrung spielt dabei eine wichtige Rolle: Der sich bei antizipierter Eifersucht deutlich zeigende Effekt der Abhängigkeit konnte nicht mehr bei denjenigen gefunden werden, die schon Erfahrungen mit anderen Beziehungen des Partners hatten (Buunk 1982 b).

Zur Frage nach den beim Partner wahrgenommenen Motiven für sein Interesse an einer dritten Person fand White (1981) vier Faktoren, nämlich 1. sexuelle Abwechslung, 2. Attraktivität des Rivalen, 3. Unzufriedenheit mit der alten Beziehung und 4. Wunsch nach festerer Bindung. Dabei zeigte „Unzufriedenheit mit der alten Beziehung" den größten Einfluß auf die Entstehung von Eifersucht; „sexuelle Abwechslung" wurde als größte Bedrohung empfunden; für Frauen spielte „Attraktivität des Rivalen" eine entscheidende Rolle, nicht jedoch für Männer.

Shettel-Neuber, Bryson und Young (1978) zeigten, daß auf eine als weniger attraktiv wahrgenommene dritte Person eher ärgerlich reagiert wird; dieses Ergebnis zeigte sich auch in Untersuchungen von Buunk (1982 c); Buunk nimmt an, daß die Bevorzugung eines im Vergleich zur eigenen Person weniger attraktiven Dritten als Erniedrigung des eigenen Selbstwertes empfunden wird.

Verarbeitung. Insgesamt können drei verschiedene Typen von Strategien der Verarbeitung von Eifersucht-induzierenden Ereignissen unterschieden werden: 1. die Vermeidung des Partners; diese Strategie wird häufiger von Frauen, insbesondere solchen mit geringem Selbstwertgefühl gewählt, 2. Neubewertung des Ereignisses bzw. der gesamten Situation und 3. intensive Kommunikation innerhalb der alten Beziehung; diese Strategie wird häufiger dann gewählt, wenn die Beteiligten in der alten Beziehung sehr zufrieden sind (Buunk 1982 a). Allgemein kann festgestellt werden, daß (intendierte) eigene Beziehungen zu dritten Personen dazu führen, daß auf ähnliche Tendenzen des Partners weniger mit Eifersucht reagiert wird. Buunk (1982 b) bietet als Erklärungskonzept die Wirksamkeit der Norm der Reziprozität an.

Aus dem knappen Überblick über die Behandlung der Phänomene Neid und Eifersucht in der Psychologie wird deutlich, daß bisher nur wenige und eher unzusammenhängende Untersuchungen vorliegen. Die *weitere Forschung* zu diesen Themen sollte den sozialen Charakter dieser Emotionen berücksichtigen und von einem sozial-interaktiven Ansatz ausgehen, so daß die unterschiedlichen Einflußfaktoren nicht nur angehäuft, sondern theoretisch verknüpft konzeptualisiert werden können. Eifersucht und Neid könnten dann als spezifische soziale Konstrukte im Sinne von „représentations sociales" (Farr & Moscovici 1982) beschrieben und hinsichtlich ihrer Funktion als Regulatoren von sozialen Interaktionen analysiert werden.

Literatur

Ankles, Th. M.: A study of jealousy as differentiated from envy. Boston: Bruce Humphries 1939.
Berscheid, E. & Fei, J.: Romantic love and sexual jealousy. In: Clanton, G. & Smith L. B. (eds.): Jealousy. Englewood Cliffs, N. J.: Prentice Hall 1977, 101–109.
Bringle, R. G.: Conceptualizing jealousy as a disposition. Alternative Lifestyles 4 (1981), 274–290.
Bryson, J. B.: Situational determinants of the expression of jealousy. Paper presented at the meeting of the American Psychological Association. San Francisco: Fall 1977.
Buunk, B.: Jealousy in sexually open marriages. Alternative Lifestyles 4 (1981), 357–372.
Buunk, B.: Strategies of jealousy: Styles of coping with extramarital involvement of the spouse. Family Relations 31 (1982), 9–14 (a).
Buunk, B.: Anticipated sexual jealousy: Its relationship to selfesteem, dependency and reciprocity. Personality and Social Psychology Bulletin 8 (1982), 310–326 (b).
Buunk, B.: Jealousy: Some recent findings and issues. Paper presented at the First International Conference on Personal Relationship. July 19–23, 1982, Madison Wisconsin (c).
Clanton, G. & Smith, L. G.: Jealousy. Englewood Cliffs, N. J.: Prentice Hall 1977.
Davitz, J. R.: The language of emotions. New York: Academic Press 1969.
Farr, R. & Moscovici, S. (eds.): Social representations. Cambridge: Cambridge University Press 1982.
Foster, G. M.: The anatomy of envy: A study in symbolic behavior. Current Anthropology 13 (1972), 165–202.
Heider, F.: The psychology of interpersonal relations. New York: Wiley 1958 (dt.: Psychologie der interpersonalen Beziehungen. Stuttgart: Klett 1977).
Hupka, R. B.: Cultural determinants od jealousy. Alternative Lifestyles 4 (1981), 310–356.
Jaremko, M. E. & Lindsey, R.: Stress-coping abilities of individuals high and low in jealousy. Psychological Reports 44 (1979), 547–553.
Lieblich, A.: Antecendents of envy reaction. Journal of Personality Assessment 35 (1971), 92–98.
Mathes, E. W. & Severa, N.: Jealousy, romantic love, and liking: Theoretical considerations and preliminary scale development. Psychological Reports 49 (1981), 23–31.
Mead, M.: Jealousy: Primitive and civilized. In: Clanton, G. & Smith, L. G. (eds.): Jealousy. New Jersey: Prentice Hall 1977, 115–127.
Rusch, P. A. & Hupka, R. B.: Development and validation of a scale to measure jealousy. Paper presented at the Annual Meeting of the Western Psychological Association, Seattle, April 1977.
Schoeck, H.: Der Neid. Die Urgeschichte des Bösen. München: Herbig 1980.
Shettel-Neuber, J., Bryson, J. B. & Young, L. E.: Physical attractiveness of the „other person" and jealousy. Personality and Social Psychology Bulletin 4 (1978), 612–615.
Silver, M. & Sabini, J.: The perception of envy. Social Psychological Quarterly 41 (1978), 105–111 (a).
Silver, M. & Sabini, J.: The social construction of envy: A conceptual analysis. Journal for the Theory of Social Behavior 8 (1978), 313–332 (b).
Teismann, M. W. & Mosher, D. L.: Jealousy conflict in dating couples. Psychological Reports 42 (1978), 1211–1216.
Tipton, R. M., Benedictson, C. S., Mahoney, J. & Hartnett, J. J.: Development of a scale for assessment of jealousy. Psychological Reports 42 (1978), 1217–1218.
White, G. L.: Jealousy and partner's perceived motives for attraction to a rival. Social Psychology Quarterly 44 (1981), 24–30.

Amélie Mummendey
und *Hans-Joachim Schreiber*

Lust und Unlust

Lust und Unlust sind Erlebnisqualitäten. Auf der Ebene geringerer Intensität sind ihre Synonyme das Angenehme und Unangenehme. Alle emotionalen Erlebnisse scheinen mehr oder weniger stark von der einen oder anderen dieser beiden Qualitäten bestimmt. Trotzdem ist es schwierig, für sie die richtigen Worte zu finden; und es werden Lust und Unlust in der Mimik und Gestik, im Ton der Stimme, in den vegetativen Erregungen und in der Lautmalerei besser als durch Beschreibung mitgeteilt.

Grundqualitäten der Gefühle

In der Geschichte der Psychologie sind Lust und Unlust von Anfang an als Elementarerscheinungen der Gefühle aufgefaßt worden. Aber es hat streitbare Auseinandersetzungen darüber gegeben, ob diese Elemente in allen Gefühlen vorhanden seien, ob sie überall in der gleichen Qualität erlebt würden und ob man sie auch getrennt von den Sinnesempfindungen verstehen könne. Oswald Külpe (1922) beispielsweise nahm an, Gefühle seien die elementaren Inhalte der Lust und Unlust, diese seien daher in allen Emotionen in gleicher Grundqualität vorhanden und von den Empfindungen zu unterscheiden. Demgegenüber vertrat Wilhelm Wundt (1902) die Auffassung, Lust und Unlust seien die Pole einer von insgesamt drei Dimensionen der Gefühle; und jede Dimension habe durch die von Fall zu Fall verschiedenen Qualitäten eine große Mannigfaltigkeit. Külpe hat diese Abkehr von der universellen Grundqualität der Gefühle u. a. mit dem Hinweis kritisiert, daß die Bezeichnung Gefühl überhaupt erst seit dem 18. Jahrhundert für Lust und Unlust zu Klassenbegriffen unterschiedlicher Gefühlsbezeichnungen wurden. In der Mehrzahl neuerer statistischer Untersuchungen ist man auf zwei oder drei Grunddimensionen der Gefühle gekommen und hat eine davon mit den Polen Lust und Unlust bezeichnet (vgl. Schlosberg 1954, Traxel 1963, Bottenberg, 1972, Marx 1982; → *Emotionsdimensionen*).

Abhängigkeit und Funktion

Beobachtet man Lust und Unlust genauer, so ist man über ihre Erlebnisvielfalt erstaunt und gewinnt dennoch den Eindruck eines elementaren Vorganges. Man wird feststellen, daß ihre Intensität, Ausbreitung und Tiefe in einem engen Zusammenhang mit anderen psychischen Erscheinungen stehen und daß derselbe Sinnesreiz, dieselbe körperliche Veränderung lustvoll, unlustvoll oder indifferent sein kann. Als Teil einer funktionellen Einheit der psychischen Phänomene wird

man lust- und unlustvolle Sinneseindrücke in Handlungen eingebettet vorstellen müssen. Und die Steigerung oder Abschwächung von Lust und Unlust ist somit nicht nur von der Art der Sinnesreize abhängig, sondern ebenso auch von den Motiven, der Sensibilität der Sinne, der Tätigkeit und der Inhalte des Gedächtnisses und der Fähigkeit zu urteilen, zu bewerten und Handlungen auszuführen.
Für die Forschung ergeben sich daraus Annahmen, die das Zusammenspiel von Emotion, Kognition und Handlung betreffen. Geht man beispielsweise vom Modell eines zeitlich gegliederten Ablaufs der psychischen Erscheinungen aus, worin kognitive Funktionen emotionalen Erregungen folgen, so gewinnen Lust und Unlust für Antrieb und Steuerung des Verhaltens primäre Bedeutung (→ *Motivation und Emotion*). Theoretisch stellt hierzu Young (1973) Lust und Unlust als primitive Einschätzung biologisch nützlicher und schädlicher Reizbedingungen dar und verleiht diesen somit eine unmittelbar regulatorische Funktion. Was hier mit Einschätzung gemeint ist, bezieht sich auf ein durch die Evolution gegebenes „Wissen" um die biologische Bedeutung der Sinnesreize, das mit Kognition im engeren Sinne nur wenig gemein hat. Auch die von Izard und Tomkins (1966) beschriebenen Hin- und Abwendungen des positiven und negativen Affektgeschehens werden als unmittelbare, dem Emotionalen selbst inhärente Vorgänge aufgefaßt. Und Plutchik (1980) stellt eine Theorie dar, worin Kognitionen sich im Laufe der Evolution zwar im Dienste der Emotionen entwickelten, heute aber Emotionen als „das Endresultat eines komplexen kognitiven Prozesses" (S. 15) anzusehen seien.
Die Diskussion über die Bedeutung von Lust und Unlust für den Antrieb und die Steuerung von Kognition und Verhalten führt in die Lernpsychologie (→ *Lerntheoretische Ansätze*). Denn sowohl in den Experimenten zur klassischen Reizsubstitution als auch beim instrumentellen oder operanten Lernen ist Lust und Unlust der subjektive Ausdruck jener Vorgänge, durch die Verhalten aufgebaut, gefestigt oder abgebaut wird.
Die besondere Bedeutung von Lust und Unlust für das gesamte Erleben und Verhalten legt es nahe, einen hedonistischen Standpunkt einzunehmen und die Erscheinungen unter dem Gesichtspunkt eines allgemeingültigen Lust-Unlust-Prinzips zu sehen. Aber die daraus folgende Aussage, alle unsere Handlungen würden letzten Endes darauf gerichtet sein, Lust zu suchen und Unlust zu meiden, sagt wenig aus, solange die Gesetze, von denen Lust und Unlust bestimmt werden, nicht genauer bekannt sind. Zwar wissen wir durch die neurophysiologischen Untersuchungen von Hess (1948) und Olds (1977) gut über die neuronalen Grundlagen für das Erleben der Lust Bescheid (→ *Limbisches System und Emotionen*), und die Schmerzforschung hat viele Einblicke in die Psychophysiologie der Unlust ermöglicht (vgl. Birbaumer, im Druck); über ihre erlebnispsychologischen Merkmale und insbesondere über das Zusammenwirken von Lust und Unlust ist aus experimentellen Arbeiten jedoch nur wenig zu entnehmen. Man wird sich daher nur auf vereinzelte experimentelle Beobachtungen stützen können und das übrige der Selbstbeobachtung entnehmen müssen.

Gegensätzlichkeit

Lust und Unlust werden als Gegensätze erlebt. Und in den faktorenanalytischen Darstellungen zur Klassifikation der Gefühlsbegriffe und Ausdruckserscheinungen werden sie schematisch und als gegenüberliegende Pole wiedergegeben. Aber diese Darstellung ist irreführend, denn sie schließen in ihrem Gegensatz einander nicht aus, auch wenn ihr gegensätzliches Verhältnis durchaus real ist. Keine der beiden läßt sich als Negation der anderen bezeichnen. So wie das Helle und Dunkle, das Kalte und Warme, das Weiche und Harte ist das eine nicht ohne das andere faßbar. Sie sind Gegensätze, die sich gegenseitig bedingen. Ihr Wechselspiel zeigt einige immer wiederkehrende Merkmale:

1. Hört der lustauslösende Reiz auf, so erscheint – ähnlich einem Nachbild – Unlust; hört Unlust auf, so entsteht Lust.
2. Bei Steigerung der Reizintensität kann Lust zur Unlust und Unlust zur Lust werden.
3. Wiederholung lustvoller Reize führt zur Indifferenz oder Sättigung.
4. In der Phase der Übersättigung wird aus der Indifferenz des ursprünglich Lustvollen Unlust.
5. Unter bestimmten Lernbedingungen der klassischen Reizsubstitution werden unlustvolle Reize lustvoll und umgekehrt, lustvolle unlustvoll.
6. Beim instrumentellen Lernen werden unlustvolle Reize, die auf lustvolle Handlungen hinweisen, schließlich ebenfalls lustvoll, während umgekehrt, lustvolle Reize, die auf Unlust hinweisen, unlustvoll werden. Der ständige Übergang von der einen zur anderen Erlebnisqualität zeigt, wie die beiden polaren Gegensätze aufeinander bezogen sind. So wie das Helle durch seine Nähe zum Dunklen Steigerung erfährt, wird auch die Intensität der Lust und Unlust von der Nähe ihres Gegensatzes bestimmt.

Es ergibt sich die Frage, wodurch diese Nähe entsteht? Wie kommt Lust zur Unlust und wie umgekehrt Unlust zur Lust? Geht man davon aus, daß dasjenige, was beide miteinander verbindet, etwas sein muß, was beiden gemeinsam ist, so stößt man auf ein Merkmal, das man leicht übersieht, weil alle psychischen Phänomene es zeigen. Dieses überall Vorhandene ist Bewegung. Durch sie wird Nähe und Distanz, Verbindung und Trennung überhaupt erst möglich. Und es liegt die Annahme nahe, daß der Gegensatz, den wir zwischen Lust und Unlust erleben, Bewegung bedingt. Unter dem Gesichtspunkt der Motivation wäre dann diese Bewegung der Antrieb, der im Gegensatz von Lust und Unlust begründet ist.

Literatur

Birbaumer, N.: Psychologische Analyse und Behandlung von Schmerzzuständen. In: Zimmermann, M. & Handwerker, H. (Hg.): Schmerz. Heidelberg: Springer 1983 (im Druck).
Bottenberg, E. H.: Emotionspsychologie. München: Goldmann 1972.

Hess, W. R.: Die funktionelle Organisation des vegetativen Nervensystems. Basel: Schwabe 1948.
Izard, C. F. & Tomkins, S. S.: Affect and behavior: Anxiety as a negative affect. In: Spielberger, C. D. (ed.): Anxiety and behavior. New York: Academic Press 1966, 81–125.
Külpe, O.: Vorlesungen über Psychologie. Leipzig: Hirzel 1922.
Marx, W.: Das Wortfeld der Gefühlsbegriffe. Zeitschrift für experimentelle und angewandte Psychologie 29 (1982), 137–146.
Olds, J.: Drives and reinforcement. New York: Raven Press 1977.
Plutchik, R.: A general psychoevolutionary theory of emotion. In: Plutchick, R. & Kellermann, H. (eds.): Emotion: Theory, research, and experience. Vol. 1: Theories of emotion. New York: Academic Press 1980, 3–33.
Schlosberg, H. S.: Three dimensions of emotion. Psychological Review 61 (1954) 81–88.
Traxel, W.: Gefühl und Gefühlsausdruck. In: Meili, R. & Rohracher, H. (Hg.): Lehrbuch der experimentellen Psychologie. Bern: Huber 1963, 215–257.
Wundt, W.: Grundriß der physiologischen Psychologie, 5. Aufl., 2. Bd. Leipzig: Engelmann 1902.
Young, P. T.: Emotion in man and animal. New York: Krieger 1973.

Wolfgang Tunner

Spezielle Emotionen aus psychoanalytischer Sicht

Ausgehend vom täglichen praktischen Umgang mit neurotisch gestörten Patienten, stieß die Psychoanalyse bald auf die überragende Rolle der Emotionen (→ *Psychoanalytische Ansätze*). Dabei wurde der Angst ein hoher Stellenwert in der Psychogenese und Behandlung psychischer Störungen eingeräumt. Dasselbe gilt für die Emotionen Trauer und Schuldgefühl. Mit den aggressiven Emotionen Ärger und Wut hatte die Psychoanalyse ebensolche theoretische und praktische Schwierigkeiten wie mit den libidinösen Emotionen der Liebe und Zärtlichkeit, da ihr Blick durch das physikalische Modell ihrer dualistischen Triebtheorie getrübt war.

Angst

Angst hat die Funktion eines Signals bei Gefahr. So kann Angst vor einer sexuellen Begegnung unbewußt die Gefahr einer Verletzung bedeuten: Als Folge davon wird jede Möglichkeit sexuellen Kontakts vermieden, im weniger ausgeprägten Fall zwar gesucht, wobei es zu Potenz- und Orgasmusstörungen kommen kann. Genauso lassen sich eine Eßhemmung, Bewegungshemmung oder Arbeitshemmung formal erklären. In der zeitlichen Reihenfolge führt der sexuelle Wunsch wegen der Gefahr der Verletzung zu Signalangst. Darauf folgen Abwehrbemühungen des Ichs und darauf schließlich das gehemmte Verhalten mit Unterlassen der sexuellen Handlung oder unbewußter Abwehr unter Symptombildung (Beispiel: psychogene Armlähmung). Auch *Zwangshandlungen* und *Zwangsdenken* lassen sich auf Ängste vor unbewußten Gefahren zurückführen. Bei den *Phobien* sind es bestimmte Gegenstände oder Situationen, auf die die ursprünglich auslösende Angstsituation projektiv verschoben wird. So hatte der „kleine Hans" (Freud 1909) nicht mehr Angst vor dem als Rivalen gefürchteten Vater, sondern vor einem Pferd, oder die Angst vor einer verschlingenden Mutter wird durch Ängste vor gefräßigen Spinnen ersetzt. Mit der entstandenen Symptombildung ist in jedem Fall die Gefahr vermieden, die durch das Angstsignal ausgelöst wurde. Damit ist die *Funktion* von Angst relativ gut erklärt.

Dessen ungeachtet bleiben aber ungeklärt die Art der speziellen Emotion Angst, ihre körperlichen Begleiterscheinungen mit gesteigerter Atmung und Herzfrequenz und ihre damit verbundenen psychischen Wahrnehmungen. Vorläufer der Angst könnte das Geburtserlebnis sein (Rank 1923, Freud 1926). Wahrscheinlicher liegt der gefürchteten Gefahr die Angst vor der Hilflosigkeit und Verlassenheit als Säugling zugrunde (*Trennungsangst*). In einer späteren Entwicklungsstufe der Kindheit kommt die Angst vor Liebesverlust hinzu, die Angst vor *Verletzung* (auf dem Höhepunkt der ödipalen Phase zwischen dem 3. und 6. Lebensjahr), gefolgt von der Angst vor *Strafe* (ab dem 4. Lebensjahr). Für die therapeutische Intervention ergibt sich als wesentliche Nutzanwendung, daß die Angst nur dann überwunden werden kann, wenn die ursprüngliche angsterregende Situation analysiert wird.

In psychoanalytischer Terminologie ist Angst immer unbestimmt und objektlos, im Gegensatz zu *Realangst,* deren Ursache wir kennen. Aber auch Realangst ist für viele Menschen deswegen bedrohend, weil sie oft unbewußt frühere angsterregende Situationen wiederbelebt. Neben Trennungsangst, Verletzungsangst und Strafangst kennt die Psychoanalyse noch die *Schamangst* als Angst vor Beschämung. Angst ist eine *conditio humana,* Reiz für Entwicklung, Differenzierung und Aufbau psychischer Strukturen. Wird Angst überhaupt nicht als Emotion wahrgenommen, wie z. B. bei narzißtischen Persönlichkeitsstörungen und *‚borderline-*Fällen', handelt es sich immer um eine ernste Störung (→ *Angst und Furcht*).

Trauer

Das psychoanalytische Trauerkonzept geht auf Freud (1916) zurück. Die gesunde Emotion Trauer wird dort von der krankhaften Melancholie als psychiatrischer Erkrankung abgegrenzt. Trauer ist Reaktion auf folgende Situationen: 1. Verlassensein (wobei die Intensität der Trauer dem Ausmaß der Abhängigkeit vom Objekt entspricht), 2. Enttäuschung am andern oder an sich selbst (hier ist es die Diskrepanz zwischen Ideal-Selbst-Konzept und realem Selbst im Rahmen eines narzißtischen Regulationskreises, von dessen Ausmaß Trauer oder gesundes Selbstwertgefühl abhängen), 3. gegen sich selbst gewendete Aggressivität in Form

von Ärger, Wut, Zorn oder Rache (im Rahmen dieses Regulationskreises der Aggressivität spielen neben Trauer und gegen sich selbst gerichtete Wut regelmäßig auch Schuldgefühle, Reue und Wiedergutmachungstendenzen eine Rolle).
Zur Trauer gehören körperliche Erschöpfung, ständiges Denken an die verlorene Bezugsperson, Schuldgefühle, feindselige Reaktion und ein Verlust bisher stabilisierender Verhaltensweisen. Durch *Trauerarbeit* (Freud 1916, S. 431, Lindemann 1944, S. 143) kann Trauer überwunden werden. Voraussetzung dazu ist, daß man Gefühle der Trauer zulassen und äußern kann. Demgegenüber ist Ausweichen vor Trauerarbeit pathologisch und mit der Gefahr neurotischer, psychotischer oder psychosomatischer Störung verbunden. Abgewehrte Trauer bleibt weiter wirksam und kann sich in Hypochondrien, zwanghaftem Verhalten und unmotiviertem Weinen äußern (→ *Trauer*).

Aggressivität: Wut, Zorn, Ärger

Zwar berichtete Freud in seinen klinischen Schriften immer wieder von *aggressivem Verhalten* (1900, 1909), aber er ließ das Problem der Aggressivität in seinen theoretischen Schriften (1921, 1930) erstaunlicherweise offen. Immerhin schreibt Freud 1930: „Die Schicksalsfrage der Menschenart scheint mir zu sein, ob und in welchem Maße es ihrer Kulturentwicklung gelingen wird, der Störung des Zusammenlebens durch den menschlichen Aggressions- und Selbstvernichtungstrieb Herr zu werden. In diesem Bezug verdient vielleicht gerade die gegenwärtige Zeit ein besonderes Interesse. Die Menschen haben es jetzt in der Beherrschung der Naturkräfte so weit gebracht, daß sie es mit deren Hilfe leicht haben, einander bis auf den letzten Mann auszurotten. Sie wissen das, daher ein gutes Stück ihrer gegenwärtigen Unruhe, ihres Unglücks, ihrer Angststimmung. Und nun ist zu erwarten, daß die andere der beiden „himmlischen Mächte", der ewige Eros, eine Anstrengung machen wird, um sich im Kampf mit seinem ebenso unsterblichen Gegner zu behaupten. Aber wer kann den Erfolg und Ausgang voraussehen?" (S. 506).
Anna Freud (1948) sowie Lampl-de Groot (1960) haben das Problem der Aggressivität dahingehend gelöst, daß sie neben dem Sexualtrieb einen biologisch vorgegebenen Aggressionstrieb annehmen. Unabhängig von der Triebhypothese läßt sich ihrer Ansicht nach aggressives Verhalten genauso wie sexuelles Verhalten in Entwicklungsphasen beschreiben. Mitscherlich (1956, S. 189) spricht darüber hinaus von vor-gekonnter und gekonnter Aggressivität, wobei letztere im Sinne von Assimilation aktiv handelnd die Umwelt gestaltet. Daneben existiert die destruktive Aggressivität, die sich als *Grausamkeit* äußern kann und nicht nur das Leben einzelner Menschen, sondern ganzer Völker bedroht (Mitscherlich 1969).
Von ‚Aggressivität' kann ‚Gewalt' unterschieden werden: Mit Hacker (1973) kann sie als „offene, manifeste, meist physische Ausdrucksform der Aggression" verstanden werden. Sie ist eine Disposition, die jederzeit geweckt werden kann,

wie die sozialpsychologischen Experimente Milgrams (1974) zur Gehorsamsbereitschaft gegenüber Autorität beweisen.
In der klinischen Praxis lassen sich die Emotionen Wut, Zorn und Ärger (→ *Ärger*) regelmäßig auf Kränkungen, Versagungen oder Enttäuschungen zurückführen. Es handelt sich insofern eindeutig um reaktive Emotionen. Dazu kann auch das *Schreien* des kleinen Kindes als Reaktion auf Mißhandlung oder Alleingelassenwerden (Socarides 1977, S. 29 f.) gerechnet werden, wobei Schreien nicht mehr tolerable Emotionen von Zorn und Wut über „Vokalisierung" und „Weinen" zum Ausdruck bringt.
Ärger (→ *Ärger*) kann wie Angst im Sinne eines „Problemsignals" (Verres & Sobez 1980, S. 47, Socarides 1977, S. 377 ff.) wirken, wobei es dem steuernden Ich überlassen bleibt, zu entscheiden, ob das ärgerliche Verhalten eher einer Störung im Hinblick auf ein bestimmtes Ziel entspricht oder dieses im Sinne einer adaptiven Umorientierung fördert. In diesem Fall hätten wir es mit einem konstruktiven Ärger zu tun, wobei „blinde Wut", vergleichbar der nicht als Signalangst funktionierenden automatischen Angstreaktion eher verhaltensschädigend wirken würde. Zorn könnte wiederum konstruktiven Zielen dienen, selbst leidenschaftlicher Haß, etwa der eines unterjochten Volkes gegenüber seinen Herrschern. Werden Wut und Ärger unterdrückt, können Depressionen oder psychosomatische Erkrankungen die Folge sein (→ *Krankheit und Emotion*).
In therapeutischer Hinsicht ist das Akzeptieren negativer Emotionen das erste Gebot. Deren kontrollierte, dosierte und gesteuerte Äußerung etwa in Form sportlicher oder künstlerischer Aktivitäten das zweite.
Sarkasmus und *Schadenfreude* (Socarides 1977, S. 391 f. a. a. O., S. 427 f.) sind subtile Möglichkeiten der Äußerung sonst abgewehrter ‚Aggressivität'. *Rache* ist eine Emotion mit dem Ziel des gerechten Ausgleichs für erlittene Kränkungen (klassisches Beispiel aus der Mythologie: Elektras Rache an ihrer Mutter Klytämnestra, die zuließ, daß der geliebte Vater Agamemnon ermordet wurde). Massive aggressive Emotionen sind meist mit einer Störung der Fähigkeit zu lieben verbunden (Socarides 1977, S. 403 f.).

Liebe

Freuds Ansätze zu einer Sexual- und Libidotheorie sind weit davon entfernt, die vielschichtigen Phänomene des Liebens und Geliebt-werdens zu erklären. Nach Hegel (1821) und Stierlin (1971) ist Lieben ein wechselseitiger Prozeß des Gebens und Nehmens, der sich in verschiedenen Entwicklungsphasen wie folgt realisiert: Die *erste Liebe* ist der Wunsch des kleinen Kindes, von der Mutter geliebt zu werden, ein Wunsch, der teils aus unvermeidlicher Versagung, teils aus unnötiger zusätzlicher Versagung zwangsläufig frustriert wird und reaktiv Schreien, später Ärger, Wut und Zorn auslöst. Als ungestillte Sehnsucht bleibt diese primäre Liebe oder *Ur-Liebe* (Balint 1966) bei vielen Menschen wirksam.

Die *zweite* Liebe ist die aktive *ödipale Liebe* in der triangulären Konstellation des Kindes zwischen Mutter und Vater (für das Mädchen jetzt gegenüber dem Vater, während für den Jungen das geliebte Objekt überwiegend die Mutter bleibt), eine Liebe, die wegen der Kleinheit des Kindes zwangsläufig scheitert, nichtsdestoweniger aber ebenfalls unbewußt aufrechterhalten wird. Lieben und Geliebt-werden sind insofern von der Kindheit her mit Enttäuschungen verknüpft. Dem Wiederholungszwang (Freud 1921) folgend, besteht die Gefahr, daß sich enttäuschende Beziehungsmuster der Kindheit in der Liebe des Erwachsenen wiederholen.
Soll Liebe „leidenschaftlicher Dialog" (Kutter 1978) im Sinne reifer Liebe sein, müssen eine ganze Reihe von Voraussetzungen erfüllt sein:
1. Ängste vor sexuellem Verhalten sollten überwunden sein;
2. Haß, Neid und Ablehnung des anderen Geschlechts dürfen nicht stören;
3. die eigene Person und der Partner sollen so erlebt werden, wie sie sind, das heißt nicht durch Fehleinschätzungen, unbewußte Übertragungen oder Projektionen verzerrt;
4. jeder der beiden Beteiligten sollte sich in seiner Person als vom anderen unabhängig, keinesfalls symbiotisch ungetrennt empfinden;
5. krankhaftes Mißtrauen sollte durch gesundes Vertrauen in sich selbst und den anderen ersetzt sein und
6. jeder sollte fähig sein, sich identifikatorisch in den anderen einfühlen und sich ihm/ihr hingeben können;
7. zärtliche Nähe sollte angstfrei toleriert werden können.

Ist die durch die oben genannten Bedingungen gekennzeichnete Separations-Individuations-Phase im Sinne von Mahler, Pine und Bergmann (1975) mißglückt, wiederholen sich laufend symbiotische Bindungen, die eine reife, den anderen in seiner Eigenständigkeit respektierenden Liebe nicht gestatten. In der *Verliebtheit* wird die oben erwähnte kindliche Sehnsucht wiederbelebt und scheint dann befriedigt, wenn der Partner positiv reagiert. Das andere große Hindernis reifer Liebe stammt in psychoanalytischer Sicht aus nicht bewältigten Konflikten der ödipalen Phase.
Lieben ist insofern ein komplizierter Prozeß, in dem zwar die Sexualität und Aggressivität eine große Rolle spielen, nicht minder wesentlich sind aber Selbstachtung, Selbstvertrauen und eine relative Unabhängigkeit. Reife Liebe wird nie ganz frei von unreifen Vorformen sein, auch nicht frei von negativen Emotionen. Sie ist aber insofern immer ein ganzer Komplex von Emotionen, in dem positive Emotionen der Zärtlichkeit negative der Angst oder des latenten Hasses durchaus beschwichtigen können.

Neid

Neid ist eine Emotion, die dann innerhalb einer Zweierbeziehung entsteht, wenn ein anderer mehr hat als man selbst. Neid wird durch den Beneideten ausgelöst und entspricht einem zehrenden, nagenden Gefühl, das zum Ressentiment oder

„Lebensneid“ werden kann, wenn all das, was der andere hat, entwertet wird. Ist der Neider vom Beneideten abhängig, hat er dadurch, daß er das beneidete Selbst entwertet hat, sich indirekt selbst geschädigt. Haß auf den Beneideten und Selbstschädigung sind insofern Begleiterscheinungen von Neid. Spezielle Formen von Neid sind *Geschlechterneid,* wie er in Form des Penisneids (Freud 1933, S. 134) viel geschmäht und sattsam bekannt ist, weniger als Neid des Mannes auf die unerschöpfliche Potenzen der Frau (ein Kind zu gebären, Milch zu spenden und über Leben und Tod des Kindes zu entscheiden). Der andere Neidkomplex ist der *Generationenneid:* Dabei darf neben dem bekannten Neid des Kindes auf die Macht der Eltern der Neid der Älteren auf die Jugend und deren Vitalität nicht vergessen werden. Therapeutisch kann Neid auf zwei Wegen behandelt werden: 1. Das Beneidete kann in sich selbst entdeckt und entfaltet werden und 2. soll der Klient einsehen, daß man nicht alles haben kann, ohne sich deswegen leer oder wertlos fühlen zu müssen. Außerdem hat jeder etwas, was der andere nicht hat. Damit werden allerdings Geschlechts- und Generationen-Unterschiede ebensowenig aufgehoben wie die Unterschiede zwischen reich und arm, wohl aber relativiert, und somit leichter tolerierbar (→ *Neid und Eifersucht*).

Eifersucht

Eifersucht bezieht im Gegensatz zu Neid stets drei Personen ein. Typisch ist die von Freud ausführlich beschriebene ödipale Eifersucht des Jungen auf den Vater, der diesem die Mutter wegzunehmen scheint. Diese Konstellation wird häufig in Szenen wiederbelebt, in denen dem ‚Eroberer‘ die geliebte Person weggenommen wird. Zur *Liebe* auf die Geliebte und zum *Haß* auf den Rivalen gesellt sich der Haß auf das geliebte Objekt, das sich von einem selbst ab- und einem dritten zuwendet. Dazu kommen *Scham, Schuldgefühle* und *Minderwertigkeitsgefühle* und die Angst, verlassen zu werden. Die im „Eifersuchts-Komplex“ (Kutter 1978, S. 129) gebundenen einzelnen Emotionen können vielfach abgewehrt werden, sind aber durch Psychoanalyse grundsätzlich wiederbelebbar und einer nachträglichen Integration in die Persönlichkeit zugänglich. Dabei bereitet die dem Eifersüchtigen zugewiesene „Ur-Kränkung“ der Zurückweisung (in dem Wunsch, gegenüber dem verhaßten Rivalen vorgezogen zu werden; Kutter 1978, S. 129) mit ihrer reaktiven Distanz und Selbstüberschätzung das größte Hindernis (→ *Neid und Eifersucht*).

Schuldgefühle

Schuldgefühle lassen sich auf dem Hintergrund des psychoanalytischen Strukturmodells von Ich/Es/Über-Ich als ein Gefühl verstehen, das das Ich genauso gegenüber dem Über-Ich empfindet wie das kleine Kind gegenüber einem Elternteil, wenn es etwas verbrochen hatte. In der psychoanalytischen Praxis lassen sie sich hinter Selbstbestrafungstendenzen relativ leicht entdecken. Schwieriger aufzulösen sind Schuldgefühle nach Trennungen von einem Objekt, das von einem selbst abhängig ist (Trennungsschuld) und Schuldgefühle nach Liebesentzug. Menschen mit früher emotioneller Entbehrung empfinden kaum Schuldgefühle, da sie innerhalb eines symbiotischen Bandes noch nicht fähig sind wahrzunehmen, was sie einem andern antun. Die zu früheren Jahrzehnten häufigen Schuldgefühle wegen sexueller Wünsche sind heute seltener, wogegen die Schuldgefühle gegenüber einem symbiotischen Objekt, von dem sich ein Klient trennen möchte, häufiger beobachtet werden.

Schamgefühle

Schamgefühle lassen sich, im Prinzip genauso wie Trauergefühle, auf eine Diskrepanz zwischen idealem und realem Selbst zurückführen. Sie entstehen dann, wenn ein Kind nicht den Erwartungen der Eltern entspricht, wenn es seine eigenen Erwartungen nicht erfüllt oder wenn zwischen beiden Idealen Diskrepanzen bestehen. Zu Schamgefühlen kann es auch dann kommen, wenn gerade kein Mangel besteht. Ein solcher Fall liegt z. B. vor, wenn sich ein besonders potenter Mann dieser Potenz schämt. Die kombinierte Emotion „Schamangst" ist eine Reaktion auf eine befürchtete Zurückweisung. Scham tritt besonders häufig in Zusammenhang mit Befürchtungen bei sexuellem Verhalten, eigene Erwartungen nicht erfüllt zu haben, auf. Realistische Selbsteinschätzung mit Erkennen der eigenen Schwächen und Grenzen ist der beste Schutz gegenüber Scham. Schamgefühle können ebenso wie Angst- und Schuldgefühle leicht abgewehrt werden und zu Verhaltensstörungen führen. Sollen sie aufgelöst werden, ist eine Wiederholung der peinlichen Emotionen unumgänglich. Gegenüber früheren Zeiten haben Schamgefühle heute häufiger mit Identitätsstörungen zu tun, wogegen Schamgefühle wegen sexueller Wünsche angesichts der gesellschaftlichen Liberalisierung der Sexualität seltener geworden sind.

Weitere spezielle Emotionen

Hinter *Nostalgie* verbirgt sich oft unbefriedigte Sehnsucht nach einem verlorenen Objekt (Socarides 1977, S. 471 f.), hinter *Pathos* Schmerz, Haß und Schuldgefühl (a. a. O., S. 63 f.), wogegen *querulantes Verhalten* einer Unfähigkeit zu vergeben entspricht (a. a. O., S. 143 f.). Pathologische *Großzügigkeit* ist Abwehr gegenüber Furcht, von anderen zurückgewiesen zu werden (a. a. O., S. 205), *Langeweile* gegenüber unerfüllt erlebter schmerzlicher Sehnsucht (a. a. O., S. 219 f.) und *Selbstüberheblichkeit* gegenüber Wut (a. a. O., S. 259 f.). *Horror* hat mit abgewehrten aggressiven Impulsen archaischer Art zu tun (a. a. O., S. 575 f.), wobei die abgewehrte die Aggressivität in Projektionen auf Figuren eines Horrorfilms indirekt befriedigt werden kann. *Schmollen* entspricht einem narzißtischen Rückzug auf sich selbst, wobei die Aggressivität dieses Verhaltens an den aufgeworfenen Lippen mimisch erkennbar ist (a. a. O., S. 251 f.). Sich dem Affekt *Freude* voll und ganz überlassen zu können, setzt ein gesundes, die eigene Vitalität bejahendes Ich voraus (a. a. O., S. 87 f.). *Enthusiasmus* formt im Sinne einer Leidenschaft die gesamte Persönlichkeit langfristig und schließt Freundlichkeit, Herzlichkeit, Sympathie und Liebe ebenso ein wie Begeisterung, Inspiration und Kreativität (a. a. O., S. 311 f.).

Literatur

Balint, M.: Die Urformen der Liebe und die Technik der Psychoanalyse. Bern: Huber 1966.

Freud, A. (1948): Bemerkungen zur Aggression. In: Die Schriften der Anna Freud, Bd. IV. München: Kindler 1980, 1061–1075.

Freud, S.(1900): Die Traumdeutung. Gesammelte Werke, II/III. London: Imago 1942.

Freud, S. (1909): Analyse der Phobie eines fünfjährigen Knaben. Gesammelte Werke, II. London: Imago 1941.

Freud, S. (1916): Trauer und Melancholie. Gesammelte Werke, X. London: Imago 1948.

Freud, S. (1921): Jenseits des Lustprinzips. Gesammelte Werke, XIII. London: Imago 1940.

Freud, S. (1926): Hemmung, Symptom und Angst. Gesammelte Werke, XIV. London: Imago 1948.

Freud, S. (1930): Das Unbehagen in der Kultur. Gesammelte Werke, XIV. London: Imago 1948.

Freud, S. (1933): Die Weiblichkeit. In: Neue Folge der Vorlesungen zur Einführung in die Psychoanalyse. Gesammelte Werke, XV. London: Imago 1944, 119–145.

Hacker, F.: Aggression. Die Brutalisierung der modernen Welt. Reinbek: Rowohlt 1973.

Hegel, G. F. W. (1821): Phänomenologie des Geistes. Sämtliche Werke, V. Hamburg: Meiner 1952.

Kutter, P.: Die menschlichen Leidenschaften. Stuttgart: Kreuz 1978.

Lampl-de Groot, J.: Depression und Aggression. Jahrbuch der Psychoanalyse 1 (1960), 145–160.

Lindemann, E.: Symptomatology and management of acute grief. American Journal of Psychiatry 101 (1944), 141–148.

Mahler, M., Pine, F. & Bergmann, A.: The psychological birth of the human infant. New York: Basic books 1975 (dt.: Die psychische Geburt des Menschen. Frankfurt: Fischer 1980).

Milgram, S.: Obedience to authority. New York: Harper & Row 1974 (dt.: Das Milgram-Experiment. Zur Gehorsamsbereitschaft gegenüber Autorität. Reinbeck: Rowohlt 1974).

Mitscherlich, A.: Aggression und Anpassung. Psyche 10 (1956/57), 177–193.

Mitscherlich, A.: Thesen über Grausamkeit. In: Die Idee des Friedens und die menschliche Aggressivität. Frankfurt: Suhrkamp 1969, 97–104.

Rank, O.: Das Trauma der Geburt und seine Bedeutung für die Psychoanalyse. I. P. B. XIV, 1923.

Socarides, C. W. (ed.): The world of emotions. Clinical studies of affects and their expression. New York: International Universities Press 1977.

Stierlin, H.: Das Tun des einen ist das Tun des anderen. Frankfurt: Suhrkamp 1971.

Verres, R. & Sobez, I.: Kognitive Aspekte von Ärger und Wut. Medizinische Psychologie 6 (1980), 33–53.

Peter Kutter

Teil VI

Emotionsbezogene Phänomene

Schmerz

Schmerz gehört zu den Grunderfahrungen menschlicher Existenz (Pöppel 1982). Mit Ausnahme der seltenen Fälle angeborener Schmerzunempfindlichkeit kann sich keiner von uns dieser Erfahrung entziehen. Schmerz kann bei akuten Verletzungen oder als Begleiterscheinung somatischer Erkrankungen, medizinischer Eingriffe und natürlicher Vorgänge, wie z. B. der Geburt, auftreten. Während Schmerz hier als Warnsignal bzw. Indikator für Gewebsschädigung fungiert, kann er jedoch auch ohne nachweisbare körperliche Ursache empfunden werden. Im Fall von chronischen Schmerzen ist er sogar die Krankheit selbst! Vor allem ist Schmerz aber eine subjektive Erfahrung, die einem Außenstehenden nur durch verbales und nonverbales Verhalten, meist emotionalen Inhalts, zu vermitteln ist.

Schmerztheorien im historischen Wandel

Die Frage, ob Schmerz eher den Gefühlen oder den Sinneserfahrungen zuzuordnen ist, hat Philosophen und Naturwissenschaftler Jahrhunderte lang beschäftigt. Der Wandel der Schmerzdefinition reflektiert dabei die jeweilige Erkenntnisposition und den wissenschaftlichen Entwicklungsstand.

Von der aristotelischen Antike bis ins Mittelalter galt Schmerz als „Passion der Seele", d. h. als reine Emotion. Das Zeitalter der Aufklärung brachte eine Wende zur sensorischen Konzeption der Schmerzerfahrung, die mit der Entwicklung der Sinnesphysiologie im 18. Jahrhundert verfeinert wurde und als *Spezifitätstheorie* des Schmerzes bis ins 20. Jahrhundert dominierte. Nach dieser Theorie wird ein Schmerzreiz von „Empfängern" der Schmerzinformation, sog. *Nozizeptoren,* über spezialisierte Nervenbahnen zu einem lokalisierten Schmerzzentrum im Gehirn geleitet, das dann die Erfahrung „Schmerz" meldet. Wesentlich an dieser Theorie ist die Annahme, daß die Stärke des Schmerzreizes dem subjektiv erlebten Schmerz direkt proportional ist: d. h. je größer die Verletzung, desto stärker der Schmerz. Gefühle hatten in dieser Theorie keinen Platz. Diese rein somato-sensorische Orientierung konnte aber nicht die Vielfalt alltäglicher und klinischer Beobachtungen erklären, nach denen vergleichbare Verletzungen zu höchst unterschiedlichen Schmerzäußerungen führen und die eine Trennung in *sensorische* und *reaktive* Komponenten der Schmerzerfahrung nahelegten.

Eine alternative Schmerztheorie, die sogenannte *pattern-Theorie,* nahm an, daß Schmerz durch komplexe zeitliche und räumliche Summation ansonsten nicht noxischer neuronaler Aktivität entsteht. Ihr Einfluß auf Forschung und Therapie war aber nur gering.

Die *gate control theory* von Melzack und Wall (1965) integrierte altes Wissen aus der Spezifitäts- und Patterntheorie mit jüngeren Forschungsergebnissen zu einer umfassenderen Theorie des Schmerzes und leitete damit eine neue Ära interdisziplinärer Schmerzforschung ein. Diese Entwicklung führte zu einer radikalen Neukonzeption unseres Wissens über dieses Gebiet.

„Gate Control Theory“

Das entscheidend Neue an der *gate control theory* war die Abkehr vom eindimensionalen somato-sensorischen Paradigma der Spezifitätstheorie hin zu einem multidimensionalen dynamischen Konzept des Schmerzes, in dem Emotionen eine entscheidende Rolle spielen. Danach ist die Schmerzerfahrung das Ergebnis verschiedener neuronaler Prozesse, die sich, beginnend an der untersten Schaltstelle, den Neuronen, in den Hinterhörnern des Rückenmarks, über Strukturen der Formatio reticularis, des limbischen Systems, des Thalamus bis hin zum Kortex gegenseitig hemmen und verstärken können (→ *Limbisches System und Emotionen*). In einer Erweiterung der *gate control theory* betonten Melzack und Casey (1968) vor allem die folgenden drei Systeme:

1. Das *sensorisch-diskriminative System,* dessen Funktion es ist, sensorische Information, wie Lokalisation, Intensität, sensorische Qualität (brennend, stechend etc.) zu analysieren.
2. Das *affektiv-motivationale System,* dessen Aufgabe vor allem darin besteht, einen organisierenden und integrativen Effekt auf Wahrnehmung und Verhalten auszuüben, wie z. B. Hinlenkung und Schärfung der Wahrnehmung, Einleitung von Schonverhalten etc.
3. Das *kognitiv-evaluative System,* das Vergleiche mit kognitiven Konzepten – wie früheren Erfahrungen, gegenwärtigen Erwartungen, Bewertungen und Bedeutungen – durchführt.

Die wesentliche physiologische Hypothese der *gate control theory* war die eines „dynamischen Filters“ *(gate)* schon an der ersten neuronalen Schaltstelle im Rückenmark, die je nach dem Grad ihrer Öffnung mehr oder wenige nozizeptive

Information zur Weiterleitung an höhere neuronale Strukturen durchläßt. Als entscheidenden Parameter für die Durchlässigkeit dieses „Filters“ vermuteten die Autoren das Verhältnis der Aktivierung von afferenten Nervenfasern, die ausschließlich noxische Information weiterleiten (die sog. dünnen *A-delta* und *C-Fasern*) und afferenten Nervenfasern, die nichtnoxische Information weiterleiten (die sog. *A-beta* Fasern). Neben diesem physiologischen Aktivitätsverhältnis, betonten die Autoren aber die entscheidende Rolle absteigender kortikaler Einflüsse (*zentrale Kontrolle*).
Nach neueren Erkenntnissen ist Melzacks und Caseys (1968) ursprüngliche Annahme nicht mehr haltbar, daß die neuronale Information über getrennte Kanäle an höhere informationsverarbeitende Zentren weitergeleitet wird, die sensorisch-diskriminative Komponente über den neospinothalamischen Trakt und die affektiv-motivationale Komponente über den paleospinothalamischen Trakt. Eine Trennung noxischer Information in sensorische und affektive Komponenten scheint erst auf Mittelhirn- und Zwischenhirnebene zu erfolgen (Mayer & Price 1982).
Für die emotionale Komponente sind dabei besonders die polysynaptischen Hirnstamm- und Thalamus-Relaisstationen von Bedeutung, da diese vielfältige Projektionen zu limbischen Strukturen aufweisen (Mayer & Price 1976). Interessanterweise sind genau an diesen Stellen auch Haftstellen *(Rezeptoren)* für körpereigene Opiate, sog. *Endorphine,* gefunden worden, von denen inzwischen angenommen werden kann, daß sie sowohl für die Lust-Unlust Regulation als auch – als körpereigenes Schmerzabwehrsystem – für die Schmerzerfahrung bedeutend sind (Herz 1982).

Einfluß der „Gate Control Theory“ auf Forschung und Therapie

Die *gate control theory* hatte für die psychologische Auseinandersetzung mit dem Schmerz weitreichende methodische, theoretische und praktische Implikationen.
Schmerzmessung. Methodisch betraf dies die Abkehr von eindimensionalen Methoden zur Schmerzmessung, wie etwa die psychophysikalische Messung von *Schmerzschwelle* und *Schmerztoleranz,* mit denen widersprüchliche Ergebnisse erzielt wurden, weil sie die wichtige Unterscheidung in sensorische Intensität und emotionale Unannehmlichkeit nicht leisten konnten (Wolff 1982). An ihre Stelle traten Verfahren der *Signal-Erkennungs-Theorie (SDT),* die sensorische und reaktive Aspekte des Schmerzberichts mathematisch zu trennen versucht (Chapman 1982) und multivariate Ansätze, wie der *McGill Fragebogen* (Melzack 1975), der nicht nur die sensorischen, sondern auch die affektiven und kognitiven Aspekte des Schmerzes zu erfassen gestattet.

Zur Erfahrung akuten und chronischen Schmerzes

In theoretischer Hinsicht erschien es mit Hilfe der *gate control theory* erstmals möglich, die Vielfalt bereits vorhandener experimenteller und klinisch-psychologischer Daten in ein umfassendes Modell menschlicher Schmerzerfahrung zu integrieren und dabei vor allem Emotionen und Kognitionen als Einflußgrößen, Begleiterscheinungen und Folgen des Schmerzerlebens zu analysieren.

Akuter Schmerz. Experimentalpsychologische Arbeiten beschäftigten sich dabei mit der Beziehung zwischen akuter Schmerzempfindung und *Persönlichkeitscharakteristika* wie Neurotizismus, Depression oder Hypochondrie; in jüngerer Zeit wurden zunehmend auch schmerzspezifische *Einstellungen* und *Verarbeitungsstile* miteinbezogen (Weisenberg 1982). Besondere Bedeutung kommt hierbei Zustandsvariablen wie Ängstlichkeit, Erwartungshaltungen und Situationsbewertungen zu, die sowohl die emotionale Verfassung als auch die emotionale Informationsverarbeitung bei Schmerz widerspiegeln (Bullinger & Turk 1982). Daß die Schmerzerfahrung stark von solchen situativen Faktoren abhängt, zeigen z. B. Befunde über Schmerzinduktion durch *Suggestion* oder Schmerzreduktion durch *Placebo*.

Solche Ergebnisse und die Betonung psychologischer Prozesse durch die *gate control theory* förderte die Untersuchung von psychologischen Möglichkeiten der *Schmerzkontrolle* (vgl. Bullinger & Turk 1982). Hierbei zeigte sich, daß neben Entspannungsverfahren besonders Techniken der Aufmerksamkeitslenkung auf innere Vorgänge (z. B. Vorstellung angenehmer Szenen) und auf äußere Gegebenheiten (z. B. Merkmale der räumlichen Umgebung) sowie ermutigende, positive Selbstanweisungen empfundenen Schmerz wirksam reduzieren konnten.

Die Art und Weise wie ein Schmerzreiz interpretiert wird, in welchem Kontext er erfahren wird und wie mit dieser Erfahrung umgegangen wird, scheint also für die Schmerzempfindung wesentlich zu sein. Es ist deswegen auch nicht verwunderlich, daß sich die Empfindung akuten Schmerzes durch situationsbezogene Wahrnehmungs- und Verarbeitungsstrategien besser vorhersagen läßt als durch unspezifische Persönlichkeitsmerkmale (Bullinger & Buchsbaum 1980).

Sicher sind aber Persönlichkeitscharakteristika, schmerzbezogene Einstellungen und Zustandsvariablen nicht voneinander unabhängig, sondern in möglicherweise hierarchischer Weise mit *emotionalen Schemata* und *kognitiven Konzepten* verbunden, die im Laufe der individuellen Lerngeschichte erworben wurden und die prinzipiell auch veränderbar sind (Leventhal & Everhart 1979; → *Kognitionstheoretische Ansätze*).

Unser Wissen über die Beziehung zwischen emotionaler bzw. kognitiver Informationsverarbeitung sowie deren Verankerung in Schemata sowie Konzepten einerseits und zentralnervöser bzw. neuroendokriner Aktivierung andererseits ist aber noch sehr gering. Hinweise auf solche psychobiologischen Mechanismen erbringen Zusammenhänge zwischen physiologischer Aktivierung und Schmerzerfahrung: mittlere Erregung (z. B. bei Angstzuständen) scheint den subjektiv erlebten

Schmerz zu erhöhen, während extreme Aktivierung wie bei Furcht und Streß, möglicherweise über eine Anregung des körpereigenen Schmerzabwehrsystems, die Schmerzerfahrung reduziert (Herz 1982). Zu den spannenden Aufgaben zukünftiger Forschung gehört auch zu untersuchen, inwieweit der Einsatz von *Bewältigungsstrategien* nicht nur die Empfindung, sondern auch die Biochemie und Psychophysiologie des Systems Schmerz beeinflußt (Larbig, Schnerr, Rigas & Birbaumer 1982).

Chronischer Schmerz. Bei chronischen Schmerzzuständen hat der Begriff der Emotion seit jeher besonderen Stellenwert, sowohl als Erklärungsmuster für das Zustandekommen organisch nicht begründbaren, „psychogenen" Schmerzes, als auch als Beschreibung der Folgen andauernden Leidens (Merskey & Boyd 1978).

Eine Reihe von psychodiagnostischen Untersuchungen von chronischen Schmerzpatienten hat erbracht, daß diese Personengruppen unter *affektiven Störungen,* wie z. B. → *Depression,* Hysterie, Hypochondrie und Angstzuständen, leiden; umgekehrt sind Schmerzklagen auch bei psychiatrischen Patienten häufig (Kokott 1982). Ob diesen Befunden allerdings ein neurobiologisches Substrat, wie z. B. ein gestörter Endorphinmetabolismus, zugrunde liegt, bleibt noch nachzuweisen.

Sicher aber haben chronische Schmerzpatienten häufiger als Vergleichsgruppen emotionale Probleme, die sich, wie neuere Untersuchungen nahelegen, auch auf die Wahrnehmung und den Ausdruck von Gefühlen beziehen. Dieses „keine Worte für Gefühle haben", die *Alexithymie,* scheint für unser Verständnis chronischen Schmerzes zunehmend wichtig (Lesser 1981). Dies gilt auch für die Ansätze aus der *life-event*-Forschung, die die Belastung durch kritische Lebensereignisse mit chronischen Schmerzen in Verbindung bringt (Leavitt, Garron & Bieliaukas 1979).

Der Versuch, mit Hilfe anamnestischer, psychodiagnostischer, experimenteller und biochemischer Untersuchungen somatogene, d. h. körperlich begründbare Schmerzen von psychogenen Schmerzen abzugrenzen, ist allerdings noch weitgehend erfolglos geblieben. Besondere Schwierigkeiten ergaben sich mit der Identifikation *prämorbider* Persönlichkeitszüge, die in psychoanalytischer Tradition als Erklärungsmuster für die Entstehung psychogenen Schmerzes herangezogen wurden (Engel 1959). Diametral entgegensetzt ist hierzu Fordyces *operantes* Verständnis dieser Schmerzsyndrome als Ergebnis permanenter Verstärkung von Schmerzverhalten (Fordyce & Steger 1982).

Offensichtlich liegen diesen Differenzierungsversuchen bestimmte Annahmen über die Entwicklung und Aufrechterhaltung chronischer Schmerzen zugrunde, die möglicherweise nur teilweise haltbar sind. Ausgehend von den oben dargestellten psychobiologischen Erkenntnissen her, ist eine solche Trennung nämlich durchaus nicht unproblematisch, weil sie das komplexe Wechselspiel psychologischer und physiologischer Mechanismen in der Schmerzerfahrung ignoriert.

Möglicherweise können chronische Schmerzen durch ein Aufschaukeln dysfunktionaler physiologischer Vorgänge (nach minimaler Läsion oder durch psychisch vermittelte Aktivierungsprozesse) zustandekommen und auch dann weiterbestehen, wenn der kontinuierliche noxische Input fehlt, wenn psychische Belastungen als Stressoren auf das funktionsgestörte System einwirken oder wenn durch Koppelung an schmerzbezogene Schemata das Schmerzgedächtnis angeregt wird (→ *Streß*).

Wie diese Mechanismen geartet sind und welchen Anteil emotionale Prozesse im Zusammenhang mit physiologischen Funktionsstörungen an der Genese und Aufrechterhaltung chronischen Schmerzes haben, bleibt im Rahmen einer interdisziplinären Forschung zu klären, die sinnvollerweise chronischen Schmerz als umfassende *Systemstörung* verstehen sollte.

Therapeutische Möglichkeiten

In praktischer Hinsicht haben sich aus der *gate control theory* therapeutische Ansätze zur psychologischen Schmerzbehandlung ergeben, mit denen vor allem die motivational-affektive und kognitiv-evaluative Komponente der Schmerzerfahrung angegangen werden kann. Dies stellt eine erfolgversprechende Alternative zur rein medizinischen Therapie dar, deren Erfolge – u. a. wegen der einseitigen somato-sensorischen Behandlungsorientierung – oft gering sind. In klinischen *Akutsituationen,* wie z. B. bei Operationen, eignen sich zur Schmerzreduktion u. a. vorbereitende Informationen, Entspannung und kognitiv-emotionale Bewältigungsstrategien. Bei *chronischen Schmerzen* wurden bisher Ansätze aus der klassischen Verhaltenstherapie, kognitiv verhaltenstherapeutische Verfahren und deren Kombination mit Techniken wie Biofeedback etc. mit einigem Erfolg eingesetzt (Sternbach 1982).

Schmerz als Emotion?

Zusammenfassend erscheint also die Frage danach, ob Schmerz eine Sinneserfahrung oder ein Gefühl ist, als falsch gestellt: er ist beides. Zunehmend wird in der Psychologie deutlich, daß psychische und somatische Phänomene miteinander korrespondieren, also zwei Seiten desselben Geschehens reflektieren. Es bleibt zu hoffen, daß die Abkehr von dem traditionellen *dualistischen Denkmodell* sowohl für die Erforschung des Schmerzgeschehens als auch für die Therapiemöglichkeiten chronischer Schmerzen weitere Fortschritte bringt. Vielleicht wird es dann auch möglich, Phänomene wie Weltschmerz oder Liebeskummer in neuem Licht zu sehen, nämlich lokalisiert in einem Konstruktraum „Schmerz" mit differentiellen somatischen und psychischen Komponenten.

Nach wie vor aber gilt, daß wir erst beginnen, das komplexe System Schmerz zu verstehen.

Literatur

Bullinger, M. & Turk, B.: Selbstkontrolle: Strategien zur Schmerzbewältigung. In: Keeser, W., Pöppel, E. & Mitterhusen, P. (Hg.): Schmerz. München: Urban & Schwarzenberg 1982, 241–283.

Bullinger, M. & Buchsbaum, M.: Pain sensitivity and personality. Vortrag, gehalten beim 2. Kongreß der International Society for the Study of Pain. New York, September 1980.

Chapman, C. R.: Verfahren der Signalerkennungstheorie und des evozierten Potentials bei der Schmerzwahrnehmung. In: Keeser, W., Pöppel, E. & Mitterhusen, P. (Hg.): Schmerz. München: Urban & Schwarzenberg 1982, 149–190.

Engel, G. L.: „Psychogenic" pain and the pain prone patient. American Journal of Medicine 26 (1959), 899–918.

Fordyce, W. E. & Steger, J. C.: Chronischer Schmerz. In: Keeser, W., Pöppel, E. & Mitterhusen, P. (Hg.): Schmerz. München: Urban & Schwarzenberg 1982, 296–349.

Herz, A.: Endorphine und Schmerz. In: Keeser, W., Pöppel, E. & Mitterhusen, P. (Hg.): Schmerz. München: Urban & Schwarzenberg 1982, 69–82.

Keeser, W., Pöppel, E. & Mitterhusen, P. (Hg.): Schmerz. München: Urban & Schwarzenberg 1982.

Kockott, G.: Psychiatrische Aspekte bei der Entstehung und Behandlung chronischer Schmerzzustände. Nervenarzt 53 (1982), 365–376.

Larbig, W., Schnerr, G., Rigas, V. A. & Birbaumer, N.: Thetaaktivität und Schmerzkontrolle. In: Keeser, W., Pöppel, E. & Mitterhusen, P. (Hg.): Schmerz. München: Urban & Schwarzenberg 1982, 81–112.

Leavitt, F. H., Garron, D. & Bieliaukas, L.: Stressing life events and the experience of low back pain. Journal of Psychosomatic Research 23 (1979), 49–55.

Lesser, I.: A review of the alexithymia concept. Psychosomatic medicine 43 (1981), 531–543.

Leventhal, H. & Everhart, D.: Emotion, pain, and physical illness. In: Izard, C. (ed.): Emotions in personality and psychopathology. New York: Plenum 1979, 263–299.

Mayer, D. J. & Price, D. D.: Central nervous system mechanisms of analgesia. Pain 2 (1976), 379–404.

Mayer, D. J. & Price, D. D.: A physiological and psychological analysis of pain: A potential model for motivation. In: Pfaff, D. W. (ed.): The physiological mechanisms of motivation. New York: Springer 1982, 433–471.

Melzack, R.: The McGill Pain Questionnaire: Major properties and scoring methods. Pain 1 (1975), 277–300.

Melzack, R. & Casey, K. L.: Sensory, motivational, and central control determinants of pain: A new conceptual model. In: Kenshalo, D. (ed.): The skin senses. Springfield: C. C. Thomas 1968.

Melzack, R. & Wall, P. D.: Pain mechanisms: A new theory. Science 150 (1965), 971–797 (dt.: Schmerzmechanismen: Eine neue Theorie. In: Keeser, W., Pöppel, E. & Mitterhusen, P. (Hg.): Schmerz. München: Urban & Schwarzenberg 1982, 8–29).

Merskey, H. & Boyd, D.: Emotional adjustment and chronic pain. Pain 5 (1978), 173–178.

Pöppel, E.: Lust und Schmerz. Berlin: Severin & Siedler 1982.

Sternbach, R. A.: Psychologische Verfahren bei der Behandlung von Schmerz. In: Keeser, W., Pöppel, E. & Mitterhusen, P. (Hg.): Schmerz. München: Urban & Schwarzenberg 1982, 69–82.

Weisenberg, M.: Schmerz und Schmerzkontrolle. In: Keeser, W., Pöppel, E. & Mitterhusen, P. (Hg.): Schmerz. München: Urban & Schwarzenberg, 1982, 191–240.

Wolff, B. B.: Die Messung von Schmerz beim Menschen. In: Keeser, W., Pöppel, E. & Mitterhusen, P. (Hg.): Schmerz. München: Urban & Schwarzenberg 1982, 69–82.

Wolfgang Keeser und *Monika Bullinger*

Neugier und Exploration

Neugier – eine Emotion?

Diese Frage drängt sich unwillkürlich auf angesichts des Umstandes, daß Neugierphänomene vor allem im Rahmen der Motivationspsychologie erforscht wurden und dort die theoretische Diskussion der letzten 30 Jahre entscheidend mitbestimmt haben (Voss & Keller 1981). Neugier wurde zuerst als Instinkt (McDougall 1908), dann als primärer bzw. sekundärer (gelernter) Trieb (Dashiell 1928, Symmes 1959), als ein Trieb-Anreiz-Konstrukt (Berlyne 1960) und schließlich als ein Paradebeispiel für eine kognitive (intrinsische) Motivationsform (Hunt 1963) angesehen.

Demgegenüber findet sich eine im engeren Sinne emotionspsychologische Betrachtung von Neugierphänomenen recht selten. McDougall (1908) betonte besonders die emotionale Komponente der „Verwunderung", und kurze Zeit danach beschrieb Shand (1914) Neugier als eine „primäre Emotion", die einem „einfachen Impuls zu wissen" entspräche (S. 438). Ähnliche Formulierungen, die den emotionalen Charakter von Neugier und Exploration hervorheben, finden sich häufig. Offensichtlich wird das spezifische emotionale Moment in der Bewußtheit einer subjektiven Befindlichkeit gesehen, die sich umgangssprachlich als ein Gefühl der Spannung, der Anregung, der Faszination und der Erwartung eines Ereignisses oder Geschehens mit unsicherem Ausgang umschreiben läßt. Doch mischen sich in dieser Befindlichkeit nicht zugleich auch Emotionen wie Überraschung und Interesse, Furcht und Angst, Freude und Genugtuung? Wir haben es in der Regel mit einem ganzen Komplex von Gefühlen zu tun, der sich einer psychologischen Analyse weitgehend entzieht und die Identifikation von diskreten, voneinander abgehobenen Emotionen sehr schwierig macht.

Angesichts dieser verwirrenden Sachlage erscheinen Versuche, Neugier als Emotion *oder* als Motivation bzw. Motiv darstellen zu wollen, als wenig aussichtsreich. Auch der Vorschlag der Vertreter der sog. Differentiellen Emotionstheorie, nämlich Neugier als eine Art gesteigerten Interesses darzustellen, befriedigt nicht (→ *Überraschung und Interesse*). Für die weiteren Ausführungen in diesem Kapitel sind die folgenden, hier nicht näher zu begründenden Festlegungen zu treffen:

1. Emotionen haben grundsätzlich *Motivcharakter,* insofern sie Handeln und Erleben begleiten, steuern, verstärken oder abschwächen (z. B. Furcht – Flucht, Neugier – Exploration; → *Motivation und Emotion*).
2. Umgekehrt sind Motive in *Emotionslagen* des Organismus eingebettet (Affiliationsbedürfnis – Liebe und Vertrauen), oder aber motivationale Prozesse haben Emotionen zur Folge (Leistungsmotiv – Stolz, Freude).
3. Neugier wird verstanden als ein komplexes *Emotions-Motivations-Konstrukt,*

Exploration als die beobachtbaren Handlungen, die diesem Konstrukt theoretisch zugeordnet sind.

Der Ausdruck „komplexes Emotions-Motivations-Konstrukt" impliziert unter anderem, daß wir es bei Neugier nicht mit einem primären, relativ fest umschreibbaren Emotionskonstrukt zu tun haben (im Vergleich etwa zu Angst, Überraschung, Freude); vielmehr ist darunter ein psychischer Prozeß der Regulation und Kontrolle des personalen „Ereignisfeldes" eines Individuums zu verstehen (dazu weiter unten), der gleichsam den Rahmen für die Aktualisierung verschiedener emotionaler Zustände bildet. Unter der Voraussetzung der Gültigkeit von (1.) und (2.) erscheint es auch legitim, das Schwergewicht der folgenden Ausführungen auf die Betrachtung der verschiedenen Versuche einer Beschreibung und theoretischen Einordnung des explorativen Handelns zu legen, was zugleich eine stärkere Ausrichtung auf den motivationspsychologischen Aspekt von Emotionen beinhaltet.

Wie sieht exploratives Handeln aus?

Als eine gemeinsame Resultante vieler Umschreibungsversuche von Neugier (vgl. Keller & Voss 1976, Kap. 2) läßt sich die erhöhte Bereitschaft eines Individuums ansehen, sich neuen, ungewohnten oder auch besonders unübersichtlichen und komplexen Situationen und Objekten auszusetzen bzw. diese aktiv aufzusuchen, indem es sich zu diesen hinbewegt, sie erkundet oder manipuliert, indem es solche Reizbegebenheiten beharrlich erforscht, um mehr darüber zu wissen, indem es nach neuen Erfahrungen sucht und damit das Aufkommen von Langeweile vermeidet usw. Hier wird deutlich, daß dem Konstrukt Neugier eine Vielzahl von Äußerungen auf der Handlungsebene entspricht und daß diese eine weitere begriffliche Unterscheidung nahelegen: Einmal sind solche Verhaltensweisen zu betrachten, bei denen das Individuum mit einem Gegenstand oder einer Situation eher unwillentlich konfrontiert wird und die Erkundung dieses Gegenstandes sozusagen „erzwungen" wird, zum anderen handelt es sich um Aktivitäten, deren Ziel in einer erhöhten Reizzufuhr liegt, in der Verfügbarmachung oder dem Aufsuchen von Situationen, die Zerstreuung, Abwechslung, Erregung, neuartige Empfindungen usw. gewähren. Berlyne (1960) nannte die erste Form „spezifische Neugier" (die Aufmerksamkeit ist auf ein bestimmtes Objekt fixiert), die zweite Form „diversive Neugier" (die Aufmerksamkeit geht in die Breite).

Exploration als Prozeß

Nunnally und Lemond (1973) stellen die exploratorische Aktivität als ein Prozeßgeschehen mit einer charakteristischen Verlaufsgestalt dar. Am Anfang der Handlungssequenz steht die Konfrontation mit dem neuen oder komplexen Reiz, der in der Regel eine Orientierungsreaktion, d.h. eine Ausrichtung der sensorischen Rezeptororgane auf die Reizquelle und zugleich eine erhöhte Aufmerksamkeit bewirkt. Die Phase der spezifischen Exploration beinhaltet dann die perzeptive und manipulative Erkundung des Objektes mit dem Ziel einer Einordnung in bestehende Bedeutungsstrukturen, d.h. eine Beantwortung der Frage „was ist das?". Werden danach die Handlungen weniger zielstrebig und systematisch, wird das Hantieren mit dem Gegenstand mehr und mehr zu einem Mittel lustbetonter „zweckfreier" Tätigkeit, so könnte man von Spiel sprechen; die Frage ist hier eher „was kann ich damit tun?". Die Unterscheidung von Exploration und Spiel auf der Verhaltensebene erscheint schwierig und durch kaum merkliche Übergänge in der Art und Weise der Manipulationen wie auch in den begleitenden affektiven Ausdruckserscheinungen (Dimension Spannung – Lösung) gekennzeichnet. Spielerische Aktivitäten gehen über in stereotypere und monotonere Handlungen, die eine geringere Selbstbeteiligung indizieren und zugleich ein „Bedürfnis nach Reizwechsel" (Fiske & Maddi 1961) oder – einfacher – einen Zustand der Langeweile (Myers & Miller 1954) konstituieren. Letzterer führt dann wieder zu Tätigkeiten der „diversiven Exploration", an deren Ende die Entdeckung oder Konfrontation mit einem neuen physikalischen Reizfeld steht und wonach sich der gesamte Zyklus wiederholen kann. Die hier umrissenen Komponenten des explorativen Handelns finden sich in den meisten theoretischen Ansätzen wieder. So klassifiziert Berlyne (1960) in seiner Neugiertheorie die beobachtbaren Verhaltensweisen in „Rezeptor-Anpassungs-Verhalten" (Orientierung auf die Reizquelle), „lokomotorische Reaktionen" (Veränderungen in der Grobmotorik) und „investigatorische Reaktionen" (Manipulationen, Veränderung der Reizquelle). Zu den letzteren zählt auch das sog. epistemische Verhalten (epistemische Neugier), dessen Funktion es ist, dem Organismus Informationen zuzuführen und neues Wissen zu ermöglichen; hierzu gehören Tätigkeiten wie die epistemische Beobachtung, die Konsultation (z.B. Befragung) und letztendlich das sog. gerichtete Denken und Problemlösen.

„Konflikt, Erregung, Neugier"

Wie bereits deutlich wurde, sind bei der Auslösung exploratorischer Aktivitäten bestimmte Eigenschaften des Reizes von großer Bedeutung. Als solche wurden bereits (relative) Neuheit und Komplexität genannt. Berlyne spricht auch von „kollativen Reizvariablen", das sind Reizparameter, die beim Individuum (kognitive) Unsicherheit und konfligierende Reaktionstendenzen induzieren. Die kollativen Variablen umfassen externale Attribute wie z.B. die räumliche Verteilung visueller Muster in einem Feld (Punktmuster) oder Zufalls-Ereignisfolgen, die subjektiv als komplex, neu, überraschend, inkongruent, verändert, mehrdeutig usw. erlebt werden. Hauptfunktion der damit hervorgerufenen explorativen Handlungen ist es dann, die subjektive Unsicherheit zu reduzieren. Eine zentrale

regulative Größe auf der Seite des Organismus, von der sowohl das Ausmaß als auch die Art des explorativen Verhaltens abhängt, ist der Grad der mit den Reizgegebenheiten korrespondierenden Erregung oder Aktivierung. Im Anschluß an Lindsley (1957) formuliert Berlyne (1960, 1963) Neugier als einen Trieb zur Aufrechterhaltung eines bestimmten chronischen Aktivierungstonus, welcher eine Funktion verschiedener neurophysiologischer Strukturen, insbesondere des sog. unspezifischen aufsteigenden retikulären Aktivierungssystems, ist (→ *Limbisches System und Emotionen*). Es wird angenommen, daß Individuen danach streben, ihr individuelles Niveau interner Aktivierung (Aktivierungstonus), das als angenehm erlebt wird, aufrechtzuerhalten. Dem explorativen Handeln kommt dabei die Rolle zu, durch Regulation des Informationsflusses dieses „optimale Aktivationsniveau" – das über den Schlaf-Wach-Zyklus hinweg schwankt – jeweils herzustellen und zu sichern.
Der Versuch Berlynes und seiner Nachfolger, exploratorische Phänomene auf der Verhaltensebene durch das Zusammenspiel mehrerer psychophysischer Systeme zu erklären, ist von verschiedenen Autoren als verfrüht und in sich widersprüchlich diskutiert worden. Die derzeitige Forschungslage zum Aktivierungskonzept – insbesondere was die empirischen Belege für eine eindeutige Beziehung zwischen physikalischem Reiz und zentralnervösen Prozessen sowie auf der inneroganismischen Ebene, zwischen verschiedenen Aktivationssystemen (Routtenberg 1968) betrifft – ist dementsprechend sehr uneinheitlich (vgl. dazu Vanderwolf & Robinson 1981).

Exploration und Informationsverarbeitung

In kognitiven Theorieansätzen erscheinen Organismen grundsätzlich „aus sich selbst heraus" aktiv; dem Rekurs auf ein psychophysiologisches Konzept der Aktivation wird nur wenig Erklärungswert beigemessen. In diesem Sinne spricht Hunt von intrinsischer Motivation als einem „Informationsverarbeitung und Handeln inhärenten Motivationsmechanismus" (1963, S. 35). Exploration umfaßt alle diejenigen Aktivitäten, die als ein Ergebnis innerorganismischer Informationsverarbeitung ein gewisses Maß an Inkongruenz zwischen einem Reiz und einem kognitiven Bezugssystem oder Erwartungen der Person aufrechterhalten. Auch hier wird die zentrale Regulationsgröße mit einem Optimum an Inkongruenz gleichgesetzt, dessen Unter- oder Überschreitung explorative Aktivitäten induziert. Diskrepanzen zwischen erlebter Umwelt auf der einen und den Erkenntnisstrukturen (Schemata) des Individuums auf der anderen Seite sind somit *per se* motivierend. Exploration wird damit weitgehend gleichbedeutend mit jeder Erkenntnistätigkeit, insoweit diese auf die Herausbildung, Erweiterung und Differenzierung von Wissensstrukturen gerichtet ist.

Exploration als Handlung

Die Betrachtung eines dermaßen umfangreichen Verhaltensspektrums, das von den einfachen Orientierungsreaktionen bis hin zu komplexem Problemlöseverhalten reicht und somit jegliche Art von kognitiver Aktivität beinhalten würde, ist jedoch aus naheliegenden Gründen heuristisch wenig sinnvoll. Es erscheint deshalb ratsam, Neugier und Exploration mit solchen Aktivitäten des Organismus in Zusammenhang zu bringen, die *beobachtbare Handlungen* beinhalten, welche auf die *Veränderung* des für das Individuum momentan wirksamen *Ereignisfeldes* gerichtet sind. In Anlehnung an eine Unterscheidung von Klix (1971) sowie von Brodda und Wellner (1981) würde diese aktive Einwirkung des Individuums sowohl das aktuell gegebene, rezeptorisch wirksame Ereignisfeld als auch das potentiell erzeugbare Ereignisfeld betreffen. Ersteres umfaßt alle solche physikalischen Reize der Umgebung, die aktuell sinnesphysiologisch relevant sind, letzteres besteht aus der Gesamtheit der „nicht unmittelbar wahrzunehmenden, prinzipiell aber veränderbaren oder bildbaren Zustände oder Prozesse in der Umgebung" (Klix 1971, S. 44).
Wie Brodda und Wellner (1981) hervorgehoben haben, bedarf es noch zweier weiterer Bestimmungsstücke für Exploration, um den innerorganismischen Gegebenheiten exploratorischer Informationsverarbeitung Rechnung zu tragen. In dem von diesen Autoren so genannten „innerorganismischen Ereignisfeld", das die Transformation des physikalischen Feldes in neuronale und humorale Erregungsmuster und Prozesse repräsentiert, erkennen wir unschwer jene weiter oben im Zusammenhang mit dem Aktivierungskonzept angedeuteten Bedingungskonstellationen bzw. Begleitumstände explorativer Tätigkeit. Die Erhellung des Zusammenhangs zwischen diesem Ereignisfeld und dem rezeptorisch wirksamen ist indes Gegenstand einer neurobiologischen Betrachtung (dazu Brodda & Wellner 1981). Für eine *psychologische* Analyse muß als ein weiteres System die Gesamtheit aller Vermutungen und Erwartungen eines Individuums über die als das Ergebnis der Handlung veränderte strukturelle und inhaltliche Beschaffenheit des rezeptorischen Ereignisfeldes postuliert werden. Man könnte hierunter auch alle jene psychologisch wirksamen Faktoren zusammenfassen (kognitive Strukturen, Schemata, „Pläne", Erwartungen usw.), die den *intentionalen* Charakter von Handlungen begründen. Mit v. Wright (1977) bezeichnen wir mit Handlung solche Aktivitäten eines Individuums, die eine absichtliche, willentliche *„Veränderung* in der Welt (der Natur) bewirken oder verhindern" (S. 84). Exploratives Handeln besteht somit aus den Bemühungen des Individuums, das antizipatorische Ereignisfeld durch ein aktives Einwirken auf das sensorisch wirksame (spezifische Exploration) oder auf das herstellbare Ereignisfeld (diversive Exploration) zu realisieren, und zwar unter der besonderen Bedingung einer nicht mehr tolerierbaren Inadäquatheit des letzteren. Wir ziehen den Begriff der Adäquatheit solchen der Kongruenz, Konsonanz u. ä. der sog. kognitiven Konsistenz-Theoretiker vor, da die Betonung in unserem Falle auf der Aktualisierung von Handlungsintentionen

liegt und nicht auf der Herstellung einer Deckungsgleichheit, gleich, ob im buchstäblichen Sinne als inhaltlich identisch oder aber als strukturell isomorph verstanden. Wiederum muß betont werden, daß exploratives Handeln auf die Veränderung des rezeptorischen Ereignisfeldes abzielt.
Auf einem relativ einfachen Niveau der Wechselwirkung Organismus-Umwelt, so wie es bei vielen Tierarten zu beobachten ist, besteht „Neugierverhalten" in dem „Durchprobieren" des Verhaltensrepertoires eines Tieres so lange, bis das für den Gegenstand oder die Situation „passende" Verhalten gefunden ist; das Tier erscheint hier als weitgehend spezialisiert i. S. von Lorenz (s. a. die Beispiele und Kommentare bei Holzkamp-Osterkamp 1975, S. 69 ff.). Die vergleichsweise hohe Plastizität und Flexibilität menschlicher Organismusstrukturen erlaubt demgegenüber ein aktives Einwirken und Verändern des jeweiligen „Lebensraumes" eines Individuums. In diesem Sinne steht exploratives Handeln in einem engen Zusammenhang mit Formen des kreativen Denkens und Handelns, der Imagination und des Spiels, der künstlerischen Produktion und dem ästhetischen Erleben (Voss 1976, 1980, Raab 1981).

Literatur

Berlyne, D. E.: Conflict, arousal, and curiosity. New York: McGraw-Hill 1960.

Berlyne, D. E.: Motivational problems raised by exploratory and epistemic behavior. In: Koch, S. (ed.): Psychology – A study of science, Vol. 5. New York: McGraw-Hill 1963, 284–364.

Brodda, K. & Wellner, U.: Neurobiologische Grundlagen von explorativem Verhalten. In: Voss, H.-G & Keller, H. (Hg.): Neugierforschung. Grundlagen – Theorien – Anwendungen. Weinheim: Beltz 1981, 17–55.

Dashiell, J. F.: Fundamentals of objective psychology. Boston: Houghton Mifflin 1928.

Fiske, D. W. & Maddi, S. R.: The forms of varied experience. In: Fiske, D. W. & Maddi, S. R. (eds.): Functions of varied experience. Homewood, Ill.: Dorsey Press 1961, 1–10.

Holzkamp-Osterkamp, U.: Grundlagen der psychologischen Motivationsforschung, Band 1. Frankfurt: Campus 1975.

Hunt, J. McV.: Motivation inherent in information processing and action. In: Harvey, D. J. (ed.): Motivation and social interaction: Cognitive determinants. New York: Ronald Press 1963, 35–94.

Keller, H. & Voss, H.-G.: Neugier und Exploration – Theorien und Ergebnisse. Stuttgart: Kohlhammer 1976.

Klix, F.: Information und Verhalten. Bern: Huber 1971.

Lindsley, D. B.: Psychophysiology and motivation. In: Jones, M. R. (ed.): Nebraska Symposium on Motivation. Lincoln: University of Nebraska Press 1957, 44–105.

McDougall, W.: An introduction to social psychology. London: Methuen 1908.

Myers, A. K. & Miller, N. E.: Failure to find a learned drive based on hunger: Evidence for learning motivated by „exploration". Journal of Comparative and Physiological Psychology 47 (1954), 428–436.

Nunnally, J. C. & Lemond, L. C.: Exploratory behavior and human development. In: Reese, H. W. (ed.): Advances in child development and behavior, Vol. 8. New York: Academic Press 1973, 60–109.

Raab, E.: Ästhetik und Neugier. In: Voss, H.-G. & Keller, H. (Hg.): Neugierforschung: Grundlagen – Theorien – Anwendungen. Weinheim: Beltz 1981, 263–308.
Routtenberg, A.: The two-arousal hypothesis: Reticular formation and limbic system. Psychological Review 75 (1968), 51–80.
Shand, A. F.: The foundations of character. London: Macmillan 1914.
Symmes, D.: Anxiety reduction and novelty as goals of visual exploration by monkeys. Journal of Genetic Psychology 94 (1959), 181–198.
Vanderwolf, C. H. & Robinson, T. E.: Retico-cortical activity and behavior: A critique of the arousal theory and a new synthesis. Behavioral and Brain Sciences 4 (1981), 459–476.
Voss, H.-G.: Exploration und Kreativität unter verschiedenen Bedingungen der Aktivation. Zeitschrift für experimentelle und angewandte Psychologie 23 (1976), 297–309.
Voss, H.-G.: Ästhetisches Erleben und exploratives Verhalten. Betrachtungen zur Psychologie der Kunst. In: Hahn, M. & Schuster, M. (Hg.): Fortschritte der Kunstpsychologie. Frankfurt: Lang 1980, 72–80.
Voss, H.-G. & Keller, H. (Hg.): Neugierforschung: Grundlagen – Theorien – Anwendungen. Weinheim: Beltz 1981.
Wright, G. H. v.: Handlung, Norm und Intention: Untersuchungen zur deontischen Logik. Berlin: de Gruyter 1977.

Hans-Georg Voss

Streß

Sowohl in den Massenmedien und in der Umgangssprache als auch in verschiedenen wissenschaftlichen Disziplinen von der Biologie und Medizin bis zur Psychologie und Soziologie erfreut sich der Streßbegriff einer großen – oft fragwürdigen – Popularität. Innerhalb der psychologischen Streßforschung fungiert er häufig als Sammelbegriff für den Gesamtbereich negativer unlustbetonter Emotionen, wenngleich in einigen Streßkonzeptionen auch positive Emotionen darunter subsumiert werden (vgl. Lazarus & Launier 1978).
Unabhängig von den verschiedensten Auffassungen von Streß besteht weitgehende Einigkeit darüber, daß Streß mit Situationen verbunden ist, in denen sich *Anpassungsprobleme* stellen, in denen also ein erreichter Zustand durch veränderte externe oder interne Gegebenheiten gefährdet ist (vgl. Nitsch 1981; → *Bewältigung*). Ansonsten findet sich eine Fülle unterschiedlichster Auffassungen, deren wichtigste im folgenden erläutert werden sollen. Für ausführliche deutschsprachige Darstellungen der Streßforschung wird auf Laux (1983) und Nitsch (1981) verwiesen.

Reaktionsbezogene Streßkonzepte

Reaktionsbezogene Definitionen von Streß beziehen sich auf die Bestimmung von beobachtbaren Reaktionsgrößen, die es gestatten, auf das Vorhandensein von Streß zu schließen. Als Streßreaktionen werden somatische (physiologische, bio-

chemische Variablen), erlebnisdeskriptive (Befindlichkeitsskalen, Fragebögen) und verhaltensbezogene (Leistungsmaße, Ausdruck) Reaktionsgrößen verwendet. Den Beginn der Streßforschung markiert die biologische Streßkonzeption von Selye (1976), in der eine reaktionsbezogene Auffassung von Streß besonders deutlich wird. Selye definiert Streß als einen Organismuszustand, der sich als ein bestimmtes Syndrom körperlicher Veränderungen (Allgemeines Adaptationssyndrom) manifestiert. Diejenigen Reize, die Streß induzieren, werden von ihm als *Stressoren* bezeichnet. Wesentliches Merkmal seiner Konzeption ist die Annahme, daß auf Stressoren unterschiedlichster Qualität (z. B. Hitze, Muskelarbeit, Intoxikationen) das gleiche Muster körperlicher Veränderungen zu beobachten ist (Unspezifitätsannahme), welches im zeitlichen Verlauf eine charakteristische Phasensequenz durchläuft: *Alarmreaktion, Widerstandsphase* und *Erschöpfungsphase.*
Vorrangige Bedeutung für die Vermittlung der physiologisch-endokrinologischen Erscheinungen dieser Phasen schreibt Selye der „Hypothalamus-Hypophysen-Nebennierenrinde-Achse“ zu, wobei dem Adrenokortikotropen Hormon (ACTH) und den Glukokortikoiden zentrale Funktionen zugesprochen werden.
Das Kernstück der Konzeption von Selye – die Unspezifitätsannahme – wurde von dem Endokrinologen Mason (1975a, b) kritisiert. Mason geht davon aus, daß Selye mit der beabsichtigten Manipulation von physikalischen Stressoren im Tierversuch auch unbeabsichtigt emotionale Reaktionen beträchtlicher Intensität ausgelöst habe. Gestützt auf eine Reihe von Experimenten, die darauf abzielten, die Wirkung psychischer Faktoren bei der Darbietung eines physikalischen Stressors zu kontrollieren, kommt Mason zu der Schlußfolgerung, daß das von Selye beschriebene Streß-Syndrom primär durch die *emotionale Erregung* (*emotional arousal*) ausgelöst werde. Der Unspezifitätsannahme entgegengesetzt postuliert Mason, daß das Streß-Syndrom nur bei solchen Reizen auftritt, die auch zu emotionaler Erregung führen. Diese Auffassung setzt die Annahme *komplexer Reizbewertungsprozesse* voraus. Mit der Annahme der zentralen Vermittlerfunktion emotionaler Erregung hat Mason eine Brücke zwischen der biologischen Konzeption von Selye und psychologischen Streßkonzeptionen geschlagen. Es bleibt abzuwarten, ob sich in Zukunft eher Belege für die Unspezifitätsthese von Selye oder den Revisionsvorschlag von Mason finden lassen. Zu betonen ist, daß auch bei weitgehender Bestätigung des Ansatzes von Mason die wissenschaftliche Pionierleistung von Selye kaum geschmälert würde, da nicht das Auftreten des Allgemeinen Adaptationssyndroms strittig ist, sondern der Mechanismus der Vermittlung dieses Syndroms. Dessen Erforschung jedoch stand nicht im Zentrum der Forschungstätigkeit von Selye.
Auch innerhalb genuin psychologischer Streßkonzeptionen finden sich reaktionsbezogene Definitionen von Streß. Eine der am häufigsten zitierten stammt von Cofer und Appley (1964). Cofer und Appley, die den Streßbegriff auf negative unlustbetonte Zustände begrenzen, integrieren ihn in ein umfassendes Prozeßmodell, in welchem *Anreiz, Frustration, Streß* und *Erschöpfung* als unterschiedliche Stadien auf einem Kontinuum lokalisiert werden. Auf der Grundlage dieses Modells bieten sie folgende Streßdefinition an: „Streß ist der Zustand eines Organis-

mus, in dem er sein Wohlergehen (oder seine Integrität) als gefährdet wahrnimmt und glaubt, alle seine Kräfte für den Schutz dieses Wohlergehens (oder dieser Integrität) einsetzen zu müssen" (Cofer & Appley 1964, S. 453).
Janke (1974) schlägt ebenfalls eine reaktionszentrierte Definition von Streß vor. Im Unterschied zu Cofer und Appley betrachtet Janke Streß allerdings als emotionsunspezifisch, d. h. die Qualität der beteiligten Emotionen wird nicht als Definitionsmerkmal berücksichtigt. In einer zur Meßbarkeit hinleitenden Form definiert Janke Streß als ein psychisches oder somatisches Geschehen, das hinsichtlich seiner Intensität und/oder Dauer von der intraindividuellen Normallage abweicht.
Reaktionsbezogene Definitionen von Streß, die sich nicht auf subjektive Bewertungs- und Interpretationsprozesse stützen, sehen sich vor allem mit dem Problem der *relativen Mehrdeutigkeit* der Reaktionsgrößen konfrontiert. So führt z. B. McGrath (1970) aus, daß sich nicht jede physiologisch oder erlebnisdeskriptiv erfaßbare Aktivationserhöhung als Streßreaktion auffassen lasse, wenn man nicht auch körperliche Arbeit, Überraschung, Freude usw. als streßerzeugend betrachten wolle. Reaktionsbezogene Definitionen von Streß vermitteln daher nur einen unvollständigen Zugang zum Streßgeschehen, solange nicht die auslösenden Reizbedingungen und insbesondere die vermittelnden Prozesse in Betracht gezogen werden (vgl. Nitsch 1981).

Situationsbezogene Streßkonzepte

In situationsbezogenen Streßkonzepten dient der Begriff Streß zur Kennzeichnung äußerer Reiz- und Umweltgegebenheiten, wie Leistungsüberforderung, physische Gefährdung, soziale Isolation, Entzug sensorischer Informationen usw. (vgl. Janke 1974, McGrath 1970).
Ähnlich wie bei den reaktionsbezogenen Streßkonzeptionen lassen sich auch bei den situationsbezogenen einzelne Ansätze danach unterscheiden, ob sie psychische Vermittlungsprozesse miteinbeziehen oder nicht. Eine situationistische Auffassung von Streß ohne Einbeziehung psychischer Vermittlungsprozesse ist kennzeichnend für weite Bereiche der Erforschung des Einflusses von Lebensereignissen (Dohrenwend & Dohrenwend 1974, Filipp 1981, Katschnig 1980). Hier werden einschneidende lebensverändernde Ereignisse *(life events),* wie z. B. Heirat, Umzug, Tod oder Krankheit nahestehender Personen, als Streß aufgefaßt. Die Grundidee des noch heute sehr populären Originalansatzes von Holmes und Rahe (1967) ist, daß – unabhängig von der Bedeutung der einzelnen Ereignisse für eine betroffene Person – bei einer Häufung solcher lebensverändernder Ereignisse die notwendigen Anpassungsleistungen nicht mehr erbracht werden können und als Folge psychische oder körperliche Erkrankungen auftreten.
Ein Beispiel für eine situationsbezogene Streßkonzeption, die kognitive Bewertungsprozesse explizit mitaufnimmt, findet sich in der Angst-Theorie von Spiel-

berger (1972). Streß wird definiert als äußere Reizbedingungen, die durch einen gewissen Grad „objektiver Gefahr" gekennzeichnet sind. Notwendige Voraussetzung für die Auslösung einer Streßreaktion (= Angst) ist die subjektive Einschätzung der Streß-Situation als bedrohlich, wobei eine Bedrohungsbewertung als abhängig von Fähigkeitsmerkmalen, Persönlichkeitseigenschaften und persönlichen Erfahrungen in ähnlichen Situationen angesehen wird. Demnach muß nicht jeder Streß eine Streßreaktion hervorrufen. Eine (objektiv) gefährliche Situation (= Streß) wird von einer Person, die die Gefahr nicht erkennt oder die über geeignete Bewältigungsmaßnahmen verfügt, nicht als bedrohlich wahrgenommen. Umgekehrt können (objektiv) neutrale Situationen von bestimmten Personen als bedrohlich eingeschätzt werden und Angst auslösen (→ *Angst und Furcht*).

Situationsbezogene Auffassungen von Streß finden sich auch in solchen Konzeptionen, die in Anlehnung an die physikalisch-technische Verwendung des Streßbegriffs (vgl. Laux 1983) sog. *stress-strain*-Beziehungen analysieren. So werden z. B. im Bereich der Organisationspsychologie Umweltgegebenheiten, wie etwa Überlastung und Rollenambiguität, als *stress* aufgefaßt, die das Ausmaß des *strains* bestimmen, der sich z. B. in Arbeitsunzufriedenheit manifestiert. *Stress-strain*-Beziehungen werden auch in der Arbeitspsychologie, -medizin und Ergonomie untersucht, wobei im deutschsprachigen Raum *stress* mit *Belastung* (von außen einwirkende Größen) und *strain* mit *Beanspruchung* (individuelle Reaktion abhängig von habituellen und aktuellen Gegebenheiten) übersetzt werden (vgl. Rutenfranz 1981).

Situationsbezogene Streßkonzepte, die keine vermittelnden Prozesse berücksichtigen, sehen sich vor allem vor die Schwierigkeit gestellt, die große *interindividuelle Variabilität* der Reaktionen auf objektiv gleiche Situationen zu erklären. Diese Reaktionen können Leistungsverbesserungen ebenso umfassen wie Leistungsverschlechterungen, extreme Reaktionen im subjektiven oder physiologischen Bereich ebenso wie das Ausbleiben jeglicher Veränderungen auf allen Meßebenen (vgl. McGrath 1970). Nur die Einbeziehung personen-spezifischer Bewertungsprozesse ermöglicht eine befriedigende Erklärung solcher Diskrepanzen.

Auch in neueren Ansätzen in der Forschung zu einschneidenden Lebensereignissen, deren Hauptziel in der Überwindung des Theoriedefizits des Originalansatzes von Holmes und Rahe (1967) zu sehen ist, wird in zunehmendem Maß die Bedeutung personenspezifischer Bewertungsprozesse erkannt. Dies hat die Entwicklung neuer Verfahren erforderlich gemacht. So wird z. B. im *Life Experiences Survey* von Sarason, Johnson und Siegel (1978) nicht nur nach dem Auftreten bestimmter Ereignisse gefragt, sondern es wird auch eine Einschätzung des Einflusses eines angegebenen Ereignisses auf das Leben der betroffenen Person gefordert. Dies ermöglicht u. a. positiv- und negativ-bewertete Ereignisse getrennt auszuwerten und ihren – möglicherweise unterschiedlichen – Einfluß auf psychische und physische Erkrankungen zu überprüfen.

Als eine weitgehende Abkehr von den bisherigen Ansätzen versteht R. S. Lazarus seinen neuen Ansatz, in dem der Häufigkeit alltäglicher banaler Belastungen (*daily hassles*) größere Bedeutung für die Ätiologie von psychischen und physischen Erkrankungen beigemessen wird als der Häufigkeit einschneidender Lebensereignisse (vgl. Kanner, Coyne, Schaefer & Lazarus 1981). In diesem Ansatz wird auch die mögliche kompensatorische Funktion alltäglicher positiver Ereignisse (*uplifts*) hervorgehoben. Für die Erfassung beider Arten von Ereignissen sind entsprechende Skalen entwickelt worden (Kanner et al. 1981).

Transaktionale Streßkonzepte

Zur Vermeidung der Probleme, die mit reiz- oder reaktionsbezogenen Definitionsversuchen verbunden sind, wurden sog. transaktionale Konzeptionen von Streß vorgeschlagen, die vom Kräfteverhältnis zwischen situativen Anforderungen und Reaktionsmöglichkeiten ausgehen. Nach McGrath (1970) z. B. tritt Streß als Folge eines beträchtlichen (wahrgenommenen) Ungleichgewichts zwischen den Anforderungen der Umgebung und der Reaktionskapazität der Person auf. Dabei wird vorausgesetzt, daß die Nichtbeachtung dieser Anforderungen in der Einschätzung der betroffenen Person ernste Konsequenzen nach sich zieht.
Ein transaktionaler Ansatz liegt auch der ursprünglichen wie der erweiterten Streß- und Bewältigungstheorie von Lazarus zugrunde (Lazarus 1966, Lazarus & Launier 1978). Seine Konzeptualisierungen von Streß und Streßbewältigung haben eine fruchtbare Forschungsaktivität angeregt und die Theorienansätze vieler Autoren erheblich beeinflußt (zur Kritik siehe Fahrenberg 1979, Laux 1983). Lazarus geht von einem dynamischen Interaktionsmodell aus, nach dem nicht nur die Umwelt auf das Verhalten der Person einwirkt, sondern auch die Umwelt durch die aktiv handelnde Person ausgewählt, beeinflußt oder verändert wird. Fast alle streßbezogenen Person-Umwelt-Beziehungen lassen sich als solche gegenseitigen Beeinflussungen von Person und Umwelt auffassen. Ein weiteres wesentliches Kennzeichen der transaktionalen Streßkonzeption von Lazarus ist die Bevorzugung der Deskription aktuell ablaufender Prozesse an Stelle der Untersuchung von Persönlichkeitseigenschaften wie Streßanfälligkeit oder habituellen Streßbewältigungsformen. Die Überlegenheit einer solchen Forschungsstrategie läßt sich anhand einer Untersuchung von Cohen und Lazarus (1973) illustrieren, in der bei chirurgischen Patienten die Beziehung zwischen Bewältigungsstrategien und postoperativem Befinden ermittelt wurde. Die Bewältigungsstrategien *Vermeidung* und *Vigilanz* wurden sowohl dispositions- als auch prozeßbezogen erfaßt. Als dispositionelle Variable diente u. a. eine modifizierte Repression-Sensitization-Skala (→ *Krankheit und Emotion*), während das Prozeßmaß für die vigilante bzw. vermeidende Bewältigungsstrategie auf der Basis eines präoperativen Interviews gewonnen wurde. Die eingesetzte Bewältigungsstrategie wurde als *vermeidend* klassifiziert, wenn der Patient wenig über seine Krankheit sowie über die Art des bevorstehenden Eingriffs wußte und nicht bereit war, über das Thema zu diskutieren. Als *vigilante* Bewältigungsstrategien wurden z. B. die Suche nach Information über die Art des Eingriffs und die Bereitschaft, über die Operation zu diskutieren,

definiert. Es ergab sich weder ein Zusammenhang zwischen dem dispositionellen und dem aktuellen Bewältigungsstil noch konnte eine Beziehung zwischen dem dispositionellen Bewältigungsstil und postoperativen Variablen (wie z. B. Dauer des Krankenhausaufenthaltes oder Auftreten von Komplikationen) nachgewiesen werden. Dagegen zeigten sich konsistente Zusammenhänge zwischen dem aktuellen Bewältigungsstil und postoperativen Variablen: Die als vigilant klassifizierten Patienten wiesen in allen postoperativen Variablen einen schlechteren Verlauf auf als die Vergleichsgruppe der Patienten mit einem vermeidenden Bewältigungsstil.
Bewertungsprozesse. Im Mittelpunkt der Streßtheorie von Lazarus stehen drei Kategorien von Bewertungsprozessen: primäre Bewertung, sekundäre Bewertung, Neubewertung. Während in der ersten Fassung der Theorie (Lazarus 1966) die Funktion *primärer Bewertungsprozesse* nur in der Einschätzung einer Situation als bedrohlich oder nicht bedrohlich gesehen wurde, umfaßt die erweiterte Systematik drei Gruppen von primären Bewertungen: irrelevante, angenehm-positive und streßbezogene (Lazarus & Launier 1978). Die streßbezogenen Bewertungen werden unterteilt in Bedrohung, Schaden-Verlust und Herausforderung. Ihnen ist gemeinsam, daß Umgebungsanforderungen oder innere Anforderungen die adaptiven Mittel einer Person beanspruchen oder übersteigen. Als Streß werden demnach drei spezielle Formen von Beziehungen oder Transaktionen zwischen Person und Umgebung angesehen: *Bedrohung* bezieht sich auf die Antizipation von Schaden z. B. in Form von physischer Verletzung, Vereitelung einer Bedürfnisbefriedigung oder Beeinträchtigung des Selbstwertes. *Schaden-Verlust* betrifft demgegenüber gegenwärtige oder schon zurückliegende Ereignisse, z. B. körperliche Beeinträchtigung durch Unfall, Verlust eines Angehörigen. Als weitere streßbezogene Person-Umwelt-Transaktion führt Lazarus die *Herausforderung* auf, bei der im Unterschied zur Bedrohung vor allem die Möglichkeit der erfolgreichen Bewältigung einer zukünftigen schwierigen oder riskanten Situation gesehen wird. Da die Herausforderung mit positiven Erlebnisqualitäten verbunden sein kann, bleibt für Lazarus der Streßbegriff nicht mehr länger für unlustbetonte Emotionen reserviert.
Liegt eine der drei streßbezogenen Transaktionen vor, werden Bewältigungsmaßnahmen mobilisiert. Die Auswahl der Bewältigungsmaßnahmen soll nach Lazarus auf dem sog. *sekundären Bewertungsprozeß* beruhen. Primäre und sekundäre Bewertungsprozesse müssen nicht unbedingt zeitlich aufeinander folgen. Der sekundäre Bewertungsprozeß fällt mit dem primären häufig zusammen oder geht ihm sogar voraus. So kann die Überzeugung, eine bestimmte, potentiell gefährliche Situation bewältigen zu können, die Bewertung dieser Situation als bedrohlich ganz verhindern. Der sekundäre Bewertungsprozeß ist daher nicht nur für die Art der Bewältigungsmaßnahmen von Relevanz, sondern auch für die Ausformung des primären Bewertungsprozesses.
Neubewertungen bewirken eine Änderung der ursprünglichen Bewertung. Sie basieren auf neu eingegangenen Informationen aus der Umwelt, auf Rückmeldungen über die eigenen Reaktionen oder auf neuen Überlegungen der Person. In dieser Weise konstituiert sich ein Rückmeldungssystem, das die kontinuierliche

Veränderung der Person-Umwelt-Beziehung berücksichtigt und selbst an dieser Veränderung aktiv beteiligt ist. Auch die Möglichkeit defensiver Neubewertungen hat Lazarus in Betracht gezogen. Die Person kann z. B. versuchen, mit einer Bedrohung durch intrapsychische Prozesse wie Verleugnung oder Intellektualisierung fertig zu werden. Als Folge solcher Uminterpretationen wird eine ursprünglich bedrohliche Situation möglicherweise als neutral oder wünschenswert bewertet.

Streßbewältigung. → *Bewältigung* besteht nach Lazarus und Launier (1978) sowohl in verhaltensorientierten als auch in intrapsychischen Anstrengungen, mit umweltbedingten und internen Anforderungen (sowie mit Konflikten zwischen ihnen), die die Mittel einer Person beanspruchen oder übersteigen, fertig zu werden (d. h. sie zu meistern, zu tolerieren, zu reduzieren, zu minimieren). In diesem Ansatz wird nicht nur das flexible realitätsbezogene Problemlösen unter Bewältigung subsumiert, sondern auch der Einsatz von realitätsverzerrenden Abwehrmechanismen. In der Klassifikation von Bewältigungsmaßnahmen geht Lazarus von zwei Hauptfunktionen aus, der *instrumentellen* und der *emotionsregulierenden.* Der intendierte Effekt der ersten ist die Änderung der Transaktion (z. B. durch Einwirkung auf die Umwelt). Bei der zweiten Funktion steht die Regulation und Kontrolle der aus der Transaktion stammenden Streßemotionen, wie z. B. Angst, Zorn, Depression, im Vordergrund. Lazarus und Launier (1978) sprechen in diesem Fall auch von *palliativer* Bewältigung. Solche Arten der Bewältigung können durchaus von adaptivem Wert sein, obwohl sie die aktuelle Beziehung zwischen Person und Umwelt nicht verändern. So ergab sich z. B. in der bereits angesprochenen Untersuchung von Cohen und Lazarus (1973), daß eine vermeidend-verleugnende Bewältigungsstrategie zu besserem Befinden in der postoperativen Phase führte als eine vigilante Bewältigungsstrategie. Andererseits kann palliatives Bewältigen instrumentelles Bewältigen wie das Aufsuchen eines Arztes verhindern oder verzögern. Katz, Weiner, Gallagher und Hellman (1970) ermittelten z. B., daß bei Frauen eine vermeidend-verleugnende Bewältigungsstrategie die häufigste Reaktion auf Knoten in der Brust als Vorboten von Krebs darstellte.

Verwendung des Streßbegriffs

Auf die schillernde Vielfalt heutiger Verwendungen des Streßbegriffs wird unterschiedlich reagiert. Fahrenberg (1979) schlägt vor, den Streßbegriff für die endokrinologisch definierte Reaktion nach Selye zu reservieren und ihn nicht mehr als Bezeichnung für den oberen Bereich der Intensitätsdimension der Aktivierung bzw. als populären Sammelbegriff für negative, schädliche Emotionen zu verwenden. Demgegenüber unterstreicht Nitsch (1981) die integrierende, unterschiedlichste Forschungsansätze verbindende und heuristische Funktion des Streßkonzepts, das die traditionellen Grenzen psychologischer Teildisziplinen und Nachbardisziplinen überschreitet, wobei er aber auf die Gefahr einer oberflächlichen Integration unter Verzicht auf bereits erreichte Differenzierungen hinweist.

Literatur

Cofer, C. N. & Appley, M. H.: Motivation: Theory and research. New York: Wiley 1964.

Cohen, F. & Lazarus, R. S.: Active coping processes, coping dispositions, and recovery from surgery. Psychosomatic Medicine 35 (1973), 375–389.

Dohrenwend, B. S. & Dohrenwend, B. P. (eds.): Stressful life events: Their nature and effects. New York: Wiley 1974.

Fahrenberg, J.: Psychophysiologie. In: Kisker, K. P., Meier, J.-E., Müller, C. & Strömgen, E. (Hg.): Psychiatrie der Gegenwart, Bd. I/1, 2. Aufl. Berlin: Springer 1979, 91–210.

Filipp, S.-H. (Hg.): Kritische Lebensereignisse. München: Urban & Schwarzenberg 1981.

Holmes, T. H. & Rahe, R. H.: The Social Readjustment Rating Scale. Journal of Psychosomatic Research 11 (1967), 213–218.

Janke, W.: Psychophysiologische Grundlagen des Verhaltens. In: Kerekjato, M. v. (Hg.): Medizinische Psychologie. Berlin: Springer 1974, 1–101.

Kanner, A. D., Coyne, J. C., Schaefer, C. & Lazarus, R. S.: Comparison of two models of stress measurement: Daily hassles and uplifts versus major life events. Journal of Behavioral Medicine 4 (1981), 1–39.

Katschnig, H. (Hg.): Sozialer Streß und psychische Erkrankung. Lebensverändernde Ereignisse als Ursachen seelischer Störungen. München: Urban & Schwarzenberg 1980.

Katz, J. L., Weiner, H., Gallagher, T. H. & Hellman, L.: Stress, distress, and ego defenses. Archives of General Psychiatry 23 (1970), 131–142.

Laux, L.: Psychologische Streßkonzeptionen. In: Thomae, H. (Hg.): Theorien und Formen der Motivation. Göttingen: Hogrefe 1983, 453–535.

Lazarus, R. S.: Psychological stress and the coping process. New York: McGraw-Hill 1966.

Lazarus, R. S. & Launier, R.: Stress-related transactions between person and environment. In: Pervin, L. A. & Lewis, M. (eds.): Perspectives in interactional psychology. New York: Plenum 1978, 287–327.

Mason, J. W.: A historical view of the stress field. Part. I. Journal of Human Stress 1 (1975), 7–12 (a).

Mason, J. W.: A historical view of the stress field. Part. II. Journal of Human Stress 1 (1975), 22–36 (b).

McGrath, J. E. (ed.): Social and psychological factors in stress. New York: Holt, Rinehart & Winston 1970.

Nitsch, J. R.: Aspekte der Streßforschung. In: Nitsch, J. R. (Hg.): Stress. Theorien, Untersuchungen, Maßnahmen. Bern: Huber 1981, 27–160.

Rutenfranz, J.: Streß und Arbeit. In: Nitsch, J. R. (Hg.): Stress. Theorien, Untersuchungen, Maßnahmen. Bern: Huber 1981, 377–499.

Sarason, I. G., Johnson, J. H. & Siegel, J. M.: Assessing the impact of life changes: Development of the Life Experiences Survey. Journal of Consulting and Clinical Psychology 46 (1978), 932–946.

Selye, H.: The stress of life (rev. ed.). New York: McGraw-Hill 1976.

Spielberger, C. D.: Anxiety as an emotional state. In: Spielberger, C. D. (ed.): Anxiety: Current trends in theory and research, Vol. 1. New York: Academic Press, 1972, 23–49.

Gerhard Vossel
und *Lothar Laux*

Hilflosigkeit

Das subjektive Gefühl der Hilflosigkeit entsteht, wenn zahlreiche Versuche, ein wichtiges Ziel zu erreichen, fehlschlagen. Die Unheilbarkeit einer Krankheit, der Verlust eines geliebten Menschen oder das wiederholte Versagen bei einer Leistungsprüfung sind Alltagsbeispiele für das Auftreten von Hilflosigkeitsgefühlen. Die experimentelle Erforschung von Hilflosigkeitsphänomenen hat sich fast ausschließlich auf die Analyse induzierter Hilflosigkeit im *Leistungs*bereich beschränkt, nicht zuletzt, weil das Nichterreichen von Leistungszielen experimentell leicht herbeizuführen ist, z. B. durch die Verwendung unlösbarer Aufgaben.
Ob man das Erleben von Hilflosigkeit auf eine bestimmte *primäre* Emotion zurückführen kann wie z. B. Furcht (Seligman 1975), oder ob sich Hilfslosigkeit durch einen relativ eigenständigen Emotionszustand kennzeichnet, ist bislang nicht geklärt. Überhaupt hat sich trotz der seit Mitte der siebziger Jahre rapide zunehmenden Zahl experimenteller Beiträge zum Thema Hilflosigkeit keine im engeren Sinn emotionspsychologische Untersuchungstradition herausgebildet. Obwohl es zu einer ganzen Reihe von Gefühlszuständen Untersuchungen über die phänomenalen, mimischen und physiologischen Begleiterscheinungen des Emotionserlebens gibt (Ekman, Friesen & Ellsworth 1972, Izard 1977, zusammenfassend: Kuhl 1983), steht eine systematische emotionspsychologische Untersuchung des Hilflosigkeitserlebens noch aus. Die Experimente zur „gelernten Hilflosigkeit" (Seligman 1975) haben aber in einem weiteren Sinn durchaus emotionstheoretische Implikationen. In diesen Untersuchungen wird Hilflosigkeit als ein Konstrukt aufgefaßt, dessen emotionale Komponente zwar nicht systematisch untersucht wird, dessen Entstehungsbedingungen und dessen motivations- und leistungsbeeinträchtigende *Auswirkungen* aber um so intensiver erforscht werden. Gerade dieser funktionale Aspekt wird in der (im engeren Sinne) emotionspsychologischen Forschung stark vernachlässigt. Über die funktionale (d. h. verhaltensvermittelnde) Bedeutung verschiedener Emotionen ist nur wenig bekannt (vgl. Kuhl 1983). In diesem Sinne beleuchten die im folgenden zusammengefaßten Ergebnisse der Hilflosigkeitsforschung den funktionalen Aspekt des Hilflosigkeitserlebens.

Die experimentelle Erforschung von Hilflosigkeit

Die enge Verbindung von Hilflosigkeitserlebnissen und emotionalen Prozessen war bereits von Ach (1935) ausführlich diskutiert worden. Nach Ach tritt Hilflosigkeit z. B. auf, wenn die Realisierung leistungsbezogener Absichten wiederholt durch Mißerfolg verhindert wird. Wenn nach wiederholten Mißerfolgserfahrungen die Aufmerksamkeit von den handlungsrelevanten Inhalten auf die allmählich stärker werdenden „Unlustgefühle" abgelenkt wird, tritt nach Ach Hilflosigkeit mit ihren leistungsbeeinträchtigenden Auswirkungen auf.

Heute wird das Phänomen der Hilflosigkeit durch ein von Seligman (1975) entwickeltes experimentelles Paradigma untersucht. In einem typischen „Hilflosigkeitsexperiment“ werden den Versuchspersonen (Vpn) der experimentellen Gruppe bei einer „Trainingsaufgabe“ unabhängig von ihrer tatsächlichen Leistung nach einem vorab festgelegten Plan fingierte Rückmeldungen gegeben, so daß sie die Aufgabe nicht lösen können. Bei einer anschließend dargebotenen Testaufgabe wird dann geprüft, inwieweit die Leistung dieser Vpn gegenüber der „Normalleistung“ zweier Kontrollgruppen zurückbleibt, in denen die Trainingsaufgabe gar nicht oder mit leistungsabhängigen Rückmeldungen bearbeitet werden konnte. Die häufig beobachteten Leistungsdefizite in der „Mißerfolgsgruppe“ werden im Sinne einer „gelernten Hilflosigkeit“ interpretiert.

Seligmans Hilflosigkeitsmodell

Seligman und Mitarbeiter (zusammenfassend: Seligman 1975) gingen davon aus, daß die durch die ergebnisunabhängigen Rückmeldungen hervorgerufenen Mißerfolgserfahrungen in jedem Fall zu Leistungsstörungen führen, die ausschließlich dadurch verursacht seien, daß die Versuchsperson die Hoffnung aufgegeben hätte, die zu lösende Aufgabe doch noch bewältigen zu können. Nach Seligman (1975) tritt dieses Defizit in der Erfolgserwartung nicht nur bei der Trainingsaufgabe auf, sondern es wird auch auf die – in der Regel inhaltlich andersartige – Testaufgabe generalisiert. Die mit dem Glauben an die eigene Hilflosigkeit einhergehende Leistungsbeeinträchtigung wird somit auf ein *motivationales Defizit* zurückgeführt.
Seligman (1975) diskutiert außer einem motivationalen auch ein kognitives und ein emotionales Defizit im Zusammenhang mit der gelernten Hilflosigkeit. Mit dem Begriff *kognitives Defizit* ist die Veränderungsresistenz des dem motivationalen Defizit zugrundeliegenden Erwartungsdefizits gemeint, während das *emotionale* Defizit einen durch zahlreiche beobachtbare Symptome erkennbaren Gefühlszustand beschreibt. Seligman (1975) nimmt an, daß das Erleben von *Furcht* die emotionale Seite von Hilflosigkeit ausmacht, allerdings nur dann, wenn die Hilflosigkeit durch *traumatische* Erfahrungen hervorgerufen wurde. In diesem Fall soll nach Seligman (1975) die Furcht einen aversiven Motivationszustand erzeugen, der die Suche nach Bewältigungsmöglichkeiten unterstützt. Falls dennoch alle Bewältigungsversuche scheitern, geht nach Seligman die Furcht in → *Depression* über. Da man im typischen Hilflosigkeitsexperiment wohl kaum damit rechnen kann, daß den Vpn traumatische Erfahrungen induziert werden, bleibt der Vermittlungsstatus der emotionalen Seite der Hilflosigkeit in Seligmans Theorie unklar.
Eine entsprechende Kritik an Seligmans Ansatz wurde aus der Sicht einer Theorie differentieller Emotionen vorgebracht: „In gewisser Hinsicht tritt in Seligmans Theorie Furcht eher als Begleiterscheinung denn als Ursache (der Leistungsdefizi-

te) auf" (Izard 1977, S. 314). Die von der Seligman-Gruppe berichteten Befunde enthalten in der Tat keine eindeutigen Belege für eine eigenständige Vermittlungsfunktion der *emotionalen* Komponente des Hilflosigkeitserlebens. Die bislang beobachteten leistungsbeeinträchtigenden Auswirkungen experimentell hervorgerufener Hilflosigkeit können durch die *kognitive* (Erwartungs-) Komponente, also ohne Hinzunahme einer Annahme über emotionale Begleiterscheinungen, erklärt werden. Die leistungsbeeinträchtigende Auswirkung induzierter Hilflosigkeit läßt sich schon dadurch erklären, daß die Vpn nicht mehr *erwarten,* die vorgelegte Aufgabe lösen zu können, so daß sie auch nicht mehr motiviert sind, es zu versuchen. Dies gilt auch für die kausalattributionstheoretische Erweiterung des ursprünglichen Seligman-Modells. Dieses elaborierte Modell spezifiziert die Bedingungen für die postulierte Generalisierung des erworbenen Erwartungsdefizits auf neue Leistungsbereiche und andersartige Situationen. Die Generalisierung ist nur dann zu erwarten, wenn die Vpn den erlebten Mißerfolg globalen, d. h. aufgaben- bzw. situationsübergreifenden Verursachungsfaktoren zuschreiben („attribuieren"). In dem erweiterten Modell bleibt die Annahme einer auf einem Erwartungsdefizit beruhenden Motivationsstörung erhalten (Abramson, Seligman & Teasdale 1978). Auch die Modellerweiterung von Wortman & Brehm (1975), derzufolge Mißerfolgsrückmeldungen nicht sofort zu Hilflosigkeitseffekten führt, sondern zunächst zu sog. *Reaktanz*effekten (d. h. Anstrengungs- und Leistungssteigerungen), enthält keinerlei Hinweise auf eine eigenständige Vermittlerrolle von Hilflosigkeitsemotionen.

Die Vermittlungsfunktionen der emotionalen Hilflosigkeitskomponente

Auf alle bisher erwähnten Hilflosigkeitstheorien trifft der bereits vorgebrachte Einwand zu, daß die beobachteten Auswirkungen der Hilflosigkeitsinduktion auch ohne Hinzunahme von Annahmen über emotionale Prozesse erklärt werden können. Dieser Umstand beruht in erster Linie darauf, daß das Erleben von Hilflosigkeit mehr noch als das Erleben anderer Emotionen eng mit kognitiven Prozessen vernetzt ist. Obwohl es intuitiv plausibel erscheint, gerade der emotionalen Komponente des Hilflosigkeitserlebens eine wesentliche Vermittlungsfunktion zuzuschreiben, würde ein *experimenteller* Nachweis der funktionalen Bedeutung der emotionalen Komponente der Hilflosigkeit die Isolierung einer reinen „Hilflosigkeitsemotion" von der kognitiven Komponente erfordern, die durch das Erwartungsdefizit im Sinne eines perzipierten Kontrollverlusts gekennzeichnet ist. Eine völlige experimentelle Trennung von emotionalen und kognitiven Prozessen ist sicher nicht möglich. Eine *partielle* Entkopplung emotionaler und kognitiver Hilflosigkeitskomponenten scheint aber neueren Befunden zufolge durchaus möglich zu sein. In einigen Experimenten zeigte sich nämlich, daß leistungsbeeinträchtigende Hilflosigkeitseffekte auch dann auftraten, wenn die Vpn die bei der

Trainingsaufgabe erworbene Mißerfolgserwartung gar nicht auf die Testaufgabe übertrugen (Kuhl 1981). Die Vpn unterschieden offensichtlich deutlich zwischen den beiden Aufgabentypen. Die Befunde widersprachen auch der im Seligman-Modell enthaltenen Annahme eines motivationalen Defizits. Die Vpn, bei denen es im Anschluß an die Mißerfolgsinduktion zu Leistungseinbußen gekommen war, stuften im Gegenteil ihre Motivation und Anstrengung *höher* ein als die Vpn der Kontrollgruppe (Kuhl 1981).

Einige Befunde (Grosse 1982, Kuhl 1981, Kuhl & Weiß 1983) deuten jedoch darauf hin, daß die in der Trainingsphase induzierte Hilflosigkeits*emotion* auch während der Bearbeitung der Testaufgabe andauert (zusammenfassend: Kuhl 1983, Kap. 9). Die Tatsache, daß die leistungsbeeinträchtigenden Hilflosigkeitseffekte auch dann auftraten, wenn die kognitive Hilflosigkeitskomponente nicht mehr nachweisbar war, ist ein deutlicher Beleg für die eigenständige Vermittlerrolle der emotionalen Hilflosigkeitskomponente. Die beeinträchtigende Wirkung der emotionalen Hilflosigkeitskomponente könnte auf einer allgemeinen blockierenden Wirkung dieser Emotion beruhen (→ *Depression*) und auf der Beeinträchtigung der Verarbeitungskapazität, die durch die Fixierung der Aufmerksamkeit auf das Hilflosigkeitserleben bewirkt wird. In der Tat scheinen immer dann, wenn die Aufmerksamkeit übermäßig stark auf die emotionalen Folgen der Mißerfolgserfahrungen gelenkt wird, Leistungsdefizite aufzutreten. So fanden sich in den bereits zitierten Untersuchungen und in einer weiteren Arbeit (Brunstein 1982) zahlreiche Hinweise darauf, daß die im Zusammenhang mit der Hilflosigkeitsinduktion beobachteten Leistungsdefizite auf der aufmerksamkeitsbindenden Auswirkung anhaltender Hilflosigkeitsemotionen beruhten. Vpn, welche aufgrund einer per Fragebogen erfaßten Persönlichkeitsdisposition dazu neigten, ihre Aufmerksamkeit während und nach der Trainingsphase auf das unerreichbare Leistungsziel und auf die mit den Mißerfolgen verbundenen Emotionen zu fixieren („lageorientierte“ Vpn), zeigten Leistungsstörungen, obwohl ihre selbstbeurteilte Motivation durchschnittlich, z. T. sogar überdurchschnittlich hoch war. Die Leistungsstörungen traten in einer Versuchsbedingung mit einer experimentell induzierten Umorientierung von den eigenen Emotionen auf handlungsbezogene Inhalte nicht auf (Kuhl 1981, Kuhl & Weiß 1983).

In einer weiterführenden theoretischen Analyse wurde schließlich die Annahme formuliert, daß hilflosigkeitsbedingte Leistungsdefizite auf einer Unfähigkeit beruhen, die durchaus vorhandene und sogar übernormal ausgeprägte Motivation in entsprechende Handlungsschritte umzusetzen (Kuhl 1983). Wenn die Motivation vorhanden ist, die Testaufgabe trotz der induzierten Hilflosigkeitsemotion zu lösen, hängt die Realisierung der auf die Testaufgabe gerichteten Lösungsabsicht in erster Linie davon ab, ob es gelingt, die Absicht, sich auf die Testaufgabe zu konzentrieren, gegen den aufmerksamkeitsbeanspruchenden „Druck“ anhaltender Hilflosigkeitsemotionen „abzuschirmen“. Vpn, die über wirksame Handlungskontrollstrategien verfügen, scheinen gegenüber den beeinträchtigenden Wirkungen einer Hilflosigkeitsinduktion relativ immun zu sein (Kuhl i. Vorb.). Hier ergeben sich interessante und bislang erst ansatzweise erforschte Parallelen zu

Theorien der Depressionsentstehung, die → *Depression* ebenfalls auf charakteristische Defizite in bestimmten Funktionen der Handlungskontrolle zurückführen (Kanfer & Hagerman 1981).

Literatur

Abramson, L. Y., Seligman, M. E. P. & Teasdale, J. D.: Learned helplessness in humans: Critique and reformulation. Journal of Abnormal Psychology 87 (1978), 49–74.

Ach, N.: Analyse des Willens. In: Abderhalden, E. (Hg.): Handbuch der biologischen Arbeitsmethoden, Bd. VI. Berlin: Urban & Schwarzenberg 1935.

Brunstein, J.: Personal helplessness and achievement behavior: An analysis of dispositions, cognitions, and self-ratings. Vorpublikationsabzug. Universität Giessen 1982.

Ekman, P., Friesen, W. V. & Ellsworth, P.: Emotion in the human face. New York: Pergamon Press 1972.

Grosse, B.: Verhaltenskorrelate von Handlungs- und Lageorientierung: Reliabilität und Validität der Handlungskontroll-Skala. Diplom-Arbeit, Ruhr-Universität Bochum 1982.

Izard, C. E.: Human emotions. New York: Plenum 1977 (dt.: Die Emotionen des Menschen. Weinheim: Beltz 1981).

Kanfer, F. H. & Hagerman, S.: The role of self-regulation. In: Rehm, L. P. (ed.): Behavioral therapy for depression: Present status and future directions. New York: Academic Press 1981.

Kuhl, J.: Motivational and functional helplessness: The moderating effect of action- vs. state-orientation. Journal of Personality and Social Psychology 40 (1981), 155–170.

Kuhl, J.: Motivation, Konflikt und Handlungskontrolle. Heidelberg: Springer 1983.

Kuhl, J.: Volitional aspects of achievement motivation and learned helplessness: Toward a comprehensive theory of action control. In: Maher, B. A. (ed.): Progress in experimental personality research, Vol. 13. New York: Academic Press (i. Vorb.).

Kuhl, J. & Weiß, M.: Motivational and functional aspects of learned helplessness: A process-oriented apprach. Max-Planck-Institut für psychologische Forschung, München 1983.

Seligman, M. E. P.: Helplessness: On depression, development, and death. San Francisco: Freeman 1975 (dt.: Gelernte Hilflosigkeit. München: Urban & Schwarzenberg 1979).

Wortman, C. B. & Brehm, J. W.: Responses to uncontrollable outcomes: An integration of reactance theory and the learned helplessness model. In: Berkowitz, L. (ed.): Advances in Experimental Social Psychology, Vol. 8. New York: Academic Press 1975, 277–336.

Julius Kuhl

Depression

Begriffsbestimmung

Die terminologischen Probleme, denen sich die Emotionspsychologie im allgemeinen gegenübersieht, machen sich in der Diskussion depressionsrelevanter Emotionen besonders bemerkbar, ist doch die Depressionsforschung zur Zeit selbst noch intensiv mit der Klärung ihrer Grundbegriffe beschäftigt. Generell muß zunächst festgehalten werden, daß der Ausdruck „Depression" sowohl zur Bezeichnung eines emotionalen Zustands im Normalbereich als auch zur Bezeichnung bestimmter psychopathologischer Phänomene mit ausgeprägten emotionalen Störungskomponenten verwendet wird. Darüber hinaus ist im psychopathologischen Bereich zwischen Depression als Symptom und Depression als Syndrom zu unterscheiden. Depression als Symptom kann im Rahmen zahlreicher psychiatrischer und somatischer Störungsbilder auftreten; unter Depression als Syndrom wird eine relativ umschriebene Störungseinheit verstanden, die neben der emotionalen Komponente und den mit dieser eng verbundenen kognitiven Faktoren auch spezifische Störungsindikatoren auf der behavioralen Ebene (psychomotorische Retardation oder Agitiertheit, Verminderung situationsadäquater Aktivitäten, Kontaktprobleme, etc.) und auf der somatischen Ebene (Appetitverlust, Schlafstörungen, etc.) beinhaltet. Umfassende Darstellungen des depressiven Syndroms und seiner Subformen finden sich bei Beck (1970), Kielholz (1971), Becker (1974) und Steinmeyer (1980); über neuere Entwicklungen in der psychologischen Depressionsforschung informieren Blöschl (1978), Hautzinger und Hoffmann (1979), über den gegenwärtigen Stand der psychopharmakologischen und psychologischen Depressionstherapie Flach und Draghi (1975) und Rehm (1981). Die Frage, ob zwischen Depression im Normalbereich, Depression als Symptom und Depression als klinischem Syndrom lediglich quantitative Unterschiede in bezug auf den Schweregrad oder grundsätzliche qualitative Unterschiede bestehen, wird derzeit noch lebhaft diskutiert (Beck 1970, Klerman 1977).

Symptomatologie depressiver Zustände

Die mittels Selbstbeurteilungsskalen und Eigenschaftswörterlisten sowie auf der Basis der klinischen Exploration gewonnenen Ergebnisse zur erlebnismäßigen Manifestation depressiver Emotionen zeigen ein höchst vielfältiges und komplexes Bild: Neben der traurig-gedrückten Befindlichkeit, die als Schlüsselemotion depressiver Zustände betrachtet wird, gibt es kaum eine unlustbetonte Gefühlsvariante, die nicht in der einen oder anderen Arbeit der Konfiguration depressiven

Erlebens zugeordnet wurde. Global läßt sich formulieren, daß das Emotionsmuster Depression erlebnismäßig vorwiegend als traurig-gedrückter Gefühlszustand in Verbindung mit Gefühlen des herabgesetzten Selbstwerts (→ *Selbstwertgefühl*) und Gefühlen des Verlusts an vitaler Energie in Erscheinung tritt. Im klinischen Bereich nimmt dieses Emotionsmuster massive Ausprägung an und ist nicht selten von suizidalen Wünschen und Tendenzen begleitet. Die Daten aus der Ausdrucksbeobachtung beziehen sich primär auf den traurig-niedergeschlagenen Gesichtsausdruck Depressiver und auf den gehemmten, manchmal auch ziellos-agitierten Ablauf von Motorik und Sprache; sie vermitteln damit gleichfalls das Bild einer allgemeinen Herabsetzung des positiven Lebensgefühls. Verschiedene Autoren haben hervorgehoben, daß emotionale Erlebenszustände und Ausdrucksphänomene der eben beschriebenen Färbung nicht in allen klinisch-depressiven Störungen vorhanden sein müssen; sei es, daß somatische Beschwerden klar dominieren („larvierte Depression") oder daß die Stimmungslage primär von Empfindungen der affektiven Unansprechbarkeit („Gefühl der Gefühlslosigkeit") geprägt ist (Kielholz 1971). Nichtsdestoweniger muß die unlustbetonte emotionale Befindlichkeit im allgemeinen auch auf der klinischen Ebene als ein substantielles Symptom depressiver Zustände betrachtet werden (Klerman 1977).
Der Komplexität depressiver Zustände unter dem Erlebensaspekt entspricht die Komplexität der biologischen Vorgänge, die mit depressiven Emotionen und depressiven Störungen verbunden sind. Obgleich, dem Schlüsselsymptom „Traurigkeit – Niedergeschlagenheit" entsprechend, im Emotionsmuster Depression der parasympathische Anteil des vegetativen Nervensystems dominiert, spielen doch zugleich darin auch sympathische vegetative Prozesse eine Rolle, was mit dem häufigen Auftreten von Angst und Feindseligkeit (→ *Angst und Furcht;* → *Ärger*) im Kontext depressiven Erlebens übereinstimmt (Izard 1972). Den biologischen Komponenten klinisch-depressiver Störungen, vor allem auch jener Störungsformen, in denen depressive Phasen und manische Phasen einander abwechseln (bipolare affektive Störungen), ist in den letzten Jahren in zahlreichen Untersuchungen nachgegangen worden. Die einschlägigen Ergebnisse lassen mit großer Deutlichkeit erkennen, daß es sich dabei um einen komplexen Wechselwirkungsprozeß zwischen neurophysiologischen und biochemischen bzw. neuroendokrinen Variablen handelt. Besondere Beachtung haben in diesem Rahmen die Hypothese einer „instabilen Übererregbarkeit" im Zentralnervensystem Depressiver (im Gegensatz zur behavioralen Gehemmtheit in der Depression) sowie die Hypothesen zum Zusammenhang zwischen affektiven Störungen und Veränderungen im Stoffwechsel der biogenen Amine im Gehirn gefunden (vgl. Becker 1974; → *Hormone und Emotionen*). Akiskal (1979) faßt in seinem Konzept der „gemeinsamen Endstrecke" den gegenwärtigen Forschungsstand hypothetisch dahingehend zusammen, daß es im Zug der Interaktion vielfältiger biologischer und psychologischer Einflußfaktoren schließlich zu einer funktionellen Störung jener Zwischenhirnmechanismen kommt, die an der Steuerung von Lust-Unlust-Prozessen (→ *Limbisches System und Emotionen*) maßgeblich beteiligt sind.

Ätiologie depressiver Zustände

In bezug auf die Verursachungs- und Auslösebedingungen depressiver Emotionen und depressiver Störungen liegen zwar zahlreiche Modellansätze, jedoch erst wenige gesicherte empirische Befunde vor. Experimentelle Studien zur Hervorrufung depressiver Gestimmtheit im Labor sind im Unterschied zur Angst-Forschung noch relativ selten (Gatchel, Paulus & Maples 1975, Wener & Rehm 1975); im Normalbereich wie im klinischen Bereich stützen sich Annahmen über kausale Zusammenhänge vorwiegend auf Schlußfolgerungen aus korrelativen und retrospektiven Untersuchungen sowie aus Studien zur Hervorrufung depressionsähnlicher Reaktionsmuster im Tierexperiment. Auf der klinischen Ebene wird dieser Datenhintergrund durch Befunde über die Wirkung spezifischer therapeutischer Maßnahmen sowie durch einige (ebenfalls noch sehr seltene) prospektive Untersuchungen ergänzt. Hypothetisch wird für bestimmte Formen klinisch-depressiver Zustandsbilder (für die Gruppe der endogenen Depressionen) eine biologische Fehlsteuerung aufgrund genetischer Prädispositionen als Ausgangspunkt der depressiven Entwicklung angenommen; neurophysiologisch-biochemische Abweichungen, wie sie im Rahmen der Symptomatologie depressiver Zustände angeführt wurden, erhalten in diesen Modellen mit verschiedenen Schwerpunktsetzungen ätiologische Relevanz. Für die Gruppe der psychogenen (reaktiv-neurotischen) Depressionen sowie für Depression im Normalbereich wird dagegen dem Einfluß von Umweltstressoren (→ *Streß*), speziell von solchen psychosozialer Natur, und/oder der inadäquaten kognitiv-affektiven Verarbeitung von Umweltereignissen ursächliche Bedeutung zugemessen. Die Auffassung, daß für alle Depressionsformen, wenn auch in unterschiedlichem Ausmaß, biologische *und* psychologische Wirkfaktoren bedeutsam sind, tritt heute allerdings mehr und mehr in den Vordergrund (Kielholz 1971, Becker 1974).

In den Modellansätzen, die sich primär mit der Rolle von Umweltbedingungen in der Entstehung depressiver Zustände befassen, ist wiederholt auf das Konzept der „Konservierungs-Rückzugs-Reaktion" Bezug genommen worden. Depressive Emotionen und Verhaltensmuster treten nach dieser Konzeption in bedrohlichen Situationen auf, in denen weder Kampf (mit den begleitenden Emotionen „Ärger" und „Wut") noch Flucht (mit der begleitenden Emotion „Angst") möglich ist; durch Aktivitäts- und Stimulationsreduktion soll dabei der völligen Erschöpfung des Organismus vorgebeugt werden. Zugleich wird auf die potentielle Signalfunktion depressiver Emotionen hingewiesen (Engel 1962, Kaufmann & Rosenblum 1967). Schmale (1973) hat diese Modellvorstellungen mit den psychoanalytischen Auffassungen zur Depressionsgenese (Freud 1917, White 1977) verknüpft und u. a. postuliert, daß im Gefolge frühkindlicher Separationstraumata auf der Basis der Konservierungs-Rückzugs-Reaktion massive Hilflosigkeitsgefühle (→ *Hilflosigkeit*) entstehen, die dann das Auftreten psychogener Depressionen im Erwachsenenalter bei erneuten Verlusten begünstigen.

Neuere psychologische Ansätze in der Depressionsforschung

Im Rahmen der neueren empirisch-psychologischen Ansätze zum Depressionsproblem wird die Rolle emotionaler Komponenten unterschiedlich akzentuiert und interpretiert. In den kognitiv-psychologischen Modellen wird davon ausgegangen, daß die depressiven Emotionen als Folgen bestimmter depressionsrelevanter Kognitionen (bestimmter Erwartungen, Attributionen, Einstellungen, Wahrnehmungsverzerrungen etc.) zu betrachten sind, die im Lauf der persönlichen Lerngeschichte durch ungünstige Erfahrungen erworben werden. Hierher gehören Konzepte wie das der „erlernten Hilflosigkeit“ von Seligman (1975), Abramson, Seligman und Teasdale (1978) (→ *Hilflosigkeit*) und das der „negativen kognitiven Triade“ von Beck (1970, 1976). Während im Konzept von Seligman der erlebte Kontrollverlust im Mittelpunkt steht, wird im Konzept von Beck der generalisierten negativen Einstellung des Individuums zu sich selbst, zur Umwelt und zur Zukunft zentrale Bedeutung zugemessen. In den verhaltenspsychologisch-verstärkungsorientierten Modellen (Lewinsohn 1975) werden die depressiven Emotionen als unmittelbare Folge einer Reduktion positiv verstärkender Rückmeldungen von seiten der Umwelt, wie sie vor allem durch soziale Verluste und Veränderungen zustandekommen kann, aufgefaßt („Verstärkerverlust-Verstärkerdefizit-Konzept“). Über die Wirkung, die die Äußerung dieser Emotionen auf die Sozialpartner hat (kurzfristig Zuwendung, langfristig jedoch Zurückweisung), tragen sie zu einer weiteren Abnahme des Verstärkerniveaus und damit zu einer Verfestigung der Depression bei. Von den verstärkungspsychologischen Ansätzen aus ergeben sich zahlreiche Querverbindungen zu jenen Arbeiten aus der Trauer-Forschung (→ *Trauer*), der *life-event*-Forschung und der *social support*-Forschung, in denen die Rolle von Verlustereignissen und Kontaktdefiziten im Vorfeld depressiver Störungsbilder hervorgehoben wird (Blöschl 1978).

Schlußbemerkungen

Abschließend läßt sich sagen, daß über die multidimensionale Struktur wie über die multidimensionale Genese depressiver Reaktionsmuster und depressiver Störungen heute auf der konzeptuellen Ebene weitgehende Übereinstimmung besteht. Die empirische Analyse der Mechanismen, nach denen emotionale, kognitive, behavioral-soziale und biologische Faktoren in der Depression zusammenwirken, befindet sich dagegen noch in den Anfängen; sie stellt, so groß auch die damit verbundenen methodischen Schwierigkeiten sind, für die zukünftige Forschung eine zentrale Aufgabe dar. Ein besseres Verständnis dieser Interaktionsprozesse wird auf längere Sicht sowohl für den Fortschritt der Theorienbildung als auch für die Verbesserung der Effizienz therapeutischer und präventiver Zugänge zum Depressionsproblem im klinischen Bereich unerläßlich sein.

Literatur

Abramson, L. Y., Seligman, M. E. P. & Teasdale, J. D.: Learned helplessness in humans: Critique and reformulation. Journal of Abnormal Psychology 87 (1978), 49–74.

Akiskal, H. S.: A biobehavioral approach to depression. In: Depue, R. A. (ed.): The psychobiology of the depressive disorders. Implications for the effects of stress. New York: Academic Press 1979, 409–437.

Beck, A. T.: Depression. Causes and treatment. Philadelphia: University of Pennsylvania Press 1970.

Beck, A. T.: Cognitive therapy and the emotional disorders. New York: International Universities Press 1976 (dt.: Wahrnehmung der Wirklichkeit und Neurose. Kognitive Psychotherapie emotionaler Störungen. München: Pfeiffer 1979).

Becker, J.: Depression: Theory and research. New York: Wiley 1974.

Blöschl, L.: Psychosoziale Aspekte der Depression. Ein lerntheoretisch-verhaltenstherapeutischer Ansatz. Bern: Huber 1978.

Engel, G. L.: Anxiety and depression-withdrawal: The primary affects of unpleasure. International Journal of Psycho-Analysis 43 (1962), 89–97.

Flach, F. F. & Draghi, S. C. (eds.): The nature and treatment of depression. New York: Wiley 1975.

Freud, S.: Trauer und Melancholie (1917). Gesammelte Werke, Band X. Frankfurt: Fischer 1967, 428–446.

Gatchel, R. J., Paulus, P. B. & Maples, C. W.: Learned helplessness and self-reported affect. Journal of Abnormal Psychology 84 (1975), 732–734.

Hautzinger, M. & Hoffmann, N. (Hg.): Depression und Umwelt. Neue Beiträge zur Analyse depressionsfördernder Lebensbedingungen. Salzburg: Müller 1979.

Izard, C. E.: Patterns of emotions. A new analysis of anxiety and depression. New York: Academic Press 1972.

Kaufman, I. C. & Rosenblum, L. A.: The reaction to separation in infant monkeys: Anaclitic depression and conservation-withdrawal. Psychosomatic Medicine 29 (1967), 648–675.

Kielholz, P.: Diagnose und Therapie der Depressionen für den Praktiker. München: Lehmanns, 3. Aufl., 1971.

Klerman, G. L.: Anxiety and depression. In: Burrows, G. D. (ed.): Handbook of studies on depression. Amsterdam: Excerpta Medica 1977, 49–68.

Lewinsohn, P. M.: The behavioral study and treatment of depression. In: Hersen, M., Eisler, R. M. & Miller, P. M. (eds.): Progress in behavior modification, Vol. 1. New York: Academic Press 1975, 19–64.

Rehm, L. P. (ed.): Behavior therapy for depression. Present status and future directions. New York: Academic Press 1981.

Schmale, A. H.: Adaptive role of depression in health and disease. In: Scott, J. P. & Senay, E. C. (eds.): Separation and depression: Clinical and research aspects. Washington, D. C.: American Association for the Advancement of Science 1973, 187–214.

Seligman, M. E. P.: Helplessness. On depression, development, and death. San Francisco: Freeman 1975 (dt.: Gelernte Hilflosigkeit. München: Urban & Schwarzenberg 1979).

Steinmeyer, E.-M.: Depression. Ätiologie, Diagnostik und Therapie. Stuttgart: Kohlhammer 1980.

Wener, A. E. & Rehm, L. P.: Depressive affect: A test of behavioral hypotheses. Journal of Abnormal Psychology 84 (1975), 221–227.

White, R. B.: Current psychoanalytic concepts of depression. In: Fann, W. E., Karacan, I., Pokorny, A. D. & Williams, R. L. (eds.): Phenomenology and treatment of depression. New York: Spectrum 1977, 127–141.

Lilian Blöschl

Selbstwertgefühl

Selbstwertgefühl – heutige und frühere Konzeptionen

Der Begriff des Selbstwertgefühls besitzt angesichts seines heutigen Gebrauches in der Psychologie einen Bedeutungsüberschuß. Man geht heute nicht mehr von der Annahme der Existenz eines irgendwie substantialisierten „Selbst" aus. Vielmehr bezeichnet man damit einfach die Richtung der Wahrnehmung bzw. Beurteilung, d. h. die Richtung auf die *eigene Person* des Beurteilers. Man geht auch nicht mehr von der Annahme eines Selbstwertes bzw. Wertes als einer besonderen psychologischen oder philosophischen Kategorie aus. Vielmehr versteht man unter Wert einfach das Ergebnis eines *Bewertungsprozesses,* d. h. einer mehr oder weniger positiven Bewertung, im vorliegenden Falle also der Bewertung der eigenen Person. Schließlich handelt es sich beim Selbstwertgefühl nicht im strengen Sinne um eine Emotion oder einen Affekt etc., falls damit ein außerordentlicher Bewußtseinszustand gemeint ist, der von spezifischen physiologischen Erscheinungen begleitet ist. Statt dessen spricht man von Gefühl hier mehr im Sinne der Feststellung des Ergebnisses der mehr oder weniger positiven Beurteilung der eigenen Person durch das Individuum selbst. In diesem Sinne stellt sich „Selbstwertgefühl" eher als die *evaluative* bzw. *affektive,* d. h. bewertende Komponente einer Einstellung im Sinne von *„attitude"* dar, wobei das Einstellungsobjekt die eigene Person ist. Beim Selbstwertgefühl handelt es sich dann um den *bewertenden Aspekt des Selbstkonzeptes.*

In der Vergangenheit ist allerdings das Selbstwertgefühl nicht immer mit einem Überschuß an Bedeutung versehen gewesen. In seinem einem Schichtenmodell der Persönlichkeit verpflichteten Werk „Aufbau der Person" beschreibt Philipp Lersch (1962) als eines von mehreren Kennzeichen des „endothymen Grundes", d. h. des Inbegriffes von Erlebnissen wie Stimmungen, Gefühlen, Affekten, Gemütsbewegungen, Trieben und Strebungen, die „Gefühlsregungen des individuellen Selbstseins". Zu ihnen zählen u. a. die „Gefühlsregungen des Eigenwertstrebens", z. B. die „Selbstachtung", etwa im Gegensatz zu Minderwertigkeitsgefühlen und Selbstverachtung: „In der Selbstachtung und Selbstverachtung stehen wir uns selbst gegenüber als unserem eigenen Beurteiler und Richter, in völliger Ausschaltung des Urteils der Mitwelt . . ." (Lersch 1962, S. 251). Der einer geisteswissenschaftlich-beschreibenden Psychologie verpflichtete Autor beschreibt jedoch zugleich das Selbstwertgefühl eines Menschen als unterschiedlich empfindlich – manche Menschen haben ein „dickes Fell", manche besitzen ein leicht störbares Selbstwertgefühl – und erkennt somit zumindest grundsätzlich die Bedeutung der Rolle der sozialen Umgebung des Menschen für Entstehung und Veränderung des Selbstwertgefühls an. Denn die empirische Forschung innerhalb der Psychologie hat mehr und mehr gezeigt, daß von einer Selbstbewertung „in völliger Ausschaltung des Urteils der Mitwelt" keine Rede sein kann.

Das Selbstwertgefühl als self-esteem

In den gegenwärtig akzeptierten Begriff des Selbstwertgefühls gehen durchaus einige von der älteren deutschen Charakterologie beschriebene Gesichtspunkte ein, er ist jedoch überwiegend geprägt von der angelsächsischen Tradition der Beschäftigung mit dem Selbst *(self)* bzw. Selbstkonzept *(self-concept)*. Der selbstbewertende Aspekt des Selbstkonzeptes einer Person wird hier in Rückübersetzung von *self-esteem* gelegentlich als „Selbstachtung" oder „Selbstwertschätzung" bezeichnet. Auch das gegenwärtig überwiegend akzeptierte Konzept des *self-esteem* kann bereits auf eine längere Geschichte hinweisen. Nach William James (1890) gilt für das Selbstwertgefühl die Formel

$$\text{Selbstwertgefühl} = \frac{\text{Erfolge}}{\text{Ansprüche}}.$$

Das Individuum kann demnach sein Selbstwertgefühl erhöhen oder senken, indem es die Werte im Zähler oder im Nenner verändert. So steigt nach dieser Formel das Selbstwertgefühl, wenn bei gleichbleibenden Ansprüchen bessere Erfolge erzielt werden, oder wenn bei gleichbleibender Erfolgslage die persönlichen Ansprüche gesenkt werden. Als weitere Vorläufer der heute üblichen Beschäftigung mit dem Selbstwertgefühl können Cooley (1902) und Mead (1934) sowie eine Reihe psychoanalytisch und humanistisch-psychologisch orientierter Autoren gelten.

Allgemein kann *„Selbstwertgefühl"* als *ein hypothetisches Konstrukt für den Inbegriff bzw. die Summe der mehr oder weniger positiven Bewertungen, die eine Person über sich selbst abgibt,* bezeichnet werden.

Diese Definition schließt u. a. folgendes ein:

1. Das Selbstwertgefühl ist etwas nicht direkt Beobachtbares, das aus Äußerungen einer Person über sich selbst erschließbar ist.
2. Indem eine Person sich selbst bewertet, beurteilt sie sich selbst, und zwar als mehr oder weniger positiv; somit stellt das Selbstwertgefühl einen Aspekt des Selbstkonzeptes dar, nämlich den *evaluativ-affektiven* Aspekt des Selbstkonzeptes.
3. Das Selbstwertgefühl einer Person kann sich auf einzelne unterschiedliche Teilbereiche ihres Verhaltens (z. B. Leistung, soziales Verhalten, Attraktivität) beziehen, oder es kann im Sinne einer „Durchschnitts"- oder „Summenbildung" von einem allgemeinen, alle Teilbereiche umfassenden Selbstwertgefühl gesprochen werde
4. Es bestehen nicht nur inter-, sondern auch intra-individuelle Unterschiede im Selbstwertgefühl, d. h., das Selbstwertgefühl einer Person kann sich in Abhängigkeit von inneren und äußeren Einflußgrößen verändern.

   Einige Autoren postulieren ein allgemein-menschliches Streben nach Selbstwert-Erhöhung. Dittes (1959) nimmt z. B. an, daß Personen im Zweifelsfalle stets nach selbstwerterhöhenden Informationen suchen. Gemäß dieser *self-esteem*-Theorie werden das Selbstwertgefühl bedrohende Informationen von der Person gemieden. Über einige experimentelle Befunde hierzu berichten Frey und Benning (1983).

Die Messung des self-esteem

Die *Messung* des Selbstwertgefühls einer Person hat sich für eine große Anzahl von Forschungsfragestellungen der Differentiellen, Entwicklungs- und Sozialpsychologie sowie weiterer, verwandter Disziplinen als fruchtbar erwiesen. Dominierend ist dabei bis heute die orthodoxe Messung von *self-esteem* als eines allgemeinen, mehr oder weniger als stabil angenommenen Persönlichkeitsmerkmals, dessen Rolle als Vorhersagevariable oder vermittelnde bzw. *Moderatorvariable* zur Verbesserung der Beschreibung des Zusammenhanges zwischen Persönlichkeits- und Leistungsmerkmalen sowie Aspekten sozialen Verhaltens genutzt wird.
Zur Messung von *self-esteem* kommt eine große Zahl psychologischer Instrumente in Frage. Da die Bewertung von Merkmalen der eigenen Person funktional als nicht verschieden von der bewertenden Beurteilung einer anderen Person anzusehen ist und insofern einen Spezialfall von Personwahrnehmung bzw. -bewertung darstellt, kommen als *Meßmittel* des Selbstwertgefühls prinzipiell alle Verfahren in Betracht, die sich auch zur wissenschaftlichen Personbeurteilung eignen: Adjektivische Selbstbeschreibungssysteme, Sortierverfahren, Selbstratingmethoden, Eindrucksdifferentiale, Persönlichkeitsinventare, usw. (vgl. Mummendey 1979). Die – im Unterschied zur üblichen Selbstkonzepterfassung – spezifische Erfassung des Selbst-Wertes, d.h. die Bewertung im engeren Sinne wird oft dadurch erreicht, daß ein und dasselbe Selbstbeurteilungsverfahren zweimal, und zwar mit unterschiedlicher Instruktion, angewendet wird: mit einer *Real*-Instruktion (die Person gibt an, wie sie selbst zu sein glaubt) und einer *Ideal*-Instruktion (sie gibt an, wie sie gerne sein möchte). Aus der Höhe der auftretenden Real-Ideal-Diskrepanzen wird sodann der Grad des Selbstwertgefühls erschlossen. Auf die methodologische Problematik der Anwendung von Diskrepanz- bzw. Differenzmaßnahmen ist verschiedentlich hingewiesen worden (vgl. Wylie 1968). Als grundsätzlich sehr differenziert stellt sich auch das Problem der Validität von Selbstwertgefühl-Messungen dar (vgl. Wells & Marwell 1976; → *Sprachliche Methoden*).

Empirische Untersuchungen zum self-esteem

Eine Vielzahl empirischer Befunde zur psychologischen Bedeutung des Selbstwertgefühls bzw. der *self-esteem*-Variable findet sich bei Coopersmith (1967), Wylie (1979) sowie Frey und Benning (1983). Als ein Beispiel mag die Erforschung des Zusammenhanges zwischen *self-esteem* und sozialer Beeinflußbarkeit

genannt werden. Lange Zeit ging man von einer negativen Korrelation zwischen diesen beiden Variablen aus, d. h., Personen mit geringem Selbstwertgefühl galten als leichter beeinflußbar (vgl. McGuire 1964). Angesichts einiger abweichender Ergebnisse nahm man jedoch eine nonmonotone, z. B. kurvenförmige Beziehung an (vgl. Nisbett & Gordon 1967). So zeigten sich Personen mit sehr niedrigem und sehr hohem Selbstwertgefühl als weniger stark beeinflußbar als solche mit mittlerem *self-esteem.* Bei schwer verständlichen Meinungsgegenständen (z. B. aus dem medizinischen Bereich) zeigte sich wiederum eine leicht positive Korrelation zwischen Selbstwertgefühl und Beeinflußbarkeit. Das Selbstwertgefühl erwies sich somit als wichtiger *Prädiktor* für Beeinflußbarkeit, Konformität, Suggestibilität etc., doch scheint die Form des Zusammenhangs zwischen den betrachteten Variablen von einer Mehrzahl von Merkmalen des Kommunikationsprozesses abhängig zu sein. Dieses Ergebnis ist typisch für die empirische und experimentelle Erforschung des Selbstwertgefühls, da deutlich wird, daß menschliches Verhalten in komplexer Weise bedingt ist und das Selbstwertgefühl nur in Kombination mit weiteren Bedingungen einen Vorhersagewert für menschliches Verhalten besitzt.
Eine besondere Bedeutung für die Erforschung sowohl menschlichen Leistungs- als auch sozialen Verhaltens hat das Selbstwertgefühl dadurch gewonnen, daß es sich als in Experimenten kurzzeitig manipulierbar erwiesen hat. Durch falsches Feedback (z. B. durch gezielte Information über das Ergebnis eines absolvierten Intelligenztests oder über den Grad der dem Individuum von anderen Personen zugeschriebenen Attraktivität) läßt sich kurzfristig ein erhöhtes oder verringertes Selbstwertgefühl erzeugen. Damit läßt sich aber zugleich zeigen, daß das Selbstwertgefühl in hohem Maße auf sozialer Rückmeldung beruht. Erfolg und Mißerfolg eines Individuums sowohl im sozialen als auch im Leistungsbereich sind entscheidende Bedingungsvariablen für die Höhe des sich selbst zugeschriebenen Wertes. Entsprechende experimentelle Ergebnisse werden beispielsweise von Wells und Marwell (1976) oder Gergen (1982) berichtet. Vereinzelt werden jedoch erfolgreiche *self-esteem*-Manipulationen auch im Sinne der *impression-management*-Theorie (Tedeschi 1981) interpretiert, wonach Personen dazu neigen, ihr *Image* selbst zu kontrollieren. So könnte es sein, daß Selbstwertgefühl-Manipulationen nur zu taktischen Selbstwertgefühl-Änderungen führen, nicht jedoch zu „wirklicher“ Veränderung des *self-esteem* (vgl. Pavlos 1973). Allerdings könnte nach der Selbstwahrnehmungstheorie von Bem (1972), dergemäß Personen Einstellungen und Bewertungen aus Verhaltensweisen ableiten, eine „vorgetäuschte“ Selbstwertänderung wiederum internalisiert werden, d. h., sie könnte langfristig Bestandteil des Selbstwertgefühls werden. Der Charakter des Selbstwertgefühls als eines *hypothetischen Konstruktes* bringt es mit sich, daß zwischen tatsächlichem und vorgetäuschtem Selbstwert nicht sehr leicht unterschieden werden kann.

Literatur

Bem, D. J.: Self-perception theory. In: Berkowitz, L. (ed.): Advances in Experimental Social Psychology, Vol. 6. New York: Academic Press 1972, 1–62.

Cooley, C. H.: Human nature and the social order. New York: Charles Scribner's Sons 1902.

Coopersmith, S.: The antecedents of self-esteem. San Francisco: Freeman 1967.

Dittes, J. E.: Attractiveness of group as a function of self-esteem and acceptance by the group. Journal of Abnormal and Social Psychology 59 (1959), 77–82.

Frey, D. & Benning, E.: Das Selbstwertgefühl. In: Mandl, H. & Huber, G. L. (Hg.): Emotion und Kognition. München: Urban & Schwarzenberg 1983, 148–182.

Gergen, K. J.: From self to science: What is there to know? In: Suls, J. (ed.): Psychological perspectives on the self. Hillsdale, N. J.: Erlbaum 1982, 129–149.

James, W.: Principles of psychology, Vol. I. New York: Holt 1890.

Lersch, P.: Aufbau der Person. München: Barth 1962.

McGuire, W.: Inducing resistance to persuasion. In: Berkowitz, L. (ed.): Advances in Experimental Social Psychology, Vol. 1. New York: Academic Press 1964, 192–229.

Mead, G. H.: Mind, self, and society. Chicago: Chicago University Press 1934.

Mummendey, H. D.: Methoden und Probleme der Messung von Selbstkonzepten. In: Filipp, S.-H. (Hg.): Selbstkonzept-Forschung. Probleme, Befunde, Perspektiven. Stuttgart: Klett-Cotta 1979, 171–189.

Nisbett, R. E. & Gordon, A.: Self-esteem and susceptibility to social influence. Journal of Personality and Social Psychology 5 (1967), 268–276.

Pavlos, A. J.: Acute self-esteem effects on racial attitudes measured by rating scale and bogus pipeline. Proceedings of the 81th Annual Convention of the American Psychological Association 8 (1973), 165–166.

Tedeschi, J. T. (ed.): Impression management theory and social psychological research. New York: Academic Press 1981.

Wells, L. E. & Marwell, G.: Self-esteem. Its conceptualization and measurement. Beverly Hills, Calif.: Sage 1976.

Wylie, R. C.: The present status of self theory. In: Borgatta, E. F. & Lambert, W. W. (eds.): Handbook of personality theory and research. Chicago: Rand McNally 1968, 728–787.

Wylie, R. C.: The self-concept. Revised edition, Vol. II: Theory and research on selected topics. Lincoln: University of Nebraska Press 1979.

Hans Dieter Mummendey

VII

Emotionen und psychologische Systeme

Motivation und Emotion

Grundlegende Mechanismen

In der Frage nach dem „Warum" und „Wozu" menschlichen Verhaltens sind motivations- und emotionspsychologische Probleme eng aufeinander bezogen. Grundlegendes Problem der Motivationspsychologie ist die Analyse der Zielgerichtetheit des Verhaltens: Die Person besetzt ganz bestimmte Person-Umwelt-Konstellationen mit positiven oder negativen Wertvorstellungen (Valenzen), die ihr persönlich als wichtig und angenehm oder unangenehm erscheinen und zugleich eine bedeutungsvolle Veränderung ihrer gegenwärtigen Lage darstellen. Auf diese Zielzustände hin richtet sie ihr Verhalten aus, entwirft Handlungspläne und reagiert mit Lust- oder Unlustgefühlen, je nachdem, ob das Ziel erreicht wurde oder nicht. Emotionen vom Typ der Lust oder Unlust (oder: positive und negative Affekte) haben sich als die großen Lehrmeister des Menschen erwiesen insofern, als Verhaltensweisen bevorzugt ausgeübt und wiederholt werden, deren unmittelbare und weiterreichende Konsequenzen als lustvoll erlebt werden und solche Verhaltensweisen unterlassen werden, deren Konsequenzen als unlustvoll erlebt werden. Auf diese „hedonistische" Position bauen auch nahezu sämtliche modernen Motivationstheorien auf. Die Annahme eines solchen basalen Lust-Unlust-Mechanismus ist im biologischen Sinne adaptiv. Seine Existenz ist wahrscheinlich geworden durch die Entdeckung von neuronalen Systemen, deren Aktivierung ganz offensichtlich Lust-Unlust-Gefühle entstehen läßt (→ *Limbisches System und Emotionen*).
Die Annahme eines solchen hedonistischen Prinzips versucht, Verhalten durch das Wirksamwerden des Lust-Unlust-Mechanismus zumindest in zweierlei Hinsicht zu erklären: Lust-Unlust-Erfahrungen haben in der Vergangenheit den

Aufbau neuer Verhaltensmuster vermittelt, und antizipierte Lust-Unlust-Erfahrungen stellen schließlich auch die Anregungsbedingungen für das Auftreten bestimmter Verhaltensweisen dar. Cofer & Appley (1964) haben deshalb in die Vergangenheit und in die Zukunft gerichtete Hedonismustheorien unterschieden. Emotionale Prozesse stellen demnach herausgehobene, vornehmlich am Anfang und am Ende liegende Phasen in motivierten Handlungsverläufen dar.

Energetisierung und Steuerung des Verhaltens

Generell besehen scheinen Emotionen zumindest zwei Komponenten zu besitzen, nämlich eine erlebnismäßige und eine physiologische. William James (1884) war einer der ersten, der konkrete Vorstellungen über das Zusammenwirken dieser beiden Komponenten anstellte und in den physiologischen Veränderungen die Grundlage für emotionale Erfahrungen sah. Die Wahrnehmung physiologischer Veränderungen im Körper war gewissermaßen die emotionale Erfahrung selbst. Diese Ansicht war nicht haltbar, denn emotionale Erfahrungen können auch gemacht werden, wenn die Wahrnehmung körperlicher Veränderungen unmöglich gemacht ist (Cannon 1929).

Dennoch blieb das Interesse von Motivations- und Emotionstheoretikern an diesen physiologischen Erregungsprozessen bestehen. Bei emotionalen Prozessen kann ein Anstieg der allgemeinen Aktivierung des Organismus beobachtet werden, an dem alle Subsysteme, nämlich das zentrale und vegetative Nervensystem sowie das motorische Nervensystem beteiligt sind. Diese Erkenntnis schien ein wichtiges motivationspsychologisches Problem lösen zu können, nämlich das der Energetisierung und zum Teil auch das der Steuerung des Verhaltens.

Durch die Annahme situationsseitig angeregter emotionaler Prozesse, die das Verhalten energetisieren und steuern und mithin motivierende Eigenschaften besitzen, war auch ein Pendant zu der einseitig am Triebbegriff fixierten Motivationskonzeption geschaffen. In diesem Ansatz ging man von zumindest zwei Triebkonzepten aus. Bei dem ersten – dem biopsychologischen Ansatz – ging man davon aus, daß es sich bei einem Trieb um innere, aus dem Körper kommende Reize handelt, die zur Handlung anregen. Die Analyse dieser „organismischen Bedingungsfaktoren" steht auch heute noch im Vordergrund des Interesses bei den sogenannten „biogenen" Motiven (Hunger, Durst, Sexualität) (Cofer 1972, Schneider & Schmalt 1981). In der zweiten Triebkonzeption wird der Trieb als ein zentraler Zustand gefaßt, der die dem Verhalten zugrunde liegenden Strukturen sensibilisiert und bestimmte Reaktionsbereitschaften hervorruft. Der Trieb ist konzipiert als eine allgemeine Antriebskraft, die den Organismus in unspezifischer Weise aktiviert (Hull 1943). Die spezielle Ausrichtung und Steuerung des Verhaltens dürfte allerdings anreizgesteuert sein (vgl. Bolles 1967).

Innerhalb des triebtheoretischen Ansatzes waren wohl N. E. Miller (1948) sowie Mowrer (1939) zum ersten Mal auf das Phänomen motivierender Emotionen gestoßen, als sie sich mit „Furcht" im Sinne eines erlernten Triebes beschäftigten.

Furcht kann gelernt werden und erfüllt selbst wiederum ein zentrales Postulat der Triebtheorie: ihre Reduktion wirkt bekräftigend. Mowrer (1960) ist ebenfalls von der klassischen lerntheoretischen Konzeption, wonach Lernen in der Stiftung von Reiz-Reaktions-Verbindungen bestehen soll, abgerückt und hat das eigentlich bedeutungsvolle Ereignis in der Verknüpfung von Reizen mit Erwartungsemotionen gesehen. Er unterscheidet insgesamt vier Typen von Erwartungsemotionen, nämlich Hoffnung, Furcht, Erleichterung und Enttäuschung, die schließlich im Sinne von Anreizmomenten das Verhalten aktivieren und ausrichten – also motivieren (→ *Lerntheoretische Ansätze*). McClelland schließlich (McClelland, Atkinson, Clark & Lowell 1953) hat ebenfalls Motiv und Motivation von Affekten und Affektwechseln abhängig gemacht. Sind bestimmte Reize mit deutlichen Affektwechseln verknüpft, so können diese später antizipatorisch wiederhergestellt werden und im Sinne motivierender Erwartungen das Verhalten aktivieren und ausrichten. Heckhausen (1963a, b) hat schließlich diese Konzepte aufgegriffen und deren Entwicklung weitergeführt und ein emotional getöntes „Erwartungsgefälle" postuliert, das aufsuchende oder meidende motivationale Eigenschaften besitzt.

In diesen theoretischen Ansätzen, in denen den Emotionen die motivationalen Funktionseigenschaften der Energetisierung und Steuerung zuerkannt werden, werden zentrale Erklärungskonzepte der Motivationspsychologie an die Emotionspsychologie abgegeben. Emotionale Prozesse sind nicht mehr nur die gefühlsmäßigen Begleit-, sondern die eigentlichen motivationalen Leitprozesse. Die Grenzen zwischen „Motivation" und „Emotion" sind aufgehoben (vgl. Leeper 1965).

Die Verwendung des Begriffs „Emotion" im Sinne eines motivationspsychologischen Konstrukts findet sich indes auch bei vielen einflußreichen neueren Emotionstheoretikern. So hat etwa Izard (1977) zehn fundamentale Emotionen (z. B. Überraschung – Schreck; Zorn – Wut etc.) mit unterscheidbaren erlebnishaft-motivationalen Komponenten aufgelistet, die als das Hauptmotivationssystem des Menschen konzipiert sind. Jedes dieser zehn Motivationssysteme ist durch eine einzigartige Emotion und jeweils spezifisch zugeordneten Erlebnis- und Verhaltenskorrelaten gekennzeichnet. Diese motivationalen Prozesse können in dem Sinne als fundamental angesehen werden, als sie in der Lage sind, auf andere psychische Prozesse – die perzeptiven, die kognitiven und die motorischen – Einfluß zu nehmen. Ähnlich umfassende Konzepte, in denen Emotionen im Sinne systemtheoretischer Konstrukte verstanden werden, haben insbesondere Lazarus, Kanner & Folkman (1980), Leventhal (1979) und Plutchik (1980) vorgestellt. Danach scheint es unter modernen Emotionstheoretikern einen Konsens dahingehend zu geben, Emotionen als Systemgeschehen zu konzipieren, in dem folgende Komponenten enthalten sind:

1. Kognitive Bewertung von Reizgegebenheiten und Situationen.
2. Eine physiologische Aktivierungs- bzw. Erregungskomponente.
3. Eine motorische Komponente.
4. Eine motivationale Komponente, die intentionale Steuerungsvorgänge mit einbezieht.

5. Die Komponente eines subjektiven Gefühlszustandes (vgl. Scherer 1983). Nachdem nun der Emotionsbegriff als ein „überflüssiges" und „irreführendes" Konzept gänzlich aufgegeben zu werden drohte (Duffy 1941) und nachdem Arnold (1960) „Emotion" ebenso wie „Motivation" zwar mit Handlungstendenzen in Verbindung gebracht hat, erstere aber lediglich als „empfundene" Handlungstendenz, letztere als eine Handlungstendenz mit einer hinzutretenden Kognition konzipiert hat, scheint sich in jüngster Zeit bei vielen Emotionstheoretikern die Einsicht immer mehr durchzusetzen, daß „Gefühl" und „Strebung", „Emotion" und „Motivation", „Fühlen" und „Wollen" untrennbar miteinander verbunden sind und im Grunde den gleichen Phänomenbereich umschließen (Thomae 1965(!), S. 15). Der integrative Zusammenschluß motivations- und emotionspsychologischer Konzepte scheint gegenwärtig auf handlungspsychologischem Niveau möglich zu werden (s. u.).

Soziale und kognitive Bewertungsmechanismen

Die – historisch besehen – ältesten Komponenten emotionaler Prozesse waren die subjektiven Erlebniszustände und die physiologischen Erregungskomponenten (s. o.). Die Unspezifität von Erregungs- und Aktivierungsmustern hat jedoch für die Emotionspsychologie einige Probleme gebracht, weil emotionale Erfahrungen offensichtlich sehr nuanciert sind, der Nachweis jeweils unterschiedlicher Aktivierungs- und Erregungsmuster jedoch bislang in verläßlicher Weise kaum gelungen ist. Einflußreiche moderne Emotionstheoretiker (Schachter 1964, Mandler 1980) gehen deshalb davon aus, daß emotionale Erfahrungen selbst wiederum aus zwei Komponenten bestehen, nämlich der Wahrnehmung autonomer Erregungsprozesse und der kognitiven Bewertung der gegenwärtigen inneren und äußeren Lage des Organismus. Die spezielle Qualität emotionaler Erfahrungen hängt danach von der kognitiven Bedeutungsanalyse ab, die Intensität emotionaler Erfahrungen hängt hingegen von der Intensität der Erregung ab (Mandler 1980, S. 226–227; → *Kognitionstheoretische Ansätze*).
Die Analyse der kognitiven Determinanten emotionaler Prozesse ist in letzter Zeit insbesondere von Weiner und seinen Mitarbeitern vorangetrieben worden (zusammenfassend: Weiner 1982). Hierbei sind insbesondere Ursachenzuschreibungen in ihren Auswirkungen auf emotionale Prozesse von herausgehobener Bedeutung. Nach diesem Modell kommt es beim Eintreten von Handlungsergebnissen zu ersten emotionalen Reaktionen, die noch nicht durch Ursachenanalysen vermittelt sind, sondern sich danach bestimmen, inwieweit das erzielte Ergebnis vom Erwarteten abweicht. Danach setzen Ursachenanalysen ein, die bestimmte Emotionen nach sich ziehen. Als letzter Schritt setzen die dimensionalen Analysen ein, die die abgelaufenen Ursachenzuschreibungen im Hinblick auf die Möglichkeit und Notwendigkeit zur Freisetzung selbstbewertender Emotionen analysieren (→ *Attributionstheoretische Ansätze*).

Diese Überlegungen bauen auf motivationstheoretischen Modellvorstellungen auf, in denen man davon ausgeht, daß Verhalten durch antizipierte Anreize in Gang gesetzt, aufrecht erhalten und gesteuert wird. Diese Anreize können in der Ausführung einer Handlung selbst liegen, in der Herbeiführung bestimmter Handlungsergebnisse oder in der Herbeiführung bestimmter Folgen, die sich an die Handlungsergebnisse anschließen (Schmalt 1982). Die Handlungssteuerung selbst funktioniert in diesen Modellvorstellungen nach dem Rückkopplungsprinzip: Das Individuum legt die Normsituation fest (Standardsetzung), es registriert sein eigenes Verhalten (Selbstbeobachtung), es vergleicht Norm- und Ist-Situation (Selbstbewertung) und reagiert schließlich, je nach Maßgabe der Norm- und Ist-Wert-Diskrepanz, mit selbstwertthematischen Emotionen. Ursachenzuschreibungen treten in diesen Modellvorstellungen an vielen Stellen als Vermittler wichtiger motivationaler und emotionaler Prozesse auf (Heckhausen 1977).
Nachdem also bereits frühzeitig Erlebnis- und Erregungskomponenten in ihrer Bedeutung für emotionale und motivationale Prozesse erkannt worden sind, sind kognitive Faktoren erst in den letzten Jahren in ihrer Bedeutung voll gewürdigt worden, so daß in einigen Bereichen der Motivations- und Emotionspsychologie mit Fug und Recht von einer „kognitiven Wende" gesprochen werden konnte (Heckhausen & Weiner 1972). In der Tat hat die Berücksichtigung kognitiver Einstellgrößen in Emotions- und Motivationsprozessen eine ganze Fülle weitreichender Einsichten zutage gefördert (zusammenfassend: Clark & Fiske 1982, Feather 1982, Heckhausen 1980, Schneider & Schmalt 1981).
Scherer (1981) hat einige dieser kognitiv orientierten Modellvorstellungen aufgegriffen und ein Modell mehrstufiger Bewertungsmechanismen für die Handlungsregulation vorgeschlagen, indem er eine theoretische Systematisierung emotionaler Prozesse im Rahmen motivierter Handlungsverläufe versucht. Er geht davon aus, daß Emotionen primär die Funktion haben, eine laufende Bewertung innerer und äußerer Reize in bezug auf ihre Relevanz für den Organismus vorzunehmen. Der Bewertungsprozeß soll in einer Sequenz kurzfristiger Reizverarbeitungsschritte bestehen, deren Ergebnis dann die Emotionen determinieren. Die in einer Handlungssequenz zeitlich früher auftretenden Bewertungsprozesse benötigen keine oder nur geringfügige kognitive Verarbeitung, während die zeitlich nachgeordneten Bewertungsprozesse in der Regel einer kognitiven Bearbeitung bedürfen.
Im einzelnen werden die folgenden Phasen differenziert:

1. Bewertung der Neuartigkeit oder Ungewohntheit eines Reizes. Es erfolgt eine Orientierungs-, im extremen Fall eine Schreckreaktion.
2. Bewertung der Lust-Unlust-Tönung des Reizes. Hier entstehen im Anschluß an die Bewertung die ersten Motivierungsimpulse des Aufsuchens oder Meidens.
3. Bewertung der Zielrelevanz eines Reizes. Sind die Gegebenheiten für die Zielerreichung eher hinderlich oder eher förderlich? Motivationspsychologisch handelt es sich hierbei um den Eingriff in bestehende Situations-Ergebnis- oder Handlungs-Ergebnis-Erwartungen. Je nach dem Bestätigungsgrad der

Erwartungen können Furcht, Frustration, Ärger, Zufriedenheit oder Freude resultieren.
4. Bewertung der persönlichen Bewältigungsmöglichkeiten von Reizsituationen. An dieser Stelle setzen Ursachenanalysen der aufgetretenen Gegebenheiten ein. Je nach dem Ergebnis dieser Analysen entstehen Ärger, Wut, Hilflosigkeit, Deprimiertheit oder Zuversicht. Außerdem dürfen die Erwartungsparameter neu eingeschätzt werden.
5. Bewertung von Handlungsergebnissen sowie der sich daran anknüpfenden Handlungsfolgen. Motivationspsychologisch handelt es sich hierbei um den bereits erwähnten Selbstbewertungsmechanismus. Er signalisiert den Abschluß einer Handlungsepisode. Die auftretenden Emotionen sind als Scham, Schuld, Stolz etc. zu klassifizieren und sind in neueren Motivationstheorien als die eigentlich motivierenden Anreize konzipiert (Heckhausen 1980).

Dieses hier skizzierte Modell mehrstufiger Bewertungsprozesse ist bislang in einigen Teilaspekten vor allem in kognitiven Motivationstheorien analysiert worden. Erkenntnistheoretischer Fortschritt könnte vor allem in der Systematisierung der Befunde und der gleichzeitigen Einbeziehung sozial-psychologischer, differentiell-psychologischer und motivations-psychologischer Ansätze in der Erforschung von Emotionsprozessen in Handlungsverläufen liegen.

Literatur

Arnold, M. B.: Emotion and personality. Vol. I: Psychological aspects. New York: Columbia University Press 1960.

Bolles, R. C.: Theory of motivation. New York: Harper & Row 1967.

Cannon, W. B.: Bodily changes in pain, hunger, fear, and rage. New York: Appleton-Century-Crofts 1929.

Clark, M. S. & Fiske, S. T.: Affect and cognition. The Seventeenth Annual Carnegie Symposium on Cognition. Hillsdale, N. J.: Erlbaum 1982.

Cofer, C. N. & Appley, M. H.: Motivation: Theory and research. New York: Wiley 1964.

Cofer, C. N.: Motivation and emotion. Glenview: Scott, Foresman & Co. 1972.

Duffy, E.: An explanation of „emotional" phenomena without the use of the concept „emotion". Journal of General Psychology 25 (1941), 283–293.

Feather, N. T.: Expectations and actions. Hillsdale, N. J.: Erlbaum 1982.

Heckhausen, H.: Eine Rahmentheorie der Motivation in zehn Thesen. Zeitschrift für experimentelle und angewandte Psychologie 10 (1963), 604–626 (a).

Heckhausen, H.: Hoffnung und Furcht in der Leistungsmotivation. Meisenheim: Hain 1963 (b).

Heckhausen, H. & Weiner, B.: The emergence of a cognitive psychology of motivation. In: Dodwell, P. C. (ed.): New horizons in psychology. London: Penguin 1972, 126–147.

Heckhausen, H.: Achievement motivation and its constructs: A cognitive model. Motivation and Emotion 1 (1977), 283–329.

Heckhausen, H.: Motivation und Handeln. Berlin: Springer 1980.

Hull, C. L.: Principles of behavior. New York: Appleton-Century Crofts 1943.

Izard, C. E.: Human emotions. New York: Plenum Press 1977.

James, W.: What is an emotion? Mind 9 (1884), 188–205.

Lazarus, R. S., Kanner, A. D. & Folkman, S.: Emotions: A cognitive-phenomenological

analysis. In: Plutchik, R. & Kellermann, H. (eds.): Emotion: Theory, research, and experience. Vol. 1.: Theories of emotion. New York: Academic Press 1980, 189–217.
Leeper, R. W.: Some needed developments in the motivational theory of emotions. In: Levine, D. (ed.): Nebraska Symposium on Motivation. Lincoln: University of Nebraska Press 1965, 25–122.
Leventhal, H.: A perceptual-motor processing model of emotion. In: Pliner, P., Blankstein, K. R. & Spigel, I. M. (eds.): Advances in the study of communication and affect: Perception and emotion in self and others. New York: Plenum Press 1979, 263–299.
Mandler, G.: The generation of emotion: A psychological theory. In: Plutchik, R. & Kellermann, H. (eds.): Emotion: Theory, research, and experience. Vol. 1: Theories of emotion. New York: Academic Press 1980, 219–243.
McClelland, D. C., Atkinson, J. W., Clark, R. A. & Lowell, E. L.: The achievement motive. New York: Appleton-Century-Crofts 1953.
Miller, N. E.: Studies of fear as an acquirable drive: I. Fear as motivation and fear-reduction as reinforcement in the learning of new responses. Journal of Experimental Psychology 38 (1948), 89–101.
Mowrer, O. D.: A stimulus-response analysis of anxiety and its role as a reinforcing agent. Psychological Review 46 (1939), 553–565.
Mowrer, O. D.: Learning theory and behavior. New York: Wiley 1960.
Plutchik, R.: Emotion: A psycho-evolutionary synthesis. New York: Harper & Row 1980.
Schachter, S.: The interaction of cognitive and physiological determinants of emotional state. In: Berkowitz, L. (ed.): Advances in Experimental Social Psychology, Vol. 1. New York: Academic Press 1964, 49–80.
Scherer, K. R.: Wider die Vernachlässigung der Emotion in der Psychologie. In: Michaelis, W. (Hg.): Bericht über den 32. Kongreß der Deutschen Gesellschaft für Psychologie. Göttingen: Hogrefe 1981, 304–317.
Scherer, K. R.: On the nature and function of emotion: A component process approach. In: Scherer, K. R. & Ekman, P. (eds.): Approaches to emotion. Hillsdale, N. J.: Erlbaum 1983.
Schmalt, H.-D.: Über das Handeln in Unterrichtssituationen. In: Luhmann, N. & Schorr, K. E. (Hg.): Zwischen Technologie und Selbstreferenz. Frankfurt: Suhrkamp 1982, 195–223.
Schneider, K. & Schmalt, H.-D.: Motivation. Stuttgart: Kohlhammer 1981.
Weiner, B.: The emotional consequences of causal attributions. In: Clark, M. S. & Fiske, S. T. (eds.): Affect and cognition. The Seventeenth Annual Carnegie Symposium on Cognition 1982, 185–209.
Thomae, H.: Die Bedeutung des Motivationsbegriffs. In: Thomae, H. (Hg.): Motivation. Allgemeine Psychologie II. Handbuch der Psychologie, Bd. 2. Göttingen: Hogrefe 1965, 3–44.

Hans-Dieter Schmalt

Problemlösen und Emotion

Sowohl Kognition als auch Emotion waren lange Zeit aus der psychologischen Forschung ausgeklammert, da beide interne Vorgänge darstellen, deren objektive Untersuchung schwierig ist. Die introspektiven Methoden aus den Anfängen der Psychologie entsprachen nicht dem Anspruch auf Objektivität und Wissenschaftlichkeit, den die moderne Psychologie an sich stellt. Nachdem es in den 70er Jahren dann zur sogenannten „kognitiven Wende" gekommen war, zeigte es sich, daß Denken, Handeln, überhaupt Verhalten nur dann sinnvoll erklärt werden können, wenn man die Emotionen mitberücksichtigt (→ *Kognitionstheoretische Ansätze*). Dieser Forschungszweig der Psychologie ist also noch recht jung, und es gibt erst wenige Untersuchungsergebnisse zu den neuentwickelten theoretischen Ansätzen.

Im folgenden wird zunächst kurz auf ältere Ergebnisse aus dem Bereich der Angstforschung, der Aktivierungs- und Streßforschung eingegangen, die auf den Zusammenhang von Emotion und kognitiver Leistung Bezug nehmen. Danach werden neuere Ansätze und Ergebnisse dazu geschildert, die den wechselseitigen Einfluß von Denken und Emotion beschreiben.

Angst, Aktivation und Leistung

Ausgehend von Hulls Triebtheorie (1943), entstand in den 50er Jahren in den USA eine *Ängstlichkeitsforschung,* die die Auswirkungen von Ängstlichkeit als erworbenem Trieb auf das Verhalten untersuchte (→ *Angst und Furcht*). Es zeigte sich, daß bei Aufgaben, die gutgelernte Verhaltensweisen, also automatische oder zumindest gutgeübte Reaktionen erfordern, von Hochängstlichen bessere Leistungen erbracht werden. Sind solche dominanten Reaktionen allerdings falsch, sind also kognitive Umstrukturierungs- und komplexe Problemlöseprozesse nötig, so sind Niedrigängstliche überlegen (s. zusammenfassend Sarason 1960).

Angst erzeugt ebenso wie eine Reihe weiterer Emotionen *Aktivierung* (→ *Psychophysiologische Ansätze*). Die Beziehung zwischen Aktivierung und Effizienz in Form einer umgekehrten U-Funktion wurde als Yerkes-Dodson-Gesetz (1908) bekannt und bzgl. seiner Effekte auf Lernen, Erinnern, die Bearbeitung von Aufgaben unterschiedlicher Schwierigkeit usw. untersucht (Feldman 1964, Eysenck 1977, Leichner 1980). Aktivierung steht in engem Zusammenhang mit gesteigerter Aufmerksamkeit, vermehrter Informationssuche und -aufnahme sowie generell einer stärkeren Konzentration auf zentrale Stimuli unter Vernachlässigung peripherer Reize (Freeman 1940, Easterbrook 1959, Bacon 1974). Damit wird bei gleicher Bearbeitungskapazität eine intensivere Bearbeitung der zentralen Aspekte einer Situation möglich (Broadbent 1971). Eine mittlere Aktivierung ist optimal (Berlyne 1960). Bei einem weiteren Anstieg der Aktivation kommt es dann zu einer Einengung des Aufmerksamkeitsfeldes, zu rigidem, schwer umstellbarem Verhalten, das den Neuerwerb von Verhaltensweisen, das Finden neuer Lösungswege erschwert und damit die Effizienz senkt, bis hin zu einer völligen Desorganisation des Verhaltens (Callaway & Dembo 1958, Baddeley 1972).

Ähnliches findet sich im Bereich der *Motivation* (→ *Motivation und Emotion*). Hochmotivierte erweisen sich als rigider in ihrem Verhalten, nehmen relevante Information und Unterschiede nicht wahr und benützen schematischere Lösungswege (Bergius 1964, Baddeley 1972, Bourne, Ekstrand & Dominowski 1971, Maltzmann 1955). Und schließlich findet man im Bereich der Streßforschung ähnliche Zusammenhänge, desgleichen in einigen älteren Untersuchungen zur Rigidität beim Problemlösen: Hoher erlebter Streß bewirkt eine Leistungsreduktion (Laux 1982, Süllwold 1965).

Situationseinschätzung, Kontrolle und Kompetenz

Angst und → *Streß* entstehen nicht nur aufgrund *objektiv* belastender Faktoren wie etwa Lärm oder langer Deprivation primärer Bedürfnisse (Janke 1974), sondern ebenso aufgrund von Situationen, in denen die *wahrgenommenen* Anforderungen die eigenen *Bewältigungsmöglichkeiten* übersteigen (z. B. Lazarus & Launier 1978). Hier besteht die Gefahr, daß man die Umwelt oder auch die Innenwelt nicht den eigenen Bedürfnissen und Wünschen entsprechend beeinflussen oder zumindest ihren weiteren Verlauf vorhersehen kann, sie nicht aktiv oder passiv *kontrollieren* kann (Dörner, Reither & Stäudel 1983, Rothbaum, Weisz & Snyder 1982). Ein solcher Zustand ist mit einer relativ hohen Unbestimmtheit, Unsicherheit und damit auch einer erhöhten Aktivierung verbunden und hat Effekte auf das Verhalten.

Die Einschätzung einer Situation als bewältigbar, als kontrollierbar ist *subjektiv,* sie beruht auf den Vorerfahrungen des Individuums mit Situationen dieser Art, dem dabei erworbenen *Wissen* über die Struktur dieses Realitätsausschnittes sowie möglichen Operatoren, um ihn zu beeinflussen. Wir nennen dies *epistemische Kompetenz*, die Kompetenz des Fachmanns (vgl. auch Oesterreich 1981). Menschen sind aber zusätzlich in der Lage, sich nicht vorhandenes Wissen anzueignen, neue Lösungswege zu finden. Dies geschieht mit Hilfe von Metaoperatoren, von Heurismen, wie z. B. Versuchs-Irrtums-Verhalten. Die *heuristische Kompetenz* stellt dementsprechend die Einschätzung von Individuen dar, neuartige Situationen bewältigen, Probleme lösen zu können (Dörner 1976, S. 10). In der aktuellen Situation wirken beide Komponenten zusammen für die Einschätzung der *aktuellen Kompetenz,* also der Einschätzung, inwieweit man in der Lage ist, die vorliegende Situation aufgrund des vorhandenen Wissens und der Möglichkeiten, sich dieses zu verschaffen, im gewünschten Sinne zu bewältigen. Unter dem Begriff „aktuelle Kompetenz" verstehen wir ähnliches wie Schulz (1982) unter dem Begriff Handlungskompetenz.

Mit einer hohen Kompetenz gehen Gefühle der Erfolgssicherheit, der positiven Anspannung, der Motiviertheit einher, speziell wenn diese auf einen großen heuristischen Anteil zurückzuführen ist, man also noch gar nicht so genau weiß, wie man das Problem lösen wird. Geringe aktuelle Kompetenz äußert sich in Gefühlen der Verunsicherung, Ängstlichkeit und Furcht vor Mißerfolg. Somit ist bereits vor einer Inangriffnahme des Problems das *Ausgangsniveau* in Abhängigkeit von der Kompetenz unterschiedlich. Entsprechende Ergebnisse brachte ein

Experiment, in dem die Versuchspersonen (Vpn) als Entwicklungshelfer in einem computersimulierten Land der Sahelzone fungierten. Diejenigen Vpn, die mit der Situation schlechter zurechtkamen, beschrieben sich in einem vorher applizierten Fragebogen als weniger heuristisch kompetent und als anfälliger bzgl. störender Emotionen. Ihre aktuelle Kompetenz lag unter der der erfolgreicheren Vpn, und sie schätzten sich durchgängig als angespannter ein (Stäudel 1983).
Bei geringer aktueller Kompetenz geschieht u. E. eine Umschaltung der Verhaltenssteuerung, die wir *„Notfallreaktion des kognitiven Systems“* (NRK) nennen (Dörner 1982b). Der Zweck der NRK liegt darin, angesichts einer wenig kontrollierbaren und damit gefährlichen Situation die Bereitschaft für eine schnelle und allgemeine Reaktion herzustellen. Die Kernemotion in solch unbestimmten Situationen ist Angst oder zumindest ein Gefühl der Spannung und Unsicherheit. Wird im Grunde doch Bewältigbarkeit antizipiert und beruht die Schwierigkeit der Situation auf externalen Ursachen, so treten → *Ärger* und Wut auf, ansonsten Hilflosigkeit und → *Depression* (Seligman 1975). Die damit verbundenen Verhaltensweisen sind Vermeidung, Angriff und Aufgeben (Lazarus 1968) als allgemeine *Terminierungsreaktionen.* Sie sind relativ grobe Maßnahmen und in starkem Maße durch situative Merkmale gesteuert. Diese *Externalisierung* der Verhaltenssteuerung bewirkt also eine Reduktion des internen Probehandelns und des differenzierten Denkens.
Eine solche Umschaltung der Verhaltenssteuerung, die natürlich auch graduell vor sich gehen kann, ist u. E. eine sinnvolle Reaktion angesichts einer bedrohlichen Situation. Sie beruht allerdings auf einer *subjektiven* und meist *unbewußten Einschätzung* der Lage und kann damit falsch sein, ebenso wie das Bild von der Welt, das sich der einzelne im Laufe seines Lebens erstellt. Eine Revision ist schwierig. Denn zum einen werden Situationen, die durch negative Rückmeldungen, also Mißerfolge oder Diskrepanzerlebnisse, zu einer Veränderung führen könnten, gemieden. Sie erzeugen zuviel Unbestimmtheit und Angst. Zum anderen werden die Ereignisse auf andere als die eigentlichen Ursachen zurückgeführt, um so einen Selbstwertbezug zu verhindern (Meyer 1973). Auch andere Abwehrmaßnahmen sind möglich, wie z. B. Bagatellisierung (Janis & Mann 1977).

Emotionale Belastung und Problemlösen

Was bedeutet dies für den Umgang mit kognitiven Anforderungen, für das Problemlösen? Der Umgang mit Problemen erfordert ein klar gesteuertes Vorgehen. Man muß sich über seine Ziele klar werden, Informationen sammeln, nach möglichen Handlungsalternativen suchen und deren Effekte, besonders die unerwünschten, überprüfen, um schließlich zu Maßnahmen zu gelangen, die die Situation im gewünschten Sinne verändern. Schließlich ist es sinnvoll, die Effekte des Handelns zu überprüfen, um evtl. nachsteuern zu können und um aus den eigenen Fehlern und Erfolgen zu lernen (Dörner, Kreuzig, Reither & Stäudel 1983).

Ein Individuum mit hoher aktueller Kompetenz wird, sofern die Situation wichtig für es ist, ein planvolles, reflektiertes und konzeptgeleitetes Vorgehen beim Problemlösen zeigen. Wir nehmen an, daß es sich in einem Zustand mittlerer Aktivierung befindet, der für Leistungen optimal ist. Treten unerwartete Schwierigkeiten auf, wird es mit gesteigerter Aufmerksamkeit, evtl. Beunruhigung reagieren.
Die Entstehung extremer Zustände ist angesichts des mittleren Ausgangsniveaus relativ unwahrscheinlich. Das Problemlöseverhalten wird eher *durch Selbstreflexion* (s. Reither 1979, 1982, Hesse 1979) den Erfordernissen angepaßt, als daß undifferenzierte Methoden angewandt werden.
Demgegenüber befindet sich ein Individuum mit geringer aktueller Kompetenz von Anfang an in einem wesentlich angespannteren Zustand, fühlt sich eher verunsichert und überfordert. Die nötige Distanz für eine klare Planung fehlt. So betreiben inkompetente, unsichere oder ängstliche Vpn seltener Selbstreflexionen, gehen weniger konzeptgeleitet vor (Stäudel 1983b, Reither 1981) und neigen mehr zu selbstwertbezogenen Kognitionen, die ihre Leistungen beeinträchtigen (Heckhausen 1982, Scheier & Carver 1982).
Die notwendigen Analysen sind reduziert oder fallen ganz aus. In einem Versuch, in dem die Vpn als Bürgermeister die Geschicke einer computersimulierten Stadt, „Lohhausen", leiten mußten (Dörner et al. 1983), fanden wir entsprechende Ergebnisse. Hierbei wurden zwar noch keine Kompetenzmaße erhoben, allerdings kann man aufgrund eines Unsicherheitsfragebogens und anderer Daten annehmen, daß es sich bei den weniger erfolgreichen Vpn auch um diejenigen handelte, die eine geringere Kompetenz hatten.
Bei komplexen Problemen ist es nötig, eine Zielanalyse durchzuführen, um das globale Gesamtziel („Es soll uns besser gehen") in konkrete Teilziele zu zerlegen („Wir brauchen Wohnungen, Heizung, Licht, Kleidung usw."). Dadurch wird man sich auch klar über die Relevanz der einzelnen Teilziele im Hinblick auf das Gesamtziel, kommt zu einer Zielhierarchie. Die erfolglosen, unsicheren Vpn schienen sich wenig über die Wichtigkeit einzelner Teilziele im klaren zu sein. Sie griffen Themen ad hoc auf, wechselten assoziativ auf andere Themen über, und ließen sie teilweise unter dem Druck sinkender Kompetenz wieder fallen. Dadurch waren sie gezwungen, sich später wieder mit ihnen auseinanderzusetzen. Gleichzeitig war die Analyse der Zusammenhänge innerhalb des Systems weniger exakt und tiefgehend. Die gesammelten Informationen wurden weniger gezielt abgespeichert, und dadurch konnten auch seltener Diskrepanzen zwischen dem Gedächtnisbild und der aktuell erhaltenen Information gefunden werden (Stäudel 1983b, s. a. Schulz 1979).
Aufgrund all dieser Faktoren sind auch die schließlich getroffenen Entscheidungen wenig elaboriert, kurzschlüssiger. Man wurstelt sich so durch (Lindbloom 1964). Analysen der Neben- und Langzeitwirkungen einzelner Entscheidungen entfallen, der Maßnahmefächer ist weniger differenziert. Eine überstarke Dosierung von Maßnahmen zeugt von dem Versuch, das Problem aggressiv zu lösen, ebenso direkte aggressive Akte, die wir ebenfalls beobachten konnten. Regressive Tendenzen zeigen sich in Versuchen, Entscheidungen auf später zu verschieben,

die Verantwortlichkeit auf andere zu „delegieren“ oder in Einkapselungen in gut beherrschte Teilbereiche (z. B. Fischzucht als Hauptthema bei drohendem Bankrott von „Lohhausen“). Regression schließlich bedeutet, daß man es aufgibt, überhaupt noch Einfluß zu nehmen (Dörner et al. 1983).

Nun ist, wie aus dem Vorangegangenen ersichtlich wird, die aktuelle Kompetenz keine fixe, sondern vielmehr eine veränderliche Größe, die durch die Rückmeldungen über Erfolg und Mißerfolg, über die Effekte des Verhaltens, beeinflußt wird. Damit verändert sich aber auch gleichzeitig der emotionale Zustand der Vpn und ihr Verhalten. Stäudel und Thumser (1983) fanden dementsprechend in einem Begriffsbildungsexperiment mit Mißerfolgsinduktion einen Übergang von problembezogenen auf emotionsbezogene Äußerungen bei gleichzeitiger Veränderung des Problemlöseverhaltens.

Wir nehmen an, daß Emotionen nicht nur Begleiterscheinungen der Auseinandersetzung mit Problemen sind, sondern daß sie eine *Steuerungsfunktion* für den Ablauf des Denkens haben (Reykowski 1973, Dörner 1982b). Ergebnisse der sowjetischen Psychologie (Bruschlinski & Tichomirow 1975) gehen in diese Richtung. Man fand eine signifikante Änderung des Hautwiderstandes, eines Indikators für die Aktivation, immer kurz bevor die Vpn die Lösung eines Schachproblems entdeckten. Zudem wird der emotionale Gehalt von Ereignissen im Gedächtnis mit abgespeichert und hat für den Wiederaufruf von Gedächtnisinhalten eine überragende Bedeutung (Bower 1981).

Menschen sind also keinesfalls rein rationale Wesen. Wir sind vielmehr mit einem wichtigen Signal- und Steuerungssystem, den Emotionen, ausgestattet. Dadurch können wir unsere Verhaltensweisen den Anforderungen der jeweiligen Umweltgegebenheiten anpassen (Scherer 1981). Es interagiert mit dem kognitiven Kontrollsystem und kann mit diesem natürlich auch in Konflikt geraten (z. B. Lantermann 1983; → *Handlung und Emotion*). Für den gesamten Ablauf eines solchen Prozesses scheint die Abschätzung der eigenen Kompetenz im Hinblick auf die Kontrollierbarkeit einer Situation eine zentrale Rolle zu spielen.

Die bei geringer (subjektiver) Kontrollierbarkeit auftretenden Terminierungsreaktionen mögen ursprünglich biologisch sinnvoll gewesen sein, um schnelles Handeln angesichts einer Gefahr zu ermöglichen. Wenn allerdings keine motorischen Reaktionen, sondern Informationsverarbeitungsprozesse erforderlich sind, ist eine Umschaltung vom Intellekt auf den Körper nicht mehr sonderlich adäquat.

Literatur

Bacon, S. J.: Arousal and the range of cue utilization. Journal of Experimental Psychology 102 (1974), 81–87.

Baddeley, A. D.: Selective attention and performance in dangerous environments. British Journal of Psychology 63 (1972), 537–546.

Bergius, R.: Produktives Denken. In: Bergius, R. (Hg.): Handbuch der Psychologie. Göttingen: Hogrefe 1964, Bd. I/2, 519–563.

Berlyne, D. E.: Conflict, arousal, and curiosity. New York: McGraw-Hill 1960 (dt.: Konflikt, Erregung, Neugier. Stuttgart: Klett 1974).
Bourne, L. E., Ekstrand, B. R. & Domikowski, R. L: The psychology of thinking. London: Prentice-Hall 1971.
Bower, G. H.: Mood and memory. American Psychologist 36 (1981), 129–148.
Broadbent, D.: Decision and stress. London: Academic Press 1971.
Bruschlinski, A. W. & Tichomirow, O. K.: Zur Psychologie des Denkens. Berlin: VEB 1975.
Callaway, E. & Dembo, D.: Narrowed attention: Psychological phenomenon that accompanies a certain physiological change. AMA Archives of Neurology and Psychiatry 79 (1958), 74–90.
Dörner, D.: Problemlösen als Informationsverarbeitung. Stuttgart: Kohlhammer 1976.
Dörner, D.: Wie man viele Probleme zugleich löst – oder auch nicht. Sprache & Kognition 1 (1982) 55–66 (a).
Dörner, D.: Verhalten, Denken und Emotionen. Bamberg: Memorandum des Lehrstuhls Psychologie II, 11, 1982 (b).
Dörner, D., Kreuzig, H. W., Reither, F. & Stäudel, T.: Lohhausen: Vom Umgang mit Komplexität. Bern: Huber 1983.
Dörner, D., Reither, F. & Stäudel, T.: Emotionen und problemlösendes Denken. In: Mandl, H. & Huber, G. L. (Hg.): Emotion und Kognition. München: Urban & Schwarzenberg 1983, 61–85.
Easterbrook, J. A.: The effect of emotion on cue utilization and the organization of behavior. Psychological Review 66 (1959), 183–201.
Eysenck, M. W.: Human memory: Theory, research, and individual differences. Oxford: Pergamon Press 1977.
Feldman, M. P.: Motivation and task performance: A review of the literature. In: Eysenck, H. J. (ed.): Experiments in motivation. Oxford-London: Pergamon Press 1964, 12–31.
Freeman, G. L.: The relationship between performance level and bodily activity level. Journal of Experimental Psychology 26 (1940), 606–608.
Heckhausen, H.: Task-irrelevant cognitions during an exam: Incidence and effects. In: Krohne, H. W. & Laux, L. (eds.): Achievement, stress, and anxiety. Washington, D. C.: Hemisphere 1982, 247–274.
Hesse, F. W.: Trainingsinduzierte Veränderungen in der heuristischen Struktur und ihr Einfluß auf das Problemlösen. Aachen: RWTH Aachen, Dissertation 1979.
Hull, C. L.: Principles of behavior. New York: Appleton-Century-Crofts 1943.
Janis, I. L. & Mann, L.: Decision making. New York: Free Press 1977.
Janke, W.: Psychophysiologische Grundlagen des Verhaltens. In: v. Kerekjarto, M. (Hg.): Medizinische Psychologie. Berlin: Springer 1974, 1–95.
Lantermann, E. D.: Kognitive und emotionale Prozesse beim Handeln. In: Mandl, H. & Huber, G. L. (Hg.): Emotion und Kognition. München: Urban & Schwarzenberg 1983, 248–281.
Laux, L.: Psychologische Streßkonzeptionen. In: Thomae, H. (Hg.): Theorien und Formen der Motivation. Göttingen: Hogrefe 1982, 453–535.
Lazarus, R. S.: Emotion and adaption: Conceptual and empirical relations. In: Arnold, W. J. (ed.): Nebraska Symposium on Motivation, Vol. 10. Lincoln: University of Nebraska Press 1968, 103–270.
Lazarus, R. S. & Launier, R.: Stress-related transactions between person and environment. In: Pervin, L. A. & Lewis, M. (eds.): Perspectives in international psychology. New York: Plenum 1978, 287–327.
Leichner, R.: Zum Einfluß induzierter Angst auf die Verarbeitung sozialer Information. Zeitschrift für experimentelle und angewandte Psychologie 28 (1980), 468–481.
Lindbloom, C. E.: The science of „Muddling Through". In: Leavitt, H. H. & Pondy, L. R. (eds.): Readings in managerial psychology. Chicago: University of Chicago Press 1964, 61–78.

Maltzmann, I.: Thinking: From a behavioristic point of view. Psychological Review 62 (1955), 275–286.

Meyer, W.-U.: Leistungsmotiv und Ursachenerklärung von Erfolg und Mißerfolg. Stuttgart: Klett 1973.

Oesterreich, R.: Handlungsregulation und Kontrolle. München: Urban & Schwarzenberg 1981.

Reither, F.: Über die Selbstreflexion beim Problemlösen. Gießen: Universität Gießen, Dissertation 1979.

Reither, F.: Thinking and acting in complex situations. Simulation and Games 12 (1981), 125–140.

Reither, F.: Emotionale Belastung beim komplexen Problemlösen in Gruppen. Vortrag, gehalten auf dem 33. Kongreß der DGfP in Mainz 1982.

Reykowski, J.: Psychologie der Emotionen. Donauwörth: Auer 1973.

Rothbaum, F., Weisz, J. & Snyder, S.: Changing the world and changing the self: The two-process model of perceived control. Journal of Personality and Social Psychology 42 (1982), 5–37.

Sarason, I. G.: Empirical findings and theoretical problems in the use of anxiety scales. Psychological Bulletin 57 (1960) 403–415.

Scheier, M. F. & Carver, C. S.: Cognition, affect, and selfregulation. In: Clark, H. S. & Fiske, S. T. (eds.): Affect and cognition. Hillsdale, N. J.: Erlbaum 1982.

Scherer, K. R.: Wider die Vernachlässigung der Emotion in der Psychologie. In: Michaelis, W. (Hg.): Bericht über den 32. Kongreß der DGfP. Göttingen: Hogrefe 1981, 304–317.

Schulz, P.: Regulation und Fehlregulation im Verhalten. II. Streß durch Fehlregulation. Psychologische Beiträge 21 (1979), 597–621.

Schulz, P.: Strategien zur Bewältigung von Streß. In: Höfert, W. & Frese, M. (Hg.): Streßprävention. Heidelberg: Quelle & Meyer 1983 (im Druck).

Seligman, M. E. P.: Helplessness. On depression, development and death. San Francisco: Freeman 1975 (dt.: Gelernte Hilflosigkeit. München: Urban & Schwarzenberg 1979).

Stäudel, T.: Die Veränderung des Problemlöseverhaltens bei emotionaler Belastung. In: Lüer, G. (Hg.): Bericht über den 33. Kongreß der DGfP. Göttingen: Hogrefe 1983, 393–395 (a).

Stäudel, T.: Die Denkprozesse. In: Dörner, D., Kreuzig, H.-W., Reither, F. & Stäudel, T. (Hg.): Lohhausen: Vom Umgang mit Komplexität. Bern: Huber 1983, 246–258 (b).

Stäudel, T. & Thumser, F.: Die Bewältigung von Mißerfolg: Analysen von Problemlöseverhalten und Emotionen. Memorandum des Lehrstuhls Psychologie II, Bamberg, 17, 1983.

Süllwold, F.: Bedingungen und Gesetzmäßigkeiten des Problemlöseverhaltens. In: Graumann, C. F. (Hg.): Denken. Köln: Kiepenheuer & Witsch 1965, 273–295.

Yerkes, R. M. & Dodson, J. D.: The relation of strengths of stimulus to rapidity of habit-formation. Journal of comparative Neurological Psychology 18 (1908), 459–482.

Thea Stäudel

Sprache und Emotion

In der Sprach- und Kognitionspsychologie wurde das Problem der Emotion bisher mit Erfolg ignoriert. Dies wird verständlich, wenn man bedenkt, daß die Sprach- und Kognitionspsychologie vornehmlich Informationsverarbeitungsprozesse in emotional neutralen Situationen untersucht. Theoretische Modelle zum Prozeß der sprachlichen Informationsverarbeitung lassen deshalb bisher die Berücksichti-

gung emotionaler Komponenten vermissen (vgl. Grimm & Engelkamp 1981, S. 18–26).
Dennoch darf man annehmen, daß Emotionen sowohl die Produktion als auch die Rezeption und Speicherung sprachlicher Informationen beeinflussen (→ *Kognitionstheoretische Ansätze*). Unter sprachlichen Informationen sind dabei die Sprachinhalte zu verstehen. Aspekte wie Stimmfärbung und mimischer Ausdruck des Sprechens werden hier nicht behandelt (s. hierzu Scherer 1982). Da bisher keine umfassenden theoretischen Ansätze zur Rolle der Emotion bei der Verarbeitung sprachlicher Reize vorliegen, ist dieser Beitrag stärker phänomen- als theorieorientiert. Die folgenden für eine umfassende Theorie der Interaktion von Sprache und Emotion bedeutsamen Probleme werden behandelt: die Struktur der emotionalen Bedeutung, die Rolle der Emotion bei der Sprachwahrnehmung und ihre Rolle beim Behalten verbalen Materials.

Die Struktur der emotionalen Bedeutung

Die Untersuchung der emotionalen Bedeutung geht auf Osgood, Suci und Tannenbaum (1957) zurück. Unter der emotionalen Bedeutung von Wörtern versteht man den Bedeutungsanteil, der der emotionalen Färbung der bezeichneten Inhalte entspricht. Zur Messung der emotionalen Bedeutung haben Osgood et al. (1957) die Technik des semantischen Differentials entwickelt. Man läßt Wörter (z. B. Urlaub) auf einer Anzahl meist siebenstufiger Skalen mit bipolar angeordneten Adjektiven (z. B. laut – leise) einstufen. Zahlreiche Faktorenanalysen über eine Vielzahl von zu beurteilenden Wörtern und Urteilsskalen haben immer wieder dasselbe Ergebnis erbracht. Die Vielzahl der Skalen läßt sich in drei homogene Gruppen aufteilen. Im Prinzip genügen also drei Skalen, um die emotionale Bedeutung eines Wortes zu messen. Diese drei Skalen entsprechen den Dimensionen der Bewertung (angenehm – unangenehm), der Aktivität (erregend – beruhigend) und der Potenz (stark – schwach). Diese drei empirisch immer wieder gefundenen Dimensionen der emotionalen Bedeutung lassen sich als die drei Aspekte interpretieren, die bereits Wilhelm Wundt um die Jahrhundertwende an Emotionen unterschieden hat:
Lust – Unlust; Erregung – Beruhigung; Spannung – Lösung (→ *Emotionsdimensionen*).

Emotion und Sprachwahrnehmung

Die Wahrnehmung von Wörtern in Abhängigkeit von ihrer emotionalen Bedeutung wurde intensiv in der Mitte dieses Jahrhunderts im Rahmen des „New Look“ der Wahrnehmungsforschung untersucht. Wörter mit angenehmer (z. B. Sonnenschein) bzw. unangenehmer (z. B. Tod) emotionaler Bedeutung wurden hierzu neben neutralen Wörtern (z. B. Tisch) kurzzeitig im Tachistoskop projiziert und zum Erkennen (Lesen) dargeboten. Die Darbietungszeit wurde schrittweise so lange erhöht, bis die Versuchsperson (Vp) das Wort erkannt hatte. Im wesentlichen wurden folgende Befunde beobachtet. Emotional unangenehme Wörter werden langsamer erkannt als neutrale und diese langsamer als emotional angenehme (z. B. McCleary & Lazarus 1949/50, Postman, Bruner & McGinnies 1948, einen Überblick gibt Graumann 1956).

Von besonderem Interesse war das langsame Erkennen emotional negativer Wörter, die sog. Wahrnehmungsabwehr. Wie kann man etwas abwehren, was man noch nicht gesehen hat? Man hielt deshalb das Phänomen der Wahrnehmungsabwehr zunächst für ein Artefakt und versuchte es auf die seltene Auftretenshäufigkeit der negativen Wörter bzw. auf eine bewußte Response-Unterdrückung zurückzuführen. Beide Kritiken konnten jedoch durch experimentelle Anordungen entkräftet werden, in denen das Phänomen auch an sinnlosen Silben demonstriert wurde, auf die eine negative Reaktion klassisch konditioniert worden war (z. B. McCleary & Lazarus 1949/50). Neben der Erkennungszeit wurde in diesen Untersuchungen auch die galvanische Hautreaktion gemessen. Der entscheidende Befund ist folgender: Die galvanische Hautreaktion differenziert zwischen neutralen und negativ konditionierten Silben, wenn diese noch nicht erkannt sind.

In enger Beziehung zu diesen frühen Wahrnehmungsuntersuchungen stehen jüngere Experimente zum Wiedererkennen von Kunstwörtern aus den 70er Jahren. In diesen Experimenten sehen Vpn Kunstwörter unterschiedlich häufig (z. B. 0-, 1-, 3-, 9mal). Später werden ihnen diese Wörter vorgelegt und sie müssen auf einer Skala angeben, wie gut ihnen das Wort gefällt und ob sie es vorher schon gesehen haben. Es zeigt sich, daß das *liking*-Urteil bereits dort ein brauchbarer Prädiktor für solche Reize ist, die die Vpn schon gesehen haben, und zwar auch dort, wo die Vpn noch nicht sagen können, ob sie den Reiz schon gesehen haben (einen Überblick gibt Zajonc 1980).

Wir können demnach neutrale von negativen Wörtern schon physiologisch unterscheiden, wenn wir diese Wörter kognitiv noch nicht erkennen können, und wir können Reize schon emotional über ein *liking*-Urteil als „alt“ identifizieren, wenn wir sie kognitiv noch nicht wiedererkennen können. Eine zukünftige Theorie der Interaktion von Sprache und Emotion wird diesen Sachverhalten Rechnung tragen müssen.

Emotion und das Behalten sprachlicher Reize

Der Einfluß der Emotion auf das Behalten von Wörtern wurde schon Anfang des Jahrhunderts untersucht. Man präsentierte z. B. den Vpn Wörter mit der Aufforderung, sich zu jedem Wort eine angenehme bzw. unangenehme Erinnerung ins

Bewußtsein zu rufen. In anderen Experimenten wurden die erinnerten Reize von den Vpn nach ihrer emotionalen Bedeutung eingestuft. Es zeigte sich durchgängig, daß Angenehmes besser erinnert wird als Unangenehmes und – wie neuere Untersuchungen zeigen – beides besser als Neutrales (s. Eysenck 1976).
Manche Autoren (z. B. Bock 1980) sind der Meinung, daß diese Befunde auf die Aktivitätskomponente der Emotion zurückzuführen sind. Angenehme und unangenehme Reize unterscheiden sich von neutralen nicht nur durch die Qualität der Emotionen, die sie auslösen, sondern auch durch deren Intensität. Daß die Aktivitätskomponente der Emotion die Behaltensleistung beeinflußt, steht außer Zweifel, ebenso, daß sie mit der Aufgabenschwierigkeit interagiert (Eysenck 1976). Dennoch läßt sich die Wirkung der Emotion auf das Behalten sprachlichen Materials nicht auf deren Intensität reduzieren. Dies zeigen z. B. Befunde, die die Behaltensleistung als Funktion der Übereinstimmung der durch das Lernmaterial induzierten emotionalen Qualität und der zum Zeitpunkt des Lernens im Lerner bereits vorhandenen Emotion ausweisen. Mit anderen Worten, eine traurige Person behält einen traurigen Text besser als einen lustigen; das Umgekehrte gilt für eine fröhliche Person (z. B. Bower, Gilligan & Monteiro 1981). Die emotionale Stimmung des Lerners während der Behaltensprüfung ist dagegen von geringer Bedeutung (für einen Überblick siehe Bower 1981). Neben der Intensität beeinflußt auch die Qualität der Emotion das Behalten.
Eng mit der Rolle der Emotion bei der Speicherung verbalen Materials verbunden ist ein weiteres Phänomen. Sprachliches Material wird dann besonders gut behalten, wenn es zur eigenen Person in Beziehung steht oder gestellt werden kann. In einem typischen Experiment erhalten die Vpn Adjektivlisten unter verschiedenen Orientierungsaufgaben. Die Adjektive sind später zu reproduzieren. Dabei zeigt sich, daß die Behaltensleistung dann am besten ist, wenn die Orientierungsaufgabe den Vpn vorschreibt zu prüfen, ob die Eigenschaftswörter auf die eigene Person zutreffen oder nicht. Die Behaltensleistung übertrifft hier selbst die bei einer semantischen Orientierungsaufgabe (z. B. die Bedeutungsähnlichkeit zu anderen Wörtern zu beurteilen), die bekanntermaßen das Behalten sehr günstig beeinflußt (Rogers 1981).
Die Befunde zum ‚Selbstbezug' wurden damit erklärt, daß die Inbeziehungsetzung zum Selbstkonzept einer besonders „tiefen" Verarbeitung entspricht. Plausibler erscheint jedoch eine über den Bezug zum Selbstkonzept emotional vermittelte bessere Verarbeitung der Information. Für eine solche Interpretation spricht u. a., daß Depressive einen schnelleren Zugriff zu unangenehmen Erinnerungen als zu angenehmen haben, während das Umgekehrte für Nicht-Depressive gilt (Lloyd & Lishman 1975). Rogers (1981) führt allerdings auch Befunde an, die zeigen, daß sich der Selbstbezugseffekt nicht völlig auf einen Emotionseffekt reduzieren läßt. Daß in diesem Zusammenhang die Aktivitätskomponente der Emotion ebenfalls eine Rolle spielt, belegen Dutta und Kanungo (1975). Sie konnten zeigen, daß auf die eigene Bezugsgruppe bezogenes Material nicht nur besser behalten wird als solches, das auf eine Fremdgruppe bezogen ist, sondern daß es auf der Aktivitätsdimension auch als intensiver beurteilt wird. Die Autoren interpretieren den

Befund dahingehend, daß Reize, die persönlich relevant sind, erregend wirken und dadurch das Behalten verbessern.
Eine Theorie über die Rolle der Emotion bei der Sprachverarbeitung muß deshalb sowohl den Qualitäts- und Intensitätsaspekt von Emotionen unterscheiden als auch die Beziehung beider zum Selbstkonzept klären.

Schlußfolgerungen

Es erscheint notwendig, zwischen einem kognitiven und einem emotionalen Verarbeitungssystem zu unterscheiden, die sich wechselseitig beeinflussen. Jede zukünftige Theorie der Interaktion von Sprache und Emotion wird berücksichtigen müssen, daß emotionale und kognitive Prozesse sich wechselseitig und über die verschiedenen Ebenen der Informationsverarbeitung hinweg bedingen (vgl. Kuhl 1983, Scherer 1981; → *Kognitionstheoretische Ansätze*).

Literatur

Bock, M.: Angenehme und unangenehme Erfahrungen aus gedächtnispsychologischer Sicht – Bilanz einer 80jährigen Forschung. Psychologische Beiträge 22 (1980), 280–292.

Bower, G. H.: Mood and memory. American Psychologist 36 (1981), 129–148.

Bower, G. H., Gilligan, S. G. & Monteiro, K. P.: Selectivity of learning caused by affective states. Journal of Experimental Psychology: General 110 (1981), 451–473.

Dutta, S. & Kanungo, R. M.: Affect and memory: A reformulation. Oxford: Pergamon 1975.

Eysenck, M. W.: Arousal, learning and memory. Psychological Bulletin 83 (1976), 389–404.

Graumann, C. F.: „Social Perception". Zeitschrift für experimentelle und angewandte Psychologie 3 (1956), 605–661.

Grimm, H. & Engelkamp, J.: Sprachpsychologie. Handbuch und Lexikon der Psycholinguistik. Berlin: Schmidt 1981.

Kuhl, J.: Emotion, Kognition und Motivation. Auf dem Wege zu einer systemtheoretischen Betrachtung der Emotionsgenese. Sprache und Kognition 2 (1983), 1–27.

Lloyd, G. G. & Lishman, W. A.: Effect of depression on the speed of recall of pleasant and unpleasant experiences. Psychological Medicine 5 (1975), 173–180.

McCleary, R. A. & Lazarus, R. S.: Autonomic discrimination without awareness: An interim report. Journal of Personality 18 (1949/50), 171–179.

Osgood, C. E., Suci, G. J. & Tannenbaum, P. H.: The measurement of meaning. Urbana: University of Illinois Press 1957.

Postman, L., Bruner, J. S. & McGinnies, E.: Personal values as selective factors in perception. Journal of Abnormal Social Psychology 43 (1948), 142–154.

Rogers, T. B.: A model of the self as an aspect of the human information processing system. In: Cantor, N. & Kihlstrom, J. F. (eds.): Personality, cognition, and social interaction. Hillsdale, N. J.: Erlbaum 1981, 193–214.

Scherer, K. R.: Wider die Vernachlässigung der Emotion in der Psychologie. In: Michaelis, W. (Hg.): Bericht über den 32. Kongreß der Deutschen Gesellschaft für Psychologie in Zürich 1980. Göttingen: Hogrefe 1981, 304–317.
Scherer, K. R. (Hg.): Vokale Kommunikation. Weinheim: Beltz 1982.
Zajonc, R. B.: Feeling and thinking. Preferences need no inferences. American Psychologist 35 (1980), 151–175.

Johannes Engelkamp

Soziale Interaktion und Emotion

Stellen wir uns eine Hochzeitsgesellschaft vor. Das frischvermählte Paar strahlt, die Eltern schauen stolz in die Runde, nur Onkel Fritz sitzt wie immer dumpf brütend in der Ecke. Mathilde, die heute besonders guter Laune ist, behauptet steif und fest, Emmas Halskette neulich bei Woolworth im Sonderangebot gesehen zu haben. Emma tut, als habe sie nichts gehört und macht fünf Minuten später einige spitze Bemerkungen über Mathildes vergebliche Bemühungen, „diesmal aber wirklich" abzunehmen. Ein Wort gibt das andere, bis ein lautstarker Streit entsteht. Peinlich! Zum Glück bleibt Onkel Adolfs strafender Blick nicht ohne Wirkung: die beiden schweigen pikiert, Mathilde wendet sich mit demonstrativer Freundlichkeit ihrem Nachbarn zu, und Emma schmollt leise vor sich hin.
Dieses alltägliche Ereignis illustriert einige zentrale Aspekte unseres Themas. Emotionales Verhalten und Erleben in sozialen Situationen verlaufen in einem Spannungsfeld zwischen *sozialen Normen* für angemessene Emotionen und der *individuellen Emotionalität* der Beteiligten, die sich wiederum aus einer Wechselwirkung von *emotionalen Persönlichkeitsmerkmalen* und den aktuellen *situationalen Anregungsbedingungen* für Emotionen ergibt; zu diesen Anregungsbedingungen gehört vor allem das emotionale Verhalten der Interaktionspartner. Konflikte zwischen sozialen Normen für Emotionen und eigener Emotionalität und Möglichkeiten der *strategischen Nutzung* emotionalen Verhaltens zur Erreichung bestimmter Ziele beim Interaktionspartner führen zu vielfältigen Prozessen der *Regulation* und *Kontrolle* von Emotionen, besonders ihres Ausdrucks. Damit sind bereits die wichtigsten Themen dieses Stichworts genannt.

Soziale Normen für Emotionen

Betrachten wir zunächst die sozialen Normen, die unsere Emotionen beeinflussen, hier *Emotionsnormen* genannt. Sie können sich als *Ausdrucksregeln (display rules;* vgl. Ekman & Friesen 1969) und als *Gefühlsregeln (feeling rules;* vgl. Hochschild 1979) manifestieren.

Goffman (1956) verglich soziales Verhalten generell mit dem Verhalten von Schauspielern auf der Bühne: jeder Akteur spiele eine Rolle, um sich selbst in bestimmter Weise darzustellen (*self presentation*) und so einen bestimmten Eindruck bei Mitspielern und Publikum zu erzeugen (*impression management*). Nach diesem Ansatz greifen soziale Normen über Ausdrucksregeln (→ *Ausdruckserscheinungen*) in soziale Interaktionen ein, nicht aber über Gefühlsregeln: der Goffmansche Akteur kontrolliert seinen Gefühlsausdruck, nicht aber seine Gefühle selbst. In der Schauspielerausbildung geht die sogenannte Englische Schule diesen Weg: intensives Training des Gefühlsausdrucks.
Dagegen lehrt die sogenannte Stanislavsky-Schule ihre Schüler, sich so weit wie möglich in die vorgegebenen Emotionen hineinzuversetzen, um so indirekt den gewünschten Ausdruck zu erzielen. Hochschild (1979) wies mit Nachdruck darauf hin, daß solche *Emotionsarbeit (emotion work)* nicht nur von Stanislavsky-Anhängern, sondern von jedermann täglich verrichtet wird. „Ich versuchte, meine Angst nicht hochkommen zu lassen, meinen Ärger zu unterdrücken", „ich ließ mich in eine tiefe Traurigkeit fallen" sind Beispiele einer solchen Emotionsarbeit. Selbstinstruktionsverfahren in der klinischen Psychologie basieren ebenfalls zum Teil auf Emotionsarbeit (vgl. z. B. Meichenbaum 1975).
Wenn auch Ausdrucks- und Gefühlsregeln meist konsistent sind, d. h. eine Übereinstimmung von Ausdruck und Gefühl erwartet wird, so gibt es doch auch viele Situationen, für die Ausdrucksregeln, aber keine Gefühlsregeln bestehen, z. B. bei oberflächlichen Sozialkontakten, besonders wenn dabei der Ausdruck eines Akteurs professionalisiert ist („Stewardessen lächeln immer").
Emotionsnormen greifen in unsere Gefühle natürlich nicht immer so bewußtseinsnah ein, wie die bisherigen Beispiele nahelegen. Zum einen kann gerade stark regelgeleitetes, ehemals bewußt initiiertes emotionales Verhalten so stark automatisiert werden, daß es quasi unbewußt abläuft (das Lächeln der Kassiererin im Supermarkt). Zum anderen gibt es Beispiele für komplexe, kulturell determinierte *Rituale der Emotionsverarbeitung* (vgl. Scheff 1977), die anscheinend völlig unbewußt ablaufen und nie bewußt eingeübt wurden.
So beschreibt Stevenson (1977) die „Krankheit" *Colerina,* bekannt nur bei einer kleinen Gruppe peruanischer Indios, die aus epilepsieähnlichen, psychogenen Anfällen bestehe und nur dann ausgelöst werde, wenn eine Person unter übermäßig starken negativen Emotionen leide (z. B. → *Ärger,* dessen öffentlicher Ausdruck bei diesen Indios nicht einmal Kindern erlaubt sei). Dieses Beispiel demonstriert gleichzeitig die Macht von Emotionsnormen: wird Ärger kulturell so stark unterdrückt, bedarf es so dramatischer Phänomene wie *Colerina,* um damit fertig zu werden.
Anscheinend sind derartige exotische Beispiele nötig, um uns die soziale Normierung unserer eigenen Gefühle deutlich zu machen. Einen Eindruck vom Einfluß der Emotionsnormen erhalten wir, wenn wir nach Unterschieden in der Emotionsverarbeitung zwischen verschiedenen Kulturen, sozialen Klassen und Subkulturen einerseits und nach Veränderungen der Emotionsverarbeitung im Zeitverlauf innerhalb einer sozialen Gruppe andererseits fragen. Hier müssen Hinweise genügen.

Elias (1979) legte eine brillante Analyse des historischen Wandels von Emotionsnormen in Mitteleuropa in den letzten Jahrhunderten vor, in der er einen generellen Trend hin zu *Affektkontrolle* feststellte: vermehrte Dämpfung und Selbstkontrolle emotionalen Erlebens und Verhaltens. Dieser Trend sei durch den *Prozeß der Zivilisation* bedingt: zunehmende Integrierung und Differenzierung der Gesellschaft durch Herausbildung von Machtmonopolen und Arbeitsteilung führe zu immer längeren *Interdependenzketten* (jeder ist von immer mehr anderen abhängig), und dies zwinge den einzelnen zu vermehrter (Selbst-)Kontrolle seiner Emotionen. Diese Theorie, 1936 formuliert und lange unbeachtet geblieben, erlangte erst durch die antiautoritäre Bewegung der 60er Jahre einige Popularität.
Solche langfristigen Trends von Emotionsnormen, wie sie Elias beschrieb, sind jeweils überlagert von kurzzeitigeren, z. T. gegenläufigen Änderungen. So können die in den 70er Jahren entwickelten Vorstellungen zu einer „alternativen Gesellschaft" unter dem Motto „small is beautiful" als ein Versuch betrachtet werden, durch Dezentralisierung und Abbau der Arbeitsteilung den „Prozeß der Zivilisation" umzukehren und so Raum zu schaffen für ein freieres, spontaneres Ausleben der individuellen Emotionalität. Unter den kurzzeitigen Änderungen von Emotionsnormen gibt es auch regelrechte Moden, nach denen bestimmte Emotionen mehr oder weniger „in" sind (vgl. z. B. die SPIEGEL-Serie „Die Angst der Deutschen", Heft 3ff/1982).
Während inzwischen einige Untersuchungen zu *kulturellen Unterschieden* in *Ausdrucksregeln* vorliegen (vgl. Izard 1980), gibt es bisher keine systematischen Studien zu kulturellen Unterschieden in *Gefühlsregeln.* Es finden sich jedoch in der anthropologischen Literatur immer wieder Beobachtungen über Kulturunterschiede im Vorherrschen bestimmter Emotionen, vor allem Angst, Scham und Schuld, die durch unterschiedliche Sozialisationspraktiken zu erklären versucht werden. So scheinen sich z. B. Kulturen darin zu unterscheiden, ob soziale Normen eher nur für öffentliches oder auch für privates Verhalten bestehen; im ersten Fall (z. B. Samoa) wird die Einhaltung der Normen eher durch Scham und Verlegenheit kontrolliert, im zweiten Fall (z. B. Europa) eher durch Schuldgefühle (vgl. z. B. Izard 1980).
Auch zu *Schichtunterschieden* in Emotionsnormen gibt es nur wenige Arbeiten, die sich vor allem mit unterschiedlichen Erziehungsstilen in Unter- und Mittelschicht beschäftigen: Während Mittelschichtseltern vor allem Kontrolle über die *Gefühle* ihrer Kinder ausübten, kontrollierten Unterschichtseltern eher ihr emotionales *Verhalten* (vgl. z. B. Bernstein 1971).

Emotionale Persönlichkeitsmerkmale

Emotionsnormen definieren also einen Rahmen, innerhalb dessen sich unsere Emotionen im Normalfall abspielen. Dieser Rahmen läßt aber immer noch viel Raum für individuelle Unterschiede, d. h. zeitlich relativ stabile Tendenzen, in einer bestimmten Klasse emotionaler Situationen in charakteristischer Weise zu reagieren (hier „emotionale Persönlichkeitsmerkmale" genannt). Zum einen sind dies solche Merkmale, die eine *Neigung zum Vorherrschen bestimmter Emotionen* in der sozialen Interaktion betreffen, z. B. Aggressivität, Depressivität und Schüchternheit (→ *Ärger* und → *Hilflosigkeit;* s. a. Zimbardo 1977). Kellerman (1980) stellte ein „strukturelles Modell der Persönlichkeit" vor, in dem Persönlichkeitsmerkmale mit bestimmten dominierenden Emotionen und Abwehrmechanismen in Beziehung gebracht werden; die empirische Basis für dieses Modell ist aber bisher recht schmal, und es wirkt insgesamt sehr konstruiert. Zum anderen sind solche Persönlichkeitsmerkmale relevant, die die *Regulation* und *Kontrolle* von Emotionen betreffen; hierauf wird weiter unten eingegangen.

Situative Anregungsbedingungen für Emotionen

Zu der zentralen Frage, welche Merkmale sozialer Situationen bzw. welche Interaktionsmuster welche Emotionen auslösen, gibt es bisher kaum psychologische Erkenntnisse, geschweige denn eine umfassende Theorie. Genauer untersucht wurden lediglich situative Anregungsbedingungen *einzelner* Emotionen (→ *Angst und Furcht,* → *Ärger* usw.) und bestimmte Formen sozialer Interaktion, die stark von emotionalen Verhaltensweisen der Interaktionspartner abhängen: *Empathie* und *Hilfsbereitschaft* (vgl. z. B. Rushton & Sorrentino 1981) und gegenseitige Anziehung (*Attraktion,* vgl. z. B. Mikula & Stroebe 1977). Integrative Ansätze im Sinne einer Taxonomie sozialer Situationen unterschiedlicher emotionaler Qualität fehlen aber bislang in der psychologischen Literatur. Es liegt lediglich eine soziologische Arbeit zu diesem Thema vor (Kemper 1978).

Kemper geht in dieser Arbeit von zwei grundlegenden Dimensionen sozialer Beziehungen aus: *Macht* und *Status.* Am Beispiel *dyadischer Interaktionen* (zwei Personen interagieren) spielt er theoretisch eine Vielzahl möglicher Beziehungsmuster durch, die sich aus unterschiedlichen Macht/Status-Verteilungen, unterschiedlichen Ursachenzuschreibungen für solche Verteilungen und weiteren Variablen ergeben. Bestimmte Kombinationen dieser Variablen stellen nach Kemper bestimmte emotionale Anregungsbedingungen dar, wobei er drei Grundtypen von Emotionen unterscheidet: *strukturelle Emotionen,* die sich auf einen Gleichgewichtszustand der Macht/Status-Verteilung beziehen, *antizipatorische Emotionen,* die aus der Erwartung der Änderung eines solchen Gleichgewichts resultieren, und *Konsequenz-Emotionen,* die Resultate einer solchen Änderung sind. So kommt es z. B. nach Kemper u. a. dann zur Emotion „Furcht", wenn die eigene Macht unzureichend ist (strukturelle Emotion) oder wenn ein eigener Machtverlust tatsächlich eintritt und dabei die Handlung auf den Interaktionspartner gerichtet ist. Erwarteter eigener Machtverlust führt nach Kemper dagegen zu Angst, die er von Furcht unterscheidet (→ *Angst und Furcht*).

Abgesehen von einigen recht naiv anmutenden „soziophysiologischen" Spekulationen Kempers (1978, Kap. 7, 8) stellt sein Buch zweifellos einen interessanten und originellen Ansatz dar, aus dem sich zahlreiche empirisch prüfbare Hypothesen zur emotionalen Wirkung bestimmter Interaktionsmuster und ihrer Änderung ableiten lassen.

Regulation und Kontrolle von Emotionen

Bei der Diskussion der Konzepte Affektkontrolle, Selbstdarstellung und Emotionsarbeit wurde bereits deutlich, daß Emotionen in sozialen Interaktionen durch vielfältige Regulations- und Kontrollprozesse gesteuert werden (→ *Bewältigung*). Diese Prozesse führen einerseits zu einer – meist gar nicht bewußten – Anpassung des einzelnen an soziale Normen. Andererseits können sie aber auch genutzt werden, um durch Selbstdarstellung und Eindrucksmanipulation andere Menschen gemäß den eigenen Interessen zu beeinflussen. Ein solches „strategisches" Verhalten scheint bereits bei Schimpansen vorhanden zu sein (Woodruff & Premack 1979). Experimente zum absichtlichen Vortäuschen falscher Gefühle haben gezeigt, daß Versuchspersonen dies recht gut können, wobei es für Beobachter leichter festzustellen ist, ob überhaupt ein Täuschungsversuch vorliegt, als zu bestimmen, welche Emotion verborgen wurde (vgl. DePaulo & Rosenthal 1979). Allerdings gibt es große individuelle Unterschiede in der Anwendung und der Effizienz von Selbstdarstellungsstrategien. So fanden z. B. DePaulo und Rosenthal (1979) in ihrem Experiment, daß Personen mit hohen Werten auf der *Machiavellismusskala* von Christie und Geis (1970) besonders gut Emotionen vortäuschen konnten. Diese Skala wurde nach dem Italiener Niccolò Machiavelli benannt, der Mitte des 16. Jahrhunderts die erste Darstellung des „coolen" Machtmenschen gab, der seine Mitmenschen manipuliert, ohne daß sie es merken, u. a. durch geschickte Nutzung seines Emotionsausdrucks.
Ein verwandtes Persönlichkeitsmerkmal führte Snyder (1974) ein, wobei er sich direkt auf Goffmans Konzept der Selbstdarstellung bezog: *Selbstüberwachung (self-monitoring),* gemessen durch die Selbstüberwachungsskala. Starke Selbstüberwacher sind nach Snyder besonders sensibel für die Angemessenheit des eigenen Verhaltens, überwachten es daher stark, verfügten über ausgeprägte Fähigkeiten zur Selbstdarstellung und wendeten diese auch oft an. Geringe Selbstüberwacher verhielten sich dagegen authentischer: ihr Verhalten sei weniger durch die Erwartung anderer als durch ihre eigenen Emotionen und Einstellungen geprägt.
Machiavellisten und starke Selbstüberwacher üben also beide besondere Kontrolle über ihr emotionales Verhalten aus, allerdings aus unterschiedlichen Motiven: Machiavellisten, um (für sie selbst) *nützliches* Verhalten zu zeigen, Selbstüberwacher, um sich (in den Augen anderer) *angemessen* zu verhalten.
Entgegen Snyders (1979) allzu glatter Darstellung der bisherigen Ergebnisse zum Selbstüberwachungskonzept scheint mir allerdings seine Annahme, daß Selbst-

überwachung eine einheitliche Dimension sei, nicht haltbar. Es ist gänzlich unplausibel, daß Menschen, die sensibel für die Angemessenheit ihres Verhaltens sind, immer auch über besondere Fähigkeiten zur Selbstdarstellung verfügen. Ein Gegenbeispiel sind sozial hochängstliche Menschen, die ihr Verhalten extrem stark überwachen und (vielleicht deshalb) sich in Sozialkontakten unbeholfen und gehemmt verhalten. Inzwischen gibt es auch einige empirische Evidenz dafür, daß Selbstüberwachung in verschiedene Persönlichkeitsdimensionen zerfällt (vgl. Briggs, Cheek & Buss 1980).

Kommen wir noch einmal zu unserer Hochzeitsgesellschaft zurück. Die allgemein fröhliche Stimmung entspricht der Emotionsnorm für diese Situation, Onkel Fritz' abweichendes Verhalten scheint als Persönlichkeitsmerkmal erklärbar. Mathildes Bemerkung über Emmas Halskette führt zu einem Statusverlust bei Emma, der nach Kemper (1978, Tabelle 6–4) ihren Ärger auf Mathilde erregt. Emma, die diesen Ärger – vergeblich – zu unterdrücken versucht, verringert nach einiger Verzögerung ihrerseits Mathildes Status durch ihre spitzen Bemerkungen, woraufhin sich die beiden reziprok in ihrem Ärger so lange verstärken, bis er von den Anwesenden nicht mehr überhört werden kann. Dies ist peinlich, da ihr Verhalten einen klaren Bruch der Emotionsnorm darstellt. Dieser Bruch, von Onkel Adolf deutlich nichtverbal signalisiert, führt zu einem momentanen Statusverlust beider Kampfhähne. Da sie ihren hierdurch verursachten Ärger nicht mehr offen ausdrücken können, schweigen sie zunächst pikiert und verarbeiten ihn dann je nach Persönlichkeitsstruktur anders: Mathilde versucht, ihn durch demonstrative Freundlichkeit zu überspielen, während Emma ihre Ärgerblockade in selbstgerechtes Mitleid ummünzt und vor sich hin schmollt.

Diese kurze „Interpretation" unseres Eingangsbeispiels zeigt, daß die Psychologie zwar einige Konzepte zur Beschreibung und Erklärung emotionaler Prozesse in sozialen Situationen anbietet, diese jedoch noch bei weitem nicht ausreichen, um die vielen verschiedenen Facetten der ablaufenden Ereignisse zu erfassen. Der Leser mache sich nur einmal die Mühe, die auf den ersten Blick völlig plausibel erscheinende Formulierung „eine Ärgerblockade in selbstgerechtes Mitleid ummünzen" eingehend und kritisch anhand der Stichworte dieses Bandes auf die darin implizierten Voraussetzungen zu prüfen, und er wird sich sehr schnell bei *allen* wesentlichen Grundfragen wiederfinden, die die Emotionspsychologie heute beschäftigen und von deren Beantwortung sie noch weit entfernt ist.

Literatur

Bernstein, B.: Class, codes, and control, Vol. 1. London: Routledge & Kegan Paul 1971.

Briggs, S. R., Cheek, J. M. & Buss, A. H.: An analysis of the self-monitoring scale. Journal of Personality and Social Psychology 38 (1980), 679–686.

Christie, R. & Geis, F. L. (eds.): Studies in machiavellianism. New York: Academic Press 1970.

DePaulo, B. M. & Rosenthal, R.: Telling lies. Journal of Personality and Social Psychology 37 (1979), 1713–1722.

Ekman, P. & Friesen, W. V.: The repertoire of nonverbal behavior: Categories, origin, usage, and coding. Semiotica 1 (1969), 49–98.

Elias, N.: Über den Prozeß der Zivilisation; 2 Bände. Frankfurt: Suhrkamp 1979.

Goffman, E.: The presentation of self in everyday life. Edinburgh: University of Edinburgh Press 1956 (dt.: Wir alle spielen Theater – Die Selbstdarstellung im Alltag. München: Piper 1969).

Hochschild, A. R.: Emotion work, feeling rules, and social structure. American Journal of Sociology 85 (1979), 551–575.

Izard, C. E.: Cross-cultural perspectives on emotion and emotion communication. In: Triandis, H. C. & Lonner, W. (eds.): Handbook of cross-cultural psychology, Vol. 3. Boston: Allyn & Bacon 1980, 185–221.

Kellerman, H.: A structural model of emotion and personality: Psychoanalytic and sociobiological implications. In: Plutchik, R. & Kellerman, H. (eds.): Emotion: Theory, research and experience. Vol. 1: Theories of emotion. New York: Academic Press 1980, 349–384.

Kemper, T. D.: A social interactional theory of emotions. New York: Wiley 1978.

Meichenbaum, D.: A self-instructional approach to stress-management: A proposal for stress inoculation training. In: Sarason, I. G. & Spielberger, C. D. (eds.): Stress and anxiety, Vol. 2. New York: Wiley 1975, 227–263.

Mikula, G. & Stroebe, W. (Hg.): Sympathie, Freundschaft und Ehe. Bern: Huber 1977.

Rushton, J. P. & Sorrentino, R. M. (eds.): Altruism and helping behavior. Hillsdale, N. J.: Erlbaum 1981.

Scheff, T. J.: The distancing of emotion in ritual. Current Anthropology 18 (1977), 483–505.

Snyder, M.: Self-monitoring of expressive behavior. Journal of Personality and Social Psychology 30 (1974), 526–537.

Snyder, M.: Self-monitoring processes. In: Berkowitz, L. (ed.): Advances in Experimental Social Psychology, Vol. 12. New York: Academic Press 1979, 85–128.

Stevenson, I. N.: Colerina: Reactions to emotional stress in the Peruvian Andes. Social Science and Medicine 11 (1977), 303–307.

Woodruff, G. & Premack, D.: Intentional communication in the chimpanzee: The development of deception. Cognition 7 (1979), 333–362.

Zimbardo, P. G.: Shyness. Reading, Mass.: Addison-Wesley 1977.

Jens Asendorpf

Handlung und Emotion

Wer sich zum gegenwärtigen Zeitpunkt auf eine Analyse des Zusammenhangs zwischen „Emotion“ und „Handlung“ einläßt, darf keine Scheu vor Ambiguitäten haben. Er kann sich weder auf eine einheitliche Handlungstheorie stützen noch einen allgemeinen Konsensus darüber erwarten, was unter „Emotionen“ zu verstehen sei (→ *Begriffsbestimmungen*).

Eine Analyse der Beziehungen zwischen Emotion und Handlung fiele demnach in unterschiedlichen Theoriezusammenhängen verschiedenartig aus. So mag mir der Leser nachsehen, daß die nachfolgenden Überlegungen nur einige Aspekte des komplexen Wechselspiels zwischen Emotion und Handlung aufgreifen. Die hier entwickelte Argumentation profitiert in vielem von den Arbeiten von Obuchowski

(1982) und Dörner (i. Vorb.) und stützt sich in einzelnen Aspekten in besonderer Weise auf Brandtstädter (i. Vorb.) und Fuchs (i. Vorb.), ohne daß immer ausdrücklich auf diese Arbeiten verwiesen wird.

Handlung und Handlungsregulation

Handlung. Bei aller Unterschiedlichkeit im Detail besteht in den verschiedenen Handlungstheorien Einigkeit darüber, daß „Handlung" ein, wie Lenk (1978) es formuliert, „Interpretationskonstrukt" darstellt. Wenn vom „Handeln" einer Person die Rede ist, wird dieser damit – im Unterschied zu einem bloßen Verhalten – unterstellt, daß sie

1. mit dem, was sie tut, Ziele verfolgt,
2. daß sie das, was sie tut oder unterläßt, absichtlich unternimmt, und sich
3. dessen, was sie tut oder getan hat, zumindest in Teilen bewußt ist.

Damit sind die Komponenten des Handlungskonstrukts „Intentionalität", „Kontrollierbarkeit" und „Reflexivität" angesprochen, die übereinstimmend als zentrale konstituierende Merkmale einer Handlung gelten. Handlungen in diesem Sinne können etwa folgende Funktionen unterstellt werden:

1. Sie zielen auf eine Veränderung der Person-Umwelt-Beziehung ab,
2. sie dienen der Selbstdarstellung des Akteurs, und
3. sie bilden die Grundlage für reflektierte und im Gedächtnis repräsentierte Erfahrungen des Akteurs.

Handlungsregulation. Handlungen setzen dort ein, wo der Handelnde (der Akteur) mit seiner Beziehung zur Umwelt (des ständigen Veränderungen unterworfenen Person-Umwelt-Transaktionszustandes) nicht mehr zufrieden ist. In dieser *Antizipationsphase* bedenkt der Handelnde bestimmte Ziele, gewichtet diese nach Angemessenheit und Vorrangigkeit ihrer Behandlung, analysiert Konsequenzen möglicher eigener Handlungen und entwickelt schließlich einen Handlungsplan. Ein Handlungsplan umfaßt normalerweise *hierarchisch-sequentiell organisierte Ausführungs- und Kontrollvornahmen,* mit denen der Akteur festlegt, unter welchen Bedingungen, in welcher Weise er wann und was tun will, um seine Ziele zu erreichen.

In der *Realisationsphase* setzt der Akteur seinen Plan in konkretes Verhalten um. Dabei vergleicht er ständig den aktuellen mit dem geplanten Verlauf der Ereignisse; bei Planabweichung wird er seinen Plan den aktuellen Erfordernissen entsprechend modifizieren oder sein Verhalten planangemessen verändern.

In der *Interpretationsphase* (Nitsch 1982, S. 37f.) schließlich kontrolliert und bewertet der Handelnde seine ausgeführten Handlungen. Er überprüft, inwieweit seine Handlungen plangemäß verlaufen sind und das Handlungsziel tatsächlich erreicht wurde (Weg- und Zielkontrolle). Zusätzlich analysiert er in dieser Phase, ob seine Handlungen auch wirklich *effizient* waren (Aufwand-Ergebnis-Bewer-

tung) und welche Faktoren für den Handlungsablauf und die Zielerreichung verantwortlich waren.
Die angesprochenen Prozesse und ihre Verknüpfungen stellen in ihrer Gesamtheit Operationen dar, welche die psychische Regulation konkreter Handlungen bestimmen.

Emotion als „Widerfahrnis"

Brandstädter (i. Vorb.) macht in aller Deutlichkeit auf die konzeptuellen Probleme aufmerksam, die dann auftreten, wenn Emotionen im handlungstheoretischen Kontext behandelt werden. Wenn – in Übereinstimmung mit den meisten Emotionstheorien – für „Emotionen" der Charakter des Widerfahrens, des „Erleidens", des passiven Erlebens konstitutiv ist, dann können Emotionen auch kein zentraler Erklärungsgegenstand von Handlungstheorien sein. Handeln setzt Kontrollierbarkeit voraus, im Begriff „Emotion" dagegen ist Kontrollverlust impliziert. Dieses jedoch schließt nicht aus, daß es äußerst sinnvoll sein kann, emotionale Prozesse zu einer besseren Erklärung und Vorhersage von Handlungen zu berücksichtigen – allerdings nur dann, wenn man sich von der Auffassung einer strengen Dichotomie von Emotion und Kognition gelöst hat. Diese Konstrukte stellen eher unterschiedliche Akzentuierungen eines einheitlichen psychischen Geschehens dar als scharf voneinander getrennte psychische Prozesse (vgl. zu diesen Ausführungen insbesondere die Arbeit von Gardiner 1970, in der die historischen Wurzeln dieser Dichotomie bloßgelegt werden). Unter der Annahme, daß innerhalb eines psychischen Geschehens kognitive und emotionale Prozesse fließend ineinandergreifen, enthalten alle kognitiven Prozesse (und so auch Handlungsregulationen) Momente einer Nichtkontrollierbarkeit und emotionale Prozesse enthalten Aspekte, die unter der Kontrolle des Akteurs stehen.

Emotion und Handlungsregulation

Im Vorgriff auf die nachfolgende Argumentation sollen zunächst einige allgemeine Eigenarten emotionaler Prozesse sowie deren Beziehungen zu kognitiven Prozessen bei der Handlungsregulation beschrieben werden.

- Im Unterschied zu „Gefühlen" als semantisch organisierte Erfahrungen (vgl. weiter unten) verlaufen emotionale Prozesse in der Regel unterhalb der Bewußtseinsschwelle des Akteurs. Der Handelnde mag zwar die Resultate dieser Prozesse kognizieren, nicht jedoch die Prozesse selbst.
- Eine wesentliche Funktion emotionaler Prozesse besteht darin, daß sie den Kognitionen und Gefühlen des Akteurs beim Handeln „vorauseilen". Sie orientieren die Regulationen auf spezifische Ereignisfelder hin.

- Neben dieser „Scheinwerfer-Funktion“ kommt emotionalen Prozessen eine „Filter-Funktion“ zu. Sie verleihen den (internen und externen) Transaktions-Ereignissen eine spezifische „Einfärbung“; sie konstituieren den Interpretations-Kontext, innerhalb dessen Ereignisse ihre besondere Bewertung und Bedeutung durch und für den Akteur erfahren.
- Kognitive und emotionale Prozesse variieren in den Ausmaßen ihrer „Beiträge“ für die aktuelle Handlungsregulation. Zwar sind beide immer beteiligt, aber sie können den jeweiligen anderen Prozeß hemmen oder dominieren. Bildhaft gesprochen: Kognitionen und Emotionen können sowohl Reiter wie Roß werden, aber nur beide gemeinsam kommen voran.

Nach diesen allgemeinen Ausführungen werden im folgenden einige Aspekte und Funktionen emotionaler Prozesse sowie deren Interaktionen mit kognitiven Prozessen bei der aktuellen Handlungsregulation erläutert.

Emotionen als Signale von Person-Umwelt-Beziehungen. Emotionen sind integrierende, unausweichliche und orientierende Prozesse, die dem Akteur signalisieren, inwieweit (positive oder negative) Diskrepanzen zwischen einem aktuellen und einem erstrebten (Richt-)Transaktionszustand bestehen.

„Integrierend“ meint, daß verschiedene emotionale Prozesse ablaufen, die dem Akteur in „holistischer“, globaler Form einen spezifischen Zustand der Transaktion signalisieren; „signalisieren“ impliziert dabei nicht notwendigerweise ein bewußtes Gewahrwerden emotionaler „Signale“. Diese fungieren als „Aufrufsignale“ für weitere Regulationsaktivitäten, deren sich der Akteur schon eher bewußt wird. Als „unausweichlich“ gelten sie, da sie sich ohne willentliche Anstrengung oder Kontrolle einstellen, „orientierend“, da sie die Aktivitäten des Handelnden auf eine Ausnutzung bestimmter Informationen zum Zweck einer Optimierung von Person-Umwelt-Transaktionen hin ausrichten.

Eine erfolgreiche Handlungsregulation setzt normalerweise voraus, daß alle für die konkrete Handlung relevanten internen und externen Informationen aufeinander bezogen, integriert und zur Handlungsregulation herangezogen werden. Woher aber erfährt der Handelnde, insbesondere in ihm unvertrauten Situationen, welche Informationen für seine Handlungen relevant sind und welche nicht? Grundsätzlich könnte er sich zunächst alle Informationen beschaffen und diese im einzelnen analysieren, die möglicherweise im Zusammenhang mit seinen Handlungsabsichten stehen; dies dürfte jedoch ein recht zeitraubender, wenig ökonomischer Vorgang sein. An dieser Stelle der Handlungsregulation spielen Emotionen eine erste entscheidende Rolle.

Emotionale Prozesse signalisieren dem Akteur einerseits, inwieweit eine Diskrepanz besteht, andererseits legen sie die Richtung der weiteren Orientierungstätigkeiten auf eine Analyse solcher Fragmente einer Situation fest, denen ein hoher Wert für die Herstellung eines erstrebten Transaktionszustandes, also für eine Regulation der Diskrepanz zukommt. *Emotionale Prozesse bestimmen so – ohne jeden Anstrengungsaufwand, ‚unwillkürlich‘ und damit äußerst ökonomisch – den Startpunkt und die Richtung von kognitiven Regulationstätigkeiten.* Die ‚Einstellung‘ der orientierenden Prozesse auf eine vorrangige Bearbeitung von neuen und eine Vernachlässigung bekannter Informationen, die ‚Mitteilung' einer (positiven oder negativen) Diskrepanz sowie die Ausrichtung der Regulation auf diskrepanzrelevante Aspekte stellen wichtige Orientierungsfunktionen von Emotionen dar. *Emotionen regulieren die Form der Handlungsregulation.* Emotionale Prozesse bestimmen – in Abhängigkeit von ihrer Intensität in unterschiedlichem Maße – auch die Form der Regulation. Sie *stabilisieren die Regulationstätigkeit, leiten über zu spezifischen Aktivitäts-Mustern und sind an der Festlegung des Regulations-Niveaus beteiligt.*

Ohne eine Beteiligung emotionaler Prozesse verlören die kognitiven Operationen bald ihre Orientierung; das Denken zerfaserte, ‚Gleichgültigkeit' stellte sich ein und so der Verzicht auf handelndes Eingreifen in die Person-Umwelt-Transaktion.

Sehr detaillierte Handlungspläne wären sehr zeitraubend und in ihrer Übertragbarkeit auf andere Situationen äußerst eingeschränkt. Daher enthalten Handlungspläne in der Regel ‚Leerstellen', die während einer Handlung durch situationsspezifische Informationen ausgefüllt werden. Der Akteur vergleicht während der Handlungsregulation die aktuellen Informationen mit ständig wechselnder Transaktions-Standards, die sich etwa auf seine Ziele, seine beabsichtigten Handlungen, seine Erwartungen über die Beschaffenheit der Situation beziehen. In dieses Geschehen *wirken Emotionen hinein, indem sie zu unterschiedlichen Regulations-Tätigkeiten überleiten.* Dominieren beim Handelnden etwa positive Emotionen, dann werden seine Aktivitäten primär auf solche Aspekte der Transaktion ausgerichtet, die eng mit einer positiven Diskrepanz verbunden sind; gleichzeitig werden solche Momente ausgeblendet, die mit einer negativen Diskrepanz einhergehen. Seine Handlungsregulation stützt sich dann nicht länger auf alle relevanten Informationen und droht so weniger erfolgreich zu werden. Einzelne Analyseschritte werden ‚übersprungen', da Rückmeldungen über negative Folgen des handelnden Eingriffs leichter verworfen werden. Entsprechendes gilt für den Fall einer Dominanz negativer Emotionen. Für eine optimale Handlungsregulation wäre damit Voraussetzung, daß der Akteur fließend von einer emotional bedingten Orientierung zu einer anderen übergeht, damit seine regulierenden Aktivitäten auf die jeweils relevanten Aspekte der Transaktion hin ausgerichtet werden. Dies setzt voraus, daß die emotionalen Prozesse unterhalb einer gewissen Intensitätsschwelle ablaufen.

In Abhängigkeit von der Intensität der emotionalen Prozesse werden kognitive Operationen mehr oder weniger stark *aneinander ‚geschweißt'*. Die Entscheidungsfreiheit beim Denken wird eingeengt, alternative Wege der Regulation ‚ausgeschaltet', der Akteur wird zu spezifischen kognitiven Aktivitäten gedrängt. Dieser Übergang von einer ‚lockeren' zu einer ‚festeren Verdrahtung' kognitiver Operationen ist in solchen Situationen von Vorteil, in denen der Akteur gezwungen wird, schnell auf wichtige Ereignisse zu antworten. Überschreitet die Intensität der Emotionen jedoch eine gewisse Grenze, können feste Kopplungen zu einer fehlerhaften Regulation führen, da der Akteur nicht mehr in der Lage ist, im Falle überraschend auftretender Informationen aus dem einmal eingeschlagenen Weg

‚auszubrechen' oder bei negativer Rückmeldung seine Handlungen entsprechend zu korrigieren.
Kognitive Regulationstätigkeiten, die von intensiven emotionalen Prozessen eingeleitet und begleitet werden, können nur schwer abgebrochen und auf eine andere Richtung hin orientiert werden. Intensive Emotionen erschweren, wie oben ausgeführt wurde, den fließenden Wechsel von einer emotionalen Orientierung zu einer anderen. Die Regulationen verlieren sich so leicht in immer wiederkehrenden Regulations-‚Figuren'. Bei mäßiger Intensität dagegen lösen Emotionen, je nach Stand der Regulation, einander ab und fungieren als emotionale ‚Abbruchsignale', die zu neuen Orientierungen der Regulationsaktivitäten überleiten.
Emotionen kompensieren Informationsdefizite. In Situationen, die relativ undurchschaubar, hochkomplex und dynamisch sind, wird es dem Akteur nur schwer gelingen, alle handlungsrelevanten Informationen in der ihm zur Verfügung stehenden Zeit einzuholen und in einen Handlungsplan zu integrieren. Doch trotz seines Mangels an Informationen muß er etwas tun, sei es, daß die Zeit drängt oder er aus anderen Gründen sich zur Ausführung einer Handlung dringend aufgefordert sieht. In einer solchen Situation kann eine deutliche Steigerung emotionaler Erregung erwartet werden. Die Funktion dieser Intensitäts-Steigerung für den Regulationsprozeß besteht u. a. in einer Kompensation von Informationsdefiziten. Nach der Theorie von Simonov (1970) stellt diese Funktion sogar *das* zentrale Merkmal von Emotionen dar. Eine Zunahme der emotionalen Intensität wirkt, so nehmen wir mit Obuchowski (1982) an, in der Weise auf die Regulationsaktivitäten ein, *daß der Zugang für Umwelt-Informationen eingeschränkt und gleichzeitig die Differenzierungsfähigkeit des Akteurs nivelliert wird.* Dies führt dazu, daß auch sehr unterschiedliche Aspekte eines Transaktionszustandes als „ähnlich ' klassifiziert, so auch nur in Bruchstücken erkannte Zustände oder Ereignisse als „bekannt" identifiziert werden. In dieser Weise generieren emotionale Prozesse hoher Intensität Informationen, die für die weitere Regulation hinreichen.

Emotion und Gefühl

Bisher habe ich es vermieden, Emotionen mit verbalen Etiketten zu versehen, die in der Alltagssprache zur Beschreibung von inneren emotionalen Zuständen eingeführt sind, wie „Wut", „Ärger", „Freude". Dem lag die Absicht zugrunde, möglichst scharf konzeptuell zwischen „Emotion" und „Gefühl" zu trennen. Die bisher diskutierten Formen und Funktionen emotionaler Prozesse sind nicht an ihre Bewußtwerdung als ein bestimmtes Gefühl gebunden; selbst wenn sie vom Handelnden kogniziert werden, muß dieser sie nicht notwendigerweise als „Gefühl" identifizieren. Er mag sich zu bestimmten Aktivitäten gedrängt sehen, sich erregt fühlen, erleben, wie er überstürzt bestimmte Handlungen einleitet und ausführt, ohne daß er diese Beobachtungen an sich selbst als einen Gefühlszustand spezifischer Intensität und Qualität interpretiert. Dieses geschieht, so nehme ich an, nur unter ganz bestimmten Bedingungen und hat spezifische Funktionen für die Handlungsregulation, die von denen emotionaler Prozesse deutlich unterscheidbar sind.

Damit emotionale Prozesse vom Akteur als Gefühl spezifischer Qualität gedeutet werden, muß dieser ein Stadium der Selbstreflexion durchlaufen, d. h. ein Stadium, in dem er sich selbst und seine eigenen Aktivitäten zum Gegenstand der Betrachtung macht.

Bedingungen des Gewahrwerdens von Gefühlen. Einige Bedingungen, unter denen der Handelnde seine Aufmerksamkeit bewußt auf die eigene Person richtet, werden in den unterschiedlichen Varianten von Theorien zur Selbstaufmerksamkeit beschrieben: *Unterbrechung einer begonnenen Handlungssequenz, Anwesenheit anderer Personen und Umweltaspekte, die wichtige Implikationen für das Selbstkonzept des Akteurs haben.*

Carver und Scheier (1981) führen eine große Anzahl von empirischen Befunden an, die einen systematischen Zusammenhang zwischen dem Auftreten dieser Bedingungen und einer verstärkten Selbstaufmerksamkeit belegen.

Eine Fokussierung der Aufmerksamkeit auf die eigene Person ist zwar eine notwendige, aber nicht hinreichende Bedingung für die subjektive Erfahrung eines Gefühls. Die Aufmerksamkeit kann sich etwa auf eigene Fähigkeiten, auf das eigene Wissen über die Umwelt, auf eigene Ziele richten, aber damit noch nicht notwendigerweise auch auf ablaufende emotionale Prozesse. Damit der Akteur also über seine emotionale „Lage" reflektiert und sie so als ein bestimmtes Gefühl erfährt, müssen weitere Bedingungen gegeben sein.

Eine wichtige Bedingung dafür scheint zu sein (vgl. insbesondere Leventhal 1980), daß willentlich gesteuerte Regulationstätigkeiten den Akteur auf andere Aktivitäten hin orientieren als emotionale Prozesse. Beim Auftreten einer solchen Diskrepanz richtet sich die Aufmerksamkeit des Akteurs auf die in ihm ablaufenden emotionalen Prozesse, die ihm dann, *im Kontext seiner kognitiven Regulation,* als Gefühle spezifischer Intensität und Qualität bewußt werden. Eine weitere mögliche Bedingung für die Entstehung eines Gefühls scheinen *intensiv ablaufende* emotionale Prozesse zu sein, welche die Ausführung einer intendierten oder begonnenen Handlung blockieren. In diesem Fall richtet sich die Aufmerksamkeit des Akteurs unmittelbar auf die vermeintliche Störung, auf die emotionalen Prozesse, die er dann als intensives Gefühl deutet. Eine letzte Bedingung bezieht sich wiederum auf die Anwesenheit anderer Personen. Interpretiert der Akteur die Aktivitäten der Anderen als gefühlsbetonte Stellungnahmen zu seinem eigenen Verhalten und passen diese *Gefühlsäußerungen* nicht in seinen situationsspezifischen Erwartungshorizont, dann, so kann angenommen werden, werden seine eigenen emotionalen Prozesse eher zum Gegenstand der Selbstreflexion und damit in ein bestimmtes Gefühl transformiert.

Gefühle als semantisch organisierte Erfahrungen. Emotionale Prozesse und deren Deutungen im Handlungskontext als bestimmte *Gefühle* werden in der individuel-

len Lerngeschichte mehr oder weniger stabil aneinandergekoppelt. In Gefühlsbegriffen werden Erfahrungen über emotionale Prozesse, über die Aufforderungsstruktur von Situationen, über Erfolge und Mißerfolge eigener Handlungen, über Handlungsbewertungen in einen Sinnzusammenhang gebracht und semantisch organisiert (vgl. Fuchs, i. Vorb.).
In Übereinstimmung etwa mit Lang (1979) wird angenommen, daß „Gefühle" in Form von Schemata im Gedächtnis repräsentiert sind. Wird ein solches Schema bei der Handlungsregulation aktiviert – die Bedingungen dazu wurden im vorigen Absatz geschildert –, dann wird sich der Akteur bestimmter Gefühle bewußt und erfährt diese zunächst als ein sich ihm aufdrängendes Signal über aktuelle „Ich-Objekt"-Beziehungen (man ist auf etwas wütend, über etwas traurig, fröhlich, ängstigt sich wegen etwas etc.). Objekte, auf die sich Gefühle beziehen, können sowohl Aspekte der Umwelt als auch der eigenen Person sein, d. h. jede Komponente einer Transaktion; stets aber drückt sich in einem Gefühl eine Bewertung einer momentanen Subjekt-Objekt-Beziehung aus.
Auch wenn sie als Gefühle bewußt sind, bleiben die orientierenden Funktionen emotionaler Prozesse weiterhin wirksam; diese emotional bedingten Orientierungen werden durch die Aktivierung eines Gefühlsschemas allerdings „semantisch kanalisiert", und das heißt: in konstruktiver Weise in einen sozialen Kontext eingebettet. Konstruktiv meint einerseits, daß der Erwerb von Gefühlen und deren sprachliche Kodierung immer Ergebnis einer aktiven Interpretation der Bedingungen und des Umfeldes ihres Auftretens ist; zweitens ist die aktuelle Selbstzuschreibung eines bestimmten Gefühls Ergebnis eines Reflexionsvorganges. Der Erwerb von Sprache, so auch eines Gefühlsschemas, ist an soziale Kommunikation gebunden; damit stellen die Komponenten eines Gefühls sozial vermittelte Erfahrungen dar. Regulationstätigkeiten, die auf einem Gewahrwerden von Gefühlen beruhen, sind auch stärker auf die sozialen Bedeutungen von Situationsaspekten hin orientiert als solche Regulationen, die auf der Grundlage emotionaler Prozesse ohne Gewahrwerden eines Gefühls ausgeführt werden.
Wegen des Fortbestehens emotionaler Prozesse während der Wahrnehmung von Gefühlen bleibt auch das Auftreten von Gefühlen (eine Aktivierung eines Gefühlsschemas) unausweichlich, steht außerhalb der bewußten Kontrolle des Handelnden, auch orientieren sie den Akteur „automatisch" auf bestimmte Aspekte der Transaktion. Aber Gefühle können – im Unterschied zu emotionalen Signalen – gerechtfertigt oder verworfen werden, da sie an ein Stadium der Selbstreflexion gebunden sind.
Besondere Funktionen von Gefühlen für die Handlungsregulation. Bereits im vorigen Abschnitt wurden einige Funktionen des Gewahrwerdens für die Handlungsregulation angedeutet; in diesem Abschnitt möchte ich abschließend auf einige Gefühlsfunktionen näher eingehen.

1. Das Gewahrwerden von Gefühlen ist an ein Stadium der Selbstreflexion gebunden, in dem Ereignisse innerhalb einer Transaktion in Relation zu Aspekten der eigenen Person, des „Selbst" gesetzt werden. Bei einer Aktivierung von Gefühlsschemata rücken Subjekt-Objekt-Relationen ins Zentrum der Auf-

merksamkeit und werden einer reflektierenden Bearbeitung zugänglich. Gefühle orientieren die Regulationstätigkeiten auf solche kognitiven Operationen, die Transaktions-Ereignisse in Beziehung setzen zu eigenen Werten, Zielen, Standards, Handlungsmöglichkeiten etc., die in dem aktualisierten Gefühlsschema enthalten sind. Beim Gewahrwerden eines Gefühls wird so der Akteur zu Regulationstätigkeiten auf „höherem" Niveau gedrängt. Anstelle einer Orientierung auf einzelne Aspekte einer Transaktion tritt eine Form der Orientierung auf, die eine Regulation der Subjekt-Objekt-Beziehungen zu ihrem Gegenstand hat.

2. Wegen der sozialen Vermitteltheit von Gefühlen werden bei der Aktivierung eines Gefühlsschemas die sozialen Bedeutungen von Transaktionskomponenten akzentuiert und zur wesentlichen Bedingung der Handlungsregulation. Stellt der Akteur in einer Situation fest, daß er seinen Blick nicht von einer bestimmten Person abwenden kann (d. h. nimmt er an sich bestimmte Aktivitäten wahr, zu denen er sich gedrängt sieht, also Aktivitäten auf der Grundlage emotionaler Regulation), und wird das Gefühlsschema „Eifersucht" aktiviert, dann interpretiert der Handelnde sein Verhalten eventuell als mißtrauisches Beäugen seines Rivalen. Die Thematisierung einer anderen Person als „Rivale" setzt jedoch voraus, daß der Akteur die soziale Beziehungskonstellation zwischen zumindest drei Personen (dem Rivalen, der Frau und sich selbst) erkannt, also die soziale Bedeutung des Transaktionszustandes erfaßt hat. Eine Aktivierung von Gefühlen hat so allgemein die Funktion einer stärkeren Einbeziehung von sozialen Bedeutungen einer Transaktion in die Regulationsaktivitäten.
3. Wenn das Gewahrwerden von Gefühlen zu höheren Regulationen überleitet, die diese Gefühle selbst zum Gegenstand der Analyse machen (die in dem Gefühlsschema repräsentierten Subjekt-Objekt-Relationen sowie deren Bewertungen durch den Akteur), dann können Regulationen, die durch die Aktivierung eines Schemas eingeleitet werden, auch zu einer Verwerfung oder Rechtfertigung der Gefühle führen. Der Handelnde mag zu dem Resultat gelangen, daß seine Wut zu Recht besteht, was zu einer Intensivierung des Gefühls führen könnte; er mag jedoch auch feststellen, daß seine Wut ungerechtfertigt war. In diesem Fall wird eventuell ein neues Gefühlsschema (z. B. Scham) aktiviert, das besser auf die aktuelle Transaktion „paßt"; in der Folge werden auch die emotionalen Prozesse, deren Orientierung und Intensität, verändert, je nachdem, welche emotionalen Prozesse mit dem neu aktivierten Schema vereinbar sind. Gefühle können so auch als „Modifikatoren" ablaufender emotionaler Prozesse fungieren.

Literatur

Brandtstädter, J.: Emotion und Handlung: konzeptuelle und funktionelle Beziehungen. In: Eckensberger, L. & Lantermann, E. D. (Hg.): Emotion und Reflexivität. Göttingen: Hogrefe (i. Vorb.).

Carver, C. S. & Scheier, M. F.: Attention and self-regulation: A control theory approach to human behavior. New York: Springer 1981.

Dörner, D.: Verhalten, Denken und Emotionen. In: Eckensberger, L. & Lantermann, E. D. (Hg.): Emotion und Reflexivität. Göttingen: Hogrefe (i. Vorb.).

Eckensberger, L. & Lantermann, E. D. (Hg.): Emotion und Reflexivität. Göttingen: Hogrefe (i. Vorb.).

Fuchs, R.: Bezug des wissenschaftlichen Handlungskonzeptes. In: Eckensberger, L. & Lantermann, E. D. (Hg.): Emotion und Reflexivität. Göttingen: Hogrefe (i. Vorb.).

Gardiner, H. M.: Feeling and emotion. A history of theories. Westport, Conn.: Greenwood Press 1970.

Lang, P. J.: A bio-informal theory of emotional imagery. Psychophysiology 16 (1979), 495–512.

Lenk, H.: Handlung als Interpretationskonstrukt. In: Lenk, H. (Hg.): Handlungstheorien – interdisziplinär, Bd. 2. München: Fink 1978, 279–350.

Leventhal, H.: Toward a comprehensive theory of emotion. In: Berkowitz, L. (ed.): Advances in Experimental Social Psychology, Vol. 13. New York: Academic Press 1980, 140–207.

Nitsch, J. R.: Handlungspsychologische Ansätze im Sport. In: Thomas, A. (Hg.): Sportpsychologie. Ein Handbuch in Schlüsselbegriffen. München: Urban & Schwarzenberg 1982, 26–41.

Obuchowski, K.: Orientierung und Emotion: Berlin: Deutscher Verlag der Wissenschaften 1982.

Simonov, P.: Information theory of emotions. In: Arnold, M. B. (ed.): Feelings and emotions. New York: Academic Press 1970, 145–149.

Ernst D. Lantermann

Teil VIII

Anwendungsfelder

Krankheit und Emotion

Emotionen können eine Bedeutung für Krankheitsverläufe erlangen als Ursachen, als Folgen, als komplizierende, aber durchaus auch als erleichternde Faktoren des Krankseins. Eine Erörterung der Wechselbeziehungen zwischen Emotionen und Krankheit ist fast untrennbar mit der Frage verbunden, was eine Krankheit ist. Eine Krankheit ist nicht nur somatologisch als Abweichung von einem natürlichen Zustand des Organismus definierbar, also z. B. durch einen Ausfall von Körperfunktionen oder eine Veränderung von Gewebestrukturen. Die Grenzen zwischen Gesundsein, meist verstanden als ein umfassendes körperliches, seelisches und soziales Wohlbefinden, und Kranksein als dessen Negation oder Beeinträchtigung sind fließend und überdies nur im Lichte normativer, d. h. soziokultureller Begriffssysteme einigermaßen bestimmbar.

Kranksein hat immer eine subjektive Seite, die als *Befinden* imponiert und mit ihrem sowohl gedanklichen als auch emotionalen Erlebnisanteil oft gerade zum konstituierenden Faktor dafür wird, ob sich ein Mensch als „krank" wahrnimmt oder nicht. Die Phänomene „Krankheit" und „Emotion" sind miteinander in komplexer Weise vermascht.

Das traditionelle medizinische Krankheitsparadigma (Krankheit als Abweichung von einem natürlichen Zustand des Organismus) hat vielfältige Kontroversen aufgeworfen (Keupp 1972, Bräutigam & Christian 1981, v. Uexküll 1981). Wegweisende Vorarbeiten für eine Überwindung des herkömmlichen rein somatologischen zugunsten eines ganzheitlich-multifaktoriellen Krankheitsparadigmas wurden von der Psychosomatischen Medizin, der Sozialmedizin, der Medizinischen und der Klinischen Psychologie geleistet. Die wissenschaftliche Aufmerksamkeit richtete sich zunehmend auf die Bedeutung der *Wechselwirkungen* zwischen Person und Umwelt. Von einem allgemein akzeptierten umfassenden Krankheitsparadigma kann gegenwärtig allerdings noch nicht die Rede sein, da die Zugangsweisen zur Erforschung von Krankheitsverläufen von sehr unterschiedlichen wissenschaftlichen Schulrichtungen geprägt sind. Dies gilt für primär *körperliche* und primär *psychische* Krankheiten in gleichem Maße; ganz besonders jedoch für die vielfältigen Übergänge zwischen beiden.

Emotionen und psychische Krankheit

Eine emotionale Labilität oder die Disposition eines Menschen zu häufig wiederkehrenden heftigen Ängsten, depressiven Verstimmungen oder anderen belastenden Emotionen kann von verschiedenen psychotherapeutischen Schulrichtungen in unterschiedlicher Weise als krankheitswertig eingestuft werden. Nach *psychoanalytischer* Auffassung gelten solche Dispositionen als *neurotisch,* wenn sie aus inneren Fixierungen an unbewußte und daher unbewältigte Konfliktsituationen der Kindheit hergeleitet werden können (→ *Psychoanalytische Ansätze*). Das Ziel der psychoanalytischen Therapie besteht dann darin, die innere Autonomie der Person wiederherzustellen, d. h. ihr zu helfen, sich aus ihren Wiederholungszwängen zu befreien. In *lerntheoretischer* Sicht werden habituelle emotionale Symptome eher funktional im Hinblick auf ihre aktuellen auslösenden Bedingungen und aufrechterhaltenden Konsequenzen betrachtet (→ *Lerntheoretische Ansätze*). Eine Beeinflussung belastender Emotionen wird über eine Veränderung eben dieser Bedingungen angestrebt, wobei vornehmlich die möglichen Zusammenhänge zwischen als belastend erlebten Problemen, den dabei empfundenen Emotionen und den mit diesen oft einhergehenden ungünstigen Kognitionen (Gedanken und Phantasien) gemeinsam mit dem Betroffenen herausgearbeitet werden. Die vergleichende Psychotherapieforschung hat gezeigt, daß die aus unterschiedlichen theoretischen Zugängen abgeleiteten therapeutischen Interventionen sich in ihrer Effektivität nicht fundamental unterscheiden (Smith & Glass 1977, Bastine, Fiedler, Grawe, Schmidtchen & Sommer 1982).

Als *endogen* werden krankheitswertige (vor allem depressive und manische) Stimmungsveränderungen bezeichnet, die augenscheinlich ohne Bezug zu irgendeinem auslösenden Lebensereignis eintreten, sich dem einfühlenden Verstehen weitgehend zu entziehen scheinen und auf Psychopharmaka ansprechen. Subtile Analysen der verschiedenen Erscheinungsformen und Überschneidungen depressiver Zustandsbilder (z. B. Melancholie, Schwermut, Erschöpfungsdepression, klimakterische Depression; → *Depression*) haben jedoch auch in diesem Bereich das traditionelle psychiatrische Krankheitsmodell zumindest zum großen Teil in Frage gestellt und sind von dem Bemühen getragen, letztlich doch eine Sinnhaftigkeit solcher Erlebensformen im Hinblick auf die individuelle Biographie und die objektiven Belastungen des Betroffenen aufzudecken (Tellenbach 1976, Hautzinger & Hoffmann 1979).

Emotionen und körperliche Krankheit

Innerhalb der *psychosomatischen Medizin* lassen sich drei verschiedene Betrachtungsperspektiven der Zusammenhänge von Emotionen und Krankheit unterscheiden (Bräutigam & Christian 1981):

1. Als *psychosomatische Krankheitsbilder im engeren Sinne* werden diejenigen organischen oder funktionellen Körperveränderungen bezeichnet, bei denen sowohl die Entstehung als auch die Behandlung entscheidend von psychischen Faktoren abhängen. Hierzu gehören unter bestimmten Bedingungen z. B. Magengeschwüre, Kolitis, Bronchialasthma, Ekzeme der Haut, Formen des hohen Blutdrucks.

2. Auch *körperliche Äquivalente intensiver Gefühlszustände* können zu körperlichen Beschwerdebildern (ohne dauerhafte Organveränderungen) führen und dann sowohl subjektiv als auch von professioneller Seite, je nach zugrundeliegendem Krankheitsparadigma, den Stellenwert einer Krankheit erlangen: zum Beispiel Begleiterscheinungen von Ängsten wie Diarrhöe, Herzjagen, Atemnot, Druckgefühle in der Brust oder im Kopf. Durch den massenhaften Einsatz von *Psychopharmaka* wird täglich in großem Stil ein Einfluß auf das affektive Erleben von Menschen genommen, obwohl nur selten ausreichend geklärt ist, was diese Erlebnisweisen für das menschliche Zusammenleben bedeuten (→ *Pharmaka und Emotionen*). Affekte können desorganisierende, aber auch organisierend-adaptive Auswirkungen haben. Bei manchen „funktionellen" Veränderungen, die im medizinischen Bereich oft auch als *vegetative Störungen* bezeichnet werden, erweist es sich allerdings in der Praxis als ungemein schwierig, deutliche Beziehungen zwischen Emotionen und Krankheit herauszustellen. Konflikthaft besetzte Vorstellungen und Phantasien gehen fast nie mit eindeutig erlebten Emotionen einher, sondern werden häufig in einer Weise psychisch verarbeitet, die zwar im körperlichen Bereich zu spürbaren und beschreibbaren, jedoch in psychischer Hinsicht zu nur undeutlich konturierten Zustandsempfindungen führt, wobei sogenannte *intrapsychische Abwehr* komplizierend hinzukommen kann. Man mache sich einmal beispielhaft die Schwierigkeit klar, die komplexen Emotionen, die mit Phantasien des Schuldigseins einhergehen, auch nur phänomenologisch zu beschreiben: Empfindungen von Angst (z. B. vor Strafe), von Ärger (z. B. angesichts des Erlebens von Ohnmacht), von Hilflosigkeit und Depression können einander in schneller Folge ablösen oder auch einander überlagern, z. B. wenn das weitere Ausmalen wutbedingter Rachephantasien vom Individuum aufgrund gleichzeitig auftretender Ängste als schuldhaft und zu bedrohlich abgewehrt wird. Bei vordergründiger Betrachtung bleibt dann nur das körperliche Korrelat dieser psychophysischen Prozesse konstant und deutlich. Wenn diese körperlichen Empfindungen heftig und zunehmend als ungewohnte *Beschwerden* in das Wahrnehmungsfeld rücken oder direkt als *Krankheitssymptome* interpretiert werden, kann zugleich eine gewisse Ablenkung vom ursprünglichen Konfliktinhalt resultieren. Eine Bedrohung geht jetzt nicht mehr von den mit einem bestimmten Verhalten (z. B.

Rache zu üben) verbundenen negativen Verhaltenskonsequenzen aus, sondern von einer befürchteten Erkrankung. Diese Ausblendung des Konflikterlebens im Sinne einer problemvermeidenden *Wahrnehmungsverschiebung* auf die reinen Körpersignale kann, lerntheoretisch gesehen, zu einer Verstärkung der Empfindung führen, körperlich krank zu sein, zumal wenn weitere Folgen dieser Zuschreibungsveränderung dann ebenfalls im gleichen Sinne bekräftigend wirken wie Unterbrechung der Arbeit, Erfahrung von Zuwendung usw. Psychoanalytische Konfliktmodelle und lerntheoretische Perspektiven erweisen sich in diesem Beispiel als teilweise miteinander kompatibel (Schonecke & Herrmann 1981).

3. Die dritte Betrachtungsperspektive der psychosomatischen Medizin deckt sich mit dem wachsenden Forschungsgebiet der *Medizinischen Psychologie.* Auch ursprünglich rein körperliche Leiden, Körperverletzungen oder ärztliche Körpereingriffe gehen mit *emotionalen und kognitiven Anpassungsreaktionen* einher, die als Angst, Verzweiflung und Traurigkeit bis zum Erleben von Hoffnung oder Sinn-Gewißheit mit entsprechendem Bewältigungsverhalten individuell sehr unterschiedlich ausgestaltet werden können und den weiteren Krankheitsverlauf wesentlich beeinflussen können. Bereits bei der Entscheidung einer Person, in präventiver Absicht eine bestimmte Früherkennungsmaßnahme (z. B. auf Krebs-Vorstadien) bei sich selbst durchführen zu lassen, hängt es von bestimmten Kognitionen (Erwartungen, Phantasien) ab, inwieweit der Vorstellungsinhalt „Krebs-Früherkennungsuntersuchung“ etwa als solcher angstauslösend wirkt. Eine antizipatorische Angst vor der möglichen Aufdeckung eines Krebsbefundes kann sowohl eine motivationsfördernde als auch eine motivationshemmende Bedeutung für das Gesundheitsverhalten erlangen, je nachdem, innerhalb welchen kognitiven Bezugssystems die Angst wahrgenommen wird (Verres 1978). Die Zusammenhänge zwischen Emotionen, der *subjektiven Krankheitstheorie* und dem Krankheitsverhalten von Menschen wurden bisher vorwiegend unter *attributionstheoretischen* Aspekten untersucht. Dabei wird angenommen, daß Menschen Ereignisse und Zustandsempfindungen unter anderem dadurch kognitiv ordnen, daß sie diese auf Ursachen zurückführen (→ *Attributionstheoretische Ansätze*). Für die Bewältigung des Krankseins und auch für die Zuverlässigkeit der Zusammenarbeit einer Person mit dem Therapeuten (*compliance*) ist insbesondere bedeutsam, wie die Person die Krankheitsursachen nach ihrem Verlauf über die Zeit (*stabil vs. variabel*) und nach ihrer Lage zum eigenen Einflußbereich (*innerhalb vs. außerhalb*) einschätzt. Emotionen können dabei als „Störfaktoren“, aber auch im Sinne von *Kompetenzen* betrachtet werden, was sich am Beispiel von Angst (z. B. bei belastenden medizinischen Maßnahmen) und Ärger/Wut (z. B. als Voraussetzung für Protest bei unangemessener Behandlung) gut zeigen läßt (Verres & Sobez 1980, Davies-Osterkamp 1982).

Die hier skizzierten psychosomatischen Betrachtungsperspektiven machen einige Grenzen des innerhalb des traditionellen Krankheitsparadigmas favorisierten nomothetischen Denkens in der Medizin deutlich. Sie zwingen zur Einbeziehung idiographischer Methoden unter Nutzung des introspektiven Potentials der Menschen (Bräutigam & Christian 1981).

Klinische Beobachtung, Anamnese, Interview und Fragebogen

In der psychosomatischen und medizinpsychologischen Forschung lassen sich *hermeneutische* von *empirisch-analytischen* Methoden unterscheiden. Es sollen kurz einige der wichtigsten wissenschaftlichen Zugangsweisen zum Problemfeld „Emotion und Krankheit" hinsichtlich ihrer Möglichkeiten und Grenzen skizziert werden (→ *Psychophysiologische Ansätze*).
Angesichts der bereits angedeuteten häufigen Schwierigkeit, verschiedene Emotionen wie auch gerade psychosomatische Krankheitsbilder hinreichend deutlich zu unterscheiden und gegebenenfalls auch die komplexen Überlagerungen der Phänomene zu erkennen, gehört die unmittelbare klinische Beobachtung Erkrankter trotz der damit verbundenen Subjektivität der Beurteilung zu den unverzichtbaren Bestandteilen der Hypothesenbildung. Als diagnostischer Gesprächsleitfaden in der klinischen Psychosomatik hat die neunstufige Anamnesetechnik von Morgan und Engel (1977) eine weite Verbreitung gefunden, bei der die mehr unpersönlichen, mehr objektiven Daten in einem Arbeitsgang zusammen mit den mehr persönlich-subjektiven Gesichtspunkten kombiniert erfaßt werden. Formalisiertere Zugänge bei größeren Stichproben bieten standardisierte Interviews, deren Ergebnisse nachträglich kategorisiert und ausgewertet werden können. Da Affekte nicht immer direkt angesprochen werden, wurden von psychoanalytisch orientierten Autoren (z. B. Gottschalk & Gleser 1969) sprachinhaltsanalytische Verfahren entwickelt. Dabei werden auf Tonband aufgenommene Sprachproben nachträglich transkribiert und hinsichtlich der Ausprägung verschiedener Indikatoren für Emotionen kodiert und verrechnet (Koch 1983). Ein Problem bei solchen Erfassungsversuchen der Affektregulation liegt in dem aus der Testdiagnostik bekannten *Bandbreiten-Fidelitäts-Dilemma.* Da bereits die *häufig indirekte Ausdrucksweise* von Affekten ein Bestandteil der jeweiligen Verarbeitungs- oder Abwehrstrategie des Individuums sein kann, darf aus Sprachinhalten nicht direkt auf die Affekte geschlossen werden (Lang 1973); Kategoriensysteme sind zudem selten eindeutig (→ *Sprachliche Methoden*). Ahrens und Morgenthaler (1982) verglichen Gefühlsverarbeitungsprozesse bei Ulkus-Patienten mit denen anderer Personen anhand des Gottschalk-Gleser-Verfahrens sowie der Experiencing-Skala von Gendlin, die eine Messung des Prozesses der emotionalen Beteiligung anstrebt. Ulkus-Patienten wiesen dabei ein niedrigeres Experiencing-Niveau auf als die Vergleichsgruppen; die Unterschiede waren jedoch bei beiden Auswertungsverfahren entsprechend ihrer unterschiedlichen Bandbreite ungleich ausgeprägt. Ein ähnliches Ergebnis erbrachten – ebenfalls mit dem Gottschalk-Gleser-Verfahren vorgenommene – sprachinhaltsanalytische Vergleiche von Äußerungen neurotischer und psychosomatischer Patienten im klinischen Erstinterview. Die sprachlichen Äußerungen der psychosomatischen Patienten waren in quantitativer und inhaltlicher Hinsicht signifikant ärmer; die emotionale Ausdrucksfähigkeit der psychosomatischen Patienten wirkte insgesamt begrenzter (von Rad & Lolas 1978). Dieses Ergebnis entspricht dem durch projektive Testuntersuchungen er-

hobenen Befund eines *Phantasie-Mangelsyndroms* (Vogt, Bürckstümmer, Ernst, Meyer & von Rad 1979) und der von Nemiah und Sifneos (1970) als *Alexithymie* bezeichneten Störung der Wahrnehmung und Benennung emotionaler Inhalte bei vielen psychosomatischen Patienten, die von anderen Forschergruppen auch als *psychosomatisches Phänomen* (Stephanos 1981) oder *operatives Denken* (Marty 1976) beschrieben wurde (vgl. dazu auch Bräutigam & von Rad 1977). Die letztgenannten psychosomatischen Konzepte sind gegenwärtig umstritten. Gegen die Konzepte „Alexithymie" bzw. „operatives Denken" wurde beispielsweise eingewandt, es handle sich bei diesen Phänomenen lediglich um Untersuchungsartefakte, die vor allem durch die Schichtzugehörigkeit der Patienten und die damit korrespondierende Interviewtechnik der Therapeuten bedingt seien (Cremerius, Hoffmann, Hoffmeister & Trimborn 1979; Übersicht bei von Rad 1983).

Life-event-Forschung

Die mögliche Bedeutung der emotionalen Folgen kritischer Lebensereignisse oder Lebenskrisen für die „Empfänglichkeit" von Krankheiten wurde bisher meist retrospektiv mit Hilfe vorgegebener Listen potentieller Stressoren (z. B. der *social readjustment scale,* Holmes & Rahe 1967) oder ausführlicher Interviews herausgestellt. Die Widersprüchlichkeit vieler hierbei gefundener Zusammenhänge (Stegie 1980) ist zum Teil dadurch zu erklären, daß Lebensereignisse oft inhaltlich nicht klar definierbar sind, daß wichtige Variablen meist bei standardisierter Befragung nicht miterfaßt werden, wie z. B. das Ausmaß der mit den Lebensereignissen subjektiv einhergehenden Erwünschtheit oder „Sinnentnahme", der Lebensveränderung, Betroffenheit oder Bedrohung, ferner auch Merkmale wie Neuigkeit, Vorhersagbarkeit, Dauer von Lebensereignissen bzw. Vorbereitetsein und Kontrollmöglichkeiten des Befragten.
In neueren Ansätzen wird folglich versucht, auch die subjektive Wichtigkeit von Lebensveränderungen zu ermitteln, indem man zugleich Schätzurteile über den jeweils erforderlichen *Anpassungsgrad* einholt (Holmes & Masuda 1974). Der Anteil der Person an der stressenden Beziehung zur Umwelt ist so dennoch meist nur schwer erfaßbar. Die Person ist ja nicht einfach das passive Opfer zufälliger Ereignisse. Selbst die emotionalen Wirkungen einfacher Stressoren – wie z. B. Lärm – hängen davon ab, wie sie von der Person bewertet werden und in welchem Maße die Person glaubt, Kontrolle ausüben zu können (Glass & Singer 1972). Noch wesentlich schwieriger wird die Einschätzung der subjektiven Bedeutung *sozialer* Lebensereignisse wie beispielsweise der Trennung einer Person vom Ehepartner. Die Person trägt gewöhnlich zum Auftreten eines solchen Lebensereignisses bei. Eine Ehescheidung kann ein *Bewältigungsmodus* des einen oder beider Partner sein, darf also nicht einfach im Rahmen eines traditionell-linearen Verursachungsmodells krankheitsbezogen interpretiert werden (Wirsching & Stierlin 1982). Auch den besonders umstrittenen Ergebnissen der *life-event-*For-

schung im Hinblick auf die Entwicklung von Krebserkrankungen liegt oft ein verkürztes deterministisches Denkmodell zugrunde (Ziegler 1981).
Als eine Moderatorvariable für die Bewältigung kritischer Lebensereignisse wurde von Cobb (1976) das Konzept des *social support* formuliert. Ob sich eine Belastung schädigend auf eine Person auswirkt, hängt danach auch davon ab, ob sich die Person aufgehoben und geliebt, beachtet und wertgeschätzt fühlt, ob sie sich also einem Netzwerk der Kommunikation und gegenseitigen Bindung zugehörig fühlt. Diese Moderatorvariable wurde unter anderem im Zusammenhang mit Belastungen während der Schwangerschaft empirisch untersucht (Nuckols, Cassel & Kaplan 1972, Übersicht bei Suls 1982).

Bewältigungsstile

In varianzanalytischen Untersuchungen des Bewältigungsverhaltens von Menschen bei kritischen Ereignissen wird aus der Reaktionsvarianz häufig auf das Vorliegen *zeitstabiler Persönlichkeitsmerkmale* geschlossen. Solche Forschungen führten zur Konzipierung verschiedener bipolar aufgefaßter *Bewältigungsstile;* (→ *Bewältigung*) am bekanntesten wurde das Konzept *repression-sensitization* (Gordon 1957, Byrne 1964). Als *sensitizer* werden solche Personen bezeichnet, die kritische Ereignisse und Angst dadurch bewältigen, daß sie Bedrohungen besonders früh wahrnehmen und sich ihnen zuwenden. *Repressors* bewältigen dagegen Bedrohung und Angst eher dadurch, daß sie schon die Wahrnehmung solcher Aspekte abwehren und sich abwenden. Ein besonderes methodisches Problem stellt dabei die Schwierigkeit dar, zwischen niedriger Angst und Verleugnung zu unterscheiden (Salm 1982). Beide Bewältigungsstile können sich je nach Konstellation der situativen Zusammenhänge adaptiv oder dysfunktional auswirken und damit Krankheitsentstehungen und -verläufe beeinflussen. Will man einen Patienten psychologisch optimal auf einen medizinischen Eingriff vorbereiten, ist nicht nur die Zustandsangst als Folge der situativen beunruhigenden Hinweisreize zu berücksichtigen, sondern auch der allgemeine Bewältigungsstil der betreffenden Person (Davies-Osterkamp 1982, Salm 1982). Bei *repressors* kann eine anschauliche, mit den zu erwartenden Stressoren konfrontierende Vorbereitung auf belastende medizinische Maßnahmen durchaus kontraindiziert sein. Da diese Personen wahrscheinlich mit ihren üblichen Verarbeitungsstrategien und Abwehrmechanismen derartige Belastungen besser überstehen, sollten die Verarbeitungsstile nicht ohne weiteres vom betreuenden Arzt oder Psychologen „durchbrochen" werden (Schmidt 1982; → *Angst*).
Ein anderes Beispiel der Erforschung spezifischer Persönlichkeitsmerkmale im Hinblick auf die Entwicklung bestimmter Krankheiten stellen die von Friedman und Rosenman (1974) im Rahmen des *Risikofaktorenkonzepts* durchgeführten Untersuchungen zum Auftreten koronarer Herzerkrankungen dar. Auf einem Kontinuum zwischen dem Verhaltensmuster eines sogenannten „Typ A" und dem

eines „Typ B" fand diese Forschergruppe gehäuft Personen mit koronaren Herzerkrankungen am Pol des „Typ A". Hierzu gehören unter anderem Konkurrenzdenken, Ungeduld und Aggressivität in vielerlei sozialen Situationen, das subjektive Empfinden, meistens unter Zeitdruck zu sein, sowie ein ausgeprägtes Leistungsdenken.

Emotionsverarbeitung als Anpassungsprozeß

Bei der Auseinandersetzung mit Belastungen ergeben sich verschiedene Arten von Beziehungen *(Transaktionen)* zwischen Person und Umwelt, die durch kognitive Bewertungsprozesse vermittelt werden und sich meist einer der drei folgenden Grundstrukturen zuordnen lassen: *Schädigung/Verlust, Bedrohung oder Herausforderung* (Lazarus & Launier 1981). Diese Beziehungskonzepte können nicht ausschließlich entweder hinsichtlich ihrer (jeweils statisch verstandenen) Person- oder Umweltanteile beschrieben werden, sondern müssen anhand der *Wechselwirkungen* zwischen beiden definiert werden. Sie beschreiben ein aktuelles Kräfteverhältnis. Die bei Schädigung (z. B. behindernder Erkrankung) und Verlust (z. B. eines Lebensgefährten oder eines Körperteils) einsetzende *Trauerarbeit* (Lindemann 1944) einer Person führt zu einer Vielzahl aktiver Anpassungsleistungen, durch die die Person auch – z. B. im Zusammenhang mit der Zuwendung zu unterstützenden anderen Menschen – ihre psychische Umwelt selbst wiederum nachhaltig verändert und eigene Fähigkeiten mobilisiert (→ *Trauer*).
Betrachtet man die Anpassungsreaktionen bei Belastungen in diesem Sinne als *Prozeß,* so ist folglich nicht nur die grundlegende Bewältigungskategorie *Regulierung der emotionalen Reaktion* bedeutsam, sondern in gleichem Maße die damit einhergehende *Änderung der Situation.* Erst wenn die Person über keine adaptiven Handlungsmöglichkeiten zur wirksamen Veränderung *beider* Problemaspekte verfügt, ist überhaupt mit krankheitsrelevanten Fehlanpassungen zu rechnen (s. Abb. 1, Hasenbring 1983).
Diese Erkenntnisse bieten zahlreiche Ansatzmöglichkeiten für präventive und therapeutische Maßnahmen. Am Beispiel von Patienten mit essentiellem hohem Blutdruck konnten Kallinke, Kulick und Heim (1982) nachweisen, daß ein gezieltes Wahrnehmungstraining für Streßindikatoren in Verbindung mit einem individuell angepaßten Streßbewältigungstraining zu einem vielversprechenden und auch noch nach einem Jahr anhaltenden Absinken des Blutdrucks führte (→ *Streß*). Weitere kontrollierte und handlungstheoretisch fundierte Studien dieser Art sind dringend wünschenswert (vgl. Meichenbaum 1979, Kommer & Röhrle 1981).
Zu den krankheitsrelevanten Reaktionen im Sinne einer emotionalen Fehlanpassung an Belastungen werden häufig die sogenannten *Abwehrmechanismen* gezählt. Hierbei handelt es sich um eine spezifische Neubewertung von Situationen, die vage als bedrohlich erkannt, aber aufgrund mangelnder Verfügbarkeit von

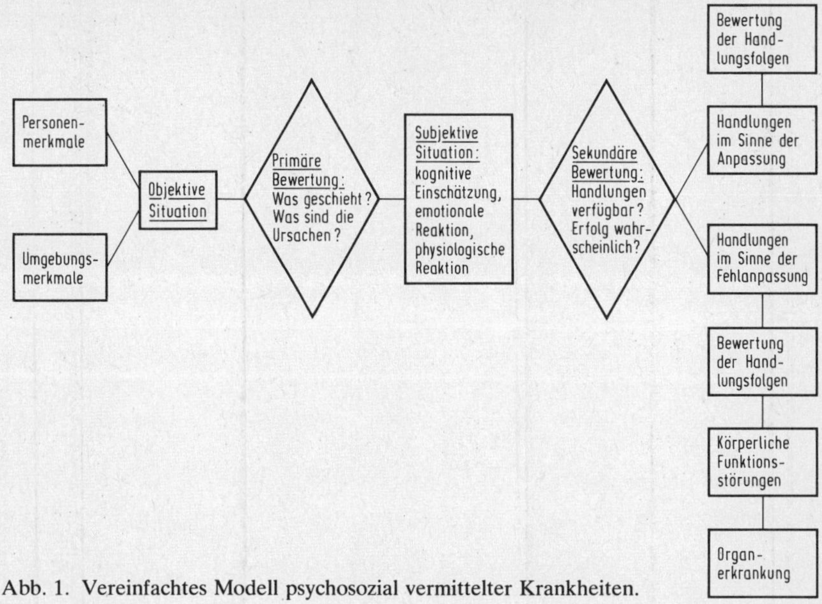

Abb. 1. Vereinfachtes Modell psychosozial vermittelter Krankheiten.

Beeinflussungsmöglichkeiten nicht hinreichend umstrukturiert werden können. Die Person versucht dann zwar im Sinne einer Regulierung der eigenen Emotionen, die Bedrohlichkeit der Situation kognitiv herabzustufen, verändert diese damit jedoch nur hinsichtlich ihrer momentanen subjektiven Bedeutung, nicht hinsichtlich der objektiven Qualitäten, so daß die Belastungsquellen unverändert bleiben. Obwohl bei vielen psychosomatischen Patienten Indikatoren für psychische Abwehr in diesem Sinne nachweisbar sind und eine konkretistisch-mechanistische Denkweise mit geringer emotionaler Schwingungsbreite von der französischen psychosomatischen Schule geradezu als hervorstechendes Merkmal des „psychosomatischen Phänomens" aufgefaßt wurde (vgl. von Rad & Lolas 1978), ist dennoch nachdrücklich zu vermerken, daß psychische Abwehr keineswegs *als solche* „pathogen" sein muß, sondern in vielen Fällen durchaus zumindest zeitweise stabilisierend wirken kann (Haan 1977).
Im Lichte psychoanalytisch-triebdynamischer Konzeptionen von Emotion und Krankheit wird gelegentlich die Frage gestellt, inwieweit – vereinfacht ausgedrückt – „angestaute", nicht ausgelebte Emotionen Krankheiten bewirken können (→ *Psychoanalytische Ansätze*). Exemplarisch sei hierzu eine empirische Untersuchung von Weiner, Thaler, Reiser und Mirsky (1957) angeführt. Soldaten, die bei pathophysiologischen Messungen eine Hypersekretion von Pepsinogen aufwiesen und somit für die Ausbildung eines Zwölffingerdarmgeschwürs prädestiniert galten, drückten bei Frustrationen häufiger als die Vergleichspersonen ihren Ärger nicht offen aus, sondern neigten im Sinne eines *Vermeidungsverhaltens* zu Rationalisierungen, Leugnung und Verdrängung. Dies legt die Hypothese

nahe, daß ein offenes Mitteilen dieser emotionalen Reaktionen grundsätzlich eine Anpassungshandlung darstellt, die zu einer Reduzierung der emotionalen Anspannung und somit der Belastungswirkung führen kann, sofern sich dadurch der Kontakt zu den betreffenden Interaktionspartnern tatsächlich verbessert (Verres & Sobez 1980, Hasenbring 1983). Wesentlich für den weiteren Verlauf der Belastungsmomente ist also die Art des ganz konkreten Umgangs der Betroffenen mit der Emotion. Führt das Ausdrücken des Gefühls nicht zu einer Verbesserung der Situation, so ist unter anderem denkbar, daß die betreffende Person immer wieder über diese Frustration nachgrübelt und dadurch den Ärger, die Feindseligkeitsempfindungen und deren pathophysiologische Begleiterscheinungen erneut entstehen läßt (*thought-produced-arousal,* Bandura 1979, Verres & Sobez 1980). Die Bedeutung von unausgedrücktem Ärger und unverarbeiteten Feindseligkeitsempfindungen für die Entstehung des essentiellen hohen Blutdrucks wurde in zahlreichen Studien nachgewiesen. Neuere Untersuchungen haben auch – jedoch bisher weniger deutlich – Zusammenhänge mit der Entwicklung koronarer Herzerkrankungen herausstellen können (Diamond 1982).

Emotionale Krankheitsbewältigung als soziales Geschehen

Wenig untersucht wurden bisher die *interpersonalen und institutionellen Aspekte* der Bedeutung von Abwehrkonstellationen für Krankheitsverläufe. In sozialen Rollensystemen und Institutionen (z. B. Krankenhäusern) können Abwehrfunktionen einen wichtigen Bestandteil der feststehenden Handlungs- und Beziehungsmuster ausmachen, die den Umgang der Beteiligten miteinander regulieren (Mentzos 1977). In Krankenhäusern, deren Struktur auf das reibungslose Funktionieren perfekter technisierter Diagnostik- und Therapiemaßnahmen angelegt ist, besteht eine große Wahrscheinlichkeit, daß auftretende Emotionen zunächst lediglich als „Störungen" betrachtet werden und daß ihnen mit einem ausgefeilten System gewohnheitsmäßiger (und dennoch nicht unbedingt absichtlicher) Distanzierungstechniken begegnet wird. Dies wurde bei Analysen ärztlicher Visitengespräche vielfach belegt (Köhle & Raspe 1982). Angesichts sterbender Patienten und der täglich erlebten Konzentration menschlichen Leids können Distanzierungsrituale des Personals (z. B. als Reduzierung der offenen Gesprächsführung, als Nichtbeachtung nonverbaler Ausdrucksweisen von Emotionen, als Delegation oder als fortwährende Beschäftigung mit apparativen Methoden der Intensivpflege) unter weitgehender Ausblendung der subjektiv-emotionalen Seite dem Bewältigungsbedürfnis des Personals im Hinblick auf die eigenen Belastungen entgegenkommen. Sie haben aber für die betroffenen Patienten oft sehr problematische Folgen und können auch zur Aufrechterhaltung ungünstiger komplementärer Abwehrreaktionen bei allen Beteiligten (Patienten, Angehörigen, Ärzten und Pflegepersonen) beitragen. Nach der Theorie der Selbstwahrnehmung von Bem (1972) lernen Menschen dann, wenn ihr eigener innerer Zustand undeutlich ist, ihre eigenen Einstellungen und Emotionen teilweise dadurch kennen, daß sie sie aus der Wahrnehmung ihres eigenen Verhaltens und/oder den Umständen, unter denen dieses Verhalten stattfindet, erschließen. Das medizinische Personal kann beim Umgang mit Schwerkranken die eigenen Emotionen fast nie offen ausdrükken und ist im Kontext der institutionell nahegelegten eher „sterilen" und routinierten Handlungsabläufe ständig genötigt, den Anschein eines rationalen Funktionierens zu wahren. Dies kann die *Wahrnehmungsschwelle* für emotionale Signale bei sich selbst und bei Patienten zunehmend und unmerklich erhöhen (Schilling, Scheele & Verres 1983).

Es darf abschließend jedoch angemerkt werden, daß die Aufgeschlossenheit von Ärzten, Medizinstudenten und Krankenpflegepersonen für eine offenere Bearbeitung dieser Probleme seit einigen Jahren sehr deutlich zunimmt (von Kerekjarto 1982).

Literatur

Ahrens, S. & Morgenthaler, B.: Erfassung von Gefühlsprozessen bei Ulcuspatienten, somatisch Kranken und Neurotikern. Medizinische Psychologie 8 (1982), 67–82.

Bandura, A.: Aggression: A social learning analysis. Englewood Cliffs, N. J. Prentice-Hall 1973 (dt.: Aggression – Eine sozial-lerntheoretische Analyse. Stuttgart: Klett-Cotta 1979).

Bastine, R., Fiedler, P. A., Grawe, K., Schmidtchen, S. & Sommer, G.: Grundbegriffe der Psychotherapie. Weinheim: edition psychologie 1982.

Bem, D. J.: Self-perception theory. In: Berkowitz, L. (ed.): Advances in experimental social psychology, Vol. 6. New York: Academic Press 1972, 2–62.

Bräutigam, W. & Christian, P.: Psychosomatische Medizin. Stuttgart: Thieme 1981.

Bräutigam, W. & v. Rad, M. (eds.): Towards a theory of psychosomatic disorders – Alexithymia, pensée opératoire, psychosomatisches Phänomen. Basel: Karger 1977.

Byrne, D.: Repression – sensitization as a dimension of personality. In: Maher, B. A. (ed.): Progress in experimental personality research, Vol. 1. New York: Academic Press 1964, 169–220.

Cobb, S.: Social support as a moderator of life stress. Psychosomatic Medicine 38 (1967), 300–314.

Cremerius, J., Hoffmann, S. O., Hoffmeister, W. & Trimborn, W.: Die manipulierten Objekte. Psyche 33 (1979), 801–828.

Davies-Osterkamp, S.: Angst und Angstbewältigung bei chirurgischen Patienten. In: Beckmann, D., Davies-Osterkamp, S. & Scheer, W. (Hg.): Medizinische Psychologie. Berlin: Springer 1982, 148–167.

Diamond, E. L.: The role of anger and hostility in essential hypertension and coronary heart disease. Psychological Bulletin 92 (1982), 410–433.

Friedman, M. & Rosenman, R. H.: Type A behavior and your heart. New York: Knopf 1974.

Glass, D. C. & Singer, J. E.: Urban stress: Experiments on noise and social stressors. New York: Academic Press 1972.

Gordon, J. E.: Interpersonal predictions of repressors and sensitizers. Journal of Personality 25 (1957), 686–698.

Gottschalk, L. A. & Gleser, G. W.: The measurement of psychological states through the content analysis of verbal behavior. Berkeley: California University Press 1969.

Haan, N.: Coping and defending. Processes of self-environment organization. New York: Academic Press 1977.
Hasenbring, M.: Belastungen bei Ulcuspatienten im Bild der subjektiven Situation. Kiel: Dissertation am Psychologischen Institut 1983.
Hautzinger, M. & Hoffmann, N. (Hg.): Depression und Umwelt. Salzburg: Müller 1979.
Holmes, T. H. & Masuda, M.: Life change and illness susceptibility. In: Dohrenwend, B. S. & Dohrenwend, B. P. (eds.): Stressful life events: Their nature and effects. New York: Wiley 1974, 45–72.
Holmes, T. H. & Rahe, R. H.: The Social Readjustment Rating Scale. Journal of Psychosomatic Research 11 (1967), 213–218.
Kallinke, D., Kulick, B. & Heim, P.: Behavior analysis and treatment of essential hypertensives. Journal of Psychosomatic Research 26 (1982), 541–549.
v. Kerekjarto, M.: Über die Notwendigkeit einer psychosozialen Versorgung onkologisch und hämatologisch Kranker im Krankenhaus. In: Beckmann, D., Davies-Osterkamp, S. & Scheer, J. W. (Hg.): Medizinische Psychologie. Berlin: Springer 1982, 337–353.
Keupp, H. (Hg.): Der Krankheitsmythos in der Psychopathologie. München: Urban & Schwarzenberg 1972.
Koch, U. (Hg.): Sprachinhaltsanalyse. Weinheim: Beltz 1983.
Köhle, K. & Raspe, H. (Hg.): Das Gespräch während der ärztlichen Visite. München: Urban & Schwarzenberg 1982.
Kommer, D. & Röhrle, B.: Handlungstheoretische Perspektiven primärer Prävention. In: Minsel, W.-R. & Scheller, R. (Hg.): Prävention. München: Kösel 1981, 89–151.
Lang, H.: Die Sprache und das Unbewußte. Frankfurt: Suhrkamp 1973.
Lazarus, R. S. & Launier, R.: Streßbezogene Transaktionen zwischen Personen und Umwelt. In: Nitsch, J. R. (Hg.): Streß: Theorien, Untersuchungen, Maßnahmen. Bern: Huber 1981, 213–259.
Lindemann, E.: Symptomatology and management of acute grief. American Journal of Psychiatry 101 (1944), 141–148.
Marty, P.: Les mouvements individuels de vie et de mort. Paris: Payot 1976.
Meichenbaum, D.: Kognitive Verhaltensmodifikation. München: Urban & Schwarzenberg 1979.
Mentzos, S.: Interpersonale und institutionalisierte Abwehr. Frankfurt: Suhrkamp 1977.
Morgan, W. L. & Engel, G. L.: Der klinische Zugang zum Patienten. Bern: Huber 1977.
Nemiah, J. C. & Sifneos, P. E.: Affect and fantasy in patients with psychosomatic disorders. In: Hill, O. W. (ed.): Modern trends in psychosomatic medicine II. London: Butterworths 1970, 26–34.
Nuckols, K. B., Cassel, J. & Kaplan, B. H.: Psychosocial assets, life crisis and the prognosis of pregnancy. American Journal of Epidemiology 95 (1972), 431–441.
Rad, M. v.: Alexithymie. Berlin. Springer 1983.
Rad, M. v. & Lolas, F.: Psychosomatische und psychoneurotische Patienten im Vergleich. Unterschiede des Sprechverhaltens. Psyche 32 (1978), 956–973.
Salm, A.: Der Umgang mit der Angst am Beispiel der Herzkatheteruntersuchung. In: Beckmann, D., Davies-Osterkamp, S. & Scheer, J. W. (Hg.): Medizinische Psychologie. Berlin: Springer 1982, 275–306.
Schilling, S., Scheele, B. & Verres, R.: Konstruktion eines Differentials zur Erfassung der emotionalen Befindlichkeit von Ärzten beim Umgang mit Krebspatienten. In: Tewes, U. (Hg.): Angewandte Medizinische Psychologie. Frankfurt: Klotz 1983 (i. Druck).
Schmidt, L. R.: Psychologische Vorbereitung auf belastende medizinische Maßnahmen, die bei Bewußtsein erfolgen. In: Beckmann, D., Davies-Osterkamp, S. & Scheer, J. W. (Hg.): Medizinische Psychologie. Berlin: Springer 1982, 201–235.
Schonecke, O. W. & Herrmann, J. M.: Das funktionelle kardiovaskuläre Syndrom. In: v. Uexküll, Th. (Hg.): Lehrbuch der Psychosomatischen Medizin. München: Urban & Schwarzenberg (2. Aufl.) 1981, 464–475.

Smith, M. L. & Glass, G. V.: Metaanalysis of psychotherapy. Outcome studies. American Psychologist 32 (1977), 752–760.

Stephanos, S.: Das Konzept der pensée opératoire und das ‚psychosomatische Phänomen'. In: v. Uexküll, Th. (Hg.): Lehrbuch der psychosomatischen Medizin. München: Urban & Schwarzenberg (2. Aufl.) 1981, 217–242.

Stegie, R.: Probleme der life event-Forschung. Medizinische Psychologie 6 (1980), 20–32.

Suls, J.: Social support, interpersonal relations, and health: benefits and liabilities. In: Sanders, G. S. & Suls, J. (eds.): Social psychology of health and illness. Hillsdale, N. J.: Erlbaum 1982, 255–277.

Tellenbach, H.: Melancholie. Berlin: Springer 1976.

Uexküll, Th. v. (Hg.): Lehrbuch der Psychosomatischen Medizin. München: Urban & Schwarzenberg (2. Aufl.) 1981.

Verres, R.: Wie beeinflußt Angst vor Krebs die Motivation zur Krebsvorsorge? Medizin–Mensch–Gesellschaft 3 (1978), 153–160.

Verres, R. & Sobez, I.: Kognitive Aspekte von Ärger und Wut. Medizinische Psychologie 6 (1980), 33–53 (a).

Verres, R. & Sobez, I.: Ärger, Aggression und soziale Kompetenz – Zur konstruktiven Veränderung destruktiven Verhaltens. Stuttgart: Klett-Cotta 1980 (b).

Vogt, R., Bürckstümmer, G., Ernst, L., Meyer, K. & v. Rad, M.: Experimentelle Rorschach-Untersuchung zur „pensée opératoire". Psyche 33 (1979), 829–873.

Weiner, H., Thaler, M., Reiser, M. F. & Mirsky, I. A.: Etiology of duodenal ulcer. Psychosomatic Medicine 19 (1957), 1–10.

Wirsching, M. & Stierlin, H.: Krankheit und Familie. Stuttgart: Klett-Cotta 1982.

Ziegler, G.: Psychosomatische Aspekte der Onkologie. Stuttgart: Enke 1981.

Rolf Verres

Verhaltensstörungen und Emotion

Das Thema suggeriert Aufklärung über die „geheime" Steuerung gestörten Verhaltens durch Emotionen, wie sie aufgrund von Alltagspsychologismen nahezu jedermann mutmaßt, z. B. in der Form der Aussage „. . das liegt an Deiner unbewußten Angst vor . . .". Den Emotionen werden dabei fast unbeschränkte Möglichkeiten der Einflußnahme zugeschrieben. Eine eingehendere Analyse allerdings, vor allem unter dem Aspekt der Anwendung, das meint die Behandlung von Verhaltensstörungen, macht derartige Erwartungen zunichte. Emotionen, Kognitionen und Verhalten stehen in untrennbarer Interdependenz, der Mensch reagiert ganzheitlich. Für unterschiedlichste soziale Situationen regulieren Normen mehr oder weniger deutlich das Ausdrücken von Emotionen, Kognitionen oder Verhalten; z. B. wirken fröhliches Pfeifen, bunte offene Bekleidung und Sprechen über Urlaubspläne beim Mitgehen in einem Trauerzug als völlig unangemessen, obwohl diese Expressionen durchaus die Realität der Interaktion der Person mit dem Verstorbenen widerspiegeln könnte (→ *Soziale Interaktion und Emotion*). Derartige Anforderungen sind mit Toleranzen hinsichtlich Quantität und Qualität ausgestattet. Ein Pathologisieren findet dann statt, wenn die Toleranzgrenzen überschritten werden. Gründe für Grenzübertritte sind unzählig und nur schwer ermittelbar. Psychotherapeutische oder psychologische Interventionsmethoden setzen bei Grenzübertritten an. Sie haben u. a. zur Zielsetzung, nach Gründen bzw. verursachenden Faktoren zu suchen und dem Individuum bei der Anpassung an bzw. bei dem Umgang mit den gesetzten Anforderungen zu helfen. Sowohl bei der Klassifikation von Störungen, wie bei der Erklärung ihrer Genese, als auch bei den Interventionsmethoden wird schwerpunktmäßig danach unterschieden, ob die Ursachen für Grenzverletzungen eher in den Emotionen, dem Verhalten oder den Kognitionen liegen. Dabei muß bewußt sein, daß diese Schwerpunktsetzung irreführend ist, da sie den Eindruck einer wirklich möglichen Differenzierung vermittelt. Tatsächlich ist es jedoch so, daß Kognition, Emotion und Verhalten immer gleichzeitig und aufeinander wechselseitig bezogen sind und keine klaren Strukturen bekannt sind, welche einseitige Betrachtungsweisen, selbst nicht zur Veranschaulichung, erlauben würden (Heinerth 1980, Michaelis 1980). Im folgenden soll diese psychologische Praxis anhand von zwei Fällen von „Verhaltensstörungen" verdeutlicht werden: einer Frau mit ‚pathologischen Trauerreaktionen' und einem Schüler mit ‚Schulangst', bevor die Schlußfolgerungen zur gestellten Thematik erläutert werden.

Behandlung einer Frau mit ‚pathologischen Trauerreaktionen'

Die 38jährige Frau ist berufstätig, verheiratet, hat keine Kinder. Ihre aktuelle Lebenssituation bewertet sie als erträglich. Sie leidet an starken Depressionen mit suizidalen Gedanken, die für sie unmotiviert über sie hereinbrechen. Starke Gefühle bei ihr selber bzw. von anderen ihr gegenüber irritieren und ängstigen sie. In Abschieds- bzw. Trennungssituationen reagiert sie panisch. Zu den Eltern bestehen kaum, und wenn, dann formalisierte Kontakte. Auch andere Kontakte werden eher distanziert gehalten. Sie ist beruflich und sozial sehr engagiert und erfolgreich. Anamnestisch ist bedeutsam, daß sie im Alter von 1½ Jahren aufgrund der Nachkriegswirren für ca. 1 Jahr von der Mutter getrennt wurde und während dieser Zeit bei der Großmutter aufwuchs. Danach kam sie wieder mit der Mutter zusammen, lernte den Vater kennen und „verlor" die Großmutter, die an einem anderen Ort ihr Zuhause hatte.
Diese Grobskizze mag ausreichen, um Charakteristika unterschiedlicher Behandlungszugänge zu pointieren und zu veranschaulichen, wie vielfältig Verhalten, Kognitionen und Emotionen miteinander verwoben sind.
Das Sprechen über Erleben und Fühlen, Bedürfnisse, Wünsche und „geheime" Gedanken in Zusammenhang mit Trennungs-, Verlust- oder unstrukturierten Situationen bzw. das Mobilmachen von Erinnerungen anhand freier Assoziationsketten sind eher *kognitive* Wege, um über Einsichten neue Erfahrung, Verhaltensweisen, verändertes Erleben und damit zusammenhängende Emotionen zu stimulieren. Das geschieht beispielsweise in Psychoanalyse oder Gesprächspsychotherapie.

Die bildhafte Vergegenwärtigung einer Trennungssituation, etwa über einen hypnoiden Zustand, erlaubt möglicherweise einen direkten Zugang zu den *Emotionen* einer Konfliktsituation aus der Vergangenheit. Bisher nicht geweinte Tränen, nicht geäußerte Wut oder ähnliches können erlebt und ausgedrückt werden. Mit der Katharsis ist häufig Erleichterung verbunden. Oft ist diese Entlastung ein Wirkfaktor für eine Neuorientierung im Verhalten und Kognizieren vergleichbarer Situationen. Ein derartiges Vorgehen findet sich u. a. in der Gestalttherapie. In vergleichbarer Weise könnte allerdings auch die reale Situation der Beziehung zwischen Therapeut und Klientin, etwa vor Urlaubszeiten, zum Gegenstand der Arbeit gemacht werden. Diese Form der Übertragungs-/Gegenübertragungsaufarbeitung, wie sie aus der Psychoanalyse bekannt ist, ist ebenfalls ein direkter Behandlungszugang zu den Emotionen eines Klienten.
Doch auch über das *Verhalten* selbst kann ein Weg zur Problematik unserer Beispiel-Klientin gesucht werden. So sind das bühnendramatische Nachstellen einer depression-erzeugenden Situation, das Aufsuchen der eigenen Position in der gewählten Szenerie, das Erspüren der damit verbundenen sowie solcher Emotionen, die sich in minimalen Veränderungen der Inszenierung ergeben, sehr effektiv, um gewohntes Verhalten, Emotionen und Kognitionen in ihrem Spannungsreichtum zu erleben und so weit umzugestalten, daß Neuorientierungen und neue Erfahrungnahme wieder möglich werden. Diese Psychodrama-Technik liegt in vielfachen Variationen elaboriert vor. Doch auch reine Körperarbeit, wie sie in der Bioenergetik zur Anwendung kommt, ist in diesem Zusammenhang relevant. Der Grundgedanke ist dabei, daß psychische Spannungen sich körperlich sichtbar niederschlagen. Eine Lösung der Körperspannung durch gezielte Körperübungen bzw. Massagepraktiken läßt die mit der Spannung verbundenen Emotionen und Kognitionen frei werden. Das ermöglicht deren Expression, kognitive Verarbeitung und das Sehen von Verhaltensalternativen.

Behandlung eines Jungen mit ‚Schulangst'

Der 10jährige ist viertes und letztgeborenes Kind in der Familie. Er hat drei ältere Schwestern; die Mutter ist Hausfrau, der Vater Wissenschaftler. Das Kind soll behandelt werden wegen nächtlichen Einnässens, mit der Schule verbundenen Angstträumen und allgemeiner Schulangst, die speziell und unbegründet vom intellektuellen Vermögen des Jungen her in Verbindung mit Klassenarbeiten auftritt.
Im Sinne einer *kognitiven* Verhaltenstherapie könnten das detaillierte Durchsprechen von angstauslösenden Situationen, die Verwendung eines Klingelapparates als Stütze für die Selbstregulation beim Einnässen, ein assertives Training des Kindes sowie ein Gespräch mit dem Lehrer über ein effektives Vorbereiten von Klassenarbeiten (→ *Angst und Furcht*) dazu führen, daß sich Emotionen, Verhalten und Kognition sichtbar und prüfbar verändern.

Als gleichermaßen günstig könnte sich jedoch auch eine Spieltherapie erweisen. Mehr auf die *Emotionen* abhebend, kommt es in diesem Falle darauf an, dem Jungen eine angstfreie soziale Situation zu erstellen, in der ihm anhand vorgegebener Materialien die Möglichkeiten eingeräumt werden, innere Konflikte in ihren emotionalen, kognitiven und verhaltensrelevanten Anteilen auszudrücken und Alternativen im Verhalten, im emotionalen Erleben und den Kognitionen zu erproben.
Ein weiterer, mehr direkter Zugang zur Problematik des Kindes könnte über das *Verhalten* gewählt werden. Im systemisch-therapeutischen Arbeiten käme es darauf an, dem Kind Sicherheit und Unterstützung (Emotionen) im familiären Rahmen zu bieten. Leistungsanforderungen, Machtstrukturen, soziale und affektive Bindungen sind dabei im familiären System wie in dessen Subsystem, z. B. bei den Eltern, den Frauen/Männern der Familie usw., zu klären (Kognitionen). Neue Formen der Interaktion und Kommunikation können vorsichtig ertastet und erprobt werden (Verhalten).

Schlußfolgerungen

Die gewählten Beispiele und die skizzierten Behandlungswege sind typisch für die klinisch-psychologische bzw. psychotherapeutische Anwendungssituation schlechthin. Zwei Gründe sind dafür maßgebend: Erstens gibt es nur ungeklärte Beziehungen zwischen einer Ursache und einer Diagnose (es besteht z. B. keine eindeutige Beziehung zwischen einer bestimmten Emotion und einer spezifischen Störung und umgekehrt); zweitens gibt es nur ungeklärte Beziehungen zwischen einer Diagnose und einer Behandlung, von einer Prognose ganz abgesehen (es besteht z. B. keine eindeutige Beziehung zwischen einer bestimmten Störung bzw. Emotion und deren Behandlung und umgekehrt). Vielmehr sieht es so aus, daß eine bestimmte Konfliktsituation mit ihren emotionalen, kognitiven und verhaltensrelevanten Anteilen bei der einen Person zu einer psychischen Störung im Verhalten, in den Emotionen und/oder den Kognitionen führt, während sie bei einer anderen Person mit vergleichbar erscheinendem Sozialisationshintergrund keinerlei Spuren hinterläßt (Baumann 1981, Jüttemann 1983). Warum das so ist, ist derzeit ungeklärt.
Ferner gilt, daß Diagnose und Behandlung in einer Wechselbeziehung stehen. Jede Behandlungsmethode hat ihre eigene mehr oder weniger explizit erarbeitete Theorie zur Entstehung und Veränderung „normalen“ und „gestörten“ Verhaltens, emotionalen oder kognitiven Reagierens. Nach diesen Konstrukten werden im Behandlungsrahmen Korrespondenzen zwischen Diagnose und Intervention geschaffen, die im Sinne der Selbstprophetie bestätigt werden. Dabei finden „nicht-erfolgreiche“ Verknüpfungen nur selten Beachtung. Beim derzeitigen Stand unseres Wissens gilt, daß nahezu alle momentanen Behandlungsmodelle (vgl. Corsini 1981) in etwa zwei Drittel aller Fälle erfolgreich und in einem Drittel der Fälle erfolglos, wenn nicht gar schädigend sind. Die sich aus diesem Umstand

anbietenden Schlußfolgerungen sind zweierlei. Zum einen bieten die verschiedenartigen Behandlungsmodelle unterschiedliche Zugangswege zu den Problemen des Menschen in seiner Ganzheit, das meint gleichermaßen seinen Emotionen, Kognitionen und Verhaltensweisen, wie in den Beispielen verdeutlicht wurde. Natürlich führt die Wahl einer bestimmten Methodik zu einer bestimmten Effektkonstellation, d.h. die Klienten lernen die mit der Behandlung verbundenen Erklärungskonstrukte und wenden sie in ihren Selbstaussagen auf sich an. Das führt zwangsläufig dazu, daß optisch der Eindruck entsteht, als würden in den unterschiedlichen Behandlungen sehr verschiedenartige Prozesse stimuliert. Es macht vergessen, daß z.B. Emotionen ohne entsprechende Kognitionen und Verhalten nicht veränderbar sind und daß nicht jeder Klient auf einen bestimmten Zugangsweg zu seinen unverarbeiteten Konfliktsituationen anspricht. Diese Denkweise über psychologische Interventionsmethoden setzt sich zunehmend durch. Aus der Diskussion um die Integration verschiedenster Behandlungsmethoden wird das belegt (Petzold 1978). Des weiteren hängt das, was als behandlungswürdig angesehen und letztendlich auch behandelt wird, von einer Vielzahl an Faktoren ab: u.a. von dem Menschenbild des Psychotherapeuten, seiner Fachkompetenz und seinem mitmenschlichen Vermögen; von der Bereitschaft des Klienten, sich auf ein Behandlungskonzept einzulassen und auf dieser gemeinsamen Basis mitzuarbeiten; von der Auftragsstellung, Zeit- und Kostenbedingungen, u.v.m. Auch zu dieser Sichtweise entwickelte sich Konsens. Erfahrene Psychotherapeuten unterschiedlichster Interventionsrichtungen sind in ihren Einstellungen, Affekten und Verhaltensweisen gegenüber den Klienten sehr ähnlich und können vergleichbare Erfolgsziffern vorweisen (Gurman & Razin 1977). Als Fazit bleibt die Schlußfolgerung, daß psychotherapeutische Arbeit eher künstlerisch als wissenschaftlich kontrolliert verläuft.

Abschließend sei eine Anmerkung zur sozialen Erwartung hinsichtlich der Bedeutung der Emotionen für die Steuerung unseres Verhaltens und der Kognitionen erlaubt. Die vorstehenden Ausführungen sollten deutlich gemacht haben, daß es sich dabei um eine Verzerrung der Wahrnehmung handelt. Es liegt nahe zu mutmaßen, daß die Ursachen dafür in den verschiedenen Abstufungen des sozialöffentlichen Charakters unseres sozialen Handelns liegen. Während unser Verhalten überwiegend sozial offen liegt und kontrollierbar ist, gilt das für die Kognitionen schon weniger und in noch geringerem Ausmaß für die Emotionen. Wenn dann in einer sozialen Situation, der psychotherapeutischen Behandlung, die Aufgabe gestellt wird, in einem vom Klienten vorgegebenen Konflikt die Interdependenzen zwischen Verhalten, Kognitionen und Emotionen zu analysieren, dann muß der Analyseprozeß der Interdependenz von Verhalten, Kognition und Emotionen je nach Öffentlichkeitsausmaß unterschiedlich schwerfallen, und zwar um so schwerer, je stärker sozial nicht-öffentliche Inhalte öffentlich werden sollen. Die Ansicht, daß Emotionen das Verhalten steuern, ist eine Widerspiegelung der Problematik dieses sozialen Steuerungsprozesses zwischen Therapeut und Klient. Sie verzerrt insofern die Wahrnehmung, als das Gewicht von Verhalten, Kognitionen und Emotionen in ihrer Interdependenz für eine Störung nicht bestimmbar ist.

Literatur

Baumann, U. (Hg.): Indikation zur Psychotherapie. München: Urban & Schwarzenberg 1981.
Corsini, R. J.: Handbook of innovative psychotherapies. New York: Wiley 1981.
Gurman, A. J. & Razin, A. M.: Effective psychotherapy. Oxford: Pergamon 1977.
Heinerth, K.: Neuere psychotherapeutische Verfahren und ihre Indikation. In: Minsel, W.-R. & Scheller, R. (Hg.): Psychotherapie. München: Kösel 1980, 126–148.
Jüttemann, G.: Zur Beziehung zwischen Differentieller und Klinischer Psychologie. In: Minsel, W.-R. & Scheller, R. (Hg.): Diagnostik. München: Kösel 1983.
Michaelis, W.: Die Psychotherapieschwemme – zufällig oder zwangsläufig? In: Minsel, W.-R. & Scheller, R. (Hg.): Psychotherapie. München: Kösel 1980, 74–125.
Petzold, H. (Hg.): Themenschwerpunkt: Integrative Therapie und Agogik. Integrative Therapie 4 (1978), Heft 1.

Wolf-Rüdiger Minsel

Bewältigung

Definitorische Abgrenzung

Bewältigung (engl. *coping*) ist ein Sammelbegriff für alle Anstrengungen des Individuums, mit Konflikt- und Krisensituationen und den damit verbundenen Anforderungen „fertig zu werden". Die Art, Dauer und Intensität der Belastungen variiert inter- und intraindividuell sehr stark je nach den in den einzelnen Lebensbereichen auftretenden Stressoren und der Persönlichkeitsstruktur des unter Belastungsbedingungen stehenden Individuums. Die Bewältigungsversuche können auf die Veränderung der tatsächlichen *Belastungsursachen* oder auf die daraus resultierenden *aversiven Emotionen* wie Angst/Furcht, Ärger/Wut/Zorn, Schuld/Scham etc. ausgerichtet sein. Obwohl die Reduktion von Angst und Furcht im Vordergrund der wissenschaftlichen Untersuchungen und therapeutischen Intervention steht, ist Bewältigung im Sinne der Streßforschung (→ *Streß*) keineswegs identisch mit Angstbewältigung. Nach Auffassung der neueren Streßforschung (u. a. Lazarus & Launier 1978, Nitsch 1981; zusammenfassend Laux 1983) wird unter Bewältigung das gesamte Spektrum von verhaltensmäßigen, physiologisch-endokrinologischen und intrapsychischen (kognitiven und erlebnismäßigen) Reaktionen und Prozessen verstanden, das eine Person zur Ausschaltung, Verhinderung oder Reduktion von Stressoren einsetzt bzw. das die Anpassung (Adaptation) an diese Stressoren ermöglicht.
In dieser Umschreibung sind zwei wesentliche Elemente der *coping*-Forschung enthalten, die *Mehrebenenbetrachtung* (Verhalten, Erleben, Physiologie) sowie

die Auffassung, daß Bewältigung *selbst-* und *umweltverändernde* Prozesse einschließt. Die Abgrenzung gegenüber dem sonstigen Verhalten und Erleben einer Person wird darin gesehen, daß Bewältigungsverhalten nur dann auftritt, wenn eine Situation für die physische und/oder psychische Integrität als bedrohlich eingeschätzt wurde (→ *Angst,* → *Streß*) und adaptive Verhaltensformen wie Flucht, Vermeidung und Anpassung nicht zur Verfügung stehen bzw. nicht mehr routinemäßig eingesetzt werden können, um die Ursachen der Bedrohung auszuschalten. Als weitere Unterscheidungsmerkmale zwischen der streßfreien Adaptation und Bewältigung sind u. a. zu nennen: die externen oder internen Anforderungen in Belastungssituationen sind häufig nicht eindeutig identifizierbar, die Angemessenheit möglicher Bewältigungsstrategien ist vorher oft nur schwer abzuschätzen, und die mittel- und langfristigen Konsequenzen der Bewältigung sind häufig kaum vorhersagbar (Filipp 1981, Ulich 1982). Lazarus und Launier (1978, S. 311) haben eine akzeptable Definition von Bewältigung vorgeschlagen, die von vielen Streßforschern übernommen wurde: „Coping besteht aus allen Anstrengungen – sowohl verhaltensorientierten, als auch intrapsychischen –, die externen und internen Anforderungen und Konflikte zu bewältigen (d. h. zu meistern, tolerieren, reduzieren oder minimieren), die die Ressourcen eines Individuums belasten oder übersteigen.“

Inhaltlich-konzeptuelle Einordnung

Das Bewältigungskonzept wird auf alle Arten von belastenden Situationen übertragen, unabhängig davon, ob die Belastungsursachen stärker in der Person (internal) oder stärker in der Situation (external) begründet sind. Als Belastungssituationen können alle Situationen gelten, in denen die Person eine *Diskrepanz* zwischen externen oder internen *Anforderungen* (demands) und eigenen *Fähigkeiten, Kompetenzen bzw. Ressourcen* erlebt, unabhängig davon, ob eine solche Diskrepanz objektiv besteht (→ *Streß,* sowie Laux 1983). Als weitere Determinante der Entstehung von Streß und Bedrohung sind die weitreichenden Konsequenzen, die aus der erlebten Diskrepanz für die Person entstehen, zu nennen.
Bei der Einordnung des Bewältigungsverhaltens unter übergeordnete Konzepte wie Adaptation, Problem-Lösung und Regulation zeigen sich deutliche Auffassungsunterschiede der einzelnen Forschungsgruppen in diesem Bereich. Wenn Streßbewältigung als *Problem-Lösungsverhalten* konzeptualisiert wird, wie z. B. bei Haan (1977) und Lazarus und Launier (1978), so steht der kognitive, informationssuchende und -verarbeitende Prozeß bei der Planung, Ausführung und Bewertung der Handlungsalternativen im Vordergrund der empirischen und theoretischen Analyse. Schönpflug (1979) und Schulz (1982) fassen Bewältigungsverhalten dagegen als *Regulationsvorgang* auf, der eine Auslenkung eines organismusinternen Gleichgewichts oder eine Störung der Person-Umwelt-Passung durch *externale* (motorische bzw. verbale) oder *internale* (kognitive) Aktivitäten beseiti-

gen soll. White (1974) subsumiert *coping* unter das Konzept der *Adaptation* und betont somit die Anpassungsfunktion der Bewältigungsanstrengungen innerhalb der Person-Umwelt-Interaktionen. White unterscheidet *mastery, coping* und *defense* als drei Unterkategorien adaptiven Verhaltens. *Mastery* bezieht sich auf streßfreie, überwiegend lustbetonte Interaktionen; *coping* tritt bei mittlerem bis höherem Belastungsgrad mit deutlicher Herausforderung an die Person auf, wobei Bewältigungsmuster auf behavioraler und/oder kognitiver Ebene zur Verfügung stehen, deren Effektivität und Konsequenzen im voraus jedoch schwer vorhersagbar sind. Abwehrprozesse *(defenses)* wie Rationalisierung, Intellektualisierung, Projektion (vgl. Haan 1977) werden bei hoher bis sehr hoher Bedrohung eingesetzt, bei der die Person im Gegensatz zur Bewältigung zu einer aktiven Auseinandersetzung mit den externen oder internen Belastungsursachen nicht mehr in der Lage ist. Eine Unterscheidung zwischen realitätsbeachtenden, flexiblen und zielgerichteten Bewältigungsprozessen und realitätsverzerrenden, rigiden Abwehrprozessen im Sinne tiefenpsychologischer Abwehrmechanismen ist u. a. von Haan (1977) und Prystav (1981) versucht worden.

Braukmann und Filipp (1983) haben neuerdings in einer kritischen Auseinandersetzung mit dem Stand der *coping*-Forschung auf bestehende terminologische und inhaltlich-konzeptuelle Unklarheiten hingewiesen. In Anlehnung an French, Rodgers und Cobb (1974) sprechen sie von Meisterung (*mastery*), wenn eine Person verändernd in die Umwelt eingreift, ohne sich selbst zu verändern, von Bewältigung, wenn sowohl umwelt- als auch selbstverändernde Maßnahmen ergriffen werden und schließlich von Abwehr, wenn weder in der Person noch in der Umwelt Veränderungen vollzogen werden, sondern lediglich eine Wahrnehmungsverzerrung stattfindet. In allen drei Fällen ist die Wiederherstellung eines gestörten *Passungsgefüges* zwischen Person und Umwelt (*person-environment-fit*) das Ziel der adaptiven bzw. regulativen Bemühungen des Individuums. Bei der Meisterung und Bewältigung ist diese Person-Umwelt-Passung durch auto- oder alloplastische Prozesse wiederhergestellt. Bei der Abwehr ist dieses Verhältnis jedoch unverändert, lediglich die subjektiv wahrgenommene Bedrohung ist temporär durch die verzerrte Wahrnehmung reduziert. In vielen kritischen und belastenden Lebenssituationen (z. B. schwere Krankheiten, Verlust einer wichtigen Person), in denen eine Veränderung der „objektiven" Situation nicht oder nur schwer möglich ist und eine Anpassung an diese Situation nur mit hohen psychischen und physischen „Kosten" erzielt werden könnte, erscheint der Einsatz von Abwehrmechanismen als zumindest zeitweise sinnvolle tiefenseelische Strategie (Filipp 1981).

Unabhängig von diesen unterschiedlichen theoretischen Einordnungen besteht in der psychologischen *coping*-Forschung weitgehend Einigkeit darüber, daß Bewältigung alle Anstrengungen auf *behavioraler* und *intrapsychischer* Ebene umfaßt, die auf die Ausschaltung, Reduktion oder Vermeidung der belastenden Bedingungen bzw. auf die Anpassung an diese Bedingungen ausgerichtet sind. Dabei kommen *umweltverändernde* (z. B. Arbeitsplatzgestaltung) und *selbstverändernde* Maßnahmen (z. B. Entspannung, Umwertung, Einstellungsänderung) in Frage, gleichgültig, ob es sich um kurz-, mittel- oder langfristige Prozesse handelt und ob diese durch Effizienz bzw. Effektivität gekennzeichnet sind. Kein Konsens besteht dagegen bei folgenden Fragen:

1. ob Bewältigungsmuster eher als *zeitlich invariante Dispositionen* oder als *Zustandsvariablen* aufzufassen sind (*state-trait*-Problematik),
2. welche *coping*-Dispositionen bei der *trait*-Auffassung zu berücksichtigen wären; z. B. empfehlen Krohne und Rogner (1982) die *coping*-Dimension *repression-sensitization,*
3. an welchen Kriterien die *Effektivität* von Bewältigungsprozessen zu bestimmen ist und
4. welche *person-* und *situationsspezifischen* Merkmale für die Selektion und Anwendung eines Bewältigungsmusters in einer Belastungssituation verantwortlich sind.

Lazarus und Launier (1978) nennen z. B. folgende vier Determinanten für die Selektion eines Bewältigungsmusters:

1. Grad der Unvorhersagbarkeit der Stressoren,
2. Grad der Bedrohung,
3. Vorliegen von Konflikten,
4. Grad der Hilflosigkeit.

Bewältigungsmuster und deren Operationalisierung

Die Vielfalt der menschlichen Bewältigungsmuster kann nach folgenden Aspekten eingeteilt werden:

1. Unterscheidung nach der Reaktionsebene, auf der sich die Bemühungen manifestieren,
2. Unterscheidung nach der Dauer der Anstrengungen (unmittelbares, spontanes, kurzfristiges *coping* gegenüber langfristigem, zielgerichtetem *coping*),
3. Unterscheidung nach dem Zeitpunkt der Auseinandersetzung mit den Stressoren (Antizipations-, Konfrontations- und Entspannungsphase),
4. Unterscheidung nach der Effektivität der Bewältigung,
5. Unterscheidung nach situations- und selbstverändernden Strategien,
6. Unterscheidung nach der Ähnlichkeit mit grundlegenden Emotionsarten (Kellerman 1980).

Eine theoretische Einteilung von Lazarus und Launier (1978) unterscheidet zwischen *vier coping*-Arten (Informationssuche, direkte Handlung, Unterlassen der Handlung, intrapsychische Prozesse), die grundsätzlich *selbst-* oder *situationsverändernd, instrumentell* (problem-orientiert) oder *emotionsregulierend* eingesetzt werden können. Eine systematische Darstellung einer Taxonomie von Bewältigungsarten findet sich bei Schulz (1982). Er unterscheidet zwischen zwei Klassen von Bewältigungsstrategien, solchen zur *Verbesserung der Handlungsregulation* und solchen zur *Beeinflussung der Bewertungsprozesse.* Bei jeder Strategie werden vier unterschiedliche Bewältigungsarten differenziert (zwei person- und zwei umweltorientierte), die *vor, während* oder *nach* dem Ereignis eingesetzt werden können.

Als Maßnahmen zur Verbesserung der Handlungsregulation nennt Schulz:

1. Verbesserung der Handlungskompetenz,
2. Beeinflussung der körperlichen Leistungsvoraussetzungen,
3. Verbesserung der Handlungskompetenz von Bezugspersonen,
4. Veränderung der äußeren Handlungsbedingungen.

Es ist ersichtlich, daß die Maßnahmen (1) und (2) auf die handelnde Person selbst, die Maßnahmen (3) und (4) auf die materielle oder personale Umwelt ausgerichtet sind.

Empirische Klassifikationsansätze aufgrund von Fragebögen liegen zwar seit einigen Jahren vor, jedoch noch nicht in inhaltlich und testtheoretisch überzeugender Form (u. a. Boucsein, Erdmann, Janke & Albrecht 1978, Gleser & Ihilevich 1969, Janke, Erdmann & Boucsein 1978, Haan 1977, Houston 1977, Krohne 1974, Plutchik, Kellerman & Conte 1979, vgl. zusammenfassend Prystav 1981). Haan (1977) erfaßt 10 Bewältigungs- und 10 Abwehrmechanismen mit Fragebogen von 31 bis 45 Items je Dimension. Plutchik, Kellerman und Conte (1979) messen in ihrem *life style index* acht Abwehrstile mit 138 Items. Mit dem Defense Mechanism Inventory (DMI) von Gleser und Ihilevich (1969) können fünf Abwehrmechanismen (Wendung gegen das Objekt, Wendung gegen das Subjekt, Projektion, Intellektualisierung, Verleugnung) in zehn Belastungssituationen gemessen werden. All diese Verfahren, auch das von Houston (1977), weisen mehr oder weniger gravierende testtheoretische, methodische oder inhaltlich-konzeptuelle Mängel auf und beziehen sich ausschließlich auf die Erfassung von Abwehrmechanismen, was ihre Verbreitung bei klinisch-psychologischen Fragestellungen erklärt. Im deutschsprachigen Bereich ist der Streßverarbeitungsfragebogen (SVF) von Janke, Erdmann und Boucsein (1978) mit 16 bzw. neuerdings 19 Copingdimensionen (Bagatellisierung, Vermeidung und Flucht, Selbstbeschuldigung, Aggression nach außen, gedankliche Weiterbeschäftigung, Selbstbemitleidung, Resignation, soziale Abkapselung, Ersatzbefriedigung, Ablenkung, körperliche Symptome, Bedürfnis nach Aussprache, Projektion, Intellektualisierung, Einnahme von Pharmaka und Genußmitteln, Selbstaufwertung) und 128 fünfstufig skalierten Items das einzige Verfahren zur mehrdimensionalen Messung habitueller, situationsunspezifischer Bewältigungsmuster. Neben der deutschen Adaption des R-S Fragebogens von Krohne (1974), der das Konstrukt Repression – Sensibilisierung eindimensional und bipolar erfaßt und insgesamt befriedigende Reliabilitäts- und Validitätsnachweise erbracht hat, ist der SVF aufgrund der Mehrdimensionalität das derzeit wohl wichtigste Fragebogen-Verfahren.

Innerhalb der neueren Belastungs-Beanspruchungsforschung kommt der systematischen Deskription, Prognostik und therapeutischen Modifikation solcher Bewältigungsmuster in allen Situationen mit Konflikt-, Krisen- und Anforderungscharakter eine zentrale Bedeutung zu, da von Erfolg und Aufwand (Kosten-Nutzen-Relation) dieser Anstrengungen häufig *Verhaltens-* und *Erlebensveränderungen* sowie *Krankheitsprozesse,* insbesondere psychosomatischer Art, abhängig sind (→ *Streß,* → *Hilflosigkeit,* → *Krankheit und Emotion*). Daraus ergibt sich die psychohygienische und gesundheitspolitische Bedeutung dieser Fragestellungen. Aus dem Stand der gegenwärtigen Forschung und Diskussion in diesem Bereich ergeben sich zusammenfassend folgende Tendenzen:

1. Bewältigungsmuster auf mehreren Manifestationsebenen und zu mehreren Meßzeitpunkten, d. h. prozeßorientiert zu erfassen (Fahrenberg, Walschburger, Förster, Myrtek & Müller 1979, Fahrenberg 1982),
2. Bewältigungsmuster als Folge einer Interaktion von bedeutsamen Personen- und Situationsvariablen zu verstehen und dafür die adäquaten Meßinstrumente zu entwickeln (Lazarus, Kanner & Folkmann 1980),
3. Bewältigung in natürlichen Situationen und nicht nur unter Laborbedingungen zu studieren (Vorteil: größere Generalisierbarkeit und praktische Relevanz; Nachteil: geringere experimentelle Kontrolle),
4. die Entwicklung und Modifizierbarkeit von Bewältigungsmustern in Relation zu kognitiven Strukturen (Werthierarchien, Einstellungen etc.) zu untersuchen,
5. eine Handlungstheorie zu entwickeln, die als theoretischer Bezugsrahmen für die Analyse von Bewältigungsvorgängen gelten könnte und in der die Mehrdimensionalität, zeitliche Dauer und Reaktionsmusterprobleme berücksichtigt werden (u. a. Mandl & Huber 1983).

Literatur

Boucsein, W., Erdmann, G., Janke, W. & Albrecht, D.: Der Belastungsfragebogen, Bela. Ärztliche Praxis 37 (1978), 1172–1173.

Braukmann, W. & Filipp, S.-H.: Strategien und Techniken zur Lebensbewältigung. In: Baumann, U., Berbalk, H. & Seidenstücker, G. (Hg.): Klinische Psychologie. Trends in Forschung und Praxis, Bd. 6. Bern: Huber 1983.

Fahrenberg, J.: Probleme der Mehrebenenbeschreibung und Prozeßforschung. Freiburg: Forschungsbericht Nr. 8, 1982.

Fahrenberg, J., Walschburger, P., Förster, F., Myrtek, M. & Müller, W.: Psychophysiologische Aktivierungsforschung. Ein Beitrag zu den Grundlagen der multivariaten Emotions- und Streßforschung. München: Minerva 1979.

Filipp, S.-H.: Ein allgemeines Modell für die Analyse kritischer Lebensereignisse. In: Filipp, S.-H. (Hg.): Kritische Lebensereignisse. München: Urban & Schwarzenberg 1981, 3–32.

French, J. R., Rodgers, W. & Cobb, S.: Adjustment as person-environment fit. In: Coelho, G. V., Hamburg, D. A. & Adams, J. E. (eds.): Coping and adaptation. New York: Basic Books 1974, 316–333.

Gleser, G. C. & Ihilevich, D.: An objective instrument for measuring defense mechanisms. Journal of Consulting and Clinical Psychology 33 (1969), 51–60.

Haan, N.: Coping and defending. Processes of self-environment organization. New York: Academic Press 1977.

Houston, K. B.: Open ended and structured questionnaires to elicit informations concerning coping behavior. Unpubl. manuscript. Psychological Clinic University of Kansas. Lawrence/Kansas 1977.

Janke, W., Erdmann, G. & Boucsein, W.: Der Streßverarbeitungsfragebogen. Ärztliche Praxis 38 (1978), 1208–1210.
Kellerman, H.: A structural model of emotion and personality: Psychoanalytic and sociological implications. In: Plutchik, R. & Kellerman, H. (eds.): Emotion. Theory, research, and experience. New York: Academic Press 1980, 349–384.
Krohne, H. W.: Untersuchungen mit einer deutschen Form der Repression-Sensitization-Skala. Zeitschrift für Klinische Psychologie 3 (1974), 238–260.
Krohne, H. W. & Rogner, J.: Repression-sensitization as a central construct in coping research. In: Krohne, H. W. & Laux, L. (eds.): Achievement, stress, and anxiety. Washington, D. C.: Hemisphere 1982, 167–193.
Laux, L.: Psychologische Streßkonzeptionen. In: Thomae, H. (Hg.): Theorien und Formen der Motivation. Göttingen: Hogrefe 1983, 453–535.
Lazarus, R. S., Kanner, A. D. & Folkman, S.: Emotion: A cognitive-phenomenological analysis. In: Plutchik, R. & Kellerman, H. (eds.): Emotion. Theory research, and experience. New York: Academic Press 1980, 189–217.
Lazarus, R. S. & Launier, R.: Stress-related transactions between person and environment. In: Pervin, L. A. & Lewis, M. (eds.): Perspectives in interactional psychology. New York: Plenum 1978, 287–327.
Mandl, H. & Huber, G. L.: Theoretische Grundpositionen zum Verhältnis von Emotion und Kognition. In: Mandl, H. & Huber, G. L. (Hg.): Emotion und Kognition. München: Urban & Schwarzenberg 1983, 1–60.
Nitsch, J. R.: Möglichkeiten und Probleme der Streßkontrolle. In: Nitsch, J. R. (Hg.): Streß. Theorien, Untersuchungen, Maßnahmen. Bern: Huber 1981, 565–575.
Plutchik, R., Kellerman, H. & Conte, H. R.: A structural theory of ego defenses and emotions. In: Izard, C. (ed.): Emotions in personality and psychopathology. New York: Plenum 1979, 229–257.
Prystav, G.: Psychologische Copingforschung: Konzeptbildungen, Operationalisierungen, Meßinstrumente. Diagnostica 26 (1981), 189–214.
Schönpflug, W.: Regulation und Fehlregulation im Verhalten. I, Verhaltensstruktur, Effizienz und Belastung – theoretische Grundlagen eines Untersuchungsprogramms. Psychologische Beiträge 21 (1979), 174–202.
Schulz, P.: Strategien zur Bewältigung von Streß. In: Höfert, W. & Frese, M. (Hg.): Streßpräsentation. Heidelberg: Quelle & Meyer 1983 (im Druck).
Ulich, D.: Das Gefühl. Eine Einführung in die Emotionspsychologie. München: Urban & Schwarzenberg 1982.
White, R. W.: Strategies of adaptation: An attempt at systematic description. In: Coelho, G. V., Hamburg, D. A. & Adams, J. E. (eds.): Coping and adaptation. New York: Basic Books 1974, 47–68.

Günther Prystav †

Beeinflussung von Emotionen

Die Änderung emotionalen Befindens ist wohl das häufigste Ziel, mit dem Menschen psychotherapeutische Hilfe aufsuchen. Das Wissen um Wirksamkeit und Grenzen von Strategien zur Beeinflussung von Emotionen stellt daher eine wichtige Grundlage therapeutischen Vorgehens dar.

Emotionen lassen sich als komplexe Reaktionsmuster auf äußere Situationen und innere Auslöser, wie Wahrnehmung, Kodierung und Bewertung der Situation und physiologisch-endokrine Prozesse begreifen, stellen aber darüber hinaus selbst Auslöser für zielgerichtetes Verhalten (bzw. sein Ausbleiben) dar. Emotionen können auf drei Ebenen beobachtet werden, als somatische Reaktion (z. B. Herzschlag), als verbaler Bericht über inneres Erleben (z. B. Angst) und als sichtbares Verhalten (z. B. Flucht), die auch die Ansatzpunkte für Veränderungsversuche darstellen. Hier muß zwischen *Ziel* und *Weg* unterschieden werden: Das gemeinsame *Ziel* der Änderung emotionalen Befindens kann generell über die *Wege* der Änderung im Verhalten, der kognitiven Verarbeitung oder einer Beeinflussung somatischer Prozesse angestrebt werden. Abb. 1 zeigt eine schematische Darstellung prinzipieller Änderungsziele:

	E m o t i o n	
	positiv	negativ
Aufbau	z. B. Selbstvertrauen, Zufriedenheit	z. B. Wahrnehmung berechtigten Ärgers
Abbau	z. B. Abhängigkeit von Alkohol	z. B. Angst, Depression

Abb. 1. Schematische Darstellung prinzipieller Änderungsziele.

Auch wenn die meisten Menschen als Ziel emotionaler Weiterentwicklung den Abbau negativer Gefühle angeben, macht Abb. 1 deutlich, daß vier Zielrichtungen existieren können, nämlich Abbau oder Intensivierung positiver oder negativer Emotionen. Beispiele finden sich in den weiteren Ausführungen.

Weshalb versuchen Menschen, ihre Emotionen zu ändern?

Ohne Anspruch auf Vollständigkeit können folgende typische Probleme unterschieden werden:

Auf der *somatischen Ebene* kann die Erregung als belastend erlebt werden („Wenn ich eine Rede halten muß, schlägt mir das Herz bis zum Hals!") und kann Leistungen behindern („In der Prüfung fällt mir dann nichts mehr ein.") oder andere positive Emotionen blockieren (z. B. Entspannung oder sexuelle Gefühle). Im Sinne der Abbildung ließen sich hier als Ziele der Abbau der Angst und die Intensivierung entspannten Wohlbefindens formulieren. Zudem können Körperreaktionen und inneres Erleben auseinanderfallen („Ich bin völlig verspannt, weiß aber nicht, warum.").

Auf der *kognitiven Ebene* finden sich Unsicherheiten in der Wahrnehmung und Benennung der Emotionen („Ich ärgere mich eigentlich nie."). Diese Unfähigkeit

der Benennung und des Ausdrucks von Gefühlen (Alexithymie) wird mit der Entstehung psychosomatischer Probleme in Verbindung gebracht. Emotionen können der realen Gefährlichkeit einer Situation nicht entsprechen (z. B. Angst vor Fahrstühlen). Oder sie werden von der Person als unangemessen abgelehnt („Ich finde es schlimm, daß ich so wütend bin."). Aber auch das Fehlen bestimmter Emotionen kann beklagt werden („Meine Frau tut alles für mich, aber ich habe ihr gegenüber keine positiven Gefühle mehr."). Allgemein leiden viele Menschen darunter, Entscheidungen mehr aufgrund vernünftiger, rationaler Überlegungen zu fällen, und erleben dies als innere Leere („Ich fühle mich wie eine Maschine.").
Auf der *Verhaltensebene* fehlen vielen Menschen die Kenntnisse, wie sie mit ihren Gefühlen umgehen sollen („Was kann ich tun, wenn ich mich über sie ärgere?"). Weil sie Gefühle als irrational, intensiv und willentlich schwer steuerbar ansehen, führen sie sie als Entschuldigung für ein Verhalten an, das sie selbst ablehnen („Ich war so wütend bzw. verzweifelt. Nur deshalb habe ich . . ."). Nach Umfragen schätzen sich 80% der Bevölkerung so ein, daß sie gelegentlich zu schüchtern sind, um ihre Gefühle anderen Menschen mitzuteilen (Zimbardo 1979).
Im Einzelfall kommen oft mehrere dieser Aspekte zusammen. Dabei wird deutlich, daß sich die Ebenen gegenseitig beeinflussen. So wurde z. B. bei Depression ein enger Zusammenhang zwischen der Menge positiver, sinnvoll erlebter Aktivitäten und depressiven Verstimmungen gefunden (Hoffmann 1976). Zudem fand Teasdale (1983) eine Wechselwirkung zwischen negativen Gedanken und selbsteingeschätzter depressiver Stimmung.

Ein kurzer *historischer Überblick* über psychotherapeutische Verfahren soll unterschiedliche Ansatzpunkte der Beeinflussung von Emotionen verdeutlichen:
In der *Psychoanalyse* von Sigmund Freud und ihren verschiedenen Weiterentwicklungen wird versucht, wichtige emotionale Reaktionen individualgeschichtlich zurückzuverfolgen und mit entscheidenden Kindheitserlebnissen in Verbindung zu bringen (→ *Psychoanalytische Ansätze*). Auf diese Weise wird die Sicht vermittelt, daß aktuelle Emotionen Wiederholungen früherer Themen und unverarbeiteter unbewußter Konflikte sind. Heilung bzw. Änderung wird jedoch nicht nur aus der Erkenntnis dieser Zusammenhänge erwartet, sondern vielmehr durch emotionales Nacherleben und Durcharbeiten der Gefühle in ihrer Übertragung auf den Analytiker (Larbig 1983). Neuere Therapieformen wie z. B. die *Urschrei-Therapie* nach Janov oder die *Bioenergetik* nach Lowen versuchen, diesen oft langwierigen Prozeß abzukürzen, indem Abwehrhaltungen schneller durchbrochen und ein intensives Durchleben der Gefühle (Katharsis) angestrebt wird (Revenstorf 1982). Eine wissenschaftliche Überprüfung der letztgenannten Verfahren steht noch aus.
Die *klientenzentrierte Gesprächspsychotherapie* nach Rogers ist ein gegenwartsbezogener Ansatz und geht davon aus, daß jeder Mensch die prinzipielle Möglichkeit zur persönlichen Weiterentwicklung in sich trägt (Selbstaktualisierung). Dies wird durch intensive Gespräche über die gegenwärtigen, oft unklaren Gefühle sehr erleichtert. Diese Gespräche sollen dadurch gekennzeichnet sein, daß der Ge-

sprächspartner der Person gegenüber bedingungslose Wertschätzung zeigt, selbst kongruent und in engem Kontakt mit den eigenen Gefühlen ist und versucht, sich empathisch in die Gefühle seines Gegenübers einzufühlen und dies mitzuteilen. Er meidet dabei Bewertungen und sucht ein verständnisvolles, akzeptierendes Klima zu schaffen (Bommert 1978). Sicherlich sind diese Bedingungen in vielen Gesprächen notwendig, können aber bei vielen Störungen nicht als hinreichend angesehen werden.

Die *Verhaltenstherapie* als der bisher am intensivsten untersuchte Ansatz sieht emotionales Leiden als Ergebnis ungünstiger Lernerfahrungen (→ *Lerntheoretische Ansätze*). Auf der Basis einer detaillierten Problemanalyse strebt sie systematisch Neuerfahrungen an und versucht mit dem Klienten eine gegenwarts- und zukunftsbezogene gemeinsame Problemlösearbeit. Dabei kommen u. a. Verfahren der klassischen Konditionierung und der Habituation (z. B. bei der Angstbewältigung, Birbaumer 1977), des Lernens am Erfolg und am Modell (z. B. beim Aufbau sozialer Kompetenz, Ullrich, Ullrich, Grawe & Zimmer 1980) und der kognitiven Umstrukturierung (z. B. bei der Modifikation depressionsfördernder Gedanken; Beck, Rush, Shaw & Emery 1981) zum Einsatz. Neben dem Abbau problematischer Verhaltensmuster spielt der Aufbau positiver Alternativen eine entscheidende Rolle (z. B. Aufbau sozial kompetenten Verhaltens oder positiver selbstbewertender Reaktionen, Rötzer 1983). Denn Verhaltenstherapeuten erwarten, daß über die therapeutische Beziehung hinaus reale Erfolgserlebnisse für eine dauerhafte Änderung des Befindens notwendig sind (Baade, Borck, Koebe & Zumvenne 1980, Kanfer & Goldstein 1977, Zimmer 1983).

Wir können an dieser Stelle nicht detaillierter auf die verschiedenen Konzepte zur Genese eingehen, die es auch zu spezifischen Störungsbildern gibt (zur Übersicht: Davison & Neale 1979). Wichtig erscheint uns, daß über die Entstehung der Probleme hinaus meist problematische Lösungsversuche zu finden sind, die als aufrechterhaltende Bedingungen angesehen werden müssen.

Was sind verbreitete Lösungsversuche, die als ungünstig angesehen werden müssen?

Auf der *somatischen Ebene* sind v. a. Versuche zu nennen, negative Emotionen – wie Angst oder Depression – durch Konsum von Alkohol oder Drogen zu überdecken. Auf Dauer werden große zusätzliche Probleme geschaffen, die von psychischer bis zu körperlicher Abhängigkeit reichen. Auch wenn die Wirksamkeit bzw. Notwendigkeit von Psychopharmaka bei umgrenzten Störungsbildern unbestritten ist, muß doch auch hier auf die Gefahr von Abhängigkeiten aufgrund der leichten Zugänglichkeit und oft verantwortungslosen Einnahme hingewiesen werden (→ *Pharmaka und Emotionen*).

Auf der *kognitiven Ebene* können folgende Aspekte genannt werden: Eine übertriebene Beobachtung körperlicher Reaktionen kann zum Problem werden. So kann z. B. die ängstliche Erwartung von Angstsymptomen eben diese hervorrufen oder die Angst vor Ausbleiben sexueller Erregung eben diese blockieren (→ *Angst*, → *Kognitionstheoretische Ansätze*). Zu einem ähnlichen Kreisprozeß kann die Aufmerksamkeitsverschiebung eines Depressiven auf negative Ereignisse führen (depressive Stimmung, selektive Wahrnehmung von Mißerfolgen, z. B. „Mein Gruß wurde nicht erwidert", Rückzugsverhalten, Verschlechterung der Stimmung aufgrund reduzierter positiver Kontakte). Zusätzlich können überhöhte Zielvorstellungen Enttäuschungen und Selbstabwertungen verursachen („Ich will nie mehr Angst haben."; „Ich möchte so sein, daß mich alle Leute mögen."). Falsche „Wenn-dann"-Relationen zwischen Emotion und Verhalten können konstruktive Lösungen verhindern. (Beispiele sind: „Wenn ich Angst habe, muß ich die Situation fliehen oder vermeiden!"; „Wenn ich mich depressiv fühle, kann ich überhaupt nichts tun.") Meist zum Scheitern verurteilt sind Versuche, Emotionen auf direktem Wege zu erzwingen (z. B. Zuneigung) oder zu unterbinden („Ich bin eifersüchtig, wenn meine Frau mit einem anderen schläft. Ich will aber, daß es mir nichts ausmacht."). Oft werden beim Kampf gegen die eigenen Gefühle wichtige Bedürfnisse übergangen. Werden bestimmte Gefühle über längere Zeit nicht zugelassen (z. B. Ärger), kann dies dazu führen, daß eine Person ständig nach alternativen Erklärungen für eine Situation suchen muß, bis sie z. B. den eigenen Ärger kaum mehr benennen kann und nur noch diffuse Unzufriedenheit erlebt oder gar psychosomatische Beschwerden entwickelt.

Auf der *Verhaltensebene* finden sich unterschiedliche Vermeidungsstrategien, mit denen ein Individuum einer Auseinandersetzung mit der als unangenehm erlebten Emotion aus dem Weg zu gehen versucht (so kann z. B. die Flucht in die Arbeit gewählt werden, um Enttäuschungen zu vergessen).

Ein wichtiger Verhaltensaspekt liegt oftmals in einer mangelnden sozialen oder kommunikativen Kompetenz, die offenen Ausdruck und konstruktive Gespräche über Gefühle verhindert. Viele Menschen leiden darunter, wagen aber nicht, das Risiko einzugehen, sich anderen mitzuteilen und positive („Ich mag Dich.") oder negative Emotionen („Mich stört an Dir . . .") in das Gespräch einzubringen. Beziehungen können aber auch belastet werden, wenn Gefühle immer unmittelbar und unverarbeitet mitgeteilt werden und dabei die Verfassung und Aufnahmebereitschaft des Gegenübers nicht angemessen berücksichtigt werden.

Wirksame Verfahren zur Änderung von Emotionen

Die im folgenden dargestellten Prinzipien gehen auf systematische Forschungen und klinische Erfahrungen zurück. Wenn sie an dieser Stelle recht allgemein gehalten werden, darf nicht vergessen werden, daß es für eine Reihe spezifischer Probleme verschiedene, ebenso spezifische therapeutische Verfahren gibt, auf die wir hier nicht näher eingehen können. In jedem Fall muß in einer detaillierten *Bedingungsanalyse* geklärt werden, was die äußeren Auslöser und Bedingungen sind, welche physiologischen Reaktionen ausgelöst werden, wie die Person die Situation und ihre körperlichen Reaktionen wahrnimmt und bewertet, welche Auswirkungen dies für ihre Selbstbewertung hat und welche Verhaltensweisen ihr im Umgang mit der Situation zur Verfügung stehen. Eine Klärung kann in einem gemeinsamen Gespräch und durch gezielte Selbstbeobachtung erfolgen. Dabei werden auch möglicherweise bestehende ungünstige Lösungsversuche deutlich.

Auf der *somatischen Ebene* kann die allgemeine körperliche Verfassung durch Medikamente, Entspannungsverfahren oder Fitness-Trainingsprogramme verbessert werden. Hier kann Biofeedback als Rückmeldung körperlicher Abläufe (z. B. Herzschlag oder Muskelanspannung) eine Hilfe zur Selbstregulation sein (→ *Psychophysiologische Ansätze*). Eine unangemessene physiologische Erregung (z. B. bei Angst) kann durch Gewöhnung (Habituation) an die Reize (z. B. Fahrstühle) oder durch die gezielte Paarung mit Entspannungsreaktionen abgebaut werden. Die emotionale Bedeutung von Reizen kann weiterhin durch Koppelung verschiedener Reize im Sinne einer klassischen Konditionierung verändert werden. So können zu positiv bewertete Reize (z. B. Alkohol) durch Koppelung mit aversiven Reizen (z. B. Übelkeitsfantasie) neutralisiert und bislang neutrale oder aversive Reize (z. B. die Fantasie heterosexueller Kontakte anstelle von Pädophilie) durch Koppelung mit positiven (z. B. Orgasmus) eine positive Bedeutung erlangen.

Auf der *kognitiven Ebene* liegt eine Voraussetzung für weitere Schritte zunächst im bewußten und intensiven Erleben der Emotionen und einer Klärung der beteiligten Gedanken und Selbstgespräche. Um dies zu erreichen, kann die Beobachtung körperlicher Reaktionen (z. B. Verspannung, Haltung, mimischer Ausdruck) und einer Selbstbeobachtung von Gedanken in kritischen Situationen (Beck, Rush, Shaw & Emery 1981) ebenso hilfreich sein wie Verfahren der Entspannung oder Übungen in der Fantasie (Borcovec & Grayson 1980, Lazarus 1980). Die Bearbeitung konkreter emotionaler Probleme kann erleichtert werden, wenn eine Person zunächst einmal allgemein akzeptieren lernt, auch negative Gefühle zu haben („Ich darf auch mal ärgerlich bzw. traurig sein.“) und Ambivalenzen zu ertragen („Ich kann mich über jemanden ärgern, auch wenn ich ihn sehr gerne habe.“). Kognitive Änderungsstrategien (Ellis 1977) können dann auf eine Neueinschätzung der auslösenden Situation („Vielleicht ist meine Angst hier unbegründet.“), des eigenen Verhaltens („Stille Wasser sind tief.“) oder auf eine Neubewertung von Konsequenzen abzielen („Ich kann es verkraften, auch einmal abgelehnt zu werden.“) (→ *Kognitionstheoretische Ansätze*). Dabei müssen oft Ziele und Kriterien für Selbstbewertung geändert werden („Ich muß nicht perfekt sein. Ich darf auch mal einen Fehler machen!“). Auf dieser Basis kann es gelingen, mit einer „Trotzdem“-Haltung an Probleme heranzugehen („Obwohl ich Angst habe, laufe ich nicht weg.“ „Auch wenn ich mich depressiv fühle, werde ich versuchen, jetzt etwas für mich zu tun.“).

Auf der *Verhaltensebene* liegt ein entscheidender Aspekt darin, mit wichtigen Bezugspersonen klärende Gespräche zu suchen und zu lernen, die eigenen Gefühle auf eine Art mitzuteilen, die ehrlich ist, Ambivalenzen nicht unterschlägt, aber nicht so verletzend ist, daß weitere Gespräche unmöglich werden. Insgesamt wird es entscheidend darauf ankommen, systematische Neuerfahrungen mit Objekten (z. B. Spinnen), Situationen und zwischenmenschlichen Begegnungen (z. B. im Gespräch mit Kollegen) und damit mit sich selbst zu machen. Häufig können erst diese Erfahrungen eine neue Wahrnehmung und Bewertung der Situation bewirken und damit zu Änderungen im emotionalen Erleben führen. Ein Aufbrechen negativer Kreisprozesse kann positive Spiralen herstellen (Angst-aktive Bewältigung-Abnahme der Angst; Depressive Stimmung-Aufnahme sinnvoller Aktivitäten-Abnahme der Depression). Mit der Zeit kann sich dann ein positiver Zirkel (aktive Bewältigungsversuche – partielle Erfolge – zunehmendes positives Selbstbild und Selbstvertrauen – Mut zu neuen Aktivitäten) stabilisieren.

Während des gesamten Verlaufes solcher Versuche, eigene Emotionen zu beeinflussen, können Ungeduld und Selbstabwertung zum Hindernis werden. Es ist wichtig, auch kleine Fortschritte als solche anzuerkennen und Selbstachtung nicht von der Abwesenheit von Problemen abhängig zu machen. Sonst entsteht die paradoxe Situation, daß der berechtigte Wunsch nach Änderung selbst zur Blokkade wird. Am Ende einer Therapie drückte ein Klient dies folgendermaßen aus (Mandel, mündl. Mitt.): „Jahre habe ich darum gekämpft, mich zu ändern, ohne Erfolg! Seit ich mich trotzdem akzeptiere, so wie ich bin, fällt es mir auch nicht mehr schwer, mich zu ändern."

Literatur

Baade, F. W., Borck, J., Koebe, S. & Zumvenne, G.: Theorien und Methoden der Verhaltenstherapie. Tübingen: Deutsche Gesellschaft für Verhaltenstherapie 1980.

Beck, A. T., Rush, J., Shaw, B. & Emery, G.: Kognitive Therapie der Depression. München: Urban & Schwarzenberg 1981.

Birbaumer, N.: Psychophysiologie der Angst. München: Urban & Schwarzenberg 1977.

Bommert, H.: Grundlagen der Gesprächspsychotherapie. Stuttgart: Kohlhammer 1978.

Borcovec, T. D. & Grayson, J. B.: Consequences of increasing the functional impact of internal emotional stimuli. In: Blankstein, K. R., Pliner, P. & Polivy, J. (eds.): Assessment and modification of emotional behavior, New York: Plenum 1980, 117–138.

Davison, G. C. & Neale, J. M.: Klinische Psychologie. München: Urban & Schwarzenberg 1979.

Ellis, A.: Die rational-emotive Therapie. München: Pfeiffer 1977.

Hoffmann, N.: Depressives Verhalten. Salzburg: Müller 1976.

Kanfer, F. H. & Goldstein, A. P.: Möglichkeiten der Verhaltensänderung. München: Urban & Schwarzenberg 1977.

Larbig, W.: Psychoanalytische Konzepte der Therapeut-Klient-Beziehung. In: Zimmer, D. (Hg.): Die therapeutische Beziehung. Weinheim: edition psychologie 1983, 68–113.

Lazarus, A.: Innenbilder. München: Pfeiffer 1980.

Revenstorf, D.: Tiefenpsychologische Therapie. Stuttgart: Kohlhammer 1982.

Rötzer, F. T.: Kognitive Verhaltenstherapie bei Depression. In: Heimann, H. & Foerster, K. (Hg.): Psychogene Reaktionen und Entwicklungen – Diagnose, Therapie, Verlauf. Stuttgart: Fischer (im Druck).

Teasdale, J. D.: Negative thinking in depression. Cause, effect or reciprocal relationship? Advances in Behaviour Research and Therapy (im Druck).

Ullrich, R., Ullrich, R., Grawe, K. & Zimmer, D.: Soziale Kompetenz, Bd. 2. München: Pfeiffer 1980.
Zimbardo, P. G.: Nur nicht so schüchtern. München: Moderne Verlags-GmbH 1979.
Zimmer, D.: Die Therapeut-Klient-Beziehung in der Verhaltenstherapie. In: Zimmer, D. (Hg.): Die therapeutische Beziehung. Weinheim: edition psychologie 1983, 82–97.

Friederike T. Rötzer
und *Dirk Zimmer*

Erziehung und Emotion

Versucht man zu überblicken, welche Bedeutung menschlicher Emotionalität in pädagogischer Reflexion und pädagogischem Handeln eingeräumt wird, stellt man widersprüchliche Positionen fest. Erziehung als interaktives Handeln, bei dem in wechselseitiger Beeinflussung der Beteiligten soziale Lernprozesse angeregt und aufrechterhalten werden, verändert nicht beliebige und isolierte Ausschnitte aus dem Gefüge menschlichen Erlebens und Verhaltens. Als anthropologische Vorannahme über Erziehung ist diese Feststellung trivial und kein Gegenstand von Kontroversen. Erzieher und die Adressaten ihrer Bemühungen gehen mit spezifischen Bedürfnissen, Erwartungen, Absichten, Kenntnissen und Fertigkeiten, Interpretationen, Wertorientierungen in spezifische soziale Situationen hinein. Grundannahmen dieser Art über den Erziehungsprozeß können ebenfalls allgemeine Zustimmung finden.
Bei normativen Entscheidungen auf der Basis solcher Annahmen und bei der Zuordnung geeigneter Mittel zur Verwirklichung der erwünschten Ziele treten allerdings Schwierigkeiten auf. Explizit oder implizit ist Emotionalität mitberücksichtigt, wenn Erziehung anstrebt, Heranwachsende dabei zu fördern, integrierte, selbstbestimmt und selbstverantwortlich denkende und handelnde, mündige Personen zu werden. Zu Einseitigkeiten in und zu Widersprüchen zwischen pädagogischen Ansätzen zur Realisierung dieses oder eines ähnlich formulierten Ziels kommt es unter drei verbreiteten *Ausgrenzungen* bei der Reflexion menschlichen Erlebens und Verhaltens: Man isoliert in der Tradition Platos Denken, Fühlen und Wollen als autonome Teile der Person (vgl. Scherer 1981), man konzipiert nur einige Relationen zwischen diesen Komponenten (z. B. nur Einfluß von Emotionen auf Denkprozesse oder nur die Umkehrung), und man untersucht nur einen Teil der in diesen Relationen möglichen Effekte (z. B. nur negative oder nur positive Auswirkungen).

Erziehung zwischen Rationalismus und Irrationalismus

Die Folgen erzieherischer Maßnahmen auf der Grundlage solcher Verkürzungen sind längerfristig wenig wünschenswert. Unter Bezug auf vergleichbar verkürzte Gegenpositionen erschienen daher immer wieder Korrekturen von Theorie und Praxis der Erziehung nötig, so daß die Geschichte der emotionalen Dimension von Erziehung als Pendeln zwischen *Rationalismus* und *Irrationalismus* beschrieben werden kann (vgl. Weber 1975): So folgte auf die Erziehung zu vernunftgeleiteter Autonomie im Zeitalter der Aufklärung die Forderung nach Lösung von den starren Regeln des Verstands und der Befreiung des Menschen durch Weckung und Unterstützung seiner Gefühle und Spontaneität. Die Erziehungsziele der „Sturm-und-Drang"-Bewegung und der Pädagogik der Romantik wurden wieder abgelöst durch eine positivistische Orientierung der Erziehung in der Epoche der Industrialisierung, wobei Verkürzungen durch Intellektualisierung und Schablonisierung des Unterrichts nach den Vorschlägen der Herbartianer lange nachwirkten. Dem rationalen Erklären der Wirklichkeit stellte die Lebensphilosophie subjektives Erleben und Verstehen gegenüber. In Forderungen nach einer Pädagogik des „Erlebnisses" und „vom Kinde aus" fand die Neubewertung der irrationalen Aspekte des Lebens ihren Niederschlag in der Erziehung. Ziele der Reformpädagogik wurden im Nationalsozialismus zwar radikal verändert, nicht aber die Geringschätzung der Rationalität. Weber (1975) sieht die pädagogische Neuorientierung der Nachkriegszeit gekennzeichnet durch den Versuch, an den pädagogischen Inhalten der 20er Jahre anzuknüpfen. Diese Pädagogik einer emotionalen „Innerlichkeit" förderte mit der Entwicklung eines staatsbürgerlichen und familial-beruflichen Privatismus subjektive Orientierungen, die mit fortschreitendem sozialen Wandel dysfunktional für die Gesellschaft zu werden drohten (Habermas 1973). Die emanzipatorische Pädagogik der 60er Jahre wies nachdrücklich darauf hin (z. B. Mollenhauer 1973), daß in der Folge einer Auffassung von Erziehung als eines irrationalen Phänomens in Theorie und Praxis der Erziehung problematische irrationale Momente auftreten. Aus dem Anspruch, die in kritisch-rationalen Verfahren der Gewinnung erziehungswissenschaftlicher Aussagen implizierte Rationalität müsse gleichzeitig Kriterium für erfolgreiche Erziehungspraxis sein, ergibt sich als Aufgabe, Erziehung so zu realisieren, daß sie die Vernünftigkeit der zu Erziehenden fördert – und nicht etwa behindert (Mollenhauer 1973). Die relative Vernachlässigung anderer Ziele veranlaßte die Entwicklung alternativer Konzeptionen, von antiautoritären Erziehungsmodellen, in denen es um Abbau fremdbestimmender Einflüsse ging, bis zur antipädagogischen Ablehnung von Erziehung (Lehmann & Oelkers 1981, Flitner 1982).

Die Metapher von der *Dialektik* erzieherischen Handelns liefert wohl eine Erklärung für die jahrhundertelange Bewegung zwischen den Extremen einer *Erziehung des Intellekts oder des Gefühls,* des „Kopfs" oder des „Herzens", sie behindert aber die Suche nach Lösungen; denn sie legt nicht nur die Segmentierung menschlichen Erlebens und Verhaltens fest, sondern mit dem dialektischen Prinzip antithetischer Relationen noch dazu eine Hypothese des Antagonismus von Emotionen und Kognitionen des Menschen (vgl. Mandl & Huber 1983). Damit wird die Perspektive verstellt, Emotion und Kognition als integrierte Aspekte menschlichen Handelns zu sehen. Statt dessen ging man vom *Widerstreit* des Denkens und Fühlens aus; Emotionen beeinträchtigen danach die intellektuelle Auseinandersetzung mit der Umwelt, rationale Analysen verhindern einfühlendes Verstehen. Es ist bezeichnend, daß bei diesem Ansatz bevorzugt negative Einflüsse emotionaler auf kognitive Prozesse und umgekehrt unterstellt wurden. Unter dieser Perspektive bietet sich als einfache pädagogische Maßnahme an, den jeweils als schädlich bewerteten Einflüssen einfach gegenzusteuern. Insbesondere bei der Organisation institutionalisierter Erziehung scheint die Antagonismushypothese von Emotion und Kognition nach wie vor bedeutsam zu sein. Zumindest werden hier die Widersprüche in fehlender Balance zwischen übersteigert emotionalen, „kindertümelnden“ oder „jugendbewegten“ Ansätzen und einseitig zweckrationalen Planungsmodellen ausschließlich kognitiver Lernprozesse offensichtlich.

Ansätze zur pädagogischen Integration von Emotion und Kognition

Versucht man die unfruchtbare Polarisierung emotionaler und kognitiver Prozesse zu überwinden, erscheint das Ergebnis der gegenwärtigen erziehungswissenschaftlichen Diskussion über Emotionen bedeutsam, nach dem Emotionen nicht unabhängig von Gegenständen des Erlebens und Verhaltens betrachtet werden dürfen (Ellett 1981). Neben Intensität und Richtung ist der Objektbezug ein wichtiges Merkmal von Emotionen im engeren Sinn. Nach welcher Konzeption von Erziehung man auch beabsichtigt, Person-Umwelt-Beziehungen zu strukturieren, die zu Erziehenden machen mit den Gegenständen ihrer Umwelt emotionale und kognitive Erfahrungen. Beide Erfahrungsbereiche sind integriert, wenn es gelingt, interessengeleitete Umweltbezüge anzuregen (Schiefele & Prenzel 1983).
Zur Überwindung unangemessener Vereinfachungen muß Erziehung daher von einem Modell menschlichen Erlebens und Verhaltens ausgehen, das emotionale und kognitive Aspekte zusammenfaßt. In Modellen der Kontrolle gegenstandsbezogenen Handelns (Lantermann 1983, Oerter 1983) erhalten handelnde Personen durch *emotionale Kontrollsysteme* Signale über Diskrepanzen zwischen gegebenen und intendierten Zuständen sowie über Möglichkeiten der Diskrepanzbewältigung, während *kognitive Kontrollsysteme* Handlungspläne zu entwickeln und laufende Handlungen zu überwachen gestatten. Beide Kontrollsysteme stehen in *Interdependenz;* kognitive Kontrolle beeinflußt Erregung und Inhalte des emotionalen Systems, dieses wiederum bestimmt abhängig vom Ausmaß der Erregung Richtung und Art kognitiver Kontrollprozesse (→ *Handlung und Emotion*). Beschreibt und erklärt man Handlungszusammenhänge und interpersonale Bezie-

hungen mit Hilfe solcher Konzepte, ist die Unterscheidung zwischen Subsystemen der Kontrolle nur analytisch zweckmäßig; im Handeln und seinen Ergebnissen sind die unterschiedenen Aspekte untrennbar verbunden. Allerdings müssen die Bedingungen der Balance der Kontrollformen erst noch genauer untersucht werden.

Empirisch-pädagogische Ansätze

Die pädagogische Tatsachenforschung beschäftigt sich vorwiegend unter folgenden drei Aspekten mit Emotionen:

1. Man analysiert die emotionale Dimension zwischenmenschlicher Beziehungen als *Vorbedingung* jeder Art erzieherischer Interaktion;
2. man erforscht nach dem Paradigma der *Mittel-Zweck-Relation* die Funktionen von Emotionen bei der Verwirklichung oder Behinderung anderer, meist kognitiver Erziehungsziele; und
3. man untersucht Emotionen als *Ziele* von Erziehung.

Emotion als Grundbedingung pädagogischer Interaktion

Der erste Ansatz hat sich besonders für die Erforschung von Entwicklung und Erziehung in früher Kindheit als fruchtbar erwiesen. Von der interaktionstheoretischen Grundannahme aus, daß die Beteiligten an interpersonalen Prozessen wechselseitig, wenn auch in variablem Ausmaß voneinander abhängig sind, da sie die Handlungen des anderen interpretieren, Erwartungen entwickeln und selbst wieder auf der Basis subjektiver Bedeutungen handeln, erhält die sozial-emotionale Dimension der Eltern-Kind-Beziehung besonderes Gewicht.

Ainsworth (1969) hat das komplementäre System von emotionaler Bindung und elterlicher Fürsorge zwischen Kleinkind und Bezugsperson beschrieben und in der Folge (Ainsworth, Blehar, Waters & Wall 1978) drei sozio-emotionale Bindungsarten (Vermeidung, Ambivalenz, Kontaktsuche) unterschieden (→ *Bindungsgefühl*). Mit unterschiedlichen Bindungsqualitäten gehen unterschiedliche Verläufe kognitiver und sozialer Entwicklung einher (s. a. Papoušek & Papoušek 1979). Die emotionalen Erfahrungen allerdings verändern sich dabei auch wieder, abhängig von kognitiven und sozial-interaktiven Bedingungen. Lewis und Brooks-Gunn (1979) bezeichnen die ersten drei Lebensjahre als ausschlaggebend für emotionale Entwicklung, da in dieser Zeit Selbstbewußtsein und Bewertung als Voraussetzungen dafür angeeignet werden, daß aus globalen affektiven Zuständen (z. B. des Unbehagens) bewußte und differenzierte emotionale Erfahrungen werden. Man darf nun allerdings diese Befunde nicht in der Weise übergeneralisieren, wie es mit psychoanalytisch orientierten Darstellungen emotionaler Eltern-

Kind-Beziehungen geschehen ist, beispielsweise mit dem Konstrukt des „Urvertrauens“ bei Erikson (1966). Zweifellos sind emotionale Charakteristika der Eltern-Kind-Beziehung notwendige und in ihren förderlichen oder hemmenden Wirkungen (vgl. Richter 1969) für die Entwicklung weitreichende Bedingungen der Erziehung, aber keine hinreichenden. Man kann mit diesen Merkmalen allein kein präskriptives Modell des Erziehungshandelns aufbauen (vgl. Mollenhauer 1973), das Gültigkeit für alle Entwicklungsabschnitte und pädagogischen Felder beanspruchen könnte.

Emotion als Erziehungsmittel

Emotionalität als Mittel bei der Realisierung anderer Zielsetzungen von Erziehung ist in zahlreichen pädagogischen Feldern untersucht worden. Zwei „Paradigmen“ sind dabei zu unterscheiden, nämlich:

1. die Erforschung von Einflüssen und Beeinflußbarkeit einzelner, präzise umschriebener und als Voraussetzung für Untersuchung und Veränderung operational definierter emotionaler Merkmale von Heranwachsenden und
2. die qualitative Bestimmung emotionaler Elemente des Erziehungsstils oder -klimas und die Untersuchung ihrer Auswirkungen.

Für das erste Modell zählt Anderson (1981) Einstellungen, Interessen, Werte, Präferenzen, leistungsbezogenen Selbstwert, Kontrollzuschreibung *(locus of control)* und Angst als häufig untersuchte emotionale Merkmale der Person auf und differenziert sie nach Intensität, Richtung und Objekten bzw. Zielen. Zu Effekten spezifischer individueller Ausprägung dieser Merkmale liegen zahlreiche Befunde vor (vgl. z. B. → *Angst,* → *Selbstwertgefühl*).

Als pädagogische Implikation für den Bereich der Schule werden Unterrichtsmodelle nach dem *Trait-Treatment-Interaktionsansatz* (TTI) in zwei Versionen vorgeschlagen:

Im *ersten Fall* wird für Schüler mit emotionalen Merkmalen, z. B. großer vs. geringer sozialer Ängstlichkeit, die optimale Lernsituation vorgesehen, im genannten Beispiel lehrerzentrierter vs. schülerzentrierter Unterricht. Bei diesem Vorgehen bleiben emotionale Voraussetzungen weitgehend unbeeinflußt, die Schüler werden nach emotionalen Merkmalen in homogene Gruppen zusammengefaßt und dann in einer Weise unterrichtet, bei der kognitive Lernziele unter den gegebenen emotionalen Voraussetzungen optimal realisiert werden können. Die Alternative Andersons zu diesem Vorschlag, im Hinblick auf emotionale und kognitive Voraussetzungen heterogenen Gruppen eine variationsreiche Palette von Lernangeboten zur Verfügung zu stellen, die jedem Schüler den optimalen Zugang ermöglicht, erscheint unrealistisch.

Als pädagogisch sinnvoll und realisierbar könnte sich statt dessen ein *zweiter Weg* erweisen, bei dem in Anlehnung an das Entwicklungs-Anpassungs-Modell von Hunt (1975; siehe Mandl & Huber 1977) für kognitive Lernziele die Lernvoraus-

setzungen mit zu verändern versucht werden. Für ängstliche Schüler beispielsweise darf also nicht nur nach Unterrichtssituationen gesucht werden, die ihre Schulangst nicht auslösen, sondern man muß von Möglichkeiten Gebrauch machen, die ihre Schulangst abbauen helfen (vgl. Weinert 1983). Mit diesem Vorschlag soll zugleich betont werden, daß man auch in Lernhandlungen Emotion und Kognition nicht voneinander unabhängig beeinflussen kann und darf. Ob intendiert oder nicht, ist Emotionalität nie Mittel zum Zweck, das selbst unbeeinflußt bleibt.
Auf die Gefahr dieses Mißverständnisses ist auch bei der *pädagogischen Stil- bzw. Klimaforschung* als einer Variante des ersten Paradigmas hinzuweisen. Diese Forschungen verfolgen das Ziel, für bestimmte Erzieher typische und über längere Zeit unveränderte Formen des sozialen Umgangs mit Heranwachsenden aus der Sicht unbeteiligter Beobachter oder aus dem Erleben der Beteiligten selbst herauszufinden. Dimensionsanalysen der in den Untersuchungen sehr heterogen erfaßten Interaktionsmerkmale zeigten regelmäßig die Bedeutung emotionaler Faktoren (→ *Soziale Interaktion und Emotion*). Bei der Interpretation der gefundenen Faktoren bedient man sich in unterschiedlichen Formulierungen meist der beiden polaren Dimensionen „Lenkung“ (maximal/minimal) und „Emotionalität“ (kalt/warm, Abneigung/Zuneigung) (vgl. Tausch & Tausch 1970). Auch bei Anwendung hypothetisch-deduktiver Strategien in der Erziehungsstilforschung (Stapf, Herrmann, Stapf & Stäcker 1972) hat sich die theoretische Grundannahme einer emotionalen Dimension des elterlichen Erziehungsverhaltens bei Aussagen über Erziehungspraktiken und -wirkungen bewährt. Problematischer erscheint jedoch die gelegentlich realisierte präskriptive Umsetzung relativ situationsunspezifischer und isolierter Stilmerkmale in Verhaltenstrainings für Erzieher.

Emotion als Erziehungsziel

Im dritten Ansatz, von dem aus Emotionen als Erziehungsziele untersucht werden, tritt zur Abspaltung von Emotionalität aus dem Zusammenhang des Erlebens und Verhaltens noch die Gefahr der *Ausgrenzung* emotionaler Erziehung aus dem alltäglichen pädagogischen Kontext und den üblichen Lernerfahrungen der Heranwachsenden (vgl. Biber 1981). Krathwohl, Bloom und Masia (1964) haben eine Taxonomie affektiver Lernziele vorgeschlagen, die nach dem Ausmaß geordnet wurde, in dem die emotionale Komponente des Erlebens und Verhaltens das Handeln einer Person bestimmt. Die Liste reicht von bloßem Beachten von Ereignissen über Wertungen bis zur Aneignung einer Weltanschauung. Von der konkreten Beschreibung emotionaler Phänomene ist diese Taxonomie gleich weit entfernt wie von der Angabe damit korrespondierender Verhaltensweisen. In ihrer Abstraktheit liefert sie weder Hinweise für Erziehungsmaßnahmen noch für die Wirksamkeit von emotionaler Erziehung.
Für engere Zielbereiche emotionaler Erziehung liegen Vorschläge vor, bei denen jedoch neben dem oben vorgebrachten Einwand der Isolation emotionaler Erfah-

rungen die Frage nach Kriterien des emotionalen Lernens problematisch erscheint. Als konkrete Beispiele seien hier die Ansätze der *Werterziehung* (Raths, Harmin & Simon 1978), der *affektiven Erziehung* (Thayer 1976) und der *moralischen Erziehung* (Kohlberg & Turiel 1978) angeführt.
Werterziehung folgt einem methodischen Dreischritt des Anknüpfens an einer Wertung aus dem Alltag der Heranwachsenden, des Akzeptierens des subjektiven Standpunkts und der Einladung zur Reflexion alternativer Möglichkeiten. Zur Unterstützung bei der Klärung subjektiver Wertungen werden den Erziehern werterschließende Fragen und eine Strategie des Wertungsprozesses (Wertentscheidung, -bestätigung, -handlung) vermittelt.
Für den Ansatz der affektiven Erziehung wurden „strukturierte Erfahrungen" zusammengestellt, die für spezifische Lebensbereiche von einer konkreten emotionalen Erfahrung über den Austausch mit anderen Personen, die Bewertung und Generalisierung dieser Erfahrung zur Planung und Ausführung neuer Handlungen führen sollen.
Der genannte Ansatz moralischer Erziehung ging aus psychologischen Forschungen zur kognitiven Entwicklung hervor. Er setzt bei der Beschreibung moralischer Dilemmata an, für die in gemeinsamer Diskussion begründete Lösungen gefunden werden sollen. Erzieher haben dabei die Aufgabe, durch spezifische Argumentation, für die Anleitungen zur Verfügung stehen, den Entwicklungsprozeß zu fördern.
Generell ist zu fordern, daß emotionale Erziehung nicht isoliert vom Lebenszusammenhang der Beteiligten „veranstaltet" wird. Ziele und Kriterien erfolgreicher emotionaler Erziehung müssen differenziertes Erleben von eigenen Emotionen und der Emotionen anderer, Fähigkeit zur direkten Kommunikation von Emotionen sowie die Integration von Emotionen (im Unterschied zu reduktionistischer Kontrolle) in den Kontext von Situation und Handlungsabsichten umfassen.

Literatur

Ainsworth, M. D. S.: Object relations, dependency, and attachment: A theoretical review of the infant-mother relationship. Child Development 40 (1969), 969–1027.

Ainsworth, M. D. S., Blehar, M. C., Waters, E. & Wall, S. N.: Patterns of attachment: A psychological study of the strange situation. Hillsdale: Erlbaum 1978.

Anderson, L. W.: Assessing affective characteristics in the schools. Boston: Allyn & Bacon 1981.

Biber, B.: The evolution of the developmental-interaction view. In: Shapiro, E. K. & Weber, E. (eds.): Cognitive and affective growth: Development interaction. Hillsdale: Erlbaum 1981, 9–30.

Ellett, F. S. Jr.: On the nature of emotion: Research and educational implications. Los Angeles: Paper AERA-Meeting 1981.

Erikson, E. H.: Identität und Lebenszyklus. Frankfurt: Suhrkamp 1966.

Flitner, A.: Konrad, sprach die Frau Mama ... über Erziehung und Nicht-Erziehung. Berlin: Severin & Siedler 1982.

Habermas, J.: Legitimationsprobleme im Spätkapitalismus. Frankfurt: Suhrkamp 1973.
Hunt, D. E.: Person-environment interaction. A challenge found wanting before it was tried. Review of Educational Research 2 (1975), 209–230.
Kohlberg, L. & Turiel, E.: Moralische Entwicklung und Moralerziehung. In: Portele, G. (Hg.): Sozialisation und Moral. Weinheim: Beltz 1978, 13–80.
Krathwohl, D. R., Bloom, B. S. & Masia, B. B.: Taxonomy of educational goals. Handbook II: The affective domain. New York: McKay 1964.
Lantermann, E. D.: Kognitive und emotionale Prozesse beim Handeln. In: Mandl, H. & Huber, G. L. (Hg.): Emotion und Kognition. München: Urban & Schwarzenberg 1983, 248–281.
Lehmann, Th. & Oelkers, J.: Liberalismus, Ideologiekritik und Antipädagogik. Zeitschrift für Pädagogik 27 (1981), 105–125.
Lewis, M. & Brooks-Gunn, J.: Social cognition and the acquisition of self. New York: Plenum Press 1979.
Mandl, H. & Huber, G. L.: Förderung und Hemmung kognitiver Komplexität in der Schule. Zeitschrift für Pädagogik 23 (1977), 195–210.
Mandl, H. & Huber, G. L.: Theoretische Grundpositionen zum Verhältnis von Emotion und Kognition. In: Mandl, H. & Huber, G. L. (Hg.): Emotion und Kognition. München: Urban & Schwarzenberg 1983, 1–60.
Mollenhauer, K.: Pädagogik und Rationalität. In: Mollenhauer, K. (Hg.): Erziehung und Emanzipation. München: Juventa, 1973^6, 55–74.
Oerter, R.: Emotion als Komponente des Gegenstandsbezugs. In: Mandl, H. & Huber, G. L. (Hg.): Emotion und Kognition. München: Urban & Schwarzenberg 1983, 282–315.
Papoušek, H. & Papoušek, M.: Lernen im ersten Lebensjahr. In: Montada, L. (Hg.): Brennpunkte der Entwicklungspsychologie. Stuttgart: Kohlhammer 1979, 194–212.
Raths, L. E., Harmin, M. & Simon, S. B.: Values teaching. Working with values in the classroom. Columbus: Merrill 1978.
Richter, H. E.: Eltern, Kind und Neurose. Reinbek: Rowohlt 1969.
Scherer, K. R.: Wider die Vernachlässigung der Emotion in der Psychologie. In: Michaelis, W. (Hg.): Bericht über den 32. Kongreß der Deutschen Gesellschaft für Psychologie, Zürich 1980, Bd. 1. Göttingen: Hogrefe 1981, 304–317.
Schiefele, H. & Prenzel, M.: Interesse – emotionale Präferenz und kognitive Unterscheidung. In: Mandl, H. & Huber, G. L. (Hg.): Emotion und Kognition. München: Urban & Schwarzenberg 1983, 217–247.
Stapf, K. H., Herrmann, Th., Stapf, A. & Stäcker, K. H.: Psychologie des elterlichen Erziehungsstils. Bern: Huber 1972.
Tausch, R. & Tausch, A.-M.: Erziehungspsychologie. Göttingen: Hogrefe 1970.
Thayer, L. (ed.): Affective education: Strategies for experiential learning. La Jolla: University Associates 1976.
Weber, E.: Emotionalität und Erziehung. Ein pädagogischer Orientierungsversuch. In: Oerter, R. & Weber, E. (Hg.): Der Aspekt des Emotionalen in Unterricht und Erziehung. Donauwörth: Auer 1975, 69–128.
Weinert, F. E.: Schulstreß und Schülerängstlichkeit. Studienbrief 4 B des Fernsehkollegs Lehrerprobleme – Schülerprobleme. Tübingen: Deutsches Institut für Fernstudien 1983.

Günter L. Huber

Anhang

Ausgewählte Literaturhinweise

1. Lehrbücher

Izard, C. E.: Human emotions. New York: Plenum 1977 (dt.: Die Emotionen des Menschen. Eine Einführung in die Grundlagen der Emotionspsychologie. Weinheim: Beltz, 1981).

Das Buch stellt eine materialreiche Einführung in die Psychologie der Emotionen und deren Beziehungen zu Bewußtsein, Kognition und Handeln dar. Neben dem Versuch einer Definition bringt es einen Überblick über Theorien zur Emotion und zur Beziehung zwischen Emotion und Verhalten. Ein besonderer Schwerpunkt bildet die differentielle Emotionstheorie des Autors, die ihren Namen von der Betonung einander unterschiedener Emotionen als unterscheidbarer erlebnishaft-motivationaler Prozesse hat. Weitere Kapitel befassen sich mit dem Zusammenhang von Ausdruckserscheinungen und Emotionen mit Methoden der Emotionspsychologie sowie mit dem Zusammenhang von Emotionen, Trieben und Verhalten. Einen großen Raum nimmt die Darstellung spezieller Emotionen ein wie Interesse-Erregung, Freude, Überraschung–Erschrecken, Kummer–Schmerz, Zorn, Ekel und Geringschätzung, Furcht, Scham, Schüchternheit und Schuldgefühl.

Schmidt-Atzert, L.: Emotionspsychologie. Stuttgart: Kohlhammer 1981.

Der Band stellt eine verständlich geschriebene Einführung in die Emotionspsychologie dar. Neben einem geschichtlichen Überblick behandelt der Autor systematisch die wichtigsten Emotionskonzepte und erläutert die Entstehungsbedingungen emotionaler Phänomene. Dabei geht er von der klassischen Dreiteilung in Erleben (Gefühle), körperliche Reaktionen und Ausdrucksverhalten aus. Verschiedene Methoden zur Messung von Gefühlen und des Gesichtsausdrucks werden vorgestellt. In einem abschließenden Kapitel diskutiert der Autor wichtige theoretische und empirische Beiträge zu einer Integration der Emotionsphänomene.

Ulich, D.: Das Gefühl. Eine Einführung in die Emotionspsychologie. München: Urban & Schwarzenberg 1982.

Das Buch bietet einen aktuellen, verständlich geschriebenen Überblick über die Psychologie der Gefühle. Es versucht Gefühle in ihren alltäglichen Erscheinungsformen, ihrer Entstehungsgeschichte und ihrer Bedeutung für die Person selbst und für andere zu untersuchen. Im einzelnen behandelt der Autor Bestimmungsmerkmale von Emotionen, Methoden zur Erfassung von Emotionen, Theorien und Denkmodelle in der Emotionspsychologie, Entwicklung und Veränderung von Emotionen sowie emotionale Belastung in Zusammenhang mit Streß, Angst und Depression.

Schwarzer, R.: Streß, Angst und Hilflosigkeit. Stuttgart: Kohlhammer 1981.

Der Autor zeigt die Verbindung der Phänomene Streß, Angst und Hilflosigkeit auf und versucht deutlich zu machen, daß der gemeinsame Bezugspunkt in den Kognitionen über die eigene Person zu sehen ist: Der Leser wird mit wichtigen Befunden der Streßforschung und mit neueren Überlegungen zur Selbstaufmerksamkeit vertraut gemacht. Ausführlich wird die Emotion Angst vorgestellt, wobei vor allem das Thema Angst in leistungsbezogenen Situationen Berücksichtigung findet. Abschließend befaßt sich der Autor unter dem Stichwort Hilflosigkeit vor allem mit der subjektiven Wahrnehmung, der Vorhersagbarkeit und Kontrollierbarkeit von Ereignissen. Das Buch enthält auch einen Überblick über neuere Emotionstheorien.

Zimmer, D. E.: Die Vernunft der Gefühle. Ursprung, Natur und Sinn der menschlichen Emotionen. München: Piper 1981.

Dies ist eine populärwissenschaftliche und gut fundierte Darstellung des evolutionären Ansatzes. In den ersten vier Kapiteln werden die Gefühle im Lichte sprachwissenschaftlicher, psychologischer, physiologischer und biologischer Erkenntnisse besprochen. Die beiden mittleren Kapitel stellen das Werk von John Bowlby sowie die Gefühlstheorie von Agnes Heller vor. Die letzten Kapitel behandeln u. a. Trauer, Fremdenhaß, Autorität und Dankbarkeitsgefühle. Das Paperback von Zimmer empfiehlt sich vor allem für interessierte Laien.

2. Sammelbände

Plutchik, R. & Kellerman, H. (eds.): Emotion. Theory, research, and experience. Vol. 1. Theories of emotion. New York: Academic Press 1980.

Dieser vielzitierte Band bietet einen umfassenden Überblick über wichtige Emotionstheorien. Einen Schwerpunkt bilden psychoevolutionäre, soziobiologische, ethologische und systemtheoretische Ansätze. Eine weitere Gruppe umfaßt Emotionstheorien im psychophysiologischen Kontext wie Aktivationstheorien, neurophysiologische Ansätze und biologische Grundlagen des Ausdrucksverhaltens. Unter der Bezeichnung dynamischer Kontext werden in einer eigenen Gruppe soziologische und psychoanalytische Ansätze dargestellt.

Candland, D. K., Fell, J. P., Keen, E., Leshner, A. I., Tarpy, R. M. & Plutchik, R.: Emotion. Monterey, California: Brooks/Cole Publishing Company 1972.

Ziel des Buches ist es, unterschiedliche Zugänge zur Beschreibung und Erklärung von Emotionen aufzuzeigen. In einem Einleitungskapitel wird ein Überblick über die geschichtliche Entwicklung und grundlegenden Probleme der Emotionsforschung gegeben. Zwei Kapitel befassen sich mit psychophysiologischen Problembereichen wie Hormone und Emotionen und Nervensystem und Hormone. Weitere Kapitel behandeln Kognitionen im Dienste von Emotionen unter evolutionärer Perspektive und die Rolle der Emotionen im Rahmen der Persönlichkeitstheorien. Abschließend wird die Bedeutung eines phänomenologischen Ansatzes für die Emotionsforschung dargelegt und diskutiert.

Arnold, M. B.: Feelings and Emotions. New York: Academic Press 1970.

Der Band umfaßt grundlegende Beiträge zur Emotionsforschung, die im Rahmen des berühmten Loyola Symposiums 1968 referiert wurden. Die einzelnen Kapitel befassen sich mit biologischen Grundlagen von Emotionen, physiologischer Korrelation von Emotionen, kognitiven Emotionstheorien, Stimmungen und emotionalen Aspekten der Persönlichkeitsforschung. Dieser Sammelband stellte lange Zeit ein Standardwerk dar, das wegweisend für die neuere Emotionsforschung war.

Reymert, M. L. (ed.): Feelings and emotions. The Wittenberg Symposium. Worcester: Clark University Press 1928.

Der Band enthält die Beiträge des 1927 am Wittenberg College (USA) stattgefundenen Symposiums, an dem Psychologen aus Deutschland (Krueger, Stern, Katz), England (Spearman), Frankreich (Janet), Österreich (Adler, Bühler), Sowjetunion (Bekhterev), Schweiz (Claparède), USA (Cattell, McDougall, Cannon, Woodworth) teilnahmen. Das Buch bietet nicht nur dem historisch interessierten Leser einen Einblick in die kritischen Auseinandersetzungen und Bemühungen der Emotionsforschung. Viele der dort angesprochenen Probleme sind auch heute noch von großer Aktualität oder werden erst mühsam wieder aktualisiert und ins Bewußtsein gehoben.

Levi, L. (ed.): Emotions. Their parameters and measurement. New York: Raven Press 1975.

In diesem umfangreichen Symposiumsbericht (ca. 800 Seiten) werden vorwiegend Ergebnisse neuroanatomischer, neurophysiologischer, meßmethodischer und psychopharmakologischer Emotionsforschung vorgetragen. Neben einer generellen Einführung werden folgende Themenbereiche behandelt: Organsysteme und Emotionen, physiologische Parameter und Methoden der Emotionserfassung, klinische Aspekte psychologischer und ethologischer Parameter und Methoden, die Erfassung von Emotionen in medizinischer Praxis sowie ethische Aspekte von Emotionsmessung und -modifikation.

Blankstein, K. R., Pliner, P. & Polivy, J. (eds.): Assessment and modification of emotional behavior. Vol. 6. Advances in the study of communication and affect. New York: Plenum Press 1980.

Der Sammelband behandelt vorwiegend Fragen der Erfassung von Emotionen und deren theoretische sowie therapeutische Implikationen. In drei Beiträgen von Averill, von Plutchik und von Zuckerman werden meßtheoretische und/oder therapeutische Überlegungen aus Aspekten der jeweiligen Emotionstheorie abgeleitet. Weitere Beiträge behandeln die behaviorale Erfassung von Depression und Streß sowie Fragen der Interaktion von Emotion, Kognition und Verhalten aus meßmethodischer und verhaltenstherapeutischer Sicht.

Plutchik, R. & Kellerman, H. (eds.): Emotion: Theory, research, and experience. Vol. II. Emotions in early development. New York: Academic Press 1983.

Neben verschiedenen theoretischen Ansätzen zur Entwicklungspsychologie von Emotionen (z. B. psychoevolutionärer Ansatz, epigenetische Emotionstheorie) werden unterschiedliche Themen angesprochen wie z. B. Emotionen als Verhaltensregulatoren, individuelle Unterschiede in sozioemotionaler Entwicklung, Affekt und Intellekt, Beziehung zwischen Prozessen von Bindung und Trennung, emotionale Entwicklung und emotionale Erziehung sowie Entstehung, Funktion und Regulation des emotionalen Ausdruckes.

Lewis, M. & Rosenblum, L. A. (eds.): The development of affect. New York: Plenum Press 1978.

Der Band enthält allgemeine, klinische und spezielle theoretische Beiträge zur ontogenetischen Entwicklung von Emotionen. Darüber hinaus werden verschiedene Aspekte der emotionalen Entwicklung angesprochen, wie z. B. emotionaler Ausdruck und Affektentwicklung, quantitative Erfassung von Emotionen, Selbsterkenntnis und emotionale Entwicklung, Empathie und Mutter-Kind-Beziehung und affektive Reifung.

Pliner, P., Blankstein, K. R. & Spigel, I. M. (eds.): Perception of emotion in self and others. Vol. 5: Advances in the study of communication and affect. New York: Plenum Press 1979.

Dieser Sammelband befaßt sich mit der komplexen Beziehung zwischen kognitiven, physiologischen und Verhaltensfaktoren, die an der Erfahrung eigener Emotionen und der Wahrnehmung von Emotionen anderer beteiligt sind. Psychophysiologische Reaktionen, Beobachtungstechniken, Verhaltensmaße und phänomenologische Berichte werden bei der Analyse von Emotionen wie z. B. Furcht, Angst, Depression miteinbezogen. Der Band umfaßt u. a. ein kognitives Modell der Depression, einen Beitrag zur Wahrnehmung körperlicher Veränderungen und eine Analyse von Emotionen im ökologischen Kontext.

Izard, C. E. (ed.): Emotions in personality and psychopathology. New York: Plenum Press 1978.

Dieser umfangreiche Sammelband (ca. 600 Seiten) mit Originalbeiträgen namhafter Autoren beleuchtet verschiedene Aspekte von Emotionen im Kontext von Persönlichkeitstheorie und besonders von Psychopathologie. Zum einen werden diverse Emotionen und emotionsbezogene Phänomene in angenehmer Ausführlichkeit diskutiert, wie Stimmung, Schuld, Schüchternheit, Scham, Sensationslust, Trauer. Bezüge zur Psychopathologie werden durch verschiedene spezielle Beiträge dargestellt. Darüber hinaus enthält der Band theoretische Beiträge wie z. B. die psychoanalytische Emotionstheorie von H. Dahl, die Theorie über Emotionen und Ich-Abwehrmechanismen von Plutchik, Kellerman und Conte oder die neurophysiologische Lerntheorie der Angst von J. A. Gray.

Clark, M. S. & Fiske, S. T.: Affect and cognition. The Seventeenth Annual Carnegie Symposium on Cognition. Hillsdale, N. J.: Erlbaum 1982.

In diesem Band befassen sich Kognitions- und Sozialpsychologen mit dem Problem der Beziehung von Emotion und Kognition. Mehrere Beiträge behandeln die Auslösung von Emotionen durch kognitive Schemata (wie z. B. Stereotype, kognitives Selbstbild). Weitere Arbeiten analysieren den Einfluß von Emotionen auf kognitive Prozesse und Strukturen, wie z. B. Gedächtnis, Denken, Entscheidungsverhalten. Anwendungsbezogene Studien untersuchen die Beeinflussung der Kontrolle und Regulation von Schmerzen durch Kognition und Emotion.

Mandl, H. & Huber, G. L. (Hg.): Emotion und Kognition. München: Urban & Schwarzenberg 1983.

Das Anliegen dieses Bandes ist es, Grundpositionen zum Verhältnis von Emotion und Kognition darzustellen und zu diskutieren. An Beispielen des problemlösenden Denkens und des Erinnerns bzw. Vergessens werden kognitive Prozesse unter emotionaler Perspektive betrachtet. Beiträge zu Angst und Selbstwertgefühl stellen emotionale Phänomene unter kognitiver Perspektive dar. Darüber hinaus befassen sich mehrere Arbeiten mit der theoretischen Integration von Emotion und Kognition im Handlungszusammenhang.

Eckensberger, L. & Lantermann, E. D. (Hg.): Emotion und Reflexivität. Göttingen, Hogrefe (i. Vorb.).

Der Band enthält Beiträge eines 1982 stattgefundenen Symposiums, an dem Psychologen, Biologen und Philosophen teilnahmen. Aus unterschiedlichen Forschungsperspektiven (Psychoanalyse, Systemtheorie, Äquilibrations-, Lern- und Handlungstheorie) werden denkbare Zusammenhänge zwischen Emotionen, Selbstwahrnehmung und Handeln erörtert und kritisch kommentiert.

Kahle, G. (Hg.): Logik des Herzens. Die soziale Dimension der Gefühle. Frankfurt: Suhrkamp 1981.

Dies ist ein Paperback mit philosophischen, anthropologischen und soziologischen Beiträgen zu Gefühlstheorien, zumeist von US-amerikanischen Autoren. Die philosophischen Beiträge befassen sich vorwiegend mit Definitionsfragen, die anthropologischen Beiträge verdeutlichen die Kulturbezogenheit der Gefühle. Die Beiträge sind zum größten Teil älteren Datums.

3. Monographien

Plutchik, R.: Emotion. A psychoevolutionary synthesis. New York: Harper & Row 1980.

Dieses empfehlenswerte Buch stellt eine völlig überarbeitete und erweiterte Version des 1962 bei Random House erschienenen Werkes „The emotions: Facts, theories, and a new model" dar. Insgesamt 28 Theorien stellt Plutchik in folgender Zusammenstellung vor: Die vier hauptsächlichen Theorietraditionen (evolutionäre, psychophysiologische, neurologische, psychodynamische), frühe behavioristische Theorien und Aktivationstheorien, zeitgenössische kognitive und evolutionäre Theorien, neurophysiologische Theorien, psychoanalytische Theorien. Die ausführliche, eigentliche Darstellung seiner eigenen psychoevolutionären Emotionstheorie wird untermauert und gestützt mit Kapiteln über Emotionen als hypothetische Zustände, Emotionen bei Tieren, Emotion im Kontext der Evolution, Emotion und Persönlichkeit, Gesichtsausdruck und dessen evolutionäre Bedeutung, Emotion und Kognition sowie emotionale Entwicklung des Kindes. Darüber hinaus enthält der Band Beiträge zur Erfassung von Emotion und die Darstellung einer Reihe von Meßverfahren.

Mandler, G.: Mind and Emotion. New York: Wiley 1975 (dt.: Denken und Fühlen. Zur Psychologie emotionaler Prozesse und kognitiver Prozesse. Paderborn: Jungfermann 1979).

Das Buch versucht eine Fülle von emotionalen und kognitiven Phänomenen auf der Basis theoretischer Ansätze zur menschlichen Informationsverarbeitung in ein einheitliches Begriffssystem zu bringen. Neben der Darstellung einiger grundlegender kognitionstheoretischer Annahmen und Positionen werden in einigen Kapiteln die Funktionen der Aktivierung für das Verhalten und Kognitionen sowie die emotionalen Folgen der Unterbrechung von Plänen und Verhalten insbesondere am Beispiel der Angst abgehandelt.

Obuchowski, K.: Orientierung und Emotion. Ein grundlagentheoretischer Beitrag zur psychischen Handlungsregulation. Warszawa: Panstwowe Wysawnictwo Naukowe 1970 (dt.: Köln: Pahl-Rugenstein-Verlag 1982).

Der Autor versucht eine Theorie zu entwickeln, um emotionale und kognitive Prozesse gemeinsam zu analysieren. Der erste Teil „Die Struktur der Orientierung und Emotionen" befaßt sich insbesondere mit der Aufarbeitung gestaltpsychologischer Ansätze zum abstrakten und konkreten Denken sowie Ansätzen der kultur-historischen Schule der sowjetischen Psychologie. Im zweiten Teil „Die Struktur der emotionalen Prozesse und die Orientierung" entwickelt der Autor Neuansätze zu einer Theorie der Emotionen, insofern diese als ursprüngliche Form des Orientierungsprozesses betrachtet werden, um dann im Aufbau der Phylogenese die Entfaltung negativer und positiver Emotionen im Verhältnis zur Orientierung zu untersuchen.

Heller, A.: Theorie der Gefühle. Hamburg: VSA-Verlag 1981.

In ihrer neomarxistischen Theorie der Gefühle geht die Autorin davon aus, daß nicht nur die materiellen Verhältnisse, sondern auch die Gefühlsverhältnisse neu geordnet werden müssen, um eine einheitliche und sich verwirklichende Persönlichkeit zu realisieren. Im ersten, philosophischen Teil des Buches stellt Heller in eigenwilliger Terminologie eine detaillierte phänomenologische Klassifikation der Gefühle vor. Im zweiten, politisch-soziologischen Teil analysiert Heller die bürgerliche Gefühlswelt des 18. bis 20. Jahrhunderts anhand literarischer Quellen, um zu zeigen, inwieweit sozioökonomische Bedingungen auch die Gefühlswelten bestimmen.

Kemper, T. D.: A social interactional theory of emotions. New York: Wiley 1978.

Der Autor stellt eine soziologische Theorie vor, bei der die Dimensionen „Macht" und „Status", verstanden als Beziehungsaspekte und nicht als Persönlichkeitseigenschaften, die Grundlage einer Situationsmatrix darstellen, von der her unter Zuhilfenahme einer Differenzierung nach Verursacher (Selbst oder Anderer) verschiedene Emotionen beschrieben und nach ihrer sozialen Bedingung differenziert werden. Der Autor zielt damit auf eine Integration unterschiedlicher Ansätze, wie z. B. Austausch- und Verstärkungstheorien mit kognitiven soziologischen Ansätzen. Soziophysiologische Probleme (insbesondere die Spezifitätshypothese) sowie die Liebe als soziale Beziehung werden u. a. als eigene Kapitel dargestellt.

Erdmann, G.: Zur Beeinflußbarkeit emotionaler Prozesse durch vegetative Variationen. Weinheim: Beltz 1983.

Die Arbeit ist ein theoretischer und experimenteller Beitrag zur Grundlage der Beziehung zwischen Reaktionen des vegetativen Nervensystems und Emotionen. Sie geht von der Fragestellung aus, wonach vegetative Reaktionen Emotionen beeinflussen können. Die Ergebnisse mehrerer Untersuchungen zeigen, daß vegetative Veränderung (induziert durch Pharmaka) die Intensität und unter Umständen die Qualität emotionaler Prozesse beeinflussen können. Zugleich weisen die Befunde darauf hin, daß dieser Einfluß in starkem Maß von Drittfaktoren modifiziert wird.

Gardiner, H. M., Metcalf, R. C. & Beebe-Center, J. G.: Feeling and emotion. A history of theories. Westport, Conn.: Greenwood Press 1970.

Dieser Nachdruck des 1937 erschienenen Werkes stellt die umfassendste und detaillierteste Darstellung der Geschichte der Emotionstheorien dar. Die ersten 8 Kapitel, welche die griechischen und römischen Theorien, die Theorien der Kirchenväter, des Mittelalters, der Renaissance, der Philosophen des 17. Jahrhunderts (z. B. Descartes, Malebranche, Hobbes, Spinoza) sowie der britischen Moralisten und Assoziationisten umfassen, sind das Lebenswerk Gardiners. Seine Schülerin Metcalf revidierte die Arbeit und fügte ein Kapitel über die französische und deutsche Affektpsychologie des 19. Jahrhunderts hinzu, und Beebe-Center komplettierte das Werk mit Theorien aus dem Beginn des 20. Jahrhunderts.

4. Zeitschriften

Periodika mit ausschließlich oder vorwiegend emotionspsychologischen Beiträgen sind uns nicht bekannt. Veröffentlichungen zur Emotionspsychologie erscheinen vielmehr in verschiedenen psychologischen, psychoanalytischen und medizinischen Fachzeitschriften.

Zwei Zeitschriften sind dabei hervorzuheben: *Motivation and Emotion* ist die einzige uns bekannte Zeitschrift mit „Emotion“ im Titel. Sie erscheint seit 1977 und bringt vorwiegend empirische Beiträge. In den ersten Erscheinungsjahren überwogen motivationspsychologische Abhandlungen, in den jüngeren Bänden treten emotionspsychologische Themen häufiger auf. Viele Beiträge mit ausgeprägtem Bezug zur Emotionspsychologie erscheinen auch im *Journal of Personality and Social Psychology*. Wie aus dem Titel hervorgeht, zeigen diese Veröffentlichungen – auch bei emotionspsychologischer Thematik – eine sozial- oder persönlichkeitspsychologische Ausrichtung.

Des öfteren erscheinen auch emotionspsychologische Beiträge im *American Psychologist,* im *Psychological Review,* im *Psychological Bulletin* sowie in den *Advances in Experimental Social Psychology*. Die Artikel im *American Psychologist* sind öfters programmatisch; *Psychological Review* veröffentlicht theoretische Beiträge, das *Psychological Bulletin* bringt inhaltliche Übersichtsartikel. Die deutschsprachige Zeitschrift mit den meist zitierten emotionspsychologischen Beiträgen scheint die *Zeitschrift für experimentelle und angewandte Psychologie* zu sein. Naturwissenschaftlich orientierte Beiträge zum Thema „Emotion“ finden sich vielfach in *Science*. Beiträge in dieser angesehenen Zeitschrift werden häufig zitiert. Zu erwähnen sind schließlich noch das *Journal of Abnormal Psychology, Psychologische Beiträge, Psychoanalytic Quarterly, Psychosomatic Medicine, Journal of Psychosomatic Research, International Journal of Psychoanalysis* und *Psychological Reports.* Im *Nebraska Symposium on Motivation* sind zum Thema Emotion wiederholt längere und inhaltvolle Aufsätze erschienen.

Harald A. Euler und Heinz Mandl

Personenverzeichnis

Sachverzeichnis

Angaben zu den Autoren

Asendorpf, Jens, geb. 1950, Dipl.-Inf., Dipl.-Psych., Dr. phil., Assistent an der Abteilung Entwicklungspsychologie des Max-Planck-Instituts für psychologische Forschung, München; Arbeitsschwerpunkte: Emotionspsychologie, Entwicklung emotionaler Persönlichkeitsmerkmale, Schüchternheit, biographisches Gedächtnis. Adresse: Max-Planck-Institut für psychologische Forschung, Leopoldstr. 24, 8000 München 40.

Birbaumer, Niels, geb. 1945, Studium der Psychologie, Kunstgeschichte und Physiologie in Wien. Professor für Klinische und Physiologische Psychologie, Leiter des Arbeitsbereichs Klinische und Physiologische Psychologie an der Universität Tübingen. Arbeitsschwerpunkte: Psychophysiologie, langsame Hirnpotentiale und Verhalten, Psychosomatik und Verhaltensmedizin, speziell Migräne- und Angstforschung. Wichtige Veröffentlichungen: Physiologische Psychologie (1975), Psychophysiologie der Angst (1977), Biofeedback and Self-Regulation (1979), Slow Brain Potentials and Behavior (gemeinsam mit Rockstroh, Elbert, Lutzenberger, 1982). Adresse: Universität Tübingen, Psychologisches Institut, Arbeitsbereich Klinische und Physiologische Psychologie, Gartenstraße 29, 7400 Tübingen.

Blöschl, Lilian, geb. 1936, Studium der Psychologie (Dr. phil.); Professor für Pädagogische Psychologie an der Universität Graz. Arbeitsschwerpunkte: Lernpsychologie, Verhaltenspsychologie, Klinische Psychologie unter besonderer Berücksichtigung der Depressionsforschung. Wichtige Veröffentlichungen: Belohnung und Bestrafung im Lernexperiment (1969); Grundlagen und Methoden der Verhaltenstherapie (1974^4); Psychosoziale Aspekte der Depression (1978); Verhaltenstherapie depressiver Reaktionen (Hg., 1981). Adresse: Abteilung für Pädagogische Psychologie der Universität Graz, A 8010 Graz, Hans-Sachs-G. 3/2, Österreich.

Bornewasser, Manfred, geb. 1949, Studium der Psychologie (Dipl.-Psych. 1973, Düsseldorf) und Soziologie (Dr. soc. wiss. 1977, Bielefeld), Wissenschaftlicher Mitarbeiter am Psychologischen Institut der Universität Münster, Arbeitsschwerpunkte: Interpretation aggressiven Verhaltens, Mißattribution und praktische Erklärungen abweichenden Verhaltens. Veröffentlichungen: Einführung in die Sozialpsychologie (1976). Anschrift: Psychologisches Institut, Universität Münster, Schlaunstraße 2, 4400 Münster.

Bullinger, Monika, geb. 1954, Dipl. Psych., Dr. phil., Studium der Psychologie und Soziologie an den Universitäten Konstanz und Saarbrücken, 2jähriger Forschungsaufenthalt in den U.S.A. (Yale University, New Haven und National Institutes of Health, Bethesda); wiss. Mitarbeiterin am Institut für Medizinische Psychologie der Universität München; Arbeitsschwerpunkte: Experimentelle und klinische Schmerz- und Streßforschung, Verhaltensmedizin, Umweltpsychologie, Arzneimittelnebenwirkungen. Adresse: Institut für Medizinische Psychologie der Universität München, Schillerstr. 42, 8000 München 2.

Debus, Günther, geb. 1939, Dipl.-Psych., Dr. rer. nat., Professor am Institut für Psychologie der RWTH Aachen; Arbeitsschwerpunkte: Pharmakapsychologie, Psychologische Akustik, Emotionspsychologie. Wichtige Veröffentlichungen: Über Wirkungen akustischer Reize mit unterschiedlicher emotionaler Valenz (1978); Eigenschaftswörterliste (1978, mit Janke); Psychologische Aspekte der Psychopharmakatherapie (1977, mit Janke). Adresse: Institut für Psychologie, RWTH Aachen, Jägerstr. 17/19, 5100 Aachen.

Engelkamp, Johannes, geb. 1937, Dipl.-Psych., Dr. phil., Professor für Psychologie an der Universität des Saarlandes; Arbeitsschwerpunkte: Sprachpsychologie und Informationsverarbeitung. Wichtige Veröffentlichungen: Psycholinguistik (1974); Satz und Bedeutung (1976); Sprachpsychologie (1981, mit H. Grimm). Adresse: Fachrichtung Psychologie der Universität des Saarlandes, 6600 Saarbrücken.

Erdmann, Gisela, geb. 1946, Dipl.-Psych., Dr. rer. nat., Professorin am Institut für Psychologie der Technischen Universität Berlin (Lehrgebiet: Physiologische Psychologie); Arbeitsschwerpunkte: Psychophysiologische Emotionsforschung; Somatische Aspekte von Verhalten unter Belastung; Pharmakopsychologie. Buchveröffentlichung: Zur Beeinflußbarkeit emotionaler Prozesse durch vegetative Variationen (1983). Adresse: FB 2, Technische Universität Berlin, Institut für Psychologie, Dovestraße 1–5, 1000 Berlin 10.

Euler, Harald A., geb. 1943, Studium der Psychologie an der Universität Bonn, sowie Psychologie und Philosophie an der Washington State University, USA, als Fulbright Stipendiat; 1970 M. S., 1972 Ph. D. in Psychology; 1972 als wissenschaftlicher Assistent an die Universität Düsseldorf; seit 1974 Professor für Lernpsychologie an der Gesamthochschule Kassel, Arbeitsschwerpunkte: Verhaltensänderung, Aggression, Pädagogische Psychologie, Emotionspsychologie. Adresse: FB 03 Psychologie, Sportwissenschaft, Musik; Gesamthochschule Kassel, Heinrich-Plett-Straße 40, 3500 Kassel.

Fehm, Horst Lorenz, geb. 1942, Studium der Humanmedizin, Dr. med. habil., Professor für Innere Medizin, Oberarzt der Abteilung Innere Medizin I der Universität Ulm. Arbeitsschwerpunkt: klinische Neuroendokrinologie; Wirkung von Neuropeptiden auf Hirnpotentiale. Adresse: Zentrum für Innere Medizin, Universität Ulm, Steinhövelstr. 9, 7900 Ulm.

Grossmann, Klaus, geb. 1935, Dipl.-Psych., Ph. D., Dr. habil., Professor für Psychologie am Psychologischen Institut der Universität Regensburg. Arbeitsschwerpunkte: Vergleichende Psychologie, sozial-emotionale Entwicklung im Kleinkindalter, biologische Grundlagen des Verhaltens, Entwicklung von Beziehungsqualitäten. Wichtige Veröffentlichungen: Entwicklung der Lernfähigkeit in der sozialen Umwelt (1977); Angst und Lernen (mit Winkel, 1977). Adresse: Lehrstuhl für Psychologie IV, Universität Regensburg, Postfach 397, 8400 Regensburg 1.

Hoffmann, Nicolas, geb. 1940, Dipl.-Psych., Dr. phil., Lehrbeauftragter am Institut für Psychologie der Freien Universität Berlin, freie Praxis. Arbeitsschwerpunkte: Depressionen, Zwänge, Verhaltenstherapie, kognitive Therapie, Sozialarbeit, Wichtige Veröffentlichungen: Verhaltenstherapie in der Sozialarbeit (1975, mit Frese); Depressives Verhalten (1976); Therapeutische Methoden in der Sozialarbeit (1977); Verhaltenstherapie: Grundlegende Texte (1977, mit Westmeyer); Depression und Umwelt (1979, mit Hautzinger); Grundlagen kognitiver Therapie (1979); Verhaltensmodifikation bei Depressionen (1980, mit de Jong und Linden); Gesprächsführung in psychologischer Therapie und Beratung (1981, mit Gerbis); Ein Zwang (1983, mit Weiß). Adresse: Orberstr. 18, 1000 Berlin 33.

Huber, Günter L., geb. 1940, Lehrerstudium (1. und 2. Examen), Psychologie, Dipl.-Psych., Pädagogik (Dr. phil.), Politikwissenschaft. Professor für Pädagogische Psychologie am Institut für Erziehungswissenschaft I der Universität Tübingen. Arbeits- und Interessenschwerpunkte: Kognition und Handlung, Schulschwierigkeiten, soziale Prozesse in Erziehung und Unterricht. Wichtige Veröffentlichungen: Selbstbestimmung und Fremdbestimmung in Lernprozessen (1976); Aggressiv und unaufmerksam (1976, mit Hanke und Mandl); Kognitive Komplexität (1978, hrsg. mit Mandl); Emotion und Kognition (1983, hrsg. mit Mandl). Adresse: Institut für Erziehungswissenschaft I, Universität, Münzgasse 22–30, 7400 Tübingen.

Janke, Wilhelm, geb. 1933, Professor, Dr. phil., Dipl.-Psych., Lehrstuhlinhaber für Psychologie an der Universität Würzburg. Arbeitsschwerpunkte: Physiologische und chemische

Psychologie und ihre Anwendungen in der Klinik, differentielle Psychologie und Diagnostik von Streß, tierexperimentelle und humanpsychologische Untersuchungen zur Beeinträchtigung des Verhaltens durch Streß. Wichtige Veröffentlichungen: Eigenschaftswörterliste (EWL) (1981), Klassenzuordnung (1982), Response variability to psychotropic drugs (1983); zahlreiche Arbeiten über pharmakopsychologische Untersuchungen. Adresse: Institut für Psychologie, Universität Würzburg, Domerschulstr. 13, 8700 Würzburg.

Kasten, Hartmut, geb. 1945, Studium der Psychologie und Pädagogik, Dipl.-Psych., Dr. phil., Referatsleiter im Staatsinstitut für Frühpädagogik in München; Arbeitsschwerpunkte: Entwicklungs- und Pädagogische Psychologie des Kindes- und Jugendalters, emotionale, moralische und sozial-kognitive Entwicklung, Diagnostik und pädagogische Intervention. Wichtige Veröffentlichungen: Entwicklung von Moralvorstellungen und Moralbegriffen (1976); Neuere Studien zur kognitiven und sozialen Entwicklung des Kindes (1977); Entwicklung und Förderung von sozialem Verständnis bei Kindern im Vorschulalter (1980). Adresse: Zentrum für Bildungsforschung, Arabellastr. 1, 8000 München 81.

Keeser, Wolfgang, geb. 1946, Dipl.-Psych., Dr. phil., Akademischer Rat a. Z. am Institut für Medizinische Psychologie der Universität München. Studium der Psychologie in Regensburg und München, 3jährige Forschungstätigkeit in der Psychologischen Abteilung des Max-Planck-Institutes für Psychiatrie in München; danach Psychotherapieforschung an der Forschungsstelle für Psychotherapie in Stuttgart. Arbeitsschwerpunkte: Experimentelle und klinische Schmerzforschung; Verhaltenstherapie bei chronischen Schmerzpatienten; Verhaltensmedizin; Psychotherapieforschung; Anorexia nervosa; Zeitreihenanalyse in der experimentellen und klinischen Forschung. Adresse: Institut für Medizinische Psychologie, Universität München, Schillerstr. 42/III, 8000 München 2.

Kuhl, Julius, geb. 1947, Studium der Psychologie und Mathematik in Bochum (Dipl.-Psych., Dr. phil.), Studien- und Forschungsaufenthalt in Philadelphia und Ann Arbor, USA. Privatdozent an der Ruhr-Universität Bochum. Forschungsschwerpunkte (Max-Planck-Institut für psychologische Forschung, München): Motivations-, Emotions- und Kognitionspsychologie. Veröffentlichungen über gelernte Hilflosigkeit, Leistungsmotivation, Handlungskontrolle, Depression. Adresse: Max-Planck-Institut für psychologische Forschung, Leopoldstr. 24, 8000 München 40.

Kutter, Peter, geb. 1930, Studium der Medizin (Dr. med.); Professor für Psychoanalyse im Fachbereich Psychologie der Universität Frankfurt; Arbeitsschwerpunkte: Gruppentherapie, Psychosomatik, Affekttheorie. Wichtige Veröffentlichungen: Psychiatrie (1972), Sozialarbeit und Psychoanalyse (1974), Elemente der Gruppentherapie (1976), Die menschlichen Leidenschaften (1978), Psychoanalyse an der Universität (1981 mit Roth). Adresse: Institut für Psychoanalyse, Universität Frankfurt, Postfach 111 932, 6000 Frankfurt 11.

Lantermann, Ernst D., geb. 1945, Studium der Psychologie (Abschluß 1971, Bonn), 1974 Promotion (Dr. phil.), Bonn, 1978 Habilitation (Aachen), seit 1979 Professor für Sozialpsychologie in Kassel. Arbeitsschwerpunkte: Emotion und Handlung, ökologisches Verhalten, soziale Interaktion. Wichtige Veröffentlichungen: Interaktionen. Person, Situation und Handlung (1980). Adresse: FB 03, GH Kassel, Heinrich-Plett-Str. 40, 35 Kassel.

Larbig, Wolfgang, geb. 1941, Dr. med. habil., Privatdozent am Psychologischen Institut der Universität Tübingen, Arbeitsbereich Klinische und Physiologische Psychologie; Arbeitsschwerpunkte: Transkulturelle Schmerzuntersuchungen, psychophysiologische Laborexperimente zur Schmerzkontrolle, telemetrische Schmerzuntersuchungen im Sport (u. a. Marathonlauf), Verhaltensmodifikation und Anwendung körpereigener Peptide bei Schmerzpatienten. Wichtige Veröffentlichungen: Schmerz. Grundlagen, Forschung, Therapie (1982).

Adresse: Psychologisches Institut, Universität Tübingen, Arbeitsbereich Klinische und Physiologische Psychologie, Gartenstraße 29, 7400 Tübingen.

Laux, Lothar, geb. 1944, Dipl.-Psych., Dr. rer. nat., Professor für Persönlichkeitspsychologie an der Universität Bamberg; Arbeitsschwerpunkte: Persönlichkeit, Streß, Angst, Emotion. Wichtige Veröffentlichungen: Achievement, Stress and Anxiety (1982, mit Krohne); State-Trait-Angstinventar (1981, mit Glanzmann, Schaffner & Spielberger). Adresse: Lehrstuhl für Persönlichkeitspsychologie, Universität, Gundelsheimerstr. 22, 8600 Bamberg.

Lück, Helmut E., geb. 1941, Professor für Psychologie an der Fernuniversität, Gesamthochschule in Hagen. Studium der Wirtschafts- und Sozialwissenschaften an der Universität zu Köln mit Promotion in Sozialpsychologie (Dipl.-Kfm., Dr. rer. pol.). 1973–1978 wiss. Rat und Professor für Psychologie (Schwerpunkt Sozialpsychologie) an der Gesamthochschule Duisburg. Seit 1978 an der Fernuniversität. Arbeitsschwerpunkte: Prosoziales Verhalten, psychologische Aspekte des Fernstudiums, Methodologie. Wichtige Veröffentlichungen: Soziale Aktivierung (1969), Forschungsartefakte und nichtreaktive Meßverfahren (mit Bungard, 1974). Prosoziales Verhalten (1975), Mitleid – Vertrauen – Verantwortung (1977), Sozialforschung durch Bürgerinitiativen (1980). Adresse: Arbeitsbereich Psychologie der Fernuniversität, Körnerstr. 34, 5800 Hagen.

Mandl, Heinz, geb. 1937, Lehrerstudium (1. und 2. Staatsexamen), Dipl.-Psych., Dr. phil., o. Prof. für Pädagogische Psychologie und Erziehungswissenschaft an der Universität Tübingen sowie Leiter des Hauptbereichs Forschung am Deutschen Institut für Fernstudien, Tübingen. Arbeitsschwerpunkte: Kognitionspsychologie, Lernpsychologie (Lernen mit Texten), Entwicklungspsychologie, Pädagogisch-psychologische Diagnostik, Schulschwierigkeiten. Wichtige Veröffentlichungen: Kognitive Entwicklungsverläufe von Grundschülern (1975); Aggressiv und unaufmerksam (1976, mit Hanke und Huber); Einschulungsdiagnostik (1977, mit Krapp); Schuleingangsdiagnose (1978, hrsg. mit Krapp); Kognitive Komplexität (1978, hrsg. mit Huber); Schülerbeurteilung in der Grundschule (1980, mit Hanke und Lohmöller); Texte verstehen – Texte gestalten (1981, mit Ballstaedt, Tergan, Schnotz); Zur Psychologie der Textverarbeitung (1981, Hg.); Verbale Daten – Erhebung und Auswertung (1982, hrsg. mit Huber); Emotion und Kognition (1983, hrsg. mit Huber); Learning and comprehension of text (1983, hrsg. mit Stein, Trabasso); Kognitive Prozesse und Unterricht (1983, hrsg. mit Kötter). Adresse: Deutsches Institut für Fernstudien, Hauptbereich Forschung, Bei der Fruchtschranne 6, 7400 Tübingen.

Meyer, Wulf-Uwe, geb. 1940, Studium der Psychologie in Münster und Bochum, Professor für Psychologie an der Universität Bielefeld; gegenwärtiger Forschungsschwerpunkt: Entstehungsbedingungen und Auswirkungen des Konzepts von der eigenen Begabung. Wichtige Veröffentlichungen: Leistungsmotiv und Ursachenerklärung von Erfolg und Mißerfolg (1973); Leistungsmotivation und Verhalten (1976, hrsg. mit Schmalt); Bielefelder Symposium über Attribution (1978, hrsg. mit Görlitz und Weiner). Adresse: Universität Bielefeld, Abteilung Psychologie, Postfach 8640, 4800 Bielefeld.

Minsel, Wolf-Rüdiger, geb. 1944, Studium der Psychologie, Pädagogik, Psychopathologie an der Universität Hamburg (Dr. phil.); Professor für Verhaltens- und Lernstörungen/Klinische Psychologie an der Universität zu Köln; Arbeitsschwerpunkte: Beratung und Psychotherapie von Familien. Adresse: Seminar für Psychologie, Erziehungswissenschaftliche Fakultät, Universität zu Köln, Richard-Wagner-Str. 39, II, 5000 Köln 1.

Mummendey, Amélie, geb. 1944, Dipl.-Psych., Dr. rer. nat., Professorin für Differentielle und Sozialpsychologie am Psychologischen Institut der Universität Münster. Arbeitsschwerpunkte: Aggressive Interaktionsformen in spezifischen sozialen Umgebungen, Verhalten zwischen sozialen Gruppen, soziale Vorstellungen und soziale Interaktionen, insbesondere Eifersucht und interpersonale Interaktionen. Buchveröffentlichungen: Aggressives Verhalten (1976^4), Bedingungen aggressiven Verhaltens (1972), Soziale Einstellungen (1975). Adresse: Psychologisches Institut, Universität Münster, Schlaunstraße 2, 4400 Münster.

Mummendey, Hans Dieter, geb. 1940, Studium der Psychologie in Köln und Bonn, Diplom 1963, Promotion 1965. Wissenschaftlicher Assistent in Bonn und Mainz, Habilitation 1970. Wissenschaftlicher Rat und Professor am Psychologischen Institut der Universität Düsseldorf 1971–1974. Seit 1974 Professor für Sozialpsychologie an der Universität Bielefeld. Veröffentlichungen auf den Gebieten Methodenlehre, Differentielle Psychologie, Sozialpsychologie. Adresse: Universität Bielefeld, Postfach 8640, 4800 Bielefeld 1.

Prystav Günther (1939–1983), Dipl.-Psych., Dr. phil., wiss. Ang., Abtlg. Persönlichkeitspsychologie, Psychologisches Institut der Universität Freiburg; Arbeitsschwerpunkte: Belastungs- und Beanspruchungsforschung, Kontrollierbarkeit und Vorhersagbarkeit von Stressoren, Bewältigung von Belastungssituationen. Wichtige Veröffentlichung: Der Einfluß der Vorhersagbarkeit von Streß-Ereignissen auf die Angstbewältigung. In: Krohne (Hg.): Angstbewältigung in Leistungssituationen (1983). Adresse: Psychologisches Institut der Universität Freiburg, Niemensstr. 10, 7800 Freiburg.

Rechtien, Wolfgang, geb. 1944, Dr. phil., wissenschaftlicher Assistent am Arbeitsbereich Psychologie der Fernuniversität. Arbeitsschwerpunkte: Angewandte Gruppendynamik, Klinische Psychologie (integrative Gestalttherapie, klientenzentrierte Beratung), Konfliktpsychologische Aspekte des Fernstudiums. Veröffentlichungen u. a. in den Bereichen Interaktionsforschung und psychosoziale Beratung. Adresse: Arbeitsbereich Psychologie, Fernuniversität, Körnerstraße 34, 5800 Hagen 1.

Rötzer, Friederike, T., geb. 1951, Studium der Psychologie in Tübingen. Seit 1979 wissenschaftliche Angestellte an der Psychiatrischen Universitätsklinik Tübingen und mit der Durchführung eines von der Deutschen Forschungs-Gemeinschaft geförderten Projektes zur ambulanten Depressionsbehandlung befaßt. Arbeitsschwerpunkte und Veröffentlichungen im Bereich klinische Psychologie, speziell kognitive Verhaltenstherapie bei Depression, Therapeut-Klient-Beziehung und Meßmittel bei Depressionen, sowie Selbstsicherheitstraining. Adresse: Psychiatrische Universitäts-Klinik, Osianderstr. 22, 7400 Tübingen.

Schandry, Rainer, geb. 1944, Studium der Physik, Mathematik und Psychologie (Dipl.-Phys., Dr. rer. soc.). Wissenschaftlicher Mitarbeiter am Institut für Psychologie der Universität München; Arbeitsschwerpunkte: Psychophysiologische Emotionsforschung, hirnelektrische Korrelate der Orientierungsreaktion, Habituationsforschung. Wichtige Veröffentlichung: Psychophysiologie (1981). Adresse: Institut für Psychologie, Universität München, Kaulbachstr. 93, 8000 München 40.

Schmalt, Heinz-Dieter, geb. 1944, Studium der Psychologie in Münster, Hamburg und Bochum (Dipl.-Psych.), Promotion zum Dr. phil. in Bochum, Professor für das Fach „Allgemeine Psychologie II“ mit dem Schwerpunkt Motivation, Emotion und Lernen an der Universität – Gesamthochschule Wuppertal. Adresse: Psychologie im Fachbereich 3, Gaußstr. 20, 5600 Wuppertal 1.

Schmidt-Atzert, Lothar, geb. 1951, Dipl. Psych., Dr. phil., Studium der Psychologie in Tübingen und Gießen, wiss. Mitarbeiter am FB Psychologie in Gießen; Arbeitsschwerpunkte: Emotionen, Sprache und Kommunikation. Wichtige Veröffentlichungen: Emotionspsychologie (1981). Adresse: FB 06 Psychologie, Universität, Otto-Behaghel-Str. 10, 6300 Gießen.

Schneider, Klaus, geb. 1941, Dipl.-Psych., Dr. phil., Professor für Allgemeine Psychologie im Fachbereich Psychologie der Philipps-Universität Marburg. Arbeitsschwerpunkte: Motivation (Nahrungsaufnahme, Neugierverhalten, leistungsorientiertes Verhalten) und Lernen (neurobiologische Grundlagen einfacher Lernmechanismen). Adresse: Fachbereich Psychologie der Philipps-Universität Marburg, Gutenbergstraße 18, 3550 Marburg.

Schreiber, Hans-Joachim, geb. 1954, Dipl.-Psych. am Psychologischen Institut der Universität Münster. Arbeitsschwerpunkte: Soziale Vorstellungen, Eifersucht, Verhalten zwischen sozialen Gruppen, soziale Identität. Anschrift: Psychologisches Institut der Universität Münster, Schlaunstraße 2, 4400 Münster.

Schwarzer, Ralf, geb. 1943, Dipl.-Psych., Dr. phil., Professor am Institut für Psychologie des Fachbereichs 12 der Freien Universität Berlin; Arbeitsschwerpunkte: Angst-, Streß- und Selbstkonzeptforschung im Rahmen der schulischen Sozialisation. Wichtige Veröffentlichungen: Streß, Angst und Hilflosigkeit (1981); Advances in Test Anxiety Research (1982, mit van der Ploeg und Spielberger). Adresse: Institut für Psychologie, FB 12, FU Berlin, Habelschwerdter Allee 45, 1000 Berlin 33.

Stäudel, Thea, geb. 1954, Dipl.-Psych., Mitarbeiterin im DFG-Forschungsprojekt „Systemdenken"; Arbeitsschwerpunkte: Emotionen und Denken, Handlungs- und Entscheidungstheorie, Persönlichkeitsfaktoren und Problemlösen. Wichtige Veröffentlichungen: Lohhausen: Vom Umgang mit Komplexität (1982 mit Dörner, Kreuzig, Reither); Adresse: Universität Bamberg, Lehrstuhl Psychologie II, Feldkirchenstr. 21, 8600 Bamberg.

Traxel, Werner, geb. 1924, Dipl.-Psych., Dr. phil. 1952 (München), Habil. 1962 (Marburg). Experimentelle Psychologie (insbes. Emotions- und Motivationspsychologie) und Geschichte der Psychologie. Seit 1962 Lehrstuhlinhaber an versch. Universitäten. Jetzt: Professor an der Universität Passau und Leiter des Instituts für Geschichte der Neueren Psychologie. Adresse: Universität Passau, Postfach 2540, 8390 Passau.

Tunner, Wolfgang, geb. 1937, Dr. phil. habil., Studium der Psychologie, Philosophie und Kunstgeschichte in Wien; seit 1976 Professor am Institut für Psychologie der Universität München. Arbeitsschwerpunkte: Klinische Psychologie, Emotionspsychologie. Zahlreiche Veröffentlichungen. Adresse: Institut für Psychologie der Universität München, Abteilung für Klinische Psychologie, Kaulbachstraße 93, 8000 München 40.

Verres, Rolf, geb. 1948, Dr. med., Dipl.-Psych.; Forschungsaufenthalt von 1975 bis 1976 an der Stanford University/USA; nach ärztlicher Mitarbeit als Leiter der Abteilung Psychotherapie am Psychiatrischen Landeskrankenhaus Weinsberg, jetzt tätig an der Abteilung Psychotherapie und Medizinische Psychologie der Psychosomatischen Universitätsklinik Heidelberg. Veröffentlichungen zur Psychologie präventiven Verhaltens, zur Arzt–Patient–Interaktion, zum Training kommunikativer Kompetenz bei Medizinstudenten, zur Psychologie von Ärger und Aggression. Wichtige Veröffentlichung: Ärger, Aggresssion und soziale Kompetenz – Zur konstruktiven Veränderung destruktiven Verhaltens (1980, mit I. Sobez). 1979–1983 Vorstandsmitglied der Gesellschaft für Medizinische Psychologie (GMP). Adresse: Abteilung Psychotherapie und Medizinische Psychologie der Psychosomatischen Universitätsklinik, Landfriedstraße 12, 6900 Heidelberg.

Voigt, Karl-Heinz, geb. 1941, Studium der Humanmedizin, Dr. med., Priv.-Doz.; Heisenberg-Stipendiat, Arbeitsschwerpunkte: Biochemie und Funktion von Neuropeptiden. Adresse: Universität Ulm, Labor für Neuroendokrinologie, Oberer Eselsberg, 7900 Ulm.

Voss, Hans-Georg, geb. 1944, Studium der Psychologie in Mainz von 1963 bis 1968, Wiss. Assistent am Psychologischen Institut der Universität Mainz von 1968 bis 1978 (bis 1972 Verwalter einer wiss. Assistentenstelle), Promotion zum Dr. rer. nat. (Hauptfach Psychologie, Nebenfächer Psychopathologie und Biologie), 1972 an der Universität Mainz, ab 1978 Professor für Psychologie am Institut für Psychologie der Technischen Hochschule Darmstadt. Adresse: Institut für Psychologie, TH Darmstadt, Hochschulstr. 1, 6100 Darmstadt.

Vossel, Gerhard, geb. 1950, Dipl.-Psych., Dr. rer. nat., Wissenschaftlicher Mitarbeiter am Psychologischen Institut der Universität Mainz; Arbeitsschwerpunkte: Differentielle Psychophysiologie, Streß, Aufmerksamkeit. Adresse: Psychologisches Institut der Universität Mainz, Abteilung Allgemeine und Experimentelle Psychologie, Saarstr. 21, 6500 Mainz.

Zimmer, Dirk, geb. 1948, Studium der Psychologie, Dipl.-Psych., Dr. phil., wissenschaftlicher Assistent an der Abteilung Klinische und Physiologische Psychologie des Psychologischen Institutes der Eberhard-Karls-Universität Tübingen. Arbeitsschwerpunkte: Beratung und Therapie im Erwachsenenalter, speziell bei Selbstunsicherheit, Partner- und Sexualproblemen. Wichtige Veröffentlichung: Die therapeutische Beziehung (1983). Adresse: Psychologisches Institut, Universität, Gartenstr. 29, 7400 Tübingen.